U0953655

21世纪环境类专业新编系列教材

环境工程施工技术

主　编　冯　新　万俊杰

副主编　罗恩荣　舒生辉　贾　超

参　编　张泽敏　何锦强　罗梦君

武汉理工大学出版社

·武汉·

内容简介

全书分为10章，主要包括环境工程建设项目施工概述、环境工程图纸识读、施工组织设计与管理、施工准备、施工测量、环境工程地基与基础、环境工程主体结构建筑施工、环境工程构筑物施工实例、环境工程设备安装施工、地下管道施工等内容。

本书适合作为环境类专业学生的教材使用，亦可供相关从业技术人员作为参考书。

图书在版编目（CIP）数据

环境工程施工技术/冯新，万俊杰主编. —武汉：武汉理工大学出版社，2022.8（2023.9重印）

ISBN 978-7-5629-6436-0

Ⅰ.①环… Ⅱ.①冯… ②万… Ⅲ.①环境工程—工程施工—教材 Ⅳ.①X5

中国版本图书馆CIP数据核字（2021）第145957号

项目负责人：彭佳佳　陈军东　徐　扬

责任编辑：黄　鑫

责任校对：丁　冲

版面设计：正风图文

出版发行：武汉理工大学出版社

地　　址：武汉市洪山区珞狮路122号

邮　　编：430070

网　　址：http：//www.wutp.com.cn

经　　销：各地新华书店

印　　刷：武汉市洪林印务有限公司

开　　本：787×1092　1/16

印　　张：26.75

字　　数：680千字

版　　次：2022年8月第1版

印　　次：2023年9月第3次印刷

定　　价：58.00元

凡购本书，如有缺页、倒页、脱页等印装质量问题，请向出版社发行部调换。

本社购书热线：027-87515798　87515778　87523148　87165708（传真）

21 世纪环境类专业新编系列教材

编审委员会

出版说明

早在2002年我社就组织了全国十多所院校参与编写本套教材，时任教育部高等学校环境工程专业教学指导委员会秘书长、清华大学张晓健教授担任系列教材编审委员会名誉主任。全套教材各门课程的教学大纲、具体内容均由教学指导委员会审订，并将此系列教材确定为教学指导委员会向全国推荐的重点教材。

本套系列教材正式出版后，已被众多学校选用，同时也得到了广大师生的一致好评。其中有6种教材被列为普通高等教育"十一五"国家级规划教材，它们是《大气污染控制工程》、《环境工程微生物学》、《环境工程基础》、《噪声控制工程》、《环境监测》、《水污染控制工程》；还有多种教材荣获教育部全国高等学校优秀教材奖或优秀畅销书奖。这充分说明了教材编审委员会关于教材的定位、内容、结构和编写宗旨是符合专业教学需要和专业建设需要的。但整套教材仍然存在缺点和不足，于是我社于2008年进行了第二次修订。第二次修订后，本套教材更加符合教学实际要求，更加完善，同样获得了广大师生的好评。

随着时代的发展、科技的进步、教学的改革和知识的更新，自2008年到目前，该系列教材部分内容也渐渐稍显陈旧，亟待再次修订。于是我社自2013年开始重新进行大规模调研，并整合相关资源后，组织相关院校的一些知名教授、教学名师，重新根据当前高等院校的最新教学改革要求，参考国家最新标准进行了一次较大的、全面的修订。

此次修订依据最新教学模式和教学方法，牢牢把握住了理论够用、实践为重的原则，并吸收了近年来国内外环境治理工程的最新技术、最新方法；更加强调了依据培养目标培养一线从事生产、服务和管理的应用型、技能型人才。

我们将切实做好为教学服务、为科研事业服务的工作，加强与行业的联系，使系列教材能及时地反映国家环保政策的变化、学术界最新的理论成果、行业应用的新设备及工艺流程，以达到提高专业人才培养质量的目的。

我们诚挚地希望使用本教材的师生在教学实践中对教材提出批评和建议，以便我们不断修订、改善、精益求精！

武汉理工大学出版社

2014年8月

前　言

环境工程施工是环境工程专业的重要知识内容，掌握环境工程的建设施工技术对理解环境工程项目污染物治理及工程运维管理均具有重要的实践价值。目前，我国职业院校关于环保工程项目施工的教材极少，一些与环境工程专业相关的教材并未讲授环保处理工程的施工知识，而是以楼房施工知识为主导，没有体现环保专业的施工特色，这将影响实际教学效果。为此，编者结合建筑工程施工技术与环境工程项目的特点，编写了适用于环保类专业的工程项目施工教材。

全书运用大量图形示例说明，系统而全面地介绍了环保处理工程的施工流程和技术方案，以实际工程施工过程和施工技术为重点，深入浅出，对于初学者易懂、易学、易理解，将有助于职业院校学生和其他社会人员对环保污水处理工程产生较为全面而深刻的认识。

本书由广东轻工职业技术学院冯新和万俊杰主编，广东环境保护工程职业学院罗恩荣，广东建设职业技术学院舒生辉和贾超，广东轻工职业技术学院张泽敏、何锦强和罗梦君参与了编写。

由于时间仓促，加之编者水平有限，错漏之处在所难免，敬请读者批评指正。

编　者

2022 年 7 月

目　　录

第一章　环境工程建设项目施工概述

建设项目是“基本建设项目”的简称，亦称“基建项目”。它是在一个或几个施工现场上，按照一个独立的“总体设计”进行施工的各单项工程的总体。它是确定和组建建设单位的依据，通常一个建设项目为一个建设单位。在我国，一般以一个企业（或联合企业）、事业单位或一个独立的工程作为一个建设项目，如一个工厂、一个国有农场、一个独立的水利工程、一条铁路等。不能把不属于同一总体设计并分别核算的几个建设项目合并为一个建设项目；也不能把同一总体设计范围内的各个工程划分为几个建设项目。现有的企业、事业单位，按批准的基本建设计划，用基本建设投资单纯购置一些设备、工具、器具等，一般不作为建设项目。一个建设项目可以包括若干个工程项目（或单项工程），也可只是一个独立的工程项目。本书主要介绍水污染防治工程——污水处理厂工程项目的施工建设。

一、环境工程建设项目的概念

环境工程建设项目，即通常所指环保工程，是指围绕环境污染治理所需要，特定为环境保护所做的工程建设项目。由于工业发展导致环境污染，而以某组设想目标为依据，应用有关的科学知识和技术手段，通过人为组织活动去解决环境污染问题而进行的工程建设项目也称为环保工作。环保工程的内容主要包括水污染防治工程、大气污染防治工程、固体废物的处理和利用工程，以及噪声控制工程等。

根据《工程造价术语标准》(GB/T 50875—2013)的定义，建设项目是指按一个总体规划或设计进行建设的，由一个或若干个互有内在联系的单项工程组成的工程总和。同样地，环境工程建设项目是以环境工程建设为载体的项目，是作为治理环境污染工程的一次性建设任务。它是按照一个建设单位的总体设计要求，在一个或几个场地进行建设的所有工程项目之和，其建成后具有完整的系统，可以独立形成污染治理的使用价值。它以污染治理建筑物或构筑物为目标产出物，需要支付一定的费用、按照一定的程序、在一定的时间内完成，并应符合相关质量要求。通常以一家企业、一个单位或一个独立工程作为一个环境工程建设项目。

二、环境工程建设项目的特点

环境工程建设项目与其他工程建设项目一样，作为被管理的对象，具有以下主要特点：

1. 单件性或一次性

所谓单件性或一次性，是指就任务本身和最终成果而言，没有与这项任务完全相同的另一项任务。例如建设一项环保工程，需要单件报批、单件设计、单件施工和单独地进行工程造价结算，它不同于其他工业产品的批量性，也不同于其他生产过程的重复性。

2. 具有一定的约束条件

凡是工程建设项目，都有一定的约束条件，环境工程建设项目只有满足约束条件才能获得成功。因此，约束条件是项目目标完成的前提。建设项目的主要约束条件为限定的质量、限定的工期和限定的造价，通常也称这三个约束条件为工程项目管理的三大目标。

3. 具有生命周期

环境工程建设项目的单件性和项目过程的一次性决定了每个工程建设项目都具有生命周期。任何项目都有其产生时间、发展时间和结束时间，在不同的阶段都有特定的任务、程序和工作内容。掌握和了解项目的生命周期，就可以有效地对项目实施科学的管理和控制。建设项目的生命周期包括项目建议书编写和报批、可行性研究、项目决策、项目设计、招标投标、施工和竣工验收等过程。对工程造价管理和控制，就是对项目全过程的工程造价进行管理和控制，也是对整个建设项目生命周期的管理。

4. 投资额大、建设周期长

环境工程建设项目不仅实物形体庞大，而且造价高昂、消耗资源多，涉及项目参与各方的重大经济利益，对国民经济的影响较大。同时，工程建设一般周期较长，受到各种外部因素及环境的影响和制约，增加了工程项目管理及工程造价控制的难度。

三、环境工程建设项目的组成

环境工程建设项目根据组成内容和层次不同，按照分解管理的需要从大至小依次可分为建设项目、单项工程、单位工程、分部工程和分项工程，见图 1-1。

1. 建设项目

如前所述，建设项目是指按一个总体规划或设计进行建设的，由一个或若干个互有内在联系的单项工程组成的工程总和。

工程建设项目的总体规划或设计是对拟建工程的建设规模、主要建筑物或构筑物、交通运输路网、各种场地、绿化设施等进行合理规划与布置所作的文字说明和图纸文件。如新建一座污水处理厂，它应该包括污水处理构筑物、办公大楼、中控大楼、化验楼、食堂、库房等建(构)筑物以及它们之间相联系的道路。这些建筑物或构筑物都应包括在一个总体规划或设计之中，并反映它们之间的内在联系和区别，我们将其称为一个建设项目或工程建设项目。

2. 单项工程

单项工程是指具有独立的设计文件，建成后能够独立发挥生产能力或使用功能的工程项目。

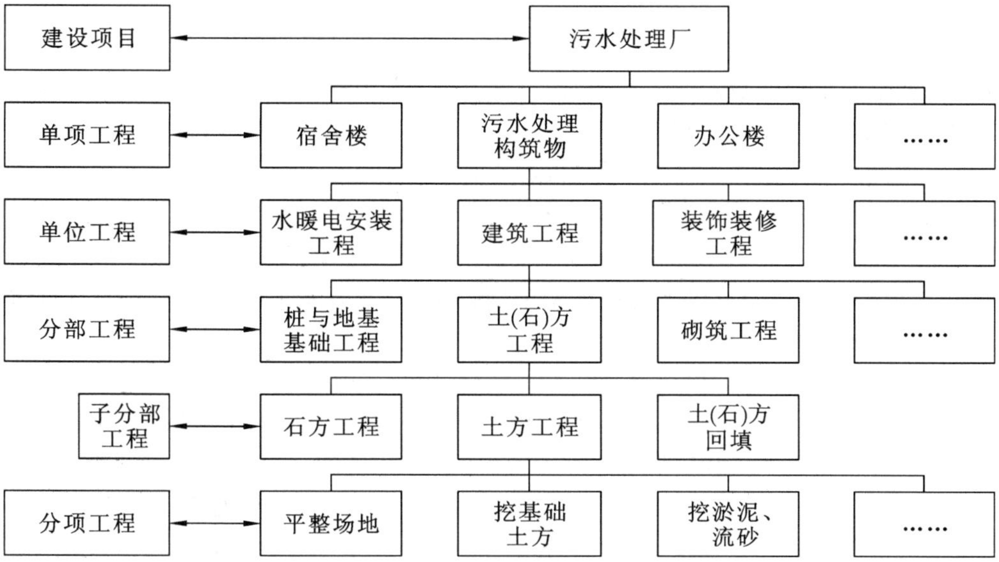

图 1-1　环境工程建设项目的分解构成

单项工程是建设项目的组成部分，一个建设项目可以包括多个单项工程，也可以仅有一个单项工程。一座污水处理厂的各个宿舍楼、污水处理构筑物、办公楼、食堂、库房等都是具体的单项工程。单项工程是具有独立存在意义的一个完整工程，由多个单位工程所组成。

3. 单位工程

单位工程是指具有独立的设计文件，能够独立组织施工，但不能独立发挥生产能力或使用功能的工程项目。

单位工程是单项工程的组成部分。在污水处理厂中，如沉淀池，总是可以划分为建筑工程、装饰装修工程、水暖电安装工程、电气工程、给排水工程等，它们分别是单项工程所包含的不同性质的单位工程。

4. 分部工程

分部工程是单位工程的组成部分，是将单位工程按结构部位、路段长度及施工特点或施工任务划分成的若干个项目单元。

土(石)方工程、桩与地基基础工程、砌筑工程等既是单位工程，也是环境工程构筑物建筑工程的分部工程。如生化池的护栏工程、防渗防腐工程等就是生化池装饰工程的分部工程。当分部工程较复杂时，可按材料种类、特点及施工程序等划分为若干子分部工程。

在每一个分部工程中，因为构造、使用材料规格或施工方法等不同，完成同一计量单位的工程所需要消耗的人工、材料和机械台班数量及其价值的差别也很大，因此，还需要把分部工程进一步划分为分项工程。

5. 分项工程

分项工程是分部工程的组成部分，是将分部工程按不同施工方法、材料、工序及路段长度等划分成的若干个项目单元。

分项工程是可以通过较为简单的施工过程生产出来，并可用适当的计量单位测算或计算其消耗量和单价的建筑或安装单元。如土(石)方工程可以划分为平整场地、挖沟槽土方、挖基坑土方等；砌筑工程可以划分为砖基础砌筑、砖墙砌筑等；混凝土及钢筋混凝土工程可划分为现浇混凝土基础、现浇混凝土柱、预制混凝土梁等。

分项工程不是单项工程那样的完整产品，一般来说，它的独立存在是没有意义的，它只是单项工程组成部分中一种基本的构成要素，是为了确定建设工程造价和计算人工、材料、机械等消耗量而划分出来的一种基本项目单元，它既是工程质量形成的直接过程，又是建设项目的基本计价单元。

综上所述，一个环境工程建设项目由一个或几个单项工程组成，一个单项工程由一个或几个单位工程组成，一个单位工程又由若干个分部工程组成，一个分部工程又可划分为若干个分项工程。分项工程是建筑工程计量与计价的最基本部分。了解建设项目的组成，既是工程施工与建造的基本要求，也是进行工程造价计算的重要依据，作为从事工程造价计价与管理的工程技术人员，分清和掌握建设项目的组成显得尤为重要。

四、环境工程建设项目的分类

为了加强工程建设项目的科学管理，正确反映建设项目内容及规模，建设项目可以按照不同的划分标准进行分类。

1. 按照建设性质划分

环境工程建设项目按其建设性质不同，可分为新建项目、扩建项目、改建项目、迁建项目和恢复项目。

(1) 新建项目：根据国民经济和社会发展的近远期规划，按照规定的程序立项，从无到有，新开始建设的项目。对原有的建设项目扩建，其新增加的固定资产价值超过原有全部固定资产价值三倍以上的，也属于新建项目。

(2) 扩建项目：原有环保工程为扩大处理能力和效益，或提升排放标准而增建的处理工艺单元等。

(3) 改建项目：原有建设单位为了提高处理效率或提升排放标准，对原有设备、工艺流程进行技术改造的项目；或为了提高综合处理能力，增加一些附属和辅助车间或非生产工程的项目，包括挖潜、节能、安全、环境保护等工程项目。

(4) 迁建项目：原有建设单位根据自身生产经营和事业发展的需要，按照国家调整生产力布局的经济发展战略需要或出于环境保护等各种原因，迁移到另外的地方建设的项目。

(5) 恢复项目：原有建设单位或行政单位，因自然灾害或人为灾害等原因使原有固定资产全部或部分报废，需要进行投资重建来恢复生产能力、业务工作条件和生活福利设施等而建设的工程项目。这类工程项目，无论是按原有规模恢复建设，还是在恢复过程中同时进行扩建，都属于恢复项目。但尚未建成投产或交付使用的工程项目受到破坏后，若仍按照原设计重建的，原建设性质不变；如果按照新设计重建，则根据新设计内容来确定其性质。

建设项目按其建设性质分为上述五类，一个建设项目只能有一种性质，在项目按总体设计全部建成以前，其建设性质是始终不变的。

2. 按照建设规模划分

为了适应建设项目分级管理的需要，环境工程建设项目可分为大型项目、中型项目、小型项目三类。不同等级标准的建设项目，在项目依法报建时，其审批机构或报建程序有所不同。

大型项目、中型项目和小型项目是按照项目的建设总规模或总投资额来划分的。应按照批准的可行性研究报告所确定的总设计能力或投资总额的大小，依据国家颁布的《基本建设项目大中小型划分标准》进行划分。具体划分标准，根据各个时期经济发展水平和实际工作中的需要而有所变化。

3. 按照项目的投资来源划分

按照项目的投资来源，环境工程建设项目可划分为政府投资项目和非政府投资项目两类。

(1) 政府投资项目：为了适应和推动国民经济或区域经济的发展，满足社会的文化、生活需要，以及出于政治、国防等因素的考虑，由政府通过财政投资、发行国债或地方财政债券、利用外国政府赠款和国家财政担保的国内外金融组织的贷款等方式独资或合资兴建的建设项目。政府投资项目在国外也称公共工程。

按照其营利性不同，政府投资项目又可分为经营性政府投资项目和非经营性政府投资项目，经营性政府投资项目是指具有营利性质的政府投资项目，政府投资的环保、水利、电力、铁路等项目都属于经营性项目。经营性政府投资项目应实行项目法人责任制，由项目法人对项目进行策划、资金筹措、建设实施、生产经营、债务偿还和资产的保值增值，并对项目实行全过程负责，使项目的建设与建成后的运营实现全过程管理。

非经营性政府投资项目一般是指非营利性的，主要追求社会效益最大化的公益性建设项目。如学校、医院以及各行政、司法机关的办公楼等项目都属于非经营性政府投资项目。非经营性政府投资项目可实行"代建制"，即通过招标等方式，选择专业化的项目管理单位负责建设实施，严格控制项目投资、质量和工期，待工程竣工验收后再移交给使用单位，从而使项目的投资、建设、监管和使用实现"四分离"。

(2) 非政府投资项目：企业、集体单位、外商和私人投资建设的工程项目。这类项目一般均实行项目法人责任制，使项目的建设与建成后的运营实现全过程管理。

五、环境工程建设项目的生命周期

环境工程建设项目的生命周期与其他工程项目的生命周期相同，可分为决策阶段、准备阶段、实施阶段及运维阶段等四个阶段，设计工作贯穿于整个周期的始终，关系到项目的方案、造价，甚至能够决定项目的成败。施工是落实设计的具体体现，决定工程质量、工期、造价等。项目的生命周期见图 1-2。

1. 决策阶段

决策阶段主要任务是对拟建项目的必要性和可行性进行技术及经济方面的论证，比

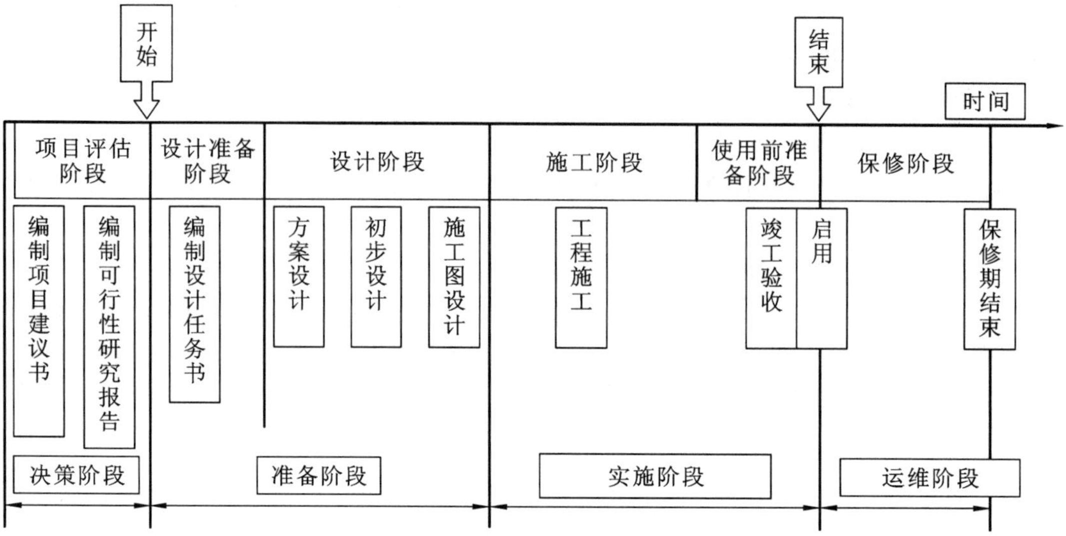

图 1-2　工程建设项目的生命周期

选不同建设方案，从而得出项目是否建设及如何建设的结论。设计任务主要表现为辅助业主编制项目建议书、预可研、可研等设计文件。其实施过程简单，逻辑关系清晰，但却含有较高的技术含量。重点应做好明确决策目的、选好技术方案、界定工程范围、数据采集、落实约束条件、实施有效沟通等各项工作。

2. 准备阶段

准备阶段工作任务主要是落实施工开工条件，进行资金、图纸及设备方面的准备。工程任务则是完成基础设计和详细设计。这个阶段投入的人力最多，工作量最大，过程控制最复杂，能够充分体现一个公司的管理水平，是管理与控制的重点，要重点做好策划、范围管理、进度管理、质量管理、文档管理、造价管理、采购支持、深度控制等工作。

3. 实施阶段

实施阶段是从主体工程破土动工到竣工交付为止的一段工作。此阶段重点应做好协助招标、设计交底、工程施工、进度控制、预算控制、安全管理、竣工验收等工作。

工程开工后，按图施工，变更确认，解决施工过程中的一些技术难题。施工完毕后，工程项目调试运行，开展竣工验收，对运行各项指标进行标定，并将施工与设计指标进行对比，对于未达标或相差较大的要进行诊断分析，查找原因，必要时采取相关措施进行改正。

4. 运维阶段

项目稳定运行一段时间后，应由设计公司、施工企业组织回访活动，主要对设计和施工过程进行回顾总结，征求业主对管理、技术及服务质量方面的意见，以期发现自身的不足，达到持续改进的目的。在销售回访日益增强的当下，设计与施工回访工作更应得到应有的重视。在相关工作结束后，项目组应对整个过程进行全方位的总结，对于缺点与不足研讨如何规避，对于优点与先进经验探讨如何发扬，并形成经验库，供其他项目借鉴。

六、环境工程建设项目施工

施工，谓工程按计划进行建造，语出宋代朱熹的《西原崔嘉彦书》："向说栽竹木处，恐亦可便令施工也。"

建筑施工是人们利用各种建筑材料、机械设备按照特定的设计蓝图在一定的空间、时间内为建造各式各样的建筑产品而进行的生产活动。它包括从施工准备、破土动工到工程竣工验收的全部生产过程。这个过程中将要进行施工准备、施工组织设计与管理、土方工程、爆破工程、基础工程、钢筋工程、模板工程、脚手架工程、混凝土工程、预应力混凝土工程、砌体工程、钢结构工程、木结构工程、结构安装工程等工作。

环境工程建设项目施工是指环境工程建设实施阶段的生产活动，是各类建筑物的建造过程，也可以说是把设计图纸上的各种线条在指定的地点变成实物的过程。它包括基础工程施工、环境工艺构筑物主体结构施工、房屋工程施工、装饰工程施工等。施工作业的场所称为"建筑施工现场"或"施工现场"。

建筑施工是一个技术复杂的生产过程，需要建筑施工人员发挥聪明才智，创造性地应用材料、力学、结构、工艺等理论解决施工中不断出现的技术难题，确保工程质量和施工安全。这一过程是在有限的时间和一定的空间上完成，涉及多工种、多材料、各种机械设备，因此必须采用科学的、先进的组织管理措施和先进的施工工艺方能圆满完成。同时，这一过程又要消耗大量的人力、物力和财力，因此要求在施工过程中处处考虑其经济效益，采取措施降低成本。在施工过程中，关注的焦点始终是工程质量、安全（包括环境保护）、进度和成本。

第二章　环境工程图纸识读

工程图纸是工程施工的重要技术资料，是施工建造不可缺少的依据，是表达和交流技术思想的重要工具。设计人员可以把自己的设计思想用图样形式表达出来，施工人员可以通过阅读图样，领会设计者的意图，并根据图样制造出建筑物或构筑物。本章主要介绍环境工程工艺构筑物施工图、建筑施工图、结构施工图和电气工程施工图的基本识读方法，理解图纸的表达意思和相互关系，为工程施工提供实际指导。

第一节　环境工程工艺构筑物施工图识读

在环境工程中，排水工程的基本任务是把各种废水排放到污水处理站，污水在处理站经处理达标后再排到各种天然水体中去。贮水池则是给水排水工程中最常用的构筑物。例如，在城市污水处理的工艺流程中，一级处理为物理处理，提升泵房、调节池、沉砂池、初沉池等均为贮水池；二级处理为生物处理，曝气池和二沉池等均为贮水池；污泥处理为厌氧生物处理和脱水处理，污泥浓缩池、污泥储存池和消化池则为污泥池等。这些净化水质的构筑物不完全等同于房屋土建构筑物，它们除了具有与房屋建筑相同的混凝土结构、钢筋混凝土结构和砖砌体结构等土建部分之外，其内部还存在大量的工艺设备如泵、管道、阀门及其附属设备等，属于典型的水工构筑物，需要防腐、防渗处理。因此，在阅读图纸时，必须依照给水排水工程的工艺特点和专业要求去阅图，依照池体、管廊、附属设备、工艺构筑尺寸等主要表示方法去识图，才能充分掌握和理解环境工程工艺构筑物的施工要点和技术方法。

一、池体

池体是贮水池的土建部分，大多数为钢筋混凝土结构，一般应由土建人员来绘制结构图，具体表示池体的大小形状、池壁厚度、垫层基础、钢筋的配置等内容，专供土建施工用图。在池体的工艺施工图中，通常将池体的池顶平面图和池底平面图放在前面展示，后面则紧随剖面图和结构图，以对池体进行全方位描述，使施工人员迅速掌握池体的工艺结构。首先，识读平面图，掌握池体的形状、尺寸大小、池壁间的相对位置等。然后，识读剖面图，掌握池体轮廓线所标的池壁厚度、标高以及设备设施的位置等。最后，识读结构图，掌握池体的内部钢筋结构。

图 2-1 所示为沉淀池构筑物的工艺施工图，包括顶层平面图、底层平面图、剖面图、排泥阀安装系统图以及穿孔排泥管大样图，其识读顺序为：

首先，看平面图。在顶层平面图中，标示了沉淀池的尺寸大小、池壁间的位置关系、外面结构和内部结构等。池体的尺寸大小是 15.2m×9.7m，左上角是楼梯，左下角接机械絮凝池，池体的中间有 2 排集水槽，右边是集水总渠和排水管，排水管为公称直径 426mm、壁厚 9mm 的铸铁管，整个池的四周用护栏围住。在底层平面图中，左边是进泥管，公称直径 426mm、壁厚 9mm，然后进入一个 9.0m×1.0m 的配泥水区，泥水通过隔墙进入沉淀区，沉淀区由 8 根相间 1.6m 的穿孔排泥管组成，与配泥水区的排泥管汇合，统一由公称直径 530mm、壁厚 9mm 的排泥管排入泥水井。在底层平面图中的左下角是图形分层剖的结构，即在排泥管的上方安装了布满池子的斜管。

其次，看剖面图。在剖面图中识读出进泥管、排泥管、排水管、斜管等设施大小和安装位置以及土建部分的标高，从而更充分掌握沉淀池的内部施工结构。在 *A*—*A* 剖面图中，地面有 3.0m 高(含护栏)，地下有 3.35m 深(含基础)。顶部是 1.1m 高的护栏。左边的进水管中心埋于地下 1.0m 深，出水管的下部则高出地面 0.9m。配泥水区的水平高程是 1.7m，其右墙的中间配制穿孔结构，底部是排泥管。在沉淀区，集水槽的上部高程是 1.65m，排水高程是 1.6m，底部标高是 1.1m，说明槽的高度是 0.55m。在集水槽的下部布满了斜管，斜管的厚度是 0.87m，倾斜方向与排水管相背离。沉淀区的底部是 8 根排泥管，排泥管中间由 1.0m 高的三角形混凝土构成，以便收集污泥至池底排泥管处进行排泥。在 *B*—*B* 剖面图中，底部的排泥管分为两层，下层的排泥管由 6 个支架托住，上层的排泥管一端与下层排泥管的中间相连，另一端接排泥区，然后由排泥总管排出池外。每根排泥管接高压水，以便维修保养时冲洗管道。

再次，在排泥阀安装系统图中识读排泥阀安装高程、数量以及排泥管道的大小和数量，以掌握设备和管道安装的施工要点。排泥阀安装在地下 2m 处，*DN*110 的水管埋于地下 0.5m。排泥管的大小为 *DN*50，并配有手动球阀。每根排泥管与 *DN*110 的水管相接时，由电动球阀控制。

最后，在大样图中识读局部结构，包括穿孔花墙位置和孔径形状、大小以及穿孔排泥管位置和大小，可结合剖面图识读。穿孔花墙位于布泥水区的右墙中部区域，大小为 9.0m×0.77m，由带孔洞的预制件构成，预制件大小为 250mm×250mm，数量为 93 个(31 个×3 层)，每个预制件安装间隔 10mm。在穿孔花墙的大样图中，预制件的孔洞一端小(尺寸为 130mm×130mm)，另一端大(尺寸为 150mm×150mm)。在不锈钢集水支渠大样图及其 *D*—*D* 剖面图中，支渠的一端由铁制预埋件固定于池壁上，另一端则完全安装在池壁内。在水渠的上部每隔 600mm 安装 1 根直径为 15mm 的横撑，防止水渠因水压而变形。在穿孔排泥管的大样图及固定卡子安装图中，孔的直径大小为 30mm，位于排泥管的下部，错位分布，孔的夹角为 90°，间距为 150mm。

主要的设备材料清单也可在图中获得，以便读者掌握沉淀池的内部结构和施工所需的材料和设备数量。通过对这些图纸的识读，可以勾勒出沉淀池的三维结构空间图，从而为施工材料准备和施工预算提供重要而翔实的数据信息。

图 2-2 所示为污水处理滤池构筑物施工图。如图所示，平面图上标示了池体的大小，

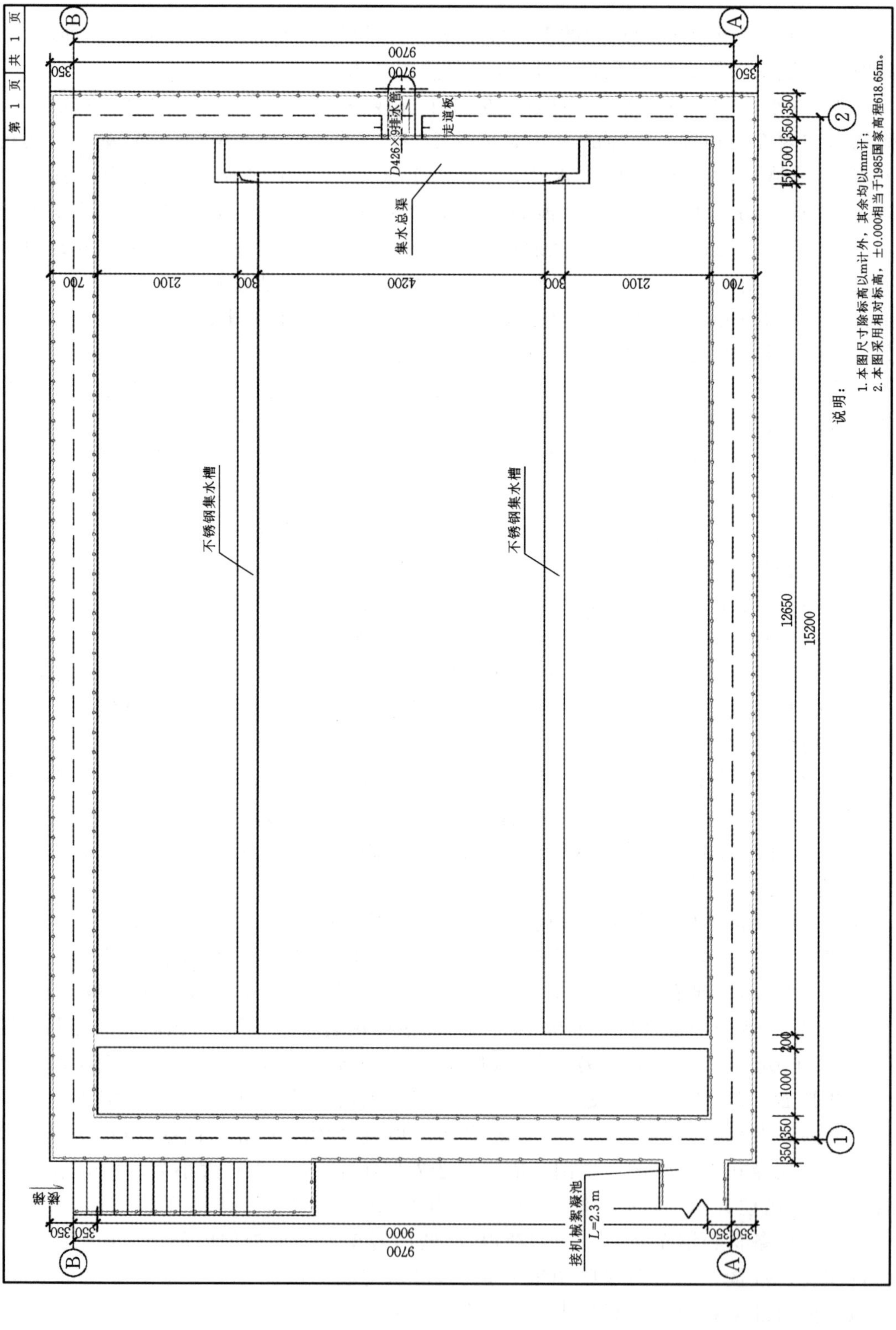
第 1 页 共 1 页
D426×9排水管
走道板
集水总渠
不锈钢集水槽
不锈钢集水槽
接机械絮凝池
L=2.3 m
说明：
1. 本图尺寸除标高以m计外，其余均以mm计；
2. 本图采用相对标高，±0.000相当于1985国家高程618.65m。

(a)

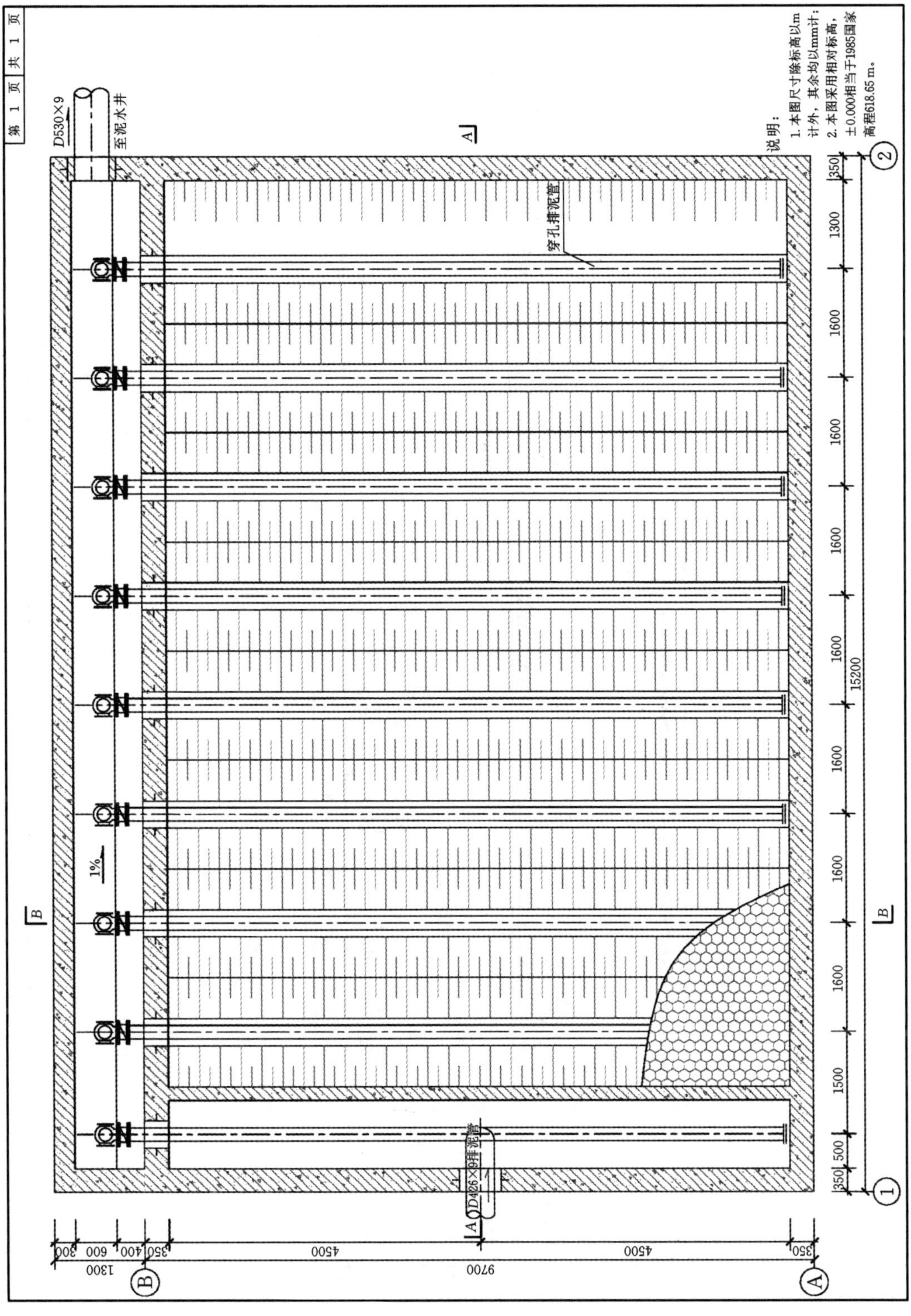
第 1 页 共 1 页
D530×9
至泥水井
穿孔排泥管
D426×9排泥管
1%
说明：
1. 本图尺寸除标高以m计外，其余均以mm计；
2. 本图采用相对标高，±0.000相当于1985国家高程618.65 m。
350
1300
1600
1600
1600
1600
1600
1600
1600
1500
500
350
15200
300
600
400
350
4500
4500
350
1300
9700

（b）

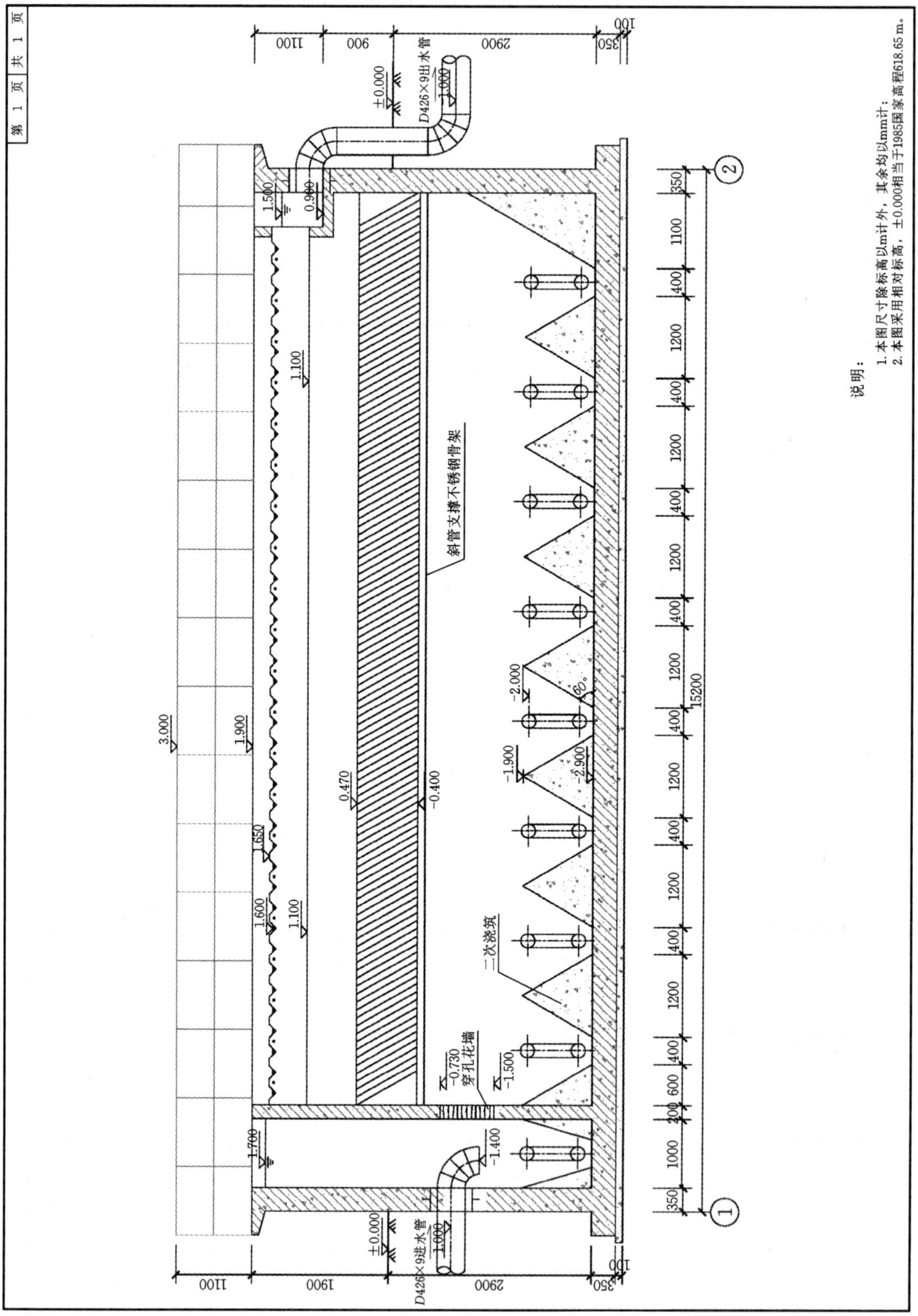
第 1 页 共 1 页
D426×9出水管
D426×9进水管
斜管支撑不锈钢骨架
二次浇筑
穿孔花墙
±0.000
3.000
1.900
1.650
1.600
1.100
1.500
0.900
1.700
0.470
-0.400
-0.730
-1.000
-1.400
-1.500
-1.900
-2.000
-2.900
60°
15200
1100
900
1900
2900
350
100
400
1200
600
200
1000
①
②
说明：
1. 本图尺寸除标高以m计外，其余均以mm计；
2. 本图采用相对标高，±0.000相当于1985国家高程618.65 m。

(c)

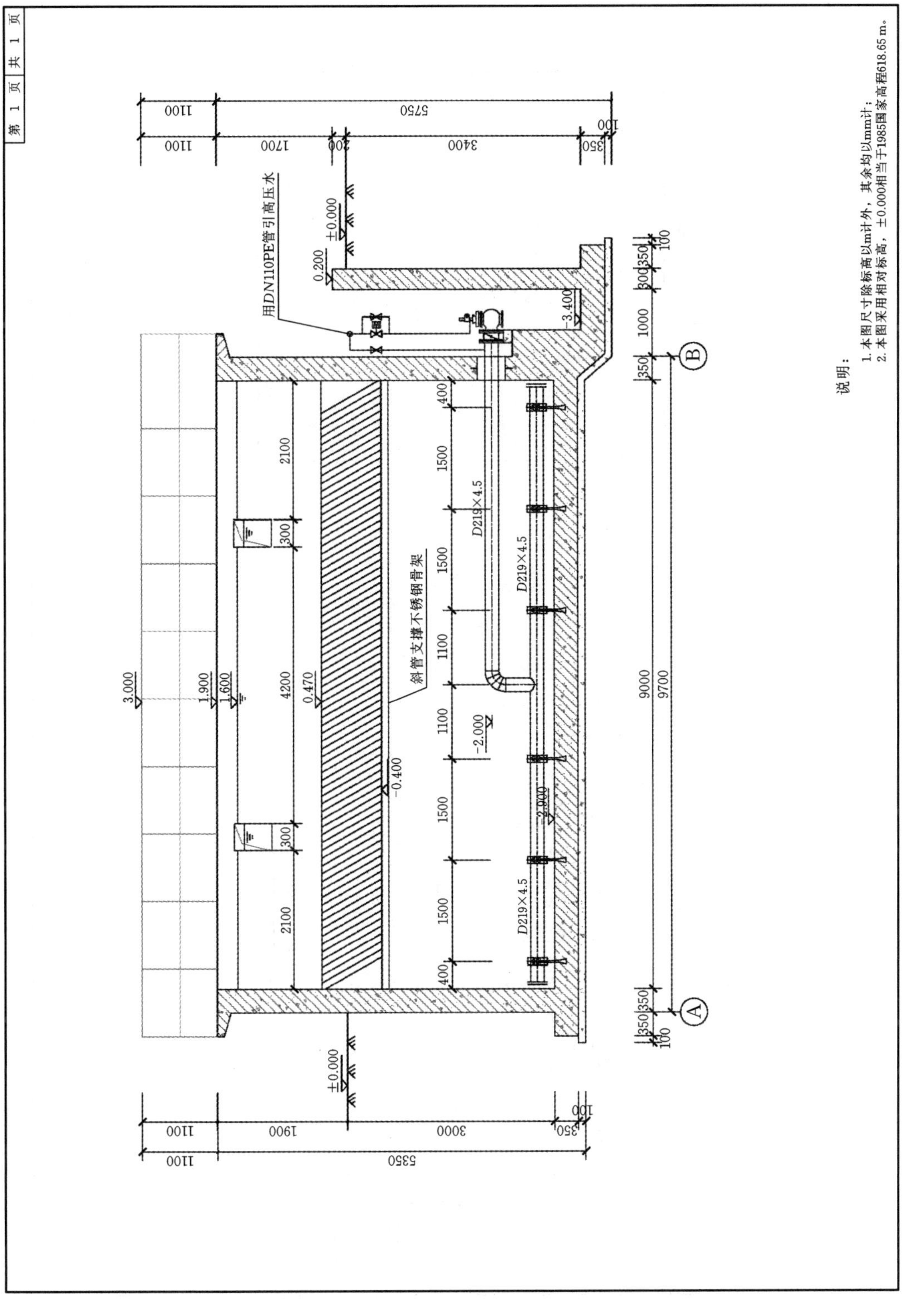
第 1 页 共 1 页
用DN110PE管引高压水
斜管支撑不锈钢骨架
D219×4.5
D219×4.5
D219×4.5
3.000
1.900
1.600
0.470
−0.400
−2.000
−2.900
0.200
±0.000
−3.400
9000
9700
5750
5350
说明：
1. 本图尺寸除标高以m计外，其余均以mm计；
2. 本图采用相对标高，±0.000相当于1985国家高程618.65 m.

（d）

第 1 页 共 1 页

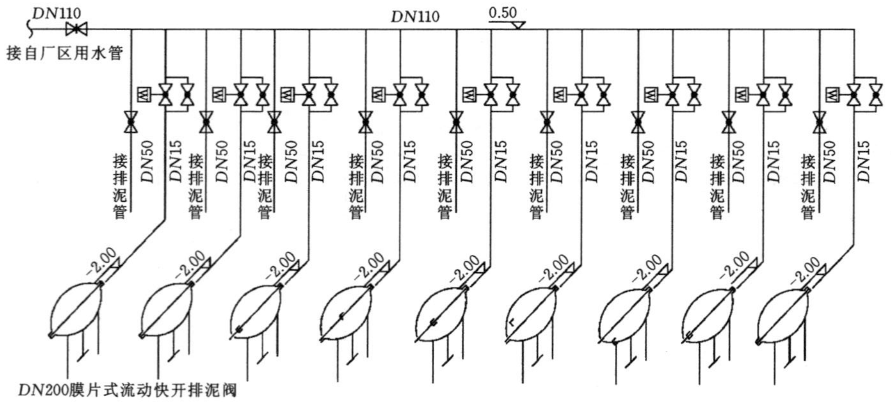

排泥阀安装系统图

主要设备材料表

序号	名 称	规 格	单位	数量	备 注
1	乙丙共聚管材斜管	ϕ=80 mm L=1 m	m^2	120	配不锈钢支架
2	不锈钢集水支渠	12.8×0.3×0.55 m	条	2	
3	液动膜片式快开排泥阀	DN200	个	9	
4	软管封法兰闸阀	DN200	个	9	
5	刚性防水套管	DN500	套	1	
6	刚性防水套管	DN400	套	2	
7	刚性防水套管	DN200	套	9	
8	钢制90° 弯头	DN400	个	3	
9	钢制90° 弯头	DN200	个	9	
10	螺旋焊缝钢管	D530×9	m	1	
11	螺旋焊缝钢管	D426×9	m	4	
12	螺旋焊缝钢管	D426×4.5	m	135	
13	球阀	CQ11F DN50	个	9	
14	电磁阀	DN15	个	9	
15	球阀	CQ11F DN15	个	9	
16	PE100给水管	DN50 1.0 MPa	m	30	
17	PE100给水管	DN15 1.0 MPa	m	30	

说明：

1. 本图尺寸除标高以m计外，其余均以mm计；
2. 本图采用相对标高，±0.000相当于1985国家高程618.65 m；
3. 材料表统计至池体外1 m。

（e）

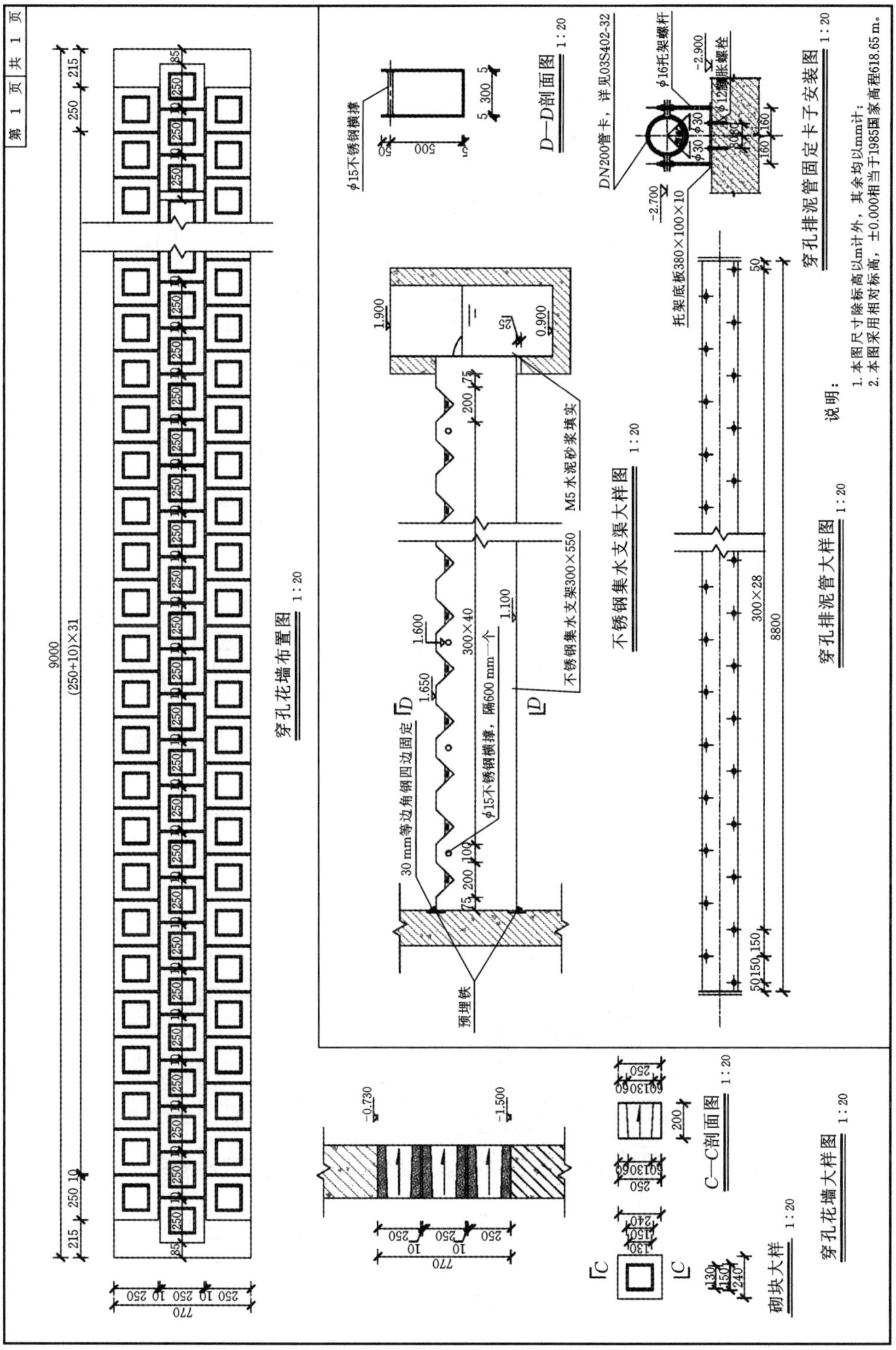

(f)

图 2-1　沉淀池构筑物工艺施工图

(a)顶层平面图；(b)底层平面图；(c)A—A剖面图；(d)B—B剖面图；(e)排泥设备安装图；(f)穿孔排泥管大样图

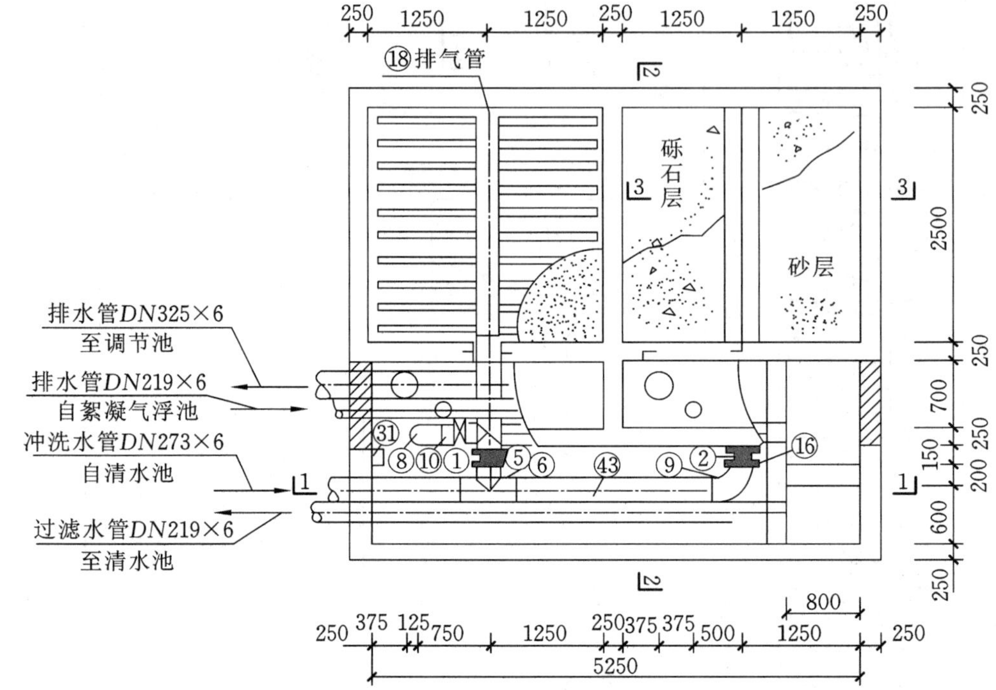
⑱排气管
砾石层
砂层
排水管DN325×6
至调节池
排水管DN219×6
自絮凝气浮池
冲洗水管DN273×6
自清水池
过滤水管DN219×6
至清水池
250 1250 1250 250 1250 1250 250
250 2500 250 700 250 150 200 600 250
800
250 375 125 750 1250 250 375 375 500 1250 250
5250

(a)

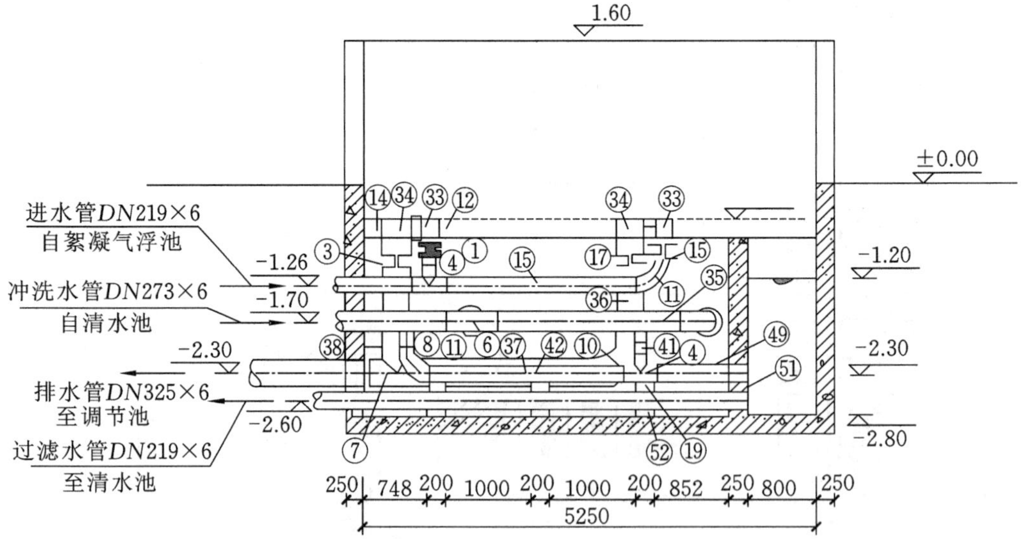
1.60
±0.00
进水管DN219×6
自絮凝气浮池
冲洗水管DN273×6
自清水池
排水管DN325×6
至调节池
过滤水管DN219×6
至清水池
-1.26
-1.70
-2.30
-2.60
-1.20
-2.30
-2.80
250 748 200 1000 200 1000 200 852 250 800 250
5250

(b)

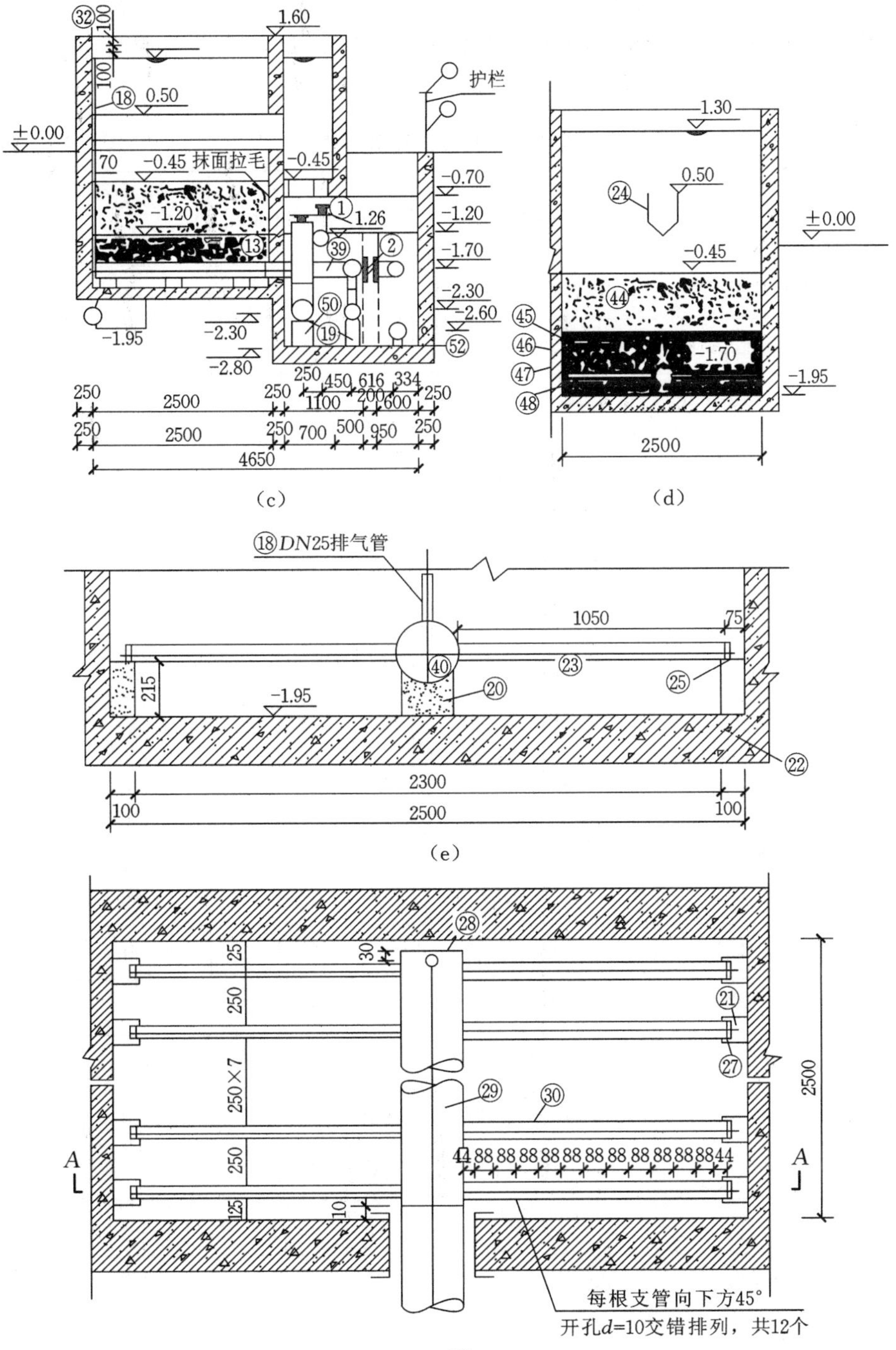

图 2-2　污水处理滤池构筑物施工图

(a)滤池平面图；(b)滤池 1—1 剖面图；(c)滤池 2—2 剖面图；(d)滤池 3—3 剖面图；

(e)滤池排气管道剖面图；(f)排水系统平面图

说明：(1)所有钢管道、零件均做防腐处理，管道地上部分刷红丹漆和醇酸漆各两遍，地下部分做特强级防腐；(2)排水管管底坡度不小于 0.0050，滤料为石英砂，粒径为 0.8～1.2mm，不均匀系数小于 1.3。

1—1剖面图中显示了池底的配水干管，2—2、3—3剖面显示了砂层、砾石层、水渠构造及配水干管等。在1—1剖面图中，池体钢筋混凝土的剖面材料符号示意图，叠层构造用分层剖面图表达。滤池工程量清单见表2-1。

表2-1 滤池工程量清单

编号	名称	规格	材料	单位	数量	总质量/kg	备注
1	蜗杆传动对夹式蝶阀	D371×0.6 DN150		个	4	30.00	
2	蜗杆传动对夹式蝶阀	D371×0.6 DN250		个	2	72.00	
3	蜗杆传动对夹式蝶阀	D371×0.6 DN300		个	2	106.00	
4	三通	DN200×19	钢	个	2	28.20	见S311/32-16
5	三通	DN250×150	钢	个	2	44.40	见S311/32-17
6	三通	DN250×250	钢	个	1	35.60	见S311/32-17
7	三通	DN300×300	钢	个	1	43.50	见S311/32-17
8	90°弯头	DN150	钢	个	2	14.20	见S311/32-3
9	90°弯头	DN250	钢	个	1	26.20	见S311/32-3
10	90°弯头	DN300	钢	个	1	31.10	见S311/32-3
11	90°异径弯头	DN200×150	钢	个	2	23.00	见S311/32-10
12	Ⅳ型防水套管	DN150	钢	个	2	21.86	见S312/8-8
13	Ⅳ型防水套管	DN250	钢	个	2	40.44	见S312/8-8
14	Ⅳ型防水套管	DN300	钢	个	2	56.84	见S312/8-8
15	法兰	DN150PN0.6MPa	钢	个	8	35.76	见S311/32-29
16	法兰	DN250PN0.6MPa	钢	个	4	24.28	见S311/32-29
17	法兰	DN300PN0.6MPa	钢	个	4	41.20	见S311/32-29
18	镀锌钢管	DN25	钢	m	6.5	15.73	
19	混凝土支墩	200×200×400		个	3		
20	混凝土支墩	250×250×125		个	4		
21	混凝土支墩	100×100×125		个	40		
22	钢筋	ϕ10，L=800	钢	个	28	13.82	冷拉圆钢
23	钢管	DN25	钢	根	6.6	15.97	镀锌钢管

续表2-1

编号	名称	规格	材料	单位	数量	总质量/kg	备注
24	排水箱		钢	个	2	275.18	
25	角钢	75×75×8，$L=250$	钢	根	4	9.03	
26	带帽螺栓	M120，$L=80$	钢	个	8	0.90	
27	堵板	$DN70$，$d=6$	钢	个	40	7.20	
28	堵板	$DN250$，$d=6$	钢	个	2	4.60	
29	钢管	$DN250$，$L=2380$	钢	根	2	188.07	
30	穿孔管	$DN70$，$L=1050$	钢	根	40	278.88	
31	铸铁爬梯		铸铁	个	14	51.80	见 S147/17
32	单管立式支架	$DN25$	钢	个	2	40.00	见 S161/55-17
33	钢管	$DN159\times6$，$L=365$	钢	根	2	16.52	直缝卷焊
34	钢管	$DN325\times6$，$L=475$	钢	根	2	44.84	直缝卷焊
35	钢管	$DN219\times6$，$L=2195$	钢	根	1	69.165	直缝卷焊
36	钢管	$DN325\times6$，$L=949$	钢	根	1	44.79	直缝卷焊
37	钢管	$DN325\times6$，$L=2390$	钢	根	1	112.81	直缝卷焊
38	钢管	$DN325\times6$，$L=1399$	钢	根	1	66.03	直缝卷焊
39	钢管	$DN273\times6$，$L=720$	钢	根	2	56.894	直缝卷焊
40	钢管	$DN159\times6$，$L=144$	钢	根	1	3.260	直缝卷焊
41	钢管	$DN159\times6$，$L=125$	钢	根	1	2.83	直缝卷焊
42	钢管	$DN219\times6$，$L=2240$	钢	根	1	70.583	直缝卷焊
43	钢管	$DN273\times6$，$L=2090$	钢	根	1	82.576	直缝卷焊
44	石英砂	$d=0.8\sim1.2$		m^3	9.375		滤料用
45	砾石	$d=2\sim4$		m^3	1.25		承托层用
46	砾石	$d=4\sim8$		m^3	1.25		承托层用
47	砾石	$d=8\sim16$		m^3	1.25		承托层用
48	砾石	$d=16\sim32$		m^3	5.625		承托层用

续表2-1

编号	名称	规格	材料	单位	数量	总质量/kg	备注
49	钢管	$DN219\times6$，$L=1000$	钢	根	1	31.51	直缝卷焊
50	混凝土支墩	300×300×500		个	3		
51	Ⅳ型防水套管	$DN200$	钢	个	2	40.44	见 S312/8-8
52	混凝土支墩	200×200×100		个	3		

从图 2-2 中可以看到，排水槽、砂层、砾石层、配水管等构件均为上下叠层构造，不易在平面图中全部表达出来。如果采用平剖面图，则也只能表达出一层构造，因此可在保持滤池形体完整的条件下，把叠层构件部分逐层平面剖切而成为分层剖面。图 2-2(a)平面图为两格滤池一组，右格滤池中画出了最上面的排水槽，中间的砂层及砾石层用波浪线分开，并用建筑材料符号示意图表示出来。左格滤池中将上部构件全部移去，使池底的配水管系统全部显现出来。这种叠层剖面图表示方法可使每格滤池中不同部分的构件表达清楚完整。

二、管廊

如图 2-2(a)所示，过滤池在过滤或冲洗过程中，有多种进出水管道系统与池体相接，管廊是各种管道交汇最多的地方，管道布置较复杂。由于管道间往往重叠和交叉，管径又较大，因此，在大比例的池体工艺设计图中，不能画出符号性的单线管路，要求每种管道的连接和位置必须表达得具体明确，管径大小要求按比例用双线画出。管道上各类阀门等配件可按表 2-2 中的阀门图例画出，管道各种接头的画法可参阅表 2-3。

为使绘图和概预算以及施工时备料方便，应在每个设备、构件、管配件等旁边，以指引线引直径为 6mm 的细实线小圆，圆内用阿拉伯数字顺序编号，相同的管配件可编同一号码。同时按其编号另行列出工程量表，以显示其规格、材料和数量。在每种管道的总干管旁边，注明管道名称，以便工艺上的校对和审核，并画出箭头，以表示其流向。这种管道、构件编号方法，使得工艺图纸更加清晰准确。针对管廊中各种管道重叠问题，可采用截断画法来解决，即将重叠处前面的管段在适当的位置予以截断，断面处用“8”字形表示，从而使后面被遮管段显现出来，达到视图目的，如图 2-2(f)所示。

表 2-2　阀门图例

序号	名称	符号	用途说明
1	闸阀	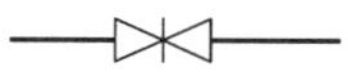	常用来控制开关和流量大小
2	截止阀		常用来控制开关

续表2-2

序号	名称	符号	用途说明
3	旋塞阀		常用来控制开关和流量大小
4	球阀	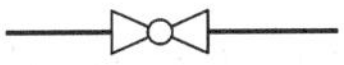	常用来控制开关和流量大小
5	止回阀		使水流单向流动

表 2-3　管道连接方式

名称	图例	名称	图例
法兰连接	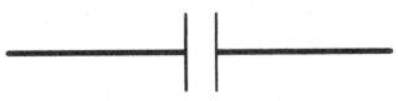	弯折管	
承插连接	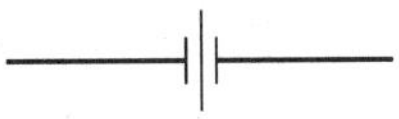	管道丁字上接	
活接头	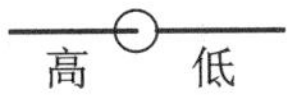	管道丁字下接	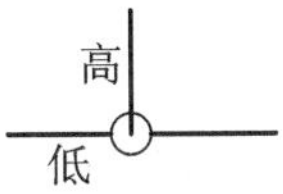
管堵	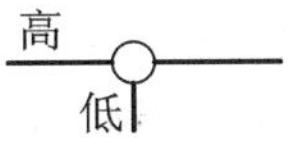	管道交叉	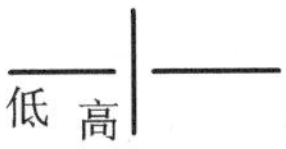

三、工艺构筑物的尺寸标注

1. 工艺构筑物尺寸的性质和要求

贮水构筑物大都为钢筋混凝土的水池，其各个工艺构筑部分的内净形体大小，即工艺构筑物尺寸是由本专业技术人员在设计计算时确定的。工艺图中的视图和剖面图只能显示出该设备各组成部分间的关系和形状，其大小必须由尺寸数字来决定，而不能用比例尺按图样比例来量取。因为，在较小比例的图样中，用比例尺量度的误差较大，且有些尺寸是由几何关系而间接得到的，所以，量度而得的尺寸数据不能作为安装和施工使用的依据。图上的尺寸一经标注后，除本设计人员按一定程序可有权修改外，其他人员都不得随意变动和修改。当然，在审核方案和安装施工时，需要了解某些构筑物的定位和形体大小，可按比例用尺量度某部分的间接尺寸，但这只能作为参考使用，而不能作为正式尺寸。

工艺图在施工之前是作为工艺的审核及结构设计与机械电器设备设计的依据，在施工时主要作为设备及管道安装的依据，其土建施工需另按结构图来进行。因此在工艺设计图中，只需标出土建的模板尺寸，而不必标注结构的细部尺寸。

工艺构筑物尺寸要尽可能标注在反映其形体特征的视图或剖面图上，同类性质的尺寸宜适当合并和集中，尺寸位置应在清晰明显的地方标出，不要与视图有重叠和交叉，也不能过多关注不必要的重复尺寸，更不应漏注某些关联的几何尺寸，而让施工人员去进行换算。如有分部或分段尺寸，不应散落标注，而宜适当串联起来统一注出，并同时标注其相应的外包总尺寸。定位尺寸可将底板、池壁、池角、轴线、圆的中心线等作为定位基准。

2. 标高

工艺构筑物尺寸只能反映构筑物本身的形体大小，但不能显示其埋设高程。因此，为了确定构筑物各部分的高程，应在构筑物的主要部位（池顶、池底、有关构件和设备等）、水面、管道中心线、地坪等处标注出标高。

3. 管径尺寸及其定位尺寸

管道直径一般均指管道的内径，以“公称直径”“*DN*”表示，为使在工艺图上能明确每个管道系统的性质，最好在每种管道旁同时标出管道名称及公称直径，并标注在充分显示该系统的视图上，如图 2-2 中的平面图、剖面图中所注。对每节管、配件，可用指引线及小圆圈进行编号，列出工程量表。工程量表中每个编号均须注出其名称、规格（公称直径及长度）、材料、数量、标准等，管道可从池壁或池角来定位，定位尺寸均应以管道中心线为准。

4. 附属设备

在工艺总图中由于比例较小，贮水池中的附属设备及构、部件等构造是不可能表达清晰的，因此，只需画出它们的简明形体轮廓即可。当附属设备及构、部件的细部构造不能套用标准图而须另行画详图表达时，必须画出该设备及构、部件的索引符号标志，以便于工艺总图与详图间的查阅和对照。对于土建的细部构造，如爬梯、踏步、护栏等，另由土建结构详图表达。构筑物中有关部件设备，则用专门部件装配图等来表达。

第二节　环境工程建筑施工图识读

环境工程建设项目中，除了工艺构筑物外，还需要有为满足环保工程如污水处理厂管理和运营需求的办公楼、中控室、化验楼、维修车间、鼓风机房等，这些楼房的建设与其他商业楼、住宅楼房施工相一致。本节介绍环境工程建设项目中的楼房建筑施工图识读的基本知识，以便读者充分掌握楼房施工的技术要点。

一、环境工程建筑施工图概述

1. 建筑物的设计程序

根据建筑物规模和复杂程度，建筑物的设计过程可分为两阶段设计和三阶段设计两种。大型的、重要的、复杂的建筑物必须采用三阶段设计，即初步设计、扩大初步设计和施工图设计；规模较小、技术简单的建筑物多采用两阶段设计，即初步设计和施工图设计。

初步设计文件包括建筑物的总平面图，各层平面图，主要立面图、剖面图及简要说明，主要结构方案、主要技术经济指标和工程概算书等，供有关部门和建设单位分析、研究和审批。扩大初步设计是在批准初步设计的基础上，进一步确定各专业工种之间的技术问题。施工图设计是建筑设计的最后阶段，其任务是绘制满足施工要求的全套图纸，并编制工程说明书、结构计算书和工程预算书。

2. 建筑物的分类和组成

环保工程建筑物按其使用性质，通常可分为处理工艺建筑物、办公建筑物、辅助设施建筑物等，主要服务于环保工程处理。在一些大型污水处理厂，还有食堂、宿舍楼、休闲馆等辅助建筑物，以满足员工生活需要。

各种不同的建筑物，尽管它们的使用要求、空间组合、外形处理、结构形式、构造方式及规模大小等方面有各自的特点，但其基本构造是相似的。一幢建筑物是由基础、墙或柱、楼板、地面、楼梯、屋顶、门窗等部分组成的。它们各处在不同的部位，发挥着不同的作用。此外，一般建筑物还有其他的配件和设施，如通风道、垃圾道、阳台、雨篷、雨水管、勒脚、散水、明沟等。

3. 建筑物施工图的内容

建筑物施工图按专业不同可分为建筑施工图（简称建施）、结构施工图（简称结施）、设备施工图（简称设施）和装饰施工图（简称装施）等。

环境工程建筑施工图主要表达建筑物建筑群体的总体布局、建筑物的外部造型、内部布置、固定设施、构造做法和所用材料等内容，包括总平面图、建筑平面图、建筑立面图、建筑剖面图、建筑详图等。

结构施工图主要表达建筑物承重构件的布置、类型、规格及其所用材料、配筋形式和施工要求等内容，包括结构布置图、构件详图、节点详图等。

设备施工图主要表达室内给排水、采暖通风、电气照明等设备的布置、安装要求和线路敷设等内容，包括给排水、采暖通风、电气等设施的平面布置图、系统图、构造和安装详图等。

装饰施工图主要表达室内设施的平面布置及地面、墙面、顶棚的造型、细部构造、装修材料与做法等内容，包括装饰平面图、装饰立面图、装饰剖面图、装饰详图等。

由此可以看出，一套完整的建筑物施工图，其内容和数量很多，而且工程的规模和复杂程度不同，工程的标准化程度不同，都可导致图样数量和内容的差异。为了能准确地表达建筑物的形状，设计时图样的数量和内容应完整、详尽、充分。一般在能够清楚表达工程对象的前提下，一套图样的数量及内容越少越好。

二、建筑施工图制图标准

建筑施工图应按正投影原理及视图、剖面和断面等的基本图示方法绘制。制图规则遵循《房屋建筑制图统一标准》(GB/T 50001—2017)的规定，以便保证制图质量、提高效率、表达统一。读图识图时也应根据该标准来领会图纸绘制者的意图。在读图时，应关注以下几个方面：

1. 比例

建筑物形体庞大，必须关注图中所采用的比例。对于整幢建筑物、构筑物的局部和细部结构，比例各不相同。同一幅图纸中，经常出现不同比例的图形，常用的比例见表 2-4。环境工程中，建筑物的尺寸往往比图纸大许多倍，其比例是采用缩小比例。特别应注意的是，通常所说的比例是指打印比例，是根据打印图纸的大小来设定的。采用不同的图纸来打印，所设的比例会不一样。如同一栋建筑物，采用 A2 纸打印，比例是 1:200，而采用 A1 纸打印，比例则可能需要调至 1:150 了，这样才能在不同大小的图纸中保持同样大小的文字高度和标注高度。

表 2-4　建筑施工图的比例

图　　名	常用比例	备　　注
总平面图	1:500、1:1000、1:2000	
次要平面图	1:300、1:400	指屋面平面图和地面平面图
平面图、立面图、剖面图	1:50、1:100、1:200	
详图	1:1、1:2、1:5、1:10、1:20、1:25、1:50	1:25 仅适用于结构构件详图

2. 图线

在建筑施工图中，为了表明不同的内容并使层次分明，须采用不同线型和线宽的图线绘制图形。图线的线型和线宽按照表 2-5、表 2-6 和表 2-7 的说明来选用。每个图样，复杂程度和比例大小不同，应先选定基本线宽 b，再依照表 2-5 来建立相应的线宽组。

表 2-5　线宽组

线宽比	线宽组/mm			
b	1.4	1.0	0.7	0.5
$0.7b$	1.0	0.7	0.5	0.35
$0.5b$	0.7	0.5	0.35	0.25
$0.25b$	0.35	0.25	0.18	0.13

注：需要缩微的图纸，不宜采用 0.18mm 及更细的线宽；同一张图纸内，各不同线宽中的细线，可统一采用较细的线宽组的细线。

表 2-6　线宽组在图框和标题栏线中的使用

幅面代号	图框线	标题栏外框线对中标志	标题栏分格线幅面线
A0、A1	b	$0.5b$	$0.25b$
A2、A3、A4	b	$0.7b$	$0.35b$

表 2-7　建筑施工图的图线线宽与用途

名称	线宽	用　　途
粗实线	b	① 平、剖面图中被剖切的主要建筑构造(构配件)的轮廓线； ② 建筑立面图或室内立面图的外轮廓线； ③ 建筑构造详图中被剖切的主要部分轮廓线； ④ 建筑构配件详图中的外轮廓线； ⑤ 平、立、剖面图的剖切符号
中实线	$0.5b$	① 平、剖面图中被剖切的次要建筑构造(构配件)的轮廓线； ② 建筑平、立、剖面图中建筑构配件的轮廓线； ③ 建筑构造详图及建筑构配件详图中的一般轮廓线
细实线	$0.25b$	小于 $0.5b$ 的图形线、尺寸线、尺寸界线、图例线、索引符号、标高符号
中虚线	$0.5b$	① 建筑构造详图及建筑构配件不可见的轮廓线； ② 平面图中的起重机(吊车)轮廓线； ③ 拟扩建的建筑物轮廓线
细虚线	$0.25b$	图例线、小于 $0.5b$ 的不可见轮廓线
粗单点长画线	b	起重机(吊车)轨道线
细单点长画线	$0.25b$	中心线、对称线、定位轴线
折断线	$0.25b$	不需画全的断开界线
波浪线	$0.25b$	不需画全的断开界线、构造层次的断开界线

注：地平线的线宽可用 $1.4b$。

3. 定位轴线及其编号

建筑施工图中的定位轴线是施工定位、放线的重要依据。凡是承重墙、柱子等主要承重构件，都应绘制轴线来确定其位置。对于非承重的分隔墙、次要的局部承重构件等，有时用分轴线定位，有时也可通过注明其与附近轴线的相关尺寸来确定。

定位轴线采用细单点长画线表示，此线应伸入构件内 10～15mm。轴线的端部用细实线画直径为 8mm 的圆圈并对轴线进行编号。水平方向的编号采用阿拉伯数字，从左到右依次编写，一般表示横向轴线；垂直方向的编号用大写拉丁字母自下而上顺序编写，通常表示纵向轴线。

4. 尺寸、标高、图名

图样上的尺寸单位，除标高及建筑总平面以米(m)为单位外，其余一律以毫米(mm)为单位。

标高是标注建筑物高度的一种尺寸形式，用细实线绘制。标高数字以米(m)为单位，单体建筑工程的施工图注写到小数点后第三位，在总平面图中则注写到小数点后第二位。在单体建筑工程中，零点标高注写成±0.000，负数标高数字前必须加注“－”，正数标高前不写“＋”。标高数字应注写在标高符号的上侧或下侧。

标高有绝对标高和相对标高两种。

（1）绝对标高。我国把青岛附近某处黄海的平均海平面定为绝对标高的零点，其他各地标高都以它作为基准。

（2）相对标高。在建筑物的施工图上要注明许多标高，如果全用绝对标高，不但数字复杂，而且不容易得出各部分的高差。因此，除总平面图外，一般都采用相对标高，即把首层室内地面高定为相对标高的零点，并在建筑工程的总说明中说明相对标高和绝对标高的关系，由建筑物附近的水准点来测定拟建工程的底层地面标高。

图名标注在图样的正下部位置，下面应画一条粗横线，其粗度应不大于同张图中所画图形的粗实线。同张图样中的这种横线粗度应一致。图名下的横线长度应以所写文字所占长度为准，不要任意画长。在图名的右侧应用比图名的字号小一号或两号的字号注写比例，如：

<u>办公楼平面图</u>　1∶100

三、阅读建筑施工图的方法

1. 阅读建筑施工图应注意的几个问题

（1）施工图是根据正投影原理绘制的，用图样表明建筑物的设计及构造做法。所以要看懂施工图，应掌握正投影原理和熟悉房屋建筑的基本构造。

（2）施工图采用了一些图例符号以及必要的文字说明，共同把设计内容表现在图样上。因此要看懂施工图，还必须记住常用的图例符号。

（3）看图时要注意从粗到细，从大到小。先粗看一遍，了解工程的概貌，然后仔细看。细看时应先看总说明和基本图样，然后再深入看构件图和详图。

（4）一套施工图是由各工种的许多张图样组成，各图样之间是互相配合且紧密联系的。图样的绘制大体是按照施工过程中不同的工种、工序分成一定的层次和部位进行的，因此要有联系地、综合地看图。

（5）结合实际看图。根据实践、认识、再实践、再认识的规律，看图时联系生产实践，就能比较快地掌握图样的内容。

2. 标准图的阅读

在施工中有些构配件和构造做法经常直接采用标准图集，因此阅读施工图前要查阅本工程所采用的标准图集。

（1）标准图集的分类

我国编制的标准图集，按其编制的单位和适用范围的情况大体可分为三类。

① 经国家批准的标准图集，供全国范围内使用。全国通用的标准图集，通常采用“J×××”或“建×××”代号表示建筑标准配件类的图集，用“G×××”或“结×××”代号表示结构标准构件类的图集。

② 经各省、市、自治区等地方批准的通用标准图集，供本地区使用。

③ 各设计单位编制的标准图集，供本单位设计的工程使用。

(2) 标准图的查阅方法

① 根据施工图中注明的标准图集名称和编号及编制单位，查找相应的图集。

② 阅读标准图集时，应先阅读总说明，了解编制该标准图集的设计依据和使用范围、施工要求及注意事项等。

③ 根据施工图中的详图索引编号查阅详图，核对有关尺寸及套用部位等要求，以防出现差错。

(3) 阅读建筑工程图的方法

① 读图纸首页

包括图纸目录、设计总说明、数量表以及经济技术指标等。

② 读总平面图

包括构筑物的平面分布位置、与其相关的地形地势特点、周围环境、坐标、道路等。

③ 读建筑施工图

从标题栏开始，依次读平面形状及尺寸和内部组成，建筑物的内部构造形式、分层情况及各部位连接情况等，了解立面造型、装修、标高等，了解细部构造、大小、材料、尺寸等。

④ 读结构施工图

从结构设计说明开始，了解结构设计的依据、材料标号及要求、施工要求、标准图选用等。读基础平面图，包括基础的平面布置及基础与墙、柱轴线的相对位置关系，以及基础的断面形状、大小、基底标高、基础材料及其他构造做法，还要读懂梁、板等的布置以及构造配筋及屋面结构布置等，乃至梁、板、柱、基础、楼梯的构造做法。

⑤ 读设备施工图

包括管道平面布置图、管道系统图、设备安装图、工艺设备图等，读图时注意工种之间的联系，前后照应。

四、建筑总平面图

1. 总平面图的形成和用途

将新建工程四周一定范围内的新建、拟建、原有和拆除的建筑物、构筑物连同其周围的地形、地物状况用水平投影方法和相应的图例所画出的工程图样，即为总平面图。总平面图主要是表示新建房屋的位置、朝向与原有建筑物的关系，以及周围道路、绿化和给水、排水、供电条件等方面的情况，一般作为新建房屋施工定位、土方施工、设备管网平面布置，施工时进入现场的材料和构件、配件堆放场地、构件预制的场地以及运输道路的依据。

2. 总平面图的图示方法

总平面图的图形主要是以图例形式表示，图例应符合《总图制图标准》(GB/T 50103—2010)的规定，表 2-8 给出了部分常用的总平面图图例，画图时应严格对照绘制。

如图中采用的图例不是标准中的图例，应在总平面图下面说明。总平面图的坐标、标高、距离以米为单位，并应至少取至小数点后两位。

表 2-8　总平面图图例

名　称	图　例	说　明
新建的建筑物	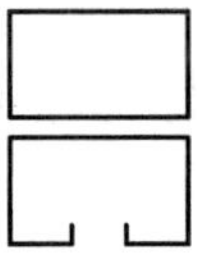	① 上图为不画出入口图例，下图为画出入口图例； ② 需要时，可在图形内右上角以点数或数字（高层宜用数字）表示层数； ③ 用粗实线表示
原有的建筑物	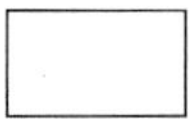	① 应注明拟利用者； ② 用细实线表示
计划扩建的预留地或建筑物		用中粗虚线表示
拆除的建筑物	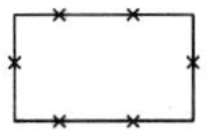	用细实线表示
新建的地下建筑物或构筑物	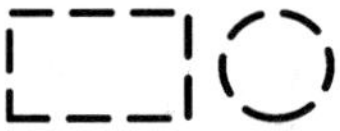	用粗虚线表示
敞棚或敞廊	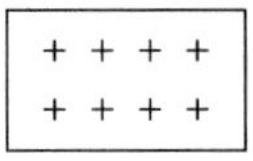	
围墙及大门	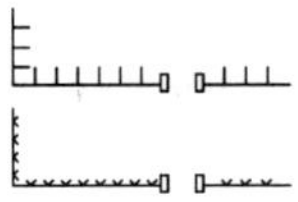	上图为砖石、混凝土或金属材料的围墙； 下图为镀锌铁丝网、篱笆等围墙。 如仅表示围墙时，不画大门
坐标	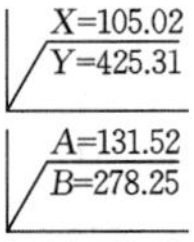	上图表示测量坐标； 下图表示施工坐标
填挖边坡	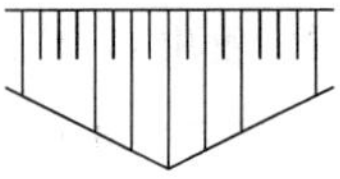	边坡较长时，可采用一端或两端局部表示
护坡	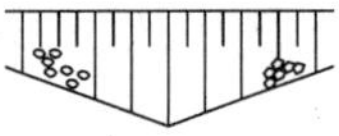	
室内标高	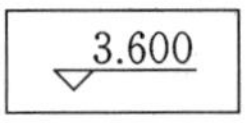	

续表2-8

名　称	图　例	说　明
室外标高	▼143.000	
新建的道路	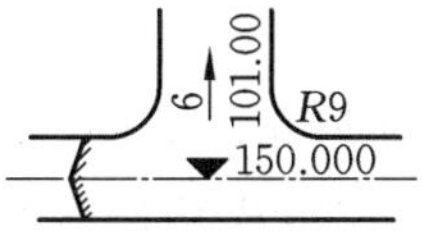	①“R9”表示道路转弯半径为 9m，“150.00”为路面中心的标高，“6”表示纵向坡度为 6%，“101.00”为变坡点间距离； ② 图中斜线为道路断面示意，根据实际需要绘制
原有的道路	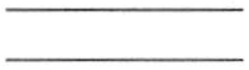	
计划扩建的道路	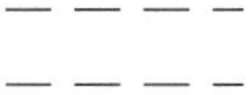	
人行道		
雨水井 消火栓井	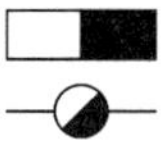	上图表示雨水井，下图表示消火栓井
修剪的树篱		
花坛	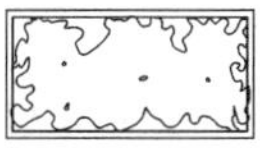	
风玫瑰图	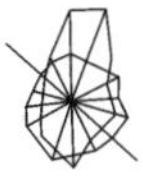	根据当地多年统计的各个方向平均吹风次数绘制而成，实线表示全年风向频率，虚线表示夏季 6—8 月的风向频率
指北针		圆圈直径 24mm，指针尾部宽度为直径的 1/8

3. 建筑总平面图的图示内容

(1) 建筑地域的环境状况，包括地理位置、基地范围、地形地貌、原有建筑物、构筑物、道路等。

(2) 新建(扩建、改建)区域的总体布置，包括新建建筑物、构筑物、道路、广场、绿化等的布置情况及建筑物的层数。在市政污水处理厂中，建筑物通常包括办公楼、食堂、宿舍、鼓风机房、脱水车间、机修车间和泵房等。

(3) 新建工程的具体定位：对于小型工程或在已有建筑群中的新建工程，一般是根据地域内或邻近的永久性固定设施（建筑物、道路等）定位。对于包括工程项目较多的大型工程（往往占地广阔，地形复杂），为保证定位放线的准确，常采用坐标网格来确定它们的位置。一些中小型工程，不能用永久性固定设施定位时，也采用坐标网格定位。

(4) 新建建筑物首层室内地坪、室外设计地坪和道路的标高，新建建筑物、构筑物、道路、管网等之间有关的距离尺寸，总平面图中的标高、距离均以米为单位（图中不标明），精度取至小数点后两位。

(5) 指北针或风向频率玫瑰图：在总平面图中通常画有带指北针的风向频率玫瑰图（风玫瑰图），用来表示该地区常年的风向频率和房屋的朝向。风玫瑰图是根据当地多年统计的各个方向平均吹风次数的百分数按一定比例绘制的，风的吹向是指从外吹向中心。实线表示全年风向频率，虚线表示按6、7、8三个月统计的风向频率。明确风向有助于建筑构造的选用及材料的堆场，如有粉尘污染的材料应堆放在下风位。

建筑总平面图表达的内容因工程的规模、性质、特点和实际需要而定，如工程所在位置地势起伏变化比较大，则需要画出等高线；而地势较平坦时，则不必画出。对一些简单工程，坐标网格或绿化规划的布置等也不是必需画出。

4. 建筑总平面图的阅读

(1) 阅读步骤

① 阅读标题栏，了解新建工程的名称和相关单位信息。

② 看指北针、风向频率玫瑰图，了解新建建筑物的地理位置和朝向及与当地常年主导风向的关系。

③ 了解新建建筑物的名称、定位、形状、大小和标高等，以及道路、绿地、原有建筑物、构筑物等周边环境。

(2) 读图实例

图2-3所示为某市政污水处理建筑总平面图，下面以其为例进行读图。

① 了解图名和比例。该施工图为市政污水处理厂总平面图，比例1∶1000。

② 了解工程性质、用地范围、地形地貌和周围环境情况。从图中可知，该污水处理厂属于新建性质，共24个建构筑物，编号分别是1—24。总平面图中，通常在污水处理厂的西南角选定施工坐标系原点，厂内所有建构筑物就可以通过施工坐标定位。通过施工坐标，可以知道厂区的大小、每个建构筑物的尺寸大小以及相对位置。从图2-3可知，厂界的外围有雅鲁河，处理的中水排至该河流。污水处理厂的用地形状近似四边形，其边长分别为220m、336m、220.5m、278m。

③ 了解建筑的朝向和风向。图2-3左上方是带指北针的风玫瑰图，表示该地区全年以西北风为主导风向，厂的正大门位于西北方向，整个厂区自西北向东南分布。

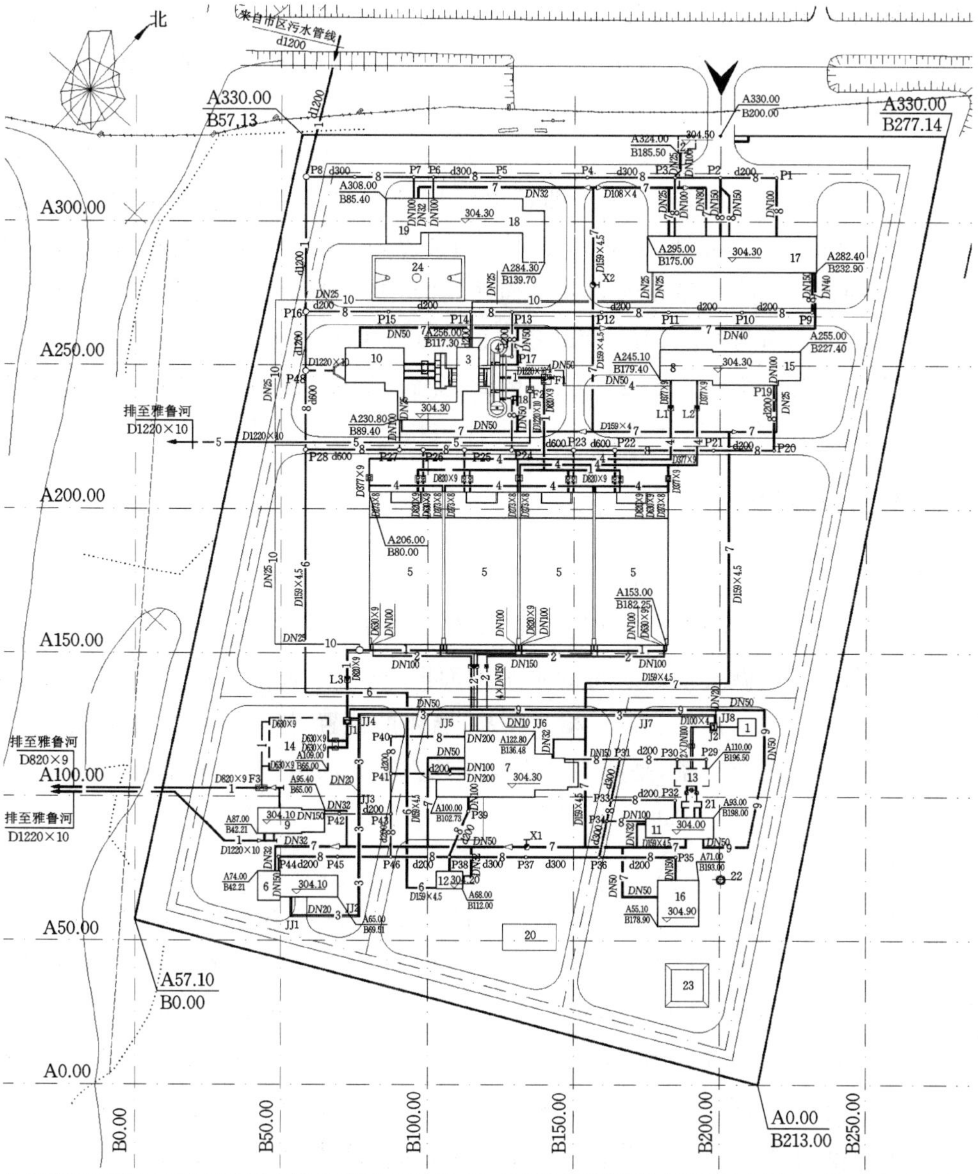

序号	名 称	尺 寸	单位	数量	备 注	序号	名 称	尺 寸	单位	数量	备 注
1	深井泵房	42.3 m²	座	1	见01P-0089S-08J	13	清水池	6.0 m×12.0 m	座	1	见01P-0089S-17S-01
2	门卫室	38.2 m²	座	1	见01P-0089S-13J	14	接触池	18.3 m×20.0 m	座	1	见01P-0089S-12S-01
3	细格栅间	7.5 m×15 m	座	1	见01P-0089S-10S-01	15	变电所		座	1	见01P-0089S-06J-01
4	沉砂池	D=4.5 m	座	2	见01P-0089S-10S-01	16	锅炉房	242 m²	座	1	见01P-0089S-12J-01
5	SBR反应池	53.0 m×25.0 m	座	4	见01P-0089S-11S-01	17	综合楼	1356 m²	座	1	见01P-0089S-09J-01
6	加氯间及氯库	19.5 m×7.5 m	座	1	见01P-0089S-15S-01	18	机修仓库		座	1	见01P-0089S-11J-01
7	污泥浓缩脱水间	24.0 m×22.8 m	座	1	见01P-0089S-16S-01	19	车库		座	1	见01P-0089S-11J-01
8	鼓风机房	18.0 m×10.5 m	座	1	见01P-0089S-14S-01	20	露天仓库		座	1	
9	污水排放泵房	15.0 m×9.0 m	座	1	见01P-0089S-13S-01	21	吸水井	7.0 m×2.0 m	座	1	见01P-0089S-17J-01
10	粗格栅及污水提升泵房	261 m²	座	1	见01P-0089S-09S-01	22	烟囱		座	1	
11	厂区自用水泵房	15.0 m×7.5 m	座	1	见01P-0089S-17S-01	23	煤灰堆场		座	1	
12	厂区排水泵房	6.0 m×9.0 m	座	1	见01P-0089S-18S-01	24	篮球场		座	1	

总平面图1:1000

图 2-3 某市政污水处理建筑总平面图

④ 了解新建建筑的准确位置。图 2-3 中新建建筑采用施工坐标定位方法，坐标网格 50m×50m，所有建筑对应的两个角全部用施工坐标定位，从坐标可知新建建筑的长度和宽度。

如建筑物 7 是污泥浓缩脱水间，其室内标高为 304.30m，两对角点的施工坐标分别是(100.00，102.73)和(122.80，136.48)，即可以定位其在整个厂区的具体位置，其长度为 122.8m－100.00m＝22.8m，宽度为 136.48m－102.73m＝33.75m。但由于该建筑物的其余点未在总平面图中标注，需要参阅其平面图，才可确定其大小。又如建筑物 9 是污水排放泵房，其室内标高为 304.10m，两对角点的施工坐标分别是(87.00，42.21)和(95.40，65.00)，其长度为 8.4m，宽度为 22.79m。因此，建筑总平面图可以反映建筑物之间的相对位置以及建筑物本身的尺寸大小。

五、建筑平面图

1. 建筑平面图的形成和用途

建筑平面图是用一个假想的剖切平面沿略高于窗台的位置剖切建筑，移去上面部分，剩余部分向水平面做正投影所得的水平剖面图，简称平面图。建筑平面图反映新建建筑的平面形状，房间的位置、大小、相互关系，墙体的位置、厚度、材料，柱的截面形状与尺寸大小，门窗的位置及类型，是施工时放线、砌墙、安装门窗、室内外装修及编制工程预算的重要依据，是建筑施工中的重要图样。

2. 建筑平面图的图示方法

一般情况下，房屋有几层，就应画几个平面图，并在图的下方注写相应的图名，如底层平面图、二层平面图等。但有些建筑的二层至顶层之间的楼层，其构造、布置情况基本相同，画一个平面图即可，将这种平面图称之为中间层(或标准层)平面图。若中间有个别层平面布置不同，可单独补画平面图。因此，多层建筑的平面图一般由底层平面图、标准层平面图、顶层平面图组成。另外还有屋顶平面图，屋顶平面图是从建筑物上方向下所做的平面投影，主要是表明建筑物屋顶上的布置情况和屋顶排水方式。

平面图实质上是剖面图，因此应按剖面图的图示方法绘制，即被剖切平面剖切到的墙、柱等轮廓线用粗实线表示，未被剖切到的部分如室外台阶、散水、楼梯以及尺寸线等用细实线表示，门的开启线用中粗实线表示。

建筑平面图常用的比例是 1∶50、1∶100 或 1∶200，其中 1∶100 使用最多。在建筑施工图中，比例小于 1∶50 的平面图、剖面图，可不画出抹灰层，但宜画出楼地面、屋面的面层线；比例大于 1∶50 的平面图、剖面图应画出抹灰层、楼地面、屋面的面层线，并宜画出材料图例；比例等于 1∶50 的平面图、剖面图宜画出楼地面、屋面的面层线，抹灰层的面层线应根据需要而定；比例为 1∶100 或 1∶200 的平面图、剖面图可画简化的材料图例(如砌体墙涂红、钢筋混凝土涂黑等)，但宜画出楼地面、屋面的面层线。

3. 建筑平面图的图示内容

① 表示所有轴线及其编号以及墙、柱、墩的位置、尺寸。

② 表示出所有房间的名称及其门窗的位置、编号与大小。

③ 注出室内外的有关尺寸及室内楼地面的标高。

④ 表示电梯、楼梯的位置及楼梯上下行方向及主要尺寸。

⑤ 表示阳台、雨篷、台阶、斜坡、烟道、通风道、管井、消防梯、雨水管、散水、排水沟、花池等位置及尺寸。

⑥ 画出室内设备，如卫生器具、水池、工作台、隔断及重要设备的位置、形状。

⑦ 表示地下室、地坑、地沟、墙上预留洞、高窗等位置及尺寸。

⑧ 在底层平面图上还应该画出剖面图的剖切符号及编号。

⑨ 标注有关部位的详图索引符号。

⑩ 底层平面图左下方或右下方画出指北针。

⑪ 屋顶平面图上一般应表示出女儿墙、檐沟、屋面坡度、分水线与雨水口、变形缝、楼梯间、水箱间、天窗、上人孔、消防梯及其他构筑物、索引符号。

4. 识图示例

图 2-4 所示为某污水处理厂脱水机房的平面图，从这个图可以得到以下信息：

（1）尺寸大小与形状

该图的比例为 1∶100，大致呈坐北朝南的走向。该脱水机房是 21.3m×12.4m 的长方形结构，但在其西边减少了一个 5.3m×6.0m 的三角形部分，建筑物的整体外观规整。水平方向有 5 根定位轴线，自左向右的间距分别为 5.3m、4.8m、4.8m 和 6.0m。垂直方向有 3 根定位轴线，自下而上的间距均为 6.0m。墙的厚度为 0.2m。

（2）门窗

该脱水机房配有 2 个卷帘门 JLM-1 和 JLM-2，宽度均为 3.0m，方便设备进出。门外有一个混凝土坡，坡度为 1∶8，确保雨水向外流。在房子西边有一道门 M-1，宽度为1.0m，主要用于人员进出。窗户共有 13 扇，其中 C-1 为 5 扇，C-2 为 8 扇。在轴线①—④的脱水房间内，窗 C-1 和 C-2 垂直并列安装，C-1 在下，C-2 在上，宽度均为 2.4m。在轴线④—⑤的泥棚房间内，只安装 3 个窗户 C-2，宽度均为 2.4m。

（3）柱

该脱水机房共由 12 根混凝土柱支撑，形成房间的框架柱结构。

（4）标高

通常，室内的一楼标高为±0.00。从图 2-4 可知，脱水间的标高为±0.00，而泥棚的标高则为－0.15m。在脱水间，室内浇筑了 8 块设备基础，3 种不同的标高，分别为 0.100m、0.200m 和－0.300m。在泥棚间，室内浇筑了 2 块设备基础，其标高均为 0.050m。

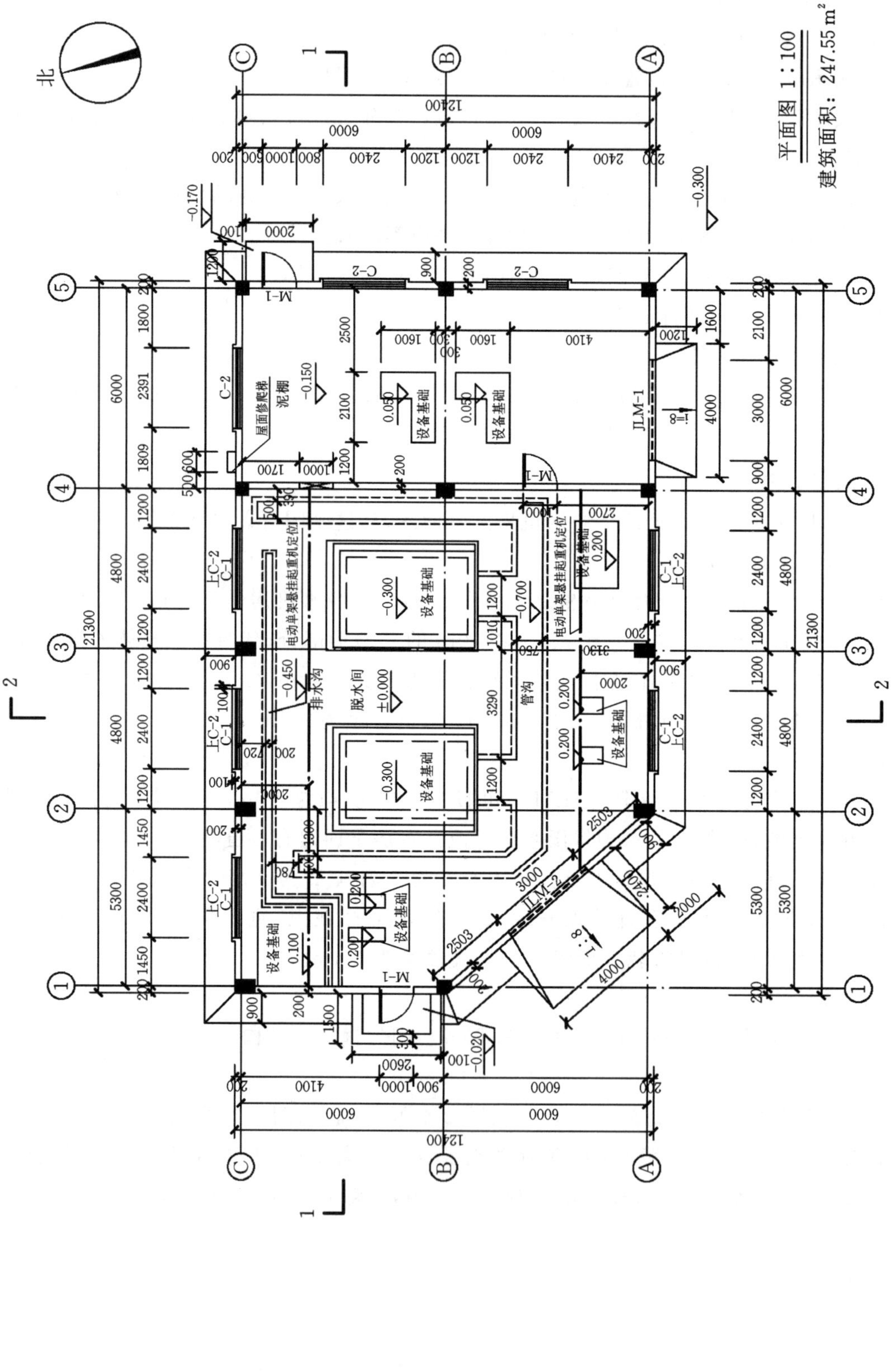

图 2-4　某污水处理厂脱水机房的平面图

六、建筑立面图

1. 立面图作用与命名方式

在与建筑立面平行的铅直投影面上所作的正投影图称为建筑立面图，简称立面图。一幢建筑物是否美观，是否与周围环境协调，很大程度上取决于建筑物立面上的艺术处理，包括建筑造型与尺度、装饰材料的选用、色彩的选用等内容，在施工图中立面图主要反映房屋各部位的高度、外貌和装修要求，是建筑外装修的主要依据。由于每幢建筑的立面至少有三个，每个立面都应有自己的名称。

(1) 用朝向命名

建筑物的某个立面朝向哪个方向，就称为哪个方向的立面图，如建筑物的立面朝向南面，该立面称为南立面图，面向北面，就称为北立面图等。

(2) 按外貌特征命名

将反映建筑物主要出入口或比较显著地反映其外貌特征的那一面图形称为正立面图，其余立面图依次为背立面图、左立面图和右立面图。

(3) 用建筑平面图中的首尾轴线命名

按照观察者面向建筑物从左到右的轴线顺序命名，如①—⑦立面图、⑦—①立面图等。

施工图中这三种命名方式都可使用，但每套施工图只能采用其中的一种方式命名，不论采用哪种命名方式，第一个立面图都应反映建筑物外貌特征。

2. 图示内容

① 表示出建筑立面图外轮廓线和地面线。外轮廓线用粗实线，地面线用特粗实线。

② 表示出投影可见的外墙、柱、梁、挑檐、雨篷、遮阳板、阳台、室外楼梯、门、窗及外墙面上的装饰线、雨水管等。门窗等构配件的外轮廓线用中实线绘制，其他线用细实线绘制。

③ 表明外墙面装修材料和做法的文字说明及表示需另见详图索引符号。

④ 标明各主要部位的标高，如室外地坪、台阶、窗台、门窗洞口顶面、阳台、腰线、线脚、雨篷、挑檐、女儿墙等处的完成面标高。

⑤ 标出立面两端的轴线，并注写编号。

⑥ 在图的下方注写图名及比例。

3. 建筑立面图的读图步骤

① 读立面图的名称和比例，可与平面图对照以明确立面图表达的是房屋哪个方向的立面。

② 分析立面图图形外轮廓,了解建筑物的立面形状。读标高,了解建筑物的总高、室外地坪、门窗洞口、挑檐等有关部位的标高。

③ 参照平面图及门窗表,综合分析外墙上门窗种类、形式、数量、位置。

④ 了解立面上的细部构造,如台阶、雨篷、阳台等。

⑤ 阅读立面图上的文字说明和符号,了解外装修材料和做法,了解索引符号的标注及部位,以便配合相应的详图阅读。

4. 识图示例

图 2-5 所示为图 2-4 某污水处理厂脱水机房平面图的四幅立面图,从这个图可以得到以下信息:

(1) 命名和比例

该脱水机房的立面图均以轴线号命名,南面即正面①—⑤,北面即背面⑤—①,西面即左侧面Ⓐ—Ⓒ,东面即右侧面Ⓒ—Ⓐ。比例均为 1∶100(A2 图纸)。

(2) 标高

从标高可知,该脱水机房是二层的框架结构。第一层高度为 5.25m,第二层高度为 3.15m。最高位置设有 0.6m 高的女儿墙。

(3) 外墙

第一层的外墙裙高度为 0.9m,采用灰色外墙砖装修。上、下两层的外墙均采用米色高级防水涂料,女儿墙采用银灰色高级防水涂料。

(4) 门窗

在一层窗的下部和二层窗的上部均采用了成品 GRC(增强型玻璃纤维混凝土)构件结构。图 2-6 所示为门窗尺寸及数量统计,一层窗 C-1 安装高度是 1.2m,其自身高度为 3.0m。一层窗 C-2 安装高度是 3.15m,其自身高度为 1.2m。二层窗 C-2 的安装高度是 6.15m,其自身高度为 1.2m。

人员进出门的安装高度为 −0.15m,其自身高度为 2.4m,在其上部安装了门檐。卷帘门的安装高度为 0.0m,其自身高度为 4.2m,在其上部也安装了门檐。

(5) 屋檐排水

该建筑物的屋顶排水管分布在四个外墙,从屋檐向下垂直安装,每面 2 根,共 8 根。通常,排水管采用 PVC 管,直径为 110mm。

七、建筑剖面图

建筑剖面图主要表示建筑物在竖直方向上的建筑构造和空间布局,它与建筑平面图、立面图配合,反映建筑物的整体情况,也是指导建筑施工的主要技术文件之一。

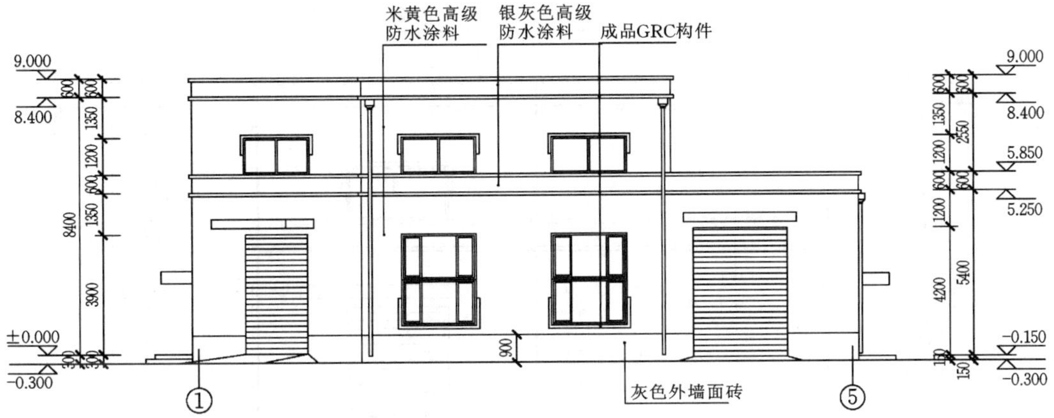

①—⑤立面图 1∶100

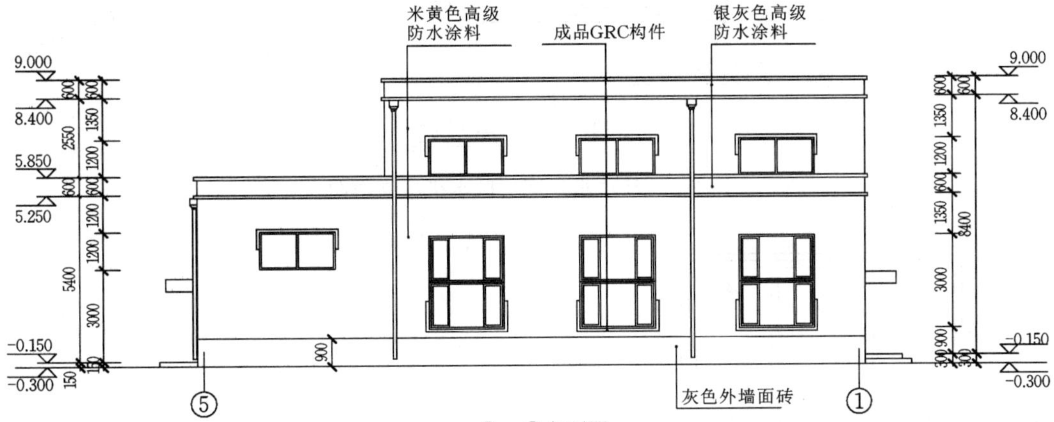

⑤—①立面图 1∶100

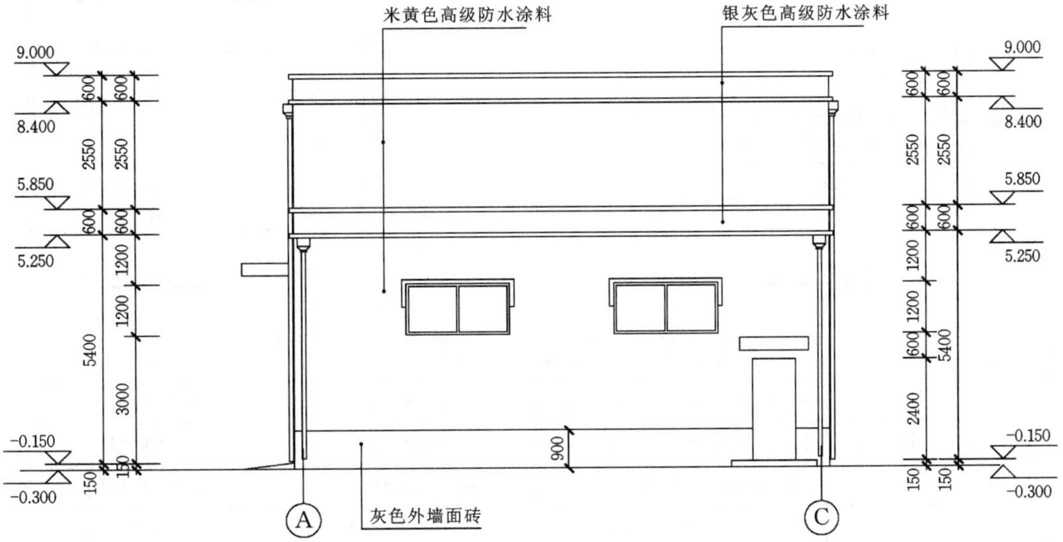

Ⓐ—Ⓒ立面图 1∶100

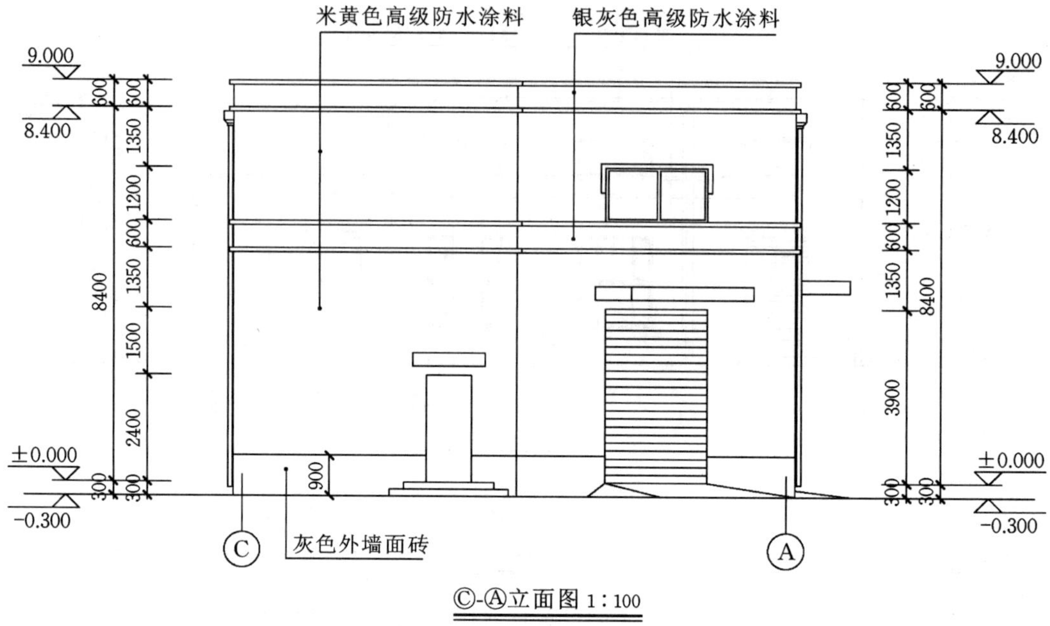

图 2-5　某污水处理厂脱水机房立面图

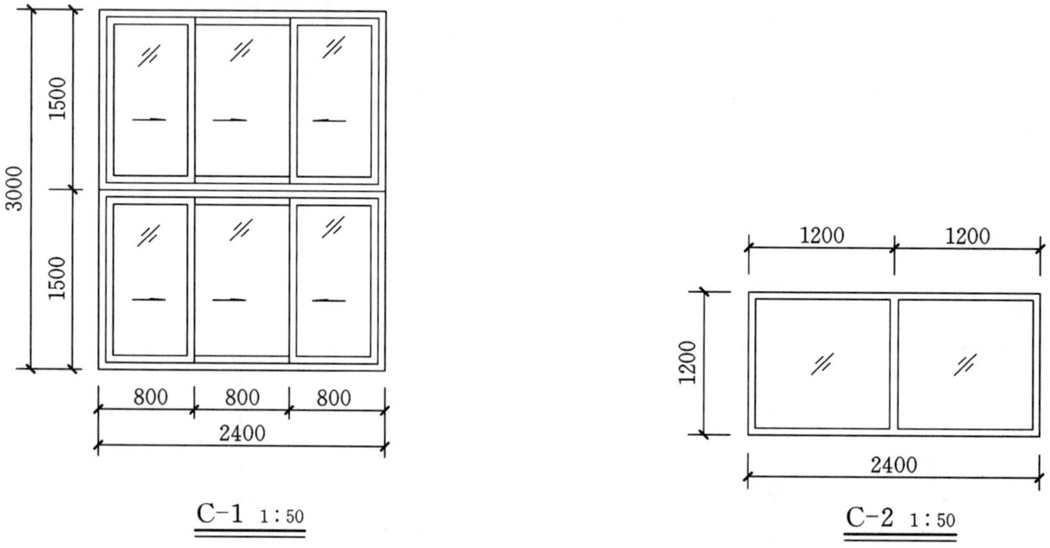

类型	设计编号	洞口尺寸	数量	图集名称	备注
普通门	JLM-1	3000 mm×4200 mm	1	参见08CJ17	钢制卷帘门
	JLM-2	3000 mm×3900 mm	1	参见08CJ17	钢制卷帘门
	M-1	1000 mm×2400 mm	3	参见02J611-1	钢制平开门
普通窗	C-1	2400 mm×3000 mm	5	参见02J603-1	铝合金推拉窗
	C-2	2400 mm×1200 mm	3	参见02J603-1	铝合金固定窗

图 2-6　某污水处理厂脱水机房立面图门窗尺寸及数量统计

1. 图示内容

建筑剖面图要画出建筑物被剖切后的全部断面实形及投射方向可见的建筑构造和构配件等。但基础部分不画出，由结构图表达。主要内容包括：

① 建筑物的楼板层、内外地坪层、屋面层，被剖切到的砌体、投射方向可见的构配件和固定设施等。图中还应表明分层情况、各建筑部位的高度、房间的进深(或开间)、走廊的宽度(或长度)、楼梯的类型、分段与分级等。

② 主要楼面、屋面的梁、板与墙的位置和相互关系。在1:100或1:200的剖视图中，墙的断面轮廓线用粗实线，钢筋混凝土梁、板的断面涂黑。

③ 用文字注明地坪层、楼板层、屋盖层的分层构造和工程做法，这些内容也可以在详图中注明或在设计说明中说明。

④ 剖到的室外地坪、室内地面、楼面、楼梯平台面、阳台、台阶等处的完整面标高，门窗、挑檐、雨篷等有关部位的标高和相关尺寸。

⑤ 标注剖到的墙或柱的轴线和距离。

⑥ 在需要另见详图的部位标注索引符号。

⑦ 在图的下方注写图名及比例。

2. 建筑剖面图的阅读步骤

① 阅读图名和比例，并查阅底层平面图上的剖面图标注符号，明确剖面图的剖切位置和投影方向。

② 分析建筑物内部的空间组合与布局，了解建筑物的分层情况。

③ 了解建筑的结构与构造形式，墙、柱等之间的相互关系以及建筑材料和工艺。

④ 阅读标高和尺寸，了解建筑物层高和楼地面的标高及其他部位标高和有关尺寸。

3. 识图示例

图2-7所示为图2-4某污水处理厂脱水机房平面图的两幅剖面图，从这个图可以得到以下信息：

(1) 剖面图的名称和比例

两幅剖面图均采用剖切位置命名，即1—1剖面和2—2剖面(剖切位置见图2-4)，其比例均为1:100(A2纸)。

(2) 内部结构

在脱水机房安装了一台电动单梁悬挂起重机，可以通过横梁左右移动。横梁被固定于屋顶面。屋内地面设计了设备基础，采用钢筋结构，其钢筋结构需要详见房屋结构图才能知悉。

(3) 其他信息

层标高信息、轴线位置、柱位置与立面图所示相同。

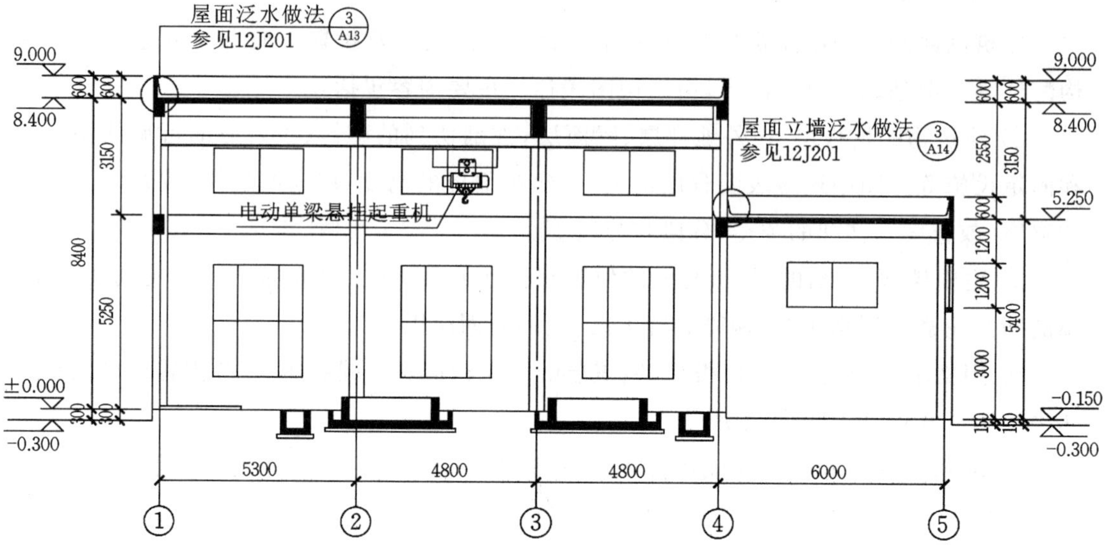

1-1剖面图 1∶100

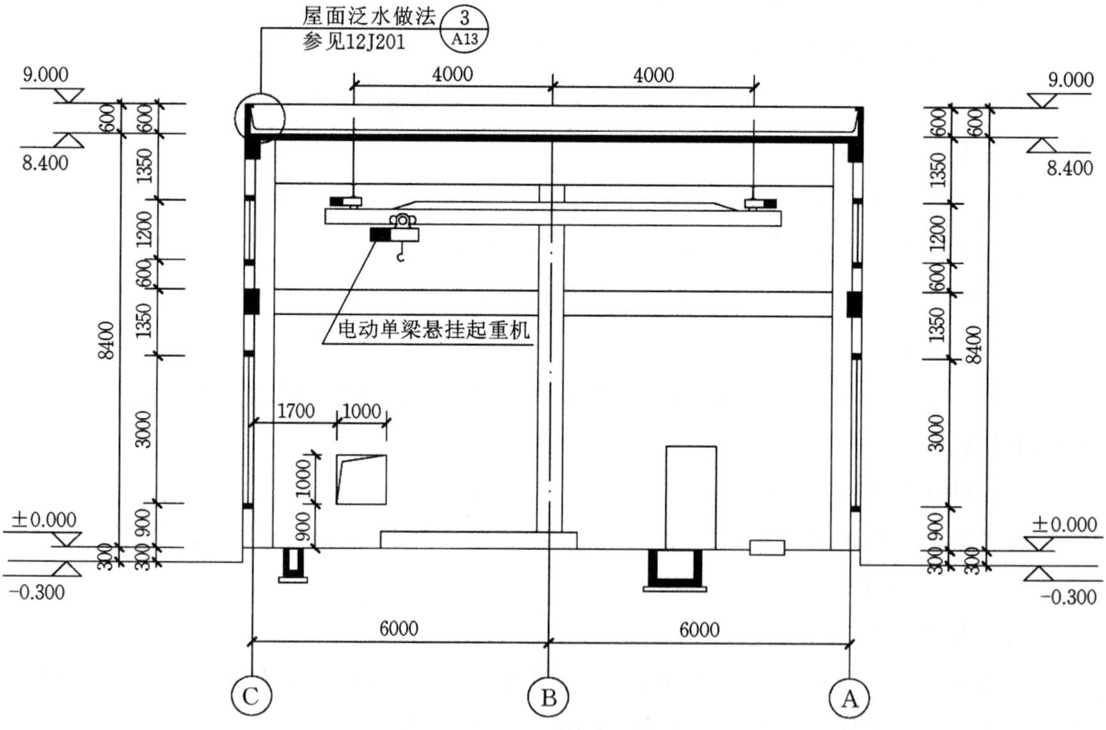

2-2剖面图 1∶100

图 2-7　某污水处理厂脱水机房剖面图

八、建筑详图

1. 建筑详图的特点与分类

(1) 详图的特点

详图有如下特点:第一,大比例,常采用1:30、1:20、1:10、1:5等比例。所以在详图上应画出建筑材料图例符号及各构造层次,如抹灰线等。第二,全尺寸,图中所画出的各构造,除用文字注写或索引外,都需详细注出尺寸。第三,详说明,尽管详图的比例较大,但对某些构造做法还无法用图表达清楚,必须用文字详细说明,或引用标准图(凡引用标准图集的部位,均以索引符号注明标准图集的名称和图号,其构造及尺寸无需详细注写),这样的详图才能满足施工的要求。

(2) 详图的分类

常用的详图基本上可分为三类:节点详图、房间详图和构配件详图。

① 节点详图用来详细表达某一节点部位的构造、尺寸、做法、材料、施工要求等。最常见的节点详图是外墙身剖面详图,它是将外墙的檐口、屋顶、窗过梁、窗台、楼地面、勒脚、散水等部位的节点详图,按其位置集中画在一起构成的局部剖面图。

② 房间详图是将某一房间用更大的比例绘制出来的图样,如楼梯间详图、办公室详图、厕所详图、实验室详图等。一般来说这些房间的构造或固定设施都比较复杂,均需用详图来表达。

③ 构配件详图是表达某一构配件的形式、构造、尺寸、材料、做法的图样,如门窗详图、雨篷详图等。

为了提高绘图的效率,国家或某些地区编制了建筑构造和构配件的标准图集,如果选用这些标准图集中的详图,只需在图纸中用索引符号注明,不再另画详图。

楼梯间详图是最常用的房间详图。楼梯是房屋上下交通的主要设施,目前多采用钢筋混凝土楼梯,其组成包括楼梯板(段)、休息平台、扶手栏杆(或栏板)、楼梯梁。楼梯的构造比较复杂,一般需要用楼梯平面图、剖视图和节点详图(如踏步节点、扶手安装节点详图等)来表示楼梯的形式、各部位的尺寸和装修做法。楼梯详图分建筑详图和结构详图。对构造和装修简单的楼梯,其建筑详图和结构详图常合并绘制,编入"建施"或"结施"。楼梯建筑详图中的平面图和剖视图,实际上就是建筑平面图和剖视图中楼梯间的放大图,一般用1:50或更大的比例绘制,图示和标注更加详细。

2. 外墙身详图

外墙身详图也叫外墙大样图,是建筑外墙剖面图的放大图样,表达外墙与地面、楼面、屋面的构造连接情况以及檐口、门窗顶、窗台、踢脚、防潮层、散水、明沟的尺寸、材料、做法等构造情况,是砌墙、室内外装修、门窗安装、编制施工预算以及材料估算等的重要依据。

在多层房屋中，各层构造情况基本相同，可只画墙脚、檐口和中间部分三个节点。门窗若引用标准图集，通常采用省略方法画，即门窗在洞口处断开。

外墙身详图的内容如下：

(1) 墙脚

外墙墙脚主要是指一层窗台及以下部分，包括散水（或明沟）、防潮层、踢脚、一层地面、勒脚等部分的形状、大小、材料及其构造情况。

(2) 中间部分

主要包括楼板层、门窗过梁、圈梁的形状、大小、材料及其构造情况，还应表示出楼板与外墙的关系。

(3) 檐口

外墙身详图应表示出屋顶、檐口、女儿墙、屋顶圈梁的形状、大小、材料及其构造情况。

墙身大样图一般用 1∶20 的比例绘制，由于比例较大，各部分的构造如结构层、面层的构造均应详细表达出来，并画出相应的图例符号。

3. 外墙身详图的阅读举例

结合图 2-8 所示办公楼外墙身详图，说明外墙身详图的读图要点。

(1) 了解墙身详图的图名和比例

该图为办公楼Ⓕ轴线的大样图，比例为 1∶20。

(2) 了解墙脚构造

从图中看到，该楼墙脚防潮层采用 20mm 厚 1∶2.5（质量比，余同）水泥砂浆，内掺 3% 防水粉。地下室地面与外墙相交处留 10mm 宽缝，灌防水油膏。外墙外表面的防潮做法是：先抹 20mm 厚 1∶2.5 水泥砂浆，水泥砂浆外刷 1.0mm 厚聚氨酯防水涂膜，在涂膜固化前黏结粗砂，再抹 20mm 厚 1∶3水泥砂浆。地下室顶板贴聚苯保温板。由于目前通用标准图集中有散水、地面、楼面的做法。因而，在墙身大样图中一般不再表示散水、楼面、地面的做法，而是将这部分做法放在工程做法表中具体反映。

(3) 了解中间节点

窗台暖气槽高 900mm、宽 120mm，楼板与过梁浇注成整体。楼板标高 3.000m、6.000m、9.000m、12.000m、15.000m 表示该节点适应于 2～6 层的相同部位。

(4) 了解檐口部位

从图中可知檐口的具体形状及尺寸。檐沟是由保温层形成，檐沟处附加一层防水层。

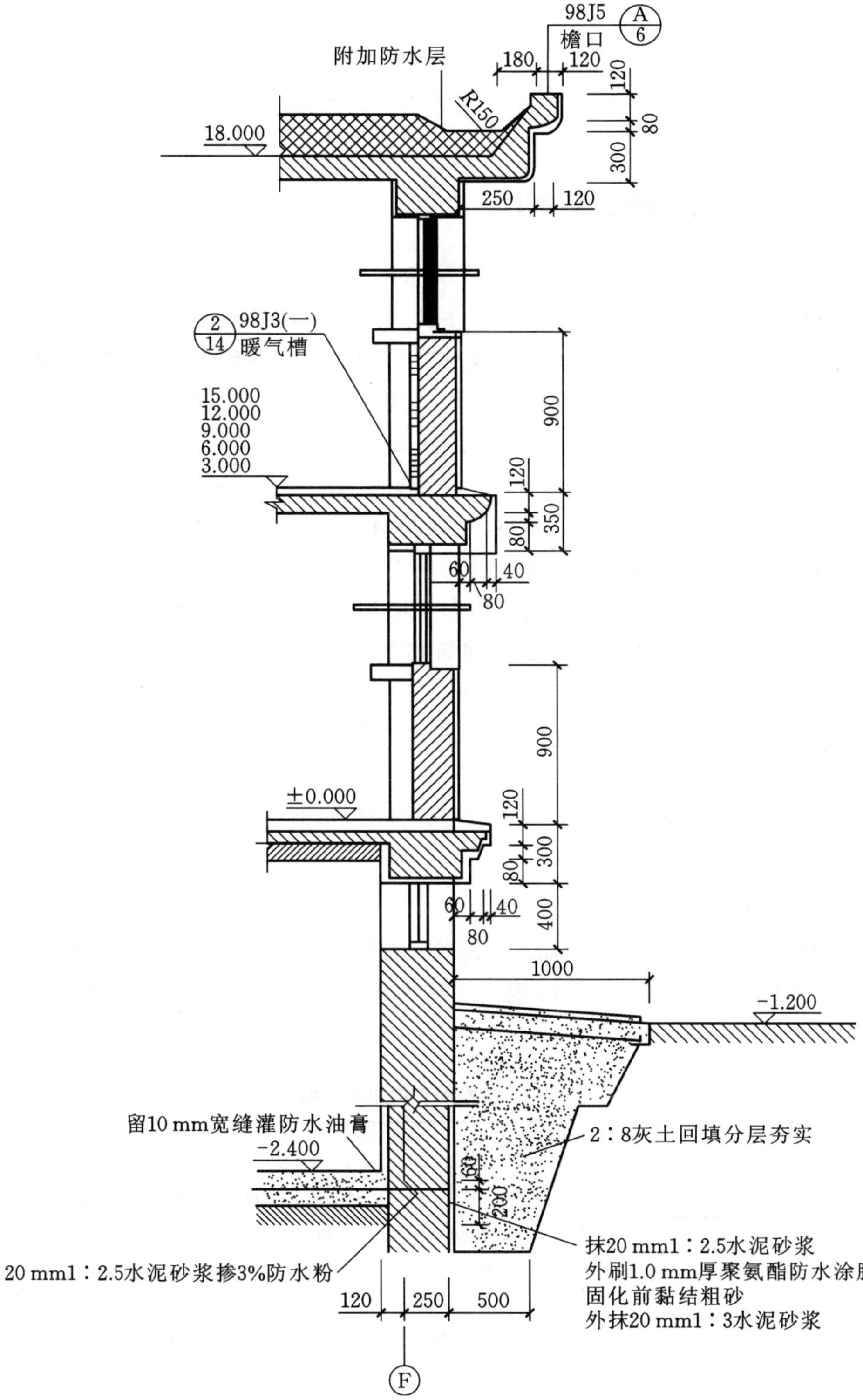

图 2-8　办公楼外墙墙身详图

第三节　环境工程结构施工图识读

一、环境工程结构施工图概述

1. 结构施工图的内容和分类

在环境工程建筑设计中，建筑施工图主要表达房屋的外观形式、内部平面布置、剖面构造和内外装饰等内容，而房屋的承重构件（如基础、梁、板、柱等）的布置、结构构造等内容没有表达出来。结构施工图就是表达建筑物承重构件的布置、形状、大小、材料、构造及其相互关系的图样，其主要内容包括：结构设计说明（如材料、地基、施工要求等），基础、楼板、屋面等的结构平面图，基础、梁、板、柱、楼梯等构件详图。

结构施工图主要用来作为施工放线，开挖基槽，支模板，绑扎钢筋，设置预埋件，浇捣混凝土和安装梁、板、柱等构件及编制预算与施工组织计划等工作的依据。

结构施工图一般有基础图、结构平面布置图和结构详图等。基础图包括基础平面图和基础详图；结构平面布置图即表示建筑物各层各承重物件平面布置的图样，是建筑施工中承重构件布置与安装的主要依据，在结构平面布置图中，包括有楼层结构平面图和屋顶结构平面布置图；结构详图即表示单个构件形状、尺寸、材料、构造及工艺的图样。

结构施工图还可以按房屋结构所用的材料分类，如钢筋混凝土结构图、钢结构图、木结构图和砖石结构图等。

2. 结构施工图的有关规定

① 绘制结构图，应遵守《房屋建筑制图统一标准》（GB/T 50001—2017）和《建筑结构制图标准》（GB/T 50105—2010）的规定。结构图的图线、线型、线宽应符合表 2-9 的规定。

表 2-9　结构施工图中的图线

名称		线型	线宽	一般用途
实线	粗	————	b	螺栓、主钢筋线、平面结构图中的单线结构构件线，钢木支撑及系杆线，图名下横线、剖切线
	中	————	$0.5b$	结构平面图及详图中剖到或可见的墙身轮廓线，基础轮廓线，钢、木轮廓线，箍筋线，板钢筋线
	细	————	$0.25b$	可见的钢筋混凝土构件轮廓线、尺寸线、标注引出线，标高标号，索引标号

续表2-9

名称		线型	线宽	一般用途
虚线	粗		b	不可见的钢筋、螺栓线，结构平面图中不可见单线结构构件线及钢、木支撑
	中		0.5b	结构平面图中不可见构件，墙身轮廓线及钢、木轮廓线
	细		0.25b	基础平面中的管沟轮廓线、不可见的钢筋混凝土构件轮廓线
单点长画线	粗		b	柱间支撑、垂直支撑、设备基础轴线图中的中心线
	细		0.25b	定位轴线、对称线、中心线
双点长画线	粗		b	预应力钢筋线
	细		0.25b	原有结构轮廓线
折线			0.25b	断开界线
波浪线			0.25b	断开界线

② 绘制结构图，应针对图样的用途和复杂程度，选用表 2-10 中的常用比例。特殊情况下，也可选用可用比例。当结构的纵横向断面尺寸相差悬殊时，也可在同一详图中选用不同比例。

表 2-10　结构图常用比例

图名	常用比例	图名	常用比例
结构平面图	1:50，1:100	圈梁平面图、总图中管沟、地下设施等	1:200，1:500
基础平面图	1:150，1:200	详图	1:10，1:20

③ 结构图中构件的名称宜用代号表示，代号后应用阿拉伯数字标注该构件的型号或编号。常用构件的代号见表 2-11。

表 2-11　常用构件的代号

序号	名称	代号	序号	名称	代号	序号	名称	代号
1	板	B	19	圈梁	QL	37	承台	CT
2	屋面板	WB	20	过梁	GL	38	设备基础	SJ
3	空心板	KB	21	连系梁	LL	39	桩	ZH

续表2-11

序号	名称	代号	序号	名称	代号	序号	名称	代号
4	槽形板	CB	22	基础梁	JL	40	挡土墙	DQ
5	折板	ZB	23	楼梯梁	TL	41	地沟	DG
6	密肋板	MB	24	框架梁	KL	42	柱间支撑	ZC
7	楼梯板	TB	25	框支梁	KZL	43	垂直支撑	CC
8	盖板或沟盖板	GB	26	屋面框架梁	WKL	44	水平支撑	SC
9	挡雨板或檐口板	YB	27	檩条	LT	45	梯	T
10	吊车安全走道板	DB	28	屋架	WJ	46	雨篷	YP
11	墙板	QB	29	托架	TJ	47	阳台	YT
12	天沟板	TGB	30	天窗架	CJ	48	梁垫	LD
13	梁	L	31	框架	KJ	49	预埋件	M-
14	屋面梁	WL	32	钢架	GJ	50	天窗端壁	TD
15	吊车梁	DL	33	支架	ZJ	51	钢筋网	W
16	单轨吊车梁	DDL	34	柱	Z	52	钢筋骨架	G
17	轨道连接	DGL	35	框架柱	KZ	53	基础	J
18	车挡	CD	36	构造柱	GZ	54	暗柱	AZ

注：a.预制钢筋混凝土构件、现浇钢筋混凝土构件、钢构件和木构件，可直接采用本表中的构件代号。在绘图中，当需要区别上述构件中的材料种类时，可在构件代号前加注材料代号，并在图纸中加以说明。

b.预应力钢筋混凝土构件代号，应在构件代号前加注“Y-”，如 Y-DL 表示预应力钢筋混凝土吊车梁。

④ 结构图上的轴线及编号应与建筑施工图一致。

⑤ 图上的尺寸标注应与建筑施工图相符合，但结构图所注尺寸是结构的实际尺寸，即不包括结构表层粉刷或面层的厚度。在桁架式结构的单线图中，其几何尺寸可直接注写在杆件的一侧，而不需画尺寸界线，对称桁架可在左半边标注尺寸，右半边标注内力（若无需要，可省略），如图 2-9 所示。

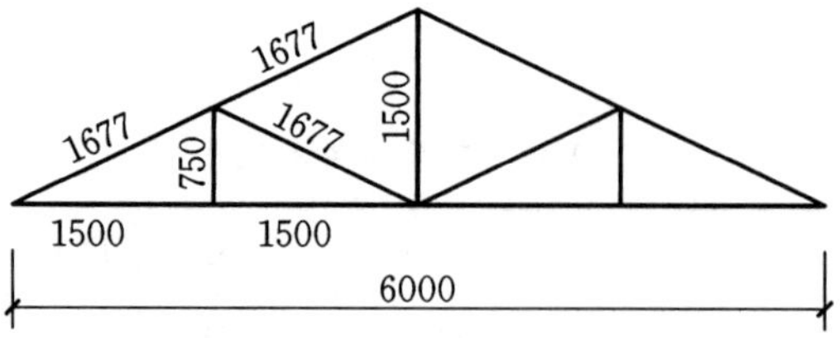

图 2-9　对称桁架几何尺寸标注方法

⑥ 结构图应用正投影法绘制，特殊情况下也可采用仰视投影法绘制。

3. 结构施工图的识读和绘制

(1) 结构施工图的识读

结构施工图识读步骤如图 2-10 所示，同时还应结合建筑施工图进行读图。

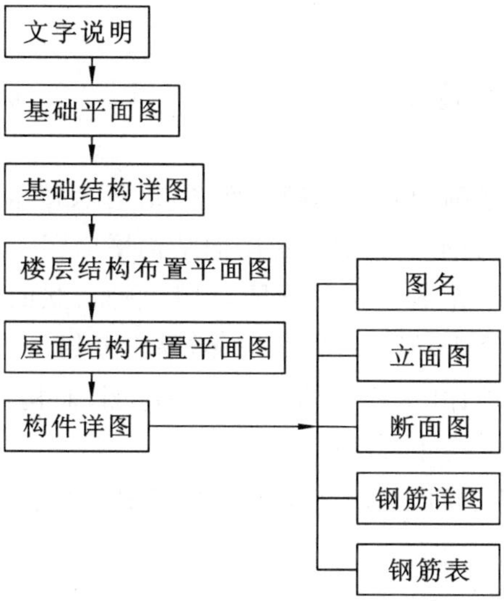

图 2-10　结构施工图识读步骤

(2) 结构施工图的绘制

绘制结构施工图宜先画轴线，后画墙体轮廓线，梁、板布置及配筋详图等，最后注写尺寸数字、文字说明。其具体绘制方法与建筑施工图的绘制方法相同。

(3) 结构施工图读图方法要点

① 先看文字说明，从基础平面图看起，到基础结构详图。

② 再读楼层结构布置平面图、屋面结构布置平面图。

③ 最后读构件详图，看图名、看立面、看断面、看钢筋图和钢筋表。由于结施是计算工程量的依据，编制预决算，以免漏误，往往要熟读多次，相互对照，摘抄要点，理解空间形状、构件所在部位，反复核对数量、材料，才能精益求精。

4. 解读结构施工图

(1) 结构说明

① 结构形式(结构材料及类型，结构材料及规格、强度等级)。

② 地基与基础(包括地基土的地耐力等)。

③ 施工技术要求及注意事项。

④ 选用的标准图集等。

(2) 结构布置平面图

① 基础平面。

② 楼层结构平面布置图。

③ 屋面结构平面布置图。

(3) 构件详图

① 梁、板、柱、基础结构详图。

② 楼梯结构详图。

③ 屋架(屋面)结构详图。

④ 其他详图,如天沟、雨篷、圈梁、过梁、门窗过梁、阳台、管道井、烟道井等。

构件详图特点如下:

a. 沿房屋防潮层的水平剖切表示基础平面图,沿每层楼板面水平剖切表示各层楼层结构平面图,沿屋面承重层的水平剖切表示屋面结构平面图。

b. 用单个构件的正投影来表达构件详图,以其平面、立面及断面来表达出材料明细表,有的要出模板图、预埋件图,但这种图重复多,易出差错。

c. 用双比例法绘制构件详图,构件轴线按一种比例,而构件局部用放大比例出图,便于更清晰地表达节点的施工尺寸与搭接关系。

d. 结施中,构件的立面、断面轮廓线用细实线或中实线表示,而构件内部钢筋配置则用粗实线和黑点表示。

e. 结施常用图例表达。

二、钢筋混凝土结构基础知识

1. 钢筋混凝土构件简介

(1) 混凝土的强度等级

混凝土是由水泥、石子、砂、水按一定比例配合搅拌而成,将搅拌好的混凝土灌入定型模板,经振捣、密实、养护、凝固,形成混凝土构件。混凝土构件抗压强度高,通常所说的强度就是指其抗压强度,一般将标准尺寸为 150mm×150mm×150mm 的立方体试件,在温度 20±3℃、湿度 90%以上、养护 28d 所测得的抗压强度(N/mm^2)作为评定混凝土构件强度的标准。

常用的混凝土强度等级有 C7.5、C10、C15、C20、C25、C30、C40、C45、C50、C60、C70、C80。C20 代表立方体强度标准值为 $20N/mm^2$。

(2) 钢筋混凝土构件的组成

混凝土抗压强度大,抗拉强度小,其抗拉强度仅为抗压强度的 1/20～1/10,构件容易因受拉而断裂。为了解决混凝土构件的这个矛盾,以提高构件的抗拉能力,常在混凝土构件的受拉区内配置一定数量的钢筋。因为钢筋具有良好的抗拉强度,与混凝土有良好的黏结性,其热膨胀系数与混凝土接近,故两者容易结合组成钢筋混凝土构件。

(3) 钢筋的保护层

为了保护钢筋混凝土构件内的钢筋,避免构件内的钢筋外露,在钢筋的外边缘与构件表面之间应留有一定厚度的保护层。按钢筋混凝土构件结构设计相关规范规定,不同种类的钢筋在不同构件内的钢筋保护层厚度是不同的,具体见表 2-12。

表 2-12　钢筋混凝土构件的保护层厚度

钢筋种类	构件种类		保护层厚度/mm
受力筋	板	厚度≤100mm	10
		厚度>100mm	15
	梁和柱		25
	基础	有垫层	35
		无垫层	70
箍筋	梁、柱		15
分布筋	板、墙		10

（4）钢筋的弯钩

为了使混凝土与钢筋具有更好的黏结性，防止钢筋在受力时滑动，凡是 HPB235 级钢筋在构件内的两端应做成半圆弯钩或直弯钩。带纹钢筋与混凝土的黏结性好，钢筋两端可不做成弯钩。

（5）钢筋的标注

标注钢筋的直径、根数或相邻钢筋的中心距时，一般采用引出线方式标注。热轧钢筋等级和直径符号详见表 2-13。

表 2-13　热轧钢筋强度等级和直径符号

强度等级	外形	钢种	公称直径/mm	直径符号	主要用途	常用材料
HPB235	光圆	低碳钢	8～20	Φ	非预应力	Q235
HRB335	月牙肋	合金钢	6～50	Φ	非预应力、预应力	20MnSi
HRB400			6～50	Φ		25MnSi
RRB400			6～50	$Φ^R$	预应力	$40Si_2MnV$

① 标注钢筋的根数和直径（梁内受力筋和架立筋）。

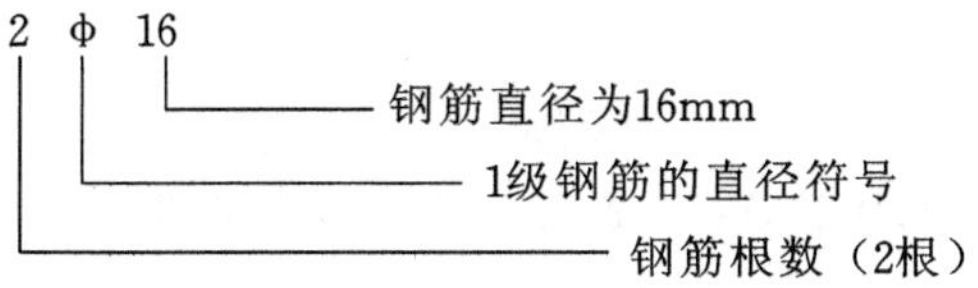

② 标注钢筋的直径和相邻钢筋（梁内箍筋、板内受力筋、分布筋）的中心距。

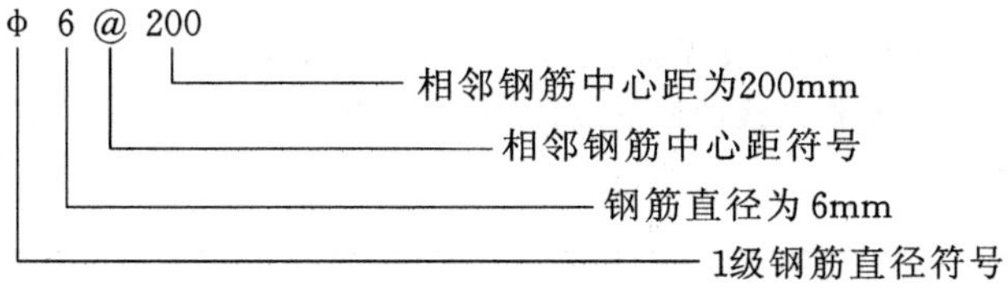

(6) 钢筋的表示方法

为了突出钢筋,配筋图中的钢筋用比构件轮廓线粗的单线画出,钢筋横断面用黑圆点表示,其他具体使用见表 2-14。在结构施工图中钢筋的常规画法见表 2-15。

表 2-14　一般钢筋常用图例

名称	图例	名称	图例	名称	图例
钢筋横断面		带直钩的钢筋端部		半圆形弯钩的钢筋搭接	
无弯钩的钢筋端部	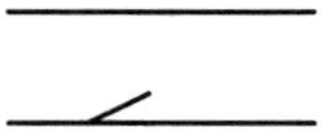	带丝扣的钢筋端部	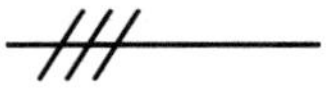	半直钩的钢筋端部	
半圆形弯钩的钢筋端部		无弯钩的钢筋搭接		套管接头	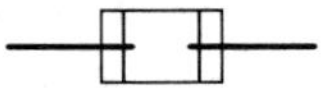

表 2-15　钢筋常规画法

序号	说　　明	图例
1	在结构楼板中配置双层钢筋时,底层钢筋的弯钩应向上或向左,顶层钢筋的弯钩向下或向右	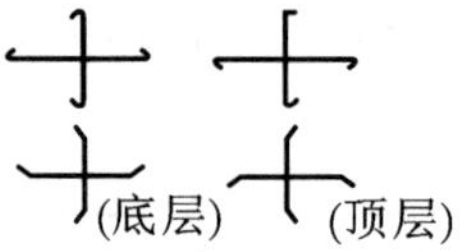
2	钢筋混凝土墙体配双层钢筋时,在配筋立面图中,远面钢筋的弯钩应向上或向左,而近面钢筋的弯钩向下或向右 (JM 近面、YM 远面)	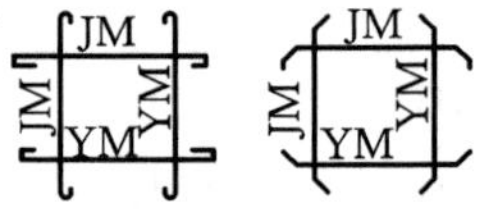
3	在断面图中不能表达清楚的钢筋布置,应在断面图外增加钢筋大样图(如钢筋混凝土墙、楼梯等)	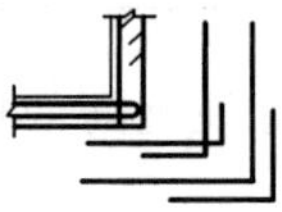
4	图中所表示箍筋、环筋等若布置复杂时,可加画钢筋大样及说明	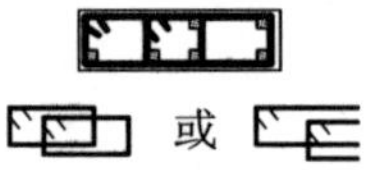
5	每组相同的钢筋、箍筋或环筋,可用一根粗实线表示,同时用一两端带斜短画线的横细线,表示其余钢筋及起止范围	

2. 钢筋混凝土结构图的识读

用钢筋混凝土制成的梁、柱、板、基础等构件组成的结构物，称钢筋混凝土结构，见图 2-11。

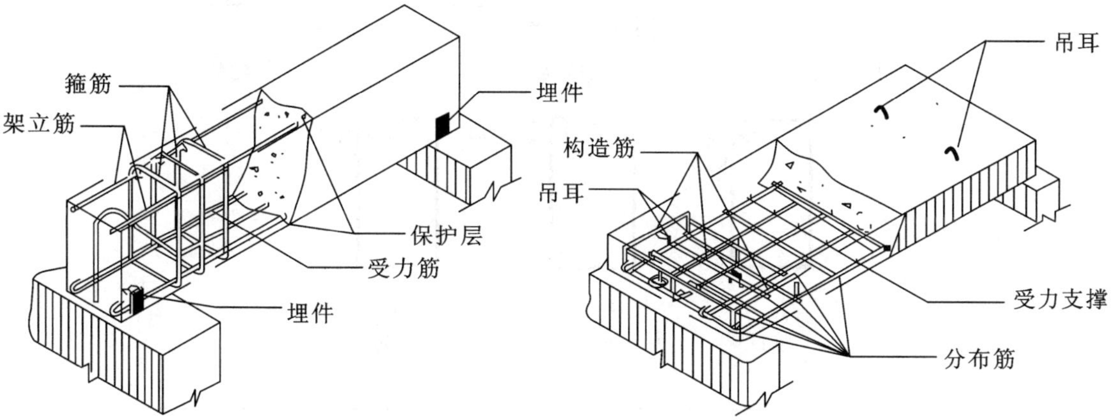

图 2-11　混凝土构件的内部结构图

(1) 构件中钢筋的形式和作用

① 受力钢筋。受拉钢筋配置在钢筋混凝土构件的受拉区域。简支梁的受拉钢筋在其下部，悬挑梁和雨篷的受拉钢筋在其上部，屋架的受拉钢筋在其下弦和受拉腹杆中。弯起钢筋梁的受拉钢筋在两端弯起，以承受斜向拉力，也称为弯起钢筋，是受拉钢筋的一种变化形式。受压钢筋配置在受压构件（如柱、桩、受压杆）中或受弯构件的受压区内。

② 分布筋。一般用在墙、板或环形构件中，将承受的荷载均匀分布给受力钢筋，并用以固定受力钢筋的位置和抵抗温度变形。

③ 箍筋。用在梁、柱、屋架等构件中，以固定受力筋位置和承受分斜拉应力。

④ 架立筋。构成梁的钢筋骨架，用以固定钢筋的位置。

(2) 钢筋、箍筋的弯钩

光圆面受力筋一般要在两端做弯钩，目的在于增加钢筋与混凝土的黏结力，避免钢筋在受拉时滑动。钢筋弯钩一般有三种形式：半圆弯钩、直弯钩和斜弯钩，其形式与长度计算详见图 2-12。

(3) 预埋铁件

为了与其他构件连接或其他用途，在钢筋混凝土构件中，预埋带脚的钢板、型钢、钢筋等，属于预埋铁件，预埋件的代号是“M-”。

(4) 注意事项

① 钢筋混凝土结构图除了表示构件的形状、大小以外，主要表示构件内部钢筋的配置、形状、数量和规格。一般规定钢筋用粗实线表示，箍筋用中实线表示，构件轮廓用细

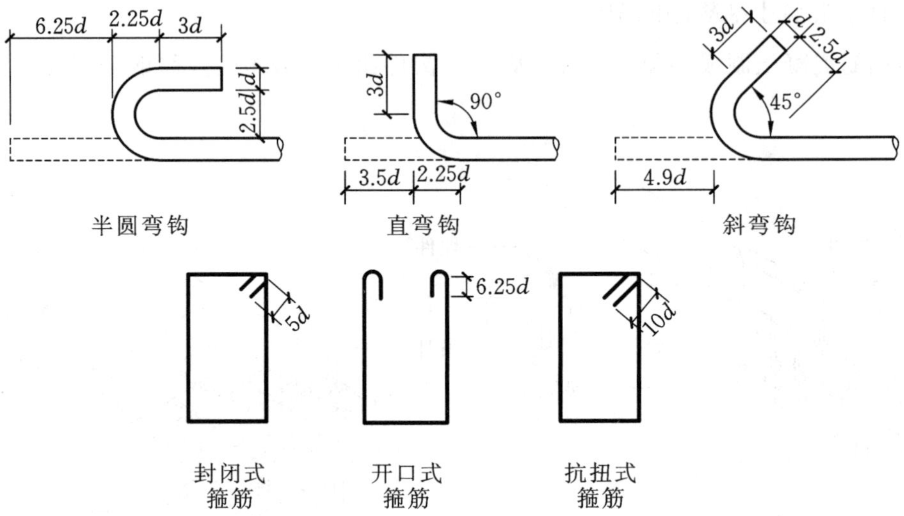

形状		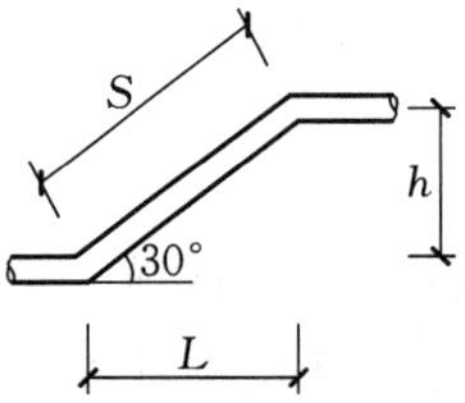	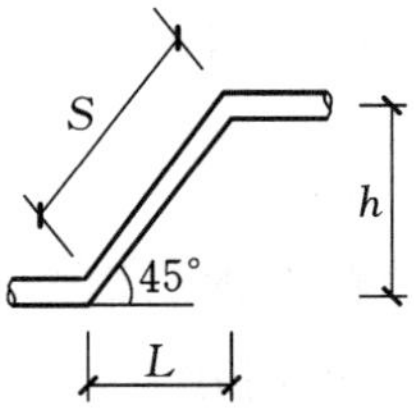	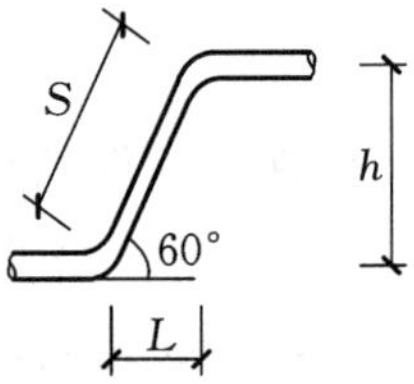
计算方法	斜边长 S	$2h$	$1.414h$	$1.155h$
	增加长度 $S-L=\Delta l$	$0.268h$	$0.414h$	$0.577h$

图 2-12 钢筋、箍筋弯钩的形式与长度计算

实线表示。由于构件中钢筋和混凝土各尽所能、分工不同，因此钢筋在混凝土里的位置绝对不能错。

② 为了防止钢筋生锈，在浇捣混凝土时，要留有一定厚度的保护层，使钢筋不露在外面，看图时要注意保护层的厚度。

③ 光圆钢筋两头要有弯钩，以便增加钢筋和混凝土的黏结力，而螺纹钢筋一般不需弯钩。

④ 混凝土构件图一般都附有钢筋表，识读时要核对钢筋的根数、直径和编号是否与有关的构件图一致。

(5) 钢筋图的尺寸标注

钢筋图上尺寸的注写形式与其他工程图相比有明显的特点。对于构件外形尺寸、构件轴线的定位尺寸、钢筋的定位尺寸等，采用普通的尺寸线标注方式标注(图 2-13)。

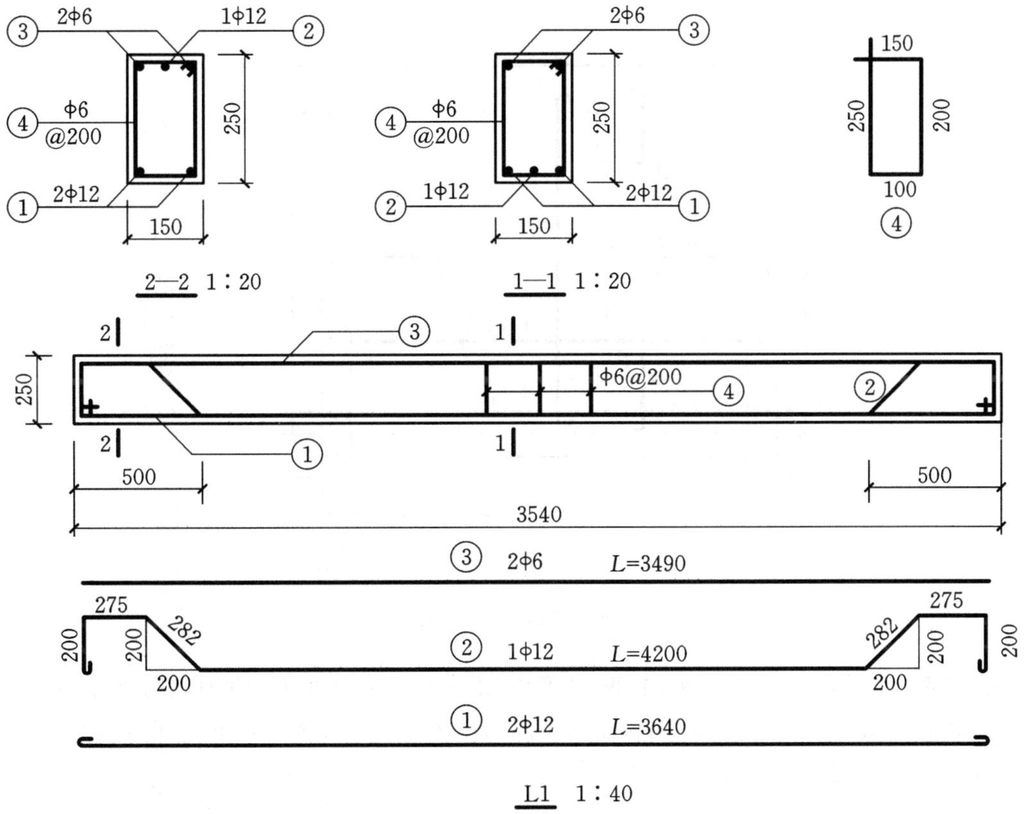

构件名称	构件数	钢筋编号	钢筋规格	简图	长度/mm	每件根数
L1	1	1	ϕ12		3640	2
		2	ϕ12		4200	1
		3	ϕ6		3490	2
		4	ϕ6		760	18

图 2-13　钢筋图的尺寸标注及钢筋表

钢筋的数量、品种、直径以及均匀分布的钢筋间距等，通常与钢筋编号集中在一起用引出线标注。钢筋成型的分段长度直接顺着钢筋写在一旁，不画尺寸线；钢筋的弯起角度常按分量形式注写，注出水平及竖直方向的分量长度。

(6) 配筋平面图的绘制

对于钢筋混凝土板，通常只用一个平面图表示其配筋情况。如图 2-14 所示，现浇钢筋混凝土板双向配筋，用了一个配筋平面图来表达。图中①、②号钢筋是支座处的构造筋，直径 8mm，间距均为 200mm，布置在板的上层，90°直钩向下弯(平面图上弯向下方或右方表示钢筋位于顶层)。③、④号钢筋是两端带有向上弯起的半圆弯钩的Ⅰ级钢筋，直径分别为 8mm 和 6mm，间距分别为 200mm 和 150mm(平面图上弯向上方或左方表示钢筋位于底层)。

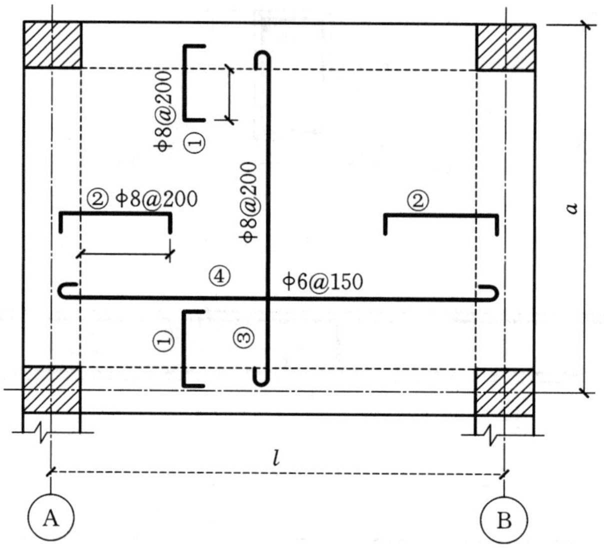

图 2-14　钢筋混凝土板配筋平面图

若是现浇钢筋混凝土单向板,在配筋平面图中不画出分布筋,原因是分布筋一般为直筋,其作用主要是固定受力筋和构造筋的位置,不需计算,施工时可根据具体情况放置,分布筋直径一般是 4～6mm,间距一般是 250～300mm。

三、梁、柱钢筋混凝土构件的表示方法

梁、柱钢筋混凝土构件通常采用平面整体表示法来标注钢筋结构。《混凝土结构施工图平面整体表示方法制图规则和构造详图》图集,是国家建筑设计标准设计图集,在全国广泛使用。

平面整体表示法简称平法,即是将结构构件的尺寸和配筋,按照平面整体表示法的制图规则,直接表示在各类构件的结构平面布置图上,再与标准构造详图相配合,即构成一套完整的结构施工图。

1. 柱平法施工制图规则

柱平法施工图是在柱平面布置图上采用截面注写方式或列表注写方式来表达的施工图。

(1) 截面注写方式

① 注写方式

在分标准层绘制的柱(包括框架柱、框支柱、梁上柱、剪力墙上柱)平面布置图的柱截面上,分别在同一编号的柱中选择一个截面,以直接注写截面尺寸和配筋具体数值的方式来表达柱平面整体配筋。

② 编号

柱编号由代号和序号组成,并应符合表 2-16 规定。从相同编号的柱中选择一个截

面，按另一种比例原位放大绘制柱截面配筋图，并在各配筋图上继其编号后再注写截面尺寸 $b\times h$（对于圆柱改为圆柱的直径 d）、角筋或全部纵筋（当纵筋采用同一种直径且能够图示清楚时）、箍筋的具体数值。在柱截面配筋图上标注截面与轴线关系几何参数 b_1、b_2、h_1、h_2 的具体数值。当纵筋采用两种直径时，须再注写截面各边中部纵筋的具体数值（对于采用对称配筋的矩形截面柱，可仅在一侧注写中部纵筋，对称边省略不注）。

表 2-16　柱子的编号

柱子类型	代号	序号	柱子类型	代号	序号
框架柱	KZ	××	梁上柱	LZ	××
框支柱	KZZ	××	剪力墙柱	QZ	××
芯柱	XZ	××			

③ 注写箍筋

应包括钢筋种类代号、直径与间距。

④ 同一编号

截面注写方式中，如柱的分段截面尺寸和配筋均相同，仅分段截面与轴线关系不同时，可将其编为同一柱号。但此时应在未画配筋的柱截面上注写该柱截面与轴线关系的具体尺寸。

⑤ 不同标准层

当采用截面注写方式时，可以根据具体情况，在一个柱平面布置图上加小括号“( )”和尖括号“〈 〉”来区分和表达不同标准层的注写数值，但与柱标高要一一对应。

⑥ 起止标高

采用截面注写方式(图 2-15)绘制的柱施工图中，图名应注写各段柱的起止标高，自柱根部往上以变截面位置或截面未变但配筋改变处分段注写。框架柱和框支柱的根部标高为基础顶面标高；芯柱的根部标高系指根据结构实际需要而定的起始位置标高；梁上柱的根部标高为梁顶面标高；剪力墙上柱的根部标高为墙顶部标高（柱筋锚在剪力墙顶部）。当柱与剪力墙重叠一层时，其根部标高为墙顶往下一层的结构层楼面标高。截面尺寸或配筋改变处常为结构层楼面标高处。

(2) 列表注写方式

① 列表注写方式

柱在不同标准层截面多次变化时，可使用列表注写方式。列表注写方式即在柱平面布置图上（一般只需要采用适当比例绘制一张柱平面布置图，内容包括框架柱、框支柱、梁上柱和剪力墙上柱），选择同一编号的柱中的一个（有时需选择几个）截面标注几何参数代号，在柱表中注写柱号、柱起止标高、几何尺寸（含柱截面对轴线的情况）以及配筋的具体数值，并配以各种柱截面形状及其箍筋类型图，如图 2-16 所示。

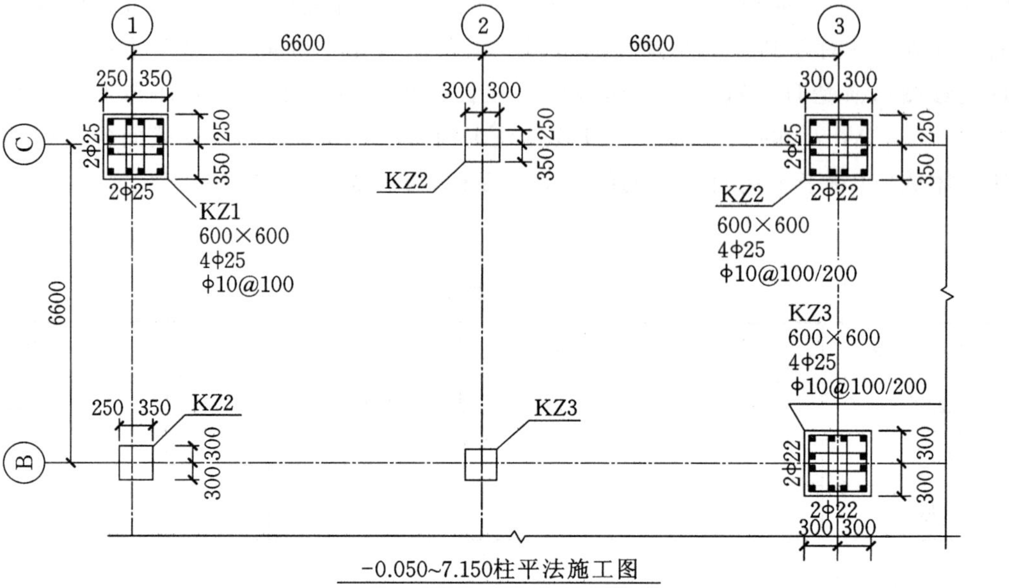

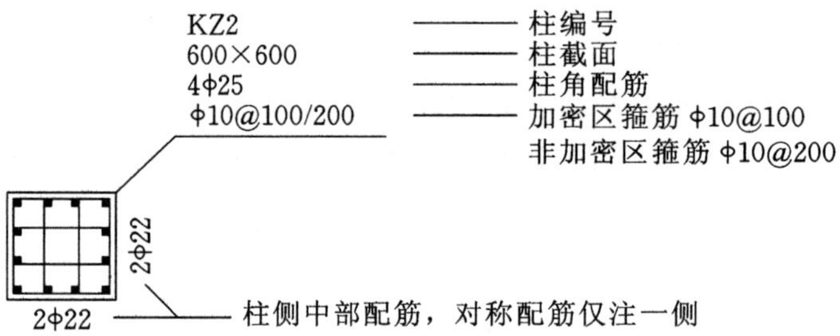

屋面	17.950	3.600
6	17.950	3.600
5	14.350	3.600
4	10.750	3.600
3	7.150	3.600
2	3.550	3.600
1	-0.050	3.600
层号	标高/m	层高/m

图 2-15　柱截面注写方式

② 柱表注写内容

(a) 柱的编号

与截面注写方式相同。

(b) 起止标高

与截面注写方式相同。

(c) 截面尺寸

对于矩形柱注写柱截面尺寸 $b\times h$ 及与轴线关系的几何参数 b_1、b_2 和 h_1、h_2 的具体数值，须对应于各段柱分别注写，其中 $b=b_1+b_2$，$h=h_1+h_2$。对于圆柱则改为圆柱的直径 d。

(d) 纵筋

当柱的纵筋直径相同，各边根数也相同(包括矩形柱、圆柱)，将纵筋注写在“全部纵筋”一栏中；除此之外，柱纵筋分为角筋、截面 b 边中部筋和 h 边中部筋三项分别注写(对于采用对称配筋的矩形柱，可仅注一侧中部筋)。

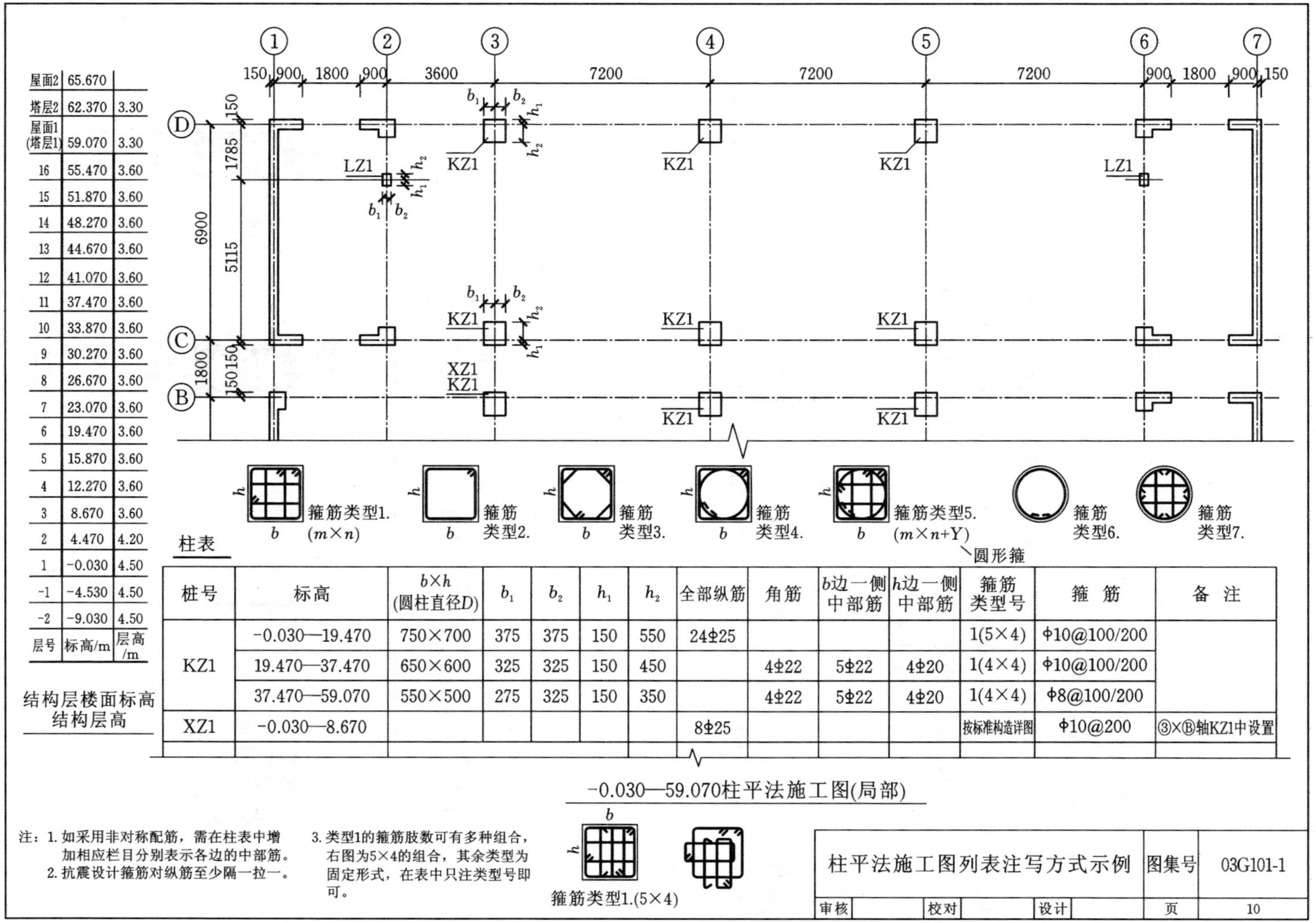

层号	标高/m	层高/m
屋面2	65.670	
塔层2	62.370	3.30
屋面1（塔层1）	59.070	3.30
16	55.470	3.60
15	51.870	3.60
14	48.270	3.60
13	44.670	3.60
12	41.070	3.60
11	37.470	3.60
10	33.870	3.60
9	30.270	3.60
8	26.670	3.60
7	23.070	3.60
6	19.470	3.60
5	15.870	3.60
4	12.270	3.60
3	8.670	3.60
2	4.470	4.20
1	-0.030	4.50
-1	-4.530	4.50
-2	-9.030	4.50

结构层楼面标高
结构层高

柱表

柱号	标高	$b\times h$（圆柱直径D）	b_1	b_2	h_1	h_2	全部纵筋	角筋	b边一侧中部筋	h边一侧中部筋	箍筋类型号	箍筋	备注
KZ1	-0.030—19.470	750×700	375	375	150	550	24Φ25				1(5×4)	Φ10@100/200	
	19.470—37.470	650×600	325	325	150	450		4Φ22	5Φ22	4Φ20	1(4×4)	Φ10@100/200	
	37.470—59.070	550×500	275	325	150	350		4Φ22	5Φ22	4Φ20	1(4×4)	Φ8@100/200	
XZ1	-0.030—8.670						8Φ25				按标准构造详图	Φ10@200	③×Ⓑ轴KZ1中设置

注：1. 如采用非对称配筋，需在柱表中增加相应栏目分别表示各边的中部筋。
2. 抗震设计箍筋对纵筋至少隔一拉一。
3. 类型1的箍筋肢数可有多种组合，右图为5×4的组合，其余类型为固定形式，在表中只注类型号即可。

图2-16　柱列表注写方式

(e) 箍筋类型

在表中箍筋类型栏内注写箍筋类型和箍筋肢数。各种箍筋类型图以及箍筋复合的具体方式,根据具体工程由设计人员画在表的上部或图中的适当位置,并在其上标注与表中相应的 b、h 和类型号。

(f) 箍筋直径和间距

在表中箍筋栏内注写箍筋,包括钢筋种类、直径和间距(间距表示方法及纵筋搭接时加密的表达方法与截面注写方式相同)。

2. 梁平法施工图制图规则

梁平法施工图是在平面布置图上采用平面注写方式或截面注写方式来表达梁平面整体配筋的施工图。梁平面布置图,应分别按梁的不同结构层(标准层),将全部梁和其相关联的柱、墙、板一起采用适当比例绘制(板的配筋单独绘平面图)。对于轴线未居中的梁,除贴柱边的梁外,应标注其偏心定位尺寸。

(1) 平面注写方式

平面注写方式,就是在梁的平面图上,分别选出不同编号的梁各一根,通过在其上注写截面尺寸和配筋具体数量的方式来表达梁平面整体配筋。平面注写包括集中标注与原位标注,集中标注表达梁的通用数值,原位标注表达梁的特殊数值,如图 2-17 所示。

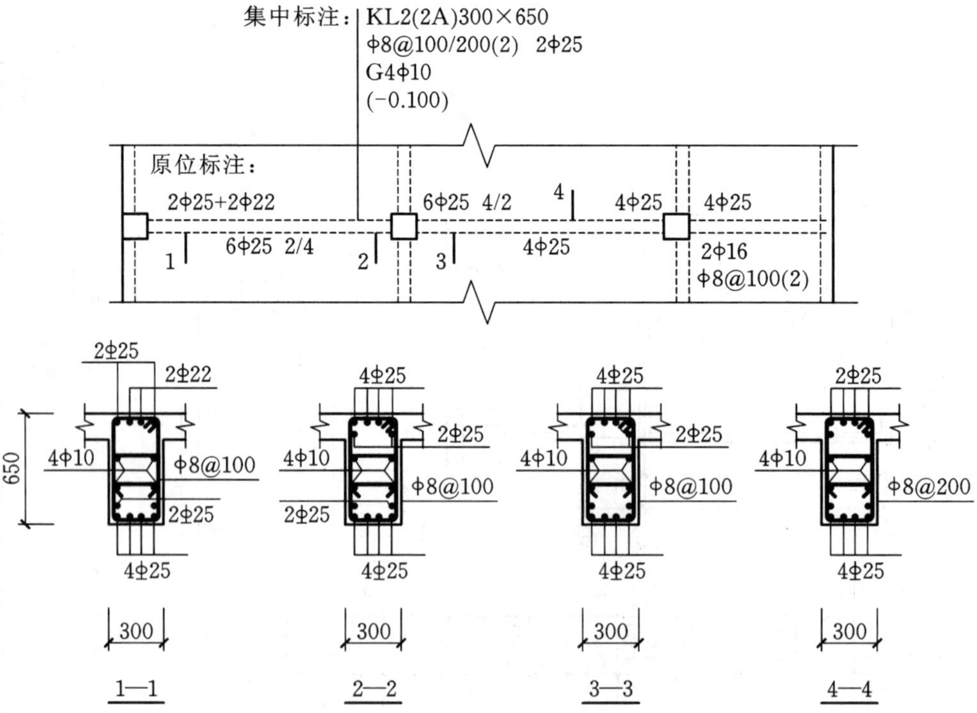

图 2-17 梁平面注写方式(上)与截面图(下)

① 梁集中标注内容

梁集中标注内容包括梁的编号、截面尺寸、箍筋、上部贯通钢筋(或架立筋)、梁侧面纵向构造钢筋或受扭钢筋配置、梁面相对高差等(依次标注)。其中前五项必须标注,最后一项有高差时标注,无高差时不标注。

(a) 梁的编号

梁的编号由梁的类型代号、序号、跨数和有无悬挑代号几项组成。编号中带 A 的为一端悬挑,带 B 为两端悬挑,且悬挑不计入跨数。图 2-17 中 KL2(2A)表示框架梁 2,有 2 跨,一端悬挑。

(b) 截面尺寸

当梁为等截面梁时,截面尺寸用 $b \times h$ 表示;当梁为悬臂梁且采用变截面高度时,用斜线分隔根部与端部的高度值,即为 $b \times h_1/h_2$,h_1 为根部高度,h_2 为端部较小的高度。在图 2-17 中,300×650 表示断面宽 300mm,高 650mm。

(c) 梁的箍筋

该项内容包括箍筋的钢筋种类、直径、间距和肢数。当梁跨内箍筋全跨为同一间距和肢数时直接标注,肢数写在括号内。图 2-17 中φ8@100/200(2)表示箍筋为Ⅰ级钢筋,直径为 8mm,加密区间距为 100mm,非加密区间距为 200mm,双肢箍。加密区和非加密区的长度依梁长而计算,加密区范围见相应抗震级别的标准构造详图。

(d) 梁的上部贯通钢筋或架立筋的根数

所注规格与根数根据结构受力要求及箍筋肢数等构造要求确定。当同排纵筋中既有贯通筋又有架立筋时,应采用加号"+"将两者相连,注写时须将梁角部贯通筋写在加号的前面,架立筋写在加号后面的括号内。例如:2φ20+(2φ12)常用于四肢箍,2φ20 为梁角部贯通筋,2φ12 为架立筋,单跨非框架梁中的架立筋不必加括号。

(e) 梁侧面纵向构造钢筋或受扭钢筋配置

当梁腹板高度不低于 450mm 时,须配置纵向构造钢筋,所注规格与根数应符合相关规范规定。例如 G4φ10 表示梁每侧各配置 2 根直径为 10mm 的纵向构造钢筋;N4φ14 表示梁每侧各配置 2 根直径为 14mm 的抗扭纵筋。

(f) 梁顶面标高相对于该结构楼面标高的高差值

有高差时,将其写入括号内。例如:(−0.10)表示梁标高比该结构层标高低 0.10m。

② 梁原位标注内容

梁原位标注内容为梁支座上部纵筋、下部纵筋、附加箍筋或吊筋及对集中标注的原位修正信息等。

(a) 梁支座上部纵筋

该部位含贯通筋在内的所有纵筋,标注在梁上方该支座处。如 2φ25+2φ22 表示支座上部纵筋上排为 2φ25,而下排为 2φ22。

(b) 梁的下部纵筋

该部位标注在梁下部跨中位置,标注方法同梁支座上部纵筋。当下部纵筋均为贯通筋,且在集中标注中已注写时,则不需要在梁下部重复做原位标注。例如 4 φ 25,表示梁下部纵筋为 4 φ 25,全部伸入支座。

(c) 附加箍筋或吊筋

该部位应直接画在平面图中的主梁上,用线引注总配筋值(箍筋肢数注在括号内)。当多数附加箍筋或吊筋相同时,可在图纸上说明,仅对少数不同值再原位引注。

(d) 对集中标注的原位修正信息

根据原位标注优先原则,当梁上集中标注的内容(一项或几项)不适用于某跨或某悬挑部分时,则在该跨或该悬臂部位原位注写其实际数值。

(2) 截面注写方式

截面注写方式,就是在分标准层绘制的梁平面布置图上,分别从不同编号的梁中各选择一根用截面剖切符号引出配筋图,并在其上注写截面尺寸和配筋的具体数值来表达梁平面整体配筋。

在梁截面配筋详图上注写截面尺寸($b \times h$)、上部筋、下部筋、侧面构造筋或受扭筋和箍筋的具体数值时,表达方式与平面注写方式相同。

截面注写方式常可与平面注写方式结合使用(图 2-17)。对于梁布置过密的局部或为表达异型截面梁的尺寸及配筋时常采用截面注写方式。截面注写方式也可单独使用。

四、钢筋混凝土基础图的表示方法

建在地基(支撑建筑物的土层称为地基)以上至房屋首层室内地坪(±0.000)以下的承重部分称为基础。基础的形式、大小与上部结构系统、荷载大小及地基的承载力有关,一般有条形基础、独立基础、桩基础、筏形基础、箱形基础等形式(图 2-18)。基础图是表达基础结构布置及详细构造的图样,它包括基础平面图和基础详图。

基础施工图包括基础平面图和基础详图以及有关文字说明。基础施工图属于结构施工图的基本内容。阅读基础施工图首先要看结构设计总说明或文字说明,然后再看基础平面图和基础详图。图 2-19 所示为独立基础常用的形式。

1. 结构设计总说明

主要内容包括主要设计依据(如地质勘探报告等)、自然条件(如风雪荷载等)、材料标号及要求、标准图的使用、统一的构造做法、±0.000 相对的绝对标高、地基的承载力、挖槽和验槽要求等。

2. 基础平面图

基础平面图的形成与楼层建筑平面图相似,主要表示基础的平面布置情况,定位轴线及其间距,基础的类型、管沟的平面位置和基础详图的剖切位置等,如图 2-20 所示。它

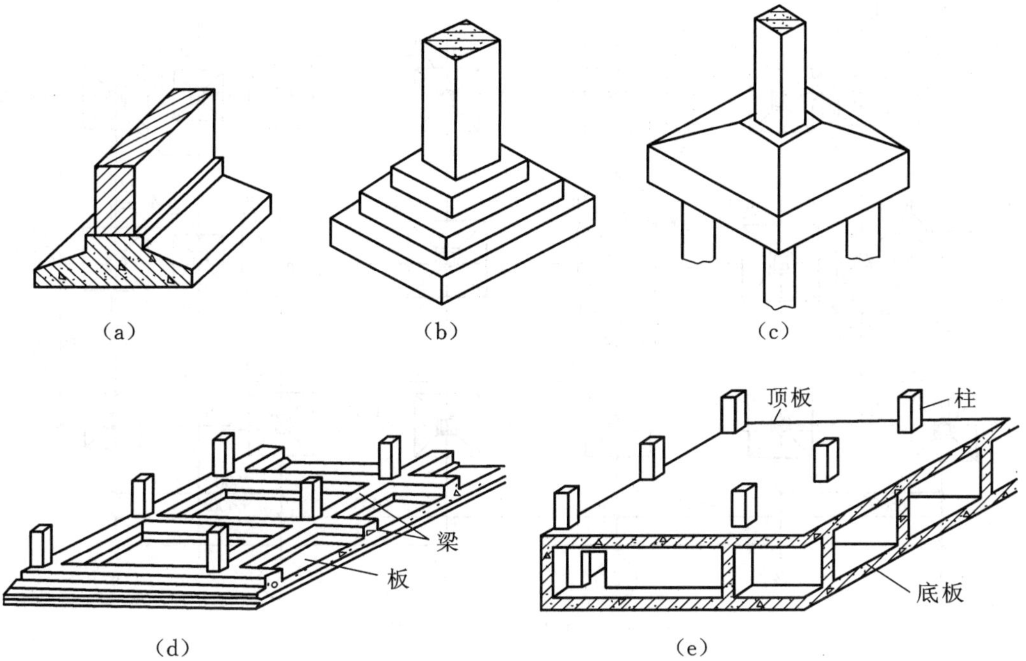

图 2-18　基础的形式

(a)条形基础;(b)独立基础;(c)桩基础;(d)筏形基础;(e)箱形基础

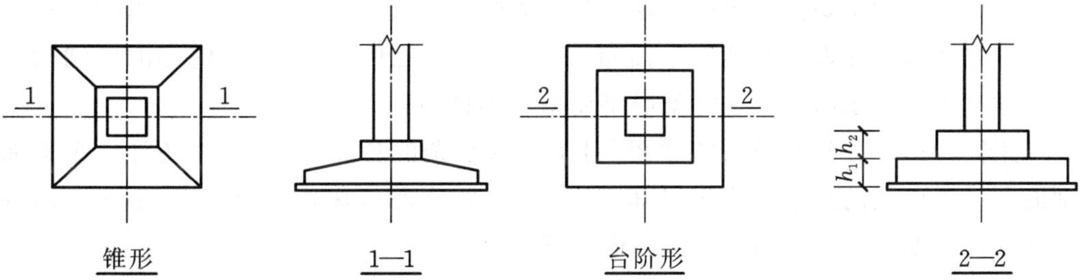

图 2-19　独立基础常用的形式

与基础详图一起,作为放线、挖基槽和基坑、砌筑基础以及编制预算和施工进度计划的依据。识读基础平面图时要注意几个方面:

① 基础平面图的轴线编号、纵横轴线的总尺寸和轴线间距尺寸。这些轴线编号和轴线尺寸与建筑平面图的轴线网一致,主要用来放灰线和确定各部分基础的位置。

② 基础平面布置是基础平面图的主要内容。

③ 管沟有暖气工种要求的,还应阅读暖气施工图。

④ 应表明基础墙留洞。

⑤ 凡是基础宽度、墙厚、大放脚、基底标高、管沟做法不同时,均应画出不同的基础详图,并在相应的位置上标出剖面符号。

⑥ 有时应在基础平面图上注有必要的文字说明。

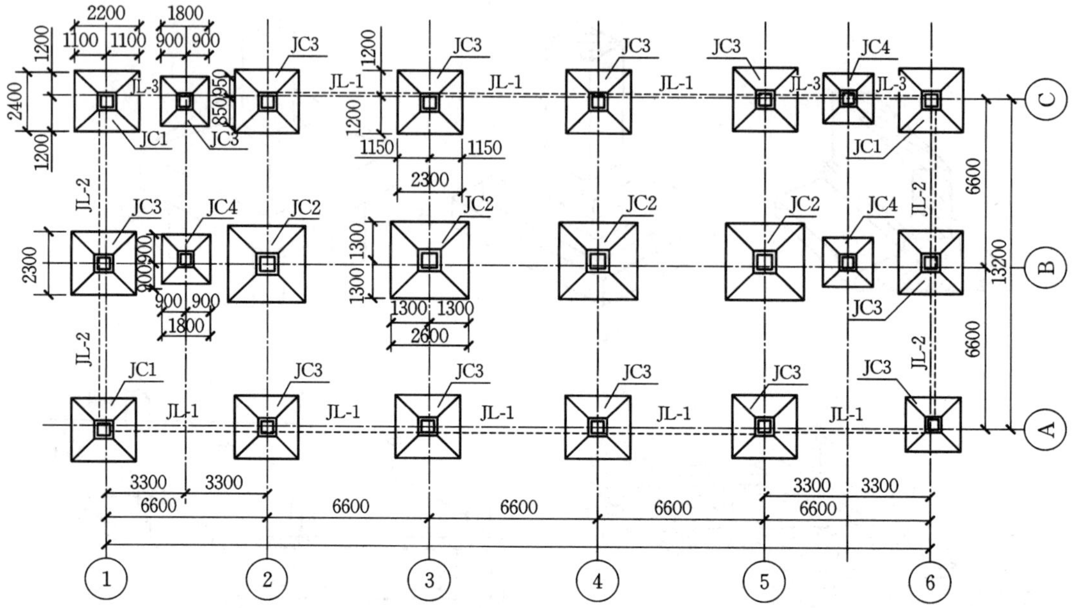

图 2-20 某房屋独立基础平面图

3. 基础详图

基础详图的作用是表明基础各组成部分的具体结构和构造，通常采用垂直剖面图来表示。基础详图的主要内容包括垫层、基础大放脚、基础墙和防潮层等所用的材料和尺寸。基础平面图只能表示基础的平面布置情况，而且比例较小，基础内部的详细构造和细部尺寸都无法表示出来。这时就需要使用基础详图。

凡不同构造部分都有单独的详图，对于一些复杂的独立基础，有时还加一个平面局部剖面图。平面图的左下角采用局部剖面，以大部分表示基础外形，以一小角表示基础的网状配筋情况。基础钢筋底下应有保护层。

图 2-21 所示为常见结构的基础详图。图 2-21(a)所示为钢筋混凝土条形基础详图，它包括基础、基础圈梁和基础墙三部分。从地下室室内地坪－2.400 到－3.500 为基础墙体，它是 370mm 厚的砖墙。在距室内地坪－2.400 以下 60mm，有一道粗实线表示防潮层。从－3.500 到－4.000 为基础大放脚，高度为 500mm，宽度为 2400mm。在基础底板配有双层ф 10@200 的钢筋。基础圈梁 JQL 与基础大放脚浇筑在一起，顶面标高为－3.500，其截面尺寸宽 450mm、高 500mm，配筋为ф 14 钢筋，箍筋为ф 8@200 的双肢箍。基础下有 100mm 厚的 C10 素混凝土垫层。

图 2-21(b)所示为锥形的独立基础，它除了展示出垂直剖视图外，还展示出了平面图。垂直剖视图清晰地反映了基础柱、基础及垫层三部分。基础底部截面为 2000mm×2200mm 的矩形，基础为高 600mm 的四棱台，基础底部配置了ф 8@150、ф 8@100 的双向钢筋。基础下面是 C10 素混凝土垫层，高 100mm。基础柱尺寸为 400mm×350mm，预留插筋 8ф 16，钢筋下端直接插入基础内部，上端与柱中的钢筋搭接。

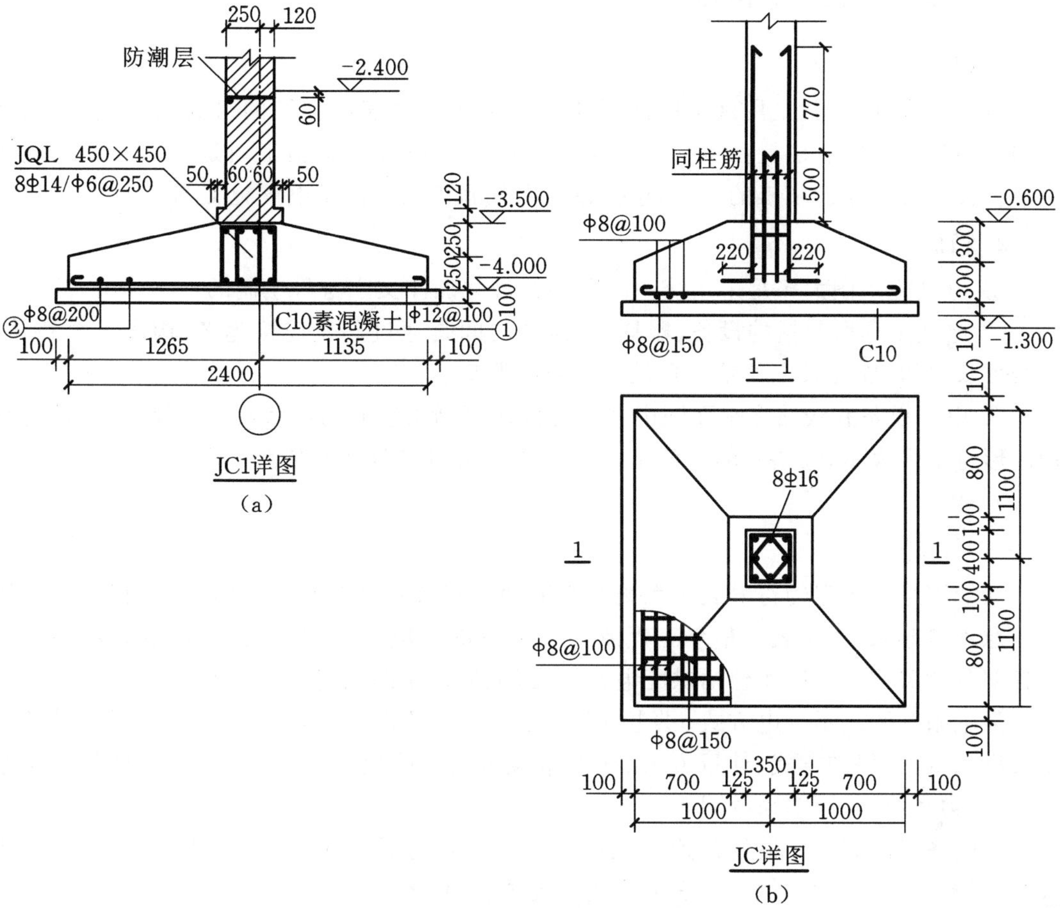

图 2-21　常见结构的基础详图

(a)钢筋混凝土条形基础详图；(b)独立基础详图

第四节　环境工程电气工程施工图识读

随着电子技术、自控技术和计算机应用的迅猛发展，使得环境工程施工项目的电气施工技术发生了很大变化，内容也变得越来越丰富，已超出了传统的知识范畴，特别是弱电系统内容迅速扩充，使得工程项目向智能化方向飞速发展，实现机、电、仪一体化，从而扩展了电气元件的应用。与此而来的是，电气施工图不论是数量还是内容都发生巨大的变化。因此，需要不断更新和学习电气工程施工图纸，只有熟悉并掌握所从事工程的每一张图纸，才能做好电气工程的施工与管理。

一、电气工程施工图概述

1. 概念

电气工程施工图,是用规定的图形符号和文字符号表示系统的组成及连接方式、装置和线路的具体安装位置和走向的图纸。环境工程电气工程施工图是专门用于环境污染治理设备设施建设施工的图纸,包括建筑电气施工图和设备电气施工图。

2. 特点

① 电气施工图大多是采用统一的图形符号并加注文字符号绘制的。

② 电气工程所包括的设备、器具、元器件之间是通过导线连接起来,构成一个整体,导线可长可短,能比较方便地表达较远的空间距离。

③ 电气设备和线路在平面图中并不是按比例画出它们的形状及外形尺寸,而是通常用图形符号来表示,线路中的长度是用规定的线路的图形符号按比例绘制。

3. 类别

(1) 系统图

系统图是用规定的符号表示系统的组成和连接关系,它用单线将整个工程的供电线路示意连接起来,主要表示整个工程或某一项目的供电方案和方式,也可以表示某一装置各部分的关系。系统图包括供配电系统图(强电系统图)、弱电系统图。

强电系统图表示供电方式、供电回路、电压等级及进户方式;标注回路个数、设备容量及启动方法、保护方式、计量方式、线路敷设方式。强电系统图有高压系统图、低压系统图、电力系统图、照明系统图等。

弱电系统图表示元器件的连接关系。包括通信电话系统图、广播线路系统图、共用天线系统图、火灾报警系统图、安全防范系统图、微机系统图。

(2) 平面图

平面图是用设备、器具的图形符号和敷设的导线(电缆)或穿线管路的线条画在建筑物或安装场所,用以表示设备、器具、管线实际安装位置的水平投影图。它是表示装置、器具、线路具体平面位置的图纸。

强电部分包括电力平面图、照明平面图、防雷接地平面图、厂区电缆平面图等;弱电部分包括消防电气平面布置图、综合布线平面图等。

(3) 原理图

原理图是表示控制原理的图纸,在施工过程中指导调试工作。

(4) 接线图

接线图是表示系统的接线关系的图纸,在施工过程中指导调试工作。

4. 组成

电气工程施工图纸的组成有:首页、电气系统图、平面布置图、安装接线图和标准图。

(1) 首页

主要包括目录、设计说明、图例、设备材料表。目录包括单位工程图纸的数量及各种图纸的编号。设计说明包括设计依据、工程概况、负荷等级、保护方式、接地要求、负荷分配、线路敷设方式、设备安装高度、施工图未能表明的特殊要求、施工注意事项、测试参数及业主的要求和施工原则。图例即图形符号，通常只列出本套图纸中涉及的图形符号，在图例中可以标注装置与器具的安装方式和安装高度。设备材料表表明本套图纸中的电气设备、器具及材料明细。

(2) 电气系统图

指导组织定购，安装调试。

(3) 平面布置图

指导施工与验收。

(4) 安装接线图

指导电气安装和接线。

(5) 标准图

指导施工及验收。

二、常用的文字符号、标注格式、电缆规格型号及图形符号

1. 常用文字符号

电气工程图常用的文字符号见表 2-17，常用电气设备参照代号的字母代码见表 2-18。

表 2-17　电气工程图常用的文字符号

线缆敷设方式标注的文字符号					
序号	名称	符号	序号	名称	符号
1	穿低压流体输送用焊接钢管(钢导管)敷设	SC	8	电缆梯架敷设	CL
2	穿普通碳素钢电线套管敷设	MT	9	金属槽盒敷设	MR
3	穿可挠金属电线保护套管敷设	CP	10	塑料槽盒敷设	PR
4	穿硬塑料导管敷设	PC	11	钢索敷设	M
5	穿阻燃半硬塑料导管敷设	FPC	12	直埋敷设	DB
6	穿塑料波纹电线管敷设	KPC	13	电缆沟敷设	TC
7	电缆托盘敷设	CT	14	电缆排管敷设	CE
线缆敷设部位标注的文字符号					
序号	名称	符号	序号	名称	符号
1	沿或跨梁(屋架)敷设	AB	7	暗敷设在顶板内	CC
2	沿或跨柱敷设	AC	8	暗敷设在梁内	BC
3	沿吊顶或顶板面敷设	CE	9	暗敷设在柱内	CLC
4	吊顶内敷设	SCE	10	暗敷设在墙内	WC
5	沿墙面敷设	WS	11	暗敷设在地板或地面下	FC
6	沿屋面敷设	RS			

续表 2-17

常用辅助文字符号					
序号	符号	名称	序号	符号	名称
1	A	电流	32	EM	紧急
2	A	模拟	33	EMS	发射
3	AC	交流	34	EX	防爆
4	A、AUT	自动	35	F	快速
5	ACC	加速	36	FA	事故
6	ADD	附加	37	FB	反馈
7	ADJ	可调	38	FM	调频
8	AUX	辅助	39	FW	正、向前
9	ASY	异步	40	FX	固定
10	B、BRK	制动	41	G	气体
11	BC	广播	42	GN	绿
12	BK	黑	43	H	高
13	BU	蓝	44	HH	最高(较高)
14	BW	向后	45	HH	手孔
15	C	控制	46	HV	高压
16	CCW	逆时针	47	IN	输入
17	CD	操作台(独立)	48	INC	增
18	CO	切换	49	IND	感应
19	CW	顺时针	50	L	左
20	D	延时、延迟	51	L	限制
21	D	差动	52	L	低
22	D	数字	53	LL	最低(较低)
23	D	降	54	LA	闭锁
24	DC	直流	55	M	主
25	DCD	解调	56	M	中
26	DEC	减	57	M、MAN	手动
27	DP	调度	58	MAX	最大
28	DR	方向	59	MIN	最小
29	DS	失步	60	MC	微波
30	E	接地	61	MD	调制
31	EC	编码	62	MH	人孔(人井)

续表2-17

常用辅助文字符号

序号	符号	名称	序号	符号	名称
63	MN	监听	85	S	信号
64	MO	瞬间(时)	86	ST	启动
65	MUX	多路复用的限定符号	87	S、SET	置位、定位
66	NR	正常	88	SAT	饱和
67	OFF	断开	89	STE	步进
68	ON	闭合	90	STP	停止
69	OUT	输出	91	SYN	同步
70	O/E	光电转换器	92	SY	整步
71	P	压力	93	SP	设定点
72	P	保护	94	T	温度
73	PL	脉冲	95	T	时间
74	PM	调相	96	T	力矩
75	PO	并机	97	TM	发送
76	PR	参量	98	U	升
77	R	记录	99	UPS	不间断电源
78	R	右	100	V	真空
79	R	反	101	V	速度
80	RD	红	102	V	电压
81	RES	备用	103	VR	可变
82	R、RST	复位	104	WH	白
83	RTD	热电阻	105	YE	黄
84	RUN	运转			

供配电系统设计文件标注的文字符号

序号	名称	符号	单位	序号	名称	符号	单位
1	系统标称电压(有效值)	U_n	V	4	频率	F	Hz
2	设备额定电压(有效值)	U_r	V	5	额定功率	P_r	kW
3	额定电流	I_r	A	6	设备安装功率	P_n	kW

续表 2-17

供配电系统设计文件标注的文字符号							
序号	名称	符号	单位	序号	名称	符号	单位
7	计算有功功率	P_c	kW	14	整定电流	I_s	A
8	计算无功功率	Q_c	kvar	15	稳态短路电流	I_k	kA
9	计算视在功率	S_c	kVA	16	功率因数	$\cos\varphi$	—
10	额定视在功率	S_r	kVA	17	阻抗电压	u_{kr}	%
11	计算电流	I_c	A	18	短路电流峰值	i_p	kA
12	启动电流	I_{st}	A	19	短路容量	S''_{KQ}	MVA
13	尖峰电流	I_p	A	20	需要系数	K_d	—

表 2-18 常用电气设备参照代号的字母代码(部分选取)

项目种类	设备、装置和元件名称	参照代号的字母代码	
		主类代码	含子类代码
两种或两种以上的用途或任务	35kV 开关柜	A	AH
	20kV 开关柜		AJ
	10kV 开关柜		AK
	6kV 开关柜		—
	低压配电柜		AN
	并联电容器箱(柜、屏)		ACC
	直流配电箱(柜、屏)		AD
	保护箱(柜、屏)		AR
	电能计量箱(柜、屏)		AM
	信号箱(柜、屏)		AS
	电源自动切换箱(柜、屏)		AT
	动力配电箱(柜、屏)		AP
	应急动力配电箱(柜、屏)		APE
	控制、操作箱(柜、屏)		AC
	励磁箱(柜、屏)		AE
	照明配电箱(柜、屏)		AL
	应急照明配电箱(柜、屏)		ALE
	电度表箱(柜、屏)		AW
	弱电系统设备箱(柜、屏)		—

续表2-18

项目种类	设备、装置和元件名称	参照代号的字母代码	
		主类代码	含子类代码
把某一输入变量（物理性质、条件或事件）转换为供进一步处理的信号	热过载继电器	B	BB
	保护继电器		BB
	电流互感器		BE
	电压互感器		BE
	测量继电器		BE
	测量电阻(分流)		BE
	测量变送器		BE
	气表、水表		BF
	差压传感器		BF
	流量传感器		BF
	接近开关、位置开关		BG
	接近传感器		BG
	时钟、计时器		BK
	湿度计、湿度测量传感器		BM
	压力传感器		BP
	烟雾(感烟)探测器		BR
	感光(火焰)探测器		BR
	光电池		BR
	速度计、转速计		BS
	速度变换器		BS
	温度传感器、温度计		BT
	麦克风		BX
	视频摄像机		BX
	火灾探测器		—
	气体探测器		
	测量变换器		
	位置测量传感器		BG
	液位测量传感器		BL

续表2-18

项目种类	设备、装置和元件名称	参照代号的字母代码	
		主类代码	含子类代码
材料、能量或信号的存储	电容器	C	CA
	线圈		CB
	硬盘		CF
	存储器		CF
	磁带记录仪、磁带机		CF
	录像机		CF
提供辐射能或热能	白炽灯、荧光灯	E	EA
	紫外灯		EA
	电炉、电暖炉		EB
	电热、电热丝		EB
	灯、灯泡		—
	激光器		
	发光设备		
	辐射器		
直接防止(自动)能量流、信息流、人身或设备发生危险的或意外的情况	热过载释放器	F	FD
	熔断器		FA
	安全栅		FC
	电涌保护器		FC
	接闪器		FE
	接闪杆		FE
	保护阳极(阴极)		FR
启动能量流或材料流,产生用作信息载体或参考源的信号。生产一种新能量、材料或产品	发电机	G	GA
	直流发电机		GA
	电动发电机组		GA
	柴油发电机组		GA
	蓄电池、干电池		GB
	燃料电池		GB
	太阳能电池		GC
	信号发生器		GF
	不间断电源		GU

2. 常用文字标注格式

(1)线路的文字标注格式

线路的文字标注基本格式为：

$$ab\text{-}c(d\times e+f\times g)i\text{-}jh$$

其中,a 表示线缆编号;b 表示型号;c 表示线缆根数;d 表示线缆线芯数;e 表示线芯截面面积(mm^2);f 表示 PE、N 线芯数;g 表示 PE、N 线芯截面面积(mm^2);i 表示线路敷设方式;j 表示线路敷设部位;h 表示线路敷设安装高度(m)。

上述字母无内容时则省略该部分。

例：N_1BLX-3×4-SC20-WC 表示系统中编号为 1 的线路,有 3 根截面面积为 $4mm^2$ 的铝芯橡皮绝缘导线,穿直径为 20mm 的水煤气钢管沿墙暗敷设。

(2) 用电设备的文字标注格式

用电设备的文字标注格式为：

$$\frac{a}{b}$$

其中,a 表示设备编号;b 表示额定功率(kW)。

(3) 动力和照明配电箱的文字标注格式

动力和照明配电箱的文字标注格式为：

$$a\frac{b}{c}$$

其中,a 表示设备编号;b 表示设备型号;c 表示设备功率(kW)。

例:$3\frac{\text{XL-3-2}}{35.165}$表示 3 号动力配电箱,其型号为 XL-3-2,功率为 35.165kW。

(4) 照明灯具的文字标注格式

照明灯具的文字标注格式为：

$$a-b\frac{c\times d\times L}{e}f$$

其中,a 表示同一个平面内,同种型号灯具的数量;b 表示灯具的型号;c 表示每盏照明灯具中光源的数量;d 表示每个光源的容量(W);e 表示安装高度,当吸顶或嵌入安装时用“—”表示 ;f 表示安装方式;L 表示光源种类(常省略不标)。

3. 常用电缆规格型号

(1) 铜(铝)芯聚氯乙烯绝缘及护套固定敷设用电缆(电线)

BV——铜芯聚氯乙烯绝缘电缆(电线);

BLV——铝芯聚氯乙烯绝缘电缆(电线);

BVR——铜芯聚氯乙烯绝缘电缆(电线);

BVV——铜芯聚氯乙烯绝缘护套圆形电缆(电线);

BLVV——铝芯聚氯乙烯绝缘护套圆形电缆(电线);

BVVB——铜芯聚氯乙烯绝缘护套平形电缆(电线);

BLVVB——铝芯聚氯乙烯绝缘护套平形电缆(电线);

BV-90——铜芯耐热90℃聚乙烯绝缘电线。

本系列产品适用于交流额定电压为450～750V的动力、照明、日用电器、仪器仪表及电信设备用线路。

(2) 低烟无卤阻燃系列产品

低烟无卤阻燃系列电缆电线，表示为WDZ-普通型号的电缆电线代号。阻燃等级分A、B、C、D四类，例如：WDZD-VY、WDZA-YJY、WDZB-YJV23、WDZC-BY、WDZ-BVY、WDZB-KYJY、WDZC-KVV23等，供固定（软电缆为移动式）敷设在交流额定电压为35kV及以下的室内、电缆桥架、电缆管道等固定场合的输配电力线路用，主要应用于高层建筑、医院、剧场、电站、地铁、隧道、舰船、海上石油平台、广播电视中心、计算机中心等人员密集、空间封闭的场所，电缆的额定电压应不低于供电系统的标称电压。

(3) 额定电压10kV及1kV铜(铝)芯绝缘架空电缆

JK(L)YJ——铜(铝)芯交联聚乙烯绝缘架空电缆；

JK(L)Y——铜(铝)芯聚乙烯绝缘架空电缆；

JK(L)V——铜(铝)芯聚氯乙烯绝缘架空电缆(只适用于额定电压为1kV的情况)。

本系列产品供固定敷设在额定电压为10kV及1kV的室内、室外架空的输配电力线路使用，可用于单相接地故障时间每次不大于1min的系统，亦可用于每次最长故障时间不超过8h，每年累计故障时间不超过125h的系统。

(4) 铜(铝)芯聚氯乙烯绝缘、聚氯乙烯(聚乙烯)护套电力电缆

V(L)V——铜(铝)芯聚氯乙烯绝缘、聚氯乙烯护套电力电缆

V(L)Y——铜(铝)芯聚氯乙烯绝缘、聚乙烯护套电力电缆

本产品供固定敷设在交流额定电压为0.6～1kV及以下的室内、架空、电缆沟道、管道内的输配电力线路用。

(5) 铜(铝)芯聚氯乙烯绝缘、钢带铠装聚氯乙烯(聚乙烯)护套电力电缆

V(L)V22——铜(铝)芯聚氯乙烯绝缘、钢带铠装聚氯乙烯护套电力电缆；

V(L)V23——铜(铝)芯聚氯乙烯绝缘、钢带铠装聚乙烯护套电力电缆。

本产品供固定敷设在交流额定电压为0.6～1kV及以下的室内、电缆沟道、管道内或直埋等能承受较大机械外力的固定场合输配电力线路用。

4. 常见图形符号

电气施工图上的各种电气元件及线路敷设均是用图形符号来表示，识图的基础是明确和熟悉有关电气图形符号所表达的内容和含义。常用电气图形符号见表2-19。

表2-19　常用电气图形符号(部分选取)

序号	常用图形符号		说明	应用类别
	形式1	形式2		
1		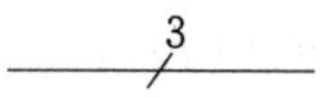	导线组(示出导线数，如示出三根导线)	电路图、接线图、平面图、总平面图、系统图
2			软连接	
3			端子	

续表2-19

<table>
<tr><th rowspan="2">序号</th><th colspan="2">常用图形符号</th><th rowspan="2">说 明</th><th rowspan="2">应用类别</th></tr>
<tr><th>形式 1</th><th>形式 2</th></tr>
<tr><td>4</td><td colspan="2">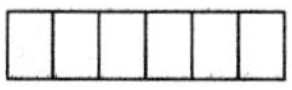</td><td>端子板</td><td>电路图</td></tr>
<tr><td>5</td><td></td><td></td><td>T 形连接</td><td rowspan="3">电路图、接线图、平面图、总平面图、系统图</td></tr>
<tr><td>6</td><td>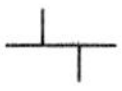</td><td></td><td>导线的双 T 连接</td></tr>
<tr><td>7</td><td colspan="2"></td><td>跨接连接(跨越连接)</td></tr>
<tr><td>8</td><td colspan="2"></td><td>阴接触件(连接器的)、插座</td><td rowspan="2">电路图、接线图、系统图</td></tr>
<tr><td>9</td><td colspan="2"></td><td>阳接触件(连接器的)、插头</td></tr>
<tr><td>10</td><td colspan="2"></td><td>定向连接</td><td>电路图、接线图、平面图、系统图</td></tr>
<tr><td>11</td><td colspan="2">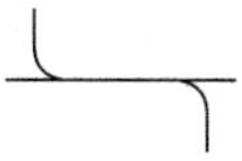</td><td>进入线束的点(本符号不适用于表示电气连接)</td><td>系统图</td></tr>
<tr><td>12</td><td colspan="2"></td><td>电阻器,一般符号</td><td rowspan="2">电路图、接线图、平面图、总平面图、系统图</td></tr>
<tr><td>13</td><td colspan="2"></td><td>电容器,一般符号</td></tr>
<tr><td>14</td><td colspan="2"></td><td>半导体二极管,一般符号</td><td>电路图</td></tr>
<tr><td>15</td><td colspan="2"></td><td>发光二极管(LED),一般符号</td><td rowspan="3">电路图</td></tr>
<tr><td>16</td><td colspan="2"></td><td>双向三极闸流晶体管</td></tr>
<tr><td>17</td><td colspan="2"></td><td>PNP 晶体管</td></tr>
<tr><td>18</td><td colspan="2"></td><td>电机,一般符号</td><td>电路图、接线图、平面图、系统图</td></tr>
<tr><td>19</td><td colspan="2">
</td><td>三相笼式感应电动机</td><td rowspan="3">电路图</td></tr>
<tr><td>20</td><td colspan="2">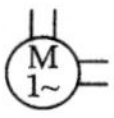
</td><td>单相笼式感应电动机有绕组分相引出端子</td></tr>
<tr><td>21</td><td colspan="2">
</td><td>三相绕线式转子感应电动机</td></tr>
</table>

续表2-19

序号	常用图形符号		说 明	应用类别
	形式 1	形式 2		
22	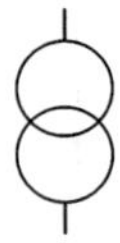	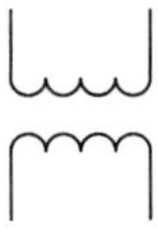	双绕组变压器，一般符号(形式 2 可表示瞬时电压的极性)	电路图、接线图、平面图、总平面图、系统图，形式 2 只适用电路图
23	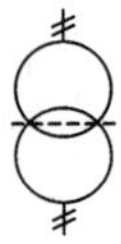	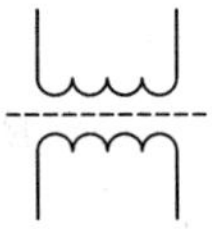	绕组间有屏蔽的双绕组变压器	电路图、接线图、平面图、总平面图、系统图，形式 2 只适用电路图
24	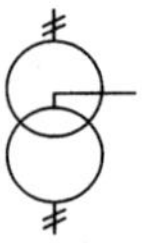	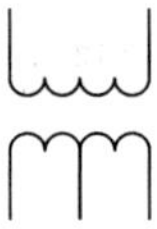	一个绕组上有中间抽头的变压器	
25	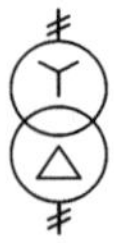	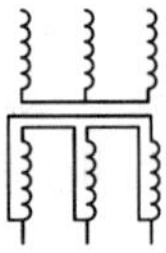	星形-三角形连接的三相变压器	
26		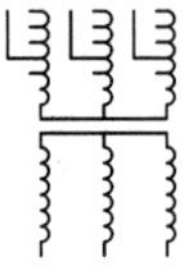	具有 4 个抽头的星形-星形连接的三相变压器	
27	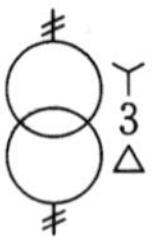	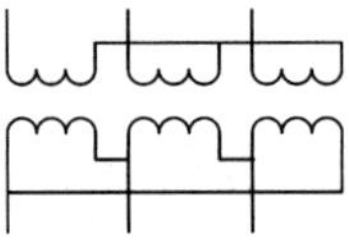	单相变压器组成的三相变压器，星形-三角形连接	电路图、接线图、平面图、总平面图、系统图，形式 2 只适用电路图
28	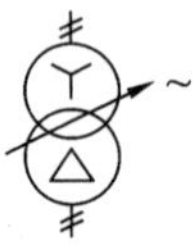	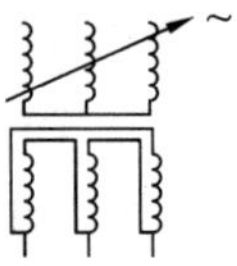	具有分接开关的三相变压器，星形-三角形连接	电路图、接线图、平面图、系统图，形式 2 只适用电路图
29	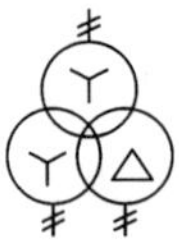	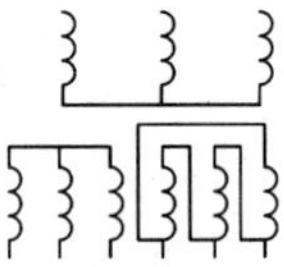	星形-星形-三角形连接图	电路图、接线图、系统图，形式 2 只适用电路图

续表2-19

序号	常用图形符号		说明	应用类别
	形式 1	形式 2		
30		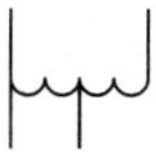	自耦变压器,一般符号	电路图、接线图、平面图、总平面图、系统图,形式 2 只适用电路图
31		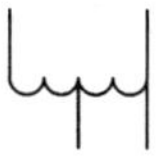	单相自耦变压器	电路图、接线图、系统图,形式 2 只适用电路图
32		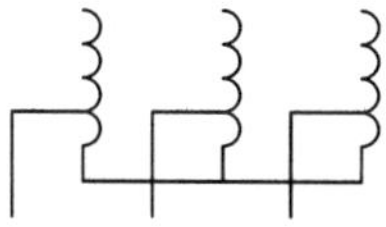	三相自耦变压器星形连接	
33	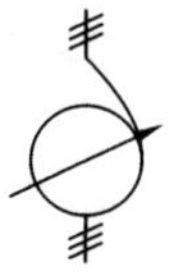		可调压的单相自耦变压器	
34	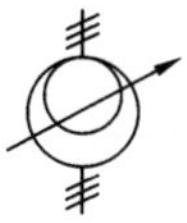	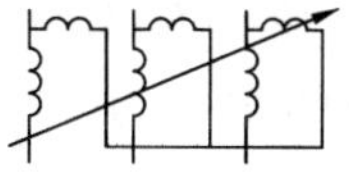	三相感应调压器	

三、读图的原则、步骤和注意事项

1. 读图原则

就电气施工图而言,一般遵循“六先六后”的原则:先强电后弱电、先系统后平面、先动力后照明、先下层后上层、先室内后室外、先简单后复杂。

2. 读图步骤

读图的步骤如图 2-22 所示。

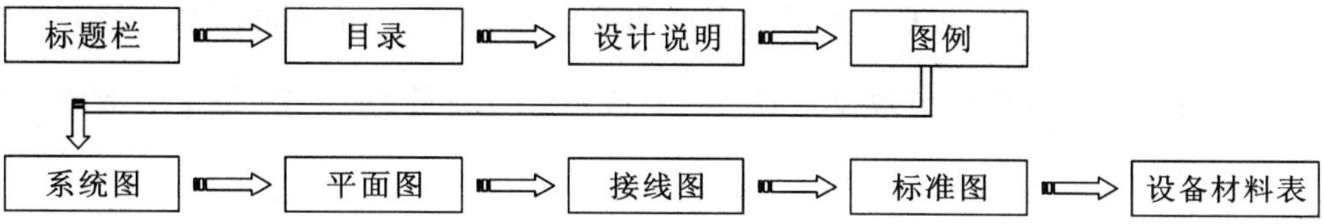

图 2 22　电气工程图读图的步骤

(1) 看标题栏:了解工程项目名称、内容、设计单位、设计日期、绘图比例。

(2) 看目录:了解单位工程图纸的数量及各种图纸的编号。

(3) 看设计说明:了解工程概况、供电方式以及安装技术要求。特别应注意的是有些分项局部问题是在各分项工程图纸上说明的,看分项工程图纸时也要先看设计说明。

(4) 看图例:充分了解各图例符号所表示的设备器具名称及标注说明。

(5) 看系统图:各分项工程都有系统图,如变配电工程的供电系统图,电气工程的电力系统图,电气照明工程的照明系统图,用于了解主要设备、元件连接关系及它们的规格、型号、参数等。

(6) 看平面图:了解建筑物的平面布置、轴线、尺寸、比例,各种变配电设备、用电设备的编号、名称和它们在平面上的位置,各种变配电设备起点、终点、敷设方式及在建筑物中的走向。

(7) 看标准图:充分了解设备、装置、器材的安装方式方法。

(8) 看设备材料表:了解该工程所使用的设备、材料的型号、规格、数量等。

3. 读图注意事项

就电气工程而言,读图时应注意如下事项:

(1) 注意阅读设计说明,尤其是施工注意事项及各分部分项工程的做法,此外一些暗设线路、电气设备的基础及各种电气预埋件更与土建工程密切相关,读图时要结合其他专业图纸阅读。

(2) 注意将系统图与系统图对照看,例如将供配电系统图与电力系统图、照明系统图对照看,核对其对应关系;将系统图与平面图对照看,例如将电力系统图与电力平面图对照看,照明系统图与照明平面图对照看,核对有无不对应的错误。看系统的组成与平面对应的位置,看系统图与平面图线路的敷设方式、线路的型号、规格是否保持一致。

(3) 注意看平面图的水平位置与其空间位置。

(4) 注意线路的标注,注意电缆的型号规格、注意导线的根数及线路的敷设方式。

(5) 注意核对图中标注的比例。

四、读图示例

1. 电气照明平面图

图 2-23 所示为某车间电气照明平面图。车间里设有 6 台照明配电箱,即 AL11～AL16,从每台配电箱引出电源线向各自的回路供电。如 AL13 箱引出 WL1～WL4 四个回路,均为 BV-2×2.5-S15-CEC,表示 2 根截面面积为 2.5mm^2 的铜芯塑料绝缘导线穿直径为 15mm 的钢管,沿顶棚暗敷设。$22\dfrac{200}{4}P$ 表示灯具数量为 22 个,每个灯泡的容量为 200W,安装高度 4m,吊管安装。

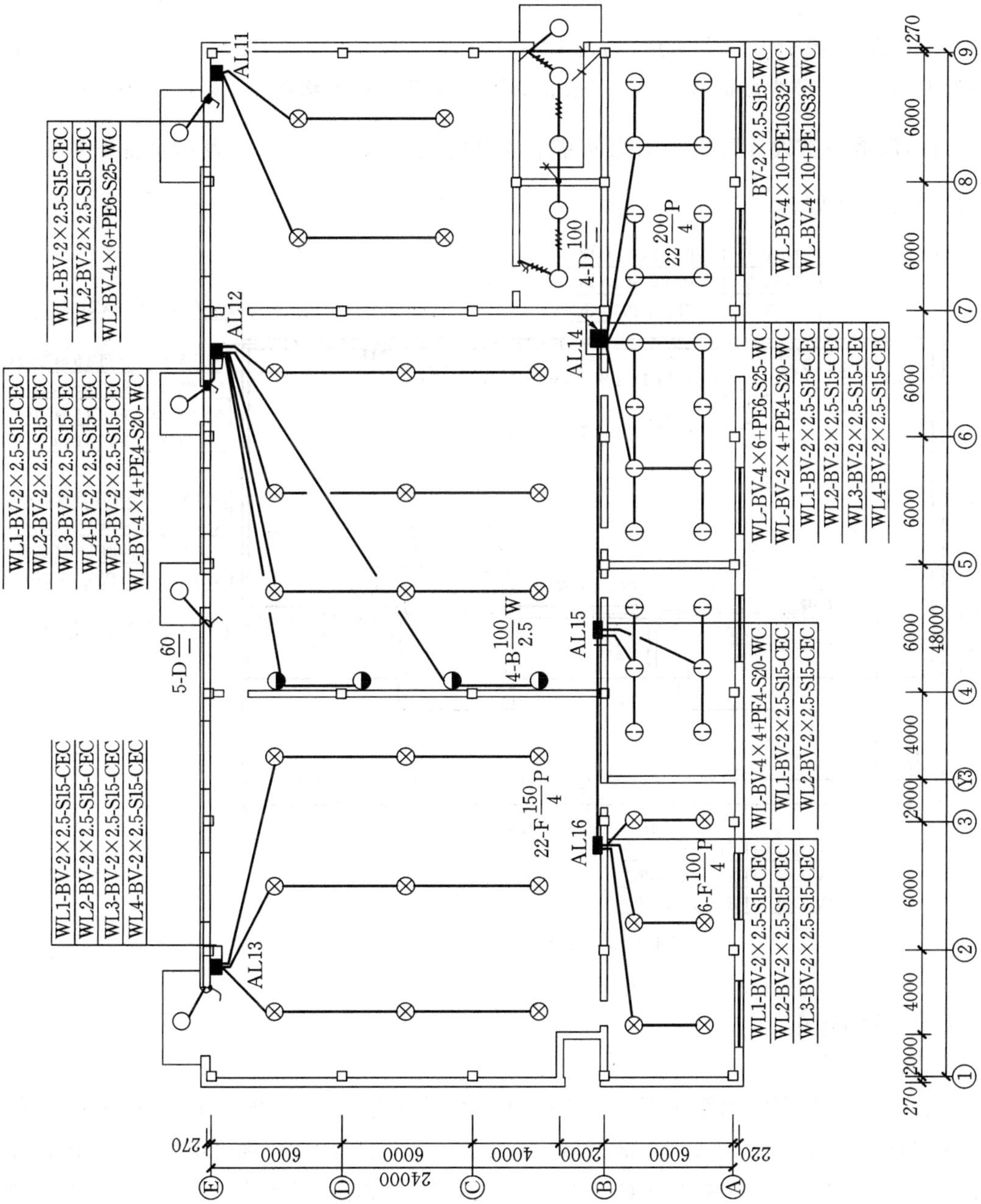

图2-23　某车间电气照明平面图

2. 电气动力平面图

图 2-24 所示为某车间电气动力平面图。车间里设有 4 台动力配电箱，即 AL1～AL4。其中 AL1 $\frac{\text{XL-20}}{4.8}$表示配电箱的编号为 AL1，其型号为 XL-20，配电箱的容量为 4.8kW。由 AL1 箱引出三个回路，均为 BV-3×1.5＋PE1.5-SC20-FC，表示 3 根相线截面面积为 1.5mm²，PE 线截面面积为 1.5mm²，均为铜芯塑料绝缘导线，穿直径为 20mm 的焊接钢管，沿地暗敷设。配电箱引出回路给各自的设备供电，其中$\frac{1}{1.1}$表示设备编号为 1，设备容量为 1.1kW。

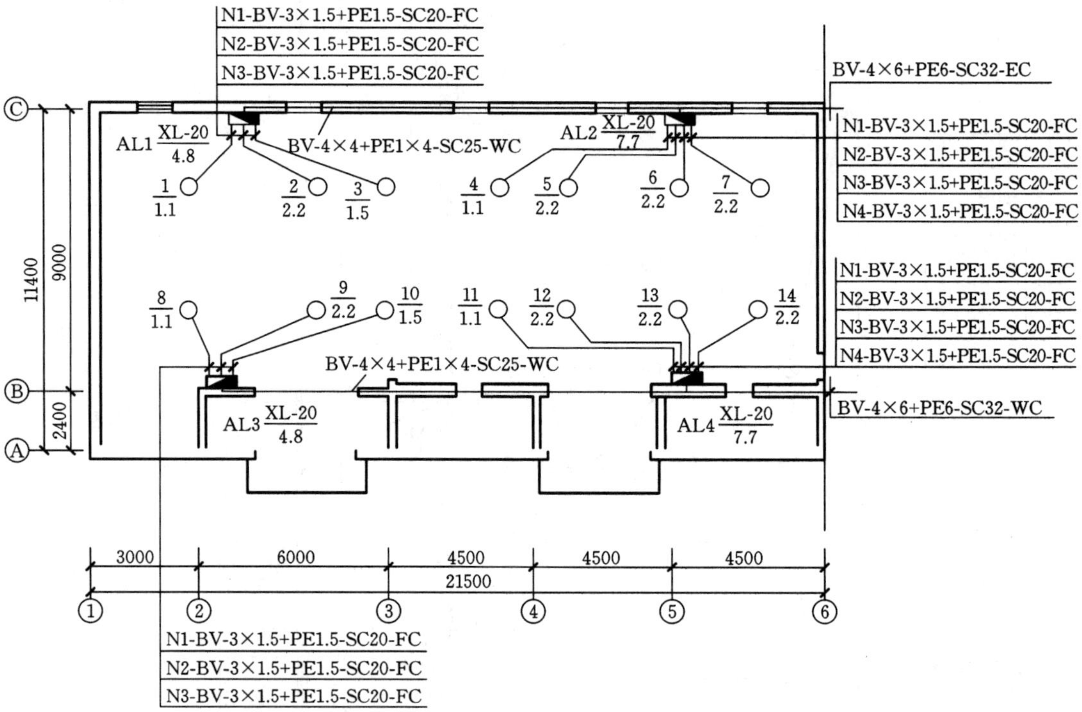

图 2-24　某车间电气动力平面图

3. 电气系统图

（1）配电箱系统图

图 2-25 所示为配电箱系统图。引入配电箱的干线为 BV-4×25＋16-SC40-WC，干线开关为 DZ216-63/3P-C32A，回路开关为 DZ216-63/1P-C10A 和 DZ216-63/2P-16A-30mA，支线为 BV-2×2.5-SC15-CC 及 BV-3×2.5-SC15-FC。回路编号为 N1～N13，相别为 AN、BN、CN、PE 等。配电箱的参数为：设备容量 P_e＝8.16kW；需用系数 K_x＝0.8；功率因数 $\cos\varphi$＝0.8；计算容量 P_{js}＝6.53kW；计算电流 I_{js}＝13.22A。

（2）配电干线系统图

配电干线系统图表示各配电干线与配电箱之间的联系方式。图 2-26 所示为某楼房

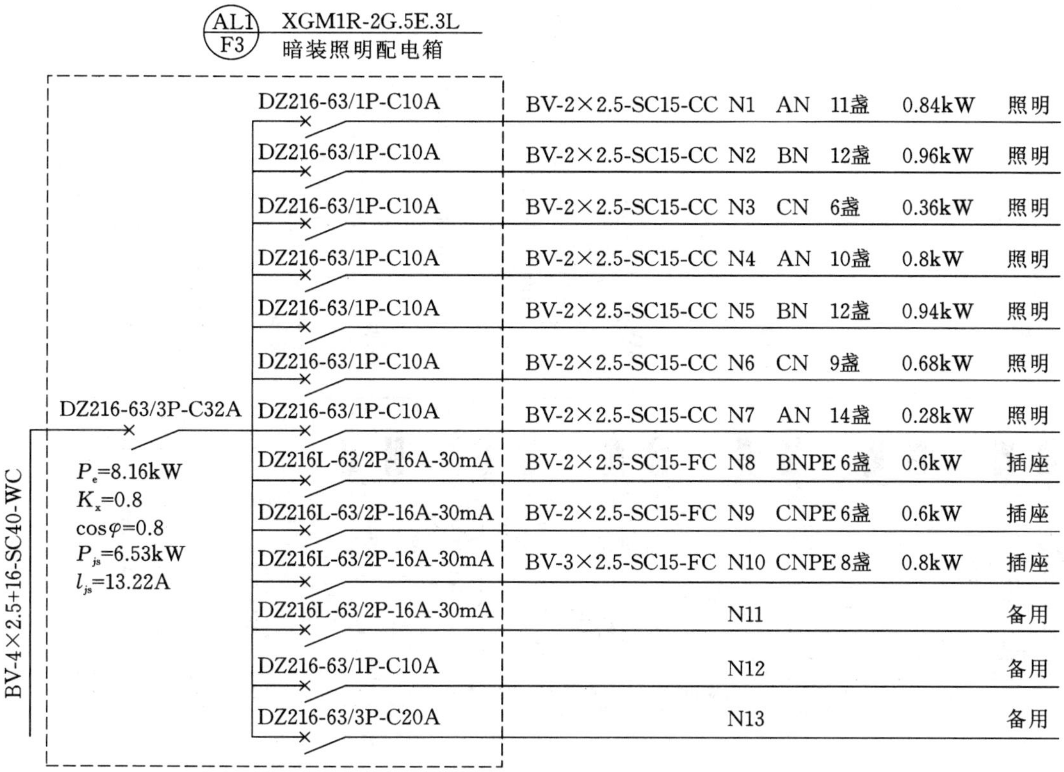

图 2-25 配电箱系统图

配电干线系统图。

① 本工程由室外采用电缆穿管直埋敷设引入楼房的总配电箱作为电源，总配电箱的编号为 AL-1-1。

② 由总配电箱引出 4 组干线回路 1L、2L、3L 和 4L，分别送至一单元、二单元、三单元一层电气计量箱和 TV 箱，即 AL-1-2 箱、AL-1-3 箱、AL-1-4 箱和电视前端设备 TV 箱。1L、2L、3L 至一层电气计量箱的干线均为 3×25＋2×16-SC50-FC，WC。4L 回路至电视前端设备 TV 箱的干线为 3×2.5-SC15-WC。总开关为 GM225H-3300/160A，干线开关为 GM100H-3300/63A 和 XA10-1/2-C6A。

③ 1L、2L、3L 回路均由一层电气计量箱再分别送至本单元的二层至六层电气计量箱，并受一层电气计量箱中 XA10-3P-50A 的空气开关的控制和保护。1L、2L、3L 回路由一层至二层的干线为 BV-5×16-SC40-WC；由二层至三、四层的干线为 BV-4×16-SC40-WC；由四层至五、六层的干线为 BV-3×16-SC40-WC。

④ 除一层电气计量箱引出 3L BV-3×2.5-SC15-WC 公共照明支路和 4L 三表数据采集支路外，所有电气计量箱均引出 1L 和 2L 支路接至每户的开关箱 L。

⑤ 由开关箱 L 向每户供电。开关箱 L 引出一条照明回路和两条插座回路，其空气开关为 XA10-1/2-C16A 和 XA10LE-1/2-16A[30mA]。

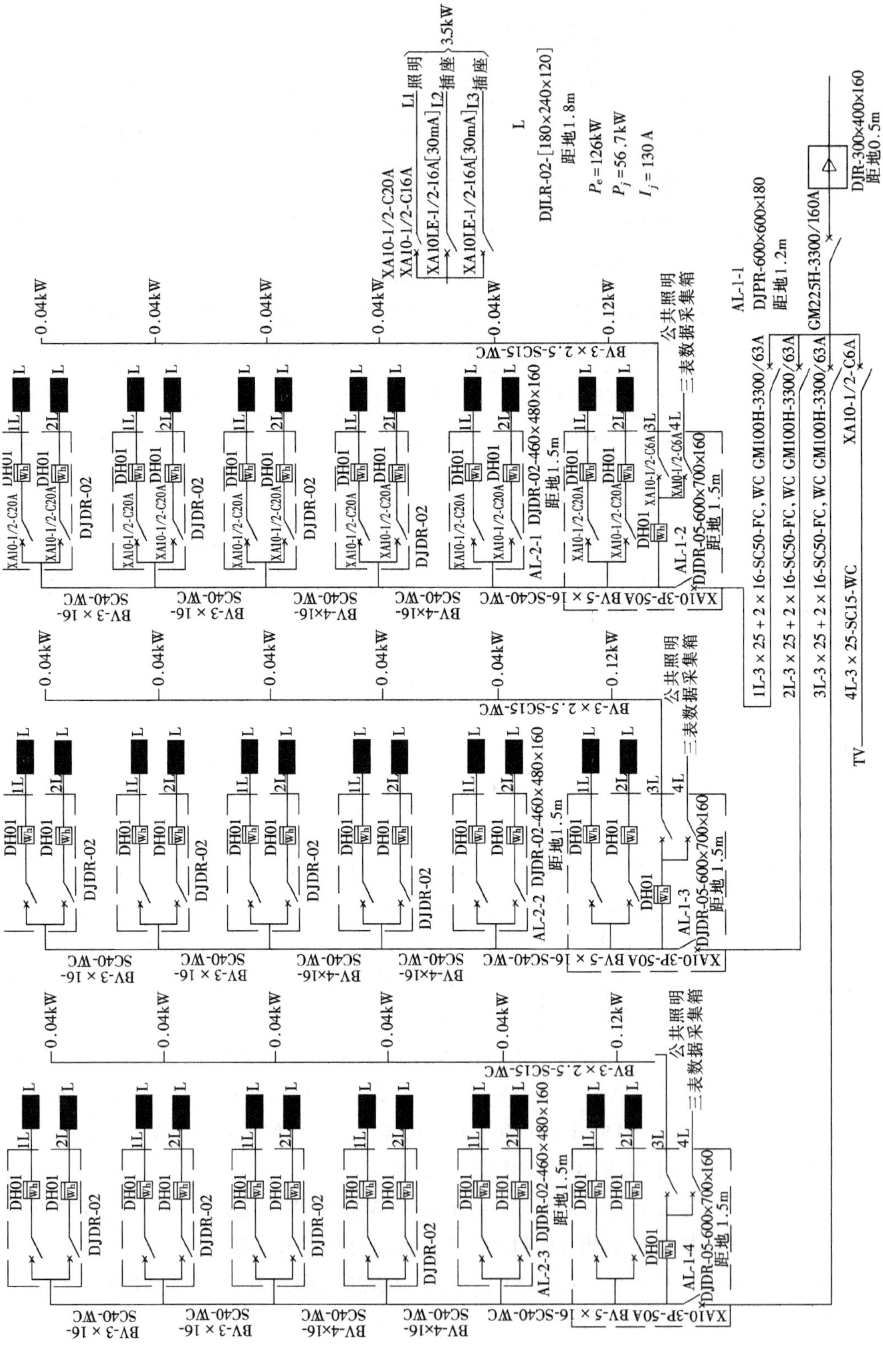

图2-26 某楼房配电干线系统图

第三章　施工组织设计与管理

第一节　施工组织设计

在环境工程施工中，要在一定的客观条件下，合理地、有计划地对人力、财力和物力进行综合调度和使用，科学地组织施工，建立正常的施工秩序，充分利用时间、空间，用最少的人力、财力和物力取得最大的经济效益，就必须在施工前编制一个指导施工的技术经济文件，该技术经济文件即为施工组织设计。

一、工程施工组织设计概述

施工组织设计是以施工项目为对象编制的用以指导施工的技术、经济和管理的综合性文件。若施工图设计是解决造什么样的建筑物产品，那么施工组织设计就是解决如何建造的问题。受建筑产品及其施工特点的影响，每一个工程项目开工前，都必须根据工程特点与施工条件进行施工组织设计。

施工组织设计按基本建设各阶段的要求与施工对象不同，其内容和深度也不相同。一般而言，按施工对象的类别其可分为施工组织总设计、单位工程施工组织设计和分部(分项)工程作业设计三类。

施工组织总设计是以大型建设项目或群体工程为对象而编制的，它是对整个建设项目或群体工程施工过程的全面规划和总体部署。所谓大型建设项目是指具有两个或两个以上同时施工的单位工程的建设项目。在有了批准的初步设计或技术设计后，以总承建单位为主，会同建设、设计和分包单位共同编制施工组织总设计，它是编制施工年度计划的重要依据。

单位工程施工组织设计是以单位工程为研究对象，根据施工组织总设计的要求，由承包单位编制，它是指导单位工程施工的技术经济文件。

分部(分项)工程作业设计是以工期较短的简单工程或规模较大、技术复杂的分部(分项)工程为研究对象，由施工基层单位编制的较为详细的作业性设计。

按基本建设各阶段的不同要求，施工组织设计又可分为初步施工组织设计、指导性施工组织设计和实施性施工组织设计三类。

初步施工组织设计是在工程设计阶段，由设计人员结合工程设计而编制的。这个阶段的施工组织设计不可能编制得非常具体、详尽，但它是把工程设计付诸实施的战略性决策文件，应力求切合实际。

指导性施工组织设计，是施工单位在参加投标时，根据工程招标文件的要求，结合本单位的具体条件而编制的。在中标以后，施工开始之前，施工单位还必须进一步审查、修订或重新编制。

实施性施工组织设计是在施工过程中，施工基层单位根据各分部(分项)工程的具体情况，以及负责具体施工的工程队或班组的人力、机具等配备情况而编制的，用于将施工前编制的指导性施工组织设计分期、分部付诸实施。

以上各类施工组织设计，其内容基本相同，只是繁简程度与广度、深度有所区别。

二、施工组织设计的编制任务

施工组织设计的基本任务是根据国家有关技术政策、建设项目要求、施工组织的原则，结合工程的具体条件，确定经济合理的施工方案，对拟建工程在人力和物力、时间和空间、技术和组织等方面统筹安排，以保证按照既定目标，优质、低耗、高速、安全地完成施工任务。其目的在于全面、合理地拟定施工方案，做到有计划地组织施工，按期、按质、按量完成施工任务，从而具体实现设计意图。因此，一个合理的施工组织设计，必须完成以下任务：

① 确定工程开工前必须完成的各项准备工作。

② 计算工程量并据此合理部署施工力量，确定劳动力、机械台班、各种材料和构件等资源的需求量及供应方案。

③ 确定施工方案，选择施工机具。

④ 安排施工顺序，编制施工进度计划。

⑤ 确定施工所需的各种临时设施的平面位置和大小。

⑥ 制定确保工程质量及安全施工的技术措施和组织措施。

三、施工组织设计的编制原则

编制施工组织设计应根据不同的工程特点，重点解决施工中的主要矛盾。在编制过程中必须要贯彻以下原则：

① 符合国家有关法律法规、现行规范，符合地方规程、行业标准的要求。

② 满足建筑施工合同或招标文件中关于建筑工程进度、质量、环境保护、职业健康、安全、工程造价等工程管理目标的要求。

③ 积极开发、推广运用新技术、新工艺、新材料、新设备。

④ 坚持按照科学的施工程序和合理的施工顺序，做到资源的优化组织和合理配置，采用流水施工和网络计划的方法，实现均衡施工，努力实现科学、合理的经济技术指标。

⑤ 积极响应国家关于低碳、节能、环保方面的方针、政策；采取先进的技术和管理措施，推广建筑节能和绿色施工。

⑥ 与建筑施工单位质量、环境、职业健康安全、项目管理规范四合一标准进行有效结合，贯彻质量、环境、职业健康安全管理体系管理规范的要求。

⑦ 严格遵守上级规定或合同签订的条款，按期保质保量完成。对工期较长的大型工程项目，应根据施工情况，安排分期分批竣工和交付使用的期限。

⑧ 科学地安排施工顺序，在保证质量的前提下，尽量缩短工期。

⑨ 用科学的方法确定最合理的施工组织方式。

⑩ 采用工业化施工方法，提高施工机械化、装配化程度和劳动生产率。

⑪ 全面平衡人力和物力，组织均衡施工。

⑫ 落实季节性施工措施，确保连续施工。

⑬ 充分利用现有设施，尽量减少临时设施，以降低成本、提高效益。

⑭ 妥善安排施工现场，做到文明施工。

四、施工组织设计的编制依据

编制施工组织设计时，一般有以下依据：

① 工程施工合同及招投标文件和工程设计文件。

② 项目周边环境、现场条件、工程地质和水文、气象等自然条件。

③ 国家和工程所在地的上级行政主管部门有关建设的方针、政策和管理要求。

④ 施工地区的技术经济条件资料。

⑤ 施工单位对工程施工可能配备的人力、机械设备以及拥有的技术水平。

⑥ 现行的有关规范、标准、规程、设计手册等。

⑦ 建筑施工行业相关的质量、环境、职业健康安全管理体系管理规范的要求。

五、施工组织设计步骤与内容

施工组织设计，应按照施工过程中各种因素之间的相互影响和变化规律，运用科学的方法进行编制，其编制程序和步骤一般如下：

1. 收集编制依据文件和资料

① 工程项目设计施工图纸。了解工程的具体做法以及重要经济技术指标；绿化景观工程不需要看图纸，市政工程则需要了解分部（分项）工程的平面位置、竖向位置，以确定施工顺序。

② 工程项目所要求的施工进度和要求。根据招标附件，获得工期、质量等级、开标日期、进度计划（群体工程要求等）、现场水电接入、施工组织编制版本以及其他要求。

③ 施工定额、工程概预算及有关技术经济指标。

④ 施工中可配备的人力、材料和机械装备情况。

⑤ 施工现场的自然条件和技术经济资料。

2. 编写工程概况

主要阐述工程的概貌、特征和特点，以及有关要求等。分析和概要说明本工程性质、规模、建设地点、承建方式、建筑与结构特点、分期分批交付使用的期限，建设单位的要求和可提供的条件；本地区气候、地形、地质、水文和交通运输情况；施工力量、施工条件、资源供应情况等，并找出本工程的主要施工特点和难点。

3. 选择施工方案、确定施工方法

主要确定工程施工的先后顺序，选择施工机械类型及其合理布置方案，明确工程施工的流向及流水参数的计算，确定主要项目的施工方法等（总体设计中还需先做出施工总体部署方案）。

依据工程概况及特点分析，结合可供投入的各项资源情况，全面部署施工任务，确定施工总顺序和流向；选择主要工种工程的施工方法和施工机械；确定各分部（分项）工程的施工顺序；并对拟建工程可供选用的几种施工方案进行定性、定量的分析，以选出最佳施工方案。

4. 编制施工进度计划

施工进度计划是施工方案在时间上的体现和安排。编制施工进度计划应采用先进的计划理论和方法（如流水施工、横道图、垂直图、网络图等），合理确定施工顺序和各工序的作业时间，使工期、成本和资源的利用达到最佳结合状态，即资源均衡、工期合理、成本低。应注意：

① 按照招标要求的工期编制施工进度计划。

② 一般采用横道图编制施工进度计划。

③ 一般按照一定的施工顺序编制施工进度计划。比如道路基层—道路面层。

④ 各工序的工艺间隔时间。比如桩基养护达到设计强度要求后才能进入下一道工序，养护时间则在工序搭接中予以体现。

⑤ 节点工期。如果有节点工期，则施工进度计划中须体现。

⑥ 各工序衔接较为紧密，流水作业。

⑦ 根据施工需求压缩或延长某些工作的持续时间。

5. 计算施工现场所需要的各种资源需用量及编制其供应计划

确定施工准备工作的内容、起止时间、工程量大小及完成各项工作所需人数和具体负责人等。确定劳动力、施工机械、运输设备、主要建筑材料、构件和半成品的需用量计划，用以解决供应问题，包括编制机械设备计划、编制物资投入表和编制劳动力计划等。

(1) 编制机械设备计划

只有施工进度计划编制完成后才有可能清楚各种机械设备的投入时间及投入数量。根据工作的持续时间、工程量多少选择机械设备的数量、功率。例如：某工程土石方总量为 30000m^3，按进度计划安排 15d 完成，则每天需完成 2000m^3，按每天 8h 计算，再根据运距推算出每天需要多少挖掘机、装载机、自卸汽车等。注：按理论计算安排进度计划、机械设备计划和劳动力计划，不考虑因天气或者其他原因停工而需要增加机械、劳动力的投入。

(2) 编制物资投入表

物资投入表是成本预算的依据，可直接从预警价的人材机表中提取相关数据。

(3) 编制劳动力计划

根据工程量清单，列出本工程需要的工种，再根据施工进度计划的每个时间段，大致计算出这个工种需要投入的劳动力数量即可。

6. 绘制施工平面图

绘制施工平面图的目的是解决施工现场平面和空间安排等问题，即把投入的各种资源（如材料、构件、机械等）和生产、生活所需临建设施，最合理地布置在施工现场，以保证整个现场能有组织、有秩序、有计划地文明施工。

① 施工总平面图应预先绘制，合理布置临建设施位置，注意现场水电管线的提供数量和位置。

② 在施工总平面图中，临时用地表根据各个工程实际需求而定，比如需要设搅拌站的，则需考虑搅拌站的占地面积。

7. 其他

① 对编制的施工组织设计进行全面的技术经济效益评价，如采用工期、质量、成本、安全等指标。

② 对有关工程的质量通病和易于发生安全问题的环节，制定出防治措施和降低成本（如节约劳力、材料、机具及临时设施费等）的具体措施以及奖罚方面的具体要求和技术经济指标。

以上程序是相互关联的，绝不能将彼此孤立起来，只有全面考虑、统筹规划，才能编制出符合客观实际、切实可行的施工组织设计。

六、专项安全技术方案编制

1. 专项安全技术方案编制范围

专项安全技术方案编制范围主要包括施工用电工程、基坑支护工程、降水工程、土方开挖工程、模板工程、起重吊装工程、脚手架工程、垂直运输设备装拆作业、悬挑钢料台制作安装作业等。

2. 专项安全技术方案编制内容

① 施工用电工程：方案中应有负荷计算，变压器选择，导线和电气件选择，施工用电线路平面走向布置图，系统立面图，电箱接线图，施工用电搭设、使用、维护及防火安全技术措施等内容。

② 基坑支护工程：方案中应有地质勘察资料，固壁支撑负荷计算，支撑材料选择，支撑固定示意图，深基坑分层次固壁措施及检查维护安全技术要求等内容。

③ 土方开挖工程：方案中应有地下物体勘察资料，附近构筑物资料，深基坑分层次开挖要求，土方运输和堆放要求，机械开挖安全操作要求，应急安全防护措施等内容。

④ 降水工程：方案中应有相关地质勘察资料和附近构筑物地基资料、对周围构筑物影响的评估以及采取相应的安全防范措施等内容。

⑤ 模板工程：方案中应有模板支撑强度设计计算书，细部构造放样图，支撑材料选择要求和立杆、横连杆、剪刀撑、基础的设置要求，支撑架平面布置示意图和立面示意图，模板支撑搭设和验收及拆除安全技术措施（要求）等内容。

⑥ 起重吊装工程：方案中应有施工作业场地（周围环境）资料，起重机械的选择，作业

区周围外电线路的防护措施，桅杆式吊架风绳和地锚的设置要求，起重机械的进场检查验收要求（包括各种吊索、吊具），吊装作业人员（持证）安全操作要求，吊装指挥人员确定，高空作业人员的安全防护措施，起重物就位固定措施等内容。

⑦ 脚手架工程：方案中应有设计计算书（包括基础、悬挑架、立杆、连墙件强度验算），材料选择要求，构造细部放大图（连墙件、基础、分层卸荷示意图），脚手架立面图和平面图，脚手架防护要求（挑板、安全网、四步一隔离、防雷击、防腐、排水等），脚手架搭设和检查验收以及拆除安全技术措施（要求）等内容。

⑧ 垂直运输设备装拆作业：方案中应有现场作业场地资料，所选择机械的名称和规格及型号，基础设置要求（按厂方提供的资料），附墙架设置（按厂方提供的正式图样）要求，进场机械的检查验收要求，机械的安装和拆除安全技术要求（按使用说明书），外电线路的安全防护措施，安装拆除作业人员（持证）的确定（包括现场指挥，安全监督，禁区看护人员），作业人员的安全操作要求，各种作业工具的配备和检查要求，安装检查验收要求等内容。

⑨ 悬挑钢料台制作安装作业：方案中应有设计计算书（包括挑架抗弯、吊索和拉环强度验算），结构示意图，安装位置要求，跑道板铺设、临边围护要求，安装安全操作要求，检查要求，使用安全要求等内容。

七、施工组织设计的过程管理

施工组织设计的管理贯穿整个工程项目的全过程，自施工准备开始至施工实施，最后至工程竣工。这个过程中，有建设单位、设计单位、监测单位、施工单位及其专业分包单位共同参与，典型的施工组织设计管理流程如图 3-1 所示。

1. 编制、审批和交底

① 单位工程施工组织设计由项目负责人主持编制，项目经理部全体管理人员参加编制，企业主管部门负责审核，并由企业技术负责人或其授权的技术人员审批。编制、审批手续应在工程项目开工前完成。

② 单位工程施工组织设计经上级承包单位技术负责人或其授权人审批后，应在工程开工前由项目负责人组织对项目部全体管理人员及主要分包单位进行交底并做好交底记录。

2. 过程检查与验收

① 单位工程的施工组织设计在实施过程中应进行检查。过程检查可按照工程施工进度分阶段进行，通常划分为地基基础、主体结构、装饰装修三个阶段。

② 过程检查由企业技术负责人或相关部门负责人主持，企业相关部门参加，检查施工部署、施工方法的落实和执行情况，如对工期、质量、效益有较大影响的设计，应及时调整，并提出修改意见。

3. 修改与补充

单位工程施工过程中，当其施工条件、总体施工部署、重大设计变更或主要施工方法发生变化时，项目负责人或项目技术负责人应组织相关人员对单位工程施工组织设计进行修改和补充，报送原审核人审核，原审批人审批后形成《施工组织设计修改记录表》，并

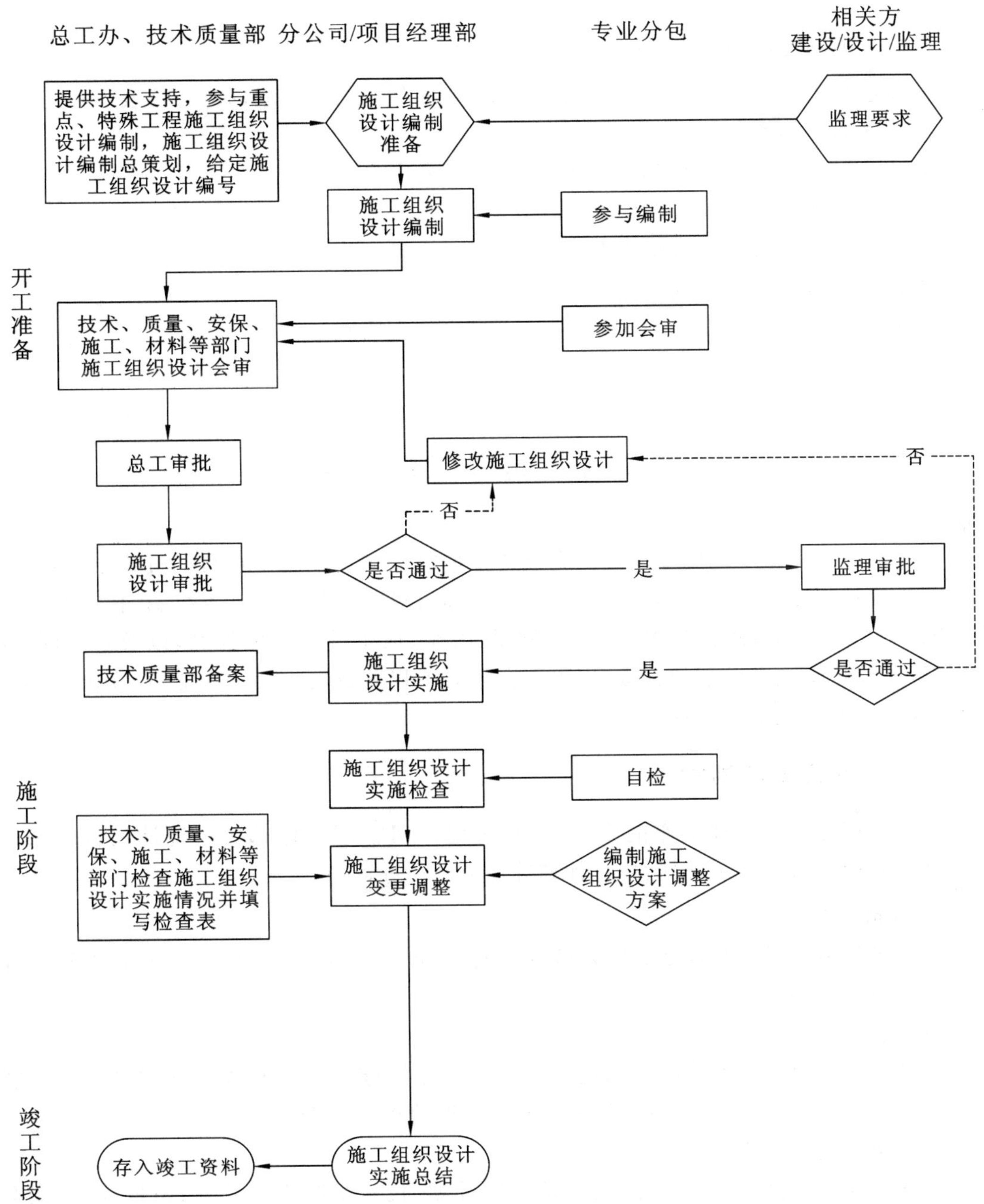

图 3-1　施工组织设计管理流程

进行相关交底工作。

4. 发放与归档

单位工程施工组织设计审批后加盖公章，由项目资料员报送及发放并登记记录，报送监理方及建设方，发放企业主管部门、项目相关部门、主要分包单位。工程竣工后，项目经理部按照国家、地方有关工程竣工资料编制的要求，将《单位工程施工组织设计》整理归档。

5. 施工组织设计的动态管理

项目施工过程中，如发生以下情况之一时，施工组织设计应及时进行修改或补充：

① 工程设计有重大修改。

② 有关法律、法规、规范和标准实施、修订和废止。

③ 主要施工方法有重大调整。

④ 主要施工资源配置有重大调整。

⑤ 施工环境有重大改变。

经修改或补充的施工组织设计应重新审批后才能实施。

第二节　施工组织管理

施工组织管理就是指施工单位在完成所承揽的工程建设施工项目的过程中，运用系统的观点和理论以及现代科学技术手段对施工项目进行计划、组织、安排、指挥、监督、控制、协调等全过程的管理。通过对进度、质量、安全、成本等方面的控制，以及对合同、变更、结算、支付、资金等要素的管理，来提高企业对工程项目的综合管理能力，实现预期的工期、质量、安全、成本等目标。

一、工程施工计划管理

计划管理是施工管理工作的中心内容，其他一切管理工作都要围绕计划管理来开展。计划管理是通过编制计划、执行计划等环节循环进行的。

1. 编制计划

施工工作中主要是按计划周期来编制计划，一般有年度计划、月度计划、短期作业计划、施工任务书四种。

(1) 年度计划

年度计划是确定施工单位所承担工程项目的年度施工任务和指导该项目全年经济活动的文件，也是检查和考核该项目全年施工进度的重要依据。

① 年度计划的内容

年度计划的内容包括生产计划、劳动工资计划、技术组织措施计划、质量计划、成本计划、物资供应计划、财务计划等七个方面。

(a) 生产计划

主要是规定在计划年度内应完成的生产任务。要根据生产需要确定生产任务，充分考虑到物资来源和材料供应的可能性。制订计划时，要考虑到生产能力和生产任务的平衡，生产计划一般由计划部门编制完成。

(b) 劳动工资计划

主要是规定在计划期内劳动生产率应达到的水平，为完成生产任务所需各类人员的数量，以及各类人员的工资总额和平均工资水平等。它由劳动工资部门编制完成。

(c) 技术组织措施计划

主要是规定为完成施工任务所采取的各项技术措施与组织措施，它由生产技术部门编制完成。

(d) 质量计划

主要是规定在计划期内各项质量指标应达到的水平，同时规定年度工程质量提高的百分率。它由生产技术部门编制完成。

(e) 成本计划

主要是规定为完成生产任务所需支付的费用。它一般由财务部门编制完成。

(f) 物资供应计划

主要是规定为完成生产任务所需供应的各种物资的数量，以及为保证生产正常进行，降低物资耗用量和提高设备利用率的措施。它由环境工程施工物资供应部门编制完成。

(g) 财务计划

主要是以货币形式反映计划期内全部生产经营活动和成果的计划，包括固定资产折旧、流动资金及利润等。它由财务部门编制完成。

② 编制年度计划的依据

(a) 上级下达的指导性或指令性的计划指标和施工任务。

(b) 已确定施工任务的设计图纸、施工组织设计和有关技术文件，以及所需各项设备材料等落实情况。

(c) 上年度的计划完成情况和自行承包的施工任务等。

③ 年度计划的编制程序

先由主管部门下达指标，其中少数是指令性指标，多数是指导性指标；再由企业根据经营的需要、自身的能力和具备的条件编制计划，上报备案。年度计划的编制一般分为准备、试算平衡和计划确定三个阶段。

(a) 准备阶段主要负责调查研究、摸清情况与准备资料。

(b) 试算平衡阶段是在企业行政领导下，对上级下达的计划指标和自行承包的施工任务与本企业的生产能力、物资供应、劳动力、财务资金、工程成本等各方面进行综合试算平衡。试算平衡的过程就是发动员工参加计划制订的过程，让员工讨论，最终形成计划草案，上报主管单位。

(c) 计划确定阶段是将计划上报主管单位，经审批合格后即作为正式计划贯彻执行。

年度计划的编制，一般应在报告年度的第四季度计划编好以后进行，在 12 月份计划确定以后定案，以便及时安排计划年度的第一季度计划。

(2) 月度计划

年度计划是一种比较概括的控制性计划，其贯彻实施必须通过一种较短时间（一般以月为单位）的计划，将施工任务具体分配到下属施工单位及有关业务部门，使各单位明确每个月各自的工作内容和目标，并便于他们把任务落实到下属班组及有关人员。这种按月编制的计划称为月度计划。

月度计划的内容包括施工进度计划，材料、机械和劳动力需用量计划及技术组织措施计划等。月度计划一般以表 3-1 至表 3-6 的形式体现。月度计划中计划完成的工程量及所需劳动力、材料、机械等应按施工预算进行计算。

表 3-1　月度施工进度计划

序号	建设单位及单位工程	分部分项工程	单位	工程量	时间定额	合计工日	进度日期					
							1	2	3	…	29	30

月　　　日

表 3-2　月度施工材料需用量计划

建设单位及单位工程	材料名称	型号规格	单位	数量	计划需要日期	平衡供应日期	备注

月　　　日

表 3-3　月度施工机械需用量计划

机械名称	能力规格	使用单位工程名称	分部分项工程名称	数量	计划台班产量	计划台班数	需要机械数量	计划起止日期	平衡供应		备注
									数量	起止日期	

月　　　日

表 3-4　月度施工劳动力需用量计划

工种	计划工日数	计划工作日	出勤率	计划人数	现有人数	余差人数（　）	备注

月　　　日

表 3-5 月度施工预制构件需用量计划

建设单位及建设工程	构件名称	型号规格	单位	数量	计划需要日期	平衡供应日期	备注

月　　日

表 3-6 提高生产率及降低成本措施计划

措施项目名称	措施涉及的工程项目及工程量	措施执行单位及负责人	措施的经济效果									备注
			降低材料费					降低人工费	降低其他直接费	降低管理费	降低成本合计	
			钢材	水泥	木材	其他材料	小计	减少日数	金额			

月　　日

(3) 短期作业计划

短期作业计划是基层施工单位为了更具体地贯彻月度计划所做的短期工作安排，一般以十天或半个月为计划周期，也称为分旬施工进度计划。由于作业时间短，对客观情况掌握得较为准确，因而制订的计划比较切合实际。

短期作业计划应根据月度计划及企业定额编制。计划中只列出工程量，进度按日历日程计算，可用指示图形式绘出，其格式见表 3-7。

表 3-7 分旬施工进度计划

建设单位及建设工程	单项工程名称	单位	工程量			时间定额	合计工日	旬前两天		本旬分日进度					旬后两天	
			月计划量	至上旬完成量	本旬计划											

班组　　　　　　　　　　　　年　　月　　日

(4) 施工任务书

工程队将短期作业计划中安排给每个班组完成的任务，以任务书的形式签发给有关班组，它是将施工任务具体贯彻到工人班组中去的最有效方式。签发任务书的同时，还应签发限额领料单。单中填写完成任务所必需的材料限额，作为工人班组领料的凭证，也是考核工人班组用料节约或超耗的一个依据。

班组在完成施工任务的过程中，还要填写记工单，作为班组考勤和计算报酬的依据。施工任务书、限额领料单和记工单，都应在施工任务完成并经验收合格之后交还工程队，以作为结算工资或支付内部承包价款的依据。

施工计划的实施应由年度计划、月度计划到短期计划，最后以任务书的形式签发到施工班组。施工任务书是计划由远及近、由粗到细的最后一关。只要每份任务书的施工工作都能按期、按质、按量完成，就能保证整个计划任务圆满完成。所以，做好任务书的签发、执行、检查、督促工作，是计划管理工作中最重要的一个环节。施工任务书的形式见表 3-8。

表 3-8　施工任务书

序号	工程地点或部位	工程项目及细目	定额编号	计量单位	计划			实际				用工统计（按工作日统计）			
					工程量	时间定额	合计工日	验收工程量	共用工日	完成工程量/%	完成定额/%				

施工方法、技术措施、质量标准及安全注意事项	签发人	工长	质量员	安全员
	施工队长	记工员	材料员	财会员

编号　　　　　　　　　　　　　　班组　　　　　　月　　日至　　月　　日

限额领料单的形式见表 3-9。

表 3-9　限额领料单

材料名称	规格	单位	数量	领料记录						退料数量	执行情况		
				第一次		第二次		第三次			实际耗用量	节约或浪费量	其中返工损失
				日/月	数量	日/月	数量	日/月	数量				

2. 执行计划

(1) 执行计划的要求

执行计划时，首先要保证全面地完成计划，即完成工程数量、质量、进度、定额、节约指标、降低成本指标、利润指标及安全生产等，都要符合计划要求；其次要均衡地完成计划，尽量避免施工过程中出现“时松时紧”和“抢工窝工”现象。

(2) 执行计划的方法

执行计划要充分发动员工，把计划向员工层交底，使计划被广大员工熟知和掌握，成为全体员工的行动纲领和奋斗目标。为了调动员工的生产积极性，要实行按劳分配和奖惩制度，使员工工资福利与计划的完成情况紧密相关。同时，激发党员示范效应和建立好党群关系，开展深入细致的思想政治工作，发挥党员带头作用，提高员工主人翁意识，充分发挥其主观能动性，使其愿为完成计划而竭尽全力。此外，还要采取实行生产责任制、开展劳动竞赛等措施，为员工完成和超额完成计划任务创造条件。

(3) 检查和监督计划的执行情况

为保证完成或超额完成计划任务，在计划的执行过程中，还要加强检查和监督工作。检查和监督的目的在于随时发现问题并解决问题，以保证计划的顺利完成，一般通过工程曲线进行工程进度的管理。

① 工程曲线的绘制

工程曲线是以横坐标表示工期(或以计划工期为 100%，各阶段工期按百分率计)，纵坐标表示累计完成工作量(以百分率计)所绘制的曲线。把计划的工程曲线与实际完成的工程曲线绘制在同一张图纸上，并进行对比分析，就可以检查计划完成情况。如发现问题，应进行分析研究，采取必要的措施，使整个工程能按计划工期完成。

② 工程曲线的性质和形状

图 3-2 所示为某环境工程的工程曲线。图中粗实线 Oa_1a_2A 表示该工程的计划工程曲线，其累计完成工作量 y 与工期 x 的关系，可用函数 $y=f(x)$ 表示，则曲线的斜率就表示施工速度。

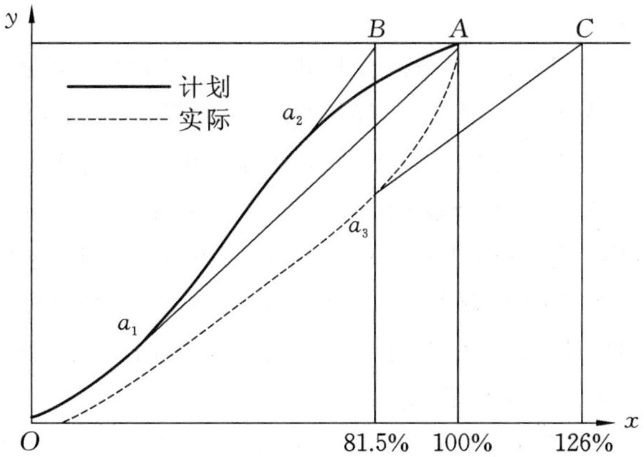

图 3-2　工程曲线

如果施工是以均匀的同一速度进行的，则 dy/dx 为常数，工程曲线为一条与 x 轴成一定倾斜角的直线。但在实际工程中，这种情况是很难实现的。一般情况下，工程施工初期，需要进行一些准备工作，劳动力和机具是逐步增加的。所以，每天完成的工作量也是逐步增多的，因而工程曲线的斜率是逐步增大的，曲线呈凹形。当施工工作全面展开，劳动力和机具增加到最大时，如果无意外的时间损失且施工效率正常，则每日完成的工作量将大致相等，这时的工程曲线将为斜率不变的直线或接近直线。施工后期，主要工程大部分已完成，只剩下收尾清理工作，劳动力和机具将逐步退离施工现场，每天完成的工程量也相应地减小，此时工程曲线将变成斜率逐步减小的凸形曲线。图 3-2 中曲线 Oa_1a_2A 清楚地显示了此种情况，说明此计划的工程曲线符合施工的一般规律，计划比较合理。过计划工程曲线的反方向的弯曲交点 a_2 作切线，与过 A 点平行于 x 轴的横线相交于 B 点，B 点落在计划竣工期 A 点的左边，说明如果以施工中期的施工速度（最大施工速度）一直施工下去，则该工程的实际工期为计划工期的 81.5%。但这样做很不经济，因而是不可取的。通过 A 点作直线与曲线 Oa_1A 相切于 a_1，表示如果按 a_1 处的施工速度一直进行下去，正好能按计划工期完工。直线 a_1A 的斜率是保证按计划工期完成施工任务的施工速度的下限，如果累计完成工作量低于此线，就要采取措施加快施工速度，才能按计划工期完成或提前完成施工任务。

假设实际施工的工程曲线如图 3-2 中的虚线所示，说明从开工之后实际完成情况一直低于计划要求。从 a_3 点绘切线与过 A 点平行于 x 轴的横线相交于 C 点，C 点落在 A 点右侧，表示如果按 a_3 处的施工速度一直进行下去，工程将比计划工期滞后 26%完成。如果要争取在计划工期完工，则过 a_3 点后应突击赶工，才能如曲线 a_3A 的情况在计划工期内完成施工任务。

通过以上分析可以看出，用计划与实际的工程曲线进行对比检查，可以较全面地了解计划的完成情况和存在的问题，从而采取措施，保证工程按计划工期完成。

二、工程施工全面质量管理

1. 全面质量管理的产生

工程质量是指工程竣工以后本身的使用价值，而使用价值又表现在质量的许多特性上，如工程的安全性、可靠性、使用期限、经济性等。为保证环境工程的施工质量，需要实施工程质量检查和验收制度，它是在施工过程中对正在施工的工程和已完工工程进行质量检查，对质量不合格的工程不予验收，或令其修补重做，达到质量把关的目的。很显然，对于一个工程项目来说，单靠这种事后把关的检查制度是远远不够的，要想保证工程质量，就必须研究影响质量的所有因素，弄清产生质量事故的根源，针对存在的问题采取措施，防止质量事故的发生，做到防患于未然，从各个方面都关注和保证质量，于是就产生了“全面质量管理”这一科学的管理方法。

全面质量管理方法的产生、应用和发展，在国外也才经历了短短几十年的时间，在国内于 20 世纪末才被用于环境工程的施工管理中，使工程质量得到了保证和提高，同时也提高了管理水平，为该方法的进一步推广和应用奠定了基础。

2. 全面质量管理的含义

全面质量管理(Total Quality Control，TQC)，就是对生产企业、全体人员及生产的全过程进行质量管理。对工程施工的全面质量管理，主要是把对工程质量的管理转化为对施工单位所有部门及全体人员在施工过程中工作质量的管理，也就是要通过管理好工作质量来保证工程质量。

实行全面质量管理，就是把工程质量的管理任务交给施工单位的全体人员，使管理好质量成为全体人员的共同责任。这样，经过全体人员和各个部门的共同努力，就一定能保证工程质量。

3. 全面质量管理的任务

全面质量管理的基本任务，是组织全体职工认真执行国家的有关规定，组织协调各部门贯彻"预防为主"的方针，加强调查研究，及时总结经验，使工程质量不断得到提高，确保多、快、好、省地完成施工任务。为此，必须做好以下几方面的工作：

① 对全体职工进行"百年大计，质量第一"的思想教育，开展技术培训，以不断提高全体职工的思想觉悟、操作技术和管理水平。

② 贯彻执行国家的技术规范、质量检验评定标准和其他相关规定，对每项工程都严把质量关。

③ 组织各部门对影响工程质量的各种因素和各个环节事先进行分析研究，采取有效防范措施，并实施有效的协作和控制。

④ 积累有关质量方面的资料，及时研究、分析和处理施工过程中所产生的影响质量的问题。

⑤ 对已交工使用的工程，要定期组织回访，了解在使用过程中所产生的质量问题，作为以后改进施工质量的参考。

⑥ 经常开展调查研究，搜索积累质量管理的资料，不断改进施工单位质量管理工作。

4. 全面质量管理的方法

全面质量管理的基本方法是PDCA循环法，PDCA循环就是计划(Plan)、实施(Do)、检查(Check)、处理(Act)四个阶段的循环，它把对一项工程的质量管理归结为先制订控制质量的计划，然后加以实施，实施的过程中随时检查控制计划的执行情况和存在的问题，再对问题进行研究处理，这样形成一个质量管理循环。随着工程的进展，再重复进行PDCA循环。每次循环检查出来的问题都要加以处理，这样就会使质量不断有所提高，对不能解决的问题，转入下一循环去解决。

各级各部门的质量管理，都有PDCA这四个管理阶段，它们彼此之间要形成大环套小环、环环相扣、没有缺口和空白点的状况，才能真正实现全面质量管理。

全面质量管理常用到数理统计的原理与方法。全面质量管理的科学性，表现在以从实践中获得的数据为依据，搜集、整理和分析大量的实测数据，借以发现问题、解决问题，使管理工作建立在科学的基础之上。

利用数理统计方法管理产品质量，主要是通过数据整理分析，研究产品质量误差的现状和内在的发展规律，据此来推断产品质量存在的问题和将要发生的问题，为管理工作提供质量情报。所以，统计方法本身就是一种工具，只能通过它准确、及时地反映质量问题，而不能直接处理和解决质量问题。

使用数理统计方法有两个先决条件：一是有相当稳定的、严格按操作规程办事的施工过程；二是要有连续且大批量的生产对象。只有同时具备这两个条件才能找出一定的规律，对于数量少或工艺多变的工程则不宜采用数理统计方法。

在全面质量管理中，常用的统计方法有排列图法、因果分析法、直方图法和控制图法，具体内容请参阅有关文献。

三、工程施工技术管理

1. 技术管理的任务

工程施工技术管理是项目经理部在项目施工的过程中，对各项技术活动过程和技术工作的各种要素进行科学管理的总称。所涉及的技术要素包括技术人才、技术装备、技术规程、技术信息、技术资料、技术档案等，其任务是：

① 正确贯彻党和国家的各项方针政策；

② 科学地组织各项技术工作；

③ 建立正常的施工秩序；

④ 充分发挥设备的作用和技术力量，不断采用新技术和进行技术革新；

⑤ 提高机械化水平；

⑥ 保证工程质量，提高劳动生产率，降低工程成本，按期、按质、按量完成施工任务。

2. 技术管理的内容

① 技术基础工作的管理，包括：实行技术责任制、执行技术标准与技术规程、建立技术管理制度、开展科学试验、交流技术情报、管理技术文件等。

② 施工过程中技术工作的管理，包括：施工工艺管理、技术试验、技术核定、技术检查等。

③ 技术开发管理，包括：技术培训、技术革新、技术改造、合理化建议等。

④ 技术经济分析与评价。

3. 技术管理的制度

技术管理制度的作用是把整个施工单位的技术工作科学地组织起来，保证技术工作有目的、有条理地开展，确保顺利完成技术管理的任务。在环境工程的施工活动当中，一般包含六种技术管理制度，它们分别是图纸会审制度、技术责任制、技术交底制度、材料检验制度、隐蔽工程检查与验收制度和施工技术档案管理制度。

(1) 图纸会审制度

图纸会审是施工单位熟悉、审查设计图纸，了解工程特点、设计意图和关键部位的工程质量要求，帮助设计单位减少差错的重要手段。它是项目组在学习和审查图纸的基础上，进行质量控制的一种重要而有效的方法。图纸会审有三方代表共同参加，即建设单位或其委托的监理单位、设计单位和施工单位。图纸会审一般由监理单位(或建设单位)主持，先由设计单位介绍设计意图和图纸设计特点及对施工的要求。然后，由施工单位提出图纸中存在的问题和对设计单位的要求，通过三方讨论与协商，解决存在的问题，写出会议纪要，交给设计人员，设计人员将纪要中提出的问题通过书面的形式进行解释或提交设计变更通知书。图纸审查的内容包括：

① 是否是无证设计或越级设计，图纸是否经设计单位正式签署。

② 地质勘探资料是否齐全。如果没有工程地质资料或无其他地基资料，应与设计单位商讨。

③ 设计图纸与说明是否齐全，有无分期供图的时间表。

④ 设计地震烈度是否符合当地要求。

⑤ 几个单位共同设计的，相互之间有无矛盾；专业之间平、立、剖面图之间是否有矛盾；标高是否有遗漏。

⑥ 总平面图与施工图的几何尺寸、平面位置、标高等是否一致。

⑦ 防火要求是否满足。

⑧ 建筑结构与各专业图纸本身是否有差错及矛盾；结构图与建筑图的平面尺寸及标高是否一致；建筑图与结构图的表示方法是否清楚，是否符合制图标准；预埋件是否表示清楚；是否有钢筋明细表，如无，则钢筋混凝土中钢筋构造要求在图中是否说明清楚，如钢筋锚固长度与抗震要求是否相符等。

⑨ 施工图中所列各种标准图册施工单位是否具备，如无，如何取得。

⑩ 建筑材料来源是否有保证。图中所要求条件及企业的条件和能力是否有保证。

⑪地基处理方法是否合理。建筑与结构构造是否存在不能施工、不便于施工之处，是否容易导致出现质量、安全或经费等方面的问题。

⑫工艺管道、电气线路、运输道路与建筑物之间有无矛盾，管线之间的关系是否合理。

⑬施工安全是否有保证。

⑭图纸是否符合监理规划中提出的设计目标。

(2) 技术责任制

在一个施工单位的技术工作系统中，对各级技术人员规定明确的职责范围，使其各司其职，各负其责，把整个施工技术活动有节奏地、和谐地组织起来。技术责任制是技术管理的基础，它对调动各级技术人员的积极性和创造性，认真贯彻国家的技术政策，促进施工技术发展和保证工程质量，都有着极其重要的作用。

技术责任制应根据施工单位的组织机构分级制订。上级技术负责人，应向下级技术负责人进行技术指导和技术交底，监督下级的施工，处理下级请示的技术问题。下级技术负责人，应接受上级技术负责人的技术指导和监督，完成自己岗位上的技术任务。各级技术负责人应负的具体责任，都要明确规定在技术责任制中。

(3) 技术交底制度

技术交底的目的是使参与施工的人员熟悉和了解所担负的工程的特点、设计意图、技术要求、施工工艺和应注意的问题。应建立技术交底责任制，并加强施工质量检验、监督和管理，从而提高质量。

① 技术交底的要求

技术交底是一项技术性很强的工作，对保证质量至关重要，不但要领会设计意图，还要贯彻上一级技术领导的意图和要求。技术交底必须满足施工规范、规程、工艺标准、质量检验评定标准和建设单位的合理要求。所有的技术交底资料都是施工中的技术资料，要列入工程技术档案。技术交底必须以书面形式进行，经过检查与审核，有签发人、审核人、接受人的签字。整个工程施工、各分部（分项）工程施工，均须作技术交底。特殊和隐蔽工程，更应认真作技术交底。在交底时应着重强调易发生质量事故与工伤事故的工程部位，防止各种事故的发生。

② 设计交底

设计交底指由设计单位的设计人员向施工单位交底，内容包括：

(a) 设计文件依据，如上级批文、规划准备条件、人防要求、建设单位的具体要求及合同。

(b) 建设项目所处规划位置、地形、地貌、气象、水文地质、工程地质、地震烈度。

(c) 施工图设计依据，如初步设计文件、市政部门要求、规划部门要求、公用部门要求、其他有关部门（如绿化、环卫、环保等）的要求、主要设计规范、甲方供应及市场上供应的建筑材料情况等。

(d) 设计意图，如设计思想，设计方案比较情况，建筑、结构和给水排水、暖通空调等的设计意图。

(e)施工时应注意事项，如建筑材料方面的特殊要求，建筑装饰施工要求，广播音响与声学要求，基础施工要求以及主体结构设计采用新结构、新工艺对施工提出的要求。

③ 施工单位技术负责人向下级技术负责人交底

内容包括：

(a) 工程概况一般性交底。

(b)工程特点及设计意图。

(c)施工方案。

(d)施工准备要求。

(e)施工注意事项，如地基处理、主体施工、装饰工程的注意事项及工期、质量、安全等方面的注意事项。

④ 施工项目技术负责人向工长、班组长交底

应按工程分部、分项进行交底，内容包括：设计图纸具体要求；施工方案实施的具体技术措施及施工方法；土建与其他专业交叉作业的协作关系及注意事项；各工种之间协作与工序交接质量检查；设计要求；规范、规程、工艺标准；施工质量标准及检验方法；隐蔽工程记录、验收时间及标准；成品保护项目、办法与制度；施工安全技术措施。

⑤ 工长向班组长交底

主要指利用下达施工任务书的机会进行分项工程操作交底。

(4) 材料检验制度

工程中所用材料、预制构件和半成品的质量直接影响到工程的质量，因此必须做好材料的检验工作，设立适当材料检验机构，建立并完善材料检验制度。凡用于施工的原材料、半成品、成品、预制构件等，都应由供应部门提出合格证明文件和检验单；凡是现场配制的各种材料，都应按规范要求进行必要的试验，经试验合格后才能正式配制。

对于施工中采用的新材料、新产品，只有在对其做出技术鉴定、制定出质量标准和操作规程后，才能在工程上使用。为了做好材料检验工作，施工单位应建立健全检验机构，配备必要的人员和设备。检验机构应在技术部门的领导下，严格遵守国家的技术标准、规范和设计要求，并按照试验操作规程以严肃认真的态度进行操作，确保检验工作的质量。

(5) 隐蔽工程检查与验收制度

隐蔽工程是指完工后将被下一道工序所掩盖的工程。隐蔽工程项目在隐蔽前应进行严密检查，做出记录，签署意见，办理验收手续，不得后补。有问题需复验的，须办理复验手续，并由复验人做出结论，填写复验日期。环境工程隐蔽工程验收项目如下：

① 地基验槽。包括土质情况、标高、地基处理。

② 基础、主体结构各部位的钢筋(均须办理隐检)。内容包括钢筋的品种、规格、数量、位置、锚固或接头位置长度及除锈、代用变更情况，板缝及楼板胡子筋处理情况，保护层情况等。

③ 现场结构焊接。钢筋焊接包括焊接形式及焊接种类；焊条、焊剂牌号(型号)；焊口规格；焊缝长度、厚度及外观清渣等；外墙板的键槽钢筋焊接；大楼板的连接筋焊接；阳台尾筋焊接。

钢结构焊接包括母材及焊条品种、规格；焊条烘焙记录；焊接工艺要求和必要的试验；焊缝质量检查等级要求；焊缝不合格率统计、分析及保证质量措施、返修措施、返修复查记录等。

④ 高强螺栓施工检验记录。

⑤ 屋面、厕浴间防水层下的各层细部做法，地下室施工缝、变形缝、止水带、穿墙管做法等，外墙板空腔立缝、平缝、十字缝接头、阳台雨罩接头做法等。

(6) 施工技术档案管理制度

施工技术档案资料是施工单位根据有关管理规定，在施工过程中形成的应当归档保存的各种图纸、表格、文字、音像材料等技术文件材料的总称，是工程施工及竣工交付使用的必备条件，也是对工程进行检查、维护、管理、使用、改建和扩建的依据。制订该制度的目的是加强对工程施工技术资料的统一管理，提高工程质量的管理水平。它必须贯彻国家和地区有关技术标准、技术规程和技术规定，以及企业的有关技术管理制度。

施工中的一切原始记录、技术文件、试验检测记录、各种技术总结及其他有关技术资料，是了解工程施工情况、质量情况以及施工中遇到的问题和解决情况的重要资料，是以后提高施工技术水平、改进施工方法、制订施工方案的参考资料，是今后养护、整修和改造的依据。因此，对这些资料必须分类整理，作为技术档案妥善保存。

施工单位保留的技术档案资料，主要有施工组织设计、施工图、竣工图、施工经验总结、材料试验研究资料、各种原始记录和统计资料、重大质量事故和安全事故的原因分析和补救措施等。

技术档案资料的收集和整理工作，应从准备工作开始，直至竣工结束，整个过程中要有专人负责。

四、工程施工安全控制管理

由于自然或人为的原因，在环境工程施工过程中往往会发生安全事故，不但会严重影响施工项目进度和工程质量，而且还会造成生命财产不可挽回的损失。为了规避风险、杜绝事故，必须对施工项目进行有效控制，以实现施工过程中的安全生产。施工安全控制是施工项目管理的重要内容，也是衡量施工管理水平的重要标志，是实现施工目标的根本保障。

1. 环境工程施工安全控制概述

(1) 安全和安全控制的基本概念

安全是指规避了不可接受的损害风险的状态，不可接受的损害风险主要是指超出了法律法规、方针政策和人们普遍意愿要求的状态。

安全生产是指使生产过程处于避免人身伤害、设备损坏以及其他不可接受损失的状态。安全生产的基本方针是"安全第一，预防为主"。"安全第一"是指在生产过程中把人身安全放在首位，当生产和安全相冲突时，应首先保证人身安全，坚持以人为本的理念；"预防为主"是指应采取正确的预防措施，消除事故发生的可能性，争取零事故。

安全控制是指为了满足安全生产、避免生产过程中的风险所采取的计划、监督检查、协调和改进等一系列技术措施和管理活动。

(2) 施工安全控制的含义与目标

施工安全控制是指为了保证施工过程的安全生产，避免施工过程中可能发生的事故风险，对施工过程进行计划、监控、组织、调节和改进的一系列技术措施和管理活动。施工安全控制的基本目标有：

① 降低或避免施工过程中施工人员和管理人员的不安全行为。

② 保证施工人员职业健康和实现施工环境保护。

③ 减少或消除施工设备和材料的不安全状态。

④ 强化安全管理。

(3) 施工安全控制的特点

由于工程施工工序复杂，影响因素较多且不断变化，并受外界自然和社会环境变化影响，所以施工安全控制具有控制面广、动态性和交叉性等特点。

2. 环境工程施工安全控制的程序与要求

(1) 施工安全控制的程序

为实现对施工过程的安全控制，必须遵循一定操作程序，如图 3-3 所示。

① 确定施工安全控制目标：根据施工项目组织方式对施工安全控制目标进行分解，确定岗位安全职责，实施全员安全控制。

② 编制施工安全技术措施计划：对施工过程的安全风险进行辨识和预测，对不安全因素应采用相应的技术手段加以控制和消除，形成施工安全技术措施计划，对施工安全控制进行指导。

③ 实施安全技术措施计划：包括建立健全安全生产责任制、建立安全保证体系、说明安全管理要点、进行安全生产培训、设置安全生产技术措施、明确安全技术要求、设置安

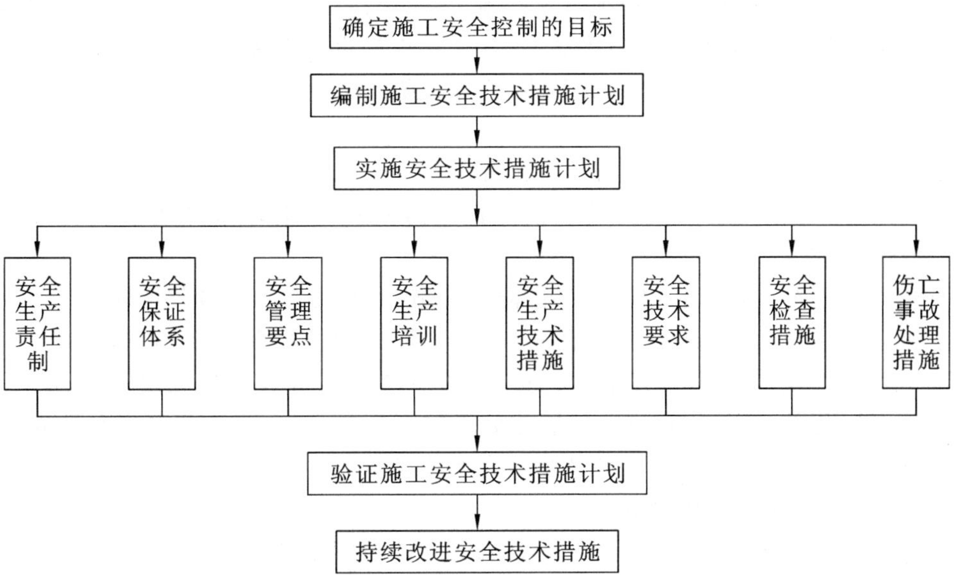

图 3-3　施工安全控制基本程序

全检查措施和伤亡事故处理措施等。

④ 验证施工安全技术措施计划：包括安全计划实施的监督、检查，根据实际情况纠正不安全情况，修改和调整安全技术措施并进行记录。

⑤ 持续改进安全技术措施：根据项目条件变化，不断评价和修正安全控制技术措施，直至项目竣工为止。

(2) 施工安全控制的基本要求

① 施工单位在取得安全主管部门颁发的安全施工许可证后方可开工。

② 各类作业人员和管理人员必须具备相应的职业资格才能上岗。

③ 总承包单位和每一分包单位都应经过安全资格审查认可。

④ 特殊工种作业人员必须持有特殊作业操作证，并严格按规定进行复查。

⑤ 所有新员工必须经过三级安全教育，即进场、进车间和进班组安全教育。

⑥ 对查出的安全隐患要做到“五定”，即定整改责任人、定整改措施、定整改完成时间、定整改完成人、定整改验收人。

⑦ 必须把好安全生产的“六关”，即教育关、措施关、交底关、防护关、检查关、改进关。

⑧ 施工机械必须经过安全检查合格后方可使用。

⑨ 施工现场安全设施齐全，符合国家及地方有关规定。

⑩ 保证安全技术措施费用的落实，不得挪用。

3. 环境工程施工安全技术措施计划及其实施

(1) 施工安全技术措施计划的含义

施工安全技术措施是以保护施工人员的人身安全和职业健康为目标的一切技术措施。施工安全技术措施计划是施工劳动组织为了保护施工人员人身安全和职业健康而制定的关于施工过程中安全技术措施的计划安排，是施工管理计划的重要组成部分。

施工安全技术措施计划是一项重要的施工安全管理制度，是施工组织设计的重要内容之一，是防止工伤事故和职业危害、改善劳动条件的重要保障，是进行施工安全控制的重要措施。因此，施工准备过程应正确制定施工安全技术措施计划，并在施工过程中有效实施。

(2) 施工安全技术措施计划的目的和内容

施工安全技术措施计划的目的包括防止工伤事故、预防职业危害和改善劳工条件等，其主要内容如下：

① 安全技术措施，如设置保险装置、防护设施、防暴装置和信号装置等。

② 职业卫生技术措施，如防尘、防毒、噪声预防、照明、通风、取暖、降温等。

③ 设置辅助设施，如休息室、厕所、更衣室、消毒室、冬季作业取暖设施等。

④ 准备宣传教育资料与设施，如职业健康教育资料、安全生产教育资料和安全操作方法训练设施、劳动保护设施、安全技术研究实验设施等。

(3) 施工安全技术措施计划的制定

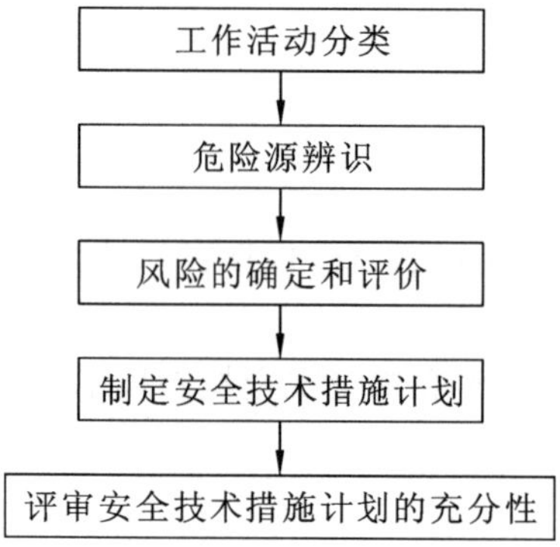

图 3-4　施工安全技术措施计划的制定程序

施工安全技术措施计划的制定，可参照图 3-4 所示的程序进行，每步的具体内容如下：

① 工作活动分类

首先应该根据工作活动分类来编制工作活动表，这是制定安全技术措施计划的必要准备，其内容包括施工设备、施工现场、施工人员和程序等相关信息。在制定工作活动表时，应采取简单而合理的方式对所有工作活动进行分组，并收集各类工作活动的相关必要信息。

② 危险源辨识

危险源是指可能导致危险或损害的根源或状态。危险源辨识就是要找出与各项工作活动相关的所有危险源，并考虑其危害性及如何防止危害等。为了做好危险源辨识工作，可以按专业将危险源分为物资类、电气类、机械类、辐射类、火灾和爆炸类危险源等，然后采用危险源提示表的方法，进行危险源辨识。

③ 风险的确定与评价

风险是某一特定危险情况发生的可能性及其后果的组合，应该根据所辨识的危险源来确定施工过程的风险，并对风险进行判断，确定风险大小和是否为施工过程所容许。

④ 制定安全技术措施计划

针对风险评价中发现的问题，根据风险评价结果，对不可容许的风险采取预防和控制措施，形成安全技术措施计划。施工安全技术措施计划的制定应按照风险评价结果的优先顺序，列出安全技术措施清单，清单中应包含持续改进的技术措施。

⑤ 评审安全技术措施计划的充分性

施工安全技术措施计划应在实施前进行详细评审，以保证施工安全技术措施在实施过程中的适用性。

(4) 施工安全技术措施计划的实施

为了有效实施业已制定的施工安全技术措施计划，必须完成如下任务：

① 进行安全教育与培训

应对施工组织全员进行安全教育，使其真正认识到安全生产的重要性，自觉遵守安全法规；并应针对各个岗位人员进行安全技术培训，使其掌握安全生产技术措施，达到安全生产要求。

② 施工组织设计严审施工组织安全设计

A.注意施工现场使用机械设备的安全控制管理，建筑施工现场使用机械设备主要包括：

(a) 物料提升机和外用电梯：物料提升机目前国家没有统一的制作规范标准，多是由企业自己制作自己使用，存在着设计制作缺乏统一标准、使用管理随意的问题；外用电梯虽然设备本身是由厂家生产，但也存在组装、使用及管理上的隐患，一旦发生问题将会造成重大事故，所以必须按照安全规范要求及有关规定，对这两种设备进行认真检查和严格管理，防止事故发生。

(b) 塔吊：塔吊安装、拆除及操作较复杂，技术性强，对使用环境、条件要求较高，在组装、拆除及使用中存在一定的危险性，使用、管理不善易发生倒塔事故，造成人员伤亡。所以，组装、拆除塔吊时一定要选择专业队伍，使用前要进行试运转检查，使用中要严格按规定要求进行。操作塔吊的人员必须经过培训。

(c) 起重吊装：主要指建筑工程中的结构吊装和设备安装工程。起重吊装是专业性强且危险性较大的工作，所以要求必须做专项施工方案、进行试吊、由专业队伍安装，经验收合格后方可投入运行。

(d) 施工机具：施工现场除使用大型机械设备外，也大量使用中小型机械和机具，如电焊机、切割机、磨合机、电锯等，这些机具虽然体积较小，但在建筑施工中广为应用，操作过程中存在潜在危险性，稍不注意，极易造成事故。使用小型机具必须按规范进行。

B.检查建筑施工的安全器材及劳动保护是否完善。如基础处理时要注意对槽基是否可能塌方或滑坡进行检查，要经常性开展防火安全、季节性的雨季防洪、冬季施工防冻、炎热防暑等的检查。检查中如有不符合规范要求的地方要限期整改补救，按制度要求进行处罚，并给予通报批评。坚决做到令行禁止，不流于形式。

③ 建立安全生产责任制

安全生产责任制指的是施工单位为施工组织及其施工人员所规定的在其各自职责范围内对安全生产负责的制度，它是施工安全技术措施计划实施的重要保障。

④ 安全技术交底

施工前应逐级、逐层进行安全技术交底，使全体作业人员了解施工风险、掌握安全防范技术措施和操作规程。

⑤ 施工现场安全管理

主要是在施工现场按照国家和地方相关法律法规，建设安全和劳动卫生防护设施，规范施工现场消防、用电安全，强化施工现场安全纪律和个人劳动保护等。

(a) 在砌墙砖基础前应检查基槽是否有裂纹、水浸、化冻或变形等现象。槽宽小于1m时，应在砌筑站人的一侧留有40cm宽的操作宽度。在砌筑深基槽时，上下基槽必须设工作梯或坡道，不得任意踩跳基槽，不得登踩砌体或加固土壁的支撑上下。在一层以上或高度超过4m砌筑时，如采用里脚手架必须支搭安全网、采用外脚手架应设护身栏和挡脚板后方可砌筑。严禁站在墙顶上勾缝及清扫墙面或检查大角垂直等工作，也不能站在墙上砌砖，在脚手架上严禁向外打砖，打砍砖要向墙面一侧打。护身栏上不得坐人，正在砌砖的墙顶上严禁行走。

(b) 在搭脚手架特别是在三步架以上作业时，作业人员必须戴安全帽，传递架杆时应在身上绑系安全绳。搭架时如遇六级以上大风或雷电大雨时，必须停止作业。在高压线路附近搭架时，如遇10kV及以下架空配电线路，需间隔2.55m以上，如遇22kV以上高压输电路，需间隔5m以上。可按工程的实际情况选用架子，但架子必须要有足够的坚固性和稳定性，施工期间在允许荷载的气候温度变化作用下，不能产生变形、倾斜或摇摆等现象。要保证足够的工作面以满足工人操作、材料堆放及施工车辆通行的需要。

(c) 在电焊操作场所5m以内不得堆放易燃、易爆材料。工作前应仔细检查焊接设备进行试运转，无问题时方可进行焊接。在工作时气瓶周围的温度应保持在1℃以上，以减少气体水分。焊接电源应保持稳定，焊接时一次电压波动不得大于5%，否则禁止施焊。下雨时无特殊措施一般应停止露天电焊作业。为防止触电，必须遵守有关电气安全规定。

(d) 起重机械与钢丝绳表面的磨损和腐蚀达到钢丝直径的10%时应当更换，当断丝数超过规范规定时必须更换，如必须使用时，则相应降低负荷。吊钩和卡环如有永久变形或裂纹时应报废更换，吊钩断面高度损失达10%时应当重新更换。

(e) 抹灰工在操作前应检查架子、高凳是否牢固，架上物料散开放稳，层高3.6m以下的脚手架，采用脚手凳间距应小于2m。严禁搭探头板，也严禁将脚手架支搭在暖气片、水暖管道上。多项工程立体交叉作业应有防护措施，戴安全帽。临时用移动照明、机电设备严禁随意拆卸。操作工经过培训考试合格后方可上岗操作。

(f) 木工机械操作人员必须掌握机械的技术操作规程，了解其性能。不熟悉操作规程的人员一律不准上岗。使用机械操作时，禁止戴手套，女工的发辫要绕入工作帽内。在操作前，应将现场清理干净，检查电源，在停电情况下检查各部，经试车正常运转后，方可进入工作状态。在使用电锯截料时，严禁操作人员站在锯的对面。锯料时前后二人协调用力。使用自动手压刨时，严禁将手伸入进料口附近，如短料放横时，必须停电后取。严禁在机械运转时用手去清锯末、刨花、齿渣等。对日常使用机械必须经常检查维护，定期注油，经常检查电线以及电器设备是否漏电或是否有其他危险和妨碍作业的因素。

(g) 吊装工程的作业人员必须经过身体检查，并按规定佩带劳动保护用品，在吊装前应对吊装设备施工现场进行认真检查。起吊构件时，构件上及起重设备下严禁有人，也禁止放置任何物件。起吊大型构件时，在构件离开地面20～30cm时进行一次检查。当构件升空时，禁止把构件悬在空中检修机具。风力超过六级时，应停止吊装。

五、施工成本管理

施工成本管理，是指通过控制手段，在达到建筑物预定功能和工期要求的前提下优化成本开支，将施工总成本控制在施工合同或设计规定的预算范围内。

1. 成本管理的任务

工程成本管理是施工单位为降低工程成本而进行的各项管理工作的总称，它主要包括成本的计划、控制和分析。其基本任务是：保证降低工程成本，增加利润，为国家提供更多的积累，使企业及其职工获得更大的利益，以促进施工企业顺利完成施工任务。

2. 成本管理的计划

降低工程成本，不断提高劳动生产率，是社会主义市场经济的客观要求。为了有计划、有步骤地降低工程成本，必须做好成本管理工作。编制成本计划是成本管理的前提，没有成本计划，就不可能有效地控制成本和分析成本。

要编制好成本计划，首先以定额为基础，以施工进度计划、材料供应计划和其他技术组织措施计划等为依据，使成本计划合理先进，并能综合反映计划预期产生的经济效果。

编制成本计划，要从降低工程成本的角度，对各个方面提出增产节约的要求。同时，要将成本开支严格控制在预算范围之内，注意成本计划与成本核算的一致性，从而正确考核和分析成本计划的完成情况。

施工企业成本计划的内容包括降低成本计划和管理费用计划。降低成本计划是综合反映施工企业在计划期内工程预算成本、计划成本、成本计划降低额和成本计划降低率的文件，其格式见表 3-10。

表 3-10　降低成本计划表

成本项目	预算成本	计划成本	成本计划降低额	成本计划降低率/%
	(1)	(2)	(3)=(1)-(2)	(4)=[(3)/(1)]×100%

管理费用计划是指根据费用控制指标、施工任务和组织状况，由各归口管理部门按施工管理费的项目明细，结合采取的节约措施，分别计算各个项目的计划支出数，然后经汇总而成。它反映了企业在计划期内管理费的支出水平。

3. 成本控制过程

工程成本控制是指施工企业在施工过程中按照一定的控制标准，对实际成本支出进行管理和监督，并及时采取有效措施消除不正常损耗，纠正脱离标准的偏差，使各种费用的实际支出控制在预定的标准范围内，从而保证企业成本计划的完成和目标成本的实现。

(1) 成本控制的三个阶段

成本控制按工程成本发生的时间顺序，可分为事前控制、过程控制和事后控制三个阶段。

① 成本的事前控制

成本的事前控制主要指的是施工前对影响成本的有关因素进行事前的规划，这是成本形成前的成本控制。

事前控制的具体做法：制定成本控制标准，实行目标成本管理；建立健全成本控制责任制，在保证完成企业降低成本总目标的前提下，制订各责任单位的具体目标，分清经济责任。

② 成本的过程控制

成本的过程控制指的是在施工过程中，对成本的形成和偏离成本目标的差异进行日常控制。

过程控制的具体做法：严格按照成本计划和各项费用消耗定额进行开支，随时随地进行审核，消灭各种损失和浪费的苗头；建立健全信息反馈体系，随时把成本形成过程中出现的偏差反馈给责任部门，责任部门及时采取措施进行纠正。

③ 成本的事后控制

成本的事后控制指的是在施工部分或全部结束以后，对成本计划的执行情况加以总结，对成本控制情况进行综合分析与考核，以便采取措施改进成本管理工作。成本事后控制的主要工作是成本分析。

（2）成本控制的管理体系

成本控制要根据"统一领导，分级管理"和"业务归口，责权结合"的原则，按指标性质和成本指标所属范围，分别下达给各级单位和各个职能部门。同时，建立各部门的成本责任制，使各部门明确自己的成本责任，便于从不同角度进行成本控制，保证整个成本计划的实现。此外，还要建立健全成本管理信息系统，通过反馈的信息，预测和分析成本变化趋势以及成本降低计划完成程度。

4. 成本分析

工程成本分析是成本管理工作的一项重要内容，它的任务是通过成本核算、报表及其他有关资料，全面地了解和掌握成本的变动情况及其变化规律，系统地研究影响成本升降的各种因素及其形成的原因，借以发现经营中的主要矛盾，挖掘企业的潜力，并提出降低成本的具体措施。

通过成本分析，可以对成本计划的执行情况进行有效控制，对执行结果进行评价，从而为下一阶段的成本计划提供重要依据，以保证成本的不断降低，促进生产不断发展。

工程成本分析一般有综合分析和单项分析两种方法。

（1）综合分析

工程成本的综合分析是对企业降低成本计划执行情况的概括性分析和总体评价，同时也为成本的单项分析指出方向。综合分析一般采用如下方法进行：

① 将实际成本与预算成本进行对比，以检查企业是否完成降低成本的目标以及各个成本项目的节约或超支情况，从而分析工程成本升降的主要原因。

② 将实际成本与计划成本进行对比，以检查计划成本指标的完成情况。

③ 将本期实际指标与上期或历史先进水平的指标进行比较，以便掌握企业经营管理的发展变化情况。

④ 对企业下属的各施工单位进行分析，比较和检查其各自完成降低成本任务的情况，以便查找成本提高的原因和总结成本降低的经验。

(2) 单项分析

工程成本的单项分析是在综合分析的基础上,为进一步了解成本升降的详细情况及影响成本的具体因素而进行的每个成本项目的深入分析。单项分析一般要对材料费、人工费、机械费和施工管理费进行深入细致的分析。

① 材料费的分析目的是寻找实际用料与预算用料两者之间的量差和价差,进而找出造成量差与价差的原因,进一步挖掘节约材料的潜力,降低材料费。材料费在环境工程中占的比重最大,节约材料费是降低工程成本的重要途径,因此应重点进行材料费的分析。

② 人工费的分析目的是寻找实际用工数与预算用工数的差别,从而进一步分析人工费节约或超支的原因,据此寻找节约人工费的途径。

③ 机械费的分析目的是找出实际机械台班数与预算机械台班数两者的差,进而分析其原因,找出节约机械费的措施。其中,还要考虑到租赁机械的台班数与实际是否相符合,尽量节约机械租赁费。

④ 施工管理费分析的目的是寻找降低工程成本的另一重要途径,分析时应把管理费的实际发生数与计划支出数进行比较,进而详细了解管理费节约或超支的原因,以降低工程成本。管理费中的管理人员工资和办公费用占的比重较大,而且它们和工期成正比,所以降低管理费最有效的方法就是缩短工期和优化工期费用。

5. 施工成市管理的措施

(1) 组织措施

组织措施是从施工成本管理的组织方面采取的措施。

① 施工成本控制是全员的活动,如实行项目经理责任制,就需要落实施工成本管理的组织机构和人员,明确各级施工成本管理人员的任务和职能分工、权力和责任。

② 施工成本管理不仅是专业成本管理人员的工作,各级项目管理人员都负有成本控制责任。

③ 组织措施的另一方面是编制施工成本控制工作计划、确定合理详细的工作流程。

④ 要做好施工采购计划,通过生产要素的优化配置、合理使用、动态管理,有效控制实际成本。

⑤ 加强施工定额管理和施工任务单管理,控制活劳动和物化劳动的消耗。

⑥ 加强施工调度,避免因施工计划不周和盲目调度造成窝工损失、机械利用率降低、物料积压等问题。

⑦ 成本控制工作只有建立在科学管理的基础之上,具备合理的管理体制、完善的规章制度、稳定的作业秩序、完整准确的信息传递,才能取得成效。

⑧ 组织措施是其他各类措施的前提和保障,而且一般不需要增加额外的费用,运用得当可以取得良好的效果。

(2) 技术措施

技术措施是在施工过程中为降低成本而采取的措施。

① 进行技术经济分析,确定最佳的施工方案。

② 结合施工方法,进行材料使用的比选,在满足功能要求的前提下,通过代用、改变配合比、使用外加剂等方法降低材料消耗的费用。

③ 确定最合适的施工机械、设备使用方案。

④ 结合项目的施工组织设计及自然地理条件，降低材料的库存成本和运输成本。

⑤ 应用先进的施工技术，运用新材料，使用先进的机械设备等。

在实践中，也要避免仅从技术角度选定方案而忽视对其经济效果的分析论证。技术措施不仅对解决施工成本管理过程中的技术问题是不可缺少的，而且对纠正施工成本管理目标偏差也有相当重要的作用。因此，运用技术纠偏措施的关键，一是要能提出多个不同的技术方案；二是要对不同的技术方案进行技术经济分析比较，以选择最佳方案。

（3）经济措施

经济措施是最易为人们所接受和采用的措施。

① 管理人员应编制资金使用计划，确定、分解施工成本管理目标。

② 对施工成本管理目标进行风险分析，并制定防范性对策。

③ 对各种支出，应认真做好资金的使用计划，并在施工中严格控制各项开支。

④ 及时准确地记录、收集、整理、核算实际支出的费用。

⑤ 对各种变更，应及时做好增减账、落实业主签证并结算工程款。

通过偏差分析和未完工工程预测，可发现一些潜在的可能引起未完工程施工成本增加的问题，对这些问题应以主动控制为出发点，及时采取预防措施。因此，经济措施的运用绝不仅仅是财务人员的事情。

（4）合同措施

采用合同措施控制施工成本，应贯穿整个合同周期，包括从合同谈判开始到合同终结的全过程。

① 对于分包项目，首先是选用合适的合同结构，对各种合同结构模式进行分析、比较，在合同谈判时，要争取选用适合于工程规模、性质和特点的合同结构模式。

② 在合同的条款中应仔细考虑一切影响成本和效益的因素，特别是潜在的风险因素。

③ 通过对引起成本变动的风险因素的识别和分析，采取必要的风险对策，如通过合理的方式增加承担风险的个体数量以降低损失发生的比例，并最终将这些策略体现在合同的具体条款中。

④ 在合同执行期间，合同管理的措施既要密切注视对方合同执行的情况，以寻求合同索赔的机会；同时也要密切关注自己履行合同的情况，以防被对方索赔。

第四章　施 工 准 备

第一节　施工准备概述

一、施工准备的定义

施工准备，就是指工程施工前所做的一切工作，是为拟建工程的施工创造必要的技术、物资条件，统筹安排施工力量和部署施工现场，确保工程施工顺利进行，包括基础工作准备、全场性施工准备和单位工程施工条件准备。它不仅在开工前要做，开工后也要做，它是有组织、有计划、有步骤、分阶段地贯穿于整个工程建设的始终。

施工准备工作，必须实行统一领导和分工负责的制度，做到"谁施工，谁准备"。全场性准备由现场施工总包单位负责全面规划和日常管理；单位工程的施工准备，由单位工程负责人组织进行，而且施工准备必须有一定的工期。准备充分才能加快建设进度和全面提高经济效益。

认真细致地做好施工准备工作，对充分发挥各方面的积极因素，合理利用资源，加快施工速度，提高工程质量，确保施工安全，降低工程成本及获得较好经济效益都起着重要作用。

二、施工准备的基本原则

在进行施工组织时，一般应遵循以下原则：

1. 认真贯彻执行《中华人民共和国建筑法》(以下简称《建筑法》)，坚持建设程序

《建筑法》是规范建筑活动的大法，它将我国多年来的改革与管理实践中一些行之有效的重要制度，诸如施工许可制度、从业资格管理制度、招标投标制度、总承包制度、承包合同制度、工程监理制度、建筑安全生产管理制度、工程质量责任制度、竣工验收制度等给予了法律肯定，这对建立和完善建筑市场的运行机制，加强建筑活动的实施与管理提供了重要的法律依据。为此，我们在进行施工组织时，必须认真地学习《建筑法》，充分理解《建筑法》，严格贯彻执行《建筑法》，以《建筑法》作为指导建设活动的准绳。

建设程序，是指建设项目从决策、设计、施工到竣工验收整个建设过程中的各个阶段及其先后顺序。上一阶段的工作为开展下一阶段创造条件，而下一阶段的实践又检验上一阶段的设想；各个阶段之间有着不容分割的联系，但不同阶段有着不同的内容，既不能相互代替，也不许颠倒或跳跃。如没有计划，设计就失去了课题；而没有设计，施工就失去了技术依据；不经过竣工验收，就无法保证整个建设项目的成套投产和工程质量。实践证明，凡是坚持建设程序，基本建设就能顺利进行，就能充分发挥投资的经济效益；反之，违背了建设程序，就会造成施工混乱，影响质量、进度和成本，甚至对建设工作带来严重危害。因此，坚持建设程序是工程建设顺利进行的有力保证。

2. 合理安排施工顺序

施工顺序的安排应符合施工工艺，满足技术要求，有利于组织立体交叉、平行流水作业，有利于对后续工程施工创造良好的条件，有利于充分利用空间、争取时间。例如，先准备工作，后正式工程施工。准备工作应从全场性工程开始，应先场外，后场内；先地下工程，后地上工程，且先深后浅；先基础，后主体；先主体，后装饰等。这些施工顺序，均反映了施工本身的客观规律，必须予以遵守。

3. 用流水作业法和网络计划技术组织施工

流水作业法是组织建筑施工的有效方法，可使施工连续、均衡、有节奏地进行，以达到合理使用资源，充分利用空间、争取时间的目的。网络计划技术是当代计划管理的有效方法，具有逻辑严密、层次清晰、关键问题明确，可进行计划方案优化、控制和调整，有利于电子计算机在计划管理中的应用等优点。

4. 加强季节性施工措施，确保全年连续施工

为了确保全年连续施工，减少季节性施工的技术措施费用，在组织施工时，应充分了解当地的气象条件和水文地质条件。尽量避免把土方工程、地下工程、水下工程安排在雨季和洪水期施工及把混凝土现浇结构安排在冬季施工，高空作业、结构吊装则应避免在风季施工。对那些必须在冬雨期施工的项目，则应采用相应的技术措施，既要确保全年连续施工、均衡施工，更要确保工程质量和施工安全。

5. 贯彻工厂预制和现场预制相结合的方针，提高建筑工业化程度

建筑技术进步的重要标志之一是建筑工业化，建筑工业化的前提条件是广泛采用预制装配式构件。在拟定构件预制方案时，应贯彻工厂预制和现场预制相结合的方针，把受到运输和起重机设备限制的大型、重型构件放在现场预制，将大量的中小型构件由工厂预制。这样，既可以发挥工厂批量生产的优势，又可以解决受运输、起重设备限制的主要矛盾。

6. 充分发挥机械效能，提高机械化程度

机械化施工可加快工程进度，减轻劳动强度，提高劳动生产率。为此，在选择施工机械时，应充分发挥机械的效能，并使主导工程的大型机械，如土方机械、吊装机械能连续作业，以减少机械台班费用。同时，还应使大型机械与中小型机械相结合，机械化与半机械化相结合，扩大机械化施工范围，实现施工综合机械化，以提高施工机械化程度。

7. 采用国内外先进的施工技术和科学管理方法

采用先进的施工技术和科学管理方法，是促进技术进步、提高企业素质、保证工程质量、加速工程进度、降低工程成本的有力措施。为此，在拟定施工方案时，应尽可能采用新材料、新工艺、新技术和现代化管理方式。

8. 合理地部署施工现场，尽可能地减少暂设工程

精心进行施工总平面图的规划，合理地部署施工现场，是节约施工用地、实现文明施工、确保安全生产的重要环节。尽量利用正式工程、原有建筑物、已有设施、地方资源为施工服务，是减少暂设工程费用、降低工程成本的重要途径。

三、施工准备的基本要求

当施工单位与业主签订承包合同、承接工程任务后，首先要做好一系列的基础工作，这些工作主要包括：

① 研究施工项目组织管理模式，筹建项目经理部，明确各部门的职责。

② 落实分包单位，审查分包单位的资质，签订分包合同。

③ 分析掌握工程的特点及要求，抓住主要矛盾及关键问题，定制相应的对策、措施。

④ 调查分析施工地区的自然条件、技术经济条件和社会生活条件，有哪些因素会对施工造成不利的影响，有哪些因素能充分利用，为施工服务。

⑤ 取得工程施工的法律依据。因工程施工涉及面广，与城规、环卫、交通、电力、消防、市政、公用事业等部门都有直接关系，应事先在这些部门办理申请手续，取得有关部门批准的法律依据。

⑥ 建立健全质量管理体系和各项管理制度。

⑦ 规划施工力量的集结与任务安排，组织材料、设备的加工订货。

⑧ 办理施工许可证，提交开工申请报告。充分进行施工准备的同时，应及时地向主管部门办理施工许可证，向社会监理单位提交开工申请报告。

四、施工准备的工作程序

在环境工程施工过程中，所有的工序都必须严格按照施工程序进行，施工准备的程序对工程的组织以及工程后续的安排有较重要的作用，而施工准备阶段的工作程序大致如下：

① 施工组织计划。

② 施工进度计划。

③ 确定施工方案和程序。

④ 现场钻探和场地平整。

⑤ 修建临时设施。

⑥ 准备工程施工用料。

⑦ 准备施工机具和设备。

⑧ 做好测量控制。

⑨ 组织劳动力进行技术培训。

⑩ 试验。

⑪ 编制施工预算。

第二节　施工准备的内容

施工准备工作，是施工管理的重要组成部分，是组织施工的前提，是顺利完成环境工程任务的关键。施工准备的内容包括技术资料准备、物资准备、机械准备、场地准备、劳动力准备等。

一、施工技术资料的准备

1. 施工图纸的设计与审查

组织施工人员进行图纸学习，审查、熟悉图纸内容，领会工程各部分构造，然后再组织各专业进行图纸综合会审，核对图纸尺寸，研究各工种的施工配合，同时由设计者交底，使每个人熟悉施工对象、施工方案和所采取的技术措施、施工程序、方法要点，各工种间的配合关系，施工进度要求，安全技术和质量标准。

2. 施工现场的调查

施工现场的调查是为了查明建设地区的自然条件，以便提供有关资料，作为设计和施工的依据，其内容有四个方面，分别为地形勘察、工程地质勘察、水文地质勘察和气象勘察。

(1) 地形勘察

地形勘察应提供的资料有建设区域地形图和建设地点地形图，这是确保能够充分了解当地地形特点的基本图样材料。

① 建设区域地形图

建设区域地形图应标明邻近的居民区、工业企业、码头、铁路、河流湖泊、电力网络、采砂场、建筑材料基地等，以及其他公共福利设施的位置。主要用于规划施工现场，确定工人居住区、生产基地、各项临时设施的位置，确定道路、管网的引入及其布置。图的比例一般为 1∶10000～1∶25000，等高线的高差为 5～10m。

② 建设地点地形图

建设地点地形图是设计施工平面图的重要依据，其比例为 1∶2000 或 1∶1000，等高线高差为 0.51m。图上应标明主要水准点和坐标距为 100m 或 200m 的方格网，以便于测量放线、竖向布置、计算土方量。此外，还应标明现有的一切房屋，地上地下管道、线路和构筑物，绿化地带，河流界线及水面标高，最高洪水位警戒线等。

(2) 工程地质勘察

工程地质勘察的目的是为了查明建设地区的工程地质条件和特征。应提供的资料有建设地区钻孔布置图，工程地质剖面图，土壤物理力学性质，土壤压缩试验和承载力的报告，古墓、溶洞的探测报告等。

勘察工作根据当地的具体情况可以采用探孔或钻孔两种方法，勘探点的间距视地质复杂情况而定，简单的地质为100～200m，中等复杂的为50～100m，复杂的应小于50m。当对单个建筑物勘探时，每个建筑物范围内不得少于两个勘探点。勘探点的深度取决于低级受压层的深度和地质条件，或根据基础承受荷载的大小按规范决定。

(3) 水文地质勘察

水文地质勘察所提供的资料主要有地下水文资料和地面水文资料。地下水文资料包括地下水位高度及变换范围，地下水的流向，流速计流量，地下水的水质分析，地下水对基础有无冲刷、侵蚀影响；地面水文资料包括最高、最低水位，流量及流速，洪水期及山洪情况，水温及冰冻情况，航运及普运情况，湖泊的贮水量，水质分析等。

(4) 气象勘察

气象勘察的资料主要包括降雨、降水资料，气温资料，风向资料三个方面的内容。

① 降雨、降水资料。一日最大降雨量，雨季起止日期，年雷暴日数等。

② 气温资料。年平均、最高、最低气温；最冷、最热月的逐月平均温度；冬、夏季室外计算温度，气温不超过−3℃、0℃、5℃的天数及起止日期等。

③ 风向资料。主导风向、风速、风的频率，大于或等于8级风全年天数，并应将风向资料绘成风玫瑰图。

二、施工物资的准备

1. 全工地施工物资准备

全工地施工物资准备是以整个建设群体项目为对象所进行的施工准备工作，它不仅要为全场性的施工活动创造有利条件，而且要兼顾单位工程施工条件的准备，其内容有：

① 编制施工组织总设计，这是指导整个建设项目现场施工活动的战略总方案。

② 进行场区的施工测量，设置永久性经纬坐标桩、水准基桩和工程测量控制网。

③ 搞好“三通一平”，即水通、电通、道路通和场地平整。

④ 建设施工使用的生产基地和生活基地，包括附属企业、加工厂站、仓库堆场以及办公、生活、福利用房等。

⑤ 组织物资、材料、设备的采购、储备及进场。

⑥ 对所采用的施工新工艺、新材料、新技术进行试验、检验和技术鉴定。强化安全管理和安全教育，在施工现场要设安全纪律牌、施工公告牌、安全标志牌和安全标语牌。

⑦ 对工地的防火安全、施工公害、环境保护、冬雨期施工等均有对策措施。

材料、构(配)件、制品、机具和设备是保证施工顺利进行的物质基础，这些物资的准备工作必须在工程开工之前完成。根据各种物资的需要量计划，分别落实货源，安排运输和储备，使其满足连续施工的要求。

2. 物资准备的内容

物资准备工作的内容主要包括建筑材料的准备、构(配)件和制品的加工准备、生产工艺设备的准备。

(1) 建筑材料的准备

建筑材料的准备主要是根据施工预算进行分析，按照施工进度计划要求，以及材料名称、规格、使用时的矿物材料储备定额和消耗定额进行汇总，编制出材料需要量计划，为组织备料、确定仓库、场地堆放所需的面积和组织运输等提供依据。

(2) 构(配)件和制品的加工准备

根据施工预算提供的构(配)件、制品的名称、规格、质量和消耗量，确定加工方案和供应渠道以及进场后的储存地点和方式，编制出其需要量计划，为组织运输、确定堆场面积等提供依据。

(3) 生产工艺设备的准备

按照拟建工程生产工艺流程及工艺设备的布置图提出工艺设备的名称、型号、生产能力和需要量，确定分期分批进场时间和保管方式，编制工艺设备需要量计划，为组织运输、确定堆场面积提供依据。

3. 施工物资准备的程序

物资准备工作通常按如下程序进行：

① 根据施工预算、分部(项)工程施工方法和施工进度的安排，拟定材料、构(配)件及制品、生产工艺设备等物资的需要量计划。

② 根据各种物资需要量计划，组织货源，确定加工、供应地点和供应方式，签订物资供应合同。

③ 根据各种物资的需要量计划和合同，拟定运输计划和运输方案。

④ 按照施工总平面图的要求，组织物资按计划时间进场，在指定地点按规定方式进行储存或堆放。

4. 施工物资准备详单

施工物资准备详单包含三方面的内容，分别为主要材料需要量计划详单、构件和半成品需要量计划详单。

(1) 主要材料需要量计划详单

主要材料需要量计划详单是备料、供料，确定仓库、堆放面积及组织运输的依据。其编制方法是根据施工预算的工料分析表、施工进度计划表、材料的贮备和消耗定额，将施工中所需材料按品种、规格、数量、使用时间计算汇总，填入主要材料需要量计划表。

(2) 构件和半成品需要量计划详单

构件和半成品需要量计划详单主要用于落实加工订货单位，并按照所需规格、数量、时间，组织加工、运输和确定仓库或堆场，可按施工图和施工进度计划编制。

5. 施工物资准备的注意事项

在进行施工物资的准备过程中主要应注意钢筋、钢管、模板、加工件、砖、各种装饰材料的特点及其相应的存放要求等。

① 钢筋：钢筋必须按施工日期提前 15～20d 进入现场，以留出时间做原材料和成型钢筋试验，经试验合格方能使用。所有钢筋堆放场地均铺设 10cm 厚混凝土，并用钢管支架或道木架空放置。不同的规格应分堆，同时所有钢筋支架上应挂牌表示其试验状态(待检、合格、不合格)。

② 钢管、模板：钢管应按其长度分开架空堆放，便于机械吊装，所有木模板均应堆放

在室内，木模板加工区也应在室内。

③ 加工件：根据标准样的图纸和现场施工速度以及加工周期决定加工计划。加工件进场后统一堆放，对易锈或易损物资应室内储存。

④ 砖：按进料计划进货，一般使用前提前一至二周进货。砖堆放场地应表面平整，有一定的承载力。堆置应整齐，高度不宜超过 1.5m。

⑤ 各类装饰材料：装饰材料原则上都应堆放在已建成的建筑物内，并设置围栏，以达到防雨、防碰撞、防污染的目的。重要的五金工具应收集进小仓库。

三、施工机械的准备

根据采用的施工方案，安排施工进度，确定施工机械的类型、数量和进场时间，确定施工机械的供应办法和进场后的存放地点和方式，编制施工机械的需要量计划，为组织运输、确定堆场面积等提供依据。

(1) 施工机械需要量计划

施工机械需要量计划主要用于确定施工机械类型、数量、进场时间，以此落实机械来源和组织进场。其编制方法是将单位工程施工进度计划表中的每一个施工过程每天所需的机械类型、数量和施工时间进行汇总，便得到施工机械需要量计划详单。

(2) 施工机械的准备要求

① 根据施工生产的具体情况选择先进适用的机械设备，按照项目施工的不同阶段合理地搭配使用各种机械，精心养护与保养，及时按照设备的经济寿命进行更新。

② 要坚持机械设备分级管理、统一调度的原则。对大型机械应由企业集中掌握、统一调度，在企业内部寻求机械设备的动态平衡。对项目部实行内部租赁，运用经济手段来调节和控制各个项目之间对大型机械设备的需求，以达到机械设备配置总体上优化。对于一些必备的中型机具、运输机械设备，宜直接配置给施工作业层使用和管理。

③ 要实行分片负责，根据项目远近和施工的特殊需要，在项目现场配备必要的中型机械，使用结束后随即调转其他现场。

④ 在机具的流动组合中，要强调在项目施工前期进行预测预控，做好超前服务。

⑤ 在建设项目施工中，根据施工工期的交叉，进行优化组合，集中优势力量，确保网络计划和控制节点的按期实现。

⑥ 要注重机械设备的合理使用，实行使用保养责任制，建立健全操作保养制度，科学组织机械设备施工。

四、施工场地的准备

施工人员在施工现场根据设计人员设计的图纸，需要比较精确地对施工现场进行前期处理，为后续的施工做准备。

1. 前期的施工场地准备

前期施工场地准备主要包括：

① 做好施工测量控制网的复测和加密工作，敷设施工导线和水准点。

② 建立工地试验室，开展原材料检测和施工配合比确定工作。

③ 施工现场的补充钻探。

④ 三通一平，即通水、通电、通路、场地平整。

⑤ 建造临时设施，按照施工总平面图的布置，建造三区分离的生产、生活、办公和储存等临时房屋，以及施工便道、便桥、码头、水泥混凝土搅拌站和构件预制场等大型临时设施。

⑥ 安装调试施工机具。

⑦ 原材料的储存堆放。

⑧ 做好冬雨季施工安排。

⑨ 落实消防和保安措施。

以上为施工场地前期准备的主要要点，其主要是针对一般的情况，而在环境工程施工时，根据不同的工程量或者建设项目的复杂程度需要进行不同的调整，但是原则是主要按照一般的施工要点进行准备。

2. 后续的施工场地准备

一些比较大型的临时建设工程，如混凝土构件预制场、混凝土和沥青搅拌站、拼装式龙门吊和架桥机、现浇混凝土的挂篮、大型围堰、大型脚手架和模板、大型构件吊具、塔吊、施工便道和便桥等，还需要特别针对如下几个方面进行准备，以确保后续的施工能够正常进行：

① 大型临时工程均应进行设计计算并出具施工图纸，编制相应的各类计划和制订相应的质量保证和安全劳保技术措施。

② 需要单独编制施工方案的大型临时设施工程，其设计前后均应由公司或项目经理部组织有关部门和人员对设计提出要求和进行评审。

五、施工劳动力的准备

根据项目对劳动力需求情况，在各项目之间，应对现实和潜在劳动力进行周密安排、合理调配，充分调动人的积极性和创造性，提高劳动效率。为此，施工劳动力的准备应按照动态平衡、统筹优化的原则，建立劳动力整体优化、劳动力供给与项目需求实现最佳组合的人力资源管理运行机制。

1. 施工管理机构设立要求

(1) 建立组织机构

确定组织机构应遵循的原则是：根据工程项目的规模、结构特点和复杂程度来决定机构中各职能部门的设置，人员的配备应力求精干，以适应任务的需要。坚持合理分工与密切协作相结合，使之便于指挥和管理，分工明确，权责具体。

(2) 合理设置施工班组

施工班组的建立应认真考虑专业和工种之间的合理配置，技工和普工的比例要合理并符合流水作业方式的要求，同时制定出该工程的劳动力需要量计划。

2. 劳动力的技术培训

配齐施工各专业工种和劳动力数量，组织进场，并进行必要的短期培训，使其熟悉各专业施工技术操作，明确岗位责任制和各专业相互配合关系及安全技术要点。

3. 质量管理职责

项目部人员质量管理职责主要针对的是项目经理、项目工程师、施工员、技术员、质检员、试验员、计量员、材料员、测量员和劳资员等。

(1) 项目经理的主要职责

① 对承接项目的工程质量满足用户要求负责。

② 对工程项目进行有效管理和控制负责。

③ 负责下达质量计划编制任务，批准和组织实施质量计划，组织确定能满足施工需要的人员、材料、设备、机具和技术措施等。

④ 负责建立项目管理岗位责任制。

(2) 项目工程师的主要职责

① 全面负责项目技术管理工作，确保工程质量达到预期目标。

② 负责编制项目质量计划、施工组织设计或施工方案，贯彻执行技术标准、验收规范。

③ 负责竣工资料的汇总，并对技术资料的准确性、真实性、完整性负责。

④ 负责组织业主、设计单位、监理单位进行基础及主体结构验收。

⑤ 按照《建筑工程施工质量验收统一标准》(GB 50300—2013)和有关的行业标准组织进行分项、分部工程的质量检验评定。

⑥ 负责施工过程中一般不合格品的处置和参与严重不合格品的评审。

⑦ 负责审批工程需用物资计划。

⑧ 负责制定检验计划和组织实施。

⑨ 负责审批防护措施计划。

(3) 施工员的主要职责

① 对项目工程质量达到预期目标负直接责任。

② 组织班组熟悉图纸，并按图施工。

③ 参加上级组织的技术交底，并向班组进行分项工程技术交底，组织班组进行自检、交接检。

④ 组织隐蔽工程验收，填写隐蔽工程验收单，组织分项工程质量评定，认真填写检查记录，参加分部工程、单位工程质量评定。

⑤ 负责积累施工技术资料，并对其完整性负责。

(4) 技术员的主要职责

① 熟悉图纸，参加图纸会审，编制一般工程的施工组织设计或施工方案。

② 组织原材料试验、配合比申请，审核试验结果，发现问题及时上报。

③ 参加新技术、新工艺、新材料、新设备的推广应用，贯彻执行保证工程质量的各项技术、安全措施。

④ 负责对不合格品的具体处置和记录。

(5) 质检员的主要职责

① 对工程质量负有认真检查、正确核定、严格把关上报的责任，必要时提出暂停施

工，并及时向上级反映。

② 熟悉图纸，领会设计意图，掌握技术要点。

③ 负责过程质量控制计划的执行，抽检主要原材料、半成品、成品的标识工作，及时检查施工记录、试验记录和试验结果。

④ 参加隐蔽工程验收并签证，参加分项工程质量评定并签字确认。

⑤ 负责分部工程质量评定，参加单位工程的质量评定。

⑥ 参加质量事故调查，负责纠正措施的跟踪检查和验证。

⑦ 负责施工过程中的轻微不合格品的处置和参与一般不合格品的评审。

(6) 试验员的主要职责

① 严格执行国家有关试件试验的标准规范、规程，做好试件取样、存放、养护工作。

② 认真执行见证取样和送检制度，对试件的代表性、真实性负责。

③ 按控制规程认真进行各种试验。做好试验原始记录，准确填写试验报告，对试验数据的真实性负责。

④ 对试验中出现的不合格项应及时报告主管领导，防止不合格品流转到下一过程。

⑤ 负责实施试验室和室外的检验和试验。

⑥ 负责取样(样品)并委托试验室试验，填写委托试验单。

(7) 计量员的主要职责

① 负责现场所需检验、测量、试验设备等计量器具的周期送检、标识、维修、封存、报废申请，确保施工现场所需计量器具处于合格状态。

② 负责所需检验、测量和试验设备的采购申请、周期送检、标识和维修、保养、封存和报废申请，负责建立计量器具的台账，并做到账物相符。

(8) 材料员的主要职责

① 负责所有进场物资，包括业主提供的物资的验收、标识、贮存、保管和发放工作。

② 负责所有物资的进场检验。

③ 对现场使用验证合格的物资负责，需紧急放行时必须经项目工程师批准，并做好标识和记录。

④ 负责进货物资的外观尺寸和产品质量合格证的检查验证。

(9) 资料员的主要职责

① 负责工程项目施工技术资料(包括业主提供的文件)的收发管理工作。

② 负责交工资料的收集、整理、汇总、编目工作，对交工资料的准确性、完整性负责。

(10) 测量员的主要职责

负责工程项目定位、轴线、标高的测设工作，对测量结果符合设计及质量要求负责。

(11) 劳资员的主要职责

① 负责对进场施工人员、特殊工种岗位的资格验证及岗前培训工作，确保所有人员持证上岗。

② 对选择合格分包方负责。

第三节 施工场内设施的准备

施工设施是指施工所需的办公、生活、生产区域内的必要设施。施工设施与生产密切相关,直接或间接影响生产效率,因此,施工开始前应予以必要的关注,使工人和管理人员的生产、管理环境更舒适,为今后的施工生产打下良好的基础。

施工设施不仅是现场施工人员的工作和生活环境,还是向社会充分展示企业形象的窗口。合理的施工设施不仅可以减少项目经理部工作、生活过程中的不必要损失,还可提高生产效率。这些设施不应千篇一律,而应结合当地的环境、气候等因素进行建设。

一、办公区

办公区(图 4-1)是项目经理部为完成各项经营管理工作而建设的各部门工作室,包括办公室、会议室、卫生所、试验室等。

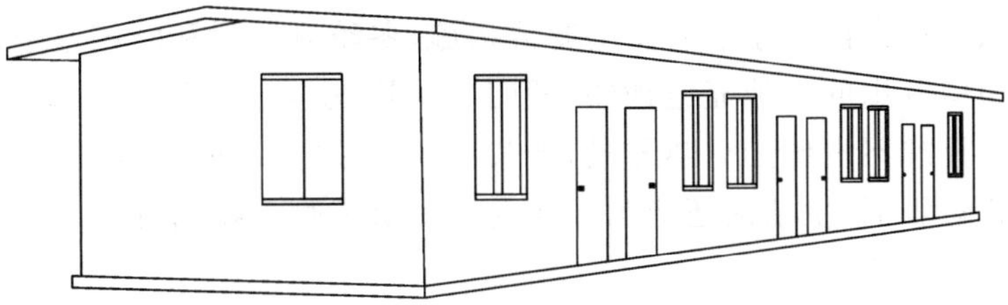

图 4-1 临时办公板房

办公区的位置首先要交通便利,并有足够空间,还要考虑工程所在地的具体气候特点,选择合适的临建形式。例如,彩钢房虽已普遍采用,但彩钢板的保温能力有限,不适用于寒冷地区。

为更好地排水和防潮,办公室地面应至少高出室外地面一步台阶,并设向外的排水坡。若环境特别潮湿,室内地面还应采取一定防潮措施,如房内用灰土回填。

现场的入口或办公区的醒目处应公示工程概况、安全纪律、防火须知、安全生产与文明施工规定、施工平面图、项目经理部组织机构图及主要管理人员名单等内容。

二、生活区

生活区包括宿舍、食堂、厕所、文体活动室、医疗室、开水房等临时设施。生活区是生产和管理人员休息、生活的区域,是生产的保障,必须满足施工高峰期人员的生活、住宿需求。

生活区必须统筹安排,合理布局,满足安全、消防、卫生防疫、环境保护、防汛、防洪要求。生活区用房必须安全、牢固、美观,并符合消防安全规范,不得使用易燃材料搭设。

生活区与施工区应严格划分,采用专用金属定型材料或砌块进行围挡,且高度不得低于 1.8m。

生活区临建房屋与建筑工程主体结构防火间距不应小于10m。生活区、办公区等区域内采用非燃材料搭建的临建房屋之间的防火间距不应小于4m。采用难燃材料搭建的临建房屋的防火间距不应小于6m。

生活区临建房屋内各房间建筑面积超过$60m^2$时,至少设两个疏散门。多层临建房屋的疏散楼梯不应少于两个且应分散布置,设置两部疏散楼梯确有困难时,可设置一部金属竖向梯作为第二安全出口。

生活区临建房屋首选非燃建材。材料库及明火作业的厨房等临建房屋必须使用非燃建材。办公室、宿舍等施工现场临建房屋围护结构也应使用非燃材料搭建,确有困难时,围护结构可采用难燃材料,但严禁使用可燃材料搭建施工现场临建房屋。围护结构采用难燃材料的生活区临建房屋内的电气线路应采用金属管或经阻燃处理的难燃型硬质塑料管保护,且不应敷设在难燃材料内。

1. 宿舍

宿舍必须保证必要的生活空间,室内高度不低于2.5m,通道宽度不小于0.9m,每间宿舍居住人员不得超过15人。宿舍必须设置高出地面0.3m、面积不小于1.9m×0.9m、高度不超过2层的单人床铺,床铺之间距离不小于0.3m。宿舍必须设置可开启式窗户,以保持室内通风。宿舍内夏季应有防暑降温措施,冬季有取暖和防煤气中毒措施。

宿舍内应预留专用的电池充电插座,照明应采用安全电压。未经消防安全管理人员和电气主管人员批准不得使用电热器具,严禁私拉乱接电线、明火取暖。

宿舍应设置垃圾桶,生活区还应为作业人员提供晾晒衣物的场地。

2. 食堂

食堂应远离厕所、垃圾站、有毒有害场所等污染源,并设置独立制作间、库房和燃气罐存放间。食堂门扇下方应设不低于0.2m的防鼠挡板。

食堂应配备必要的排风设施、消毒设施、隔油池,食堂制作间的下水管线应与污水管线连接,保证排水通畅。制作间灶台及其周边应贴瓷砖,地面应做硬化和防滑处理,保持墙面、地面干净,制作间灶台高度不宜小于1.5m。装修食堂所用建筑材料必须符合环保、消防要求。

3. 厕所

厕所大小应根据生活区人数设置。须保证厕所墙壁、屋顶严密,门窗齐全,地面应用混凝土硬化。厕所蹲位之间应设置隔板,隔板高度不应低于0.9m。

4. 文体活动室

项目经理部应设农民工接受培训、学习的场所,配备桌椅、黑板、电视机、书报、杂志和必要的文体活动用品。

5. 医疗室

医疗室应配备药箱及常用药品以及绷带、止血带、颈托、担架等急救器材。

6. 开水房

开水房应设置开水炉、电热水器或饮用水保温筒。

三、生产区

生产区包括钢筋加工区、木工加工区和混凝土生产区，这些设施必须靠近主要材料的需求区域或存放区域，且交通方便，以避免材料的长距离搬运。

钢筋加工区、木工加工区、混凝土生产区和憎水材料堆放区应有良好的防雨和排水措施。

四、临时用水

临时用水是现场生产、生活用水，包括施工用水、机械用水、施工现场生活用水、生活区生活用水、消防用水。临时用水是员工生产、生活的保障，必须认真对待，否则可能直接影响生产，甚至可能造成重大损失。

1. 施工用水量

混凝土生产、养护，模板冲洗用水是施工用水的主要部分。若使用商品混凝土，则不再考虑混凝土生产用水。

$$q_1 = K_1 \sum \frac{Q_1 \cdot N_1 \cdot K_2}{t \times 8 \times 3600} \tag{4-1}$$

式中 q_1——施工用水量(L/s)；

K_1——施工用水系数一般为1.05～1.15；

Q_1——用水工程的日工程量(m^3)；

N_1——施工用水定额(现浇混凝土工程耗水量2400L/m^3，砌筑工程耗水量250L/m^3)；

K_2——用水不均衡系数一般为1.25～1.5；

t——每天的工作班数。

2. 施工机械用水量

$$q_2 = K_1 \sum \frac{Q_2 \cdot N_2 \cdot K_3}{t \times 8 \times 3600} \tag{4-2}$$

式中 q_2——机械用水量(L/s)；

Q_2——同一种机械数量(台)；

N_2——施工机械台班用水定额[L/(m^3·班)]；

K_3——施工机械用水不均衡系数，一般为1.05～2.0。

3. 施工现场生活用水量

$$q_3 = \frac{p_1 \cdot N_3 \cdot K_4}{t \times 8 \times 3600} \tag{4-3}$$

式中 q_3——施工现场生活用水量(L/s)；

P_1——施工现场高峰昼夜人数(人)；

N_3——施工现场生活用水定额[L/(人·班)]；

K_4——施工现场用水不均衡系数，一般取1.30～1.50。

4. 生活区生活用水量

$$q_4=\frac{P_2 \cdot N_4 \cdot K_5}{24\times 3600} \tag{4-4}$$

式中 q_4——生活区生活用水(L/s)；

P_2——生活区居住人数(人)；

N_4——生活区昼夜全部生活用水定额[L/(人·班)]；

K_5——生活区用水不均衡系数，一般为2.0～2.5。

5. 消防用水量

消防用水量(q_5)应符合表4-1的要求。

表4-1 消防用水量

用水范围	用水量/(L/s)	用水范围	用水量/(L/s)
$0.25km^2$以内	10～15	每增加$0.25km^2$	增加5

6. 总用水量

(1) 当$q_1+q_2+q_3+q_4\leqslant q_5$时，则$Q=q_5+(q_1+q_2+q_3+q_4)/2$；

(2) 当$q_1+q_2+q_3+q_4>q_5$时，则$Q=q_1+q_2+q_3+q_4$；

(3) 当工地面积小于$0.05km^2$，且$q_1+q_2+q_3+q_4<q_5$时，则$Q=q_5$。

计算出总用水量Q后还应再增加10%，以补偿不可避免的漏水损失。

7. 供水主管径

$$d=\sqrt{\frac{Q}{250\pi \cdot v}} \tag{4-5}$$

式中 d——水管直径(m)；

Q——总用水量(L/s)；

v——管网中水流速度(m/s)，见表4-2。

表4-2 临时用水管参考经济流速

管径/mm	流速/(m/s)	
	正常时间	消防时间
$D<100$	0.5～1.2	—
$100\leqslant D\leqslant 300$	1.0～1.6	2.5～3.0
$D>300$	1.5～2.5	2.5～3.0

配水管网的布置原则是在保证不间断供水并考虑施工期间移动要求的情况下，管道越短越好。主供水管道应采用环状，孤立点可采取枝状布置。严寒地区，暗管应埋设在冰冻线以下，明管应设置保温措施。管道过路部分应设置保护套管。

消火栓间距不应大于120m，距拟建房屋不小于5m，且不大于25m，距路边不大于2m。

当消防用水利用城市或建设单位的消防设施时，主管径可按经验选用 50～100mm 管径，支管选用 40mm 或 25mm 管径。占地在 5000～10000m² 之间的小工程供水可简化计算和设计。

8. 水源、水质的选择

供水水源最好利用现有供水管道，只有在工地附近没有供水管道或供水管道无法利用时，才能另选天然水源。供水水源必须充沛、可靠，生活饮用水、生产用水的水质必须符合要求，取水、输水也要经济。

五、临时用电

电力是现代生产、生活的根本，离开电力，基本上无法进行生产，因此必须保证临时用电的安全、稳定。

建筑工地临时供电包括动力用电与照明用电两种，计算用电量时必须考虑整个工地施工高峰期时机械动力设备的最大用电量、电气工具用电量、照明用电量等三种情况。供电设备总容量计算公式如下：

$$P = 1.10\left(K_1 \frac{\sum P_1}{\cos\varphi} + K_2 \sum P_2 + K_3 \sum P_3 + K_4 \sum P_4\right) \tag{4-6}$$

式中 P——供电设备总容量(kV·A)；

P_1——电动机额定功率(kW)；

P_2——电焊机额定容量(kV·A)；

P_3——室内照明容量(kW)；

P_4——室外照明容量(kW)；

$\cos\varphi$——电动机平均功率因数(施工现场最高为 0.75～0.78，一般为 0.65～0.75)；

K_1、K_2、K_3、K_4——用电需要系数，见表 4-3。

表 4-3 用电需要系数

用电类别	数量	需要系数		备注
		K	数值	
电动机	3～30 台	K_1	0.5～0.7	为使计算结果接近实际，式中各项动力和照明用电应根据不同工作性质分类计算
电焊机	3～10 台	K_2	0.5～0.6	
室内照明	—	K_3	0.8	
室外照明	—	K_4	1.0	

第五章　施工测量

施工测量是在工程施工的各个阶段，应用测量仪器和工具，采用一定的测量技术和方法，根据施工进度和质量要求所进行的控制、放样和竣工验收等的测量工作。与一般的测图工作相反，施工放样是按照设计图纸将设计的建筑物位置、形状、大小及高程在地面上标定出来，以便根据这些标定的点线进行施工。环境工程污水处理构筑物主要分为水处理构筑物、沉淀构筑物、附属工程等几个部分，本章对这几个部分构筑物的施工测量进行介绍。

第一节　施工测量概述

环境工程项目在施工阶段所进行的测量工作称为环境工程施工测量，包括：施工前施工控制网的建立、施工期将图纸上所有设计的建(构)筑物的平面位置和高程测设到相应的地面上、工程竣工后测绘各建(构)筑物的实际位置和高程以及在施工和管理期间对建(构)筑物进行变形和沉降观测等。

一、施工测量的特点

施工测量与地形测量相反，它是将图纸上的建筑物、构筑物按其设计位置和高程，测设到地面上，作为施工的依据。因此，测量员应熟悉图纸，对放样数据要反复校核，对所用的仪器、工具应进行检验校正。放样之后，还要对建筑物自身尺寸进行检查，以确保建(构)筑物关系位置正确。

施工测量与施工进度及工程质量关系密切，因此，测量员应了解施工方案，掌握施工进度，使测量工作能满足施工进展要求。

由于机械化施工和施工现场建筑材料的堆放，人来车往，土方填挖量大以及交叉作业等原因，使得地面变化和震动大，各种测量标志易遭破坏，因此，必须将测量标志埋设牢固，妥善保护，经常检查，及时恢复。

施工现场工种繁多，干扰较大，测设方法和计算方法应力求简捷，以保证各项工作衔接顺畅。同时要注意仪器安全和人身安全。

二、施工测量的原则

① 施工测量与地形测量一样，也必须遵循“从整体到局部，先控制后细部”的原则。在施工之前，应在施工场地上，建立统一的施工平面控制网和高程控制网，作为施工放样各种建筑物和构筑物位置的依据。这一原则能使分布较广的建筑物、构筑物保持同等精度进行测设，以保证各建筑物、构筑物之间的关系位置正确。

② “步步有校核”，防止差、错、漏的发生。

三、施工测量的具体工作

施工测量的具体工作如下：

1. 开工前的准备工作

① 施工场地的施工控制网。

② 建筑场地的平整测量（土方方格网）。

③ 建（构）筑物的定位、放样测量。

2. 施工进程中的测量工作

① 基础工程的施工测量。

② 主体工程的施工测量。

③ 构件安装时的定位测量和标高测量。

④ 施工质量的检验测量。

3. 完工后的测量工作

① 配合施工验收检查工作的测量。

② 竣工图测量。

4. 变形观测

对一些重要的建（构）筑物，在施工或运营期间，定期对其进行沉降、倾斜、裂缝和平移等变形观测。

四、施工测量的工具

1. 水准仪

水准仪是进行水准测量的仪器，在施工中作为抄平用的仪器，它是用一条水平视线来测定各点的高差。目前常用的有微倾式水准仪和万能自动安平水准仪。水准仪由望远镜、水准器和基座三部分组成。其中水准器（图 5-1）有两种，一种叫水准管，另一种叫水准盒。利用水准器可以把仪器上某些轴线调置到水平位置或铅垂线位置。

2. 经纬仪

经纬仪（图 5-2）是用来测量角度、平面定位和竖向垂直度观测的仪器，是施工测量中重要的仪器。目前常用的是光学经纬仪，它由照准部、度盘和基座部分组成。其中照准部主要由望远镜、竖直度盘、水准器及读数设备等组成。度盘主要是一个玻璃的精密刻度盘。度盘下面的套轴套在筒状的轴座外面。度盘与照准部分的离合关系由装置在照

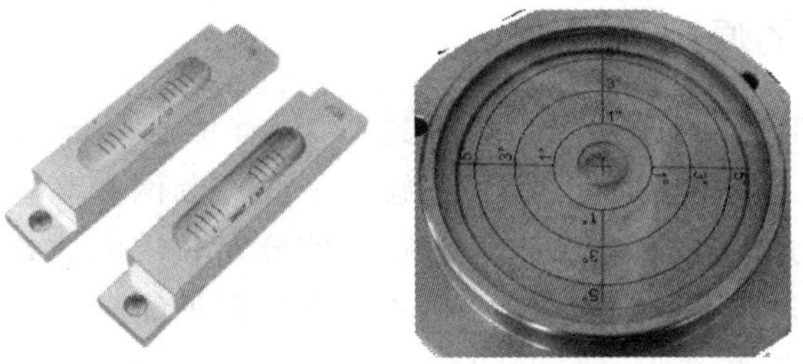

图 5-1　水准器

准部上的度盘离合器(又称复测机构)来控制。

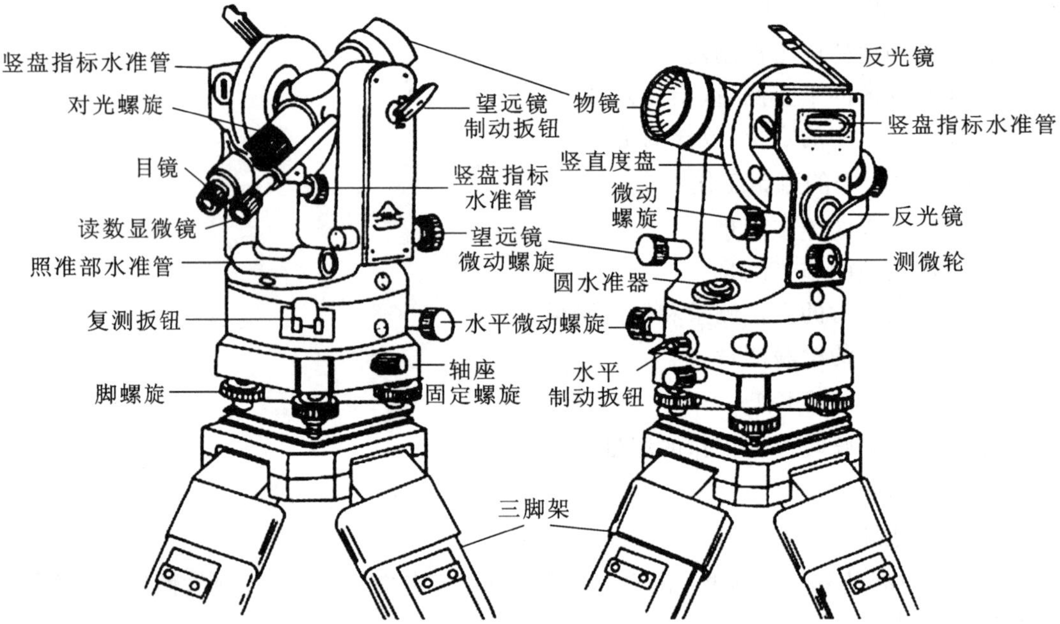

图 5-2　经纬仪

3. 水准尺

水准尺(图 5-3)是配合水准仪进行水准测量的工具。它的式样很多,常用的有塔尺和板尺两种,前者用于一般水准测量中,后者多用于较精密的水准测量中。使用水准尺时,读尺对于初学者来说是一个难点,如要读准确,在读尺之前要弄清水准尺的刻度和注字规律,要做到能准确迅速地读出该点的尺读数。一般尺上的刻度最小为 5mm,可以估计到 1mm。

塔尺一般长 4m 或 5m,多为零点起的单面刻划,也有正字与倒字两面刻划的。使用塔尺时必须注意接口位置是否准确。

板尺一般长 3m,多为两面刻划,一面是由零点起的黑色刻划,另一面是由 4. 687 或 4.787 起的红色刻划。

通过水准仪望远镜在水准尺上的读数,是读十字线中横线指示的数值。读数时要注

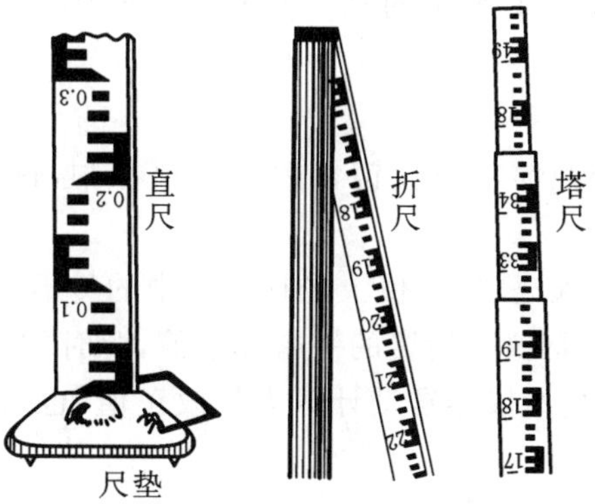

图 5-3　水准尺

意尺上注字的顺序，并依次读出“m”“dm”“cm”，并估读“mm”。

4. 全站仪

全站仪是全站型电子速测仪的简称，是电子经纬仪、光电测距仪及微处理器相结合的光电仪器（图 5-4），具有角度测量、距离（斜距、平距、高差）测量、三维坐标测量、导线测量、交会定点测量和放样测量等多种用途。

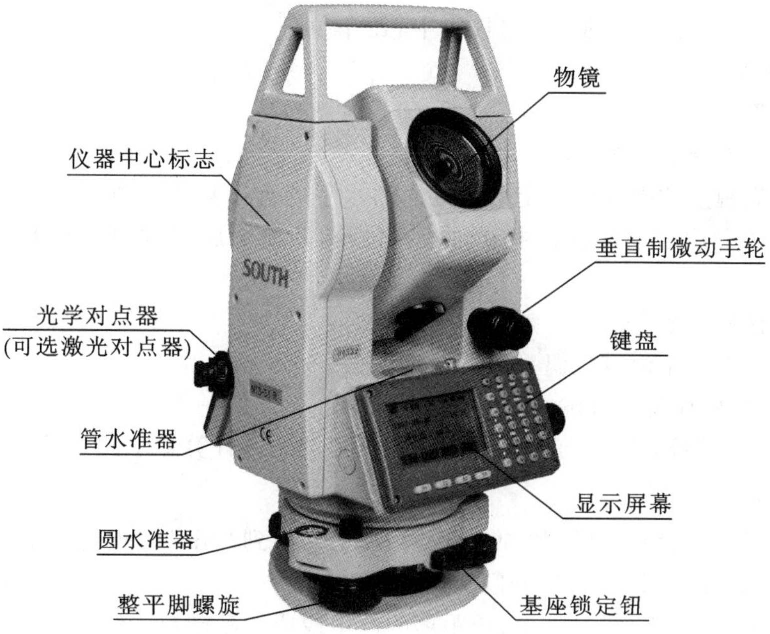

图 5-4　全站仪

（1）水平角测量

操作步骤如下：

① 按角度测量键，使全站仪处于角度测量模式，照准第一个目标 A。

② 设置 A 方向的水平度盘读数为 0°00′00″。

③ 照准第二个目标B，此时显示的水平度盘读数即为两方向间的水平夹角。

(2) 距离测量

操作步骤如下：

① 设置棱镜常数。测距前须将棱镜常数输入仪器中，仪器会自动对所测距离进行改正。

② 设置大气改正值或气温、气压值。光在大气中的传播速度会随大气的温度和气压而变化，15℃和760mmHg是仪器设置的一个标准值，此时的大气改正值为0ppm。实测时，可输入温度和气压值，全站仪会自动计算大气改正值(也可直接输入大气改正值)，并对测距结果进行改正。

③ 量仪器高、棱镜高并输入全站仪。

④ 测量距离。照准目标棱镜中心，按测距键，距离测量开始，测距完成时显示斜距、平距、高差。

全站仪的测距模式有精测模式、跟踪模式、粗测模式三种。精测模式是最常用的测距模式，测量时间约2.5s，最小显示单位为1mm；跟踪模式常用于跟踪移动目标或放样时连续测距，最小显示单位一般为1cm，每次测距时间约0.3s；粗测模式测量时间约0.7s，最小显示单位为1cm或1mm。在距离测量或坐标测量时，可按测距模式(MODE)键选择不同的测距模式。应注意，有些型号的全站仪在距离测量时不能设定仪器高和棱镜高，显示的高差值是全站仪横轴中心与棱镜中心的高差。

(3) 坐标测量

操作步骤如下：

① 设定测站点的三维坐标。

② 设定后视点的坐标或设定后视方向的水平度盘读数为其方位角。当设定后视点的坐标时，全站仪会自动计算后视方向的方位角，并设定后视方向的水平度盘读数为其方位角。

③ 设置棱镜常数。

④ 设置大气改正值或气温、气压值。

⑤ 量仪器高、棱镜高并输入全站仪。

⑥照准目标棱镜，按坐标测量键，全站仪开始测距并计算显示测点的三维坐标。

5. 其他工具

① 钢卷尺。一般有30m和50m两种，尺上刻划到“mm”。钢卷尺主要用来丈量距离，在放线中，量轴线尺寸、房屋开间、竖直高度等。

② 小线板。用于放线过程中，长距离的拉中线或放基础拉边线。

③ 墨斗和竹笔。主要是弹墨线时用，也是目前放线中常用的工具。使用墨斗时墨水不宜过多，墨水过多，弹线时线弹得很粗，或线边有花点，造成线不准确。

④ 线锤(又称锤线球)。在放线中，线锤是必不可少的工具。在吊垂直、经纬仪对中以及地不平时，都必须悬挂线锤使尺水平。

⑤ 放线时有时还要用斧子、大锤、小钉、红蓝铅笔、木桩等。

五、施工测量的精度

测量应根据具体的测设对象，制定切实可行且必须满足工程要求的精度标准，保证工程的施工质量。如果制定的标准偏低，将影响施工质量，这是不容许的；如果太高，则会造成不必要的人力、物力浪费。概括起来讲，对于精度问题，因具体工程而异，既要满足工程标准，又要经济合理。

为了保证建(构)筑物放样的正确性和准确性，施工测量必须达到一定的精度要求。施工控制网的精度，由建筑物、构筑物的定位精度和控制网的范围大小等决定。当点位精度标高和施工场地较大时，施工控制网应具有较高的精度。具体要求可参照工程的有关规范。

第二节　施工测量的基本方法

工程施工测量包括距离、角度、平面位置、高程位置和倾斜线的测量等，本节描述其具体的测量方法和要求。

一、距离测量

根据不同的精度要求，距离测量有普通量距和精密量距两种方法。精密量距时所量长度一般都要加尺长、温度和高差三项改正数，有时必须考虑垂曲改正。丈量两已知点间的距离，使用的主要工具是钢卷尺，精度要求较低的量距工作，也可使用皮尺或测绳。

1. 普通量距

(1) 测距方法

先用经纬仪或以目估进行定线。如地面平坦，可按整尺长度逐步丈量，直至最后量出两点间的距离。若地面起伏不平，可将尺子悬空并目估使其水平。以垂球或测钎对准地面点或向地面投点，测出其距离。地面坡度较大时，则可把一整尺段的距离分成几段丈量；也可沿斜坡丈量斜距，再用水准仪测出尺端间的高差，然后将倾斜距离转化成水平距离。

如使用经检定的钢尺丈量距离，当其尺长改正数小于尺长的 1/10000，可不考虑尺长改正。量距时的温度与钢尺检定时的标准温度(一般规定为 20℃)相差不大时，也可不进行温度改正。

(2) 精度要求

为了校核并提高精度，一般要求进行往返丈量。取平均值作为结果，量距精度以往测与返测距离值的差数与平均值之比表示。在平坦地区量距精度应达到 1/3000，在起伏变化较大地区要求达到 1/2000，在丈量困难地区不得大于 1/1000。

2. 精密量距

(1) 测距方法

先用经纬仪放直线，清除视线上的障碍，然后沿视线方向按每整尺段(即钢尺检定时的整长)设置传距桩。最好在桩顶面钉上白铁片，并画出十字线的标记。所使用的钢尺在开始量距前应先打开，与空气接触，经 10min 后方可进行量距。前尺以弹簧秤施加与钢尺检定时相同的拉力，后尺则以厘米分划线对准桩顶标志，当钢尺达到稳定时，前尺对好桩顶标志，随即读数；随后后尺移动 1～2cm，分划线重新对准桩顶标志，再次读数；一般要求读出三组读数。读数时应估读到 0.1～0.5mm，每次读数误差为 0.5～1mm。读数时应同时测定温度，温度计最好绑在钢尺上，以便反映出钢尺量距时的实际温度。

(2) 零尺段的丈量

按整尺段丈量距离，当量至另一端点时，必剩一段零尺段。零尺段的长度最好采用经过检定的专门用于丈量零尺段的补尺来量度。如无条件，可按整尺长度沿视线方向将尺的一端延长，对钢尺所施拉力仍与检定时相同，然后按上述方法读出零尺段的读数。但由于钢尺刻度不均匀误差的影响，用这种方法测量不足整尺长度的零段距离，其精度有所降低，但对全段距离测量的影响是有限的。

(3) 量距精度

当全段距离量完之后，尺端要调头，读数员互换，按同法进行返测，往返丈量一次为一测回，一般应测量两测回以上。量距精度以两测回的差数与距离之比表示。使用普通钢尺进行精密量距，其相对误差一般可达 1/50000 以上。

二、已知角度的测设

测设已知角度时，只给出一个方向，按已知角值，在地面上测定另一方向。如图 5-5 所示，OA 为已知方向，要在 O 点测设 α 角。为此，在 O 点设置经纬仪，以正镜测设 α 值得 B'。为了消除仪器误差的影响，再以倒镜测设 α 角得 B''。取 $B'B''$ 中点得 B_1，则 $\angle AOB_1$ 即为所设之角。

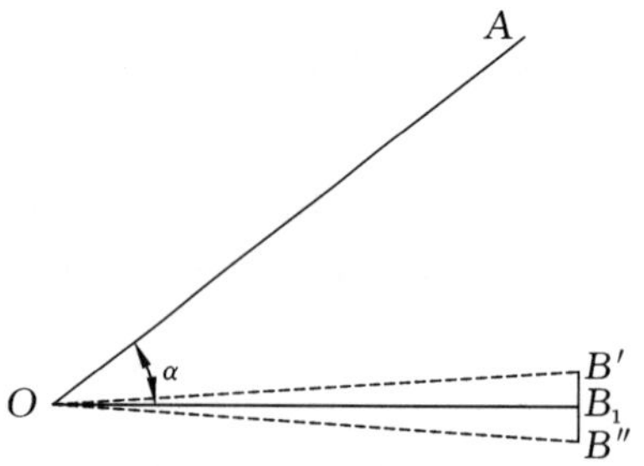

图 5-5 已知角度放样图

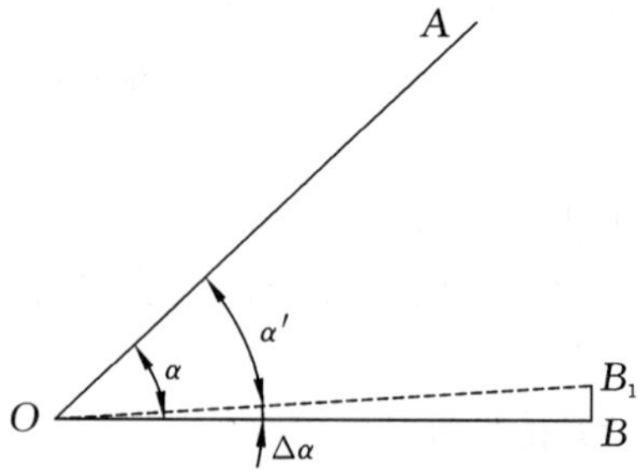

图 5-6 精测已知角示意图

若要精确地测设 α 角度，则按上法定出 $\angle AOB_1$ 之后，再用经纬仪测出 $\angle AOB_1$ 之角值为 α'，α'与给定的 α 值之差为 $\Delta\alpha$(图 5-6)。为了精确设置 α 角，过 B_1 作 OB_1 的垂线，

并在垂线上量取 B_1B 得 B 点，$\angle AOB$ 即为精确测设的 α 角度。

B_1B 按下式计算：

$$BB_1 = OB_1 \times \frac{\Delta\alpha}{\rho} \tag{5-1}$$

式中　$\rho = 206265''$，即一个弧度的角，以秒计。

三、建筑物细部点的平面位置的测设

放出一点的平面位置的方法很多，要根据控制网的形式及分布、放线的精度要求及施工现场的条件来选用。

1. 直角坐标法

当建筑场地的施工控制网为方格网或轴线网形式时，采用直角坐标法放线最为方便。如图 5-7 所示，G_1、G_2、G_3、G_4 为方格网点，现在要在地面上测出一点 A。为此，沿 G_2G_3 边量取 G_2A'，使 G_2A' 等于 A 与 G_2 横坐标之差 Δx，然后在 A' 设置经纬仪测设 G_2G_3 边的垂线，在垂线上量取 $A'A$，使 $A'A$ 等于 A 与 G_2 纵坐标之差 Δy，则 A 点即为所求。

从上述可见，用直角坐标法测定一已知点的位置时，只需按其坐标差数量取距离和测设直角，用加减法计算即可，工作方便，并便于检查，测量精度亦较高。

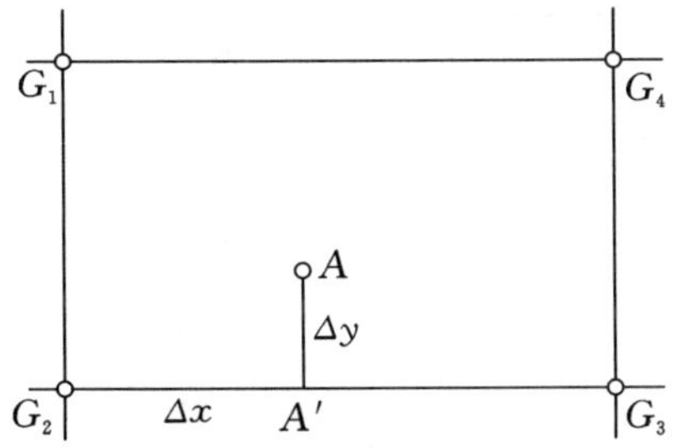

图 5-7　直角坐标放线图

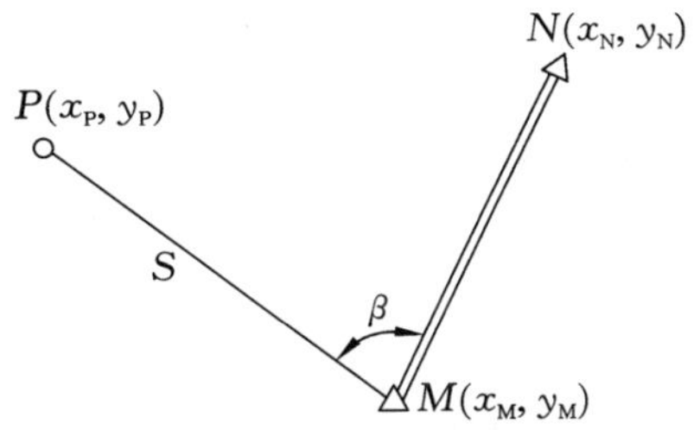

图 5-8　极坐标放线图

2. 极坐标法

极坐标法适用于测设点靠近控制点，便于量距的地方。用极坐标法测定一点的平面位置时，系在一个控制点上进行，但该点必须与另一控制点通视。根据测定点与控制点的坐标，计算出它们之间的夹角（极角 β）与距离（极距 S），按 β 与 S 之值即可将给定的点位定出。图 5-8 中，M、N 为控制点，即已知 M、N 之坐标和 MN 边的坐标方位角 α_{MN}。现在要求根据控制点 M 测定 P 点。首先按坐标反算方法，求出 M 到 P 的坐标方位角 α_{MP} 和距离 S。计算公式如下：

$$\alpha_{MP} = \arctan\frac{y_P - y_M}{x_P - x_M} \tag{5-2}$$

$$S = \frac{y_P - y_M}{\sin\alpha_{MP}} = \frac{x_P - x_M}{\cos\alpha_{MP}} \tag{5-3}$$

$$\beta = \alpha_{MN} - \alpha_{MP} \tag{5-4}$$

在实地测定 P 点的步骤:将经纬仪安置于 M 点上,以 MN 为起始边,测设极角 β,定出 MP 的方向,然后在 MP 上量取 S,即得所求点 P。

当不计控制点 M 的误差,用极坐标法测定 P 的点位中误差 m_P,可按下式进行计算:

$$m_P=\sqrt{\frac{S^2}{\rho^2}m_\beta^2+m_S^2} \tag{5-5}$$

式中 m_β——测设 β 角度的中误差;

S——控制点至测定点的距离;

m_s——测定距离 S 的中误差。

【例】 在图 5-8 中,已知控制点 M、N 的坐标值和 MN 边的坐标方位角为:$x_M=107566.60$,$y_M=96395.09$;$x_N=107734.26$,$y_N=96396.90$;$\alpha_{MN}=0°37'07''$。待测点 P 的坐标为:$x_P=107620.12$,$y_P=96242.57$。计算 α_{MP} 及 β、S 的值。

为了使计算过程条理清楚,采用表 5-1、表 5-2 所示方法进行计算。表 5-1 是使用计算机和三角函数表进行计算的表格;表 5-2 是用对数计算的表格。表中(1)、(2)、(3)……表示计算次序。

从表中可以看出,两种计算方法其结果完全相同:$S=161.638\text{m}$,$\alpha_{MP}=289°20'10''$。而 $\beta=\alpha_{MN}-\alpha_{MP}=0°37'07''+360°-289°20'10''=71°16'57''$。

表 5-1 应用三角函数计算

计算次序	符号	数值
(7)	S	161.638
(5)	$\sin\alpha$	−0.94359245
(1)	Δy	−151.52
(2)	Δx	+53.52
(6)	$\cos\alpha$	0.33110916
(8)	S	161.638
(3)	$\tan\alpha$	−2.84977578
(4)	α	289°20′10″

表 5-2 应用对数计算

计算次序	符号	数值
(7)	$\lg S$	2.20854234
(5)	$\lg\sin\alpha$	9.97478446(n)
(1)	$\lg\Delta y$	2.18332680(n)
(2)	$\lg\Delta x$	1.72851610

续表5-2

计算次序	符号	数值
(6)	$\lg\cos\alpha$	9.51997120
(8)	$\lg S$	2.20854490
(3)	$\lg\tan\alpha$	0.45481070(n)
(4)	α	289°20′10″
(9)	S	161.638

注：(n)表示其真数为负值。

3. 角度前方交会法

角度前方交会法，适用于不便量距或测设点远离控制点的地方。对于一般小型建筑物或管线的定位，亦可采用此法。

如图 5-9 所示，用角度前方交会法测定点 P 时，先要根据 P 点的坐标与控制点 M、N 的坐标，按式(5-2)求出控制点至测定点的坐标方位角 α_{MP}、α_{NP}，然后再按式(5-4)求出夹角 β 及 γ。

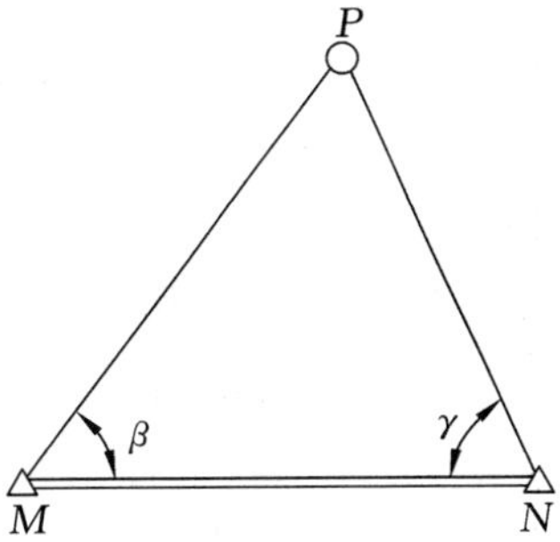

图 5-9 角度前方交会法

实地测设 P 点的步骤：在控制点 M、N 设站，分别测设 β 及 γ 两角，方向线 MP 和 NP 的交点即为所求的 P 点。

当不计控制点本身的误差，测设点 P 的精度可按下式计算：

$$M_P=\frac{m}{\rho}\times\frac{\sqrt{S_{MP}^2+S_{NP}^2}}{\sin(\beta+\gamma)} \tag{5-6}$$

式中 M_P——P 点位置的测定中误差；

β、γ——交会角；

m——测设 β、γ 的测角中误差；

S_{MP}、S_{NP}——交会边的长度。

【例】 设图 5-9 中，控制点 M、N 及待测定点 P 的坐标值仍同前例，计算交会角 β、γ 和点 P 的中误差 M_P。

α_{MP}、S_{MP}和 β 之值在前例中已经求出，现按表 5-3 的形式计算 α_{NP}、S_{NP}得：$\alpha_{NP}=233°30'50''$，$S_{NP}=191.952\text{m}$。而 $\gamma=\alpha_{NP}-\alpha_{NM}=\alpha_{NP}-(\alpha_{MN}+180°)=233°30'50''-(0°37'07''+180°)=52°53'43''$。

设测定 β、γ 的测角中误差 $m=10''$，将 m、β、γ 及 S_{MP}、S_{NP}之值代入式(5-6)，则得

$$M_P=\frac{10}{206265}\times\frac{\sqrt{191.952^2+161.638^2}}{\sin(71°16'57''+52°53'43'')}=15\text{mm}。$$

表 5-3　应用三角函数计算

计算次序	符号	数值
(7)	S	191.852
(5)	$\sin\alpha$	−0.80400103
(1)	Δy	−154.33
(2)	Δx	−114.14
(6)	$\cos\alpha$	−0.59462791
(8)	S	191.952
(3)	$\tan\alpha$	+1.35211144
(4)	α	233°30′50″

4. 方向线交会法

这种方法的特点是:测定点由相对应的两已知点或两定向点的方向线交会而得。方向线的设立可以用经纬仪,也可以用细线绳。

如图 5-10 所示,根据厂房矩形控制网上相对应的柱中心线端点,以经纬仪定向,用方向线交会法测设柱基中心或柱基定位桩。在施工过程中,各柱基中心线则可以随时将相应的定位桩拉上线绳,恢复其位置。此外,在施工放线时,定向点往往投设在龙门板上(图 5-11),在龙门板上标出墙、柱的中心线,可以将龙门板上相对应的方向点拉上白线绳,用以表示墙、柱的中心线。

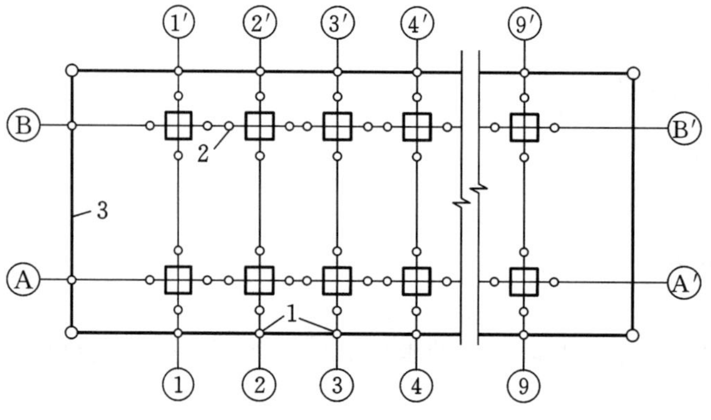

图 5-10　方向线交会图

1—柱中心线端点;2—柱基定位桩;3—厂房控制网

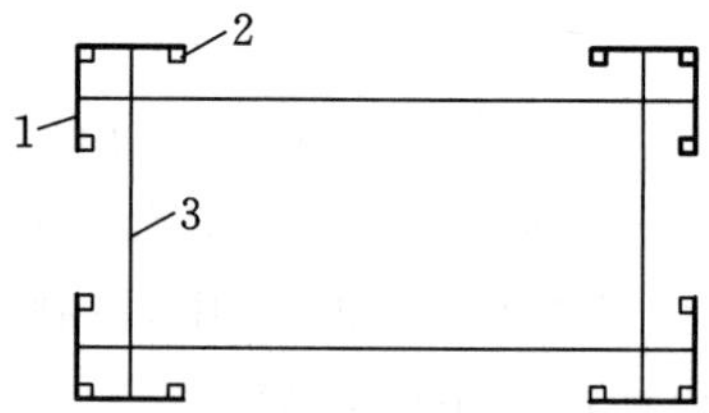

图 5-11　龙门板定点法

1—龙门板;2—龙门桩;3—细线绳

5. 距离交会法

从控制点至测设点的距离,若不超过测距尺的长度时,可用距离交会法来测定。如图 5-12 所示,A、B 为控制点,P 为待测点。为了在实地测定 P,先应按式(5-3)计算出 a、b 的长度。a、b 之值也可以直接从图上量取。测设时分别以 A、B 为中心,a、b 为半径，在场地上作弧线，两弧的交点即为 P。

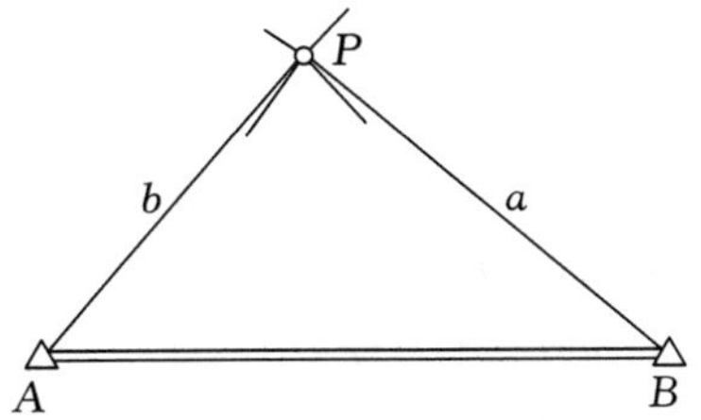

图 5-12　距离交会法

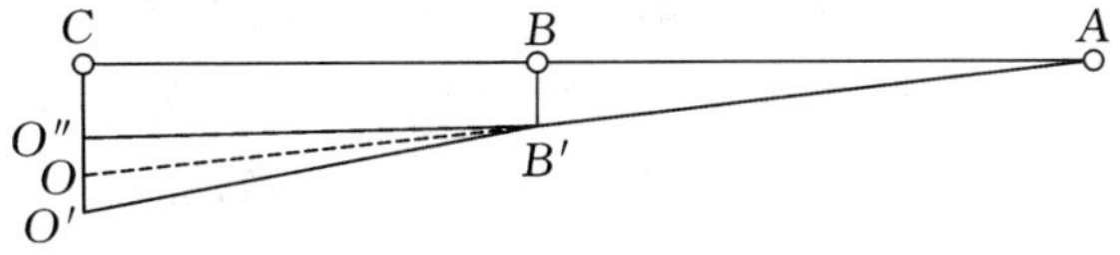

图 5-13　正倒镜投点法

用距离交会法来测定点位，不需使用仪器，但精度较低。

6. 正倒镜投点法

(1) 适用条件及优点

在进行直线投点时，一般是把仪器安置在直线的一端，照准相应的另一端点，进行放线投点。若直线两端点之间不能直接通视时，则可将仪器置于两端点之间的高处位置，运用正倒镜法进行投点。此外，在远距离投点时，亦可将仪器置于直线两端点的中间，进行投点。

正倒镜投点法不受地形地物的限制，能解决通视的问题；同时由于使视线缩短，减少了照准误差和可以不考虑对中误差的影响，因而使投点精度得到提高。

(2) 测设方法

在图 5-13 中，设 A、C 两点不通视，在 A、C 两点之间任意选定一点 B'，使之能与 A、C 通视。B'应尽量靠近 AC 线。然后在 B'点安置经纬仪，分别以正倒镜照准 A，倒转望远镜前视 C。由于仪器误差的影响，十字丝之交点不落于 O 点，而分别落于 O'、O''点。为了将仪器移置于 AC 线上，取$\frac{1}{2}O'O''$定出 O 点，若 O 在 C 之左，则将仪器自 B'向右移动 $B'B$ 距离，反之亦然。$B'B$ 按下式计算：

$$BB'=\frac{AB}{AC}\times CO \tag{5-7}$$

如此重复操作，直到 O'和 O''点落于 C 点的两侧，且 $CO'=CO''$的时候，仪器就恰好位于 AC 直线上了。

(3) 注意事项

① 按式(5-7)计算 $B'B$ 时，式中各距离值可用目估，经逐次移动，多次观测，使仪器逐渐趋近 AC 线而最后正好位于 AC 线上；

② 在 B'点初次安置仪器时应先试看，使 A、C 点均落在望远镜十字丝的左右，这样在逐次趋近移动时，只需在脚架上移动仪器即可；

③ 所使用的经纬仪必须经过检验校正，以尽量减小或消除正倒镜的误差。但仪器一般很难校正完善，因此投点时一定要用正倒镜取中定点，以消除仪器误差的影响。

四、建筑物细部点高程位置的测设

1. 地面上点的高程测设

在进行施工测量时，经常要在地面上和空间设置一些给定高程的点。如图5-14所示，设B为待测点，其设计高程为H_B，A为水准点，已知其高程为H_A。为了将设计高程H_B测定于B，安置水准仪于A、B之间，先在A点立尺，读得后视读数为a，然后在B点立尺。为了使B点的标高等于设计高程H_B，升高或降低B点上所立之尺，使前视尺之读数等于b。b可按下式计算：

$$b=H_A+a-H_B \tag{5-8}$$

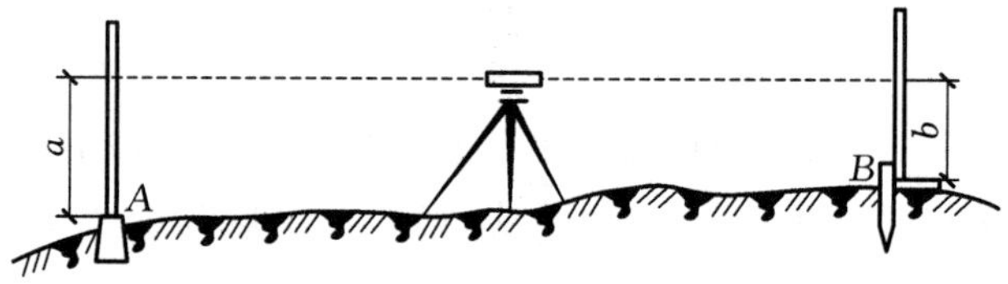

图5-14　高程测设示意

所测出的高程通常用木桩固定下来，或将设计高程标记在墙上。即当前尺读数等于b时，沿尺底在桩侧或墙上画线。当高程测设的精度要求较高时，可在木桩的顶面旋入螺钉作为测标，拧入或退出螺钉，可使测标顶端达到所要求的高程。

2. 高程传递

(1) 用水准测量法传递高程

当开挖较深的基槽或将高程引测到建筑物的上部，可用水准测量传递高程。图5-15所示是向低处传递高程的情形。做法是：在坑边架设一吊杆，从杆顶向下挂一根钢尺(钢尺0点在下)，在钢尺下端吊一重锤，重锤的重量应与检定钢尺时所用的拉力相同。为了将地面水准点A的高程H_A传递到坑内的临时水准点B上，在地面水准点和基坑之间安置水准仪，先在A点立尺，测出后视读数a，然后前视钢尺，测出前视读数b。接着将仪器搬到坑内，测出钢尺上后视读数和B点前视读数d。则坑内临时水准点B之高程H_B按下式计算：

$$H_B=H_A+a-(b-c)-d \tag{5-9}$$

式中$(b-c)$为通过钢尺传递的高差。如高程传递的精度要求较高时，对$(b-c)$之值应进行尺长改正及温度改正。上例是由地面向低处引测高程点的情况，当需要由地面向高处传递高程时，也可以采用同样方法进行。

(2) 用钢尺直接丈量垂直高度传递高程

若开挖基槽不太深时，可设置垂直标板，将高程引测到标板上，然后用钢尺向下丈量垂直高度，将设计标高直接画在标板上，既方便施工，又易于检查。当需要向建筑物上部

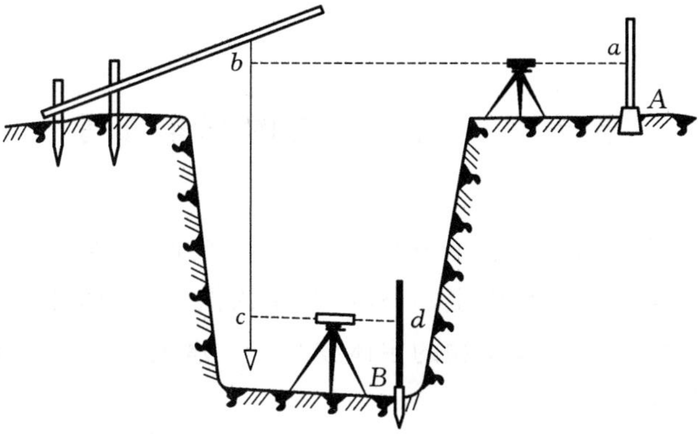

图 5-15 高程传递法

传递高程时，可根据柱、墙下部已知的标高点沿柱或墙边向上量取垂直高度，而将高程传递上去。

五、倾斜线的测设

在道路、排水沟渠、上下水道等工程施工时，往往要按一定的设计坡度（倾斜度）进行，这时需要在地面上测设倾斜线。如图 5-16 所示，A、B 为地面上两点，要求沿 AB 测设一条倾斜线。设倾斜度为 i，A、B 之间的距离为 L，A 点的高程为 H_A。为了测出倾斜线，首先应根据 A、B 之间的距离 L 及倾斜度 i 计算 B 点的高程 H_B。

$$H_B = H_A + i \times L \tag{5-10}$$

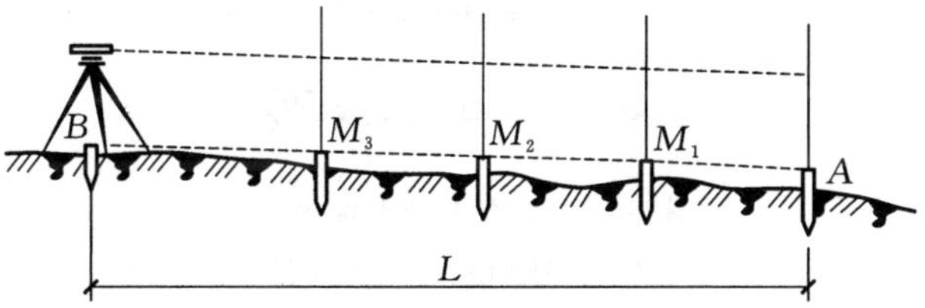

图 5-16 倾斜线测设

然后按前述地面上点的高程测设方法，将算出的 H_B 值测定于 B 点。A、B 之间的 M_1、M_2、M_3 各点则可以用经纬仪或水准仪来测定。如果设计坡度比较平缓时，可以使用水准仪来设置倾斜线。方法是：将水准仪安置于 B 点，使一个脚螺旋在 BA 线上，另外两个脚螺旋之连线垂直于 BA 线，旋转在 BA 线上的那个脚螺旋，使立于 A 点的水准尺上的读数等于 B 点的仪器高，此后在 M_1、M_2、M_3 各点打入木桩，使立尺于各桩上时其尺上读数皆等于仪器高，这样就在地面上测出了一条倾斜线。对于坡度较大的倾斜线，则应采用经纬仪来测设。将仪器安置于 B，纵转望远镜，对准 A 点水准尺上等于仪器高的地方。其他步骤与水准仪的测法相同。

第三节　施工测量的基本任务

施工测量在掌握基本测量方法的基础上，应建立全面的测量任务和工作流程，其工作流程可确定为业主交点——校测坐标、标高起始依据——场地控制网测量——建筑物的定位放线——基础放线——建筑物的主体放线——建筑物的定期沉降观测等，完成整个工程项目的全程测量工作。

一、工程定位放线

施工项目部进场后，首先对建设单位提供的施工定位图进行图上校核，以确保设计图纸的准确。其次，与建设单位共同对现场的坐标点和水准点进行交接验收，发现误差过大时应与业主或设计院共同商议处理方法，经确认后方可正式定位。

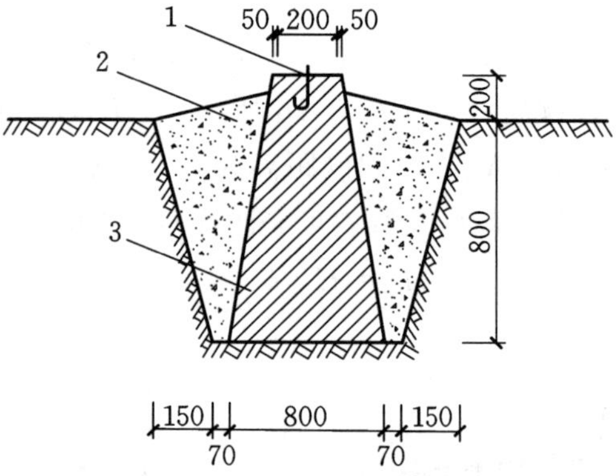

图 5-17　水准控制点标桩做法

1—预埋钢筋；2—现浇混凝土；3—预制混凝土标桩

现场建立控制坐标网和水准点。水准点由永久水准点引入，水准点应采取保护措施，确保不被破坏。水准点采用预制水准桩，桩内置 $\varphi=20\mathrm{mm}$，$L=550\mathrm{mm}$ 的钢筋，外露 20mm，如图 5-17 所示。工程定位后需要经建设单位和规划部门验收合格后方可施工。

二、平面测量控制网设立

1. 平面控制网形及适用范围

根据工程的建(构)筑物平面设计形状，采用矩形、多边形、导线网和 GPS 网等测量控制网进行控制，其适用范围见表 5-4。形状为矩形的普通单体建(构)筑物，其控制网只需一级，宜布设为与建筑物平行的控制网，网点的间距视细部放样的间距而定。若仅有经纬仪和钢尺，间距宜控制在 50m 以内。当建(构)筑物及轴线的几何形状比较复杂或为群体建筑，且配有全站仪的情况下，控制网应分两级控制。首级控制网是二级控制网的依据，同时也是土方和基础测量放线的依据。首级控制的桩点间距宜控制在200m，点位的设置是任意的，以便于使用为好，但网形一定要稳固。二级控制网布设与一般控制网布设相同。

表 5-4　平面控制网形及适用范围

序号	网形	适用范围
1	矩形	普通建筑平面控制网、局部高精度控制网
2	多边形	首级平面控制网、图根网、采用全站仪导线测量
3	导线网	建筑物距已知点的距离较远，是场地（首级）控制网的依据，采用全站仪导线测量
4	GPS 网	建（构）筑物距已知点的距离较远，采用 GPS 静态测量，图根点采用 RTK 测量

2. 控制网布设步骤

根据建设单位在施工区提供的平面及高程控制点，为保证控制网使用的便利，以建筑纵横两个方向为坐标轴。在环境工程项目中，通常每30～50m测设一条控制线，形成30m(30)×50m(50)的控制网（以现场实际尺寸为准），建（构）筑物的定位即以控制网轴线为准。采用极坐标法先定出各轴线位置上的控制点，形成一个矩形网状的控制网。对建（构）筑物的测量控制地下采用外控法，地上采用内控法，网点的布设以不妨碍施工为前提，尽量布设在施测过程能相互通视的地方，整个平面控制网的布设分为三步：

① 在平面图上根据施工的顺序和方法确定出控制点的大概位置，使用图解法得到其点位坐标，利用全站仪根据甲方提供的坐标控制点在放样点位埋设好控制桩。

② 用全站仪观测各点的距离、方向，进行平差，得到各控制点的平差坐标和点位精度，如果控制网的精度不能满足施工要求，必须增加观测数据的测回数，提高观测精度，重新平差，直至满足要求为止，以此作为施工的定位依据。

③ 在施工过程中，由于控制点不可避免地要受到一些因素的影响而可能受到破坏，故需在施工过程中对一些重要而易受损坏的基点进行拴桩保护。万一基准点被破坏，可通过拴桩点迅速恢复。

3. 控制网的布设原则

为了测量工作的方便性和准确性，控制网布设遵循以下原则：

① 控制点之间视野应开阔，通视良好。

② 控制点布设在安全地点，尽量防止有外部威胁。

③ 控制网图形要简单，控制点基础具有足够的强度。

4. 平面控制网的精度

按照工程测量规范的要求，定位桩的精度应符合表5-5的要求。

表5-5 测量精度控制

平面总控制网	
项目	允许误差
测角中误差	±8″
边长相对中误差	1/20000

高程总控制网（L 为往返测段水准路线长度，单位：km）					
等级	视线长度	前后视距差	前后视距累积差	视线高度	往返较差、附合或环线闭合
二等	≤35m	≤1.0m	≤3.0m	≥0.5m	$4\sqrt{L}$
三等	≤75m	≤3.0m	≤6.0m	≥0.3m	$12\sqrt{L}$
四等	≤100m	≤5.0m	≤10m	≥0.2m	$20\sqrt{L}$

楼层轴线投测			
楼层轴线投测		楼层标高投测	
主轴线间距	允许偏差/mm	高度 H	允许偏差/mm
相临轴线	±3	每层	±3
L≤30m	±5	H≤30m	±5
30m< L≤60m	±10	30m<H≤60m	±10
60m< L≤90m	±15	60m< H≤90m	±15
L>90m	±20	H>90m	±20

楼层标高竖向投测	
高度 H	允许偏差/mm
每层	±3
H≤30m	±5
30m<H≤60m	±10
60m< H≤90m	±15
H>90m	±20

三、高程控制网的布设

① 为保证建筑物竖向施工的精度要求，在厂区内建立高程控制网，以此作为保证施工的竖向精度的首要条件。

② 根据场区内测绘院给定的高程点布设场区内高程控制网。

③ 为保证建筑物竖向施工的精度要求，根据测绘的高程点，在场区内建立高程控制

网。先用水准仪进行复测检查，检测合格后，测设一条闭合水准路线，联测场区内高程竖向控制点，即场区半永久性水准点，以此作为保证竖向施工精度控制的首要条件，该点也作为以后沉降观测的基准点。

④ 高程控制网的精度见表 5-5。

⑤ 水准点的埋设及观测技术要求：水准点选在土质坚硬，便于长期保存和使用方便的地方。墙水准点选设在稳定的建筑物上，点位应便于寻找、保存和引测。

四、建筑物的定位放线测量

根据建设单位提供的坐标控制点，结合建筑物的平面位置关系，测设和建立轴线控制网，作为基础施工轴线测设及控制依据。

① 用轴线法放样后的点位，应进行角度观测，检查直线角度；测定交角的测角误差，不应超过 2.5″；轴交点应在长轴线上丈量全长后确定；短轴线应根据长轴线定向后测定，其测量精度应与长轴线相同，交角的限差应在 90°±5″以内。

② 为了避免施工过程中对施工控制网的影响，必须把主轴线标志桩引测至施工影响区域外且有利于保存和使用的地方，并设置半永久性桩点。

③ 为了确保轴线控制网的测设精度，放样后的主控轴线点位，必须进行检测。测角用经纬仪 2 个测回，测距往返丈量，或用测距仪检查直线度；测定交角的测角误差，不应超过 2.5″，直线度限差在 180°±5″以内，测距结果较差不超过 2mm。

五、轴线测量

1. 基础阶段轴线测设

(1) 外控法

根据极坐标原理，以建筑物的外边轴线作为控制网主轴线，在主控轴线外(内)2m 设辅助控制轴线，主控轴线和辅助轴线的交叉点做成用铁钉固定的三角桩，以便随时控制，从主控点引出外边线轴线矩形方格网后，测量出其他轴线。

(2) 矩形控制法

以放线办核定的控制点为依据，采用经纬仪、钢尺、木桩、广线测出闭合矩形控制网，用平行线法测出各轴线，并引测到工程四周辅助固定三角桩或砖砌围墙上，设置红三角标志，作为基础及楼层平面轴线控制及施工放线的依据。在主体上升施工中采用矩形 *ABCD* 的引出点控制轴线位置。同时，做好轴线、标高放线记录，填写报验单报监理工程师核查，高级监理工程师签认后方可进行下一道工序。

(3) 基础施工放线方法

① 根据各主轴线控制桩，按建筑平面关系尺寸测设出其他轴线，然后根据这些轴线进行基础定位及测出开挖线。

② 挖孔桩位测设按照建立的施工控制网，测定其实际位置，最后引测出十字控制桩。定出的桩位之间尺寸必须再进行一次校核，确保桩位准确无误后，方可进行开挖。

③ 以施工图桩基控制点和工程放线轴线交点为中心，设计基础梁宽度，作为基础梁放线依据。

④ 基础全部施工完后，根据地面设置的轴线控制桩点。用经纬仪将各轴线测设弹放在基础混凝土表面。

2. 主体施工测量

(1) 内控点设置

采用内控法，控制点设在0.00层楼面上，在楼面上设置半永久性标志，作为控制点。随主体施工每增加一层，都在控制点上安置全站仪或激光铅垂仪向上投测，控制点垂直方向各层楼板处留方孔，使激光全站仪的激光能通过孔洞射向各楼层，各楼层能准确接收。定出基准点，用经纬仪测出各轴线。

(2) 轴线竖向传递

在控制点上安置激光铅垂仪仔细对中、严格整平后，启动电源，让激光向上射出，在需定位的楼层上设靶环，让靶环中心对准激光点，然后将靶环固定在楼板上，作为该楼层定位放线的基准点。在平面的4个投测点都进行如此投测之后，在该楼层上用经纬仪进行角度与距离的闭合检测，校核测出各轴线，放出墙柱边线及控制线。

(3) 主体控制线布置

将定位轴线引入底层面，形成主体控制线。

第四节　环境工程建(构)筑物施工测量

环境工程中污水处理厂的建(构)筑物非常多，本节以进水建(构)筑物、沉砂池、沉淀池和附属建(构)筑物为案例，讲述其施工测量的方法和要求。

一、进水建(构)筑物施工测量

1. 开槽

一般情况下，进水部分是污水处理设施中最深的构筑物，通常基坑深度超过10m，属于深基坑。进水构筑物十分复杂，一般分为进水井、提升泵房、粗格栅、细格栅、沉砂池、出水井6个部分，内部布满渠道、管线。

放线之前，测量人员应熟悉施工组织设计或基坑开挖及支护方案，根据方案要求算出开槽线。进水构筑物的各部分轴线十分复杂，测量人员应仔细研究施工图纸，找出主要轴线，认真计算各轴线之间的尺寸关系，制定出可行的施工测量方案，然后根据已知控制桩，依据批准的方案进行放样工作。目前大都采用全站仪，用极坐标法测设轴线和开槽线。

基坑开挖过程中，测量人员应随时观测基坑坡度是否达到要求，并随时纠正。一般可使用直角边坡样板(或坡度尺)实时检查坡度情况。检查时，将坡度尺的斜边靠在开挖边坡上，如水平直角边的水准管居中，则边坡与设计相同，如偏差较大，应及时修正。

边坡样板可用作边坡放样定位，也可用于检验已修筑成的路堤、路堑、沟槽、河渠等边坡的坡度。边坡样板一般由木料按边坡坡度制成，只能用于一种坡度。

相对于边坡样板，坡度尺使用更灵活、易用，该工具适用于各种边坡的放样和检验。

开挖至槽底时，应预留 100cm 深人工清槽。首先，应向槽底引测两个以上水准点。每个水准点应至少测量 3 次，每次高程差不能大于 3mm，最终取其平均值作为引测点的高程。为保证高程桩稳固，不能将高程桩埋设在边坡上，应将高程桩埋入槽底以下 500mm，并用混凝土浇筑固定。当基坑进行降水时，应加大高程桩的校核频率。

2. 基础

基坑开挖到位后即可浇筑基础垫层，然后进行基础的施工测量工作。

首先，依据控制桩将构筑物主要轴线投测到槽底，并根据主轴线放出垫层边线。沿边线每隔 5～10m 测设一个高程桩，供支设模板用。模板支设完成后，必须对边线位置和模板高程进行检验。具体测量过程为：

① 垫层浇筑完成后，将经纬仪或全站仪精确置于轴线控制桩上，后视轴线另一端点，用正倒镜分中法将各主要轴线投测到垫层上，各轴线测设完成后应做必要的几何关系检验，合格后，再弹出轴线和基础模板边线。

② 在轴线上每隔 5～10m 测设一个高程点，在高程桩上标出模板顶平线或在垫层上标出模板顶面的上返数。由于污水构筑物有抗渗要求，墙体与筏板分界处不能有接槎，因此筏板模板支设好后，应测设出墙体吊模轴线和边线。务必严格检验筏板和墙体吊模模板的位置及高程，不合格的要重新调整。

由于基础混凝土的体积比较大，因此浇筑过程中测量人员应随时监控模板状况，重点监控墙体吊模的水平位置。如果变形超 8mm，应立即采取纠正措施。

3. 墙壁

用经纬仪将墙体主要轴线投测到筏板上，并根据主要轴线测设出其他次轴线的位置，再根据轴线弹出模板边线。

筏板以上的墙体上一般有大量预留洞、预埋管以及预埋件，结构非常复杂。测设前，测量人员要认真熟悉图纸，找出各预埋、预留位置与轴线的关系，并根据这些关系将其测设于实地。在模板制作、安装过程中，测量人员应随时复核预留、预埋位置是否准确，保证高程偏差在±3mm 以内，中线偏差在±5mm 以内。

管道类别不同，高程标注方法也不尽相同，测量人员应认真阅读图纸，弄清预埋管高程的标注位置。核对与之对接的管线高程，如果高程值不符，应尽快与设计人员联系。

模板校正、固定后，应在模板上弹出预埋管的中心位置，并重新调整预埋管的位置，使其精确对准中心位置。施工中，应对预埋管采取一定的加固措施，并在浇筑过程中动态观测，保证管中偏移在±5mm 以内。

进水构筑物中有大量的预留闸槽，槽中有预埋钢板。为保证顺利安装闸门，两闸槽之间的距离和闸槽宽度应比闸板相应尺寸稍大。闸槽的轴线偏差应控制在±5mm 以内，高程偏差在±3mm 以内，垂直度应控制在 $H/1000$ 之内（H 为全高），且不大于 20mm。

绝大部分进水构筑物混凝土是清水混凝土，没有装修，因此混凝土外观尺寸十分重要，尤其是地表以上部分。所以，必须严格控制墙体模板的垂直度、平整度。规定小于 5m 的墙体，垂直度偏差应在±8mm 以内；5～20m 之间的，垂直度偏差不应大于 $1.5H/$

1000(H 为全高)。一般墙体表面平整度在±8mm以内,轨道面平整度在±5mm以内。

构筑物内复杂的轴线都是根据主要轴线测设出来的,因此必须保证主要轴线的测设精度。其他次要轴线测设时,应直接从主要轴线引测,严禁用其他次轴线引测,以防止误差积累。每次测设工作完成后,应认真校核。

4. 沉砂池

沉砂池靠重力集砂,锥形池底是集砂的关键。由于混凝土的流态性质,使得施工中锥形坡控制比较困难,因此必须采取一定的控制措施保证坡度。

旋流沉砂池的上层坡度较小,混凝土浇筑前,应在外端模板和芯模上测设出高度标志。浇筑时,可在外墙模和芯模之间挂线找坡或用刮板将混凝土表面刮平。下层空间较小时,用人工找坡有一定困难,应按设计尺寸制作芯模固定在中心位置上。

二、沉淀构筑物施工测量

1. 锥形池底

污水处理设施的沉淀构筑物有初沉池和二沉池两种类型,二者除功能不同之外,施工工艺基本相同。沉淀构筑物多为圆形,中心进水,周边出水,称为辐流式沉淀池。沉淀池有平底式和锥底式两种,平底沉淀池施工比较简单,锥底式沉淀池施工比较复杂。

沉淀池一般覆土较浅,深度也不大,开槽线的测设比较简单,用极坐标法测设出中心点和边线即可。为了测设附属设施,还应测设出方向点,一般采用曲线测设方法进行实测。

由于用钢尺测量锥形池底的平距难度大、精度低,目前大多使用全站仪或测距仪测量。沉淀池用刮泥机或刮吸泥机清理池底污泥。对池底高程和平整度要求较高,因此测设沉淀池池底高程时应用全站仪将池底精确分格。量测网格点间的高程时,加入错位改正,严格控制池底高程。

2. 池底管道施工

沉淀池通过地下管道将待处理的污水送入中心导流洞,再通过导流洞将水送入沉淀池。当管道需要现浇包封混凝土时,应对管道采取加固措施,如使用地锚钢筋将管道锚在设计位置,应防止浇筑混凝土时将管道浮起。在混凝土浇筑过程中,测量人员应跟踪观测管道的高程情况,发现漂浮应立即采取措施。

计算出管道中线和方向线之间的角度,将经纬仪置于池体中心,拨角度 α 或 $360°-\alpha$,测设出管道中线,再根据管道中线、槽度高程、开槽坡度计算出上口开槽线。根据设计坡度,每隔10m在开槽线两侧测设成对、等高的高程桩,以控制管道中线、开槽深度和坡度。该高程桩的坡度应与管道相同,即从所有高程桩量取同一个常数就是槽底。

管道与弧形墙壁相贯通时,要保证管口全部露出墙壁。计算管道位置及长度时,管道的实际长度应比设计长度稍大一些,设超出的长度为 L,则

$$L=R-\sqrt{R^2-r^2} \tag{5-11}$$

式中 R——墙体内半径;

r——管道外半径。

具体测设时，先计算出 L 值，然后将管道沿中线方向向弧形墙壁内侧移动 L，以保证管道全部露出。如果管口要与其他管道焊接连接，应预留焊接长度，总预留长度等于 L 与焊接预留长度之和。

3. 杯口施工

为保证池体基础不被后续施工破坏，池外侧应预留 1000～1500mm 杯口。杯口是浇筑水池底板时为墙体预留的凹槽，目的是在杯口中安装预制墙板或现浇墙体。一般沉淀池的墙体杯口呈环形，测设时应重点控制杯口底面高程和轴线。采用上返数的方法在垫层或已浇筑好的底板上测设杯口模板高程，模板支设完成后，应对模板顶面和底边高程进行复核，尤其是内模底边高程，误差应控制在 0～5mm。杯口的圆顺程度对将来的墙体尺寸有一定影响，必须认真测设，确保轴线偏差在±8mm 以内。

4. 墙体施工

沉淀池的墙体有预应力整体墙体和加变形缝的分块墙体。对预应力整体墙体必须保证墙体的半径和垂直度，而分块墙体除了必须保证半径和垂直度外，还要保证变形缝竖直方向垂直和水平方向向心。沉淀池的半径通常较大，加上有些池体是锥形池底，用钢尺量取池体半径时必须加入倾斜、温度及尺长改正，测量十分麻烦，现在多使用测距仪或全站仪来测设距离。池壁直径误差必须控制在±20mm 之内，小于或等于 5m 的墙体，垂直度应控制在±8mm 以内；大于或等于 5m 且小于或等于 20m 的墙体垂直度应控制在 $1.5H/1000$（H 为全高），一般用 2m 直尺检验。

由于沉淀池的集水槽挑梁与池壁相连，轴线均指向池体中心。测设时可将经纬仪置于沉淀池中心，根据挑梁的初始方向按各挑梁间的夹角逐个测设出挑梁轴线，每测一个挑梁轴线后应重新后视一次。也可计算出挑梁轴线上点的坐标，用全站仪放出挑梁轴线。挑梁测设完成后，应进行向心性校核，轴线偏差应在±8mm 以内。

通常情况下，通道板或刮泥机、吸刮泥机轨道与池壁同时浇筑。轨道平面高程要求较高，因此应加大该处高程桩的密度，提高精度，应至少每隔 2m 距离测设一个高程点，为混凝土浇筑和抹面提供依据。当通道板下部土壤比较松散或强度不高时，应预加一定坡度或将通道板高程提高，预加坡度或高度应在 3～5mm 之间。

混凝土浇筑过程中，测量人员应随时复核关键部位，发现问题要及时采取补救措施。

三、附属工程施工测量

1. 管道

如果说构筑物是污水处理设施的心脏，管道则是污水处理设施的血管。管道工程至关重要，它起到连接各个构筑物的作用，保证污水从一个处理工艺顺利地转入下一道处理工艺。污水处理设施中绝大部分管道为重力流管道，施工时管道的高程控制至关重要。

钢筋混凝土管道分为刚性接口和柔性接口两种，刚性接口混凝土管道一般为平口钢筋混凝土管，柔性接口混凝土管道一般为企口或承插口钢筋混凝土管。

进行管道施工测量时，首先应根据控制桩和施工图纸计算测设数据，然后用极坐标法测设出管道中线，再根据管道设计高程、管径、管壁厚、开槽坡度，计算出上口开槽线。

刚性接口钢筋混凝土管与柔性接口钢筋混凝土管施工工艺不同，开槽深度的计算也不尽相同。平口钢筋混凝土管道一般为刚性混凝土基础，计算开槽深度时应将基础厚度计入，根据图纸及施工工艺要求计算出开槽数据后即可进行测设。

一般管道壁厚应现场实际测量，而不应完全采用图集数据，如果基槽深度不超过2m，且土质较好，管道开槽可以不放坡。

机械开槽应预留100mm厚土由人工清理，测量人员应在槽底每隔5～10mm测设一个高程桩，供清槽使用。清槽完成后，要精确测设出管道中线，并根据中线放出平口钢筋混凝土管的基础边桩，在边桩上测设出基础顶面高程，然后支设模板，浇筑混凝土。

没有基础的钢筋混凝土管道在清槽完成后即可开始安装。管道安装过程中，测量人员必须随时检查管道的轴线和管顶高程。检查时，在中线上架设经纬仪，后视中线上的另外一点，纵转望远镜观察在管顶置平的水平尺，用十字丝竖丝读出距水平尺中心的距离。如果读数在水平尺中心的左侧，表明管道右偏，反之左偏。水平调整混凝土管道，使管道居中。再将水平尺水平置于管顶，如果十字丝竖丝读数偏离水平尺中心小于30mm，将水平尺中点投测到管道上，然后用水准仪观测该点的高程。用该点高程减去实测管道直径和一个壁厚，可得实测管内底高程，如高程偏差超过允许范围，则竖向调整管道，直至高程误差在±10mm之内。中线和高程调整必须同步进行，两项控制内容都必须达到规范要求。

测量管道内径时，应将盒尺一端固定在管内的某点上，在面弧上转动，最大值即为管道内直径。

测量人员应根据图纸，在管道中线上定出检查井位置，用同样方法放出开挖线、槽底高程等。检查井垫层浇筑完成后，应在垫层上放出砌筑检查井的内外边线，还应在垫层上标出收口或盖板的位置，以控制检查井砌筑。

2. 围墙

围墙的长度大，其直顺度和砖缝的水平度控制难度较大，因此轴线、高程测设非常重要，必须认真、仔细。根据控制桩测设出围墙轴线或边线，并根据设计图纸或规范要求放出变形缝位置。

测设时，应使用同一条轴线或边线测设地圈梁的位置，每隔10～20m测设一个高程桩，模板支设完成后必须进行复核，保证地圈梁的直顺度和顶面高程。

围墙砌筑时应在统一的高程基准上竖起皮数杆，皮数杆应画出砖和砖缝的高度，供砌砖使用，并保证水平缝在一个平面上。

第六章　环境工程地基与基础

环境工程施工项目的地基与基础工程和其他类型工程建设相同，它是工程项目施工建设的起始部分，包括土方工程、降水工程、基坑支护工程、桩基础工程和混凝土基础工程等。地基基础中的土石方、基坑支护子分部工程及混凝土工程中的模板工程，虽不构成工程实体，但它是工程施工中不可缺少的重要环节和必要条件，其施工质量如何，不仅关系到能否施工和施工安全，也关系到建筑工程的质量。

第一节　土方工程

土方工程是建筑工程施工中主要工程之一，包括一切土(石)方的挖梆、填筑、运输以及排水、降水等方面。常见的土方工程有场地平整、基坑(槽)与管沟开挖、路基开挖、地坪填土、路基填筑以及基坑回填等。这些工作要合理安排施工计划，尽量降低土方工程施工费用，以不安排在雨季施工为原则，做出土方的合理调配方案，统筹安排。

一、土的工程概述

1. 土的工程性质

土有各种工程性质即物理指标，其中影响土方施工的有土的质量密度、含水量、渗透性和可松性等。

(1) 土的质量密度——天然密度和干密度

土的天然密度是指土在天然状态下单位体积的质量，它影响土的承载力、土压力及边坡的稳定性。土的干密度是指单位体积中固体颗粒的质量，它是用以检验土压实质量的控制指标。

$$\rho=\frac{m}{v}\times 100\% \tag{6-1}$$

$$\rho_d=\frac{m_s}{v}\times 100\% \tag{6-2}$$

式中　ρ——土的天然密度；

ρ_d——土的干密度；

m——土体的总质量；

m_s——土体的固体颗粒质量；

v——土的天然体积。

(2) 土的含水量——土中所含的水与土的固体颗粒间的质量比，以百分数表示

$$W=\frac{G_1-G_2}{G_2}\times 100\% \tag{6-3}$$

式中 W——土的含水量；

G_1——含水状态时土的质量；

G_2——土烘干后的质量。

土的含水量对工程施工造成的影响如下：

① 土的含水量影响土方施工方法选择、边坡稳定和回填土质量。

② 土的含水量超过 30%，则机械化施工就困难，容易打滑、陷车。

③ 回填土则需有最佳含水量方能夯压密实，获得最大干密度。

(3) 土的渗透性

土的渗透性是指水在土中渗流的性能，一般以渗透系数 K 表示。渗透系数 K 值将直接影响降水方案的选择和涌水量计算的准确性。一般土的渗透系数参考值见表 6-1。

表 6-1 渗透系数 K 经验近似值

土的类型	K/(m/d)	土的类型	K/(m/d)
漂石(无砂质充填)	500～1000	粉砂	0.5～1
卵石	100～500	黄土	0.25～0.5
砾石	50～150	黏砂土	0.1～0.5
粗砂	20～50	轻砂黏土	0.05～0.1
中砂	5～20	重砂黏土	0.001～0.05
细砂	1～5	黏土	< 0.001

(4) 土的可松性

自然状态下的土，经过开挖后，其体积因松散而增加，以后虽经回填压实，仍不能恢复其原来的体积，见图 6-1。土的可松性用可松性系数 K_S 表示。不同分类的土的可松性系数可参考表 6-2。

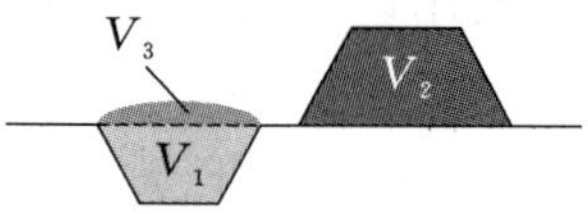

图 6-1 土的可松性示意图

最初可松性系数

$$K_S=\frac{V_2}{V_1} \tag{6-4}$$

最终可松性系数

$$K'_S=\frac{V_3}{V_1} \tag{6-5}$$

式中　V_1——开挖前土的自然体积；

V_2——开挖后土的松散体积；

V_3——运至填方处压实后的体积。

表 6-2　各种土的可松性参考数值

土的类别	体积增加百分比/%		可松性系数	
	最初	最终	K_S	K'_S
一类(种植土除外)	8～17	1～2.5	1.08～1.17	1.01～1.03
一类(植物性土、泥炭)	20～30	3～4	1.20～1.30	1.03～1.04
二类	14～28	1.5～5	1.14～1.28	1.02～1.05
三类	24～30	4～7	1.24～1.30	1.04～1.07
四类(泥灰岩、蛋白石除外)	26～32	6～9	1.26～1.32	1.06～1.09
四类(泥灰岩、蛋白石)	33～37	11～15	1.33～1.37	1.11～1.15
五～七类	30～45	10～20	1.30～1.45	1.10～1.20
八类	45～50	20～30	1.45～1.50	1.20～1.30

土的可松性对土方量的平衡调配，确定运土机具的数量及弃土坑的容积，以及计算填方所需的挖方体积等均产生很大影响。因此，计算土方量采用天然密实土的体积 V_1；计算土方运输量采用松土的体积 V_2，考虑 K_S；计算土方回填量采用压实土的体积 V_3，考虑 K'_S。

2. 土的工程分类

土的工程分类可分为八大类，每个类别及开挖方法见表 6-3。

表 6-3　土的工程分类

土的分类	土的级别	土的名称	坚实系数 f	密度/(t/m^3)	开挖方法及工具
一类土(松软土)	Ⅰ	砂土、粉土、冲积砂土层、疏松的种植土、淤泥(泥炭)	0.5～0.6	0.6～1.5	用锹、锄头挖掘，少许用脚蹬
二类土(普通土)	Ⅱ	粉质黏土；潮湿的黄土；夹有碎石、卵石的砂；粉土混卵(碎)石；种植土、填土	0.6～0.8	1.1～1.6	用锹、锄头挖掘，少许用镐翻松
三类土(坚土)	Ⅲ	软及中等密实黏土；重粉质黏土、砾石土；干黄土、含有碎石卵石的黄土、粉质黏土；压实的填土	0.8～1.0	1.75～1.9	主要用镐，少许用锹、锄头挖掘，部分用撬棍

续表6-3

土的分类	土的级别	土的名称	坚实系数 f	密度/(t/m³)	开挖方法及工具
四类土（砂砾坚土）	Ⅳ	坚硬密实的黏性土或黄土；含碎石卵石的中等密实的黏性土或黄土；粗卵石；天然级配砂石；软泥灰岩	1.0～1.5	1.9	整个先用镐、撬棍，后用锹挖掘，部分用楔子及大锤
五类土（软石）	Ⅴ～Ⅵ	硬质黏土；中等密实的页岩、泥灰岩、白垩土；胶结不紧的砾岩；软石灰及贝壳石灰石	1.5～4.0	1.1～2.7	用镐或撬棍、大锤挖掘，部分使用爆破方法
六类土（次坚石）	Ⅶ～Ⅸ	泥岩、砂岩、砾岩；坚实的页岩、泥灰岩，密实的石灰岩；风化花岗岩、片麻岩及正长岩	4.0～10.0	2.2～2.9	用爆破方法开挖，部分用风镐
七类土（坚石）	Ⅹ～ⅩⅢ	大理石；辉绿岩；粉岩；粗、中粒花岗岩；坚实的白云岩、砂岩、砾岩、片麻岩、石灰岩；微风化安山岩；玄武岩	10.0～18.0	2.5～3.1	用爆破方法开挖
八类土（特坚石）	ⅩⅣ～ⅩⅥ	安山岩；玄武岩；花岗片麻岩；坚实的细粒花岗岩、闪长岩、石英岩、辉长岩、辉绿岩、粉岩、角闪岩	18.0～25.0	2.7～3.3	用爆破方法开挖

注：①土的级别相当于一般16级土石分类级别；

② 坚实系数 f 相当于普氏岩石强度系数。

3. 土的简单鉴别

（1）黏性土的现场鉴别方法

黏性土的现场鉴别方法可参照表6-4。

表6-4　黏性土的现场鉴别方法

土的名称	湿润时用刀切	湿土用手捻摸时的感觉	土的状态		湿土搓条情况
			干土	湿土	
黏土	切面光滑，有黏刀阻力	有滑腻感，感觉不到有砂粒，水分较大，很黏手	土块坚硬，用锤才能打碎	易黏着物体，干燥后不易剥去	塑性大，能搓成直径小于0.5mm的长条（长度不短于手掌），手持一端不易断裂

续表6-4

土的名称	湿润时用刀切	湿土用手捻摸时的感觉	土的状态		湿土搓条情况
			干土	湿土	
粉质黏土	有光滑面，切面平整	稍有滑腻感，有黏滞感，感觉到有少量砂黏	土块用力可压碎	能黏着物体，干燥后较易剥去	有塑性，能搓成直径为 2～3mm 的土条
粉土	无光滑面，切面稍粗糙	有轻微黏滞感或无黏滞感，感觉到有砂粒较多、粗糙	土块用手捏或抛扔时易碎	不易黏着物体，干燥后一碰就掉	塑性小，能搓成直径为 2～3mm 的短条
砂土	无光滑面，切面粗糙	无黏滞感，感觉到全是砂粒、粗糙	松散	不能黏着物体	无塑性，不能搓成土条

(2) 碎石土的现场鉴别方法

碎石土的现场鉴别方法可参照表 6-5。

表 6-5　碎石土密实度现场鉴别方法

密实度	骨架颗粒含量和排列	可挖性	可钻性
密实	骨架颗粒含量大于总重的 70%，呈交错排列，连续接触	锹镐挖掘困难，用撬棍方能松动，井壁一般较稳定	钻进极困难，冲击钻探时，钻杆、吊锤跳动剧烈，孔壁较稳定
中密	骨架颗粒含量等于总重的 60%～70%，呈交错排列，大部分接触	锹镐可挖掘，井壁有掉块现象，从井壁取出大颗粒处，能保持颗粒凹面形状	钻进较困难，冲击钻探时，钻杆、吊锤跳动不剧烈，孔壁有坍塌现象
稍密	骨架颗粒含量等于总重的 55%～60%，排列混乱，大部分不接触	锹可以挖掘，井壁易坍塌，从井壁取出大颗粒后砂土立即坍落	钻进较容易，冲击钻探时，钻杆稍有跳动，孔壁易坍塌
松散	骨架颗粒含量小于总重的 55%，排列十分混乱，绝大部分不接触	锹易挖掘，井壁极易坍塌	钻进很容易，冲击钻探时，钻杆无跳动，孔壁极易坍塌

注：①骨架颗粒系指相对应粒径的颗粒；

② 碎石土的密实度应按表列各项要求综合确定。

二、土方工程量计算

1. 场地平整土方量计算

场地平整是将建筑范围内的自然地面，通过人工或机械挖填平整改造成为设计所需要的平面，以利现场平面布置和文明施工。

在工程总承包施工中，“三通一平”工作常常是由施工单位来实施。它的一般施工工艺程序安排是：现场勘察→清除地面障碍物→标定整平范围→设置水准基点→设置方格网，测量标高→计算土方挖填工程量→平整土方→场地碾压→验收。场地平整的土方量计算方法有方格网法和横截面法。

（1）方格网法

一般在地形起伏不大的地区采用，计算步骤如下：

① 划分方格网，确定方格网边长 a（10～40m）、水平边长、角点编号，角点编号如A-3、4-2 等；

② 确定方格角点自然地面标高 H，根据地形等高线采用直线插入法确定，现场测量；

③ 确定场地设计标高 H_0，并根据相关影响因素进行调整；

④ 确定角点施工高度（填、挖方高度），即角点高差 Δh；

⑤ 确定零点、零线，确定底面图形及面积；

⑥ 计算各填挖方区土方量。

A. 场地设计标高 H_0 的确定

场地设计标高是进行场地平整和土方量计算的依据，也是总图规划和竖向设计的依据。合理地确定场地的设计标高，对减少土方工程量、加速工程进度、降低工程造价有着重要的经济意义。确定场地设计标高应结合各类影响因素反复进行技术经济比较，选择一个最佳方案。

a. H_0 的确定原则

(a) 满足生产工艺和运输的要求。

(b) 充分利用地形，分区或分台阶布置，分别确定不同的设计标高。

(c) 考虑挖填平衡，使弃土运输或取土回填的土方量最少。如果场地内的土方未弃置，则施工前的自然土平均标高与施工后的设计平均标高相等。

(d) 要有合理的泄水坡度（≥2‰），满足排水要求。

(e) 考虑最高洪水位的影响。

b. H_0 的确定方法

方格网角点高程可采用水准仪实地测量或利用地形图的等高线用插入法求得，按照挖填方平衡原理，确定 H_0 值，可由下式求得：

$$H_0=\frac{\sum H_1+2\sum H_2+3\sum H_3+4\sum H_4}{4N} \tag{6-6}$$

式中 a——方格网边长（m）；

N——方格网数（个）；

H_1——一个方格共有的角点标高(m)；

H_2——二个方格共有的角点标高(m)；

H_3——三个方格共有的角点标高(m)；

H_4——四个方格共有的角点标高(m)。

c. 影响场地设计标高 H_0 的主要因素

按以上步骤求得的 H_0 仅为理论值，还应考虑以下因素进行调整，求出实际的 H_0'：

(a) 土的可松性影响。

(b) 工程余土或工程用土。

(c) 场内挖方和填方的影响。

(d) 场地排水条件的影响：

单向排水时

$$H_0' = H_0 + l \cdot i \tag{6-7}$$

双向排水时

$$H_0' = H_0 \pm l_x i_x \pm l_y i_y \tag{6-8}$$

式中　H_0'——实际的设计标高；

l——两点的水平距离；

l_x——两点在 x 方向上的投影距离；

l_y——两点在 y 方向上的投影距离；

i——水力坡度；

i_x——x 方向的水力坡度；

i_y——y 方向的水力坡度。

(e) 边坡用土的影响。

(f) 土方机械化施工的影响。

B. 角点高差的确定

$\Delta h = H_0' - H$，正值为填方，负值为挖方。

C. 零点的确定

所谓零点就是既不挖土也不填土的点，将零点互相连接起来的线就是零点线。零点线是挖方和填方区的分界线，它是土方计算的重要依据。

(a) 直线插入法

直线插入法既可用于求得方格网角点的自然地面标高，又可用于求得网格上的零点位的标高，零点的位置见图 6-2，按下式计算：

$$\left.\begin{aligned} x_1 &= \frac{h_1}{h_1 + h_2} \times a \\ x_2 &= \frac{h_2}{h_1 + h_2} \times a \end{aligned}\right\} \tag{6-9}$$

式中　x_1、x_2——角点至零点的距离(m)；

a——方格网的边长(m)；

h_1、h_2——相邻两角点的施工高度(m),均用绝对值。

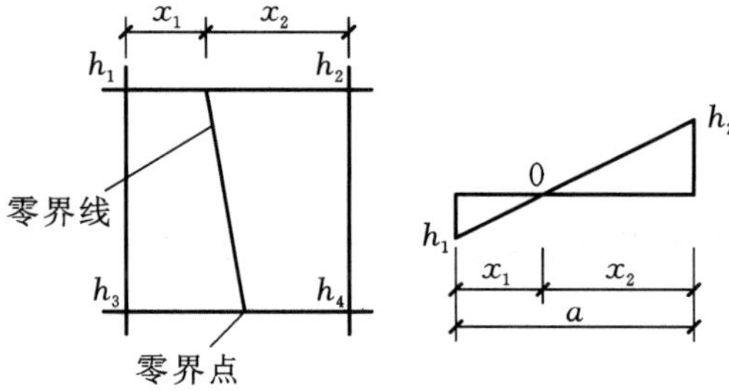

图 6-2　零点位置计算示意图

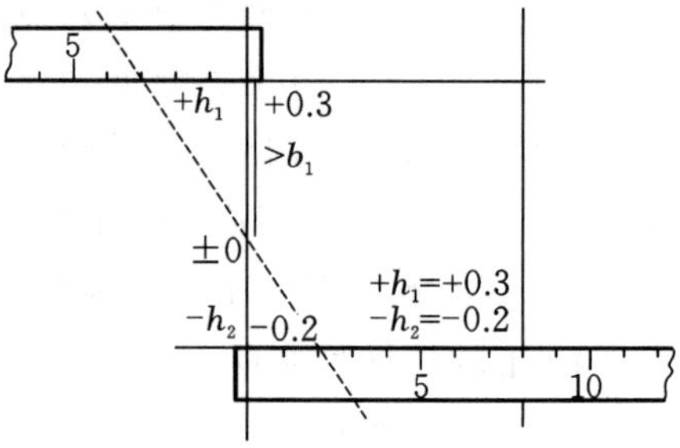

图 6-3　零点位置图解法

(b) 为省略计算,亦可采用图解法直接求出零点位置,方法是用尺在各角上标出相应比例,用尺相接,与方格相交点即为零点位置(图 6-3)。这种方法可避免计算(或查表)出现的错误。

D. 计算土方体积

按方格网底面积图形和对应体积计算公式(表 6-6)计算每个方格内的挖方或填方量,或用查表法计算。

表 6-6　常用方格网点计算公式

项目	图式	计算公式
一点填方或挖方(三角形)	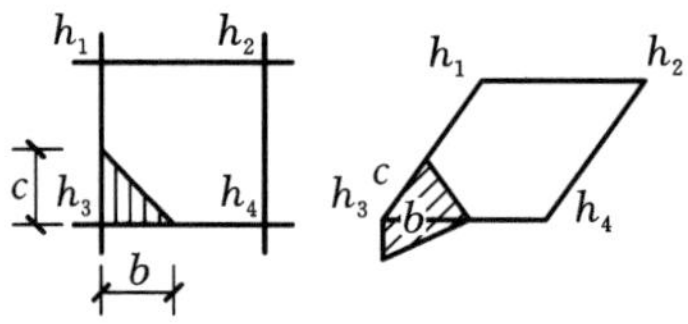	$V=\frac{1}{2}bc\frac{\sum h}{3}=\frac{bch_3}{6}$
二点填方或挖方(梯形)	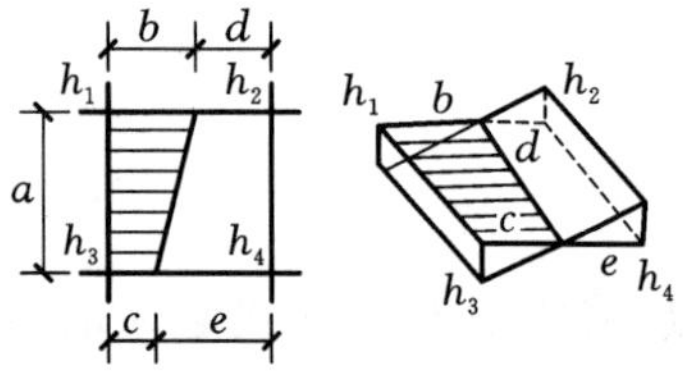	$V=\frac{b+c}{2}a\frac{\sum h}{4}=\frac{a}{8}(b+c)(h_1+h_3)$ $V=\frac{d+e}{2}a\frac{\sum h}{4}=\frac{a}{8}(d+e)(h_1+h_3)$
三点填方或挖方(五角形)	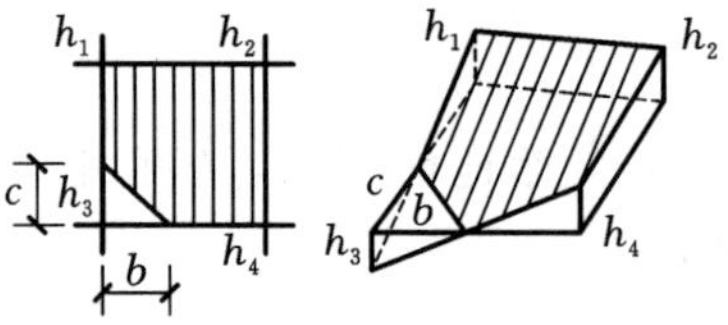	$V=\left(a^2-\frac{bc}{2}\right)\frac{\sum h}{5}$ $=\left(a^2-\frac{bc}{2}\right)\frac{h_1+h_2+h_4}{5}$
四点填方或挖方(正方形)	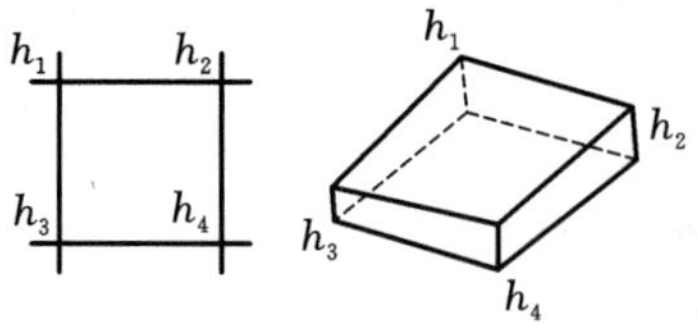	$V=\frac{a^2}{4}\sum h=\frac{a^2}{4}(h_1+h_2+h_3+h_4)$

注:表中公式均依据公式 $V=\sum S_{底}\cdot H_{均}$。

(2) 横截面法

横截面法适用于地形起伏变化较大地区，或者地形狭长、挖填深度较大又不规则的地区采用，计算方法较为简单方便，但精度较低，其计算步骤和方法如下：

① 划分横截面

根据地形图、竖向布置或现场测绘，将要计算的场地划分横截面，使截面尽量垂直于等高线或主要建筑物的边长，各截面间的间距 S 可以不等，一般可取 10m 或 20m，在平坦地区可取大些，但最大不大于 100m。

② 画横截面图形

按比例绘制每个横截面的自然地面和设计地面的轮廓线。自然地面轮廓线与设计地面轮廓线之间的面积，即为挖方或填方的截面。

③ 计算横截面面积

计算每个截面的挖方或填方截面面积。

④ 计算土方量

根据横截面面积按下式计算土方量：

$$V=\frac{A_1+A_2}{2}\times S \tag{6-10}$$

式中　V——相邻两横截面间的土方量(m^3)；

A_1、A_2——相邻两横截面的挖方(－)或填方(＋)的截面积(m^2)；

S——相邻两横截面的间距(m)。

2. 边坡土方量计算

平整场地、修筑路基、路堑的边坡挖、填土方量计算，常用图算法(图 6-4)。图算法系根据地形图和边坡竖向布置图或现场测绘，将要计算的边坡划分为两种近似的几何形体，一种为三角棱体；另一种为三角棱柱体，然后应用几何公式分别进行土方计算，最后将各块汇总即得场地总挖土(－)、填土(＋)的土方工程量。

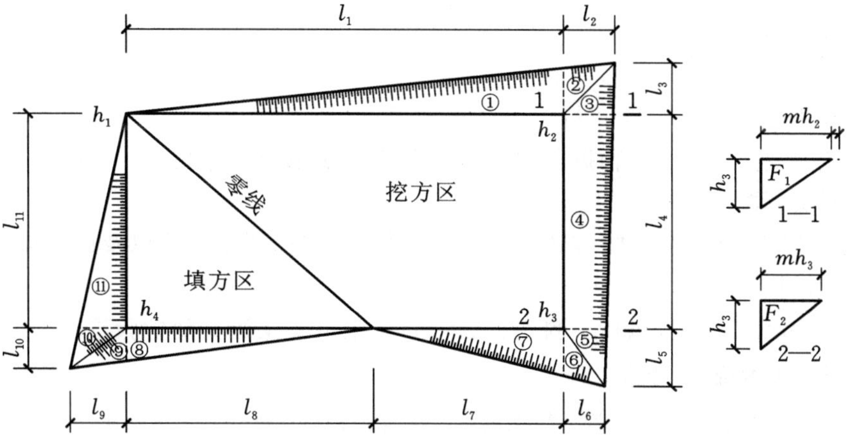

图 6-4　图算法示意图

3. 土方调配及其计算

(1) 土方的平衡与调配原则

① 挖方与填方基本达到平衡，减少重复倒运，尤其要避免倒流、乱流、对流。

② 挖(填)方量与运距的乘积之和尽可能为最小，即总土方运输量或运输费用最小。

③ 好土应用在回填密实度要求较高的地区，即回填土质量的要求。

④ 整体与局部、前期与后期、地面构筑物与地下构筑物的施工结合。

⑤ 取土或弃土应尽量不占农田或少占农田，弃土尽可能有规划地造田。

⑥ 便于机具调配、机械化施工。

(2) 土方平衡与调配的步骤及方法

土方平衡与调配需编制相应的土方调配图，其步骤如下：

① 划分调配区。在平面图上先划出挖填区的分界线，并在挖方区和填方区适当划出若干调配区，确定调配区的大小和位置。划分时应注意以下几点：a.划分应与房屋和构筑物的平面位置相协调，并考虑开工顺序、分期施工顺序。b.调配区大小应满足土方施工用主导机械的行驶操作尺寸要求。c.调配区范围应和土方工程量计算用的方格网相协调，一般可由若干个方格组成一个调配区。d.当土方运距较大或场地范围内土方调配不能达到平衡时，可考虑就近借土或弃土，此时一个借土区或一个弃土区可作为一个独立的调配区。

② 计算各调配区的土方量并标明在图上。

③ 计算各挖、填方调配区之间的平均运距，即挖方区土方重心至填方区土方重心的距离，一般情况下，亦可用作图法近似地求出调配区的形心位置以代替重心坐标。

④ 采用“最小元素法”编制土方初始调配方案，在最小运距内添加最大土方量。

⑤ 确定土方最优调配方案。对于线性规划中的运输问题，可以用“表上作业法”来求解，使总土方运输量为最小值，即为最优调配方案。

⑥ 绘出土方调配图。根据以上计算，标出调配方向、土方数量及运距(平均运距再加施工机械前进、倒退和转弯必需的最短长度)。

⑦ 编制土方调配施工说明。

三、土方工程施工

1. 常见的土方工程施工内容

① 场地平整，包括障碍物拆除、场地清理、确定场地设计标高、计算挖(填)土量、合理进行土方平衡调配等。

② 开挖沟槽、基坑、竖井、隧道，修筑路基、堤坝，包括测量放线以及施工排水降水、土方边坡和支护结构等。

③ 土方回填与压实，包括土料选择、运输，填土压实及密实度检验等。

2. 土方工程的施工要求

土方开挖应遵循“开槽支撑、先撑后挖、分层开挖、严禁超挖”的原则。

(1) 场地开挖

挖方边坡应根据使用时间(临时或永久性)、土的种类、物理力学性质(内摩擦角、黏聚力、密度、湿度)、水文情况等确定。挖方边坡坡度应按设计要求确定,如设计无规定,可按表 6-7、表 6-8、表 6-9 采用。

挖方上边缘至土堆坡脚的距离,当土质干燥密实时,不得小于 3m;当土质松软时,不得小于 5m。在挖方下侧弃土时,应将弃土堆表面平整至低于挖方场地标高并向外倾斜。

表 6-7　永久性土工构筑物挖方的边坡坡度

项次	挖土性质	边坡坡度
1	在天然湿度、层理均匀、不易膨胀的黏土、粉质黏土和砂土(不包括细砂和粉砂)内挖方深度不超过 3m	1∶1.00～1∶1.25
2	土质同上,深度为 3～12m	1∶1.25～1∶1.50
3	干燥地区内土质结构未经破坏的干燥黄土及类黄土,深度不超过 12m	1∶0.10～1∶1.25
4	在碎石土和泥灰岩土的地方,深度不超过 12m,根据土的性质、层理特性和挖方深度确定	1∶0.50～1∶1.50
5	在风化岩内的挖方,根据岩石性质、风化程度、层理特性和挖方深度确定	1∶0.20～1∶1.50
6	在微风化岩石内的挖方,岩石无裂缝且无倾向挖方坡脚的岩层	1∶0.10
7	在未风化的完整岩石内的挖方	直立的

表 6-8　土质边坡坡度允许值

土的类别	密实度或状态	坡度允许值(高宽比)	
		坡高在 5m 以内	坡高为 5～10m
碎石土	密实	1∶0.35～1∶0.50	1∶0.50～1∶0.75
	中密	1∶0.50～1∶0.75	1∶0.75～1∶1.00
	稍密	1∶0.75～1∶1.00	1∶1.00～1∶1.25
黏性土	坚硬	1∶0.75～1∶1.00	1∶1.00～1∶1.25
	硬塑	1∶1.00～1∶1.25	1∶1.25～1∶1.50

注:①表中碎石土的充填物为坚硬或硬塑状态的黏性土。

② 对于砂土或充填物为砂土的碎石土,其边坡坡度允许值均按自然休止角确定。

表 6-9　岩石边坡坡度允许值

岩石类土	风化程度	坡度允许值(高宽比)		
		坡高在 8m 以内	坡高为 8～15m(不包含)	坡高为 15～30m
硬质岩石	微风化	1∶0.10～1∶0.20	1∶0.20～1∶0.35	1∶0.30～1∶0.50
	中等风化	1∶0.20～1∶0.35	1∶0.35～1∶0.50	1∶0.50～1∶0.75
	强风化	1∶0.35～1∶0.50	1∶0.50～1∶0.75	1∶0.75～1∶1.00

续表6-9

岩石类土	风化程度	坡度允许值(高宽比)		
		坡高在 8m 以内	坡高为 8～15m(不包含)	坡高为 15～30m
软质岩石	微风化	1∶0.35～1∶0.50	1∶0.50～1∶0.75	1∶0.75～1∶1.00
	中等风化	1∶0.50～1∶0.75	1∶0.75～1∶1.00	1∶1.00～1∶1.50
	强风化	1∶0.75～1∶1.00	1∶1.00～1∶1.25	

(2) 浅基坑开挖

① 基坑开挖程序一般是:测量放线→切线分层开挖→排降水→修坡→整平→留足预留土层等。相邻基坑开挖时,应遵循先深后浅或同时进行的施工程序。

② 挖土应自上而下水平分段分层进行,每层 0.3m 左右,边挖边检查坑底宽度及坡度,不够时及时修整,每 3m 左右修一次坡,至设计标高,再统一进行一次修坡清底,检查坑底宽和标高,要求坑底凹凸差不超过 2.0cm。

③ 基坑开挖应尽量防止对地基土的扰动。当采用人工挖土时,基坑挖好后不能立即进行下道工序时,应预留 15～30cm 一层土不挖,待下道工序开始再挖至设计标高。采用机械开挖基坑时,为避免破坏基底土,应在基底标高以上预留一层土由人工挖掘修整。使用铲运机、推土机时,保留土层厚度为 15～20cm,使用正铲、反铲或拉铲挖土时保留土层厚度为 20～30cm。

④ 在地下水位以下挖土,应在基坑(槽)四侧或两侧挖好临时排水沟和集水井,或采用井点降水,将水位降低至坑、槽底以下 500mm,降水工作持续到基础(包括地下水位下回填土)施工完成。

⑤ 雨季施工时,基坑(槽)应分段开挖,挖好一段浇筑一段垫层,并在基槽两侧围以土堤或挖排水沟,以防地面雨水流入基坑(槽),同时应经常检查边坡和支撑情况,以防止坑壁受水浸泡造成塌方。

3. 人工挖土方施工

(1) 施工准备

① 材料

(a) 做简单支护时,需准备支护用材料;基坑(槽)需用明沟和集水井进行降水;排水时,需准备集水井的材料。

(b) 基坑(槽)需要局部处理或基底换填时,准备好换填材料。

(c) 冬、雨期施工,准备好护坡材料和保温覆盖材料。

(d) 应准备好基础施工材料,防止过长时间晾槽。

② 主要机具

尖头和平头铁锹、手锤、手推车、梯子、铁镐、撬棍、钢尺、坡度尺、小线或 20 号铅丝等。

③ 作业条件

(a) 土方开挖前，应根据施工方案的要求，将施工区域内的地上、地下障碍物清除和处理完毕。

(b) 建筑物或构筑物的位置或场地的定位控制线(桩)、标准水平桩及基槽的灰线尺寸，必须经过检验合格，并办完预检手续。

(c) 场地清理平整，做好排水坡度，在施工区域内，要挖临时性排水沟。

(d) 夜间施工时，应合理安排工序，防止错挖或超挖。施工场地应根据需要安装照明设施，在危险地段应设置明显标志。

(e) 开挖低于地下水位的基坑(槽)、管沟时，应根据当地工程地质资料，采取措施降低地下水位，一般要降至低于开挖底面 0.5m，然后再开挖。

(2) 工艺流程

确定开挖顺序和坡度→沿灰线切出槽边轮廓线→分层开挖→修整槽边→清底。

(3) 施工方法

① 坡度的确定

在天然湿度的土中开挖基坑(槽)和管沟，当挖土深度不超过下列规定数值时，可不放坡，不加支撑。

(a) 密实、中密的砂土和碎石类土(充填物为砂土)：－1.0m。

(b) 硬塑、可塑的轻粉质黏土及粉质黏土：－1.25m。

(c) 硬塑、可塑的黏土和碎石类土(充填物为黏性土)：－1.5m。

(d) 坚硬的黏性土：－2.0m。

超过上述规定深度，在 5m 以内时，当土具有天然湿度，构造均匀，水文地质条件好，且无地下水，不加支撑的基坑(槽)和管沟，必须放坡。

② 开挖顺序的确定

根据基础和土质、现场出土等条件，合理确定开挖顺序，然后再分段分层平均下挖。

③ 切槽边轮廓线

开挖各种浅基础时，如不放坡，应先沿灰线直边切出槽边的轮廓线。

④ 开挖各种槽坑

(a) 开挖浅条形基础时，一般黏性土可自上而下分层开挖，每层深度以 60cm 为宜，从开挖端部逆向倒退按踏步形挖掘。碎石类土先用镐翻松，正向挖掘，每层深度视翻土厚度而定，每层应清底和出土，然后逐步挖掘。

(b) 开挖浅管沟时，与浅条形基础开挖方法基本相同，仅沟帮不切直修平。标高按龙门板往下返出沟底尺寸，接近设计标高后，再从两端龙门板下面的沟底标高上返 50cm 作为基准点，拉小线并用尺检查沟底标高，最后修整沟底。

(c) 开挖放坡的坑(槽)和管沟时，应先按施工方案规定的坡度粗略开挖，再分层按坡度要求做出坡度线，每隔 3m 左右做出一条，以此为准进行铲坡。深管沟挖土时，应在沟帮中间留出宽 80cm 左右的倒土台。

(d) 开挖大面积浅基坑时，沿坑三面开挖，挖出的土方装入手推车或翻斗车，由未开挖的一面运至弃土地点。

⑤ 开挖基坑(槽)或管沟

当接近地下水位时，应先完成标高最低处的挖方，以便在该处集中排水，开挖后，在挖到距槽底50cm以内时，测量放线人员应配合放出距槽底50cm的水平线；自每条槽端部20cm处每隔2～3m，在槽帮上钉水平标高小木桩。在挖至接近槽底标高时，用尺或事先量好的50cm标准尺杆，随时以小木桩上平面校核槽底标高。最后由两端轴线(中心线)引桩拉通线，检查距槽边尺寸，确定槽宽标准，据此修整槽帮，最后清除槽底土方，修底铲平。

⑥ 保护基坑(槽)、管沟的直立帮和边坡稳定

在开挖过程中和敞露期间应防止塌方，必要时应加以保护。在基槽边弃土时，应保证边坡和直立帮的稳定。当土质良好时，抛于槽边的土方(或材料)应距槽(沟)边缘0.8m以外，高度不宜超过1.5m。在柱基周围、墙基或围墙一侧，堆土不得过高。

⑦ 开挖基坑(槽)的土方

在现场有条件堆放时，留足回填需用的好土，多余的土方运出，避免二次搬运。

此外，土方开挖一般不宜在雨期进行，同时工作面不宜过大。土方开挖应分段逐片分期完成。

必须在雨期开挖基坑(槽)或管沟时，应注意边坡稳定，必要时可适当放缓边坡或设置支撑。同时，应在坑(槽)外侧围以土堤或开挖水沟，防止地面水流入。施工时，应加强对边坡、支撑、土堤等的检查。

土方开挖不宜在冬期施工。如必须在冬期施工时，其施工应按冬期施工方案进行。

采用防止冻结法开挖土方时，可在土方冻结前用保温材料覆盖或将表层土翻耕耙松，其翻耕深度应根据当地气候条件确定，一般不小于0.3m。

开挖基坑(槽)或管沟时，必须防止基础下的基土受冻。如基坑(槽)开挖完毕至地基施工或埋设管道之前有较长的停歇时间，应在基底标高以上预留适当厚度的松土，或用其他保温材料覆盖，地基不得受冻。如遇开挖土方引起邻近构筑物(建筑物)的地基和基础暴露时，应采取防冻措施，以防产生冻结破坏。

(4) 质量验收标准

① 主控项目

(a) 开挖标高、长度、宽度、边坡均应符合设计要求。

(b) 基底清洁、无冻胀、无积水，并无扰动。

② 一般项目

控制好开挖完基础面平整度。

(5) 成品保护

① 对定位标准桩、轴线引桩、标准水准点、龙门板等，挖运时不得碰撞，也不得坐在龙门板上休息。应经常测量和校核其平面位置、水平标高和边坡坡度是否符合设计要求。

定位标准和标准水准点，也应定期复测，检查其是否正确。

② 土方开挖时，应防止邻近已有建筑物或构筑物、道路、管线等发生下沉或变形。必要时与设计单位或建设单位协商采取防护措施，并在施工中进行沉降和位移观测。

③ 施工中如发现有文物或古墓等，应妥善保护，并应立即报告当地有关部门，处理后方可继续施工。如发现有测量用的永久性标桩或地质、地震部门设置的长期观测点等，应加以保护。在敷设地上或地下管道、电缆的地段进行土方施工时，应事先取得有关管理部门书面同意，施工中应采取措施，以防止损坏管线。

(6) 应注意的质量问题

① 基底超挖：开挖基坑(槽)或管沟不得超过基底标高，如个别地方超挖，其处理方法应得到设计单位的同意。

② 软土地区桩基移位：在密集群桩上开挖基坑时，应在打桩完成后间隔一段时间再对称挖土。在密集桩附近开挖基坑(槽)时，应采取措施防止桩基移位。

③ 基底未保护：基坑(槽)开挖后，应尽量减少对基土的扰动。如基础不能及时施工时，可在基底标高以上留 0.3m 厚的土层，待做基础时再挖除。

④ 施工顺序不合理：土方开挖宜先从低处开挖，分层分段依次进行，形成一定坡度，以利排水。

⑤ 开挖尺寸不足：基坑(槽)或管沟底部开挖时，除结构宽度外，应根据施工需要增加工作面宽度。如排水设施、支撑结构的所需宽度，在开挖前均应考虑。

⑥ 基坑(槽)或管沟边坡不直不平、基底不平：应加强检查，随挖随修，并认真验收。

(7) 环境保护及职业健康安全措施

① 环境保护措施

(a) 对现场的土方要进行覆盖并采取降尘措施。对运输车辆要封闭车厢，防止扬尘。

(b) 城区施工，要在施工区设置车辆清洗设施，防止进出的车辆污染城区道路。

(c) 采用降排水措施时，要将水排放到指定位置，不得任其自由漫流，污染场地、环境。

② 职业健康安全措施

(a) 基坑开挖时，两人操作间距应大于 3.0m，不得对头挖土；挖土面积较大时，每人工作面面积不应小于 $6m^2$。挖土应由上而下，分层分段按顺序进行，严禁先挖坡脚或逆坡挖土，或采用底部掏空塌土的方法挖土。

(b) 挖土方不得在危岩、孤石的下边或贴近未加固的危险建筑物进行。

(c) 基坑开挖应严格按要求放坡，若设计无要求时，可按相关规范规定放坡。操作时应随时注意土壁的变动情况，如发现有裂纹或部分坍塌现象，应及时进行支撑或放坡，并注意支撑的稳固和土壁的变化。当采取不放坡开挖时，应设置临时支护，各种支护应根据土质及基坑深度经计算确定。

(d) 阴雨天气施工，应在边坡上加盖塑料薄膜，以防止边坡土体流失。

4. 人工回填土施工

(1) 施工准备

① 材料

宜优先选用基槽中挖出的土，但土中不得含有有机杂质。使用前应过筛，其粒径不大于50mm，含水率应符合规定。

② 主要机具

蛙式或柴油打夯机、手推车、筛子（孔径40～60mm）、木耙、铁锹（尖头与平头）、2m靠尺、胶皮管、小线或木折尺等。

③ 作业条件

(a) 施工前应根据工程特点、填方土料种类、密实度要求、施工条件等，合理地确定填方土料含水率控制范围、虚铺厚度和压实遍数等参数；重要回填土方工程的参数应通过压实试验来确定。

(b) 回填前应对基础、箱型基础墙或地下防水层、保护层等进行检查验收，并且要办好隐检手续。其基础混凝土强度达到规定的要求后方可回填土。

(c) 房心和管沟的回填，应在完成上下水、煤气的管道安装和管沟墙间加固后再进行，并将沟槽、地坪上的积水和有机物等清理干净。

(d) 施工前，应做好水平标志，以控制回填土的高度或厚度。如在基坑（槽）或管沟边坡上，每隔3m钉上水平桩；室内和散水的边墙上弹上水平线或在地坪上钉上标高控制木桩。

(2) 工艺流程

清理基坑（槽）底和地坪→检验土质→分层铺土、耙平→夯打密实→检验密实度→修整找平→验收。

(3) 施工方法

① 填土前应将基坑（槽）底或地坪上的垃圾等杂物清理干净；肥槽回填前，必须将回落的松散垃圾、砂浆、石子等杂物清除干净，直至基础底面标高。

② 检验回填土内有无杂物，粒径是否符合规定，以及回填土的含水量是否在控制的范围内。如含水量偏高，可采用翻松、晾晒或均匀掺入干土等措施；如回填土的含水量偏低，可采用预先洒水润湿等措施。

③ 回填土应分层铺摊。每层铺土厚度应根据土质、密实度要求和机具性能确定。一般蛙式打夯机每层铺土厚度为200～250mm；人工打夯每层铺土厚度不大于200mm。每层铺摊后，随之耙平。

④ 回填土每层至少夯打3遍。打夯应一夯压半夯，夯夯相接，行行相连，纵横交叉，并且严禁采用水浇使土下沉的所谓“水夯”法。

⑤ 深浅两基坑（槽）相连时，应先填夯深基础，填至与浅基坑相同的标高时，再与浅基础一起填夯。如必须分段填夯时，交接处应填成阶梯形，梯形的高宽比一般为1∶2。上、下层错缝距离不小于1.0m。

⑥ 基坑（槽）回填应在相对两侧或四周同时进行。基础墙两侧标高不可相差太多，以

免把墙挤歪;较长的管沟墙,应采用内部加支撑的措施,然后再在外侧回填土方。

⑦ 回填房心及管沟时,为防止管道中心线移位或损坏管道,应用人工先在管子两侧填土夯实,并应由管道两侧同时进行,直至管顶 0.5m 以上时,在不损坏管道的情况下,方可采用蛙式打夯机夯实。在抹带接口处、防腐绝缘层或电缆周围应回填细粒料。

⑧ 回填土每层夯实后,应按规定进行环刀取样,测出干土的质量密度,达到要求后,再进行上一层的铺土作业。

⑨ 填方全部完成后,表面应进行拉线找平,凡超过标准高程的地方,及时依线铲平;凡低于标准高程的地方,应补土夯实。

⑩ 基坑(槽)或管沟的回填土应连续进行,尽快完成。施工中注意雨情,雨前应及时夯完已填土层或将表面压光,并做成具有一定坡度的坡面,以利排除雨水。冬期回填土每层铺土厚度应比常温施工时减少 20%～50%,其中冻土块体积不得超过填土总体积的15%,其粒径不得大于 150mm。铺填时,冻土块应均匀分布,逐层压实。填土前,应清除基底上的冰雪和保温材料;填土的上层应用未冻土填铺,其厚度应符合设计要求。管沟底至管顶0.5m 范围内不得用含有冻土块的土回填;室内房心、基坑(槽)或管沟不得用含冻土块的土回填。回填土施工应连续进行,防止基土或已填土层受冻,应及时采取防冻措施。

(4) 成品保护

① 施工和填运土时不得撞碰定位标准桩、轴线引桩、标准水准点、龙门板等,也不得在龙门板上休息。应定期复测和检查这些标准桩点是否正确。

② 夜间施工时,应合理安排施工顺序,设有足够的照明设施。防止铺填超厚,严禁汽车直接倒土入槽。

③ 基础或管沟的现浇混凝土应达到一定强度后方可回填,以免其因填土而受到损坏。

④ 在管沟中的管线、肥槽内从建筑物伸出的各种管线均应妥善保护,再按规定回填土料,不得碰坏。

(5) 应注意的质量问题

① 未按要求测定土的干土质量密度:回填土每层都应测定夯实后的干土质量密度,符合设计要求后才能铺摊上层土。试验报告中要注明土料种类、试验日期、试验结论,并有试验人员签字。未达到设计要求的部位,应有处理方法和复验结果。

② 回填土下沉:原因是虚铺土超过规定厚度或冬期施工时有较大的冻土块,或夯实遍数不够,甚至漏夯,坑(槽)底有有机杂物或落土清理不干净,以及冬期做散水时施工用水渗入垫层中,土受冻膨胀等。要解决这些问题,须在施工中认真执行相关规范的各项规定,并应严格检查,发现问题及时纠正。

③ 管道下部夯填不实:管道下部应按标准要求填夯回填土,如果漏夯或填夯不实都会造成管道下方空虚,使管道折断并渗漏。

④ 回填土夯压不密实:应在夯压时对干土适当洒水加以润湿,如回填土太湿,同样夯不密实,出现“橡皮土”现象,这时应将“橡皮土”挖出,重新换好土再予以夯实。

5. 机械挖土方施工

(1) 施工准备

① 材料

(a) 做简单支护时,需准备支护用材料;基坑(槽)采用明沟和集水井进行降水、排水时,需准备集水井的材料。

(b) 基坑(槽)需要局部处理或基底换填时,准备好换填用材料。

(c) 准备好冬、雨期施工用护坡材料和保温覆盖材料。

(d) 应准备好基础施工材料,防止过长时间晾槽。

② 主要机具

(a) 挖土机械有挖土机、推土机、铲运机、自卸汽车等。

(b) 一般机具有铁锹(尖头与平头两种)、手推车、小白线或 20 号铅丝和 2m 钢卷尺、坡度尺等。

③ 作业条件

(a) 土方开挖前,应根据施工方案的要求,将施工区域内的地下、地上障碍物清除和处理完毕。

(b) 建(构)筑物的位置或场地的定位控制线(桩)标准水平桩及开槽的灰线尺寸,必须经过检验合格,并办完预检手续。

(c) 夜间施工时,应有足够的照明设施;在危险地段应设置明显标志,并要合理安排开挖顺序,防止错挖或超挖。

(d) 开挖有地下水位的基坑(槽)、管沟时,应根据当地工程地质资料,采取措施降低地下水位,一般要降至低于开挖面 0.5m 后才能开挖。

(e) 施工机械进入现场所经过的道路、桥梁和卸车设施等,应事先经过检查,必要时要进行加固或加宽。

(f) 选择土方机械,应根据施工区域的地形和作业条件、土壤类别和厚度、总工程量和工期综合考虑,以尽可能提升施工机械效率来确定,编制好施工方案。

(g) 施工区域运行路线的布置,应根据作业区域内工作的大小机械的性能、运距和地形等情况加以确定。

(h) 应配备人员进行机械无法作业部位的施工和边坡坡度修整、清理工作。

(2) 施工工艺

测量放线→开挖→修边和清底。

(3) 施工方法

① 坡度的确定方法与人工挖土方施工中坡度的确定方法基本相同。此外,使用时间较长的临时性挖土方边坡坡度,应根据工程地质和边坡高度,结合当地同类土体的稳定坡度值确定。挖方经过不同类别土(岩)层或深度超过 10m 时,其边坡可做成折线形或台阶形。

② 开挖基坑(槽)或管沟时,应合理确定开挖顺序、路线及开挖深度,然后分段分层均匀下挖。

③ 采用推土机开挖大型基坑(槽)时,一般应从两端或顶端开始(纵向)推土,把土推

向中部或顶端暂时堆积，然后再横向将土推离坑(槽)的两侧。

④ 采用铲运机开挖大型基坑(槽)时，应纵向分行、分层按照坡度线向下铲挖，但每层的中心地段应比两边稍高一些，以防积水。

⑤ 采用反铲、拉铲挖土机开挖基坑(槽)或管沟时，其施工方法有两种：

(a)端头挖土法。挖土机从坑(槽)或管沟的端头，以倒退行驶的方法进行开挖。自卸汽车配置在挖土机的两侧装运土。

(b)侧向挖土法。挖土机一面沿着坑(槽)边或管沟的一侧移动，自卸汽车在另一侧装运土。

⑥ 挖土机沿挖方边缘移动时，机械距离边坡上缘的宽度不得小于基坑(槽)和管沟深度的1/2。如挖土深度超过5m时，应按专项施工方案来确定。

⑦ 在开挖过程中，应随时检查槽壁和边坡的状态。深度大于1.5m时的基坑(槽)或管沟，根据土质情况，应做好支撑准备，以防坍塌。

⑧ 开挖基坑(槽)和管沟，不得挖至设计标高以下，如不能准确地挖至设计地基标高时，可在设计标高以上暂留一层土不挖，以便在找平后由人工挖出。一般铲运机、挖土机挖土时，暂留土层厚度为20cm左右；挖土机用反铲、正铲和拉铲挖土时，暂留土层厚度以30cm左右为宜。

⑨ 对于机械施工挖不到的土方，应配合人工随时进行挖掘，并用手推车把土方运到机械能挖到的地方，以便及时挖走。

⑩ 修帮和清底。在距槽底设计标高50cm槽帮处，找出水平线，钉上小木桩，然后用人工将暂留土层挖走。同时由两端轴线(中心线)引桩拉通线(用小线或铁丝)，检查距槽边尺寸，确定槽宽标准。依次修整槽边，最后清除槽底土方。槽底修理铲平后进行质量检查验收。

⑪ 开挖基坑(槽)的土方，在场地有条件堆放时，一定留足回填需用的好土；多余的土方，应一次运走，避免二次搬运。

⑫ 土方开挖一般不宜在雨期进行，同时，工作面不宜过大，应逐段、逐片分期完成。如必须在雨期开挖基坑(槽)或管沟时，应注意边坡稳定。必要时可适当放缓边坡坡度或设置支撑。同时应在坑(槽)外侧围以土堤或开挖水沟，防止地面水流入。经常对边坡、支撑、土堤进行检查，发现问题及时处理。土方开挖不宜在冬期施工。如必须在冬期施工时，其施工方法应按冬期施工方案进行。采用防止冻结法开挖土方时，可在土方冻结前用保温材料覆盖，或将表层土翻耕耙松，其翻耕深度应根据当地气候条件确定，一般不小于30cm。开挖基坑(槽)或管沟时，必须防止基础下的基土受冻。应在基底标高以上预留适当厚度的松土，或用其他保温材料覆盖。如遇开挖土方引起邻近建筑物或构筑物的地基和基础暴露时，应采取防冻措施，以防土方冻结。

(4) 环境保护及职业健康安全措施

① 环境保护措施

(a) 车辆运输要加强道路洒水，装土车斗加覆盖板，防止粉尘飞扬，不让沿途环境受污染。

(b) 机械施工尽量降低噪声，防止影响周围居民休息，午休时、夜间停止施工。

(c) 机械修理时加强废油回收管理,禁止直接排放,以免周围环境被污染。

(d) 实施定制化管理,加强施工平面的动态管理。

② 职业健康安全措施

(a) 场地平整时,应检查站机平台稳定性,设专人指挥、监护,以免挖土机翻倒后臂杆伤人。

(b) 制定用电管理制度,使用三相五线制,实行三级用电保护,使用标准电源开关箱,当心触电。

(c) 加强驾驶员素质教育;加强车辆维修和路面保养,设专人指挥、监护倒车,减少车辆事故。

(d) 基坑排水时应加强水泵的保养和检查,实行三级用电保护,使用标准电源开关箱。

(5) 应注意的质量问题

施工时应注意机械下沉的问题。施工时必须了解土质和地下水位情况。推土机、铲土机一般需要在地下水位 0.5m 以上推(铲)土;挖土机一般需在地下水位 0.8m 以上挖土,以防机械自身下沉。正铲挖土机挖方的台阶高度,不得超过最大挖掘高度的 1.2 倍。

其余应注意的质量问题与人工挖土方施工相同。

6. 机械回填土施工

(1) 施工准备

① 材料

(a) 碎石类土、砂土(使用细砂、粉砂时应取得设计单位同意)和爆破石渣,可用作表层以下填料。最大粒径不得超过每层铺填厚度的 2/3 或 3/4(使用振动碾时),含水率应符合规定。

(b) 黏性土应检验含水率,必须达到设计控制范围,方可使用。

(c) 盐渍土一般不可使用。填料中不得含有盐晶、盐块或含盐植物的根茎。

② 机具

(a) 装运土方机械有:铲土机、自卸汽车、推土机、铲运机及翻斗车等。

(b) 碾压机械有:平碾、羊足碾和振动碾等。

(c) 一般机具有:蛙式或柴油打夯机、手推车、铁锹(平头或尖头)、2m 钢尺、20 号铅丝、胶皮管等。

③ 作业条件

(a) 施工前应根据工程特点、填方土料种类、密实度要求、施工条件等,合理地确定填方土料含水量控制范围、虚铺厚度和压实遍数等参数;重要回填土方工程,其参数应通过压实试验来确定。

(b) 填土前应对填方基底和已完工工程进行检查和中间验收,合格后要履行好隐蔽检查和验收手续。

(c) 施工前,应做好水平高程标志布置。如大型基坑或沟边上每隔 1m 钉上水平桩,或在邻近的固定建筑物上画上标准高程点。大面积场地上或地坪每隔一定距离钉上水平桩。

(d) 确定好土方机械、车辆的行走路线,应事先经过检查,必要时要进行加固加宽等准备工作,同时要编好施工方案。

(2) 工艺流程

清理基坑底地坪→检验土质→分层铺土→分层碾压密实→检验密实度→修整找平→验收。

(3) 施工方法

① 填土前,应将基土上的洞穴或基底表面上的树根、垃圾等杂物都清除干净。

② 检验土质。检验回填土料的种类、粒径,有无杂物,是否符合规定,以及土料的含水率是否在控制范围内;如含水率偏高,可采用翻松、晾晒或均匀掺入干土等措施;如遇填料含水率偏低,可采用预先洒水润湿等措施。

③ 填土应分层铺摊。每层铺土的厚度应根据土质、密实度要求和机具性能确定。

④ 碾压机械压实填方时,应控制行驶速度,一般不应超过以下规定:平碾:2km/h;羊足碾:3km/h;振动碾:2km/h。

⑤ 碾压时,轮(夯)迹应相互搭接,防止漏压或漏夯。长宽比较大时,填土应分段进行。每层接缝处应做成斜坡形,碾迹重叠 0.5～1.0m,上下层错缝距离不应小于 1m。

⑥ 填方超出基底表面时,应保证边缘部位的压实质量。填土后,如设计不要求边坡修整,宜将填方边缘宽填 0.5m;如设计要求边坡修平拍实,宽填可为 0.2m。

⑦ 在机械施工碾压不到的填土部位,应配合人工推土填充,用蛙式或柴油打夯机分层夯打密实。

⑧ 回填土方每层压实后,应按规范规定进行环刀取样,测出干土的质量密度,达到要求后,再进行上一层的铺土。

⑨ 填方全部完成后,表面应进行拉线找平,凡超过标准高程的地方,及时依线铲平;凡低于标准高程的地方,应补土找平夯实。

⑩ 雨期施工的填方工程,应连续进行尽快完成;工作面不宜过大,应分层分段逐片进行。重要或特殊的土方回填,应尽量在雨期前完成。雨期施工时,应有防雨措施或方案,要防止地面水流入基坑和地坪内,以免边坡塌方或基土遭到破坏。填方工程不宜在冬期施工,如必须在冬期施工时,其施工方法需经过技术经济比较后确定。冬期填方前,应清除基底上的冰雪和保温材料;距离边坡表层 1m 以内不得用冻土填筑;填方上层应用未冻、不冻胀或透水性好的土料填筑,其厚度应符合设计要求。冬期施工室外平均气温在 −5℃以上时,填方高度不受限制;平均温度在 −5℃以下时,填方高度不宜超过表 6-10 的规定。但用石块和不含冰块的砂土(不包括粉砂)、碎石类土填筑时,可不受表 6-10 中填方高度的限制。其余内容与人工回填土施工相同。

表 6-10　冬期填方高度限制

平均气温/℃	填方高度/m	平均气温/℃	填方高度/m
−5～−10	4.5	−16～−20	2.5
−11～−15	3.5		

(4) 质量检验标准

① 主控项目

回填土必须按规定分层夯压密实。取样测定压实后的干土质量密度，其合格率不应小于90%；不合格的干土质量密度的最低值与设计值的差，不应大于0.08g/cm^3，且不应集中。环刀取样的方法及数量应符合规定。

检验方法：检查干密度试验记录。

② 一般项目

基底处理必须符合设计要求或施工规范的规定。

检查方法：观察检查。

(5) 成品保护

与人工回填土施工基本相同。

(6) 环境保护及职业健康安全措施

① 环境保护措施

(a) 运输土方时应采取封闭措施以减少扬尘。

(b) 机械施工尽量降低噪声，以最大限度减少噪声扰民。

(c) 必须对现场存放油料的库房进行防渗漏处理，存储和使用油料都要采取隔油措施，以防油料污染水质。

(d) 对施工道路进行定期养护、清洗；每天洒水2～4次，防止扬尘。

② 职业健康安全措施

(a) 施工现场做好施工机械设备的日常维修保养，各种机械使用应遵循国家现行标准规范《建筑机械使用安全技术规程》(JGJ 33—2012)的规定，以保证机械的使用安全。

(b) 施工现场的材料依据其性能进行保管，如防雨、防潮、防晒、防冻、防火、防爆等。

(c) 施工现场设置专人指挥运输车辆。

(7) 应注意的质量问题

① 在地形、工程地质复杂地区内填方，且对填方密实度要求较高时，应采取措施(如排水暗沟、护坡桩等)，以防填方土粒流失，造成不均匀下沉和坍塌等事故。

② 填方基土为杂填土时，应按设计要求加固地基，并要妥善处理基底下的软硬点、空洞、旧基以及暗塘等。

③ 回填管沟时，为防止管道中心线位移或损坏管道，应用人工先在管道周围填土夯实，并应从管道两边同时进行，直至管顶0.5m以上，在不损坏管道情况下，方可采用机械回填和压实。在抹带接口处，防腐绝缘层或电缆周围，应使用细粒土料回填。

④ 填方应按设计要求预留沉降量，如设计无要求时，可根据工程性质、填方高度、填料种类、密实要求和地基情况等，与建设单位共同确定(沉降量一般不超过填方高度的3%)。

其他应注意的质量问题与人工回填土施工基本相同。

第二节 降水工程

一、深井井点降水

深井井点降水是在深基坑的周围埋置深于基底的井管,通过设置在井管内的潜水电泵将地下水抽出,使地下水位低于坑底(图 6-1)。本法排水量大,降水深(>15m),不受吸程限制,排水效果好;井距大,对平面布置的干扰小;可用于各种情况,不受土层限制;成孔(打井)用人工或机械均可,较易于解决;井点制作、降水设备操作及维修均较简单,施工速度快;如井点管采用钢管、塑料管,可以整根拔出重复使用;单位降水费用较轻型井点低(80～120 元/m^2);但一次性投资大,成孔质量要求严格。工艺标准适用于渗透系数较大(10～250m/d)、土质为砂类土(或有流砂和重复挖填土)、地下水丰富、降水深(15～50m)、时间长的深井井点降水工程。

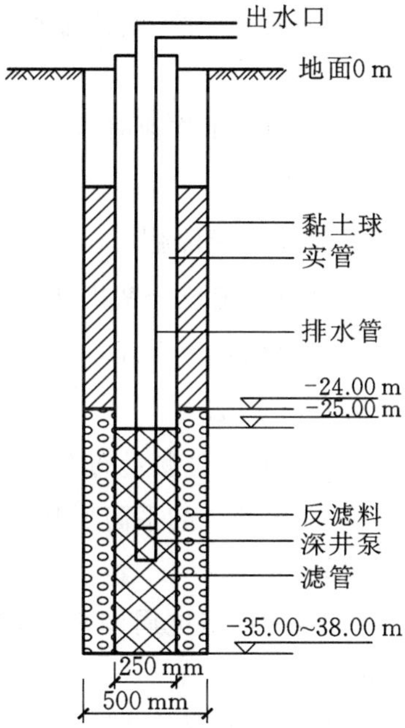

图 6-1 深井井点降水剖面图

1. 施工准备

(1) 材料

3～8mm 砂砾混合料。

(2) 机具准备

① 井管:由滤水管、吸水管和沉砂管三部分组成,可用钢管、塑料管或混凝土管制成,管径一般为 300～357mm,内径宜大于潜水泵外径 50mm。

(a) 滤水管:长一般为 3～9m。通常在钢管上分三段轴条(或开孔),在轴条(或开孔)后的管壁上焊φ6mm 垫筋,要求顺直,与管壁点焊固定,在垫筋外螺旋形缠绕 12 号铅丝,间距 1mm,与垫筋用锡焊焊牢,或外包 10 孔/cm^2 和 41 孔/cm^2 镀锌铁丝网两层或尼龙网。上下管之间用对焊连接。当土质较好,深度在 15m 内时,也可采用外径 380～600mm、壁厚 50～60mm、长 1.2～1.5m 的无砂混凝土管作滤水管,或在外再包棕树皮二层作滤网。

(b) 吸水管:采用与滤水管同直径钢管制成。

(c) 沉砂管:一般采用与滤水管同直径钢管,下端用钢板封底。

② 水泵:用 QY-25 型、QB40 型潜水电泵或 QJ50 型浸油式潜水电泵。

③ 排水管:用 ϕ(325～500)mm 钢管或混凝土管,并设 3‰的坡度,与附近下水道

连通。

④ 成孔设备:用CZ型冲击钻机、回转钻机、潜水钻机及配套卷扬机。

(3) 作业条件

① 具备施工所需资料,主要资料包括:施工场地平面图、水文地质勘察资料、基坑的设计资料等。

② 确定基坑放坡系数、井点布置、井点数量、观测井位置、泵房位置等。

③ 井点设备、动力、水源及必要的材料准备完毕。

④ 排水沟开挖(或接排水管),附近建筑物的标高观测及防止附近建筑物沉降措施的实施。

⑤ 夜间施工作业时,施工场地应安装照明设施,在基坑(槽)上部危险地段应设置明显安全标志。

2. 施工工艺流程

井点测量定位→钻机钻孔→吊放井管→滤料填充→洗井→安装抽水系统→试抽→正常运转→拔管→封井。

3. 施工方法

(1) 深井井位测量布置

① 根据基坑的平面形状与大小、土质和地下水的流向、降低水位深度以及成孔方式进行放线。

② 沿工程基坑周围离边坡上缘0.5～1.5m布置,间距为10～20m,深度比基底深6～8m。

(2) 钻孔及深井井管埋设

① 深井成孔方法可采用冲击钻孔、回转钻孔、潜水电钻钻孔或水冲法成孔,用泥浆或自成泥浆护壁。

② 孔口设置钢护筒或混凝土管护筒。

③ 钻孔的孔径应较井管直径大250～350mm,深度应考虑可能沉积的高度适当加深。

④ 井管安放前应清孔,井管安放垂直,过滤部分应放在含水层范围内。

⑤ 井管与土壁间填充大于滤网孔径的滤料。

⑥ 深井内安放水泵前应清洗滤井,冲除沉渣。

⑦ 安设潜水电泵,用绳吊入滤水层部位并安放平稳。

(3) 井点运行

① 采用深井泵的深井井点,电动机座应安设平稳,应安装阻逆装置,严防电机逆转。

② 采用深井潜水泵时,电缆应有可靠的绝缘措施。

③ 水泵安设完毕,电缆接好后,点动试抽,一切正常后方可正常运转。

④ 通电运行后,应经常检查机械部分、电动机、传动轴、电流、电压等,并观测和记录管井内水位下降和流量。

(4) 井点拆除

① 地下建筑物竣工,并回填、夯实到地下水位线以上后,方可拆除井点系统。

② 深井使用完毕后,用起重机或三木搭借助倒链、钢丝绳扣,将井管口套紧徐徐拔出,滤水管拔出洗净后再用。

③ 所留孔洞用砂砾填充捣实。

4. 成品保护

(1) 井点成孔后,应立即下井点管并填入滤料,以防塌孔。不能及时下井点管时,孔口应盖盖板,防止物件掉入井孔内。

(2) 井点管埋设后,管口立即插上吸引胶管,以防异物掉入管内堵塞。

(3) 井点使用应保证连续抽水,并接设备用电源,以避免泥渣沉淀淤管及水位回升。

5. 安全环保措施

(1) 安全措施

① 加强水位观测,使靠近建筑物的深井水位与附近水位之差保持不大于1.0m,防止建筑物出现不均匀沉降。

② 施工现场应采用两路供电线路或配备发电设备,正式抽水后干线不得停电停泵。

③ 定期检查电缆密封的可靠性,以防磨损后水沿电缆芯渗入电机内,影响正常运转。

④ 遵守安全用电规定,严禁带电作业。

⑤ 降水期间,必须24h有专职电工值班,持证操作。

⑥ 潜水泵电缆不得有接头、破损,以防漏电。

(2) 环保措施

① 泥浆必须排入泥浆池或用泥浆车及时运出场外,严禁随地排放。

② 施工期间对噪声进行监测,不允许形成噪声污染。

③ 泥浆车要随时进行清洗。

6. 应注意的问题

(1) 降水不均匀:井点使用时,基坑周围井点应对称、同时抽水,使水位差控制在要求的限度内。

(2) 不均匀沉降:附近有建筑物时,应使建筑物不发生均匀沉降而出现裂缝。当水位差过大时,应立即采取措施补救。

(3) 水淹基坑:井点供电系统采用双线路或设置满足施工需要的备用发电机组,以防止突然停电,造成水淹基坑。

二、喷射井点降水

喷射井点降水是在井点管内部装设特制的喷射器,用高压水泵或空气压缩机通过井点管中的内管向喷射器输入高压水或压缩空气形成水气射流,将地下水经井点外管与内

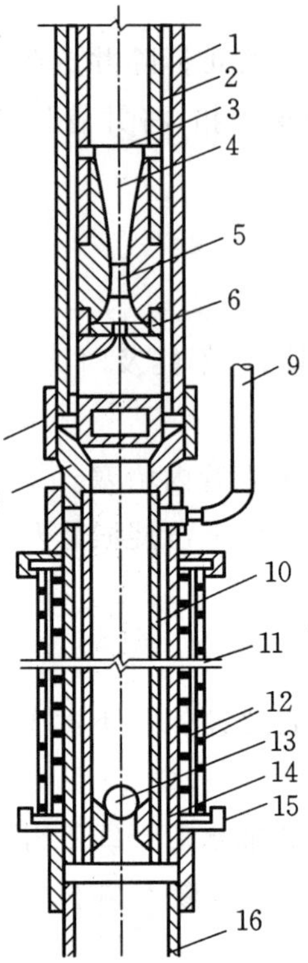

图 6-2　喷射井点降水剖面图

1—外管；2—内管；3—喷射器；4—扩散管；5—混合管；6—喷嘴；7—缩节管；8—连接座；9—真空测定管；10—滤管芯管；11—护孔套管；12—滤管外滤网及保护网；13—止回球阀；14—止回阀座；15—护套；16—沉泥管

管之间的间隙抽出排走(图 6-2)。

本法设备较简单，排水深度大，可达 8～20m，比多层轻型井点降水设备少，基坑土方开挖量少，施工快，费用低。适用基坑开挖较深，降水深度大于 6m、小于 20m，土渗透系数为 0.1～20.0m/d的粉土、砂土中使用。

1. 施工准备

(1) 材料

滤料：中砂，含泥量小于 3%。

(2) 机具准备

主要设备由喷射井点、高压水泵(或空气压缩机)和管路系统组成。喷射井点根据其工作时使用的喷射介质的不同，分为喷水井点和喷气井点两种。

① 井点管：用直径为 38～55mm 钢管(长 5～7m)，下端 1.0～1.8m 的同直径钻有梅花形孔(6 排，孔径为 10mm)的滤管，外缠 8 号铅丝、间距 20mm，外包尼龙窗纱两层，棕皮三层，缠 10 号铅丝、间距 40mm。

② 连接管：用直径为 38～55mm 的胶皮管、塑料透明管或钢管，每个管上宜装设阀门，以便检查井点。

③ 集水总管：用直径为 75～127mm 的钢管分节连接，每节长 4m，每隔 0.8～1.6m 设一个连接井点管的接头。

(3) 作业条件

① 具有施工所需资料，主要资料包括：施工场地平面图、岩土工程勘察报告、基坑的设计资料等。

② 已编制施工方案，确定基坑放坡系数、井点布置、井点数量、观测井位置、泵房位置等。

其余条件与深井井点降水相同。

2. 施工工艺流程

测量定位→布置井点总管→安装喷射井点管→接通总管→接通水泵或压缩机→接通井点管与排水管，并接通循环水箱→启动高压水泵或空气压缩机→排除水箱余水→测量地下水位→拆除喷射井点。

3. 施工方法

(1) 井点布置

① 根据基坑平面形状与大小、土质和地下水流向、降低水位深度而定。

② 当基坑宽度小于 6m，可采用单排线形布置。

③ 基坑面积较大时，宜采用环形布置。

④ 井点间距一般为 2～3m。井点管距坑壁不小于 1.5m。

(2) 井点管埋设

① 成孔方法宜采用套管冲枪冲孔，加水及压缩空气排泥，当套管内含泥量测定小于 5%时，才下井管及灌砂，然后再将套管拔起。

② 冲孔直径为 400～600mm，深度应比滤管底深 1m 以上。

③ 下管时，水泵应先开始运转，以便每下好一根井管，立即与总管接通（不接回水管）后及时进行单根试抽排泥，并测定真空度，待井管出水变清后为止，地面测定真空度不宜小于 93.3kPa。

④ 全部井点管沉设完毕后，再接通回水总管，全面试抽，然后让工作水循环进行正式工作。

(3) 井点运行

① 各套进水总管均应用阀门隔开，各套回水管应分开。

② 开泵时压力要小于 0.3MPa，然后逐步开足压力。如发现井点管周围有翻砂、冒水现象，应立即关闭井管检修。

③ 工作水应保持清洁，试抽两天后应更换清水，此后视水质污浊程度定期更换清水，以便减轻工作水对喷嘴及水泵叶轮等的磨损。

(4) 井点拆除

① 地下建筑物竣工，并回填、夯实至地下水位线以上时，方可拆除井点系统。

② 拔出井点管可借助于倒链或杠杆式起重机。所留孔洞，下部用砂，上部 1～2m 用黏土填实。

4. 成品保护

冬期施工时，井点连接总管上要覆盖保温材料，或回填 30cm 厚以上干松土，以防冻坏管道。其余内容与深井井点降水相同。

5. 安全措施

(1) 冲、钻孔机操作时应安放平稳，防止机具突然倾倒或钻具下落，造成人员伤亡或设备损坏。

(2) 已成孔尚未下井点前，井孔应用盖板封严，以免掉土或发生人员安全事故。

(3) 各机电设备应由专人看管，电气必须一机一闸，严格接地、接零和安装漏电保护器，泵和部件检修时，必须切断电源，严禁带电作业。

6. 应注意的问题

(1) 喷射井点降水施工前，要根据地质与水文情况（包括地质构造、土层情况、水位变化标高、涌水量、渗透系数)等,编制详细的降水施工方案报公司审批。必要时,报业主确认批准,选定降水设备,提出购置、加工配套数量,进行必要的试验、试运转,确保各项指标符合设计降低水位的要求。

(2) 沉设井点管前,应先挖井点坑和排泥沟。井点坑直径应大于冲孔直径。冲孔直径不应小于400mm,冲孔深度应比滤管底深1m以上,冲孔完毕后,应立即沉设井点管。

(3) 井点管埋设在孔中心,避免泥浆堵塞滤管。在井点与孔壁之间及时用中粗砂填灌实,至离地面1.0～1.5m,最后再用黏土夯实封口。

(4) 进水、回水总管与每根井点管的连接管均需安装阀门,以便调节使用和防止不抽水时,发生回水倒灌现象。井点管路接头应安装严密。

(5) 喷射井点一般是将内外管和滤管组装在一起后沉设到井点孔内。井点管组装时,必须保持喷嘴与混合室中心线一致;组装后,每根井点管应在地面做泵水试验和真空度测定。地面测定真空度不宜小于93.1kPa。

喷射井点抽水时,如发现井点管周围有翻砂冒水现象,应立即关闭此井点,及时检查处理。

三、真空井点降水

真空井点降水是指沿基坑四周或者将井点管沉入深于坑底的含水层内,井点管上部与总管连接,总管与上部抽水主机连接,利用抽水主机产生的真空作用将地下水从井点管内不断抽出,引到地面,并排往施工区以外,使每根井点管周围形成一个降水漏斗,由于许多降水漏斗曲线的重叠,可导致原地下水位的成片下降(图6-3)。

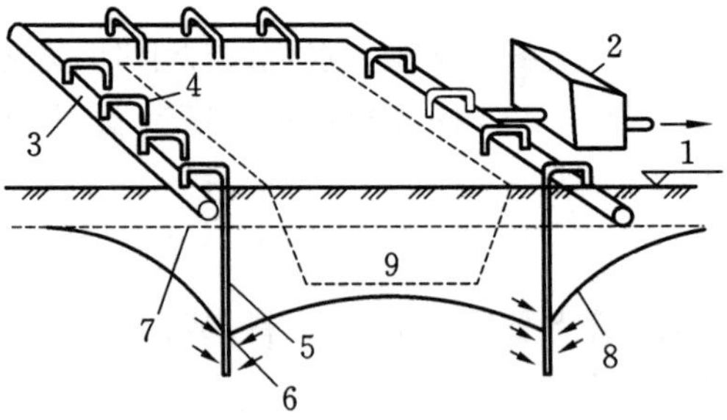

图6-3 真空井点降水示意图

1—地面;2—水泵房;3—总管;4—弯联管;5—井点管;6—滤管;7—原地下水位;8—降水后水位线;9—基坑底面

真空井点降水一般适用于粉细砂、粉土、粉质黏土等渗透系数较小(0.1～20m/d)的弱含水层中降水,降水深度单层小于6m,双层小于12m。采用真空井点降水,其井点间距小,能有效地防止地下水流入基坑内,尽可能地减少残留滞水层厚度,对保持边坡和桩间土的稳定较有利,因此降水效果较好。

1. 施工准备

(1) 材料准备

粗砂与豆石，不得采用中砂，严禁使用细砂，以防堵塞滤管网眼。

(2) 机具准备

① 滤管：直径为 38～55mm、壁厚 3.0mm 的无缝钢管或镀锌管，长 2.0m 左右，一端用厚4.0mm的钢板焊死，此端 1.4m 长范围内，在管壁上钻孔径为 15mm 的小圆孔，孔距为 25mm，外包两层滤网，滤网采用编织布，再外包一层网眼较大的尼龙丝网，每隔 50～60mm 用 10 号铅丝绑扎一道，滤管另一端与井点管进行连接。

② 井点管：直径为 38～55mm、壁厚为 3.0mm 的无缝钢管或镀锌管。

③ 连接管：透明管或胶皮管与井点管和总管连接，采用 8 号铅丝绑扎，扎紧以防漏气。

④ 总管：直径为 75～102mm 的钢管，壁厚为 4mm，用法兰盘加橡胶垫圈连接，防止漏气、漏水。

⑤ 抽水设备：根据设计配备离心泵、真空泵或射流泵，以及机组配件和水箱。

⑥ 移动机具：自制移动式井架(采用振冲机架设设备)、绞车。

⑦ 凿孔冲击管：直径为 219mm、壁厚为 8mm 的钢管，其长度为 10m。

⑧ 水枪：直径为 50mm、壁厚为 5mm 无缝钢管，下端焊接一个枪头喷嘴(喷嘴直径为 16mm)，上端大约弯成直角，且伸出冲击管外，与高压胶管连接。

⑨ 蛇形高压胶管：压力应达到 1.50MPa 以上。

⑩ 高压水泵：100TSW-7 高压离心泵，配备一个压力表，作下井管之用。

(3) 技术准备

① 详细查阅工程地质勘察报告，了解工程地质情况，分析降水过程中可能出现的技术问题和采取的对策。

② 凿孔设备与抽水设备检查。

③ 平整场地：为了节省机械施工费用，不使用履带式起重机，采用碎石桩振冲设备的自制简易车架，因此场地平整度要高一些，设备进场前进行场地平整，以便于车架在场地内移动。

2. 施工工艺流程

井点放线定位→安装高位水泵→凿孔安装埋设井点管→布置安装总管→连接井点管与总管→安装抽水设备→试抽与检查→正式投入降水程序。

3. 施工方法

(1) 井点管埋设

① 根据建设单位提供的测量控制点，测量放线确定井点位置，然后在井位先挖一个小土坑，深大约 500mm，以便于冲击孔时集水。埋管时灌砂，并用水沟将小坑与集水坑连接，以便于排出多余水。

② 用绞车将简易井架移到井点位置，将套管水枪对准井点位置，启动高压水泵，水压控制在0.4～0.8MPa，在水枪高压水射流冲击下套管开始下沉，并不断地升降套管与水枪。一般含砂的黏土，按经验套管落距在1m之内，在射水与套管冲切作用下，10～15min内井点管可下沉10m左右，若遇到较厚的纯黏土时，沉管时间要延长，此时可增加高压水泵的压力，以加速沉管的速度。冲击孔的成孔直径应为300～350mm，保证管壁与井点管之间有一定间隙，以便于填充砂石，冲孔深度应比滤管设计安置深度低500mm以上，以防止冲击套管提升拔出时部分土塌落，并保证滤管底部存有足够的砂石。

③ 凿孔冲击管上下移动时应保持垂直，这样才能使井点降水井壁保持垂直。若在凿孔时遇到较大的石块和砖块，会出现倾斜现象，此时成孔的直径也应尽量保持上下一致。

④ 井孔冲击成型后，应拔出冲击管，通过单滑轮，用绳索拉起井点管插入，井点管的上端应用木塞塞住，以防砂石或其他杂物进入，并在井点管与孔壁之间填灌砂石滤层，该砂石滤层的填充质量直接影响轻型井点降水的效果，应注意以下几点：

(a) 砂石必须采用粗砂，以防止堵塞滤管的网眼。

(b) 滤管应放置在井孔的中间，砂石滤层的厚度应在60～100mm之间，以提高透水性，并防止土粒渗入滤管堵塞滤管的网眼。填砂厚度要均匀，速度要快，填砂中途不得中断，以防孔壁塌土。

(c) 滤砂层的填充高度，至少要超过滤管顶以上1～1.8m，一般应填至原地下水位线以上，以保证土层水流上下畅通。

(d) 井点填砂后，井口以下1.0～1.5m用黏土封口压实，防止漏气而降低降水效果。

(2) 冲洗井管

将直径为15～30m的胶管插入井点管底部进行注水清洗，直到流出清水为止。应逐根进行清洗，避免出现“死井”。

(3) 管路安装

首先沿井点管线外侧铺设集水毛管，并用胶垫螺栓把干管连接起来，主干管连接水箱水泵，然后拔掉井点管上端的木塞，用胶管与主管连接好，再用10号铅丝绑好，防止管路漏气而降低整个管路的真空度。主管路的流水坡度按坡向泵房5‰的坡度，用砖将主干管垫好，并做好冬期降水防冻保温措施。

(4) 检查管路

检查集水干管与井点管连接胶管的各个接头在试抽水时是否有漏气现象，若出现漏气应重新连接或用油腻子堵塞，重新拧紧法兰盘螺栓和胶管的铅丝，直至不漏气为止。在正式运转抽水之前必须进行试抽，以检查抽水设备运转是否正常，管路是否存在漏气现象。在水泵进水管上安装一个真空表，在水泵的出水管上安装一个压力表。为了观测降水深度是否达到施工组织设计要求，在基坑中心设置一个观测井点，以便于通过观测井点测量水位，并描绘出降水曲线。

在试抽时，应检查整个管网的真空度，达到73.33kPa方可进行正式抽水。

（5）抽水

轻型井点管网全部安装完毕后进行试抽。当抽水设备运转一切正常后，整个抽水管路无漏气现象，可以投入正常抽水作业。开机一周后将形成地下降水漏斗，并趋向稳定。土方工程可在降水10d后开挖。

4. 应注意的问题

（1）土方挖掘运输车道不设置井点，这并不影响整体降水效果。

（2）在正式开工前，由电工及时办理用电手续，保证在抽水期间不停电。因为抽水应连续进行，特别是开始抽水阶段，时停时抽，井点管的滤网易阻塞，出水混浊。同时，由于中途长时间停止抽水，易造成地下水位上升，引起土方边坡塌方等事故。

（3）轻型井点降水应经常进行检查，其出水规律应“先大后小、先混后清”。若出现异常情况，应及时进行检查。

（4）在抽水过程中，应经常检查和调节离心泵的出水阀门，以控制流水量。当地下水位降到所要求的水位后，减少出水阀门的出水量，尽量使抽吸与排水保持均匀，达到细水长流。

（5）真空度是轻型井点降水能否顺利进行降水的主要技术指数，现场设专人观测。若抽水过程中发现真空度不足，应立即检查整个抽水系统有无漏气环节，并及时排除。

（6）在抽水过程中，特别是开始抽水时，应检查有无井点管淤塞的死井，可通过管内水流声、管子表面是否潮湿等方法进行检查。如“死井”数量超过10%，则严重影响降水效果，应及时采取措施，采用高压水反复冲洗处理。

（7）在打井点之前应勘测现场，采用洛阳铲凿孔，若发现场内表层有旧基础、隐性墓地应及早处理。

（8）如黏土层较厚，沉管速度会较慢，如超过常规沉管时间时，可增大水泵压力，一般为1.0～1.4MPa，但不要超过1.5MPa。

（9）主干管应按交底方案做好流水坡度，使水流向水泵方向。

（10）如在冬期施工，应做好主干管保温措施，防止受冻。

（11）基坑周围上部应挖好水沟，防止雨水流入基坑。

（12）井点位置应距坑边2～2.5m，以防止井点的设置影响到边坑土坡的稳定性。水泵抽出的水应由施工方案设置的明沟排出，离基坑越远越好，以防止地表水渗下回流，影响降水效果。

（13）若场地黏土层较厚，将影响降水效果，因为黏土的透水性能差，上层水不易渗透下去。如遇到此情况，可采取套管和水枪在井点轴线范围之外打孔，用埋设井点管相同成孔的作业方法，井内填满粗砂，形成二至三排砂桩，使地层中上下水贯通。在抽水过程中，上层水因重力作用和抽水产生的负压很容易漏下去，实现降水。

四、管井降水施工

1. 施工准备

(1) 材料、机具准备

① 井管:可选用管径大于200mm的钢管、铸铁管、PVC管、无砂混凝土管。井管上部为实壁管,下部为滤管。滤管可用与壁管同材质、同管径、孔隙率为20%～25%的穿孔管,也可用钢质桥式滤水管、钢筋骨架管。滤管外缠纤丝或包裹尼龙网、金属网、棕片。

② 滤料:一般粉土层采用中粗砂,砂性土层采用2～4mm砾石,碎石土地层采用3～7mm砾石,滤料的含泥量应小于3%。

③ 黏土料:黏土或黏土球。

④ 钻孔机械:冲击钻机、回转钻机。

⑤ 水泵:清水或污水潜水泵。

⑥ 排水设备和管材:胶皮水管、集水总管、沉淀箱、抽筒等。

⑦ 观测仪表:密度计、测绳、钟表、水准仪等。

⑨ 其他附属设备:电缆、闸箱、护筒、铁锹、手推车、抽筒等。

(2) 作业条件

作业条件与深井井点降水相同。

2. 施工工艺流程

放线定位→管井布置→成孔→清孔→沉管→滤料填充→水泵安装→运转→拆除。

3. 施工方法

(1) 管井布置

沿基坑外围四周呈环形布置,或沿基坑(或沟槽)两侧或单侧呈直线形布置。井中心距基坑(槽)边缘的距离,当用冲击钻成孔时为0.5～1.5m;当用钻孔法成孔时不小于3m。管井埋设的深度,一般为8～15m,间距10～15m,降水深3～5m。

(2) 管井埋设前成孔

管井埋设可采用泥浆护壁冲击钻成孔或泥浆护壁钻孔方法成孔,钻孔孔径比管外径大200mm。钻孔底部应比滤水井管深200mm以上。井管下沉前应清洗滤井,冲除沉渣,可灌入稀泥浆并用水泵抽出置换,或用空压机洗井法,将泥渣清出井外,并保持滤网的畅通,然后下管。滤水井管应置于孔中心,下端用圆木堵塞管口,井管与孔壁之间用3～15mm砾石填充作过滤层,地面以下0.5m内用黏土填充夯实。

(3) 水泵的设置标高

应根据降水深度和选用水泵最大真空吸水高度而定,一般为5～7m,当吸程不够时,可将水泵设在基坑内。

(4) 抽水

管井使用时,应经试抽水,检查出水是否正常,有无淤塞等现象,如情况异常,应检修好后方可转入正常使用。抽水过程中,应经常对抽水设备的电动机、传动机械、电流、电压等进行检查，并对井内水位下降和流量进行观测和记录。

(5) 拆除管井系统

井管使用完毕，可用人字桅杆上的钢丝绳、倒链借用绞磨或卷扬机将井管慢慢拔出。滤水井管洗去污泥后储存备用，所留孔洞用砂砾填实，上部50cm深用黏性土填充夯实。

4. 成品保护

成品保护内容与深井井点降水相同。

5. 应注意的问题

(1) 组装偏差：安装井点管要垂直，并保持在孔中心，放到底后，在管四周分层均匀填砂砾或碎石滤层，并使之密实，最上面500mm用黏土填压。井管高出地面200mm，以防雨水、泥沙流入井管内。

(2) 淤塞：洗井是管井沉设中的一道关键工序，其作用是清除井内泥沙和防止过滤层淤塞，使井的出水量达到正常要求，洗井后井底泥渣厚度应控制在80mm。

(3) 水淹基坑：管井降水宜采用双电路供电，避免中途停电或发生故障时，造成水淹基坑、破坏基土。

第三节 基坑支护工程

一、深基坑围护地下连续墙施工

地下连续墙(图6-4)是在地面上采用一种挖槽机械，沿着深开挖工程的周边轴线，在泥浆护壁条件下，开挖出一条狭长的深槽，清槽后，在槽内吊放钢筋笼，然后用导管法灌筑水下混凝土筑成一个单元槽段，如此逐段进行，在地下筑成一道连续钢筋混凝土墙壁，作为截水、防渗、承重、挡水结构。

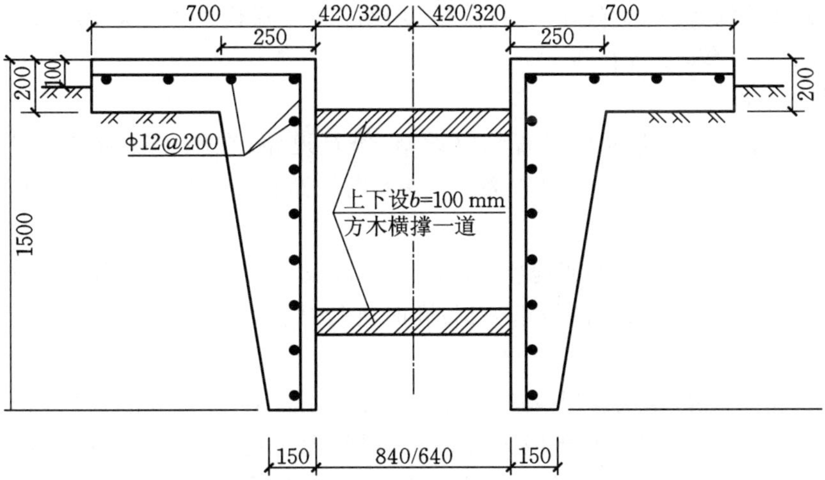

图 6-4 常见的地下连续墙结构

1. 施工准备

(1) 材料准备

① 水泥:用42.5级普通硅酸盐水泥或矿渣硅酸盐水泥,要求新鲜无结块。

② 外加剂:可根据需要掺加减水剂、缓凝剂等外加剂,掺入量应通过试验确定。

③ 钢筋:按设计要求选用,应有出厂质量证明书或试验报告单,并应取试样做机械性能试验,合格后方可使用。

④ 砂:宜用粒度良好的中、粗砂,含泥量小于5%。

⑤ 石子:宜采用卵石,如使用碎石,应适当增加水泥用量及砂率,以保证坍落度及和易性的要求。其最大粒径不应大于导管内径的1/6和钢筋最小间距的1/4,且不大于40mm。含泥量小于2%。

⑥ 泥浆材料:泥浆系由土料、水和掺合物组成。拌制泥浆使用膨润土,细度应为200～250目,膨胀率5～10倍,使用前应取样进行泥浆配合比试验。

如采取黏土制浆时,应进行物理、化学分析和矿物鉴定,其黏粒含量应大于50%,塑性指数大于20,含砂量小于5%,二氧化硅与三氧化铝含量的比值宜为3～4。掺合物有分散剂、增黏剂(CMC)等。外加剂的选择和配方需经试验确定,制备泥浆用水应不含杂质,pH值为7～9。

(2) 机具准备

① 成槽设备:多头钻成槽机、抓斗式成槽机、冲击钻、砂泵或空气吸泥机(包括空压机)、轨道转盘等。

② 混凝土浇灌机具:混凝土搅拌机、浇灌架(包括储料斗、起重机或卷扬机)、金属导管和运输设备等。

③ 制浆机具:泥浆搅拌机、泥浆泵、空压机、水泵、软轴搅拌器、旋流器、振动筛、泥浆比重秤、漏斗黏度计、秒表、量筒或量杯、失水量仪、静切力计、含砂量测定器、pH试纸等。

④ 槽段接头设备:金属接头管,履带或轮胎式起重机,顶升架(包括支承架、大行程千斤顶和油泵等)或振动拔管机等。

⑤ 其他机具设备:钢筋对焊机、弯曲机、切断机、交流和直流电焊机、大小平锹、各种扳手、全站仪、经纬仪、水准仪等。

(3) 作业条件

① 按平面布置及工艺要求设置临时设施,修筑道路,在施工区域设置导墙;安装挖槽,泥浆制配、处理,钢筋加工机具设备;安装水电线路;进行试通水、通电、试运转、试挖槽、混凝土试浇灌。

② 在工程范围内钻探,查明地质、地层、土质以及水文情况,为选择挖槽机具、泥浆循环工艺、槽段长度等提供可靠的技术数据;同时进行钻探,摸清地下连续墙部位的地下障碍物情况。

③ 根据工程结构、地质情况及施工条件制订施工方案,选定并准备机具设备,进行施工部署、平面规划、劳动配备及槽段划分;确定泥浆配合比、配制及处理方法,编制材料、施工机具需用量计划及技术培训计划,提出保证质量、安全及节约等的技术措施。

④ 按设计地面标高进行场地平整，拆迁施工区域内的房屋、通信、电力设施以及上下水管道等障碍物，挖除工程部位地面下的地下障碍物。施工场地周围设置排水系统。

2. 施工工艺流程

施工工艺流程图如图 6-5 所示。

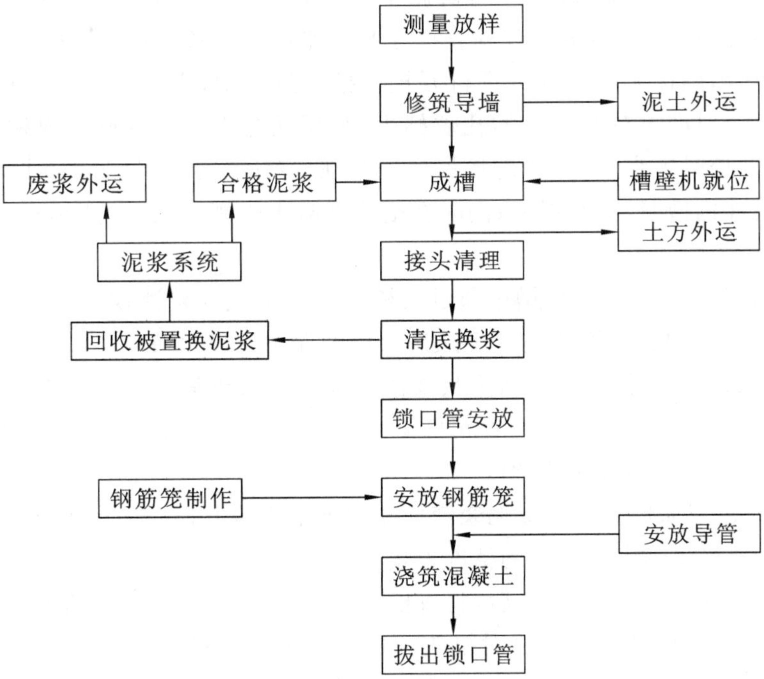

图 6-5　施工工艺流程

3. 施工方法

(1) 导墙

① 导墙施工结束后，立即在导墙顶面上画出分幅线，并测量出每幅槽段钢筋笼的吊点位置标高，以控制吊筋的长度。

② 导墙的作用

(a)控制地下连续墙施工精度。导墙与地下墙中心相一致，规定了沟槽的位置走向，可作为测量挖槽标高、垂直度的基准。

(b)挡土作用。由于地表土层受地面超载影响容易塌陷，导墙起到挡土作用。为防止导墙在侧向土压力作用下产生位移，在导墙内侧每隔 1～2m 加设上下两道木支撑，或在导墙施工结束后进行回填土。

(c)承受地下连续墙钢筋笼等施工荷载。施工期间，承受钢筋笼、灌注混凝土用的导管、接头管以及其他施工机械的静、动荷载。

(d)维持稳定液面。导墙内存储泥浆，为保持槽壁的稳定，要使泥浆液面保持高于地下水位一定的高度。

（2）成槽开挖

① 导墙验收合格后，放出地下连续墙的分幅线，并经监理复测无误后用红油漆在导墙内侧标出分幅线。单元槽段成槽前，用钢尺再次检查导墙上的分隔线，确保相邻分幅线误差控制在 1cm 范围内，然后在已浇筑的导墙上用红油漆画好其他两线（即开挖边线、锁口管安放中心线，并严控外放宽度不得超过 25cm），同时在导墙上定位出每一斗抓斗的中心位置，并放上标志物，以确保每次抓斗下放位置一致，防止抓斗左右倾斜。

② 成槽机就位后，技术人员先检查抓斗是否平行于导墙，抓斗的中心线是否与导墙的中心轴线重合，确保无误后方可进行开挖。挖土过程中，现场值班人员应严格检查每次抓斗中心是否对准放在导墙上的孔位标志物，保证挖土位置准确。成槽开挖时，抓斗应闭斗下放，开挖时再张开，每斗进尺深度控制在 0.4m 左右，上、下抓斗时要缓慢进行，避免形成涡流冲刷槽壁，引起塌方；同时在槽孔混凝土未灌注之前，严禁重型机械在槽孔附近行走产生振动。

③ 成槽垂直度控制。在挖槽中通过成槽机上的垂直度检测仪表显示的成槽垂直度情况，及时调整抓斗的垂直度，做到随挖随纠，确保垂直精度在 1/300 以上，力争 1/400 以上；在成槽机具挖土时，现场值班人员要注意检查悬吊机具的钢索是否松弛，确保钢索呈垂直张紧状态，这是保证挖槽垂直精度必须做好的关键动作；单元槽段成槽完毕和暂停作业时，即令成槽机离开作业槽段。

④ 成槽时泥浆面控制。确保泥浆液面高出地下水位 0.5m 以上，同时也不能低于导墙顶面 0.4m，杜绝泥浆供应不足的情况发生。

⑤ 清底。槽段挖至设计标高后，将成槽机移位，用超声波测量槽段断面，每幅槽段测两处，并且在已浇筑段处测量时要对接头面的垂直度进行检测，以防前一次浇筑锁口管提拔时，因操作不规范造成混凝土塌落，导致此次钢筋笼得不到及时修改而下放不到位。对于槽段接头，用刷壁器清刷。此后应进行清底，其方法是用成槽机抓斗细抓扫底清底，施工时应做到如下几点：

（a）成槽时控制每一斗挖土，每次挖土不能抓得过满，防止土体挤出抓斗，形成土渣。

（b）成槽时每一抓挖至设计标高以上 30cm 后停止挖土，进行第二次挖土施工，直至全槽达到设计标高 30cm 以上后刷壁。

（c）清底应在刷壁完成后静置约 2h 再进行，有利于刷壁产生的泥渣沉于槽底后和 30cm 的槽段土一起清除。

（d）清底采用成槽机抓斗由一端向另一端细抓，每一斗进尺控制在 15cm，这样抓斗下部由土体封闭，上部可以存装沉渣，将槽底沉渣和淤泥清除。

（e）清底应至每一斗土体提出槽壁后无沉渣和淤泥，槽底标高达到设计标高为止。清底结束后，测量槽深和沉渣厚度并做好记录。

（f）清底结束后应达到如下要求：槽深不小于设计深度；沉渣厚度不大于 100mm；孔底泥浆密度不大于 1.15g/cm^3。

⑥ 刷壁。后续槽段挖至设计标高后，用相对应的刷壁器清刷先行幅接头面上的沉渣或泥皮，上下刷壁的次数应不少于 10 次，直到刷壁器的毛刷面上无泥为止，确保接头面

的新老混凝土接合紧密。

（3）泥浆的控制

在地下连续墙挖槽过程中，泥浆起到护壁、携渣、冷却机具、切土润滑的作用。性能良好的泥浆能确保成槽时槽壁的稳定，防止塌方；同时在混凝土浇灌时，对保证混凝土的浇灌质量起着极其重要的作用。

① 在施工中定期对泥浆的指标进行检查（一般在开始成槽前测一次原浆，然后每一抓测一次，最后待清底完成后测一次），并根据实际情况对泥浆指标进行适当调整。新拌泥浆须贮存 24h 后方可使用。

② 严格控制泥浆污染的液位，保证泥浆液位在地下水位 0.5m 以上，并不低于导墙顶面以下 0.3m，液位下落应及时补浆，以防塌方。

③ 挖槽结束及刷壁完成后，分别取槽内上、中、下三段的泥浆进行密度、黏度、含砂率和 pH 值的指标设定验收，并做好记录。

（4）钢筋笼制作、安装

① 钢筋笼制作

（a）钢筋笼应严格根据地下连续墙墙体设计配筋和单元槽段的划分来制作。钢筋笼制作在专门搭设的加工平台上进行，加工平台应保证平台面水平，四个角应成直角，以保证钢筋笼加工时能准确定位和钢筋笼“横平竖直”，钢筋间距符合规范和设计的要求。

（b）为了防止钢筋笼在吊装过程中产生不可复原的变形，各类钢筋笼均设置纵向抗弯桁架，拐角形钢筋笼要增设定位斜拉杆。桁架在专用模具上加工，在钢筋笼施工前先制作，以保证每片桁架平直，桁架的高度一致，确保钢筋笼的厚度。桁架利用钢筋笼的主筋制作，并对焊成一根相同直径的通长钢筋。

（c）钢筋笼在平台上先安放水平分布筋，再放下层的主筋，下层筋安放好后，再按设计位置安放桁架和上层钢筋。

（d）纵向钢筋的底端应距离槽底面 1m，并且纵向钢筋底端应稍向内侧弯折，以防吊放钢筋笼时擦伤槽壁，但向内侧弯折的程度不应影响浇灌混凝土的导管插入。

（e）要在密集的钢筋中预留出导管的位置，以便于浇筑水下混凝土时导管的插入，同时周围增设箍筋和连接筋进行加固。为防止横向钢筋有时会阻碍导管插入，钢筋笼制作时把主筋放在内侧，横向钢筋放在外侧。槽段大于 4m 的每幅预留两个混凝土浇注的导管通道口，两根导管相距 2～3m，导管距两边 1～1.5m。

（f）钢筋笼的主筋采用对焊接头，主筋与水平筋采用点焊连接。主筋与水平筋的交叉点除四周、桁架与水平筋相交处及吊点周围全部点焊外，其余部分采用 50％交错点焊。

（g）钢筋笼端部与接头管或混凝土接头面间应留有 5cm 左右的空隙。竖向钢筋保护层厚度迎土面为 7cm，背土面为 5cm。在垫块与墙面之间留有 2～3cm 的间隙。为保证钢筋的保护层厚度，在钢筋笼外侧焊定位垫块。按竖向间距 4m 设置两列钢垫块焊于钢筋笼上，横向间距标准尺寸为 3.5m，垫块采用 3mm 厚钢板制作。

② 钢筋接驳器安装与控制

（a）地下连续墙内侧预埋底板、中板、顶板、梁的钢筋直螺纹连接器。钢筋接驳器根据设计图纸提供的间距、规格、主体结构各支板的标高、地下连续墙的宽度，计算出每一幅地下连续墙中每一层结构板对应位置的预埋接驳器的数量、标高、规格。钢筋接驳器安装时，基坑内侧面每一层接驳器固定于一根直径为16mm的钢筋上，使接驳器的中心标高与设计的结构板钢筋标高相同，确保每层板的接驳器数量、规格、中心标高与设计一致。

(b) 钢筋接驳器预埋钢筋与地下连续墙外侧水平钢筋点焊固定，焊点最少不得少于2点，焊缝长度必须满足单面搭接焊的要求，并以保证钢筋接驳器预埋钢筋不脱落为准。

(c) 钢筋笼加工结束后，应将钢筋接驳器的盖子拧紧，在钢筋笼下放入槽时，应再次检查盖子是否全部盖好。如漏盖或未拧紧，应立即补上并拧紧，确保结构施工时每一个接驳器均能使用。

(d) 由于接驳器的安装标高是根据钢筋笼的笼顶标高来控制的，为确保接驳器的标高正确无误，钢筋笼下放时用水准仪跟踪测量笼顶标高，下放到位后，根据实际情况及时用垫块加以调整，确保预埋接驳器的标高正确，误差不大于10mm。在板和框架梁范围内，用泡沫板做深40mm的剪力槽。

③ 钢筋笼吊放

钢筋笼的起吊采用50t吊机配合100t的履带吊车一次性整体起吊入槽。钢筋笼起吊采用8点起吊法，起吊时两台吊机同时平行起吊，然后起主吊，放副吊，直至钢筋笼吊竖直。钢筋笼在起吊及行走过程中应小心、慢速平稳操作，同时在钢筋笼下端系上曳引绳以人力操纵，严防钢筋笼抖动而造成槽壁坍塌以及钢筋笼自身不可恢复的变形。钢筋笼在槽口按设计要求位置对正就位后缓慢下放入槽，严禁放空档冲放，遇障碍物不能下放时，应重新吊起，待查明原因并采取措施后再吊入。钢筋笼下放到位后，用特制的钢扁担搁置在导墙上，并通过控制笼顶标高来确保钢筋接驳器和预埋件的位置准确。

(5) 水下混凝土灌注

① 钢筋笼安放后应在4h内浇灌混凝土，浇灌前先检查槽深，确定沉渣厚度是否超限，判断有无塌孔。如沉渣厚度超限或有塌孔现象，可采用导管向槽底循环压排泥浆的办法及导管直接清孔法加以解决，最后计算所需混凝土方量。

② 混凝土的坍落度按规范及水下混凝土要求选择采用。每幅连续墙坍落度试验不得少于3次。

③ 混凝土浇灌采用龙门架配合混凝土导管完成，导管采用法兰盘连接式导管，导管连接处用橡胶垫圈密封防水。导管安装前，应检查每根导管的丝扣和密封圈是否完好及有无混凝土浆粘在丝扣上，如有应用钢丝刷刷净后再安装。导管安装时应用导管扳手卡紧，以防假接而在混凝土灌注过程中脱掉。

④ 导管在混凝土浇灌前先用吊机直接吊入槽中混凝土导管口，再将导管连接起来，导管下口距槽底50cm，导管上口接方形漏斗。

⑤ 混凝土浇筑

(a) 开始浇筑时，先在导管内放置隔水球，以便混凝土浇筑时能将管内泥浆从管底排出。最后通过在导管底端点焊两个内扣的小钢钉把隔水球弄破，以免它留在混凝土中影响质量。混凝土浇灌采用混凝土车直接浇筑的方法，初灌时保证每根导管有 $6m^3$ 混凝土的用量。

(b) 混凝土浇筑中要保持混凝土连续均匀下料，混凝土面上升速度控制在 3～4m/h，导管下口在混凝土内埋置深度控制在 2～6m。整个浇筑过程，标准段浇筑时间控制在 2.5～5h 之间，端头井控制在 3～5h 之间。在浇筑过程中随时观察、测量混凝土面标高和导管的埋深，严防将导管口提出混凝土面。同时，通过测量掌握混凝土面上升情况、浇筑量和导管埋入深度，防止导管下口暴露在泥浆内，造成泥浆涌入导管。当混凝土浇捣到地下连续墙顶部附近时，导管内混凝土不易流出，一方面要降低浇筑速度，另一方面可将导管的最小埋入深度减为 1m 左右，若混凝土还浇捣不下去，可将导管上下抽动，但上下抽动范围不得超过 30cm。

(c) 在浇筑过程中，导管不能作横向运动以防沉渣和泥浆混入混凝土中；不能使混凝土溢出料斗流入导沟。同时要注意观察混凝土的颜色是否有变化。

(d) 置换出的泥浆应及时处理，不得溢出地面。

(e) 混凝土浇筑应两根导管同时进行，确保混凝土面均匀上升，混凝土面高差小于 50cm，以防止因混凝土面高差过大而产生夹层现象。

(f) 浇筑过程中，每浇筑两罐车混凝土后量测一次混凝土面的高程，并计算导管的埋置深度，以便及时拆管。混凝土面至少在三处量测（已浇筑段附近，导管之间，锁口管附近）。混凝土浇筑面应高出设计标高 40cm 左右。对混凝土浇筑过程的每一次测量，要做好详细记录。

(g) 每一单元槽段混凝土制作抗压强度试件三组，每五幅单元槽段混凝土制作抗渗试块一组。

(6) 锁口管安放和顶拔

① 锁口管下放过程中必须用铅锤吊线检查垂直度。

② 锁口管下放后必须检查锁口管入土深度（保证在槽底以下 30～50cm），定位是否正确，底座反力架是否已在导墙上用锚固钢筋固定牢固。

③ 锁口管在钢筋笼下放之前安放，锁口管按设计分幅位置准确就位，锁口管下放后，再用吊机向上提升 2m 左右，检查是否能够松动，待锁口管利用其自重沉入槽底土中，再将其上部固定，背后空隙用黏土回填密实。避免锁口管在混凝土灌注过程中移位或混凝土绕流下幅槽段，从而影响下幅槽段成槽施工和钢筋笼下放。

④ 第一车混凝土和以后每根锁口管接头部位现场制作混凝土试块，放置于施工现场，用以判断混凝土的凝固情况，并根据混凝土的实际情况决定锁口管的松动和拔出时间。

⑤ 锁口管提拔在混凝土达到终凝后开始，第一车混凝土在现场做好试块放置于施工现场，用以判断混凝土的凝固情况，并综合混凝土的实际情况决定锁口管的松动和拨出时间。松动采用液压顶升架，第一次 2～3cm，同时观察油顶油表读数，以后每 30min 松动一次，如松动时顶升压力超过 100t，则可相应增加提升高度，缩小松动时间。松动或提升时间及提升量由现场实验人员及值班人员根据实际情况确定，一般在混凝土浇筑完后

6～8h 内全部拔完。锁口管顶拔时，底部尽可能与刚达到终凝的混凝土层保持 10～15m 高差，并做好详细记录以备检验。

⑥ 锁口管拔出前，先计算剩在槽中的锁口管底部位置，并结合混凝土浇灌记录和现场试块情况，在确定底部混凝土已达到终凝后(试块情况)才能拔出。最后一节锁口管应在墙体顶部混凝土有硬感后才能拔出。

⑦ 混凝土灌注和锁口管松动过程中，值班人员应随时检查锁口管的垂直度和偏移情况等，发现异常立即停止松动，及时加固。

⑧ 锁口管拔出后水平放置在硬地坪上，冲洗晾干后刷上脱模剂为下幅槽段施工备用。

(7) 雨、冬期施工

① 雨期施工

(a) 做好现场排水措施。

(b) 钢筋现场要做好防雨措施。

(c) 雨期地下水位上升时，注意调整泥浆表观密度和黏度。降大至中雨时应暂停挖槽，并封盖槽口。

(d) 现场供电设施注意防雨。

② 冬期施工

(a) 冬期施工，开挖导墙、沟槽要采取防冻措施；回填土过筛，不得有冻块。

(b) 排水管、泥浆罐(池)等应采取保暖措施。

(c) 混凝土要掺防冻液，入槽温度不得低于 5℃。

4. 质量标准

(1) 所用原材料(钢筋、水泥、砂石、外加剂等)质量必须符合设计要求和相应的产品标准规定。

检查方法：检查产品合格证，出厂检验报告合金厂复验报告。

(2) 钢筋笼的尺寸必须符合设计要求，连接必须牢固。

检查方法：观察和尺量检查。

(3) 混凝土强度等级和抗渗等级必须符合设计要求。

检查方法：检查施工记录及试件强度试验、试件抗渗试验报告。

(4) 地下连续墙施工质量检验

地下连续墙施工质量检验标准应符合表 6-11 的要求。

表 6-11　地下连续墙施工质量检验标准

项目	检查项目		允许偏差/mm	检查方法
主控项目	墙体混凝土强度		符合设计要求	查试验报告或取芯试压
	垂直度	永久结构	1/300	超声波测斜仪或槽机上的检测控制系统
		临时结构	1/150	

续表6-11

项目	检查项目		允许偏差/mm	检查方法
一般项目	导墙尺寸	宽度	W＋150	用钢尺量，W 为地下墙设计厚度
		墙面平整	＜5	用钢尺量
		导墙平面位置	±10	用钢尺量
	沉渣厚度	永久结构	≤100	线坠测或沉渣监测仪监测
		临时结构	≤200	
	槽深		100	线坠测
	混凝土坍落度		180～220	坍落度筒、尺
	钢筋笼外形尺寸	长度	±50	用钢尺量
		宽度	±20	用钢尺量
		厚度	－10	用钢尺量
		主筋间距	±10	在任何一个断面连续量取钢筋间距，取其平均值作为一个点
		分布筋间距	±20	
		两排受力筋间距	±10	
	地下墙表面平整度	永久结构	＜100	2m 直尺量
		临时结构	＜150	
		插入式结构	＜20	
	永久性结构预埋位置	水平向	≤10	用钢尺量
		垂直向	≤20	水准仪

5. 成品保护

(1) 钢筋笼制作、运输和吊放过程中，应采取技术措施，防止变形。吊放入槽时，不得擦伤槽壁。

(2) 挖槽完毕，应尽快清槽、换浆、下钢筋笼，并在 4h 内浇筑混凝土。在灌注过程中，应固定钢筋笼和导管位置，并采取措施防止泥浆污染。

(3) 注意保护外露的主筋和预埋件不受损坏。

(4) 施工过程中，应注意保护现场的轴线桩和水准基点桩不变形、不移位。

6. 环境保护措施

(1) 施工场地应制定洒水降尘措施，配备洒水器具，并有专人负责。

(2) 废弃泥浆必须用罐车拉走，卸在预定的废弃点。

(3) 护壁泥浆宜采用立式循环系统，减少泥浆落地，减少环境污染。

7. 应注意的问题

(1) 地下连续墙施工，应制订出切实可行的挖槽工艺方法、施工程序和操作规程，并严格执行。挖槽时，应加强监测，确保槽位、槽深、槽宽和垂直度符合设计要求。遇有槽壁坍塌的事故发生，应及时分析原因，妥善处理。

（2）钢筋笼加工尺寸，应考虑结构要求、单元槽段划分、接头形式、长度、加工场地、现场起吊能力等情况，采取整体式分节制作，同时应具有必要的刚度，以保证在吊放时不致变形或散架，一般应适当加设斜撑和横撑补强。钢筋笼的吊点位置、起吊方式和固定方法应符合设计和施工要求。在吊放钢筋笼时，应对准槽段中心，并注意不要碰伤槽壁壁面，不能强行插入钢筋笼，以免造成槽壁坍塌。

（3）施工过程中应注意保证护壁泥浆的质量，彻底进行清底换浆，严格按规定灌注水下混凝土，以确保墙体混凝土的质量。

二、锚杆支护施工

锚杆支护（图 6-6）是指在边坡、岩土深基坑等地表工程及隧道、采场等地下硐室施工中采用的一种加固支护方式。用金属件、木件、聚合物件或其他材料制成杆柱，打入地表岩体或硐室周围岩体预先钻好的孔中，利用其头部、杆体的特殊构造和尾部托板（亦可不用），或依赖于黏结作用将围岩与稳定岩体结合在一起而产生悬吊效果、组合梁效果、补强效果，以达到支护的目的。该方式具有成本低、支护效果好、操作简便、使用灵活、占用施工净空少等优点。

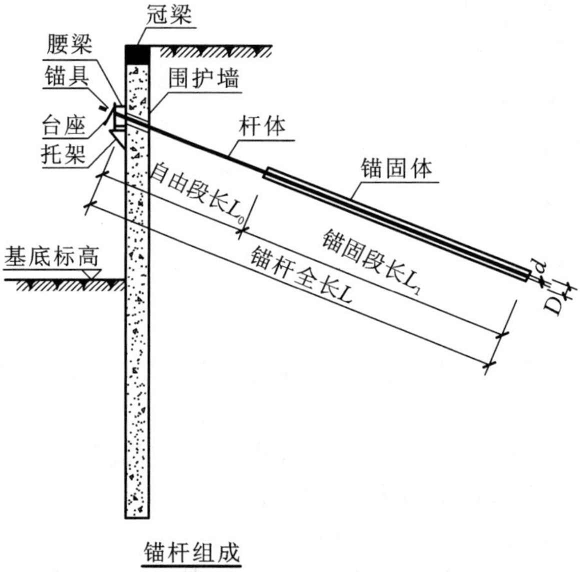

注：1. 锚杆由锚头、自由段和锚固段三部分组成。
2. 锚固段为由水泥浆或水泥砂浆将杆体与土体黏结在一起而形成的锚固体。
3. 图中D为锚固体直径；d为杆体直径。

图 6-6　锚杆支护剖面图

1. 施工准备

（1）材料

① 钢筋：钢筋强度等级为 HRB335、HRB400，应有产品出厂合格证，并经公司试验室进行力学性能复试合格后，方可使用。

② 水泥：普通硅酸盐水泥，强度等级为42.5R。

③ 砂：中砂，含泥量小于3%。

④ 碎石：粒径25mm，含泥量小于1%。

⑤ 承压板：A3级普通热轧钢板。

⑥ 螺栓：采用高强度螺栓。

(2) 机具准备

混凝土搅拌机JS750、砂浆搅拌机、插入式振动机、交流电焊机、钢筋切断机、离心泵、电动套丝机、散装水泥桶、钻机、挤压式注浆泵、千斤顶等。

(3) 作业条件

① 按设计地面标高进行场地平整，拆迁施工区域内的报废建筑物与水、电、通信线路，挖除工程部位地面以下3m内的地下障碍物。

② 开挖边坡，按锚杆设计和施工方案进行钻孔、穿筋、灌浆、张拉、锚固等工艺试验，并做抗拔试验，检验锚杆质量，以取得必要的技术数据。

③ 在施工区域内设置临时设施，修建施工便道及排水沟，安装临时水电线路。

④ 进行施工放线，定出人工挖孔围护桩基线。

2. 施工工艺流程

土层锚杆施工工艺流程：土方开挖→修整边壁→测量、放线→钻机就位→接钻杆→校正孔位→调整角度→打开水源→钻孔（接钻杆）→钻至设计深度→冲洗→插锚杆→压力灌浆养护→裸露主筋除锈→上横梁（或预应力锚件）→焊锚具→张拉（仅限于预应力锚杆）→锚头（锚具）锁定。

3. 施工方法

(1) 基坑开挖

锚杆支护应按设计规定分层、分段开挖，做到随时开挖，随时支护，随时喷混凝土。在完成上层作业面的锚杆预应力张拉与喷射混凝土以前，不得进行下一层土的开挖。当基坑面积较大时，允许在距离四周边坡8～10m的基坑中部自由开挖，但应注意与下层作业区的开挖相协调；当用机械进行土方开挖时，严禁边壁出现超挖，造成边壁土体松动或挡土结构破坏。为防止基坑边坡土体发生塌陷，对于易塌的土体可采用以下措施：

① 对修整后的边壁立即喷上一层薄的砂浆或混凝土，待凝结后再进行钻孔。

② 在水平方向分小段间隔开挖。

③ 开挖时沿开挖面垂直击入钢筋和钢管或注浆加固土体。

(2) 排水

① 锚杆支护宜在排除地下水的条件下进行施工，应采取恰当的降、排水措施排除地下水（包括地表、支护内部、基坑排水），以避免土体处于饱和状态，并减轻作用于面层上的静水压力。

② 基坑四周支护范围内应预修整，构筑排水沟和水泥砂浆或混凝土地面，防止地表水向地下渗透。靠近基坑坡顶2～4m的地面应适当垫高，并且里高外低，便于径流远离边坡。

③ 在支护面层背部应插入长度为400～600mm、直径不小于40mm的水平排水管，

其外端伸出支护面层，间距可为1.5～2m，以便将喷射混凝土面层后的积水排出。

④ 为了排除积聚在基坑内的渗水和雨水，应在坑底设置排水沟和集水坑，坑内积水应及时抽出。排水沟应离开边壁0.5～1m，排水沟和积水坑宜用砖砌并用砂浆抹面以防止渗漏。

(3) 钻孔与锚杆制作

① 钻孔时要保证位置正确(上下左右及角度)，防止高低参差不齐和相互交错。

② 钻进时要比设计深度多钻进100～200mm，以防止孔深不够。

③ 锚杆应由专人制作，接长应采用对焊或帮条焊。为使锚杆置于钻孔的中心，应在锚杆上每隔1500mm设置定位器一个；钻孔完毕后应立即安插锚杆以防塌孔，为保证非锚固段锚杆可以自由伸长，可在锚固段和非锚固段之间设置堵浆器或在非锚固段涂润滑油脂，以保证在该段自由变形；当使用钢绞线作锚杆时，使用前应检查有无油污、锈蚀、缺股断丝等情况，端部要用钢丝绑扎牢固，不得参差不齐或散架。

(4) 注浆

① 注浆管在使用前应检查有无破裂和堵塞，接口处要牢固，防止注浆压力加大时开裂跑浆。注浆管应随锚杆同时插入，干成孔时在灌浆前封闭孔口；湿成孔时在灌浆过程中看见孔口出浆时，再封闭孔口。

② 注浆前要用水引路润湿输浆管道；灌浆后要及时清洗输浆管道、灌浆设备；灌浆后自然养护不少于7d，待强度达到设计强度的70%时，方可进行张拉工艺；在灌浆体硬化之前，不能承受外力或由外力引起的锚杆移动。

(5) 锚杆试验

① 锚杆试验应在锚杆锚固段浆体强度达到15MPa或达到设计强度的75%时方可进行。

② 锚杆试验应按中华人民共和国现行行业标准《建筑基坑支护技术规程》(JGJ 120—2012)附录B的规定，在试验前做试验方案，并经批准后执行。

(6) 喷射混凝土

① 在喷射混凝土前，面层内的钢筋网片牢固固定在边坡壁上，并符合规定的保护层厚度要求。钢筋网片可用插入土中的钢筋固定，在混凝土喷射时不应出现移动。

② 钢筋网片可通过焊接或绑扎而成，网格允许偏差为10mm；钢筋网铺设时，每边的搭接长度不小于一个网格的边长或200mm；如为焊接则焊接长度不小于网筋直径的10倍。

③ 喷射混凝土的配合比应按设计要求通过试验确定，粗骨料最大粒径不宜大于12mm；喷射混凝土作业，应事先对操作人员进行培训，以保证喷射混凝土的水灰比和质量能达到要求；喷射混凝土前，应对机械设备、风、水和电路进行全面检查及试运转；喷射混凝土的喷射顺序应自下而上，喷头与受喷面距离宜控制在0.8～1.5m范围内，射流方向垂直指向喷射面，但在钢筋部位应先喷填钢筋一方后，再侧向喷填钢筋的另一方，防止钢筋背面出现空隙。为保证喷射混凝土厚度达到规定值，可在边壁上垂直插入短的钢筋段作为标志。

④ 为加强支护效果，在喷射混凝土时可加入3%～5%的早强剂；在喷射混凝土初凝

2h 后方可进行下一道工序，此后应连续喷水养护 5～7d。

⑤ 喷射混凝土强度可用边长为 100mm 的立方试块进行测定，制作试块时应将试模底面紧贴边壁，从侧向喷射混凝土，每批至少留取 3 组(每组 3 块)试件。

(7) 施工监测

① 锚杆支护的施工监测应包括下列内容：支护位移、沉降的测量；地表开裂状态(位置、裂宽)的观察；附近建筑物和重要管线等设施的变形测量和裂缝观察；基坑渗、漏水和基坑内外的地下水位变化。在支护施工阶段，每天监测不少于 3 次；在支护施工完成后，变形趋于稳定的情况下每天 1 次。监测过程应持续至整个基坑回填结束为止。

② 观测点的设置：观测点的总数不宜少于 3 个，间距不宜大于 30m。其位置应选在变形量最大或局部条件最为不利的地段。观测仪器宜用精密水准仪和精密经纬仪。

③ 应特别加强雨天和雨后的监测，以及对各种可能危及支护安全的水害来源(如场地周围生产、生活排水，上下水管、贮水池罐、化粪池漏水、人工井点降水的排水，因开挖后土体变形造成管道漏水等)进行仔细观察。

④ 在施工开挖过程中，基坑顶部的侧向位移与当时的开挖深度之比超过 3‰(砂土中)和 3‰～5‰(一般黏土中)时，应密切加强观察、分析原因并及时对支护采取加固措施，必要时增用其他支护方法。

4. 成品保护

(1) 施工时，应注意保护定位标准桩、轴线桩、水准桩，防止碰撞位移。

(2) 夜间施工时，应合理安排施工工序，有足够的照明设备，防止配合比不准确。

(3) 锚杆的非锚固端及锚头部分要及时做防腐处理。永久性锚杆必须进行双层防腐，临时锚杆可采用简单防腐。

5. 环境保护及安全措施

(1) 施工人员进入现场应戴安全帽，高空作业应挂安全带，操作人员应精神集中，遵守有关安全规程。

(2) 各种设备应处于完好状态，机械设备的运转部位应有安全防护装置。

(3) 锚杆钻机应安设安全可靠的反力装置，在有地下承压水地层中钻进时，孔口应安设可靠的防喷装置，以便突然发生漏水和涌砂时能及时封住孔口。

(4) 锚杆外端部的连接应牢靠，以防在张拉时发生脱扣现象。

(5) 张拉设备应经检验可靠，并有防范措施，防止夹具飞出伤人。

(6) 注浆管路应畅通，防止塞管、堵泵，造成爆管。

(7) 电气设备应可靠接地、接零，并由持证人员安全操作。电缆、电线应架空设置。

6. 应注意的问题

(1) 压注砂浆时，必须密切注意压力表，发现压力过高，可能发生堵管，必须立即停风检查，排除堵塞。

(2) 注浆管不准对人放置，注浆管在未打开风阀前，不准搬动，关闭密封盖，以防止高压喷出物伤人。

(3) 发生串浆现象，即浆液从其他孔中流出时，采用多台泵同时注浆或堵塞串浆孔注浆。

(4) 掺速凝剂砂浆一次拌制数量不应多于3个孔，以免时间过长使砂浆在泵管中凝结。

(5) 注浆完成后，及时清洗机具。

三、沉井围护施工

沉井是井筒状的结构物，沉井围护(图6-7)是先在地表制作成一个沉井，然后在井壁的围护下通过从井内不断挖土，使沉井在自重作用下逐渐下沉，达到预定设计标高后，再进行封底，构筑内部结构。该方法技术上比较稳妥可靠，挖土量少，对邻近建筑物的影响比较小，沉井基础埋置较深，稳定性好，能支承较大的荷载，一般在施工大型桥墩的基坑、污水泵站、大型设备基础、人防掩蔽所、盾构拼装井、地下车道与车站水工基础施工围护装置时使用。

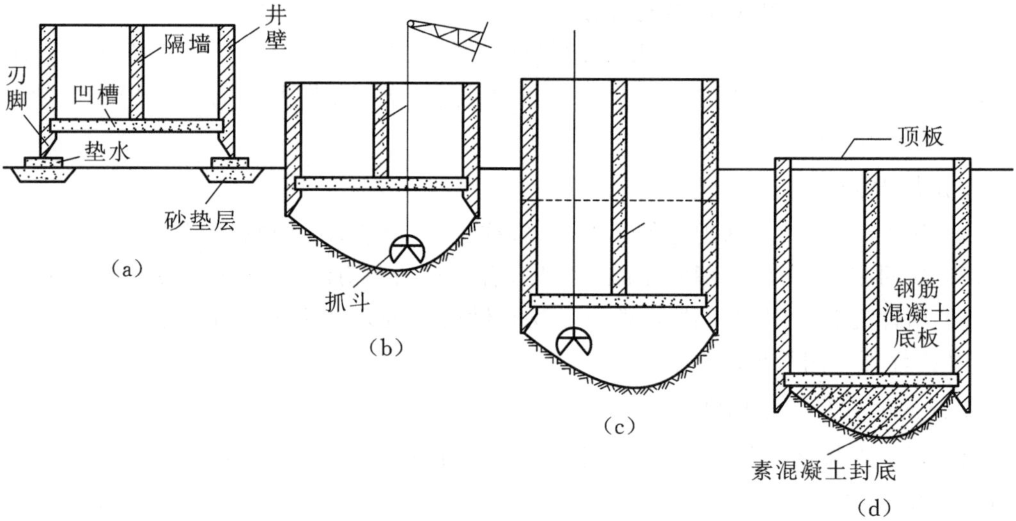

图6-7　沉井围护施工

(a)浇筑井壁；(b)挖土下沉；(c)接高井壁，继续挖土下沉；(d)下沉到设计标高后，浇筑封底混凝土、底板和沉井顶板

1. 施工准备

(1) 材料准备

2～4mm砂砾混合料等。

(2) 机具准备

① 沉井制作机具设备包括模板、钢筋加工常规机具设备、混凝土搅拌机、自卸汽车、机动翻斗车、手推车、插入式振动器等。

② 沉井下沉机具设备包括15t履带式起重机、QT6-15型塔式起重机、出土吊斗等。

③ 排水机具设备包括离心式水泵或潜水电泵。

(3) 作业条件

① 现场“三通一平”已完成。

② 地质勘测资料齐全，根据地下水位埋深、土层分布和基坑放坡系数确定井点位置、数量和降水深度。

2. 施工工艺流程

井点测量定位→挖井口→安护筒→钻机就位→钻孔→回填井底砂垫层→吊放井管→回填井管与孔壁间的砾石过滤层→洗井→井管内下设水泵、安装抽水控制电路→试抽水→降水井正常工作→降水完毕拔井管→封井。

3. 施工方法

(1) 根据设计的井位及现场实际情况，准确定出各井位置，并做好标记。

(2) 采用循环钻成孔施工法，孔径一般为 600～800mm，用泥浆护壁，孔口设置护筒，以防孔口塌方，并在一侧设排泥沟、泥浆池。

(3) 成孔后立即清孔，并安装井管。井管的滤管部分应放置在含水层的适当范围内，并在井管与孔壁间填充砾石滤料。

(4) 安装水泵前，用压缩空气洗井法清洗滤井，冲除尘渣，直到井管内排出的水变清，达到正常出水量为止。

(5) 水泵安装后，对水泵本身和控制系统做一次全面细致的检查，合格后进行试抽水，满足要求后转入正常工作。

(6) 观测井中地下水位变化，做好详细记录。

4. 成品保护

(1) 沉井(箱)下沉前第一节应达到 100％的设计强度，其上各节必须达到 70％的设计强度。

(2) 在施工过程中，妥善保护好场地轴线桩、水准点，加强复测，防止出现测量错误。

(3) 加强沉井过程中的观测和资料分析，分区、依次、对称、同步地抽除垫架、垫木，发现倾斜及时纠正。

(4) 下沉至接近设计标高时应加强测量观测、校核分析工作，下沉至距设计标高 0.1m 时，停止挖土和井内抽水作业，使其完全靠自重下沉至设计标高或接近设计标高。

(5) 下沉至设计标高后，经 2～3d 沉井下沉已稳定，即可进行封底。

5. 环境保护及安全措施

(1) 含泥、砂的污水，应在污水出口处设置沉淀池或用泥浆车及时运出场外。池内泥、砂应及时清理，并做妥善处理，严禁随地排放。

(2) 施工期间应加强环境噪声的长期监测，指定专人负责实施噪声监测，监测设备应校准、检定合格，并在有效期内。测量方法、条件、频度、目标、指标、测点的确定等须符合国家有关噪声管理规定。对噪声超标有关因素及时进行调整，发现不符合要求的，采取纠正与预防措施，并做好记录。

(3) 对泥浆车及车轮携带物应及时清洗；洗车污水应经沉淀后排出。

(4) 施工现场应采用两路供电线路或配备发电设备，正式抽水后干线不得停电、停泵。

(5) 定期检查电缆密封的可靠性，以防磨损后水渗入电缆芯内，影响设备正常运转。

(6) 降水期间，必须 24h 有专职电工值班，持证上岗。

(7) 潜水泵电缆不得有接头、破损，以防漏电。

6. 应注意的问题

(1) 基坑周围井点应对称，同时抽水，使水位差控制在要求限度内。

(2) 井管安放应力求垂直，并位于井孔中间。井管顶部应比自然地面高 0.5m。

(3) 井管与土壁之间填充滤料应一次完成，从井底填到井口下 1.0m 左右，上部采用不含砂石的黏土封口。

(4) 每台水泵应配置一个控制开关，主电源线路要沿深井排水管路设置。

(5) 大口井成孔直径必须大于滤管外径 30cm 以上，确保滤管外围的过滤层厚度。

(6) 滤管在井孔中位置偏移不得大于滤管壁厚。

(7) 加强水位观测，使靠近建筑物的深井水位与附近水位之差保持不大于 1.0m，防止建筑物出现不均匀沉降。

第四节　桩基础工程

一、水泥土搅拌桩施工

水泥土搅拌桩施工主要用于加固饱和软黏土地基，它利用水泥作为固化剂，通过特制的搅拌机械，在地基深处将软土和固化剂强制搅拌，利用固化剂和软土之间所产生的一系列物理化学反应，使软土硬结成具有整体性、水稳定性和一定强度的优质地基。加固深度通常超过 5m，干法加固深度不宜超过 15m，湿法加固深度不宜超过 20m。用回转的搅拌叶片将压入软土内的水泥浆与周围软土强制拌和形成水泥加固体。深层水泥土搅拌桩施工如图 6-8 所示。

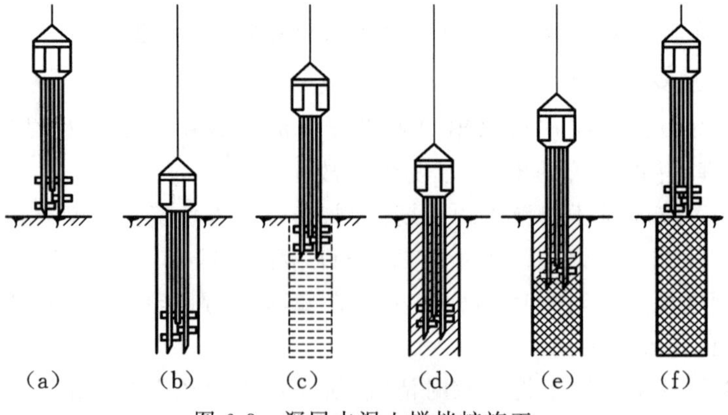

图 6-8　深层水泥土搅拌桩施工

(a)定位；(b)预搅、下沉；(c)提升、喷浆、搅拌；(d)重复下沉、搅拌；(e)重复提升、搅拌；(f)成桩结束

1. 施工准备

(1) 材料

① 水泥:用 42.5 级普通硅酸盐水泥,要求新鲜无结块。

② 外加剂:塑化剂采用木质素磺酸钙,促凝剂采用硫酸铀、石膏;应有产品出厂合格证,掺量通过试验确定。

③ 砂子:用中砂或粗砂,含泥量小于 5%。

(2) 机具准备

深层(喷射)搅拌机、灰浆泵(湿法)、灰浆拌制机(湿法)、冷却水泵(湿法)、粉体发送系统(干法)、空气压缩机(干法)。

(3) 作业条件

① 平整场地:做好“三通一平”,在老宅场地施工前对桩位用钎探检查有无条石、块石,如有应及时挖掘清除。

② 放线定位:按设计要求进行现场测量放线,定出每一个桩位,做出醒目标记。

③ 场地布置:现场表土较硬需采用注水预搅施工时,在场地四周要开挖排水沟,并设集水井。

④ 机械安装:做到牢固平稳,搅拌轴必须垂直(垂直度偏差不超过 1%)。桩位偏差不大于 50mm,每一桩位均要做好相应的标志。

2. 施工流程

(1) “湿法”工艺流程

“湿法”工艺流程如图 6-9 所示。

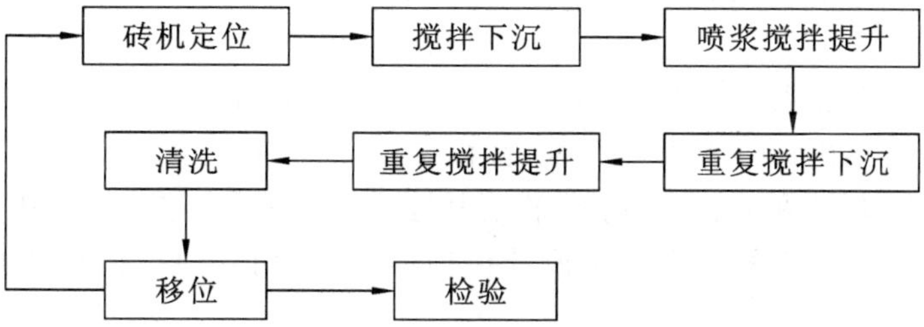

图 6-9 “湿法”工艺流程

(2) “干法”工艺流程

“干法”工艺流程如图 6-10 所示。

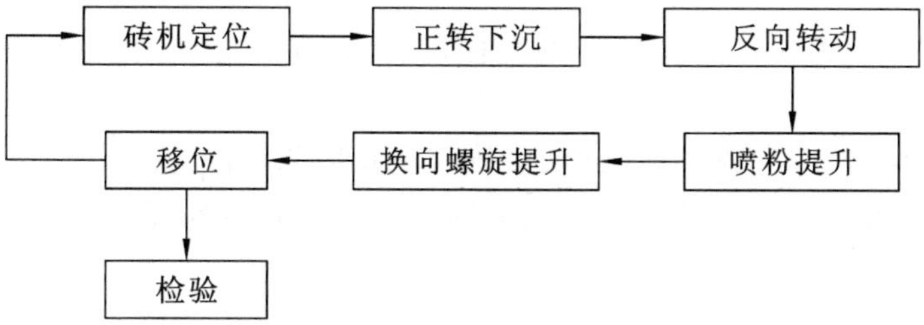

图 6-10 “干法”工艺流程

3. 施工方法

（1）“湿法”施工

① 桩机定位：利用起重机或开动绞车将桩机移动到指定桩位。为保证桩位准确，必须使用定位卡，桩位偏差不大于50mm，导向架和搅拌轴应与地面垂直，垂直度的偏差不应超过1%。

② 搅拌下沉：当冷却水循环正常后，启动搅拌机电机，使搅拌机沿导向架切土搅拌下沉，下沉速度由电机的电流表监控；同时按预定配比拌制水泥浆，并将其倒入集料斗备喷。

③ 喷浆搅拌提升：搅拌机下沉到设计深度后，开启灰浆泵，使水泥浆连续自动喷入地基，并保持出口压力为0.4～0.6MPa，搅拌机边旋转边喷浆边按已确定的速度提升，直至设计要求的桩顶标高。搅拌头如被软黏土包裹时，应及时清除。

④ 重复搅拌下沉：为使土中的水泥浆与土充分搅拌均匀，再次将搅拌机边旋转边沉入土中，直到设计深度。

⑤ 重复搅拌提升：将搅拌机边旋转边提升，再次至设计要求的桩顶标高，并上升至地面，制桩完毕。

⑥ 清洗：向已排空的集料斗注入适量清水，开启灰浆泵清洗管道，直至基本干净，同时将黏附于搅拌头的土清洗干净。

⑦ 移位：重复上述步骤①～⑥，进行下根桩施工。

（2）“干法”施工

① 钻机定位：利用起重机或开动绞车将桩机移动到指定桩位。为保证桩位准确，必须使用定位卡，桩位偏差不大于50mm，导向架和搅拌轴应与地面垂直，垂直度的偏差不应超过1%。

② 正转下沉：开启主空压机，打开送灰管道，钻机正转下沉，风压控制在100～150kPa。

③ 反向转动：钻机钻进至设计深度，钻机换挡，反向转动。

④ 喷粉提升：开启副空压机，将料罐压力与送灰管压力调至正常，开始喷粉并提升。

⑤ 换向旋转提升：搅拌头提升至设计桩顶标高后停止喷粉，搅拌头换向旋转提升至地面，成桩完毕。

⑥ 移位：重复上述步骤①～⑤，进行下根桩施工。

4. 质量标准

（1）施工前应检查水泥及外掺剂的质量、桩位、搅拌机工作性能及各种计量设备完好程度。

（2）在施工过程中，应检查机头提升速度、水泥浆或水泥注入量、搅拌桩的长度及标高。

（3）施工结束后，应检查桩体强度、桩体直径及地基承载力。

（4）进行强度检验时，对承重水泥土搅拌桩应取90d后的试件；对支护水泥土搅拌桩应取28d后的试件。

（5）承重水泥土搅拌桩复合地基竣工验收时，承载力检验应采用复合地基载荷试验和单桩载荷试验，检验数量为桩总数的0.5%～1%，且每一单项工程不应少于3点。

（6）水泥土搅拌桩质量标准应符合表 6-12 的规定。

表 6-12　水泥土搅拌桩质量标准

项目	序号	检查项目	允许偏差或允许值	检查方法
主控项目	1	水泥及外掺剂质量	设计要求	查产品合格证书并抽样送检
	2	水泥用盘	参数指标	查看流量计
	3	桩体强度	设计要求	按规定办法
	4	地基承载力	设计要求	按规定办法
一般项目	1	机头提升速度/(m/min)	≤0.5	测量机头上升距离及时间
	2	桩底标高/mm	±200	测量机头深度
	3	桩顶标高/mm	+100 −50	水准仪测量 （上部 500mm 不计入）
	4	桩位偏差/mm	<50	用钢尺量
	5	桩径	<0.4D	用钢尺量，D 为桩径
	6	垂直度/%	≤1.5	经纬仪测量
	7	搭接/mm	>200	用钢尺量

5. 成品保护

（1）在施工完成后，应洒水养护桩头至少 7d。

（2）桩头 500mm 凿除及场地开挖应采用人工进行，以免机械开挖时损坏桩头。

6. 环境保护及安全措施

（1）环境保护措施

① 设沉淀池，清污分流。

② 水泥运输表面覆盖，建筑垃圾运输表面覆盖，道路要经常维护和洒水，防止造成粉尘污染。

③ 施工现场应设合格的卫生环保设施，施工垃圾集中分类堆放，严禁垃圾随意堆放和抛撒。

④ 施工现场使用和维修机械时，应有防滴漏措施，严禁将机油等滴漏于地表，造成土地污染。

（2）安全措施

① 禁止无关人员进入现场，打沉套管应有专人指挥。

② 施工机械、电气设备、仪表仪器及机具等在确认完好后方准使用，并由专人负责。

③ 在桩架上装拆维修机件进行高空作业时，必须系安全带。

④ 桩机行走时，应先清理地面上的障碍物和挪动电缆，挪动电缆应戴绝缘手套，注意防止电缆磨损漏电。

⑤ 深层搅拌机的入土切削和提升搅拌，当载荷太大及工作电流超过预定值时，应减慢升降速度或补给清水，一旦发生卡钻或停钻现象，应切断电源，将搅拌机强制提起之

后，才能启动电机。

⑥ 施工过程中如遇大风，应将桩管插入地下嵌固，以确保桩机安全。

⑦所有施工人员均戴安全帽，并进行安全教育。

7. 应注意的问题

(1) 湿法

① 所使用的水泥都应过筛，制备好的浆液不得离析，泵送必须连续。

② 喷浆量及搅拌深度必须采用经国家计量部门认证的检测仪器自动记录。

③ 当水泥浆液到达出浆口后，应喷浆搅拌30s，在水泥浆与桩端土充分搅拌后，再开始提升搅拌头。

④ 施工时因故停浆，应将搅拌头下沉至停浆点以下0.5m处，待恢复供浆时再喷浆搅拌提升。

(2) 干法

① 喷粉施工机械必须配置经国家计量部门确认的具有能瞬时检测并记录出粉量的粉体计量装置及搅拌深度自动记录仪。

② 搅拌头每旋转一周，其提升高度不得超过16mm。

③ 当搅拌头到达设计桩底以上1.5m时，应立即开启喷粉机提前进行喷粉作业。当搅拌头提升至地面下500mm时，喷粉机应停止工作。

④ 成桩过程中因故停止喷粉，应将搅拌头下沉至停灰面以下1m处，待恢复喷粉时再喷粉搅拌。

二、超流态混凝土灌注桩施工

超流态混凝土灌注桩施工(图6-11)是利用长螺旋钻机钻孔至设计标高，停钻后在提钻的同时通过设在内管钻头上的混凝土孔，压灌超流态混凝土，压灌至设计桩顶标高后，移开钻杆将钢筋笼压入桩体。在压灌混凝土到桩顶时，灌入的混凝土要超出桩顶50cm，以保证桩顶混凝土强度。

1. 施工准备

(1) 资料准备

① 建筑物场地工程地质资料和必要的水文地质资料。

② 桩基工程施工图(包括同一单位工程中所有的桩基础)及图纸会审纪要。

③ 建筑场地和邻近区域内的地下管线(管道、电缆)、地下构筑物、危房、精密仪器车间等的调查资料。

④ 主要施工机械及其配套设备的技术性能资料。

⑤ 桩基工程的施工组织设计或施工方案。

⑥ 水泥、砂、石、钢筋等原材料及其制品的质检报告。

⑦ 有关荷载、施工工艺的试验参考资料。

(2) 作业条件

① 成桩机械必须经鉴定合格，不合格机械不得使用。

② 施工前应组织图纸会审，会审纪要连同施工图等作为施工依据，并列入工程档案。

③ 桩基施工用的临时设施,如供水、供电、道路、排水、临设房屋等,必须在开工前准备就绪,施工场地应进行平整处理,以保证施工机械正常作业。

④ 基桩轴线的控制点和水准基点应设在不受施工影响的地方。开工前,经复核后应妥善保护,施工中应经常复测。

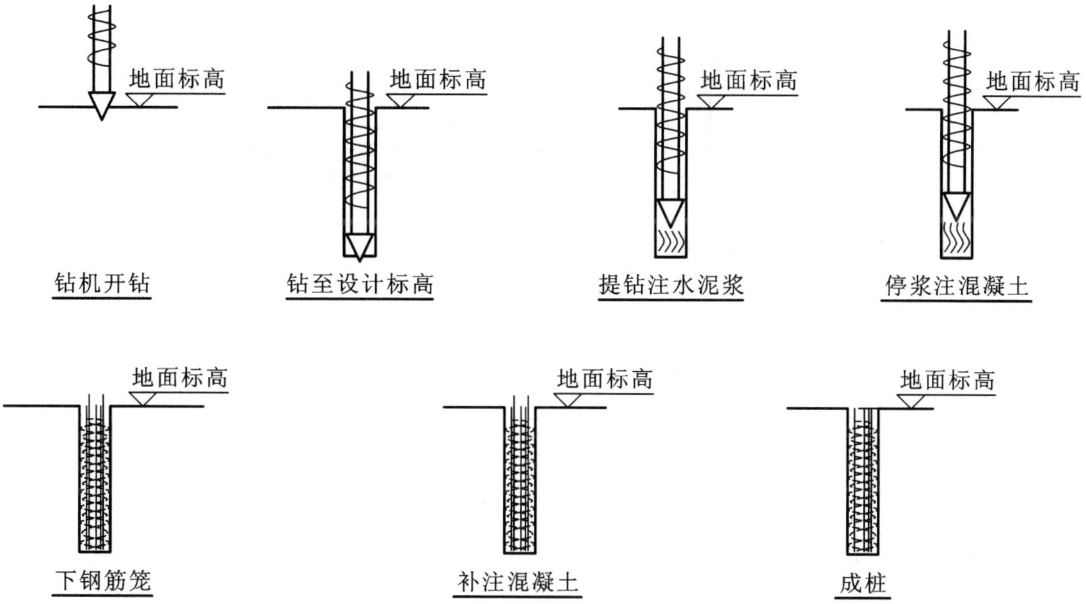

图 6-11 超流态混凝土灌注桩施工

(3) 技术准备

① 在施工平面图上标明桩位、编号、施工顺序、水电线路和临时设施的位置;采用泥浆护壁成孔时,应标明泥浆制备设施及其循环系统。

② 确定成孔机械、配套设备以及合理施工工艺的有关资料,泥浆护壁灌注桩必须有泥浆处理措施。

③ 施工作业计划和劳动力组织计划。

④ 机械设备、备(配)件、工具(包括质量检查工具)、材料供应计划。

⑤ 桩基施工时,对安全、劳动保护、防火、防雨、防台风、爆破作业、文物和环境保护等方面应按有关规定执行。

⑥保证工程质量、安全生产和季节性(冬、雨期)施工的技术措施。

2. 施工流程

施工流程如图 6-12 所示。

3. 施工方法

(1) 定位放线,组装设备

依据设备布置图和有关建筑物的轴线和标高线划定安装基准线,组装好设备。

(2) 钻机就位,调整垂直度

钻机就位对准桩位点后必须调平,确保成孔的垂直度,结合场地实际情况铺设枕木

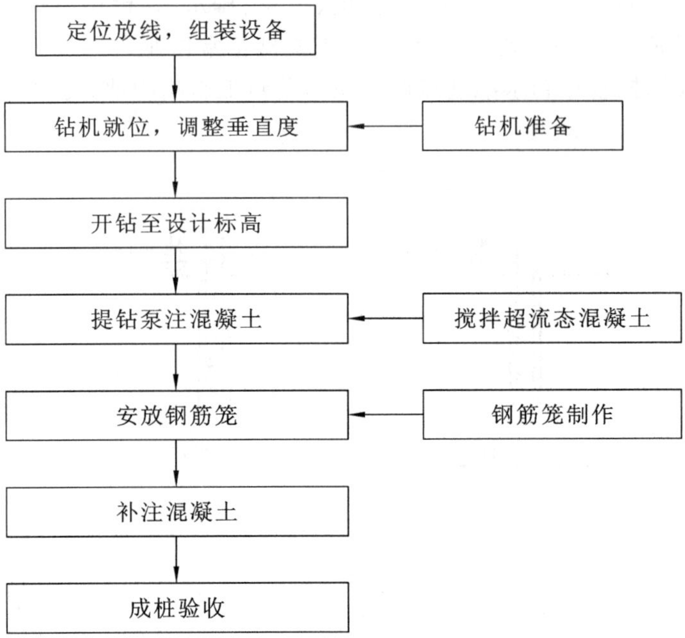

图 6-12　施工流程

或铜板，使钻机支撑稳定。

（3）开钻至设计标高

① 开钻时，钻头对准桩位点后，启动钻机下钻，下钻速度要平稳，严防钻进中钻机倾斜错位。

② 钻进中，当发现不良地质情况或地下障碍物，应立即停钻，并通知建设单位与设计单位确定处理方法、修改工艺参数或重改桩位、桩长等。

（4）搅拌超流态混凝土

超流态混凝土的原材料必须经过 2 次复验合格后方可投入使用，水泥宜选用硅酸盐水泥和普通硅酸盐水泥，强度不得低于 42.5MPa。外加剂的选用应保证坍落度达到 220～250mm，拌制投料时，其添加顺序宜滞后于水和水泥，石子粒径宜采用 5～20mm，施工要加大水泥用量，提高水泥和易性，使石子在混凝土中悬浮，以避免混凝土离析，减少钢筋笼下沉时的黏阻力。

（5）提钻泵注混凝土

钻机钻至设计孔底标高后，混凝土泵开始压注混凝土，然后边压注边提钻，始终保持泵入孔中混凝土量大于钻杆上提体积量。

泵送施工时，要严格控制钻杆提升速度，确保提钻速度与混凝土灌注速度相协调。提钻杆前，要求钻杆内的混凝土高度高出地面。同时，要计算每盘泵入混凝土方量，施工时，通过混凝土泵送对钻杆产生的上顶力，调整提钻速度，保证钻杆及叶片对混凝土有一定的挤压作用。

（6）制作钢筋笼

钢筋笼主筋与加劲箍筋必须焊接，用 HPB335 级钢做主筋时，可不设弯钩；用

HPB235 级钢筋做主筋时，桩顶应设弯钩，弯钩长度不小于钢筋直径的 6.25 倍。钢筋笼下端 500mm 处主筋宜向内侧弯曲 15°～30°；桩身混凝土必须留有试块，每个浇筑台班不得小于 1 组，每组 3 件。

(7) 安放钢筋笼

利用钻机自备吊钩、塔吊或起重机将钢筋笼竖直吊起，垂直于孔口上方，然后扶稳下入孔中，如下沉阻力大则用振动器压入，固定在设计标高。

(8) 补注混凝土

若混凝土发生沉降时，应及时补注混凝土至设计标高以上 50cm。

(9) 成桩验收

施工结束后，应进行桩体质量及承载力的检验。

4. 质量标准

(1) 主控标准

① 桩位偏差：1～3 根、单排桩基中心线方向和群桩基础的边桩桩位允许偏差为桩径的 1/6 且不大于 70mm；条形桩基沿中心线方向和群桩基础的中间桩桩位允许偏差为桩径的 1/4 且不大于 150mm。

② 垂直度偏差：小于 1%桩长。

③ 桩径允许偏差：±20mm。

④ 桩体质量检验：施工结束后，必须进行桩体质量检验，桩体质量必须符合设计要求。

⑤ 混凝土强度：混凝土强度等级必须符合设计要求。混凝土强度试件的留置数量，每灌注 50m^3 或每个浇筑台班不得少于 1 组。混凝土强度检验评定方法应符合《混凝土强度检验评定标准》(GB/T 50107—2010)的有关规定。

⑥ 承载力：工程桩必须进行承载力检验，单桩承载力特征值必须满足设计要求。要求基础设计等级为甲级或地质条件复杂、成桩质量可靠性较差的桩，必须采用静载荷试验方法进行检验；地质条件较好，且不含或很少含地下水以及工程桩施工质量较差的乙级建筑地基基础工程，应采用高应变动测法进行检验。单桩承载力检测方法应符合《建筑基桩检测技术规范》(JGJ 106—2014)的规定。

(2) 一般项目

① 钢筋笼顶标高允许偏差±50mm。

② 桩顶标高允许偏差+30mm，浇筑后桩顶宜比设计标高高 300～500mm。

③ 钢筋保护层厚度允许偏差±20mm。

④ 充盈系数大于 1。

⑤ 骨料含泥量：小于 1%，抽样送检。

5. 环境保护及职业健康安全措施

(1) 环境保护措施

① 施工期间做到泥浆不外溢。

② 现场所排污水应先集中经过临时沉淀池过滤后，方准排入下水管道，防止堵塞下水道。

③ 现场用围墙进行封闭，将施工区域与外界隔离开。

④ 现场的临时道路地面做硬化处理，防止道路扬尘。

⑤ 在现场设置搅拌设备时，安设挡尘装置。

⑥ 进行混凝土、砂浆等搅拌作业的现场，设置沉淀池，使清洗机械和运输车的废水经沉淀后排入市政污水管线或回收用于洒水降尘。

⑦ 现场存放油料的库房进行防渗漏处理，储存和使用都采取措施，防止跑、冒、滴、漏，污染水体。

⑧ 施工现场噪声控制遵照《建筑施工场界噪声排放标准》(GB 12523—2011)执行。

(2) 职业健康安全措施

① 进入现场的施工人员必须佩戴好安全帽，上高空作业必须系好安全带，机电设备必须由专人操作，操作时必须遵守规程。

② 各种电器控制必须设计二级漏电保护装置，电动机械应严格按一机一闸制接线，必须有防雨措施。

③ 经常检查机械的转动，升降、电气系统及吊臂、吊绳、钩等关键部位的安全性和牢固性。

④ 桩机在移位和转动时，现场必须有安全管理人员或兼职安全员亲自指挥监督。

⑤ 夜间施工必须有充足的照明。

⑥ 电工应经常检查电线、电缆是否有损伤，绝不允许电机、电线、电缆和任何电器设备带病工作。

⑦ 各转动轴、转动带部位严禁暴露在外，必须设置防护罩。

⑧ 严禁施工人员酒后上班，不准无证操作，雨期施工操作人员应注意防滑。

⑨ 设备的组装：

(a) 充分熟悉设备使用说明书，严格按照厂方要求进行设备组装，不得随意减少机身配件。

(b) 组装时，必须按要求拧紧螺栓、螺母，而且插入方向应遵循由上而下的方式。

(c) 动力头所用的钢绳必须是一体化，中间不得有接头，严禁有抽丝现象，绳筒必须有防护罩等措施。

(d) 机架横向、纵向移动用钢丝绳必须满足受力要求，并且不得有抽丝断裂等现象。

(e) 钢丝绳接头处必须有 3 个夹头紧固。

(f) 动力头应经常加油，定期检查小油泵，如有异常现象及时调换。

(g) 检查各电箱的漏电保护装置，如有失灵的保护器应及时拆除更换。

(h) 应经常检查机架上面的螺母是否有松动现象，若有应及时紧固。

(i) 走管严禁污泥浸泡，应定期涂刷润滑剂，以保证机架行走时的灵活性。

⑩ 操作时注意事项：

(a) 道木放置应整齐，表面标高统一，遇沟槽较宽处应多置几根，以免跨度太大。

(b) 遇地基较软或有松动时禁止移机，待处理后方可移位上机。

(c) 应经常检查机架零配件是否有异常情况，若发现应尽量整改，杜绝安全隐患。

⑪ 混凝土灌注完毕后应及时割断吊筋、拔出护筒、清除孔口泥浆和混凝土残浆。对

桩顶混凝土面低于自然地面高度的桩孔，应立即回填或加盖，以防人或物掉落。

三、预应力管桩施工

预应力管桩可分为预应力混凝土管桩、预应力高强混凝土管桩和预应力薄壁管桩。预应力混凝土管桩代号为PC，预应力高强混凝土管桩代号为PHC，预应力薄壁管桩代号为PTC。PC桩的混凝土强度不得低于C60，薄壁管桩强度等级不得低于C60，PHC桩的混凝土强度等级不得低于C80。

1. 施工准备

(1) 材料准备

① 水泥：宜选用42.5级以上普通硅酸盐水泥。

② 砂：选用中砂或粗砂，含泥量不大于2%。

③ 石：选用粒径5～40mm的碎石，含泥量不超过2%。

④ 水：应用不含有害物质的自来水。

⑤ 钢筋：应选用正规厂家钢材，有质量合格证并经复试合格。

(2) 机具准备

主要机具有：锚具、夹板、张拉机、柴油锤、桩架。

2. 施工工艺流程

测量定位→底桩就位→对中和调直→锤击沉桩→接桩→再锤击接桩→打至持力层→收锤，如图6-13所示。

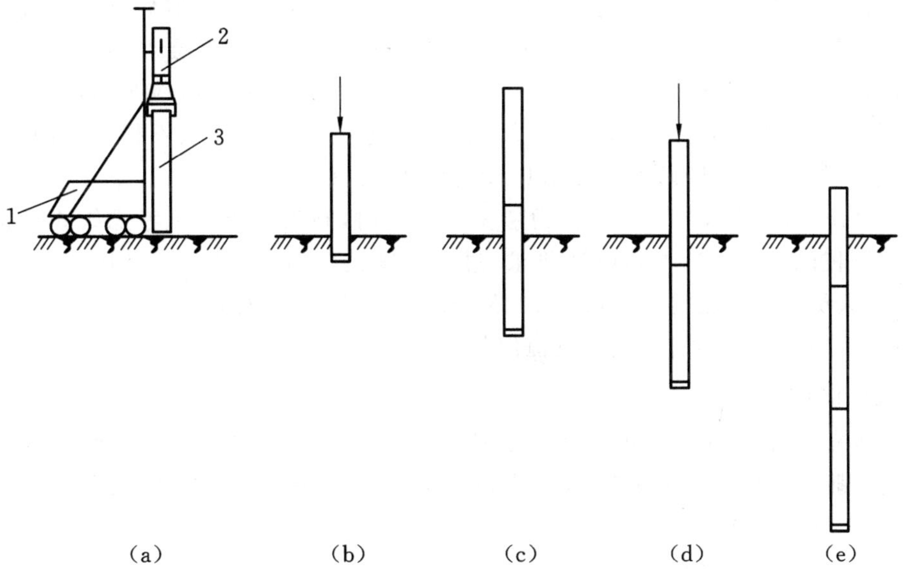

图6-13　预应力管桩施工工艺流程

(a)测量定位、底桩就位、对中和调直；(b)锤击沉桩；(c)接桩；(d)再锤击接桩；(e)打至持力层、收锤

1—打桩机；2—桩锤；3—管桩

3. 施工方法

(1) 测量定位:测量定桩时,应由专职测量人员在桩位中心打入红布条作为“样桩”。如采用开口型桩尖,还应用白砂在当天计划打的桩位上画出一个圆心与“样桩”重合。

(2) 底桩就位:由于管桩节长较短,重量相对于方桩来说较轻,一般采用单点吊将管桩吊直,先将管桩头部插入桩锤下面的桩帽套内,再用人工扶住管桩下端使管桩桩尖在白灰圈内就位。

(3) 对中、调直底桩:就位后对中调直这道工序对成桩质量起关键作用。如果底桩不对中,那么成桩后桩位偏差肯定超过规范要求。调直使桩身垂直,使桩身桩帽和桩锤的中心线重合,测量管桩桩身包括打桩架等杆的垂直度,可用两台经纬仪在离打桩架 15m 以外成正交方向进行观察,也可在正交方向上设置两个线锤进行观察校正。另外,每台打桩机尚应配一把长条水准尺,随时测量桩身垂直度。

(4) 锤击沉桩:在开始锤击底桩时,落距要较小,当底桩入土一定深度并保持稳定后,再按要求的落距沉桩,在打桩过程中要自始至终保持桩锤、桩帽和桩身的中心线重合,即三体中心线保持在同一铅垂线上,如有偏差及时纠正,尤其对底桩的垂直度控制更要严格,这不仅是为了保证成桩的垂直度,也是为防止管桩受偏心锤击而被击碎的一条重要施工控制措施。

(5) 接桩:预应力接桩全部采用端头板四周一圈坡口进行电焊连接,当底桩桩顶露出地面 0.5~1.0m 时可暂停锤击,进行管桩焊接,首先用钢丝刷将两个对接桩头上的泥土、铁锈刷净,再在底桩桩头扣上一个特制的接桩夹具(导向箍)将待接的上桩吊入夹具内就位,并调直,用电焊在接缝四周均匀对称点焊 4~6 点,待上下节固定后拆除夹具,再正式施焊,选用焊条直径应首先考虑焊缝满足坡口根部的要求,焊接坡口根部时应选用 ϕ3.2mm 焊条,其余部分可选用 ϕ(4~5)mm 焊条,焊接时电流强度应与所用的焊机相匹配。施焊时,宜由两个焊工对称、分层、均匀、连续进行,且焊接层数不得小于两层。焊缝应连续饱满,焊缝应自然冷却 8~10min,才能继续打桩。

(6) 收锤:当桩尖被打入设计持力层一定深度时,施工人员即可考虑终止锤击,由于过早停打则桩的承载力达不到设计要求;过迟收锤,桩身桩头可能被打坏,因此,在停锤之前,施工人员一般需获得桩身最后 10 次击入度及最后 1m 桩锤击数。各种沉桩数据如果符合事先确定的停打条件,就可收锤停打。

4. 成品保护

(1) 基坑开挖时,注意防止挖掘机碰到预应力管柱,以防对管桩造成破坏。

(2) 为避免桩头锤击时受损,在桩端设桩垫,它可以降低锤击应力,保护桩头,一般桩垫采用麻袋、硬纸板或水泥纸袋。

5. 安全、环境保护措施

(1) 打桩机行走回转及提升桩锤不得同时进行。

(2) 打桩机严禁偏心吊桩,正前方吊桩时混凝土预制桩与桩机立柱的水平距离不得大于 4m。

(3) 桩机在前进或倒退转换过程中,主机必须完全停稳。

(4) 桩机在上下坡时,其坡度不应大于 9°,并应将桩机重心置于斜坡向上方,带有行走联锁制动器的桩机,在上下坡时须使用行走联锁制动器。

(5) 桩机严禁在斜坡上回转。

(6) 打桩时应做好噪声防护工作,并应向有关部门申请夜间施工许可。

6. 应注意的问题

(1) 重视桩帽及垫层的设置。

(2) 自始至终保持桩身垂直力。

(3) 保证管桩接头的焊接质量。

(4) 在较厚的黏土、粉质黏土层中施打多节管桩,每根桩宜连续施打,并一次性完成。

(5) 承载力较大的摩擦端承桩,送桩深度一般不宜超过 2m。

四、长螺旋钻孔灌注桩施工

长螺旋钻孔灌注桩施工(图 6-14)与普通钻孔桩不同,它采用专用长螺旋钻孔机钻至预定深度,通过钻头活门向孔内连续泵注超流态混凝土,至桩顶为止,然后插入钢筋笼而形成桩体,是一种新型的桩基础施工手段。该方法应用广泛,不受地下水位限制,所用混凝土流动性强,骨料分散性好,所用螺旋钻机既可钻孔又可压灌混凝土,操作简便,混凝土灌注速度快,成桩质量好,造价低。

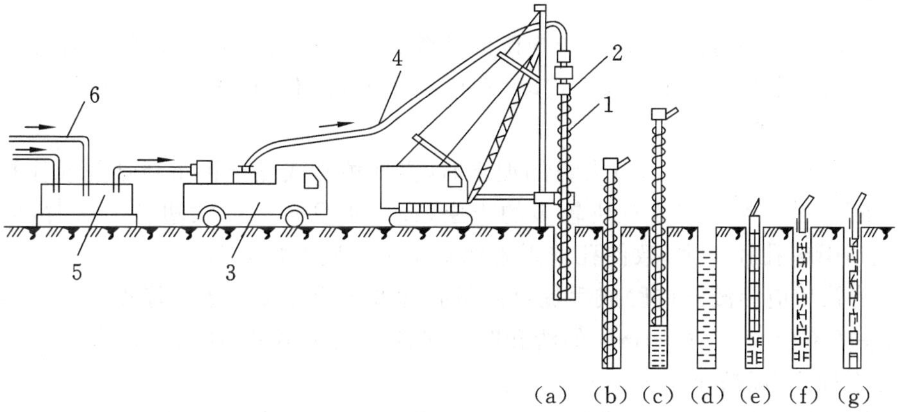

图 6-14　长螺旋钻孔灌注桩施工

(a)钻孔定位;(b)钻孔完毕;(c)浇筑混凝土;(d)混凝土浇筑完毕,提钻;(e)插入钢筋笼;(f)、(g)形成桩体

1—长螺旋钻;2—钻机;3—动力车;4—混凝土管;5—混凝土车;6—混凝土管

1. 施工准备

(1) 材料准备

① 水泥:采用 42.5 级矿渣硅酸盐水泥。有产品合格证、出厂检验报告和进场复验报告。

② 砂:中砂或粗砂,含泥量不大于 5%,有进场复验报告。

③ 石子:卵石或碎石,含泥量不大于 2%,有进场复验报告。

④ 水:自来水或不含有害物质的洁净水。

⑤ 外加剂、掺和料：根据施工需要通过试验确定。有出厂质量证明文件、检测报告、复试报告。

(2) 机具准备

采用 LZ 型或 KL600 型长螺旋钻机，带硬质合金钻头。另配钢筋加工、混凝土拌制、浇筑系统设备。

(3) 作业条件

① 地质资料、施工图纸、施工组织设计已齐全。

② 施工场地范围内的地面、地下障碍物均已排除或处理。场地已平整，对影响施工机械运行的松软场地已进行适当处理，并有排水措施。

③ 施工用水、用电、道路及临时设施均已就绪。

④ 现场已设置测量基准线、水准基点，并妥加保护。施工前已复核桩位。

⑤ 在复杂土层中施工时，应事先进行成孔试验，数量一般不少于 2 个。

2. 施工方法

(1) 钻孔机就位时应校正，要求保持平整、稳固，使在钻进时不发生倾斜或移动。在钻架上应有控制深度标尺，以便在施工中进行观测、记录。

(2) 钻孔时，先调直桩架挺杆，对好桩位；启动钻机钻 0.5～1.0m 深，检查一切正常后，再继续钻进，土块随螺旋叶片上升排出孔口，达到设计深度后停钻，提钻，检查成孔质量；移动钻机至下一桩位。

(3) 钻进过程中，排出孔口的土应随时清除、运走，钻到预定深度后，应在原深处空转清土，然后停止回转，提钻杆，但不转动，孔底虚土厚度超过标准时，应分析原因，采取措施处理。

(4) 钻进时如严重塌孔，有大量的泥土时，需回填砂或黏土再重新钻孔或往孔内倒少量土粉或石灰粉。如遇有含石块较多的土层，或含水量较大的软塑黏土层时，应注意避免钻杆晃动引起孔径扩大，致使孔壁附着扰动土和孔底增加回落土。

(5) 清孔后应用测绳(锤)或手提灯测量孔深及虚土厚度。虚土厚度等于钻深与孔深之差值，一般不应大于 100mm。如清孔时少量浮土泥浆不易清除，可投入 25～60mm 的卵石或碎石插实，以挤压土体。

(6) 钢筋笼骨架应一次性绑好，并绑好砂浆块，对准孔位吊直扶稳或用导向钢筋，缓慢送入孔内，注意勿碰孔壁。下放到设计位置后，应立即固定。保护层应符合要求。钢筋笼过长时，可分两段吊放，采用电焊连接。

(7) 钢筋笼定位后，应立即灌注混凝土，以防塌孔，混凝土的坍落度一般为 80～100mm；为保证其和易性和坍落度，应适当调整砂率、掺减水剂和粉煤灰等。

(8) 桩混凝土浇筑应连续进行，分层振实，分层高度一般不得大于 1.5m，用接长软轴的插入式振动器，配以钢钎捣实。浇筑至桩顶时，应适当超过桩顶设计标高，以便在凿除桩顶浮浆层后，标高符合设计要求。

(9) 桩顶有插筋时，应使其垂直插入，防止插斜或插偏，保持有足够的保护层。

(10) 冬期在气温 0℃以下浇筑混凝土时，应采取适当的加热保温措施，在桩顶混凝土未达到 40%抗冻临界强度前，不得受冻。雨期施工现场应采取有效防雨、排水措施。

桩成孔后立即下钢筋笼浇筑混凝土，以避免桩孔灌水造成塌孔。

3. 成品保护

（1）钢筋笼在制作、运输和安装过程中，要采取措施防止变形。吊入钻孔时，要有保护垫块或垫管、垫板。

（2）钢筋笼在吊放入孔时，不得碰撞孔壁。灌注混凝土时，要采取措施固定其位置。

（3）灌注桩施工完毕进行基础开挖时，要制定合理的施工顺序和技术措施，防止桩发生位移和倾斜，并检查每根桩的纵横水平偏差。

（4）成孔内放入钢筋笼后，要在4h内浇筑混凝土。在浇筑过程中，要有不使钢筋笼上浮和防止泥浆污染的措施。

（5）安装钻孔机、运输钢筋笼以及浇筑混凝土时，均要注意保护好现场的轴线桩、高程桩。

（6）桩头外留的主筋插铁要妥善保护，不得任意弯折或压断。

（7）桩头混凝土强度，在没有达到5MPa时，不得碾压，以防桩头损坏。

4. 安全与环境保护措施

（1）成孔时，距振动锤、落距、冲击锤6m范围内，不得有人员走动或进行其他作业。

（2）振动沉管桩机操作时应安放平稳，防止沉管时突然倾倒或桩管突然下落，造成事故。

（3）振动沉管桩机沉管时，如采用收紧钢丝绳加压，应根据桩管沉入度随时调整离合器，防止抬起桩架，发生事故，施工过程中如遇大风，应将桩管插入地下嵌固，以保证桩机安全。

（4）施工场内一切电源、电路的安装和拆除，应由持证电工去操作，电器必须严格接地、接零和设置漏电保护器。现场电线、电缆必须架空，严禁拖地和乱拉、乱搭。

（5）设沉淀池，清污分流。

（6）砂石运输表面覆盖；建筑垃圾运输表面覆盖；道路要经常维护和洒水，防止造成粉尘污染。

（7）施工现场应设合格的卫生环保设施，施工垃圾集中分类堆放，严禁垃圾随意堆放和抛撒。

（8）施工现场使用和维修机械时，应有防滴漏措施，严禁将机油等滴漏于地表，造成土地污染。

5. 应注意的问题

（1）孔底虚土过多：钻孔完毕，要及时盖好孔盖板，并防止在盖板上过车和行走。操作过程中要及时清理虚土，必要时可二次投钻清土。

（2）塌孔缩孔：注意土质变化，遇有砂卵石或流塑淤泥、上层滞水层渗漏等情况，要会同有关单位研究处理。

（3）桩身混凝土质量差：有缩颈、空洞、夹土等，要严格按操作工艺边浇筑混凝土边振捣的规定执行。严禁把土和杂物混入混凝土中一起浇筑。

（4）钢筋笼变形：钢筋笼在堆放、运输、起吊、入孔等过程中，未严格按操作规定执行。

必须加强对操作工人的技术交底，严格执行加固的质量措施。

(5) 当出现钻杆跳动、机架晃摇、钻不进去等异常现象，要立即停钻检查。

(6) 混凝土浇至接近桩顶时，随时测量顶部标高，以免过多截桩和补桩。

(7) 钻孔进入砂层遇到地下水时，钻孔深度不超过初见水位，以防塌孔。

第五节 混凝土基础施工

一、底板式大体积混凝土浇筑施工

1. 施工准备

(1) 材料

① 水泥：宜采用普通硅酸盐水泥。

② 砂：中砂或粗砂，含泥量小于5%。

③ 石子：碎石粒径5～31.5mm，含泥量小于2%。石子应为连续级配，针、片状颗粒含量应不超过15%。

④ 拌合用水应洁净，质量需符合《混凝土用水标准》(JGJ 63—2006)的要求。

(2) 机具准备

混凝土搅拌机、混凝土地泵、钢泵管、软泵管、振捣棒、平板振捣器、串筒、溜槽、胶管、铁锹、刮杠、抹子等。

(3) 作业条件

① 施工前应审核图纸，并进行技术交底。

② 施工道路、施工场地及相应设施已布设。

③ 施工脚手架、安全防护栏搭设完毕。

④ 输送泵及泵管已布设并试车。

⑤ 钢筋、模板、预埋件、后浇带已支挡，测温元件或测温管、标高线等已检验合格。

⑥ 模内已清理干净，前一天模板及防水保护层已喷水润湿并排除积水。

(4) 技术条件

① 工长应认真学习技术交底，对技术交底中存在疑问的应及时与技术人员进行沟通。

② 组织班组长、工人学习施工规范规定，明确施工控制要点。

③ 组织班组长、工人学习技术交底，使操作人明确操作要点、重点注意部位及质量标准。

④ 对施工人员(振捣手、布灰人员)进行上岗培训。

2. 施工工艺

混凝土搅拌→场内混凝土布料→混凝土浇筑→表面处理→保温养护(测温)→拆模→回填土。

3. 施工方法

(1) 施工操作

① 搅拌采用二次投料工艺，先将水和水泥、外加剂搅拌约 1min 成水泥浆，随后投入粗、细骨料拌匀。

② 计量精度每班至少检查 2 次，计量控制误差：外加剂为±0.5%，水泥、膨胀剂、水为±1%，砂石为±2%以内。

③ 搅拌时间一般不少于 90s，加膨胀剂的混凝土搅拌时间延长 30s，以搅拌均匀为准，时间不宜过长。

④ 出罐混凝土应随时测定坍落度，与要求不符时应及时调整。

(2) 混凝土的场内运输与布料

① 受料斗必须配备孔径为 50mm×50mm 的振动筛，防止个别大颗粒骨料流入泵管，料斗内混凝土上表面距离上口宜为 200mm 左右，以防止泵入空气。

② 泵送混凝土前，先将储料斗内清水从管道泵出，以湿润和清洁管道，然后压入纯水泥浆或 1:1～1:2水泥砂浆滑润管道后，再泵送混凝土。

③ 开始压送混凝土时速度宜慢，待混凝土送出管子端部时，速度可逐渐加快，并转用正常速度进行连续泵送。遇到运转不正常时，可放慢泵送速度。进行抽吸往复推动数次，以防堵管。

④ 泵送混凝土浇筑入模时，端部软管均匀移动，使每层布料均匀，不应成堆浇筑。

⑤ 泵管向下倾斜输送混凝土时，应在下斜管的下端设置相当于 5 倍落差长度的水平配管。若与上水平线倾斜度大于 7°时，应在斜管上端设置排气活塞。如因施工长度有限，下斜管无法按上述要求长度设置水平配管时，可用弯管或软管代替，但换算长度仍应满足 5 倍落差的要求。

⑥ 沿地面铺管，每节管两端应垫 50mm×100mm 方木，以便拆装；向下倾斜输送时，应搭设宽度不小于 1m 的斜道，上铺脚手板，管两端垫方木支承，泵管不应直接铺设在模板、钢筋上，而应搁置在马凳或临时搭设的架子上。

⑦ 泵送将结束时，计算混凝土需要量，并通知搅拌站，避免剩余混凝土过多。

⑧ 混凝土泵送完毕，混凝土泵及管道可采用压缩空气推动清洗球清洗，压力不超过 0.7MPa。方法是先安好专用清洗管，再启动空压机，渐渐加压。清洗过程中，随时敲击输送管判断混凝土是否接近排空。管道拆卸后按不同规格分类堆放备用。

⑨ 泵送中途停歇时间不应多于 60min，如超过 60min 则应清管。

⑩ 泵管混凝土出口处，管端距模板应大于 500mm。

⑪ 盛夏施工时，泵管应覆盖隔热。

⑫ 只允许使用软管布料，不允许使用振动器移送混凝土。

⑬ 在预留凹处模板或预埋件处，应沿其四周均匀布料。

⑭ 加强对混凝土泵及管道巡回检查，发现声音异常或泵管跳动应及时停泵排除故障。

(3) 混凝土浇筑

① 混凝土浇筑可根据面积大小和混凝土供应能力采取全面分层、分段分层或斜面分

层连续浇筑,分层厚度300~500mm且不大于振动棒长的1.25倍。分段分层多采取踏步式分层推进,一般踏步宽为1.5~2.5m。斜面分层浇筑每层厚30~35cm,坡度一般取1:6~1:7。

② 浇筑混凝土时间应符合相关规定。掺和外加剂时间由试验确定,但最长不得大于初凝时间减90min。

③ 混凝土浇筑宜从低处开始,沿长边方向自一端向另一端推进,逐层上升亦可采取中间向两边推进,保持混凝土沿基础全高均匀上升。浇筑时,要在下一层混凝土初凝之前浇筑上一层混凝土,避免产生冷缝,并将表面泌水及时排走。

④ 局部厚度较大时先浇深部混凝土,2~4h后再浇上部混凝土。

⑤ 振捣混凝土应使用高频振动器,振动器的插点间距为振动器作用半径的1.5倍,防止漏振。斜面推进时振动棒应在坡脚与坡顶处插振。

⑥ 振动混凝土时,振动器应均匀地插拔,插入下层混凝土50cm左右,每点振动时间10~15s,以混凝土泛浆不再溢出气泡为准,不可过振。

⑦ 混凝土浇筑完毕以后3~4h在混凝土接近初凝之前进行二次振捣,然后按标高线用刮尺刮平并轻轻抹压。

⑧ 混凝土的浇筑温度按施工方案控制。以低于25℃为宜,最高不得超过28℃。

⑨ 间断施工超过混凝土的初凝时间时,应待先浇混凝土具有1.2N/mm^{2}以上的强度后,才允许继续浇筑混凝土。

⑩ 混凝土浇筑前应对混凝土接触面先行湿润;对补偿收缩混凝土下的垫层或相邻其他已浇筑的混凝土,应在浇筑前24h大量洒水浇湿。

(4) 混凝土的表面处理

① 处理程序:初凝前一次抹压→临时覆盖塑料膜→混凝土终凝前1~2h掀膜→二次抹压覆膜。

② 混凝土表面泌水应及时引导,集中排除。

③ 混凝土表面浮浆较厚时,应在混凝土初凝前将粒径为2~4cm的石子浆均匀撒布在混凝土表面,并用抹子轻轻拍平。

④ 四级以上风天或烈日下施工应有遮阳挡风措施。

⑤ 当施工面积较大时可分段进行表面处理。

⑥ 混凝土硬化后的表面塑性收缩裂缝可用灌注水泥素浆刮平的方式处理。

(5) 混凝土的养护与温控

① 混凝土侧面钢木模板在任何季节施工均应设保温层,采用砖侧模时,在混凝土浇筑前宜回填完毕。

② 蓄水养护混凝土:混凝土表面在初凝后覆盖塑料薄膜,终凝后注水,蓄水深度不低于80mm。当混凝土表面与养护水的温差超过20℃时,即应注入热水令温差降到10℃左右;非高温雨期施工,事先采取防暴雨降低养护水温的挡雨措施。

③ 蓄热法养护混凝土:盛夏采用降温搅拌混凝土施工时,混凝土终凝后立即覆盖塑料膜和保温层。低温施工时,混凝土终凝后立即覆盖塑料膜和保温层。低温施工时,混凝土终凝后立即覆盖塑料膜和浇水养护,当混凝土实测内部温差或内外温差超

过20℃，再覆盖保温层。当气温低于混凝土成型温度时，混凝土终凝后应立即覆盖塑料膜和保温层，在有可能降雨时为保持保温层的干燥状态，保温层上表面应覆有不透水的遮盖物。

④ 混凝土养护期间需进行其他作业时，应掀开保温层尽快完成，随即恢复保温层。

⑤ 当设计无特殊要求时，混凝土硬化期的实测温度应符合下列规定：

(a) 混凝土内部温差(中心与表面以下100mm或50mm处)不大于20℃。

(b) 混凝土表面以下100mm或50mm处与混凝土表面外50mm处的温差不大于25℃，对补偿收缩混凝土，允许介于30～35℃之间。

(c) 混凝土降温速度不大于1.5℃/d。

(d) 撤除保温层时混凝土表面与大气温差不大于20℃。当实测温度不符合上述规定时，则应及时调整保温层或采取其他措施，使其满足温度及温差的规定。

⑥ 混凝土的养护期限：混凝土的养护时间自混凝土浇筑开始计算，使用普通硅酸盐水泥时养护时间不少于14d，使用其他水泥时养护时间不少于21d。炎热天气养护时间可适当延长。

⑦ 养护期内(含撤除保温层后)混凝土表面应始终保持温热潮湿状态(塑料膜内应有凝结水)。对掺有膨胀剂的混凝土尤应洒水养护；但气温低于5℃时，不得浇水养护。

(6) 测温

① 测温延续时间自混凝土浇筑始至撤保温后为止，同时应不少于20d。

② 测温时间间隔，混凝土浇筑后1～3d为2h，4～7d为4h，其后为8h。

③ 测温点应在平面图上编号，并在现场挂编号标志，将测温结果作详细记录并整理绘制温度曲线图，温度变化情况应及时反馈。当各种温差达到18℃时应预警，达到22℃时应报警。

④ 使用普通玻璃温度计测温：测温管端应用软木塞封堵，只允许在放置或取出温度计时打开。温度计应系线绳垂吊到管底，停留不少于3min后取出迅速查看温度。

⑤ 使用建筑电子测温仪测温：附着于钢筋上的半导体传感器应与钢筋隔离，保护测温探头的插头不受污染，不受水浸，插入测温仪前应擦拭干净，保持干燥以防短路。也可事先埋管，管内插入可周转使用的传感器测温。

⑥ 当采用其他测温仪时，应按产品说明书操作。

(7) 拆模与回填

底板侧模的拆除应符合规定的温度条件，侧模拆除后宜尽快回填，否则应与底板面层同样在养护期内予以养护。

(8) 施工缝、后浇带

① 大体积混凝土施工除预留后浇带外，尽可能不再设施工缝。遇有特殊情况必须设施工缝时，应按后浇缝处理。

② 施工缝、后浇带均应用钢板网或钢丝网支挡。如支模时，在后浇混凝土之前应凿毛清洗。

③ 后浇缝使用的遇水膨胀止水条，必须具有缓胀性能，7d膨胀率不超过最终膨胀率的60%。

④ 膨胀止水条应安放牢固，自黏型止水条也应使用间隔为500mm的水泥钉固定。

⑤ 后浇带和施工缝在混凝土浇筑前应清除杂物、润湿，水平缝刷净浆再铺10～20mm厚的1∶1水泥砂浆或涂刷界面剂，并随即浇筑混凝土。

⑥ 后浇带混凝土的膨胀率应高于底板混凝土的膨胀率0.02%以上，或按设计或产品说明书确定。

4. 质量检验标准

(1) 主控项目

① 大体积防水混凝土的原材料、配合比及坍落度必须符合设计要求。

检验方法：检查出厂合格证、质量检验报告、计量措施和现场抽样试验报告。

② 大体积防水混凝土的抗压强度和抗渗压力必须符合设计要求。

检验方法：检查混凝土抗压、抗渗试验报告。

③ 大体积防水混凝土的变形缝、施工缝、后浇带、埋设件等设置和构造，均须符合设计要求，严禁有渗漏。

检验方法：现场观察和检查隐蔽工程验收记录。

④ 补偿收缩混凝土的抗压强度、抗渗压力与混凝土的膨胀率必须符合设计要求。

检验方法：现场制作试块进行膨胀率测试。

⑤ 大体积、混凝土的含碱量应符合规范要求。

检验方法：检查各种原材料试验报告、配合比及总含碱量计算书。

(2) 一般项目

① 大体积防水混凝土结构表面应坚实、平整，不得有露筋、蜂窝等缺陷；埋设件位置应正确。检验方法为观察和尺量检查。

② 防水混凝土结构表面的裂缝宽度不应大于0.2mm，并不得贯通。检验方法为用刻度放大镜检查。

③ 防水混凝土结构厚度，其允许偏差为+15mm、－10mm；迎水面钢筋保护层厚度不应小于50mm，其允许偏差为±10mm。检验方法为尺量检查和隐蔽工程验收记录检查。

④ 防水混凝土抗渗性能，应采用标准条件下养护混凝土抗渗试件的试验结果评定。试件应在浇筑地点制作。连续浇筑混凝土每500m^3应留置一组抗渗试件(一组为6个抗渗试件)，且每项工程不得少于两组。采用预拌混凝土的抗渗试件，留置组数应视结构的规模和要求而定。抗渗性能试验应符合《普通混凝土长期性能和耐久性能试验方法标准》(GB/T 50082—2009)的有关规定。用于检查混凝土强度的试件，应在混凝土的浇筑地点随机抽取。取样与试件留置应符合下列规定：

(a) 每拌制100盘且不超过100m^3的同配合比的混凝土，取样不得少于一次。

(b) 每工作班拌制的同一配合比的混凝土不足100盘时，取样不得少于一次。

(c) 当一次连续浇筑超过1000m^3时，同一配合比的混凝土每200m^3取样不得少于一次。

(d) 每次取样应至少留置一组标准养护试件，同条件养护试件的留置组数应根据实际需要确定。

底板混凝土外观质量检验数量，应按混凝土外露面积每 $100m^2$ 抽查 1 处，每处 $10m^2$，且不得少于 3 处；细部构造应按全数检查。

5. 成品保护

(1) 跨越模板及钢筋应搭设马道。

(2) 泵管下应设置木方，不准直接摆放在钢筋上。

(3) 混凝土浇筑振动棒不准触及钢筋、预埋件和测温元件。

(4) 测温元件导线或测温管应妥善维护，防止损坏。

(5) 混凝土强度达到 $1.2N/mm^2$ 之前不准踩踏。

(6) 拆模后应立即回填土。

(7) 混凝土表面裂缝处理：对于裂缝宽度大于 0.2mm 的非贯穿裂缝，可将表面凿出深 30～50mm 的三角凹槽，用掺有膨胀剂的水泥浆或水泥砂浆修补。贯穿性或深裂缝宜用化学浆修补。

6. 安全、环境保护措施

(1) 安全措施

① 所有机械设备均需设漏电保护。

② 所有机电设备均需按规定进行试运转，试运转正常后才可投入使用。

③ 基坑周围设围护栏杆。

④ 现场应有足够的照明、动力，照明线需埋地或设专用电杆架空敷设。

⑤ 马道应牢固、稳定、具有足够承载力。

⑥ 振动器操作人员应着绝缘靴和手套。

(2) 使用地泵浇筑混凝土

① 泵管应敷设在牢固的专用支架上，转弯处由设有支撑的井式架固定。

② 受料斗内应具有足够的混凝土，防止吸入空气发生气锤现象。

③ 发生堵管现象应将泵机反转使混凝土退回料斗后，再正转小行程泵送。无效时需拆管排堵。

④ 检修设备时必须先行卸压。

⑤ 拆除管道接头应先行多次反抽卸除管内压力。

⑥ 清洗管道不准压力水与压缩空气同时使用，水洗中可改气洗，但气洗中途严禁改用水洗，在最后 10m 应缓慢减压。

⑦ 清管时，管端应设安全挡板，并严禁管端前方站人，以防被射伤。

(3) 环保措施

① 禁止混凝土罐车高速运行，停车待卸料时应熄火。

② 混凝土泵应设于隔声棚内。

③ 使用低噪声振动器。

④ 夜间使用聚光灯照射施工点以防对环境造成光污染。

⑤ 汽车出场需经冲洗，冲洗水澄清后再利用或排除。

二、素混凝土基础施工

1. 施工准备

(1) 材料准备

① 水泥:宜用42.5级硅酸盐水泥、矿渣硅酸盐水泥和普通硅酸盐水泥。

② 砂:中砂或粗砂,含泥量不大于5%。

③ 石子:卵石或碎石,粒径5~32mm,含泥量不大于2%,且无杂物。

④ 水:应用自来水或不含有害物质的洁净水。

⑤ 外加剂、掺和料:其品种及掺量,应根据需要通过试验确定。

(2) 机具准备

搅拌机、磅秤、手推车或翻斗车、铁锹(平头和尖头)、振捣器(插入式和平板式)、刮杠、木抹子、胶皮管、串筒或溜槽等。

(3) 作业条件

① 基础轴线尺寸、基底标高和地质情况均经过检查,并应办完隐检手续。

② 安装的模板已经过检查,符合设计要求,并应办完预检手续。

③ 在槽帮、墙面或模板上做好混凝土上平的标志,大面积浇筑的基础每隔3m左右钉上水平桩。

④ 埋在垫层中的暖卫、电气等各种管线均已安装完毕,并经过有关方面验收。

⑤ 校核混凝土配合比,进行技术交底。准备好混凝土试模。

2. 施工工艺

槽底或模板内清理→混凝土拌制→混凝土浇筑→混凝土振捣→混凝土养护。

3. 施工方法

(1) 清理:在地基或基土上清除淤泥和杂物,并应有防水和排水措施。对于干燥土应使用水润湿,表面不得留有积水。在支模的板内清除垃圾、泥土等杂物,并浇水润湿水模板,堵塞板缝和孔洞。

(2) 混凝土拌制:按混凝土的配合比投料,每盘投料顺序为石子→水泥→砂(掺和料)→水(外加剂)。严格控制用水量,搅拌要均匀,最短时间不少于90s。

(3) 混凝土的浇筑和振捣

① 混凝土的下料口距离所浇筑的混凝土表面高度不得超过2m。如自由倾落超过2m时,应采用串筒或溜槽。

② 混凝土的浇筑应分层连续进行,一般分层厚度为振捣器作用部分长度的1.25倍,最大不超过50cm。

③ 用插入式振捣器应快插慢拔,插点应均匀排列,逐点移动,顺序进行,不得遗漏,做到振捣密实。移动间距不大于振捣棒作用半径的1.5倍。振捣上一层时应插入下层5cm,以清除两层间的接缝。平板振捣器的移动间距,应能保证振动器的平板覆盖已振捣的边缘。

④ 混凝土不能连续浇筑时，一般超过 2h，应按施工缝处理。

⑤ 浇筑混凝土时，应经常注意观察模板、支架、管道和预留孔、预埋件有无走动情况。当发现有变形、位移时，应立即停止浇筑，并及时处理好，再继续浇筑。

⑥ 混凝土振捣密实后，表面应用木抹子搓平。

(4) 混凝土的养护

混凝土浇筑完毕后，应在 12h 内加以覆盖和浇水，浇水次数应能保证混凝土处于润湿状态。养护期一般不少于 7d。

4. 质量标准

(1) 主控项目

① 原材料

(a) 水泥

水泥进场时应对其品种、级别、包装或散装仓号、出厂日期等进行检查，并应对其强度、安定性及其他必要的性能指标进行复验，其质量必须符合《通用硅酸盐水泥》(GB 175—2007)等的规定。

当在使用中对水泥质量有怀疑或水泥出厂超过 3 个月(快硬硅酸盐水泥超过 1 个月)时，应进行复验，并按复验结果使用。

钢筋混凝土结构中，严禁使用含氧化物的水泥。

检查数量：按同一生产厂家、同一等级、同一品种、同一批号且连续进场的水泥，袋装不超过 200t 为一批，散装不超过 500t 为一批，每批抽样不少于一次。

检验方法：检查产品合格证、出厂检验报告和进场复验报告。

(b) 混凝土中掺用外加剂

混凝土中掺用外加剂的质量及应用技术应符合《混凝土外加剂》(GB 8076—2008)、《混凝土外加剂应用技术规范》(GB 50119—2013)等和有关环境保护的规定。

钢筋混凝土结构中，当使用含氯化物的外加剂时，混凝土中氯化物的总含量应符合《混凝土质量控制标准》(GB 50164—2011)的规定。

检查数量：按进场的批次和产品的抽样检验方案确定。

检验方法：检查产品合格证、出厂检验报告和进场复验报告。

② 混凝土中氯化物和碱

混凝土中氯化物和碱的总含量应符合《混凝土结构设计规范》(GB 50010—2010)和设计的要求。

检验方法：检查原材料试验报告和氯化物、碱的总含量计算书。

③ 混凝土搅拌及浇筑

(a) 混凝土的强度等级

混凝土的强度等级必须符合设计要求。用于检查混凝土强度的试件，应在混凝土的浇筑地点随机抽取。取样与试件留置应符合下列规定：

每拌制 100 盘且不超过 $100m^3$ 的同配合比的混凝土，取样不得少于 1 次。

每工作班拌制的同一配合比的混凝土不足 100 盘时，取样不得少于 1 次。

当一次连续浇筑超过 1000m^3 时，同一配合比的混凝土每 200m^3 取样不得少于 1 次。

每一楼层、同一配合比的混凝土，取样不得少于 1 次。

每次取样应至少留置一组标准养护试件，同条件养护试件的留置组数应根据实际需要确定。

检验方法：检查施工记录及试件强度试验报告。

(b) 混凝土结构的抗渗要求

对有抗渗要求的混凝土结构，其混凝土试件应在浇筑地点随机取样。

同一工程、同一配合比的混凝土，取样不应少于 1 次，留置组数可根据实际需要确定。

检验方法：检查试件抗渗试验报告。

(c) 混凝土原材料每盘称量偏差

混凝土原材料每盘称量偏差应符合表 6-13 规定。

表 6-13　原材料每盘称量的允许偏差

材料名称	允许偏差	材料名称	允许偏差
水泥、掺合料	±2%	水、外加剂	±2%
粗、细料	±3%		

(d) 混凝土的浇筑时间

混凝土运输、浇筑及间歇的全部时间不应超过混凝土的初凝时间。同一施工段的混凝土应连续浇筑，并应在底层混凝土初凝之前将上一层混凝土浇筑完毕。

当底层混凝土初凝后，浇筑上一层混凝土时，应按施工技术方案中对施工缝的要求进行处理。

检查数量：全数检查。

检验方法：观察，检查施工记录。

(2) 一般项目

① 原材料

(a) 混凝土中掺用矿物掺和料

混凝土中掺用矿物掺和料的质量应符合《用于水泥和混凝土中的粉煤灰》(GB/T 1596—2017)等的规定。矿物掺和料的掺量应通过试验确定。

检查数量：按进场的批次和产品的抽样检验方案确定。

检验方法：检查出厂合格证和进场复验报告。

(b) 普通混凝土所用的粗、细骨料

普通混凝土所用的粗、细骨料的质量应符合《普通混凝土用砂、石质量及检验方法标准》(JGJ 52—2006)的规定。

检查数量：按进场的批次和产品的抽样检验方案确定。

检验方法：检查进场复验报告。

注意：混凝土用的粗骨料，其最大颗粒粒径不得超过构件截面最小尺寸的 1/4，且不得超过钢筋最小净间距的 3/4。

对混凝土实心板，骨料的最大粒径不宜超过板厚的 1/3，且不得超过 40mm。

(c) 拌制混凝土宜采用饮用水

当采用其他水源时，水质应符合《混凝土用水标准》(JGJ 63—2006)的规定。

检查数量：同一水源检查不应少于一次。

检验方法：检查水质试验报告。

② 混凝土施工

(a) 施工缝的位置

施工缝的位置应在混凝土浇筑前按设计要求和施工技术方案确定，施工缝的处理应按施工技术方案执行。

检查数量：全数检查。

检验方法：观察，检查施工记录。

(b) 后浇带的留置位置

后浇带的留置位置应按设计要求和施工技术方案确定，后浇带混凝土浇筑应按施工技术方案进行。

检查数量：全数检查。

检验方法：观察，检查施工记录。

(c) 混凝土养护

混凝土浇筑完毕后，应按施工技术方案及时采取有效的养护措施，并应符合下列规定：

应在浇筑完毕后的 12h 以内对混凝土加以覆盖，并保湿养护。

混凝土浇水养护的时间：对采用硅酸盐水泥、普通硅酸盐水泥或矿渣硅酸盐水泥拌制的混凝土，不得少于 7d；对掺用缓凝型外加剂或有抗渗要求的混凝土，不得少于 14d。

浇水次数应能保持混凝土处于湿润状态；混凝土养护用水应与拌制用水相同。

采用塑料布覆盖养护的混凝土，其敞露的全部表面应覆盖严密，并应保持塑料布内有凝结水。

混凝土强度达到 1.2MPa 前，不得在其上踩踏或安装模板及支架。

检查数量：全数检查。

检验方法：观察，检查施工记录。

③ 混凝土基础的允许偏差

混凝土基础的允许偏差详见表 6-14。

表 6-14 混凝土基础的允许偏差和检验方法

项次	项目		允许偏差/mm	检验方法
1	轴线位置	基础	15	钢尺检查
		独立基础	10	

续表6-14

项次	项目			允许偏差/mm	检验方法
2	垂直度	层高	≤5m	8	经纬仪或吊线、钢尺检查
			>5m	10	经纬仪或吊线、钢尺检查
3	标高			±10	水准仪或拉线、钢尺检查
4	基础截面尺寸			+8,−5	钢尺检查
5	表面平整度			8	用2m靠尺和塞尺检查
6	预埋设施中心线位置	预埋件		10	钢尺检查
		预埋螺栓		5	
		预埋管		5	
7	预留洞中心线位置			15	钢尺检查

5. 成品保护

(1) 侧面模板应在混凝土强度能保证其棱角不因拆模而受损坏时,方可拆模。

(2) 在已浇筑的混凝土强度达到1.2MPa以上时,方可在其上来往行走和进行上部施工。

(3) 在混凝土上运输时,应保护好管线、预留孔洞,不得碰撞损坏。

(4) 基础超过相邻建筑物基础深度时,应有妥善的保护措施或方案。

(5) 夜间施工时,应合理安排施工顺序,要配备足够的照明设施,防止碰撞各种管线、模板、预埋件等及现场设施。

6. 安全及环境保护措施

(1) 采用手推车运输混凝土时,不得争先抢道,装车不应过满;卸车时应有挡车措施,不得用力过猛或撒把,以防车把伤人。

(2) 使用井架提升混凝土时,应设制动安全装置,升降应有明确信号,操作人员未离开提升台时,不得发升降信号。提升台内停放手推车要平稳,车把不得伸出台外,车轮前后应挡牢。

(3) 使用溜槽及串筒下料时,溜槽与串筒必须牢固地固定,人员不得直接站在溜槽帮上操作。

(4) 施工机具要定期进行维护和保养,不得带病运转和超负荷作业;非施工人员不得进入,施工机具运转时,施工人员严禁靠近触摸,防止伤人;雨、雪天施工时,应注意对带电施工机具的保护,防止受潮、短路,必要时应搭设防雨篷等。

(5) 施工用电,要认真执行三相五线制,每台用电设备,要做到“一机一闸一漏”的保护原则,严禁“一闸多用”;对漏电保护器的灵敏可靠性要定期检查,并做好管理台账记录;现场施工用电要定期进行检查,检查对象主要包括施工用电缆、闸箱等,防止电缆老化、脱皮,闸箱漏雨,开关破损等安全隐患的存在,对有问题的电缆配电箱、开关等应及时进行更换和维护。

（7）机械维修要有防滴漏油措施，废弃物按有机物、无机物分别集中处理。

（8）应设置施工污水处理设施。施工污水未经处理不得随意排放，需要向施工区外排放时必须经相关部门批准方可外排。

（9）砂石堆放整齐，水泥要搭设水泥库，不得露天存放。

7. 应注意的问题

（1）孔洞：防止砂、石中混有黏土块或冰块等杂物；发现混凝土中有杂物，应及时清除干净。预防孔洞要采用正确的振捣方法，严防漏振。

（2）蜂窝：混凝土搅拌时严格控制配合比，经常检查，保证材料计量准确。混凝土应拌和均匀，颜色一致，其延续搅拌最短时间按相关规范执行。捣实混凝土拌和物时，插入式振捣器移动间距不应大于其作用半径的1.5倍；振捣器至模板的距离不应大于振捣器有效作用半径的1/2。

（3）缝隙夹层：在已硬化的混凝土表面上继续浇筑混凝土前，应除掉表面水泥薄膜和松动石子或软弱混凝土层，并充分润湿和冲洗干净，残留在混凝土表面的水应予以清除。在浇筑前，施工缝宜先铺抹水泥浆或与混凝土相同的石子砂浆一层。

（4）露筋：浇筑混凝土前，应检查钢筋位置和保护层厚度是否准确，发现问题应及时修整。为保证混凝土保护层的厚度，要注意固定好垫块，一般每隔1m左右在钢筋上绑一个水泥砂浆垫块。为防止钢筋位移，严禁振捣棒撞击钢筋。在钢筋密集处，可用带刀片的振捣棒进行振捣。操作时不得踩踏钢筋，如钢筋有踩弯或脱扣者，应及时调直，补扣绑好。

第七章　环境工程主体结构建筑施工

在环境工程主体结构中，土建工程是工程施工的重要组成部分。市政污水处理厂的许多工艺构筑物如格栅间、调节池、沉砂池、厌氧池、兼氧池、好氧池、二沉池、消毒池、污泥池以及供电房、维修车间、脱水车间、鼓风机房、消毒房等，其主体结构均采用土建施工方式实施。这种土建施工与居住楼房的土建施工过程大体相同，均由钢筋工程、混凝土工程、模板工程、脚手架工程等专业组合协同完成，辅助防水防渗工程、防腐工程、保温工程等，以满足工艺构筑物的实际使用需求。

第一节　脚手架工程

脚手架是为了便于施工活动和安全操作的一种临时设施，通常搭设在建(构)筑物及设备四周墙外边。脚手架搭设外观如图 7-1 所示。

图 7-1　脚手架搭设外观

脚手架的种类很多，常用的有扣件式钢管脚手架、碗扣式钢管脚手架和门式钢管脚手架三大类。其按照功能和位置分为外脚手架、里脚手架、满堂脚手架、挑脚手架等；按设置形式可分为单排、双排、多排、满堂、满高、交圈(周边)、特型等；按脚手架搭设方法又可分为落地式脚手架、悬挑式脚手架、吊式脚手架和升降式脚手架等。

一、扣件式钢管脚手架

1. 结构组成

扣件式钢管脚手架是目前广泛应用的一种多立杆式脚手架，其不仅可用作外脚手架，还可用作里脚手架、满堂脚手架和支模架等。

扣件式钢管脚手架由钢管、扣件、底座和连墙件组成。

钢管为外径 48mm、壁厚 3.5mm 的焊接钢管，用于大横杆、小横杆、剪刀撑和操作层的安装，其安装位置如图 7-2 所示。

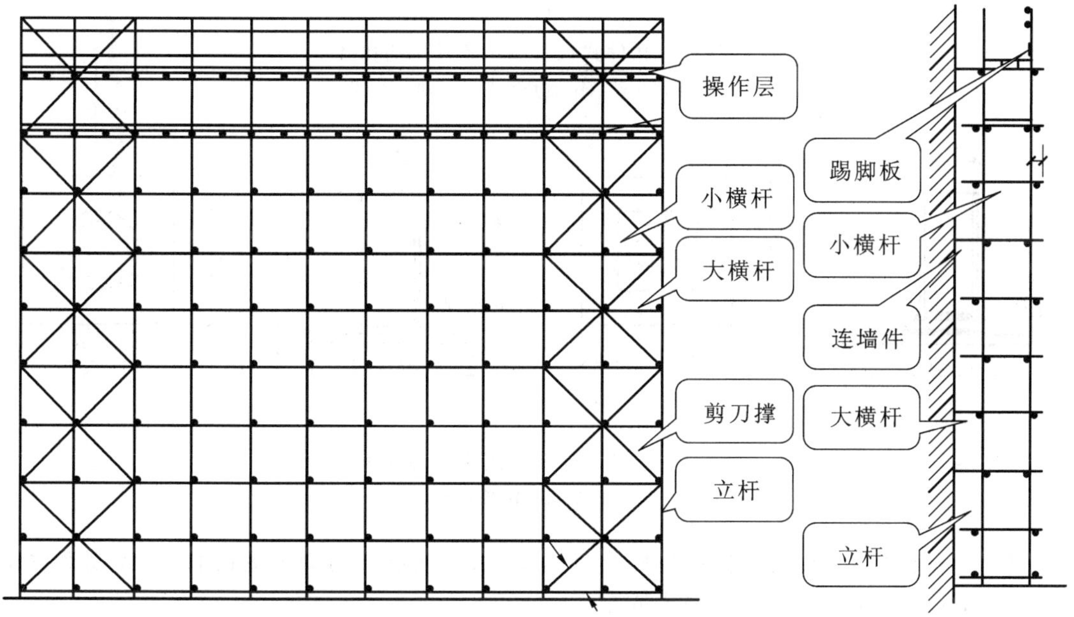

图 7-2　扣件式钢管脚手架钢管的搭设位置

扣件为可锻铸铁扣件，常用扣件的形式如图 7-3 所示：一种是用于两根任意角度相交钢管连接的回转扣件；一种是供两根垂直相交钢管连接的直角扣件；一种是供两根对接钢管连接的对接扣件。

底座如图 7-4 所示，一般采用厚 8mm、边长 150～200mm 的钢板作底板，上焊 150mm 高的钢管。底座有内插式和外套式两种。

连墙件是将脚手架与墙体结构相连的构造配件，分为刚性和柔性两种。

刚性连墙件既能承受拉力和压力，又有一定的抗弯和抗扭能力。刚性较好的连墙构造既能抵抗脚手架里倒或外倾变形，又能形成对立杆纵向弯曲变形的约束，提高脚手架的抗失稳能力。常见刚性连墙构造（图 7-5）有 8 种：

① 单杆穿墙夹固式：单根小横杆穿过墙体，在墙体两侧用不小于 0.6m 的短钢管塞以垫木固定。

② 双杆穿墙夹固式：与单杆穿墙夹固式类似，穿墙杆为上下或相邻一对小横杆。

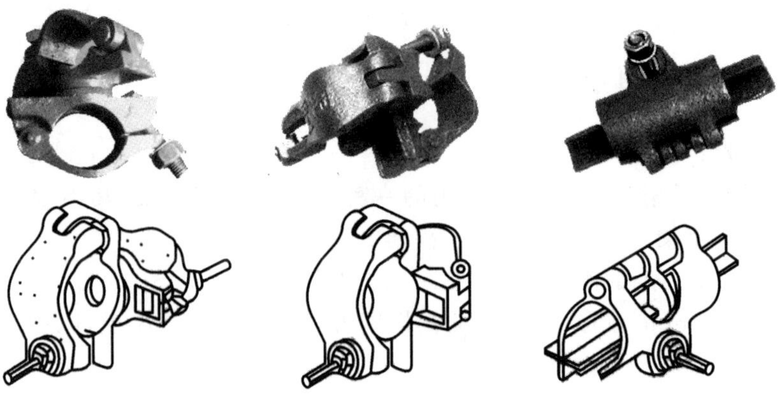

(a)　　(b)　　(c)

图 7-3　扣件式钢管脚手架常用的扣件

(a)回转扣件;(b)直角扣件;(c)对接扣件

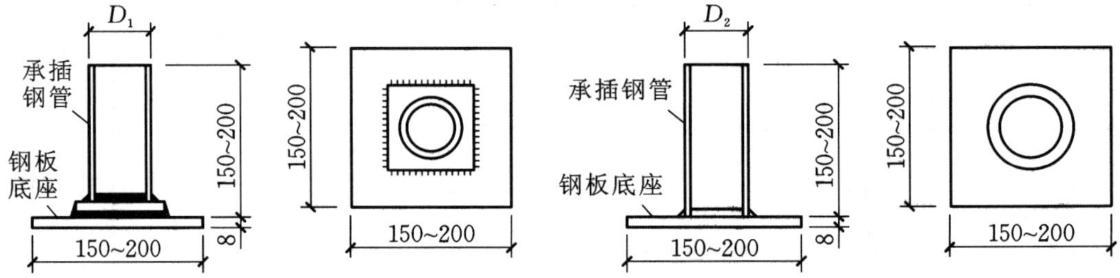

(a)　　(b)

图 7-4　扣件式钢管脚手架的底座

(a)内插式;(b)外套式

③ 单杆窗口夹固式:单根小横杆穿过门窗洞口,在洞口两侧用适长的(立放或平放均大于洞口尺寸 0.5m)钢管塞以垫木固定。

④ 双杆窗口夹固式:与单杆窗口夹固式类似,穿过洞口的小横杆为上下或相邻的一对。

⑤ 单杆箍柱式:单根适长的小横杆紧贴结构柱,用 2 根短钢管将其固定于柱侧。

⑥ 双杆箍柱式:用两根适长的水平横杆和 2 根短钢管抱紧结构柱固定。

⑦ 埋件连固式:在混凝土墙体中埋设连墙件,用扣件与脚手架立杆或大横杆固定。

⑧ 绑捆连固式:采用绑或挂的方式固定螺栓套管连接件。

柔性连墙件只能承受拉力作用,不具有抗弯和抗扭能力,只能用于高度不大于 24m 的建筑中。常见柔性连墙构造(图 7-6)有 2 种:

①单拉式:前述的单杆或双杆穿墙夹固只在墙的里侧设置挡杆,如果只在墙体内设置埋件,用双股 8# 铅丝一端与埋件相连,另一端与立杆或大横杆绑扎联结,则变为单拉式。单拉式只适用于 3 层以下或高度不超过 10m 的建(构)筑物。

② 拉顶式:将脚手架的小横杆顶于外墙面,同时设双股 8# 铅丝拉结。拉顶式适用于高度不超过 20m 的建(构)筑物;大于 20m 的建(构)筑物应采用刚性连墙构造。

2. 安装规定

① 双排脚手架的宽度一般为 1.2~1.5m(高层脚手架为 1.2m)。

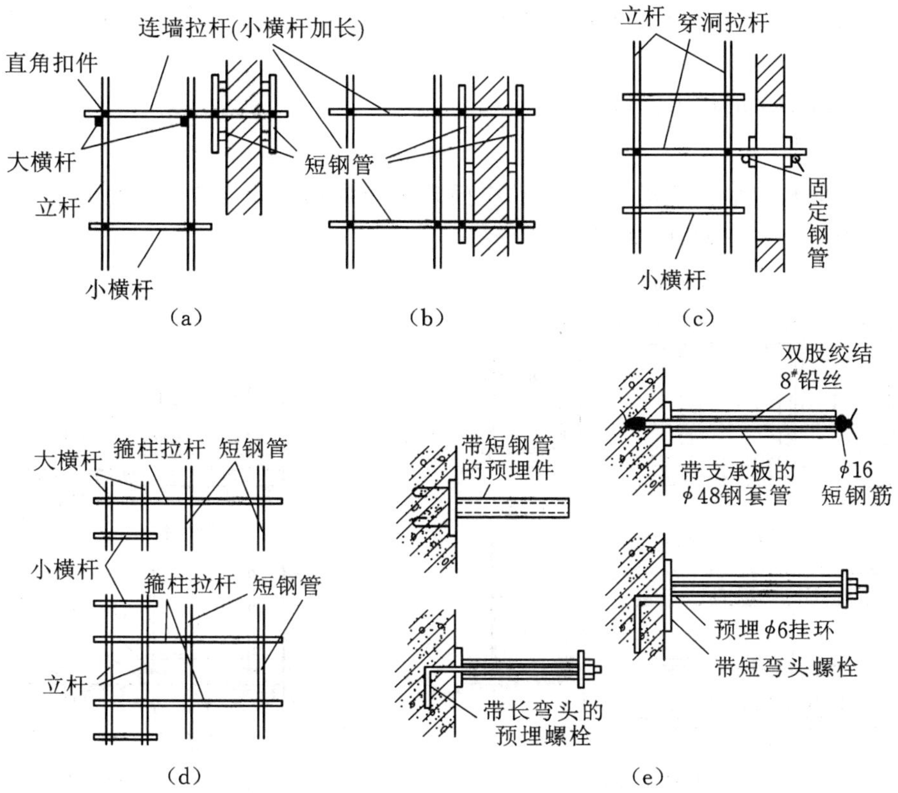

图 7-5　刚性连墙构造

(a)单杆穿墙夹固式；(b)双杆穿墙夹固式；(c)单、双杆窗口夹固式；

(d)单、双杆箍柱式；(e)埋件、绑捆连固式

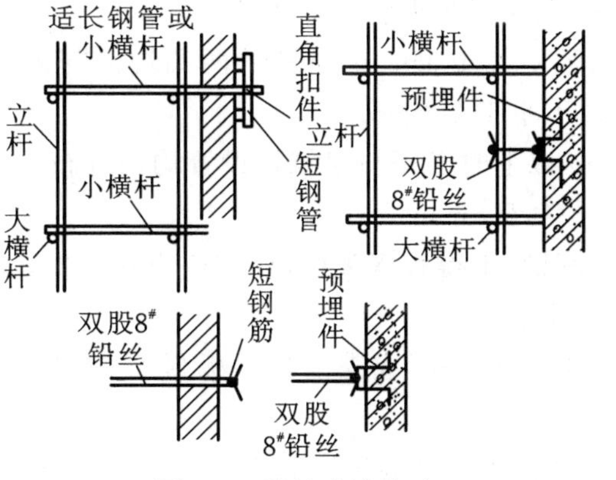

图 7-6　柔性连墙构造

② 立杆间距为 1.4～2m(架高 35m 以下为 1.4～2m，35m 以上为 1.4～1.6m)。

③ 大横杆步距 1.2～1.8 m(砌筑用最佳步距 1.2～1.4m)。

④ 小横杆贴近立杆布置，在相邻立杆之间根据需要加设 1～2 根。

⑤ 架高 35 m 以下脚手架除在两端设置剪刀撑外，中间每隔 12～15m 设一道，35m 以上脚手架沿两端、转角处起每隔 7～9 根立杆设一道，斜杆与地面的夹角为 45°～60°。

⑥ 连墙件按二步三跨或三步三跨设置，其水平和垂直间距均不大于 6m(架高 50m 以上脚手架垂直间距为 4m)。

⑦ 双排脚手架的最大搭设高度为 50m。

3. 安全要求

① 立杆地基应平整坚实，立杆底部应插入金属底座并设置垫木，在立杆底端 100～300mm 处设置一道扫地杆，如图 7-7 所示。

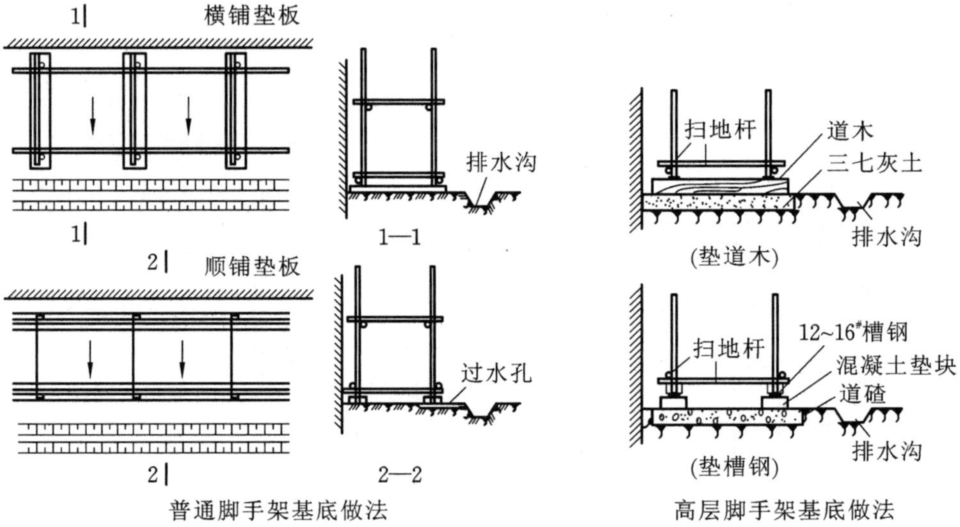

图 7-7 立杆底部的基底做法

② 立杆的最大间距不大于 2m，左右相邻的立杆接头应相互错开；大横杆的最大间距不大于 1.8m；上下相邻的大横杆接头应相互错开。

③ 小横杆的最大间距不大于 1m，小横杆的两端均需与大横杆固定，并伸出大横杆 100mm(单排架伸入墙内不小于 240mm)。

④ 脚手架高度在 7m 以上时必须与建筑物设置均匀分布的连墙点，脚手架上部未设置拉结点的自由高度不得大于 6m。

⑤ 操作层脚手板应满铺，不得有探头板，外侧应设置 1.2m 高防护栏杆和 0.3m 高的挡脚板，并用密目式安全网封闭。

⑥ 操作层以下每隔 10m 用平网或满铺脚手板封闭，内立杆与墙体之间用木板或其他措施封闭。

⑦ 操作层的施工荷载不得大于 3kN/m^2，在架板上堆放的标准砖单排立码不得超过三层，砂浆和容器总重不得大于 1.5kN，施工设备单件重量不得大于 1kN，使用人力在架上搬运和安装的构件自重不得大于 2.5kN。

⑧ 架子工作业时，必须戴安全帽、系安全带、穿软底鞋。脚手材料应堆放平稳，工具应放入工具袋内，上下传递物件时不得抛掷。

⑨雨、雪、冰冻天气施工，架子上要有防滑措施，并在施工前将积雪、冰渣清除干净。

⑩ 脚手架与电压为 1～20kV 以下架空输电线路的距离应不小于 2m，同时应有隔离防

护措施。脚手架应有良好的防电避雷装置。钢管脚手架、钢井架应有可靠的接地装置，每50m长应设一处，经过钢脚手架的电线要严格检查，谨防破皮漏电。施工照明通过钢脚手架时，应使用12V以下的低压电源。电动机具必须与钢脚手架接触时，要有良好的绝缘。

4. 搭设的工艺流程

材料配备→定位设置底座→搭纵向扫地杆→搭立杆→搭横向扫地杆→搭小横杆→搭大横杆→搭剪刀撑→铺脚手板。

根据构造要求在建(构)筑物四周用尺量出由立杆离墙的距离，并做好标记。垫板、底座应准确地放在定位线上，垫板必须铺设平稳，不得悬空。双排架宜先立里排立杆，后立外排立杆。每排立杆宜先立两头的，再立中间的一根，互相看齐后，立中间部分各立杆。双排架内外排两立杆的连线要与墙面垂直。立杆接长时，宜先立外排，后立内排。

5. 拆除施工工艺

拆架程序应遵守由上到下，先搭后拆的原则，即先拆拉杆、脚手板、剪刀撑，而后拆小横杆、大横杆、立杆等。做到一步一清，一杆一清。拆立杆时，要先抱住立杆后拆最后两个扣。拆除大横杆、斜撑、剪刀撑时，应先拆中间扣件，然后托住中间，再解端头扣。

二、碗扣式钢管脚手架

碗扣式钢管脚手架是一种多功能的工具式脚手架，除能作为一般单双排脚手架、支撑架外，还可用作支撑柱、物料提升架、悬挑脚手架、爬升脚手架等。

碗扣型多功能脚手架接头构造合理，制作工艺简单，作业容易，使用范围广，能充分满足房屋、烟囱、水塔等多种建筑物的施工要求。具有无零散易丢失扣件、拼拆迅速、省力，结构稳定可靠，配备完善，通用性强，承载力大，安全可靠，易于加工，不易丢失，便于管理，易于运输，应用广泛等特点，极大地提高了工作效率。与其他类型脚手架相比，碗扣型多功能脚手架是一种有广泛发展前景的新型脚手架。

1. 主构件

主构件采用标准化、外表涂以橘黄色的ϕ48mm×3.5mm、Q235焊接钢管，用于立杆和水平杆等，制造工艺简单，成本适中，可直接对现有扣件式脚手架进行加工改造，不需要复杂的加工设备。常用杆件中最长为3130mm，质量为17.07kg。整架拼拆速度比常规快3～5倍，拼拆快速省力，工人用一把铁锤即可完成全部作业，避免了螺栓操作带来的诸多不便。

2. 碗扣接头

碗扣接头，由上碗扣、下碗扣、横杆接头和上碗扣的限位销等组成，如图7-8所示。在立杆上焊接下碗扣和上碗扣的限位销，将上碗扣套入立杆内。在横杆和斜杆上焊接插头。组装时，将横杆和斜杆插入下碗扣内，压紧和旋转上碗扣，利用限位销固定上碗扣。碗扣间距600mm，碗扣处可同时连接九根横杆，横杆可以互相垂直或偏转一定角度。

3. 辅助构件

碗扣式钢管脚手架的辅助构件有底座、脚手板、斜道板、挑梁架梯、托撑等。此外，它还有一些专用构件，包括支撑柱的各种垫座、提升滑轮、爬升挑梁等。这些构件可进行各

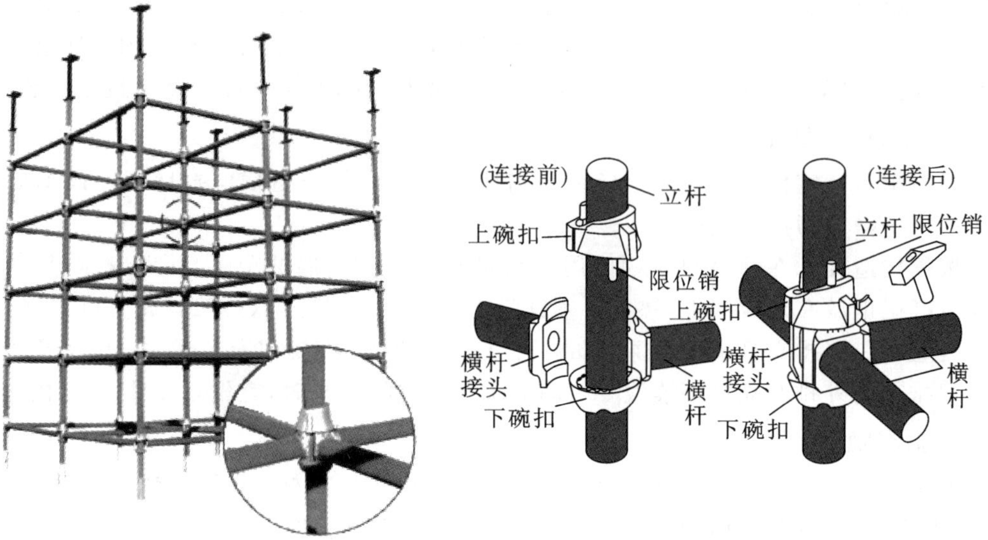

图 7-8　碗扣式脚手架的组装结构

种组合以适应工程需要，如利用支撑柱的垫座组合重载荷的支架；在脚手架上装提升滑轮可以在脚手架上提升零星小材料、小工具等；利用爬升挑梁可使碗扣式脚手架沿结构墙体进行爬升，组成爬升式脚手架等。

三、门式钢管脚手架

门式脚手架又称“鹰架”、“框组式脚手架”，是一种国际土木界普遍流行的脚手架形式，已形成系列产品，品种齐全，各类配件多达 70 余种，可搭设里外脚手架、满堂红架、支撑架、工作平台、井字架等，其结构如图 7-9 所示。

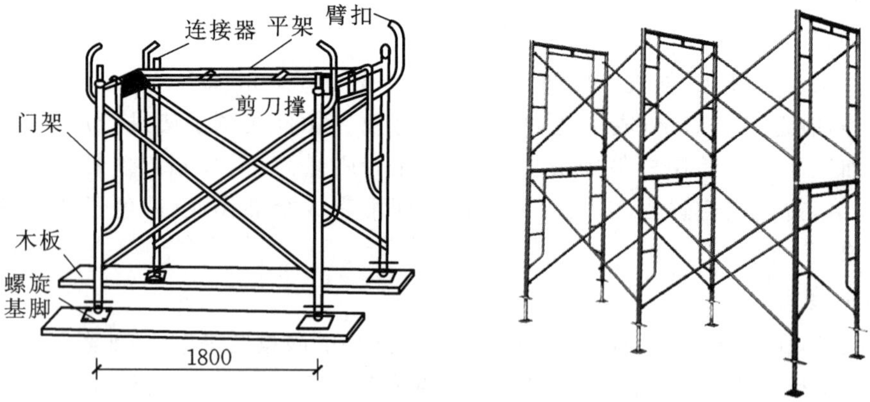

图 7-9　门式脚手架的基本组合单元

1. 搭设要求

① 施工荷载标准值 3.0～5.0 kN/m^2，搭设高度不大于 45m。

② 施工荷载标准值不大于 3.0 kN/m^2，搭设高度不大于 60m。

③ 脚手架的搭设，应自一端延伸向另一端，自下而上按步架设，并逐层改变搭设方

向，减少误差积累。不可自两端相向搭设或相间进行，以避免结合处错位，难以连接。

④ 脚手架搭设的顺序。铺设垫木（板）→安装底座→自一端起立门架并随即装交叉支撑→安装水平架（或脚手板）→安装钢梯→安装水平加固杆→安装连墙杆。照上述步骤，逐层向上安装，随后按规定位置安装剪刀撑，并装配顶步栏杆。

⑤ 脚手架的搭设必须配合施工进度，一次搭设高度不应超过最上层连墙件三个步距或自由高度小于 6m，以保证脚手架稳定。

2. 连墙件的安装

① 连墙件的安装必须随脚手架搭设同步进行，严禁搭设完毕后补作。

② 当脚手架操作层高出相邻连墙件以上两步时，应采用临时加强稳定措施，直到连墙件搭设完毕后可拆除。

③ 连墙件埋入墙身的部分必须牢固可靠，连墙件必须垂直于墙面，不允许向上倾斜。

④ 连墙件应连于上、下两榀门架的接头附近。

⑤ 当采用一支一拉的柔性连墙构造时，拉、支点间距应不大于 400mm。

3. 脚手架的拆除

① 从跨边起先拆顶部扶手与栏杆柱，然后拆脚手板（或水平架）与扶梯段，再卸下水平加固杆和剪刀撑。

② 自顶层跨边开始拆卸交叉支撑，同步拆下顶层连墙杆与顶层门架。

③ 继续向下同步拆除第二步门架与配件。脚手架的自由悬臂高度不得超过三步，否则应加设临时拉结装置。

④ 连续同步往下拆卸。对于连墙件、长水平杆、剪刀撑等，必须在脚手架拆卸到相关跨门架后，方可拆除。

⑤ 拆除扫地杆、底层门架及封口杆。

⑥ 拆除基座，运走垫板和垫块。

第二节　模 板 工 程

模板是使混凝土构件按几何尺寸成型的模型板，是混凝土结构构件施工的重要工具，对施工成本的影响显著。一般工业与民用建筑中，平均 $1m^3$ 混凝土需用模板 $7.4m^2$，模板费用约占混凝土工程费用的 34%。在混凝土结构施工中选用合理的模板形式、模板结构及施工方法，对提高工程质量、加速混凝土工程施工和降低造价有显著效果。这一节将介绍主要的模板类型。

一、模板工程的概念

模板工程是指新浇混凝土成型的模板以及支承模板的一整套构造体系。其中，接触混凝土并控制预定尺寸、形状、位置的构造部分称为模板，支持和固定模板的杆件、桁架、联结件、金属附件、工作便桥等构成支承体系，其施工要求做到：

① 施工中要求能保证结构和构件的形状、位置、尺寸的准确。

② 具有足够的强度、刚度和稳定性。

③ 装拆方便且能多次周转使用。

④ 接缝严密不漏浆。

二、模板的种类和组成

模板按材料分有木模板、竹模板、钢木模板、钢模板、塑料模板、铸铝合金模板、玻璃钢模板等。按工艺分有组合式模板、大模板、滑升模板、爬升模板、永久性模板以及飞模、模壳等。

模板系统的组成包括模板板块和支架两大部分。模板板块是由面板、次肋、主肋等组成。支架则有桁架、支柱、夹具等不同的形式。

1. 组合式模板

组合式模板是一种工具式的定型模板，由具有一定模数的若干类型的板块、角模、支撑和连接件组成，拼装灵活，可拼出多种尺寸和几何形状，通用性强，适应各类建筑物的梁、柱、板、墙、基础等构件的施工需要，也可拼成大模板和台模等，如图 7-10 所示。

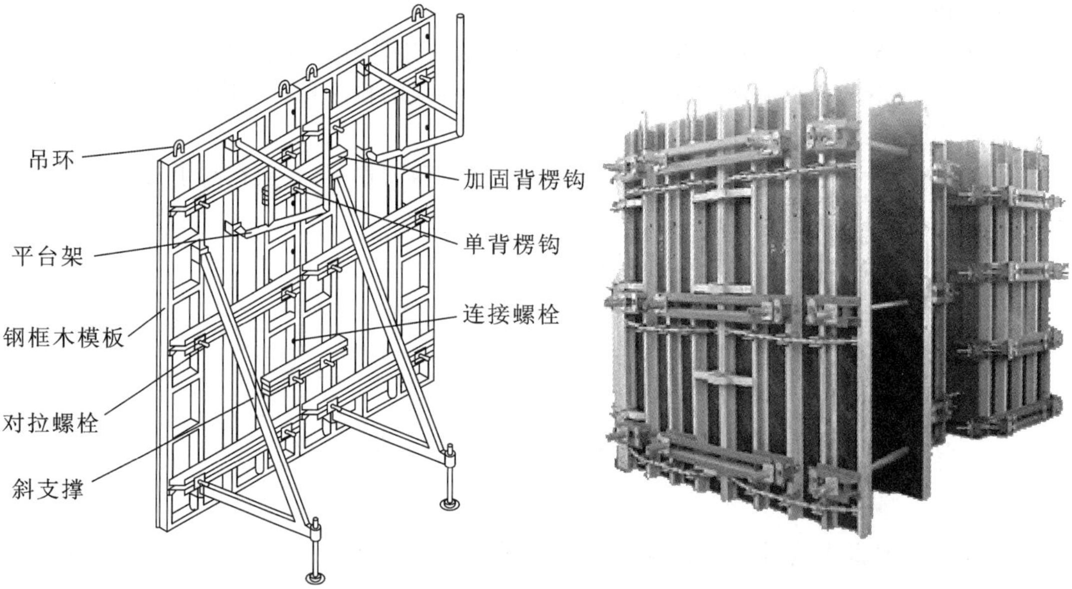

图 7-10　组合式模板结构

组合式模板的材质分为钢定型和钢木定型两种。

钢定型模板由边框、面板、纵横肋组成，面板为 2.3～2.5mm 厚的钢板，模板类型主要有平面模板、阴角模板、阳角模板和连接模板，连接件主要有 U 型卡、钩头螺栓、对拉螺栓和扣件等。钢定型模板一次性投资大，需多次周转使用才有经济效益，使用时与混凝土直接接触的表面应涂隔离剂，轻拆轻放。

钢木定型模板是在钢定型模板的基础上进行改良，将其面板由钢板改为复塑竹胶合板、纤维板等，自重比钢模轻 1/3，用钢量减少 1/2。

2. 大模板

大模板是一种大尺寸的工具式模板，常用于剪力墙、筒体、桥墩的施工。以建筑物的开间、进深、层高为标准化的基础，由于一面墙用一块大模板，装拆均需起重机械吊装，故机械化程度高、减少用工量和缩短工期。环境工程施工中如污水池体的池壁混凝土浇筑可使用到大模板，如图 7-11 所示。

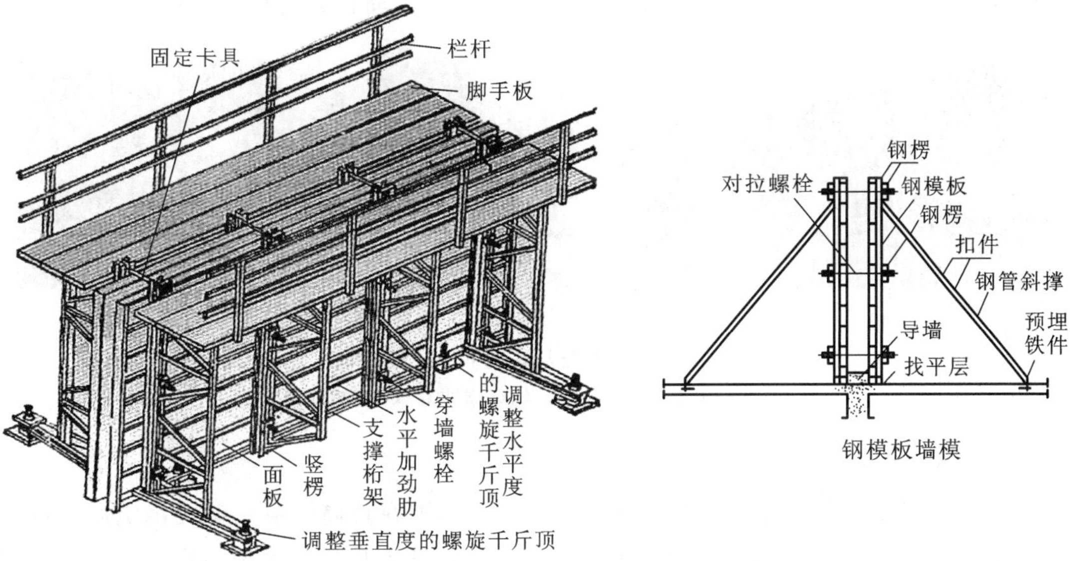

图 7-11　大模板的构造

大模板由面板、次肋、主肋、支撑桁架及稳定装置组成。面板要求平整、刚度好，板面须喷涂脱模剂以利脱模，两块相对的大模板通过对拉螺栓和顶部卡具固定。大模板存放时应打开支撑架，将板面后倾一定角度，防止其倾倒伤人。

3. 覆塑竹胶合模板

覆塑竹胶合模板是目前广泛使用的一种模板，如图 7-12 所示。有单面覆塑和双面覆塑两种形式，规格为 1220～2440mm，厚度 10～12mm。竹胶合模板重量轻、组织严密、坚硬强韧，板面平整光滑，不湿涨、不开裂、不变形，可钻可锯、耐低温高温，无需脱模剂，使用周转次数达 30 次。该种模板防水效果好，可对覆面的颜色、尺寸规格进行定制生产，

图 7-12　覆塑竹胶合模板

达到安装快捷高效的目的。可满足施工现浇清水混凝土专用模板和各种形状建筑构件支模需要。在环境工程施工中，主要用于污水池体的池壁、顶板的模板施工。

4. 模壳

模壳是用于钢筋混凝土密肋楼板的一种工具式模板，如图 7-13 所示。密肋楼板由薄板与间距较小的密肋组成，模板的拼装难度大，且不经济。采用塑料或玻璃钢按密肋楼板的规格尺寸加工成需要的模壳，则具有一次成型、多次周转的便利。

(a)　　(b)　　(c)

图 7-13　模壳及其施工安装现场

(a)模壳；(b)密肋楼板模壳安装；(c)密肋楼板浇筑混凝土前

5. 永久性模板

永久性模板又称一次消耗模板，如图 7-14 所示，即在现浇混凝土结构浇筑后不再拆除，有的模板与现浇结构叠合成共同受力构件。永久性模板分为压型钢板和配筋的混凝土薄板两种，多用于现浇钢筋混凝土楼(屋、池)面板，永久性模板简化了现浇结构的支模工艺，改善了劳动条件，节约了拆模用工，加快了工程进度，提高了工程质量。

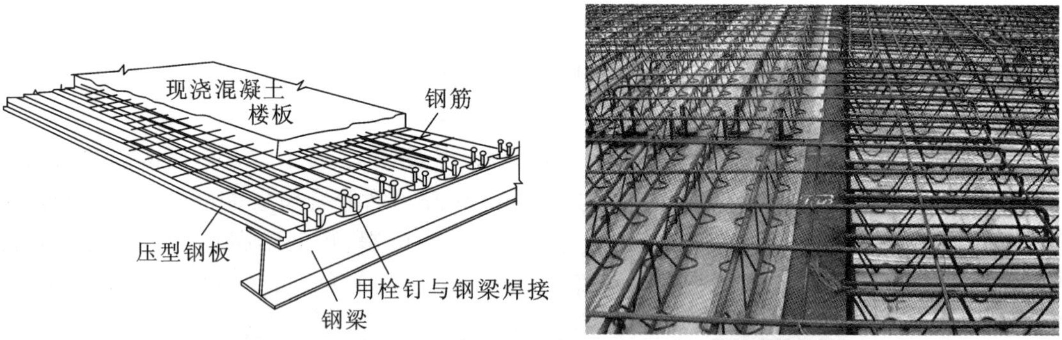

图 7-14　永久性模板

6. 支架系统

① 桁架

桁架可搁置在墙上、梁侧模板横档上，以支撑梁或板的模板。组合式桁架使用时两榀一组，跨度可调范围为 2.5～3.5m。荷载较大时可多榀成组排放；结构跨度超过桁架最大跨度时，可在中间加支柱后连续安装桁架，如图 7-15 所示。

② 支柱

常用支柱一为顶撑，二为井架。顶撑有木制琵琶撑和活动式钢管支撑，活动钢管支

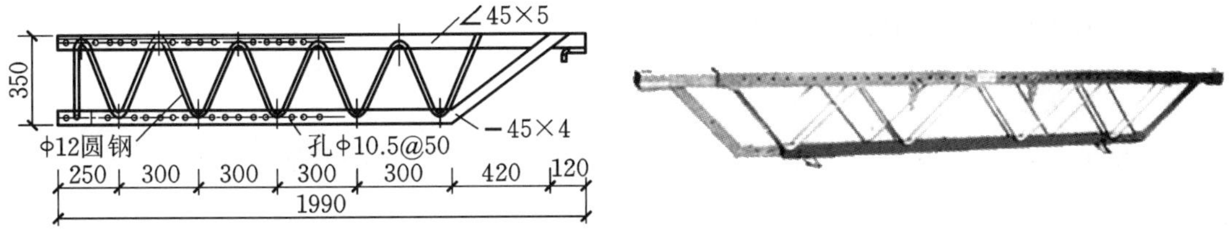

图 7-15　模板的轻型钢桁架

撑的可调高度为 1.5～3.6m，每挡调节高度为 100mm。荷载较大或高度较大时，一般搭设扣件式钢管井架或排架。

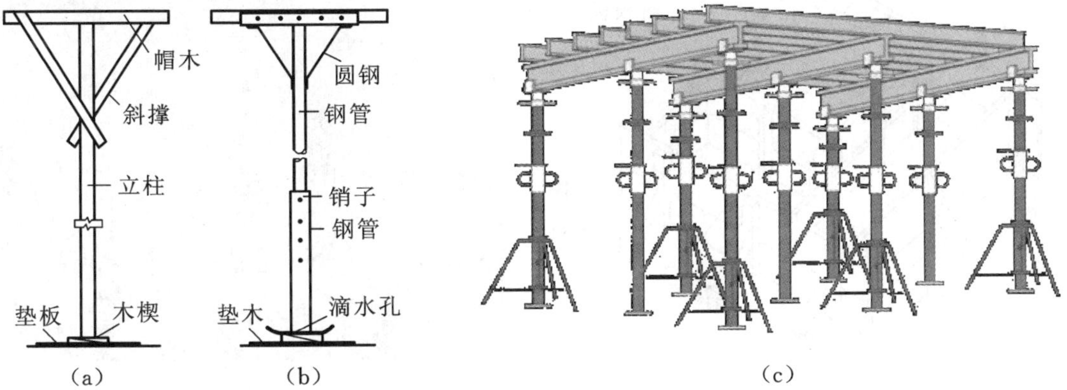

图 7-16　模板的支柱

(a)木琵琶撑；(b)活动钢管支撑；(c)活动钢管支柱

③ 夹具

常用的有工具式柱箍和组合式梁卡具。柱箍亦称定位夹箍，用角钢、槽钢、扁钢或方木制成，是直接支承或夹紧各类柱模的支承件，如图 7-17 所示。

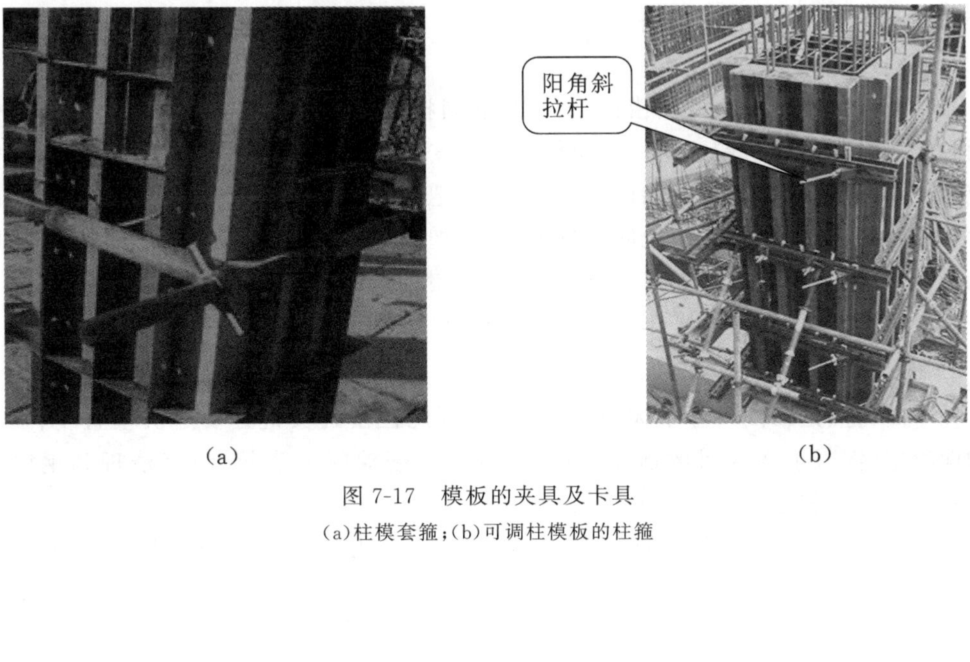

图 7-17　模板的夹具及卡具

(a)柱模套箍；(b)可调柱模板的柱箍

三、现浇结构中常用的模板

1. 基础模板

基础的特点是高度小而体积较大，按形式分为独立基础和条形基础。

① 独立基础模板

当建(构)筑物上部结构采用框架结构或单层排架结构承重时，基础常采用方形、圆柱形的独立基础，其模板组成如图 7-18 所示。

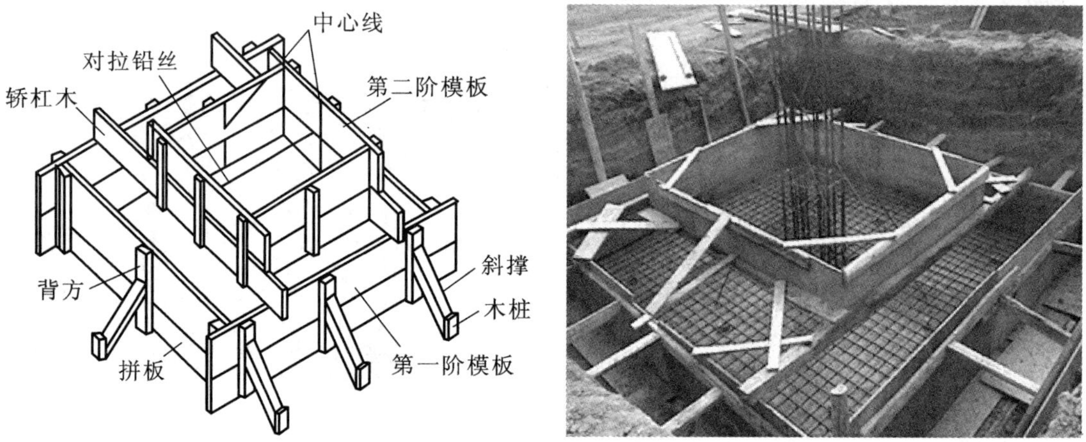

(a)　　(b)

图 7-18　独立基础模板的安装结构

(a)独立基础模板构造；(b)独立基础模板实物图

模板安装前，应核对基础垫层标高，弹出基础的中心线和边线，将模板中心线对准基础中心线，然后校正模板上口标高，符合要求后要用轿杠木搁置在下台阶模板上，斜撑及平撑的一端撑在上台阶模板的背方上，另一端撑在下台阶模板背方顶上。上台阶模板与下台阶模板一同安装，方法相同。

② 条形基础模板

条形基础模板主要由侧面模板、木夹具和斜撑等组成，如图 7-19 所示。基础侧模板可用长条木板加木档拼制或采用整块板。模板安装时，先按施工图纸把各部位开间模板拼成方框，在侧面模板上下端加设方木条，然后把拼好的模板根据中轴线安放在基坑底，并用水平尺校正其标高，在模板周围打上木桩，加固模板时，先用松木板按条基的宽度将两侧模固定，再加设斜撑和平撑，斜撑和平撑一端钉紧在木桩上，另一端钉紧在侧板上下端方木条上，在加设斜撑和平撑时，要按中轴线拉好控制线，保证模板位置正确。

2. 柱模板

柱子的特点是断面尺寸不大而高度较大，因此柱模的关键是要解决垂直度、施工时的侧向稳定、混凝土浇筑时的侧压力问题，同时方便混凝土浇筑、垃圾清理和钢筋绑扎等。其组成和安装方式如图 7-20 所示。

① 弹线及定位：先在基础面(楼面)弹出柱轴线及边线，同一柱列则先弹两端柱，再拉

图 7-19　条形基础模板的安装结构

通线弹中间柱的轴线及边线。按照边线先把底盘固定好，然后再对准边线安装柱模板。

② 柱箍的设置：为防止混凝土浇筑时模板鼓胀变形，柱箍应根据柱模断面大小经计算确定，柱截面尺寸较大时，可在柱模内设置对拉螺栓。

③ 柱模板须在底部留设清理孔，沿高度每 2m 开有混凝土浇筑孔和振捣孔。

④ 柱高大于或等于 4m 时，柱模应四面支撑；柱高大于或等于 6m 时，不宜用单根柱支撑，宜用几根柱同时支撑组成构架。

⑤ 对于通排柱模板，应先装两端柱模板，校正固定后，再在柱模板上口拉通线校正中间各柱模板。

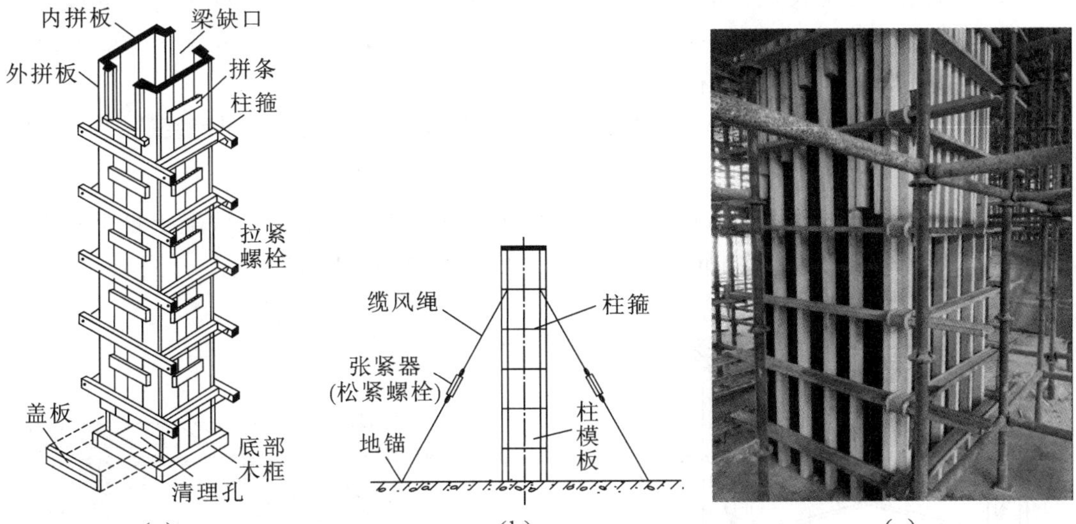

图 7-20　柱模板的安装结构

(a)柱子木模板；(b)独立柱模板的校正；(c)独立柱模板安装实物图

3. 梁模板

梁的特点是跨度较大、宽度小而高度大。要求梁模板及支撑系统稳定性好，有足够的强度和刚度，不产生超过规范允许的变形，如图 7-21 所示。安装时要注意以下几点：

① 梁模板支设应注意控制梁底标高、轴线位置。

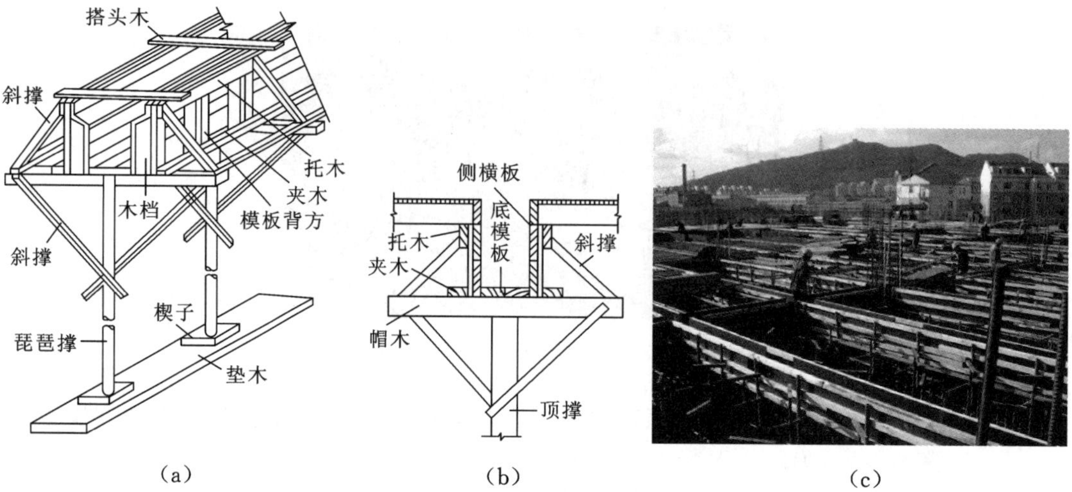

图 7-21　梁模板的安装结构

(a)T 形梁支模；(b)有斜撑的梁模型；(c)梁模板安装实物图

② 梁底板下用顶撑支设，顶撑间距视梁的断面大小而定，一般为 0.8～1.2m，顶撑之间应设水平拉杆和剪刀撑，使之互相拉撑成为一整体，当梁底距地面高度大于 6m 时，应搭设排架或满堂红脚手架支撑；为确保顶撑支设的坚实，应在夯实的地面上设置垫板和楔子。

③ 梁侧模下方应设置夹木，将梁侧模与底模板夹紧，并钉牢在顶撑上。梁侧模上口设置托木，托木可上拉(上口对拉)或下撑(撑于顶撑上)，梁高度大于或等于 700mm 时，应在梁中部另加斜撑或对拉螺栓固定。

④ 当梁的跨度大于或等于 4m 时，梁底模跨中要起拱，起拱高度为梁跨度的 1‰～3‰。

4. **板模板**

板模板一般面积大而厚度不大，板模板及支撑系统要保证能承受混凝土自重和施工荷载，保证板不变形、不下垂，如图 7-22 所示。安装时要注意以下几点：

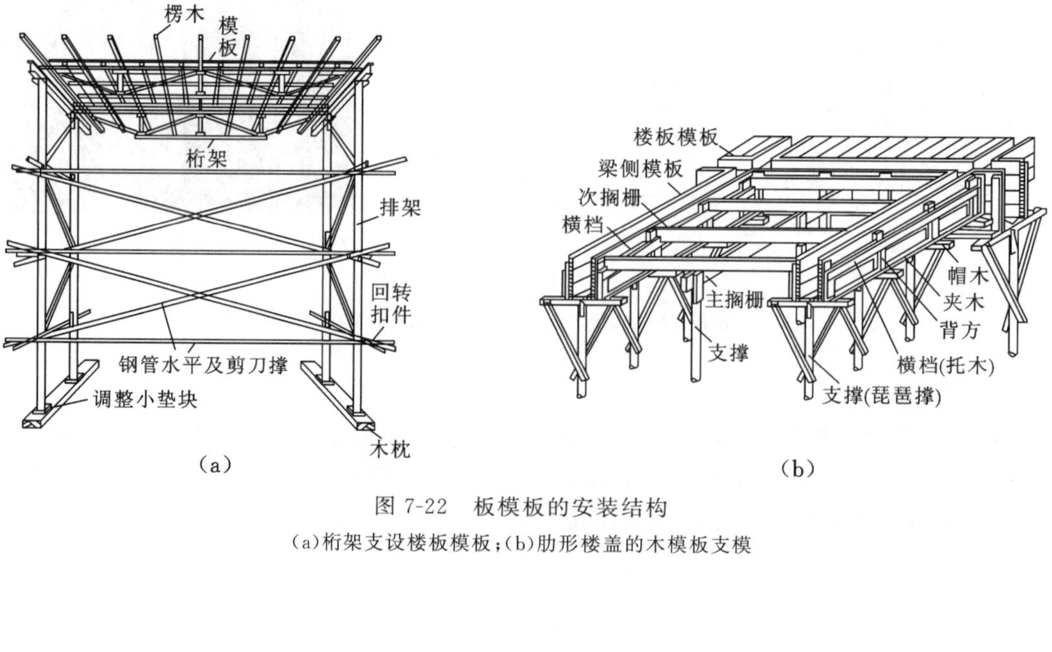

图 7-22　板模板的安装结构

(a)桁架支设楼板模板；(b)肋形楼盖的木模板支模

① 板模板安装时应注意复核板底标高。

② 模板应从四周或墙、梁连接处向中央铺设。

③ 阳台、挑檐模板必须撑牢拉紧，防止向外倾覆，确保安全。

④ 楼板跨度大于 4m 时，模板的跨中要起拱，起拱高度为板跨度的 1‰～3‰。

⑤ 肋形楼盖模板一般应先支梁、墙模板，然后将桁架或搁栅按设计要求支设在梁侧模通长的横档(托木)上，调平固定后再铺设楼板模板。

5. 墙模板

墙体的特点是高度大而厚度小，模板主要承受混凝土的侧压力。因此必须加强墙体模板的刚度，设置足够的支撑，以确保模板不变形和发生位移，如图 7-23 所示。安装施工时要注意以下两点：

① 根据边线先立一侧模板并临时支撑固定，待墙体钢筋绑扎完后，再立另一侧模板。

② 墙体模板的对拉螺栓要设置内撑式套管(防水混凝土除外)，一是确保对拉螺栓重复使用，二是可控制墙体厚度。

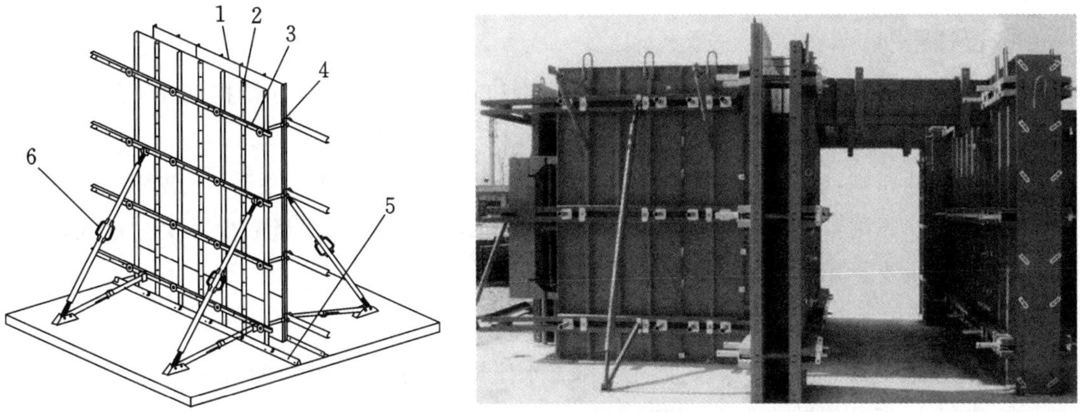

(a)　　　　(b)

图 7-23　墙模板的安装结构

(a)墙模板结构；(b)墙模板安装实物图

6. 楼梯模板

楼梯与楼板相似，但又有支设倾斜、有踏步的特点，如图 7-24 所示。施工前应根据设计放样，施工时先装平台梁模板，再装楼梯斜梁和楼梯底模板，然后装楼梯外帮侧板，最后装踏步侧板。

楼梯模板的梯步高度要一致，尤其要注意每层楼梯最上一步和最下一步的高度，防止由于粉面层厚度不同而形成梯步高度差异。

四、模板设计

定型模板、常用模板和工具式支撑系统在其适用范围不需进行设计或验算，但重要结构、特殊形式的模板和超出适用范围的定型模板及支撑系统应进行设计或验算。模板

(a) (b)

图 7-24　楼梯模板的安装结构

(a)楼梯模板结构;(b)楼梯模板安装实物图

和支架的设计,包括选型、选材、荷载计算、结构计算、拟定制作安装和拆除方案、绘制模板图。

1. 设计原则

① 实用性原则:模板要保证构件形状尺寸和相互位置正确,且结构简单,支拆方便,表面平整,接缝严密不漏浆等。

② 安全性原则:要有足够的强度、刚度和稳定性,保证施工中不变形、不破坏、不倒塌。

③ 经济性原则:在确保工期、质量、安全满足要求的前提下,尽量减少一次性投入,增加模板周转,减少支拆用工,实现文明施工。

2. 设计步骤

① 划分施工段,确定流水作业顺序和流水工期,明确配置模板的数量。

② 确定模板的组装方法及支架搭设方法。

③ 按配模数量进行模板组配设计。

④ 进行夹箍和支撑件的设计计算和选配工作。

⑤ 明确支撑系统的布置、连接和固定方法。

⑥ 确定预埋件、管线的固定及埋设方法,预留孔洞的处理方法。

⑦ 将所需模板、连接件、支撑及架设工具等统计列表,以便于备料。

3. 荷载及组合

设计和验算模板、支架时应考虑下列荷载:

① 模板及支架自重:可按图纸或实物计算确定,或参考表 7-1 计算。

表 7-1　模板及支架自重参考值

模板构件	木模板 / (kN/m^2)	定型组合钢模板 / (kN/m^2)
平板模板及小楞	0.3	0.5

续表7-1

模板构件	木模板 / (kN/m^2)	定型组合钢模板 / (kN/m^2)
楼板模板(包括梁的模板)	0.5	0.75
楼板模板及支架(高度 4m 以下)	0.75	1.1

② 新浇筑混凝土的自重标准值:普通混凝土取 24 kN/m^3,其他混凝土按实际重力密度确定。

③ 钢筋自重标准值:对于每立方米混凝土的钢筋自重标准值,楼板可取 1.1kN,梁取 1.5kN。

④ 施工人员及设备荷载标准值:计算模板及小楞时,均布活荷载取 2.5kN/m^2,另以集中荷载 2.5kN 验算,取两者中较大值;计算支承小楞的构件时,均布活荷载取 1.5kN/m^2;计算支架立柱等构件时,均布活荷载取 1.0kN/m^2。

⑤ 振捣混凝土时产生的荷载标准值:水平面模板取 2.0kN/m^2;垂直面模板取 4.0kN/m^2(作用范围在有效压头高度之内)。

⑥ 新浇筑混凝土对模板侧面的压力标准值:当采用内部振动器时,新浇筑的混凝土作用于模板的最大侧压力,按下列两式计算,并取两式中的较小值:

$$F = 0.22\gamma_c t_0 \beta_1 \beta_2 V^{\frac{1}{2}} \tag{7-1}$$

$$F = \gamma_c H \tag{7-2}$$

式中　F——新浇筑混凝土对模板的最大侧压力(kN/m^2);

γ_c——混凝土的重力密度(kN/m^3),一般取 25kN/m^3;

t_0——新浇筑混凝土的初凝时间(h),可按实测确定,当缺乏试验资料,可按 $t_0 = 200/(T+15)$ 计算,一般取 5h;

T——混凝土的温度(℃);

V——混凝土的浇筑速度(m/h),一般取 0.5m/h;

H——混凝土侧压力计算位置处于新浇筑混凝土顶面的总高度(m);

β_1——外加剂影响修正系数,不掺外加剂时取 1.0,掺具有缓凝作用外加剂时取 1.2;

β_2——混凝土坍落度影响修正系数,当坍落度小于 30mm 时,取 0.85,坍落度为 50～90mm 时,取 1.0,坍落度为 110～150mm 时,取 1.15。

⑦ 倾倒混凝土时产生的荷载标准值:倾倒混凝土时对垂直面模板产生的水平荷载标准值,按表 7-2 计算。

表 7-2　倾倒混凝土时对垂直面模板产生的水平荷载标准值

向模板中供料方法	水平荷载标准 / (kN/m^2)
用溜槽、串筒或由导管输出	2
用容量小于 0.2 m^3 的运输器具倾倒	2

续表7-2

向模板中供料方法	水平荷载标准 / (kN/m^2)
用容量为 0.2 ～0.8m^3 的运输器具倾倒	4
用容量大于 0.8m^3 的运输器具倾倒	6

荷载设计值:计算模板及支架时,应将前述的各项荷载标准值乘以相应的荷载分项系数以求得荷载设计值,荷载分项系数按表 7-3 计算。

表 7-3　荷载分项系数

项次	荷载类别	γ_i
①	模板及支架自重	1.2
②	新浇筑混凝土自重	
③	钢筋自重	
④	施工人员及施工设备荷载	1.4
⑤	振捣混凝土时产生的荷载	
⑥	新浇筑混凝土对模板侧面的压力	1.2
⑦	倾倒混凝土时产生的荷载	1.4

荷载组合:对不同结构的模板及支架进行计算时,应分别取不同的荷载效应组合,荷载组合的规定见表 7-4。

表 7-4　参与模板及支架荷载效应组合的各项荷载

模 板 类 别	参与组合的荷载项	
	计算承载能力	验算刚度
平板和薄壳的模板及支架	①+②+③+④	①+②+③
梁和拱模板的底板及支架	①+②+③+⑤	①+②+③
梁、拱、柱(边长不大于 300mm)、墙(厚不大于 100mm)的侧面模板	⑤+⑥	⑥
大体积结构、柱(边长大于 300mm)、墙(厚大于 100mm)的侧面模板	⑥+⑦	⑥

五、模板的拆除

1. 拆除要求

混凝土成型并养护一段时间,当强度达到一定要求时,即可拆除模板。模板的拆除日期取决于混凝土硬化的快慢、模板的用途、结构的性质及环境温度。及时拆模可提高模板周转率、加快工程进度;过早拆模,混凝土会变形,甚至断裂,造成重大质量事故。现浇结构的模板及支架的拆除,如设计无规定时,应符合下列规定:

① 侧模应在混凝土强度能保证其表面及棱角不因拆模板而受损坏时方可拆除；对后张法预应力混凝土结构构件，侧模宜在预应力张拉前拆除。

② 底模及支架拆除时的混凝土强度应符合设计要求，设计无要求时，应在与结构同条件养护的混凝土试块达到表 7-5 规定时方可拆除。

表 7-5 底模及支架拆除时的混凝土强度要求

构件类型	构件跨度/m	达到设计的混凝土立方体抗压强度标准值的百分率/%
板	≤2	≥50
	>2,≤8	≥75
	>8	≥100
梁、拱、壳	≤8	≥75
	>8	≥100
悬臂构件	—	≥100

2. 拆模顺序

拆模应遵循“先支后拆，后支先拆”，“先非承重部位，后承重部位”以及“自上而下”的原则。重大复杂模板的拆除，事前应制定拆除方案。

① 柱模的拆除

单块组拼的应先拆除钢楞、柱箍和对拉螺栓等连接件、支撑件，从上而下逐步拆除；预组拼的应拆除两个对角的卡件，并临时支撑，再拆除另两个对角的卡件，挂好吊钩，拆除临时支撑，方能脱模起吊。

② 墙模的拆除

单块组拼的在拆除对拉螺栓、大小钢楞和连接件后，从上而下逐步水平拆除；预组拼的应先挂好吊钩，检查所有连接件是否拆除后，方能拆除临时支撑，脱模起吊。

③ 梁、板模板的拆除

先拆除梁侧模，再拆除楼板底模，最后拆除梁底模。拆除跨度较大的梁下支柱时，应从跨中开始分别向两端进行。

3. 拆模注意事项

① 拆模时，操作人员应站在安全处，以免发生安全事故。

② 拆模时避免用力过猛、过急，严禁用大锤和撬棍硬砸硬撬，以免损坏混凝土表面或模板。

③ 拆除的模板及配件应有专人接应传递并分散堆放，不得对楼层形成冲击荷载，严禁高空抛掷。

④ 模板及支架清运至指定地点，及时加以清理、修理，按尺寸和种类分别堆放，以便下次使用。

第三节　钢筋工程

钢筋工程是环境工程建筑施工中的重中之重，得到了越来越广泛的应用。钢筋施工技术是一种较为复杂且专业的活动，在建筑工程的整体质量中，钢筋工程作为整体工程的骨架，起到了决定性的影响，它直接影响工程建筑的质量。所以，为了保证钢筋工程的施工质量，需要施工人员认真对待。对于钢筋施工工艺的高效合理利用，需要从钢筋进场后到施工结束进行全面的质量检查和控制。

一、钢筋材料

1. 钢筋的分类

结构用的普通钢筋可分为热轧和冷加工两类，如图 7-25 所示。

① 热轧钢筋

热轧钢筋是最常用的钢筋，有热轧光圆钢筋（HPB）、热轧带肋钢筋（HRB）和余热处理钢筋（RRB）三种。

热轧钢筋的强度等级分为 235 级、335 级、400 级和 500 级四个等级。按外形也可分为光圆和带肋两种钢筋。如 HPB235 表示屈服强度为 235MPa 的热轧一级光圆钢筋，HRB335 表示屈服强度为 335MPa 的热轧二级带肋钢筋，HRB400 表示屈服强度为 400MPa 的热轧三级带肋钢筋。

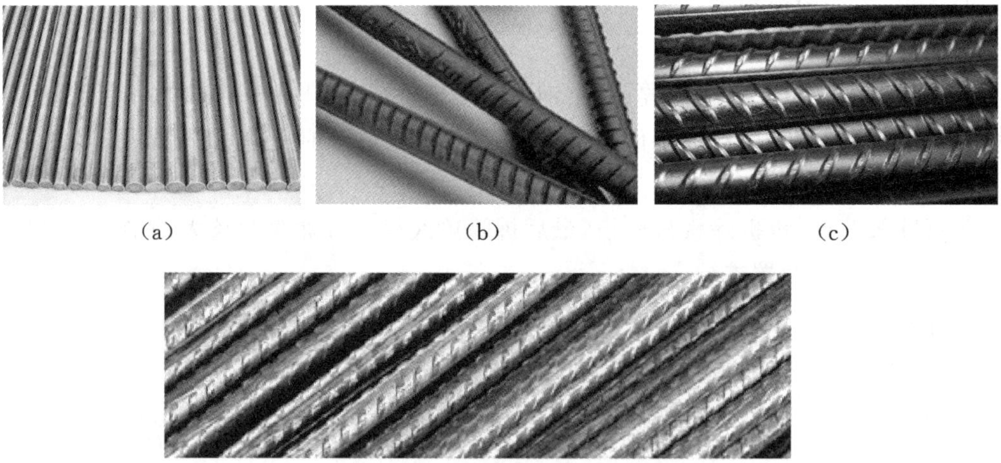

(a)　　(b)　　(c)

(d)

图 7-25　最常用的钢筋

(a)热轧光圆钢筋(HPB)；(b)热轧带肋钢筋(HRB)；(c)余热处理钢筋(RRB)；(d)冷轧带肋钢筋

② 冷加工钢筋

冷加工钢筋主要为冷轧带肋钢筋，其使用应符合《冷轧带肋钢筋混凝土结构技术规程》(JGJ 95—2011)。冷加工钢筋可提高构件强度、节约钢材。

2. 钢筋的进场检验

钢筋出厂，每捆(盘)应挂有两个标牌(上注厂名、生产日期、钢号、炉罐号、钢筋级别、直径等)，并有随货同行的出厂质量证明书或试验报告书。

(1) 检验批：工地按品种、批号及直径分批验收，每批数量热轧钢筋不超过 60t、冷轧带肋钢筋为 50t。

(2) 外观质量：钢筋应平直、无损伤，表面不得有裂纹、油污及颗粒状或片状锈蚀。钢筋表面凸块不允许超过螺纹的高度；钢筋的外形尺寸应符合有关规定。热轧钢筋表面不得有裂缝、结疤和折叠，外形尺寸应符合规定；冷轧带肋钢筋要求表面无裂缝、折叠夹层及其他影响使用的缺陷。

(3) 力学性能试验：在经外观检查合格的每批次钢筋中任选 2 根，每根取 2 个试件分别进行拉伸试验(屈服点、抗拉强度和伸长率的测定)和冷弯次数试验。如有 1 项试验结果不符合规定，则应从同一批钢筋另取双倍数量的试件重做各项试验，如仍有 1 个试件不合格，则该批钢筋为不合格品，应不予验收或降级使用。

(4) 注意事项：在使用中发现钢筋脆断、焊接性能不良或机械性能显著不正常时，应进行化学成分检验或其他专项检验。

3. 钢筋的保管

(1) 进场钢筋必须按批分类堆放，要有产品标志和产品标识，要有进场检验记录。

(2) 钢筋露天堆放应选择地势高、基土平坦坚实、排水畅通及有利于施工的场所。堆放时要加垫木，离地不宜少于 200mm。

(3) 长期不使用的钢筋宜堆放在仓库或料棚内。

(4) 堆放地点应严防酸、盐、油类物质和有害气体的侵蚀。

(5) 已加工后的钢筋成品、半成品均应分类堆放，严防错用。

(6) 钢筋加工场所应有完善的各项管理制度。

二、钢筋的配料和代换

1. 钢筋的配料

(1) 配料程序

看懂构件配筋图→绘出单根钢筋简图→编号→计算下料长度和根数→填写配料表→申请加工。

(2) 钢筋配料单的编制

① 编制钢筋配料单之前必须熟悉图纸，把结构施工图中钢筋的品种、规格列成钢筋明细表，并读出钢筋设计尺寸。

② 计算钢筋的下料长度。

③ 根据钢筋下料长度，编写钢筋配料单，汇总编制钢筋配料单。在配料单中，要反映出工程名称，钢筋编号，钢筋简图和尺寸，钢筋直径、数量、下料长度、质量等。

④ 根据钢筋配料单，将每一编号的钢筋制作一块料牌，作为钢筋加工的依据，如图 7-26 所示。

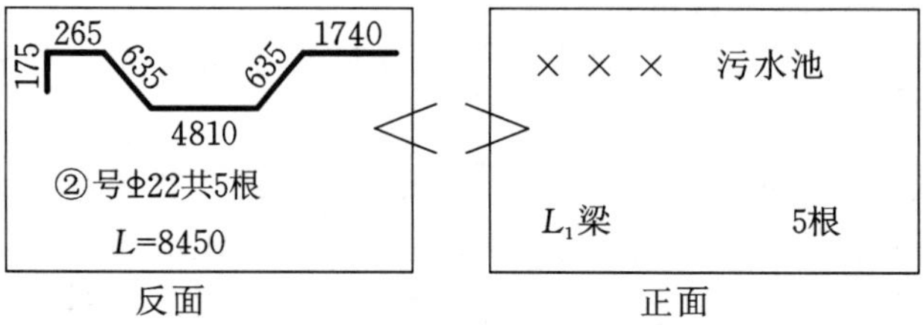

图 7-26 钢筋料牌

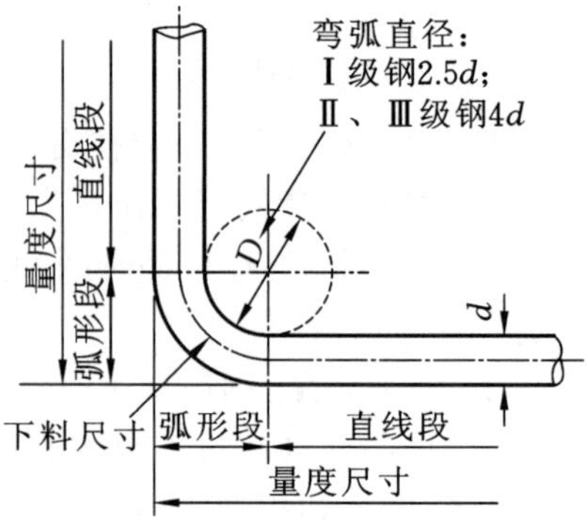

图 7-27 弯曲调整值

(3) 下料长度的计算

钢筋因弯曲或弯钩会使其长度变化，配料中不能直接根据图纸尺寸下料，必须了解混凝土保护层及钢筋弯曲、弯钩等规定，再根据图示尺寸计算其下料长度。

① 弯曲量度差值

结构施工图中所指钢筋长度是钢筋外缘之间的长度，即外包尺寸，这是施工中量度钢筋长度的基本依据。钢筋弯曲以后，存在一个量度差值，即外包尺寸和中心线尺寸之间的差值(图 7-27)，即为弯曲调整值，在计算下料长度时必须加以扣除。因此，钢筋下料长度应为各段外包尺寸之和减去各弯曲处的量度差值，再加上端部弯钩增加值。不同弯曲角度的钢筋调整值见表 7-6。

表 7-6 常见角度弯折的弯曲量度差值

弯折角度	量度差值			
	通式	$D=2.5d$	$D=4d$	$D=5d$
30°	$0.006D+0.274d$	$0.285d$	$0.294d$	$0.3d$
45°	$0.022D+0.436d$	$0.491d$	$0.524d$	$0.55d$
60°	$0.054D+0.631d$	$0.766d$	$0.847d$	$0.9d$
90°	$0.215D+1.215d$	$1.75d$	$2.08d$	$2.29d$

② 弯钩增加长度

钢筋弯钩有 180°、90°和 135°弯钩三种。180°弯钩常用于Ⅰ级钢筋；90°弯钩常用于柱立筋的下部、附加钢筋和无抗震要求的箍筋中；135°弯钩常用于Ⅱ、Ⅲ级钢筋和有抗震要求的箍筋中。当弯弧内直径为 $2.5d$(Ⅱ、Ⅲ级钢筋为 $4d$)、平直部分为 $3d$ 时，其弯钩增加长度的计算值为：半圆弯钩为 $6.25d$，直弯钩为 $3.5d$(Ⅱ级钢筋为 $4.25d$)，斜弯钩为 $4.9d$。计算简图如图 7-28 所示。

③ 弯起钢筋斜长

当钢筋弯起时，弯起钢筋斜长采用加长系数可以计算，见图 7-29 和表 7-7。

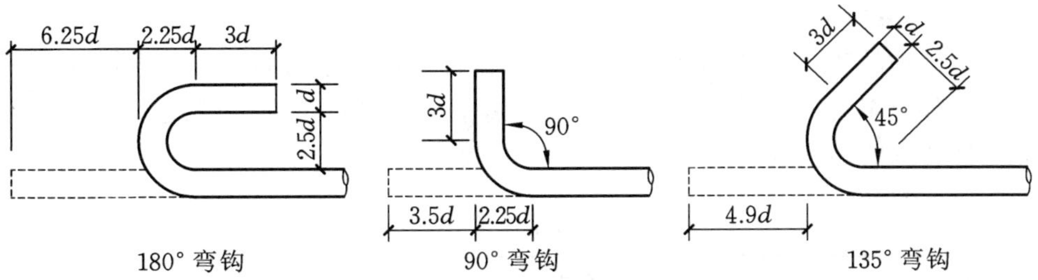

图 7-28 钢筋弯钩计算简图

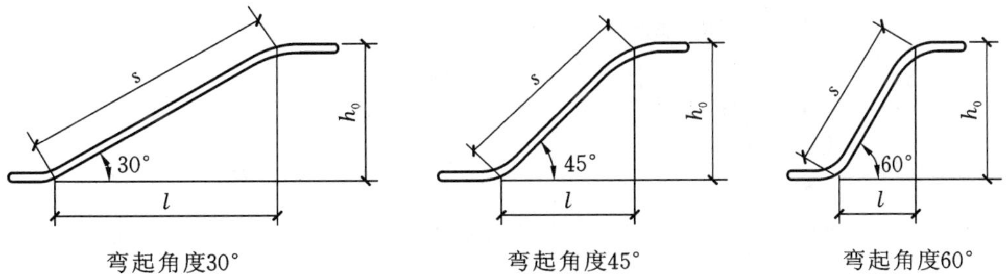

图 7-29 弯起钢筋斜长计算简图

表 7-7 弯起钢筋斜长系数表

弯起角度	$\alpha=30°$	$\alpha=45°$	$\alpha=60°$
斜边长度 s	$2h_0$	$1.41h_0$	$1.15h_0$
底边长度 l	$1.732h_0$	h_0	$0.575h_0$
增加长度 $s-l$	$0.268h_0$	$0.41h_0$	$0.575h_0$

④ 箍筋调整值

箍筋调整值即为 2 个 135°弯钩增加长度和 3 个 90°弯曲量度差值，根据箍筋量外包尺寸或内皮尺寸而定，见图 7-30 和表 7-8。对一般结构，箍筋弯钩的弯折角度不应小于 90°；对于有抗震等要求的结构，箍筋弯钩的弯折角度应为 135°。对一般结构，箍筋弯后平直部分长度不宜小于箍筋直径的 5 倍；对于有抗震要求的结构，箍筋弯后平直部分长度不应小于箍筋直径的 10 倍。

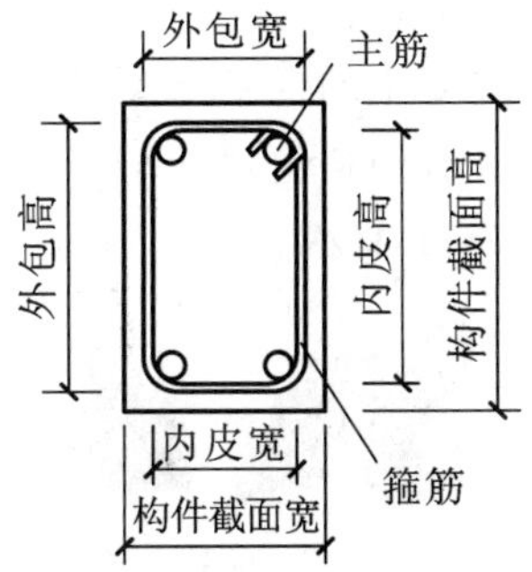

图 7-30 箍筋量度方法

表 7-8 箍筋调整值

箍筋量度方法	箍筋直径/mm			
	4～5	6	8	10～12
量外包尺寸	40	50	60	70
量内皮尺寸	80	100	120	150～170

⑤ 混凝土保护层厚度

混凝土结构的耐久性，应根据环境类别和设计使用年限进行设计。混凝土保护层是指受力钢筋外缘至混凝土构件表面的距离，其作用是保护钢筋在混凝土结构中不受锈蚀。无设计要求时应符合表 7-9 的规定。

表 7-9　混凝土保护层最小厚度　　单位：mm

环境类别		条件	板、墙、壳	梁、柱、杆
一		室内干燥环境；永久的无侵蚀性静水浸没环境	15	20
二	a	室内潮湿环境；非严寒和非寒冷地区的露天环境；非严寒和非寒冷地区与无侵蚀性的水或土壤直接接触的环境；寒冷和严寒地区的冰冻线以下与无侵蚀性的水或土壤直接接触的环境	20	25
	b	干湿交替环境；水位频繁变动环境，严寒和寒冷地区的露天环境；严寒和寒冷地区的冰冻线以上与无侵蚀性的水或土壤直接接触的环境	25	35
三	a	严寒和寒冷地区冬季水位冰冻区环境；受除冰盐影响环境；海风环境	30	40
	b	盐渍土环境；受除冰盐作用环境；海岸环境	40	50
四		海水环境	—	—
五		受人为或自然的侵蚀性物质影响的环境	—	—

混凝土强度等级不大于 C25 时，表 7-9 中保护层最小厚度数值增加 5mm。钢筋混凝土基础宜设置混凝土垫层，基础中钢筋的混凝土保护层厚度应从垫层顶面算起，且不应小于 40mm。

混凝土的保护层厚度，一般用水泥砂浆垫块或塑料卡垫在钢筋与模板之间来控制。塑料卡有塑料垫块和塑料环圈两种。塑料垫块用于水平构件，塑料环圈用于垂直构件，如图 7-31 所示。

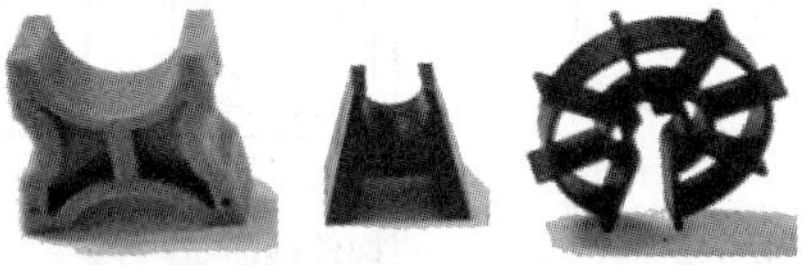

控制钢筋混凝土保护层用的塑料卡

塑料垫块控制楼板钢筋的混凝土保护层厚度

塑料环圈控制柱钢筋的混凝土保护层厚度

图 7-31　混凝土保护层设置

⑥ 钢筋下料长度

直钢筋下料长度＝直构件长度－保护层厚度＋弯钩增加长度

弯起钢筋下料长度＝直段长度＋斜段长度－弯折量度差值＋弯钩增加长度

箍筋下料长度＝直段长度＋弯钩增加长度－弯折量度差值

或　　箍筋下料长度＝箍筋周长＋箍筋调整值

⑦ 钢筋下料质量

每米钢筋的质量计算公式如下：

$$n=\pi(D/2)^2\times7850/10^6=0.617\times D^2 \tag{7-3}$$

式中　n——每米钢筋的质量(kg)；

π——圆周率，其值为 3.1415926；

D——钢筋的直径(cm)。

2. 钢筋的代换

(1) 代换原则

当施工遇到钢筋的品种或规格与设计要求不符时，可按下列原则进行钢筋代换：

① 当构件受强度控制时，可采用等强的原则进行代换。当构件按最小配筋时，可采用等面积的原则进行代换。

② 当构件受裂缝宽度或挠度控制时，代换后还应进行裂缝宽度或挠度的验算。

(2) 注意事项

① 代换应满足配筋的构造要求，如最小直径、根数、间距、锚固长度等。

② 对吊车梁、复梁、桁架等重要构件，均不宜用光圆钢筋代替螺纹钢筋。

③ 在构件的同截面内，尽可能采用同种钢筋代换，且所用钢筋的直径差不应大于 5mm，以免受力不均。

④ 梁内的纵筋和弯起钢筋应分别代换，以保证正截面和斜截面配筋的代换均能符合设计要求。当梁内纵向受力筋的排数有变动时，代换时也应作相应的换算。

⑤ 偏心受压或受拉构件代换时，不允许取整截面配筋量计算。

⑥ 当构件受裂缝宽度控制时，不宜用大直径钢筋代换小直径钢筋，也不能用强度等级高的钢筋代换等级低的钢筋，当构件受挠度控制时，不宜用光圆钢筋代换螺纹钢筋。

⑦ 对有抗震要求的框架结构构件，不得以强度等级高的钢筋代换。

⑧ 预制构件中的吊环、吊钩应采用未经冷拉的 HPB235 级热轧钢筋制作。

⑨ 当钢筋的品种、规格和级别需要做代换时，应按规范要求，事先办理好变更文件，应征得原设计单位的同意。

三、钢筋加工

1. 施工准备

(1) 材料：钢筋的规格种类要齐全，并通过试验合格，采用标识状态为“合格”的钢筋进行加工。

(2) 机械设备：钢筋切断机、弯钩机、调直机、除锈机及砂轮锯、加工扳手、操作台。

(3) 核对配料单、图纸，如有问题及时解决。

2. 施工流程

钢筋除锈→钢筋调直→钢筋下料→钢筋弯曲→成品筋码放，如图 7-32 所示。

图 7-32 钢筋的加工过程

(a)钢筋除锈；(b)钢筋调直；(c)钢筋下料；(d)钢筋弯曲；(e)成品筋码放

3. 施工方法

(1) 钢筋的除锈

为保证钢筋与混凝土之间的握裹力，严重锈蚀的钢筋应除锈。除锈方法有电动除锈机除锈，手工除锈或喷砂、酸洗除锈等。除锈后钢筋表面有麻坑、腐蚀孔的严禁使用，隔离存放。

(2) 钢筋的调直

① HPB235 级钢筋的调直：直径为 6～10mm 的钢筋采用调直机调直。调直时及时检查调直机的工作情况，钢筋应平直、无损伤、无划痕，表面不得有裂纹、油污。

② HRB335 级钢筋应平直，无损伤、油污。

③ 钢筋在调直过程中，若发现脆断、裂纹、力学性能不正常等现象，应停止加工，及时上报技术负责人。

(3) 钢筋的下料

① 在 HPB235 级钢筋调直阶段，利用钢筋调直机定尺断筋下料，在钢筋调直上定尺要准确，及时消除偏差。

② HRB335 级钢筋应利用钢筋切断机下料。断筋时，切断机两侧要搭设平台，钢筋放平与刀口成 90°。

③ 取闪光对焊的底板筋、电渣压力焊的暗柱筋及框架柱筋、气压焊的裙房梁筋、梯子筋的大横杆均采用砂轮锯下料，以保证端头平整，坡口无弯曲。钢筋端头的卷边必须打磨，无毛边飞刺。

④ 用断筋机、砂轮锯下料的钢筋，端部必须平整无弯曲；如有弯曲应用手锤调直。机械设备必须按时维修，砂轮锯片不偏心、不摇摆。

(4) 钢筋的弯曲

① HPB235 级钢筋末端应作 180°的弯钩，其弯弧内直径不小于钢筋直径的 2.5 倍，弯钩弯后的平直部分长度不小于钢筋直径的 3 倍。HRB335 级钢筋要求作 135°弯钩时，弯弧内直径不小于钢筋直径的 4 倍，弯钩的弯后平直部分长度应符合图纸及配料单要求；钢筋末端作不大于 90°的弯折时，弯折处的弯弧内径不小于钢筋直径的 5 倍。

② HPB235 级钢筋及箍筋的弯钩及弯折均为手工操作，在操作平台上完成，操作平台要平整。在操作平台上要画线标明钢筋的弯曲起点、弯曲终点、弯曲后平直段长度、钢筋整体长度，在钢筋上标明弯曲点，严格依线加工。

③ HRB335 级钢筋的弯曲使用钢筋弯曲机操作，在弯曲机两侧设置操作平台，平台应平整。在钢筋上标明弯曲点，确定平直段长度，在弯曲机台面上标明弯曲起点、终点；调整好弯曲的主轴后，通电进行弯曲加工。

④ 在加工过程中，钢筋的弯曲主轴随钢筋的型号、规格、部位及时更换。严格按弯弧直径要求操作。在加工中若出现脆断、裂纹、力学性能不正常等现象及时上报技术负责人。

(5) 成品筋的码放

① 箍筋按标识牌码放在对应区域，长向钢筋按使用部位及标识牌存放。钢筋底部用 100mm×100mm 木方垫起 300mm，码放整齐。

② 箍筋放置于操作棚内；长向筋码放于存放区内，如遇下雨，用塑料布及时覆盖。

四、钢筋的锚固

钢筋锚固是指梁、板、柱等构件的受力钢筋伸入支座或基础，如图 7-33 所示。钢筋锚固长度一般指梁、板、柱等构件的受力钢筋伸入支座或基础中的总长度，可以直线锚固和弯折锚固。弯折锚固长度包括直线段和弯折段。钢筋锚固长度的计算根据《混凝土结构设计规范》(GB 50010—2010)的规定，当计算中充分利用钢筋的抗拉强度时，受拉钢筋(普通钢筋)的基本锚固长度应按下列公式计算：

$$L_{ab}=\alpha \frac{f_y}{f_t}d \tag{7-4}$$

式中　L_{ab}——受拉钢筋的基本锚固长度；

f_y——锚固钢筋的抗拉强度设计值；

f_t——混凝土的轴心抗拉强度设计值；

α——锚固钢筋的外形系数，光圆钢筋取0.16，带肋钢筋取0.14；

d——锚固钢筋的直径。

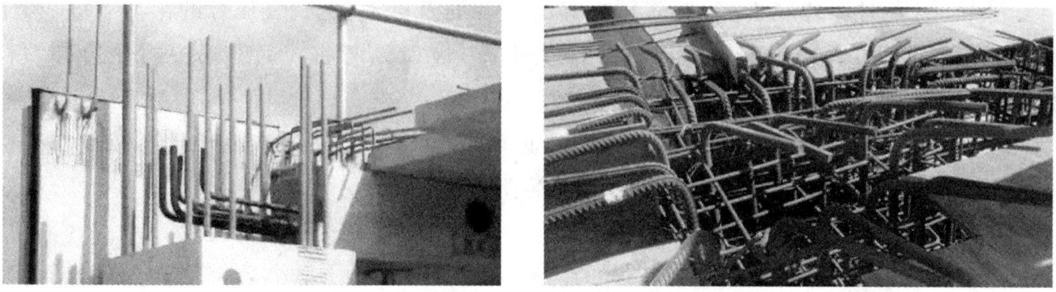

图 7-33　锚固钢筋的形状(图中弯曲部分)

(1) 受拉钢筋的锚固长度同混凝土的强度等级和钢筋的级别有关，锚固长度应符合设计和规范的要求。

(2) 当采用HRB335级和HRB400级的大直径钢筋时(d大于或等于25mm)，其锚固长度应乘1.1系数；当采用环氧树脂涂层时，钢筋的锚固长度应乘以1.25系数；当钢筋在施工中易受扰动(如滑模)时，其锚固长度应乘以1.10系数。

(3) 采用机械锚固时，其锚固形式和构造要求应符合设计要求。

(4) 受压钢筋的锚固长度，一般可取受拉筋锚固长度的70%。

五、钢筋的连接

钢筋的连接方式有绑扎、焊接和机械连接三种。

1. 连接原则

一是接头宜设在受力较小处；二是同一根钢筋不宜有多个接头；三是同一构件中的钢筋接头应错开布置。

2. 使用规定

(1) 直径大于12mm的钢筋应优先采用焊接或机械连接接头。

(2) 轴心受拉及小偏心受拉杆件的纵向钢筋不得采用绑扎搭接接头。

(3) 直接承受动力荷载的结构构件中，其纵向受拉钢筋不得采用绑扎搭接接头。

(4) 钢筋搭接接头的面积允许百分率：

① 钢筋绑扎搭接接头的连接区段长度应为搭接长度的1.3倍。在同一连接区段内，纵向受拉钢筋搭接接头面积百分率应符合设计要求。

② 当设计无具体要求时，对梁板及墙类构件，其值不宜大于25%；对柱类构件不宜大于50%。

(5) 钢筋机械和焊接接头的面积允许百分率：

① 钢筋连接区段的长度为连接钢筋直径的35倍，且不应小于500mm。在同一区段内，纵向受拉钢筋的接头面积百分率应符合设计要求。

② 当设计无具体要求时，对于受拉区，该值不宜大于50%(受压区可不限)；接头不

宜设置在有抗震设防要求的框架梁端、柱端的箍筋加密区。当无法避开时，对机械连接接头该值可放宽至50%。对直接承受动力荷载的构件，不宜采用焊接接头。采用机械连接接头时，该值也不应大于50%。

3. 钢筋的绑扎

几种主要结构类型钢筋绑扎实物如图7-34所示。

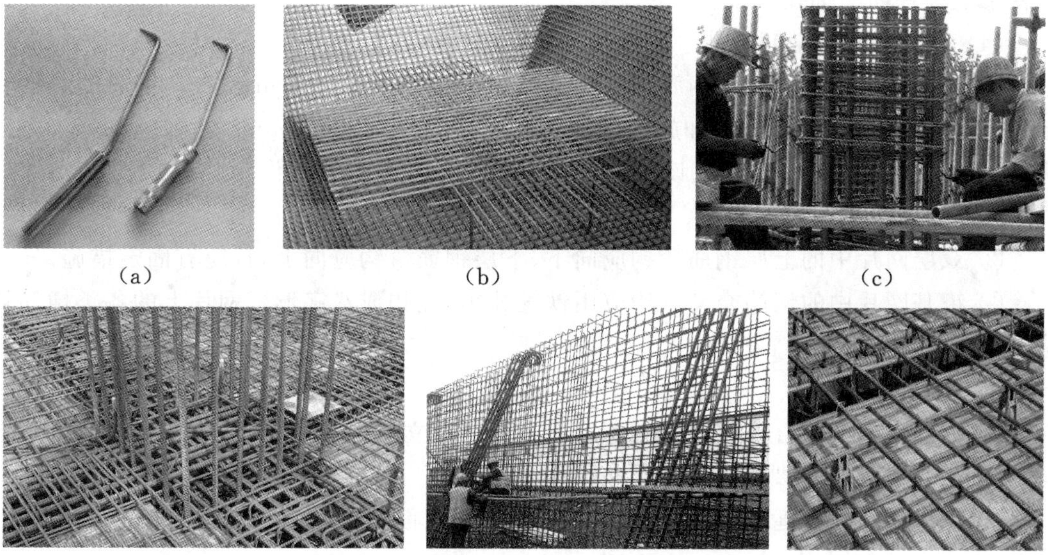

(a)　(b)　(c)

(d)　(e)　(f)

图7-34　几种主要结构类型钢筋绑扎

(a)绑扎工具；(b)基坑钢筋绑扎；(c)柱钢筋绑扎；(d)梁钢筋绑扎；

(e)墙钢筋绑扎；(f)板钢筋绑扎

(1) 钢筋绑扎的现场准备工作

① 应先熟悉图纸，核对配料单和核查钢筋的成品、半成品加工，以免错漏。

② 做好技术安全交底工作，确定绑扎安装顺序的方法。

③ 准备好绑扎铁丝和工具。道路、脚手架和绑扎地点的工作环境应符合施工要求。

④ 准备好保护层垫块、塑料卡和马凳等。

(2) 带型基础钢筋绑扎

① 底板网片的短边两行交叉点应全扎，中间交叉点可跳扎，扎扣成八字形。

② 当基础宽度 B 大于1600mm时，其横筋可采用 $0.9B$ 长度交错布置。当采用235级圆钢时，其弯钩应朝上。

③ 在基础的L形交接处，纵横向受力筋应重叠布置。但此处的分布筋可取消。在基础的T形交接处，横墙上的受力筋应有一半要伸入纵墙内。

(3) 独立柱基础钢筋绑扎

① 双向主筋的柱底板网片，其交点处应全扎，扎扣成八字形，必要时，应加设临时加固钢筋，以防网片安装时，钢筋有偏位。

② 当柱基边长 B 大于 3m 时，其钢筋长度可采用 $0.9B$ 交错布置，且要求长边筋在下，短边筋在上，有弯钩时一律朝上。

③ 柱基插筋的下端应做成 90°平直弯，且应用铁丝同底板筋扎牢，位置正确。柱基内箍筋间距应与柱相同，也不应少于两个。

④ 柱基插筋的位置要有可靠的固定措施，严防偏位。其上端部宜先套一个变径箍，以便于上柱柱筋的绑扎搭接。

(4) 筏式基础的钢筋绑扎

① 双层网片之间应设置钢筋或混凝土撑脚，撑脚间距均在 1m 左右。钢筋撑脚的直径大小同底板厚度、钢筋配置和施工方法等有关，一般在 12～20mm 之间，应以施工方案为准。对于特厚的筏式基础或设备基础，还可采用钢管或型钢作为临时或固定支撑的方法。

② 双层网片中的上层钢筋弯钩应向下，下层钢筋弯钩应向上，且应有固定措施。

③ 筏基网片中的钢筋交叉点均应用铁丝扎牢，扎扣成八字形。网片上的各类插筋均应有固定措施，确保位置正确。

(5) 梁的钢筋绑扎

① 箍筋弯钩的叠合处应交错布置在梁上部的架立筋上，箍筋平面应与梁纵筋垂直布置，其间距应符合设计要求。

② 箍筋的弯钩和弯折点处均应和梁筋扎牢，箍筋的平直部位有梁筋时，可采用间隔扎。

③ 梁中的纵向受力筋应放置在柱筋内侧，梁两端的箍筋离墙或柱边的净距不应大于 50mm。梁内弯筋的设置应符合设计要求，弯筋的弯起角一般采用 45°，当梁高大于 800mm 时，宜用 60°。

④ 梁内纵向受力钢筋的横向净距不应小于钢筋直径，也不小于 25mm，梁面钢筋间的净距不宜小于 30mm。当梁底受力筋采用双层排列时，应用直径 25mm 的短筋垫隔。

⑤ 梁侧有抗扭、抗剪钢筋时，其位置应正确，并用 S 钩对扎牢固。

(6) 柱的钢筋绑扎

① 柱内箍筋弯钩的叠合处应交错布置在柱纵筋上，其绑扎要求同梁。

② 柱箍应做成封闭式的，柱内箍筋的数量、形式和间距应符合设计要求，箍筋末端的弯钩形式应符合设计和抗震要求。

③ 柱内的纵向筋每边不多于 4 根时，其接头可设在同一平面上，若柱内每边钢筋有 5～8 根时，其接头应设在两个平面上，且应符合接头错开的位置要求。

④ 下层柱筋露出楼面部分，当采用绑扎时，宜用工具式柱筋将其收进一个柱筋直径内，以便上层柱筋插入。当柱截面有变化时，下柱钢筋可直接伸入上柱，但其折角的宽度比不应大于 1/6。当采用上柱筋直接插入下柱时，其锚入长度应符合相关要求。

⑤ 梁柱核心区的箍筋绑扎应符合设计要求。

⑥ 柱内纵筋有弯钩时，弯钩应朝向柱心，柱角筋为 45°，柱中筋为 90°。对于小截面柱，其纵筋弯钩与模板的夹角也不得小于 15°。

（7）墙的钢筋绑扎

① 当采用单层网片时，网片筋的位置应有可靠的固定措施。当采用双层网片时，在两层网片之间应加设撑铁，撑铁直径和间距应符合设计或施工方案要求，且相邻撑铁宜错开排列。

② 墙内网片的钢筋交叉点绑扎要求，可视为与基础网片相同，以“四周两行全扎，中间跳扎，扎扣成八字形布置”为原则。

③ 为便于绑扎施工，墙内纵筋长度不宜太长，钢筋直径小于 12mm 时为 4m，钢筋直径大于 12mm 时为 6m。同时，水平筋的每段长度也不宜大于 8m。

（8）板的钢筋绑扎

① 单向板钢筋网片的绑扎要求与基础和墙板相同。

② 双向板钢筋网片中的交叉点应全部扎牢，相邻绑扎点应呈八字形交错布置。

③ 板内配置双层网片时，其绑扎要求可视为与相应基础相同。

④ 板中弯起钢筋的弯起角不宜小于 30°；板中伸入支座的钢筋间距不应大于 400mm；板下部受力筋伸入支座的长度不应小于钢筋直径的 5 倍，也不少于 50mm；板中的分布筋每米不得少于 3 根。

⑤ 板面上留洞时，当洞口直径或边长小于 300mm 时，其板中受力筋可绕洞而过，不必切断；洞口大于 300mm 时，应按设计要求在洞边加设加强钢筋；洞口大于 1000mm 时，宜设置过梁。

⑥ 对板中的负筋，特别是悬臂板，要有控制负筋位置的具体措施，做好成品防护，严禁任意踩踏。在施工过程中，还要搞好各工种之间的配合工作。

（9）其他相关要求

① 在同一构件中的相邻钢筋，其接头应错开布置，且应符合相关规定。

② 钢筋接头的末端至钢筋的弯起点距离不应小于钢筋直径的 10 倍。

③ 粗细钢筋搭接时，其搭接长度可按细钢筋计算，不同直径的钢筋对焊时，其截面面积之比不宜大于 1.5。

④ 在任何情况下，受拉钢筋的搭接长度不应小于 300mm，受压钢筋的搭接长度不应小于 200mm。

⑤ 在钢筋接头搭接的范围内，应用铁丝三点扎牢。

4. 钢筋的焊接

（1）施工准备

① 材料

(a)钢筋：钢筋的级别、直径必须符合设计要求，有出厂证明书及复试报告单。进口钢筋还应有化学复试单，其化学成分应满足焊接要求，并应有可焊性试验单。预埋件的锚爪应采用 HPB235、HRB335 级钢筋。钢筋应无老锈和油污。

(b)钢材：预埋件的钢材不得有裂缝、锈蚀、斑痕、变形，其断面尺寸和机械性能应符合设计要求。

(c)焊条：焊条的牌号应符合设计规定，如设计无规定时，应符合表 7-10 的要求。药皮应无裂缝、气孔、凹凸不平等缺陷，且不得有肉眼看得出的偏心；焊接过程中，电弧应燃烧稳定，药皮熔化均匀，无成块脱落现象；焊条必须根据焊条说明书的要求烘干后方可使用；焊条必须有出厂合格证。

表 7-10　钢筋电弧焊使用的焊条牌号

项次	钢筋级别	搭接焊、帮条焊	坡口焊
1	HPB235 级	E4303	E4303
2	HRB335 级	E4303	E5003
3	HRB400 级	E5003	E5503
4	HPB235 级、HRB335 级与钢板焊接	E4303	

注：不含 25MnSi 钢筋。

② 机具设备

弧焊机、焊接电缆、电焊钳、面罩、錾子、钢丝刷、锉刀、榔头、钢字码等。

（2）作业规定

① 焊工必须持证操作，施焊前应进行现场条件下的焊接工艺试验，试验合格后，方可正式施焊。

② 焊剂应存放在干燥的库房内，受潮时，使用前应在 250～300℃下烘焙 2h。

③ 在环境温度低于－5℃条件下施焊，闪光对焊宜采用预热闪光焊或闪光-预热闪光焊；电弧焊宜增大焊接电流、减低焊接速度；环境温度低于－20℃时，不宜进行各种焊接。

④ 雨天、雪天不宜在现场进行施焊，必须施焊时，应采取有效遮蔽措施，焊后未冷却接头不得碰到冰雪。

⑤ 进行闪光对焊、电阻点焊、电渣压力焊、埋弧压力焊时，应观察电源电压波动情况，当电源电压下降在 5%～8%时，应提高焊接变压器级数，当大于 8%时，不得进行焊接。

⑥ 妥善管理氧气、乙炔、液化石油气等易燃易爆品，制定并实施各项安全技术措施，防止各种事故的发生。

（3）施工流程

检查设备→选择焊接参数→试焊，做模拟试件→送试→确定焊接参数→施焊→质量检验。

（4）施工方法

① 检查电源、焊机及工具。焊接地线应与钢筋接触良好，防止因起弧烧伤钢筋。

② 选择焊接参数。根据钢筋级别、直径、接头形式和焊接位置选择适宜的焊条直径、焊接层数和焊接电流，保证焊缝与钢筋熔合良好。

③ 试焊，做模拟试件。在每批钢筋正式焊接前，应焊接 3 个模拟试件做拉力试验，试验合格后方可按确定的焊接参数成批生产。

④ 施焊。具体操作如下：

(a) 引弧。带有垫板或帮条的接头，引弧应在钢板或帮条上进行。无钢筋垫板或无帮条的接头，引弧应在形成焊缝的部位进行，防止烧伤主筋。

(b) 定位。焊接时应先焊定位点再施焊。

(c) 运条。运条时的直线前进、横向摆动和送进焊条三个动作要协调平稳。

(d) 收弧。收弧时，应将熔池填满，注意不要在工作表面造成电弧擦伤。

(e) 多层焊。如钢筋直径较大，需要进行多层施焊时，应分层间断施焊，每焊一层后，应清渣再焊接下一层。应保证焊缝的高度和长度。

(f) 熔合。焊接过程中应有足够的熔深。主焊缝与定位焊缝应结合良好，避免气孔、夹渣和烧伤缺陷，并防止产生裂缝。

(g) 平焊。平焊时要注意熔渣和铁水混合不清的现象，防止熔渣流到铁水前面。熔池应控制成椭圆形。一般采用右焊法，焊条与工作表面成 70°。

(h) 立焊。立焊时，铁水与熔渣易分离。要防止熔池温度过高，铁水下坠形成焊瘤，操作时焊条与垂直面成 60°～80°。使电弧略向上，吹向熔池中心。焊第一道时，应压住电弧向上运条，同时作较小的横向摆动，其余各层用半圆形横向摆动加挑弧法向上焊接。

(i) 横焊。焊条倾斜 70°～80°，防止铁水受自重作用坠到坡口上。运条到上坡口处不作运弧停顿，迅速带到下坡口根部作微小横拉稳弧动作，依次匀速焊接。

(j) 仰焊。仰焊时宜用小电流短弧焊接，应确保与母材熔合良好。第一层焊缝用短电弧作前后推拉动作，焊条与焊接方向成 80°～90°。其余各层焊条横摆，并在坡口侧略停顿稳弧，保证两侧熔合。

(5) 施工工艺

①对焊

对焊是钢筋接触对焊的简称，具有成本低、质量好、工效高的优点，对焊工艺又分为连续闪光焊、预热闪光焊、闪光-预热-闪光焊三种，其工作原理和操作分别如图 7-35 和图 7-36 所示。

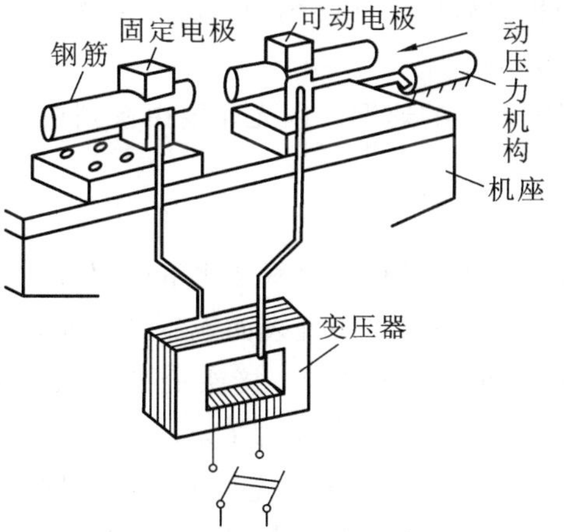

图 7-35　钢筋对焊原理

(a) (b) (c)

图 7-36 钢筋对焊操作

(a)作业前;(b)作业中;(c)成品

a. 焊接方式

(a) 连续闪光焊

工艺过程包括闪光和顶锻。施焊时,使钢筋两端面轻微接触,形成连续闪光,闪光到预定长度(即钢筋端头加热到熔点时),以一定的压力迅速顶锻,焊接接头即告完成。这种方式适用于直径 20mm(Ⅰ和Ⅲ级)以内或 22mm(Ⅱ级)以内的钢筋。

(b) 预热闪光焊

该工艺是在连续闪光焊前增加一次预热过程,适用于直径 22mm 以上的Ⅰ～Ⅲ级钢筋。

(c)闪光-预热-闪光焊

该工艺是在预热闪光焊前再增加一次闪光过程,使预热均匀,适用于直径 22mm 以上且端面不平的Ⅰ～Ⅲ级钢筋。

b. 对焊参数

(a) 调伸长度——焊接前,两钢筋从电极钳口伸出的长度。Ⅰ级钢的调伸长度为(0.75～1.25)d(d 为钢筋直径),Ⅱ～Ⅲ级钢的调伸长度为(1.0～1.5)d,直径小的取大值。

(b) 闪光留量——闪出金属所消耗的钢筋长度。闪光留量一般为两钢筋切断时严重压伤部分之和另加 8～10mm。

(c) 闪光速度——闪出金属的速度。闪光速度由慢到快,开始为零,然后约 1mm/s,终止时为 1.5～2mm/s。

c. 质量控制

(a) 不同直径钢筋可以对焊,但其截面积之比不得超过 1.5。

(b) 外观检查:全数检查。要求接头处表面无裂纹和明显烧伤;接头处有适当镦粗的均匀的毛刺;接头处的弯折角不得大于 3。接头处的轴线偏移不大于 0.1d,且不大于 2mm。外观检查不合格的接头,可将距接头左右各 15mm 处切除重焊。

(c) 机械性能试验:同一台班、同一焊工完成的 300 个同牌号、同直径接头为一批;当同一台班完成的接头数量较少,可在一周内累计计算,仍不足 300 个时应作为一批计算。从每批接头中随机切取 6 个接头,其中 3 个做抗拉试验,3 个做弯曲试验。

② 电渣压力焊

电渣压力焊，简称竖焊，是利用电流通过渣池产生的电阻热将钢筋端部熔化，再施加压力使钢筋焊合。该工艺操作简单、工效高、成本低，比电弧焊接头节电 80%以上，比绑扎连接和帮条焊节约钢筋 30%。电渣压力焊多用于施工现场直径为 14～40mm 的竖向或斜向(倾斜度 4 : 1)钢筋的焊接接长，其工作原理如图 7-37 所示。

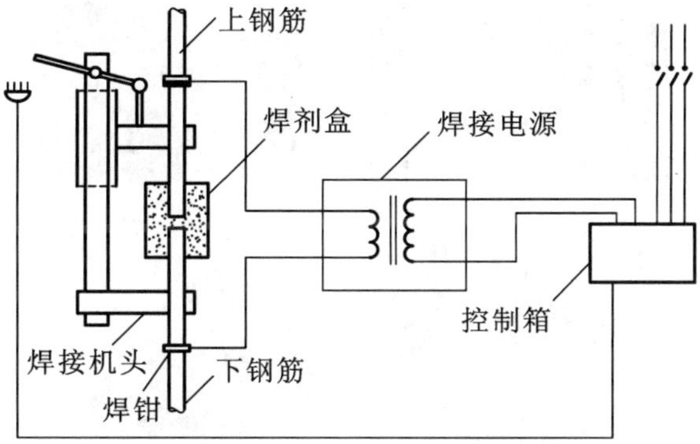

图 7-37　电渣压力焊工作原理

a. 电焊机与焊条

电焊设备包括焊接电源、焊接夹具和焊剂盒；焊剂采用 431 焊药，使用前应在 250℃温度下烘烤 2h，以保证焊剂易熔化，形成渣池。

b. 焊接程序

焊接程序如图 7-38 所示。

c. 质量控制

(a) 取样数量：以同一楼层中 300 个同类型接头为一批，不足 300 时仍为一批，切三个接头进行拉伸试验。

(b) 外观检查：电渣压力焊接头应逐个进行外观检查，要求接头焊包均匀，突出部分高出钢筋表面 4mm，不得有裂纹和明显的烧伤缺陷；接头处钢筋轴线偏离不超过 $0.1d$，且不大于 2mm；接头处的弯折角不得大于 3°，如图 7-39 所示。

(7) 电弧焊

电弧焊是电焊机送出低压强电流，使焊条与焊件之间产生高温电流，将焊条与焊件金属熔化，凝固后形成一条焊缝。电弧焊在现浇结构中的钢筋接长、装配式结构中的钢筋接头、钢筋与钢板的焊接中应用广泛。

① 帮条焊与搭接焊

帮条焊与搭接焊的接头形式如图 7-40 所示。

帮条焊宜采用双面焊，不能双面焊时方可采用单面焊。帮条牌号与主筋相同时，帮条直径可与主筋相同或小一个规格；当帮条直径与主筋相同时，帮条牌号可与主筋相同或低一个牌号。帮条长度 l：被焊钢筋为Ⅰ级钢时，单面焊 $l \geqslant 8d$，双面焊 $l \geqslant 4d$；被焊钢筋为Ⅱ、Ⅲ级钢时，单面焊 $l \geqslant 10d$，双面焊 $l \geqslant 5d$(d 为主筋直径)。

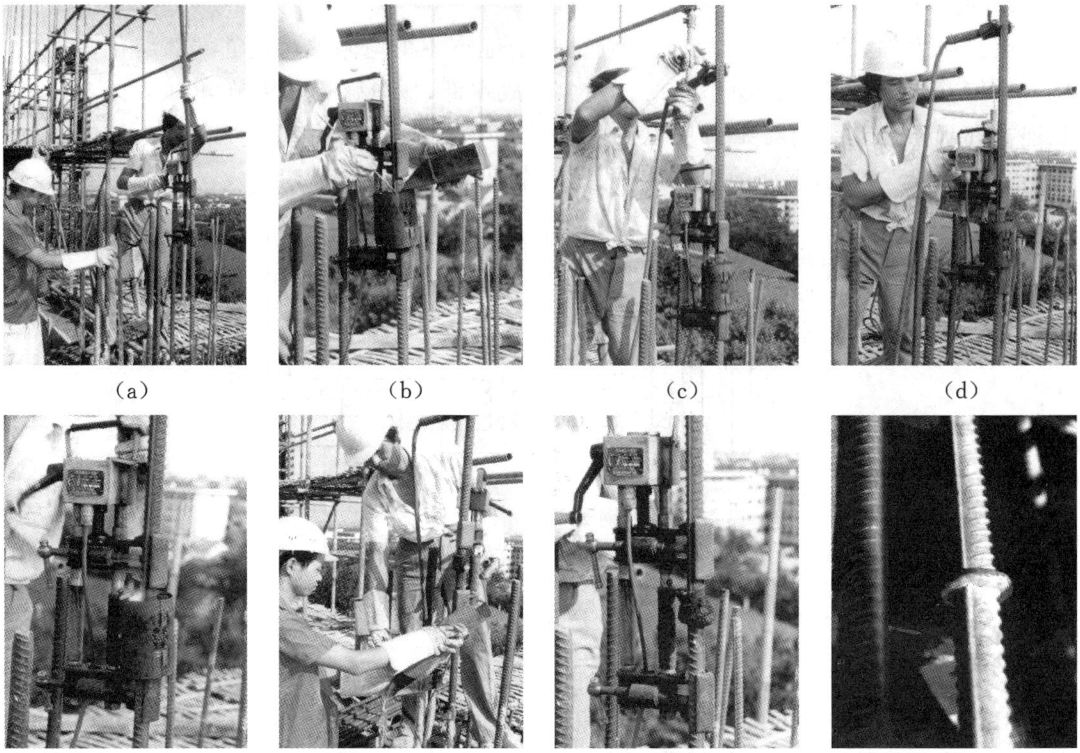

(a) (b) (c) (d) (e) (f) (g) (h)

图 7-38 焊接程序

(a)下夹钳夹住下钢筋，扶直上钢筋并夹牢于上夹钳中，使上下钢筋处于同一垂线上；
(b)安装引弧导电铁丝圈，套上焊剂盒，将焊剂装入焊剂盒，并用棒条插捣；(c)将焊机的负极线连接于上钢筋；
(d)通电后，摇动手柄将上钢筋略上提引弧，稳定电弧，使上下钢筋两端面均匀烧化；
(e)电弧稳定燃烧，上钢筋熔化，电弧熄灭转为电渣，渣池产生大量电阻热使钢筋端部继续熔化；
(f)切断电流、迅速顶压并持续几秒钟，焊接完成后，回收剩余的焊剂，可重复使用；
(g)焊接完成后的接头被包围在渣壳中，让接头保温半小时左右；(h)待冷却后敲去渣壳，露出带金属光泽的鼓包接头

(a) (b)

图 7-39 电渣压力焊外观检查

(a)合格接头；(b)不合格接头

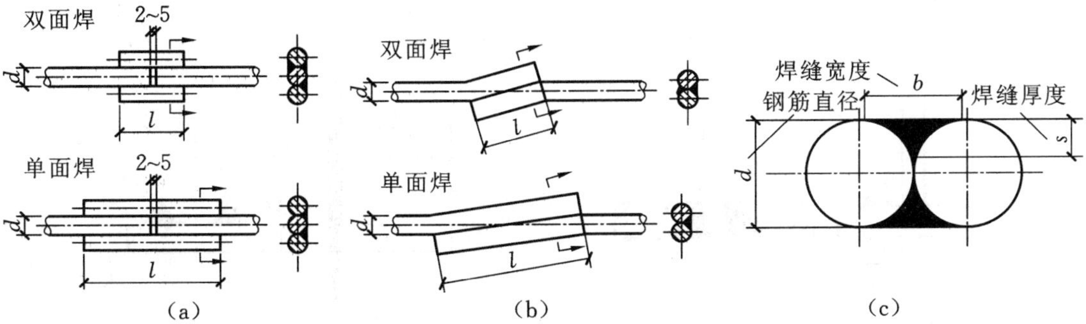

图 7-40　帮条焊与搭接焊的接头形式

(a)钢筋帮条焊接头；(b)钢筋搭接焊接头；(c)焊缝尺寸示意图

帮条焊时，两主筋端面的间隙为 2～5mm。正式施焊前，帮条焊应在帮条和主筋之间用四点定位焊固定，施焊时，引弧应在帮条钢筋的一端开始，收弧时应在帮条钢筋端头上。

搭接焊宜采用双面焊，不能双面焊时方可采用单面焊。搭接焊前，先将钢筋端部按搭接长度预弯，保证被焊的两钢筋的轴线在同一直线上。

搭接焊的搭接长度与帮条长度相同。施焊前，两主筋之间用两点定位焊固定，定位焊缝应距搭接端部 20mm 以上。施焊时，引弧应在搭接钢筋的一端开始，收弧应在搭接钢筋端头上。

帮条焊和搭接焊的焊缝长度不应小于帮条或搭接长度，焊缝厚度 $s \geqslant 0.3d$；焊缝宽度 $b \geqslant 0.7d$。

② 坡口焊

施焊前应检查钢筋坡口面平顺，凹凸不平长度不超过 1.5mm；坡口平焊时，V 形坡口角度为 55°～65°；立焊时，下钢筋坡口角度为 0°～10°，上钢筋坡口角度为 35°～45°。钢筋根部间距，平焊时为 4～6mm，立焊时为 3～5mm，最大间隙均不宜超过 10mm。加强焊缝的宽度应超过 V 形坡口的边缘 2～3mm，其高度也为 2～3mm，其接头形式如图 7-41 所示。

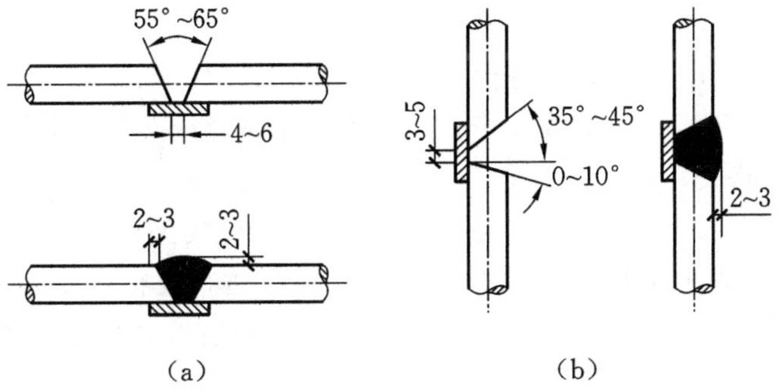

图 7-41　坡口焊的接头形式

(a)坡口平焊；(b)坡口立焊

③ 预埋件与钢筋的焊接

预埋件与钢筋的焊接接头形式如图 7-42 所示。

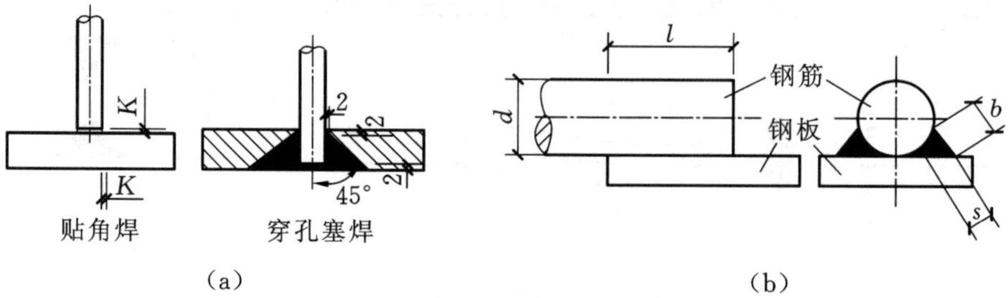

图 7-42　预埋件与钢筋的焊接接头形式

(a)预埋件 T 形接头焊接;(b)钢筋与钢板搭接焊接头

预埋件 T 形接头电弧焊的接头形式分贴角焊和穿孔塞焊两种。采用贴角焊时,焊缝的焊脚 K 不小于 $0.5d$(Ⅰ级钢筋)或 $0.6d$(Ⅱ、Ⅲ级钢筋)。

采用穿孔塞焊时,钢筋的孔洞应做成喇叭口,其内口直径应比钢筋直径 d 大 4mm,倾斜角为 45°,钢筋缩进 2mm。施焊时,电流不宜过大,严禁烧伤钢筋。

钢筋与钢板搭接焊时,搭接长度不小于 $4d$(Ⅰ级钢筋)或 $5d$(Ⅱ、Ⅲ级钢筋),焊缝宽度 b 不小于 $0.6d$,焊缝厚度 s 不小于 $0.35d$。

(6) 焊接接头检验

① 拉伸试验

合格品:3 个试件的抗拉强度均不小于该牌号钢筋规定的抗拉强度;RRB400 钢筋接头试件的抗拉强度均不小于 570N/mm^2。

不合格品:有 2 个试件的抗拉强度小于规定值或 3 个试件均在焊缝或热影响区发生脆性断裂时,则该批接头为不合格品。

复检:试验结果有 1 个试件的抗拉强度小于规定值或 2 个试件在焊缝或热影响区发生断裂,其抗拉强度均小于规定值的 1.1 倍时,则应切取 6 个试件进行复检。复检结果仍有 1 个试件的抗拉强度小于规定值,或有 3 个试件断于焊缝或热影响区,呈脆性断裂,其抗拉强度均小于规定值的 1.1 倍时,则该批接头为不合格品。

② 弯曲试验

闪光对焊接头、气压焊接头应进行 90°弯曲试验。

合格品:弯至 90°时,有 2 个或 3 个试件外侧(含焊缝或热影响区)未发生破裂,则该批接头弯曲试验合格;

不合格品:当 3 个试件均发生破裂,则一次判定该批接头为不合格品。

复检:当有 2 个试件发生破裂,则应切取 6 个试件进行复检。复检结果仍有 3 个试件发生破裂时,则该批接头为不合格品。当试件外侧横向裂纹宽度达到 0.5mm 时,应认定已经破裂。

5. 钢筋的机械连接

钢筋机械连接又称为“冷连接”,是继绑扎、焊接之后的第三代钢筋接头技术,具有接头强度高于钢筋母材、速度比电焊快5倍、无污染、节省钢材20%等优点。

钢筋的机械连接技术分为3种，分别为套筒挤压连接技术、锥螺纹连接技术和直螺纹连接技术。

（1）套筒挤压连接

套筒挤压连接是将两根待连接钢筋插入一个特制钢套管内，采用挤压机和压模在常温下对套管加压，使两根钢筋紧固成一体。该工艺操作简单、连接速度快、安全可靠、无明火作业、不污染环境，钢筋连接质量优于钢筋母材的力学性能。套筒挤压连接技术又可分为以下四种工艺，其连接原理和连接实物分别如图7-43和图7-44所示。

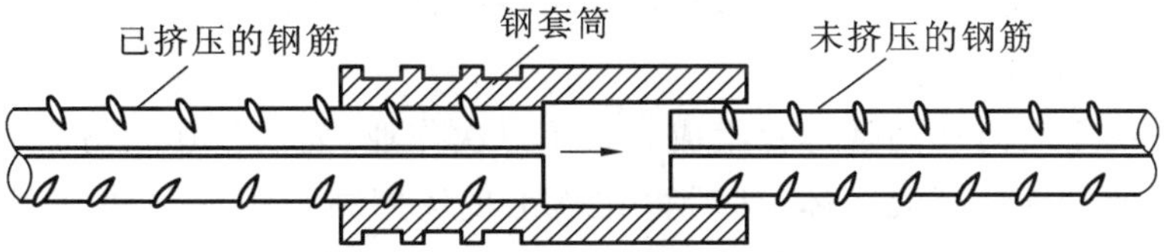

图7-43　套筒挤压连接示意图

（a）　　（b）　　（c）

图7-44　套筒挤压连接实物

（a）垂直钢筋挤压接头；（b）斜向钢筋挤压接头；（c）挤压接头试件

① 套筒径向挤压连接

它是将两根相接的钢筋端部分别插入同一个钢套筒内，然后用轻便式挤压机沿着径向挤压，使套筒产生变形后紧咬钢筋的横肋，将两根连接钢筋用套筒连成一体的连接工艺。具体要求如下：

（a）应在事前对每批连接钢筋进行挤压连接的工艺检验，要求三根接头试件的抗拉强度均应符合标准和设计要求。

（b）应随机抽取10%的接头作外观质量检查，主要有：接头处的弯折不得大于4°；挤压后的套筒不得有可见裂纹；压痕处的外径应为原套筒外径的80%～90%；挤压后的套筒长度应增长1.10～1.15倍；挤压接头的压痕道数应符合技术提供单位的有效形式检验中的要求。

（c）挤压接头的拉伸试验应符合要求。同条件、同批材料、同等级、同规格和同形式的以500个接头为一个验收批，每批应随机抽取3个试件做拉伸试验。当在现场连续检验十个验收批，全部能一次抽样试验合格时，验收批的接头数量可扩大一倍。

② 套筒轴向挤压连接

它是采用专用的挤压机和压模对钢套筒连同插入套筒内的两根对接钢筋，沿着轴向进行挤压，使套筒被拉拔挤压变形后与连接钢筋咬成一体。它又可分为一次挤压和二次挤压两种作业方法。套筒挤压接头轴向压接后，其套筒的握裹钢筋长度达到预先确定的标记。其他相关要求可视同径向挤压连接工艺。

③ 活套式带肋钢筋连接

它是采用两个特制的半圆套筒与两个套箍，在组装时，可先将两个半圆套筒与两根连接钢筋的端部对接扣合就位，再用专用压钳将套筒两端的套箍沿着轴向压紧，咬成一个整体接头，这种连接工艺一次装卡，操作简单快捷，施工方便。

④ 双套筒轴向挤压连接

双套筒由两个套筒和高强螺栓组成。采用二次作业，先用挤压机分别将一个套筒与一根连接钢筋的端部挤压成一体，然后再在施工现场用高强螺栓将两个套筒连接起来。这种连接工艺施工简单、方便、接头强度高，适用于特殊部位的钢筋连接。

(2) 锥螺纹连接

锥螺纹连接是将两根待接钢筋的端部和套筒预先加工成锥形螺纹，然后用手和力矩扳手将两根钢筋端部旋入套筒形成机械式钢筋接头，如图 7-45 所示。

① 普通型锥螺纹连接

这种技术是用套丝机先将钢筋的连接端加工成锥形外螺纹。然后再通过特制的锥螺纹套筒(内螺纹)将两根钢筋连接起来，再用力矩扳手拧紧，使力矩值符合规定要求即可。

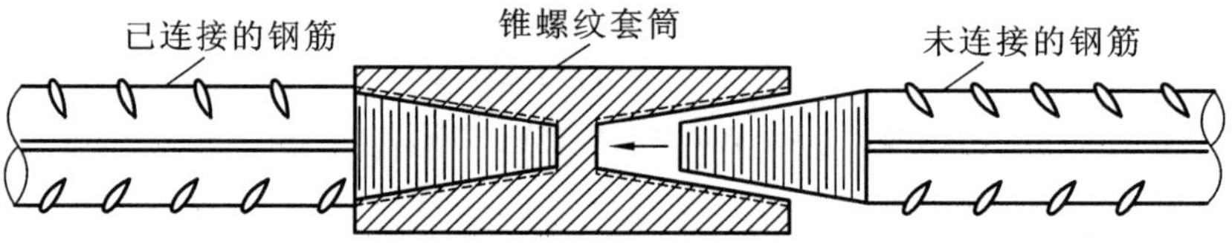

图 7-45　锥螺纹连接

锥形螺纹钢筋连接克服了套筒挤压连接技术存在的不足。但其存在螺距单一的缺陷，已逐渐被直螺纹连接所代替。

② 镦粗型锥螺纹连接

它是先将钢筋端部进行冷镦粗，然后将镦粗部位加工成锥螺纹丝头，同样用相配的套筒连接的工艺技术。其优点是不但提高了强度，而且也增大了镦粗部位的母材截面。

③ GK 型锥螺纹连接

这种技术是在加工前，先要对钢筋的连接端部沿径向通过压模机施加压力，使其产生变形后形成一个圆锥体，然后再按普通锥螺纹工艺完成钢筋连接的一种新工艺、新技术。这种接头由于压模冷强作用，较大地提高了接头的强度。

④ 施工工艺流程

钢筋断料→剥肋滚压螺纹→丝头检验→套丝保护→连接套筒检验→现场连接→接头检验。

⑤ 锥螺纹和连接套筒的质量检验

(a) 锥螺纹的质量检验:一是牙形的饱满,无断牙和秃牙,表面光洁与牙形规吻合;二是丝头锥度应与卡规和环规吻合;三是小端直径符合允许偏差要求。

(b) 连接套筒的质量检验:可将匹配的锥螺纹塞规拧入连接套筒,互相吻合视作合格。

⑥ 接头外观质量的抽检

对每批钢筋可随机抽取同规格接头数量的10%进行外观检查,应满足钢筋和套筒规格一致、无完整的接头丝扣外露现象等相关要求。

⑦ 抽检数量的规定

(a) 梁柱构件应按接头数量的15%进行抽检,且每个构件不得少于一个接头。

(b) 基础和墙板构件按100个接头为一个验收批,每批同规格接头抽验3个做力矩检验。抽验的接头应全部合格,有不合格时,应作逐个检查。对不合格接头应进行补强处理,并填写好检查记录。

⑧ 接头的现场检验

(a) 测力抽检:用力矩扳手拧紧时以发出声响信号为合格,力矩值应是事先确定的。

(b) 接头拉伸检验:锥螺纹机械连接接头的检验方法与挤压连接接头相同。

(3) 直螺纹连接

① 镦粗直螺纹连接

它是先将钢筋连接端头用冷镦设备镦粗,再将镦粗端加工成直螺纹丝头,然后把两根已镦粗端用相配套的连接套筒连接起来的技术。这种接头在同一构件内,其接头的连接截面百分率可适当放宽,也可不受限制。

② 直接滚轧(压)直螺纹连接

它是将钢筋的连接端采用滚轧设备直接将钢筋的加工端轧制成直螺纹,再用相配的连接套筒将两根钢筋连成一体的连接技术。其工序简单、施工方便。

③ 挤压肋滚轧(压)直螺纹连接

它是先利用挤压设备将钢筋连接端部的纵横肋挤压成一个圆柱,然后再用滚丝机将圆柱体轧成直螺纹。由于采用了挤压、滚丝等工艺,会使其强度得到进一步提高。这项技术较可靠,但需要增加几道工序和几种机械设备。

④ 剥肋滚轧(压)直螺纹连接

它是先用专用的剥肋加工设备,将钢筋连接端的纵、横肋剥去,然后继续滚轧(压),将端部压成直螺纹接头。剥肋滚轧可一次性装卡完成整个工序,接头具有牙形好、精度高、表面光滑、螺纹大小直径一致等优点,还具有良好的抗疲劳和抗低温性能。

⑤ 直螺纹接头的使用要求

(a) 标准型接头的丝头长度应为套筒长度的一半，以保证居中位置。加长型接头的丝头长度应大于套筒长度，以满足仅需转动套筒又可完成一个接头的连接。

(b) 标准型套筒应用于正常情况下的钢筋接头连接；变径型套筒用于不同直径的钢筋接头连接；扩口型套筒用于连接时对中有困难的特殊情况下的钢筋接头连接。

⑥ 直螺纹接头的质量检验

a. 型式检验

(a) 型式检验属于产品和生产工艺鉴定，检验报告应由提供该技术的相关部门提供。

(b) 型式检验应对每种型式、级别、规格、材料、工艺的接头进行检验，试件均不应少于 12 个，其中单向拉伸为 6 个，高压力和大变形反复拉压各 3 个。

(c) 型式检验时，对其母材的合格性能试验也应符合相关要求。

(d) 型式检验应由具有相应资质的检验部门进行，试验和加载方法均应符合相关要求，且应出具试验报告和评定结论。

b. 丝头的现场检验

(a) 丝头的检验批以每一个工作班的加工件数为准，随机抽检 10%，也不少于 20 个。

(b) 丝头检查的合格率不应低于 95%，否则应加倍抽检，若复检也不合格时，应进行全数逐个检查，不合格的丝头应切去后重新加工。

(c) 丝头的外观检查即抽查丝纹长度和丝扣的完整性，不完整齿牙的累计长度不超过一个螺纹周长。

(d) 螺纹检验是用专用的环规进行，在丝头的有效长度内，环规应能顺利地旋入和旋出。

c. 套筒的出厂检验

(a) 套筒出厂必须要有产品合格证。

(b) 套筒的外径、长度应符合设计要求，表面无裂纹和其他缺陷。

(c) 套筒的内螺纹可用通端和止端螺纹塞规检查。通端螺纹塞规应能顺利旋入套筒并达到有效旋合长度；而止端螺纹塞规不能全部旋入套筒，但允许从套筒两端部分旋合，旋入量不应超过 $3P$(P 为螺距)。

(d) 套筒抽验的合格率不小于 97%，否则应加倍抽检。复检不合格时则应全数检查。

d. 钢筋接头的现场检验

(a) 检验前，相关技术和设备提供单位应向使用单位提交有效的型式检验报告。

(b) 钢筋接头应按验收批进行检验，同条件、同批材料、同等级、同型式、同规格的接头可按 500 个为一批。每批随机截取三个试件作单向拉伸试验。拉伸强度必须符合设计要求。如有一个试件不合格时，应作加倍复试。若连续 10 个验收批，其拉伸试验均一次性合格时，验收批接头数量可扩大一倍。

(c) 钢筋接头的拧紧力矩检验应符合规程要求。

6. 钢筋工程验收

钢筋工程属隐蔽工程,浇筑混凝土前应组织对钢筋和预埋件进行验收,并做好隐蔽工程记录,相关各方签字确认,以备查证。钢筋工程验收现场如图 7-46 所示。

(a)

(b)

图 7-46　钢筋工程验收现场

(a)筏板基础钢筋验收;(b)柱基础钢筋验收

第四节　混凝土工程

混凝土工程在混凝土结构工程中占有重要地位,混凝土工程质量的好坏直接影响到混凝土结构的承载力、耐久性与整体性。混凝土工程包括混凝土制备、运输、浇筑捣实和养护等施工过程,各个施工过程相互联系和影响,任一施工过程处理不当都会影响混凝土工程的最终质量。近年来随着混凝土外加剂技术的发展和应用的日益广泛,在很大程度上影响了混凝土的性能和施工工艺。此外,自动化、机械化的发展和新的施工机械和施工工艺的应用,也大大改变了混凝土工程的施工面貌。

混凝土工程与钢筋工程、模板工程共同构建混凝土结构工程,三者的关系如图 7-47 所示。本节将从混凝土的概述、配料、拌制、运输与输送、浇筑与振捣、养护与质量检查等施工环节进行介绍。

一、混凝土概述

1. 混凝土概念

混凝土,是由胶凝材料将骨料胶结成整体的工程复合材料的统称。通常讲的混凝土一词是指用水泥作胶凝材料,砂、石作骨料,与水(可含外加剂和掺合料)按一定比例配合,经搅拌而得的水泥混凝土,也称普通混凝土,它广泛应用于土木工程。

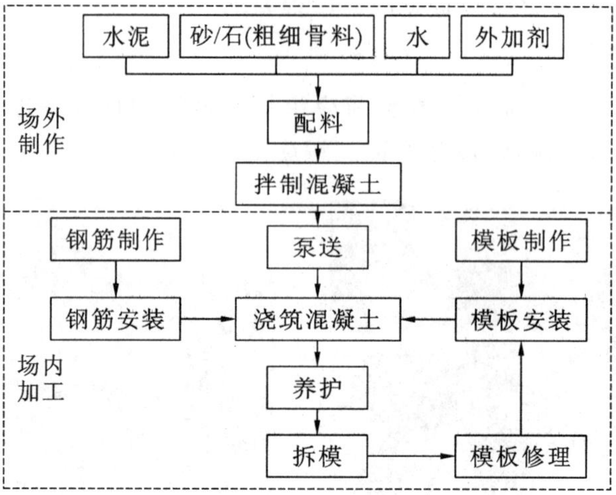

图 7-47　混凝土结构工程施工流程

混凝土具有原料丰富、价格低廉、生产工艺简单的特点，因而其用量越来越大。同时混凝土还具有抗压强度高、耐久性好、强度等级范围宽等特点。这些特点使其使用范围十分广泛，不仅在各种土木工程中使用，而且在造船业、机械工业、海洋开发、地热工程中也有应用。

2. 混凝土功能与特性

（1）和易性

和易性是混凝土拌合物最重要的性能。它综合表征拌合物的稠度、流动性、可塑性、抗分层离析泌水的性能及易抹面性等。测定和表示拌合物和易性的方法和指标很多，我国主要采用截锥坍落筒测定的坍落度(mm)及用维勃仪测定的维勃时间(s)，作为表示拌合物和易性的主要指标。

（2）强度

强度是混凝土硬化后的最重要的力学性能，表示混凝土抵抗压、拉、弯、剪等应力的能力。水灰比、水泥品种和用量、骨料的品种和用量以及搅拌、成型、养护，都直接影响混凝土的强度。混凝土按标准抗压强度(以边长为 150mm 的立方体为标准试件，在标准养护条件下养护 28d，按照标准试验方法测得的具有 95%保证率的立方体抗压强度)划分的强度等级，称为标号，分为 C10、C15、C20、C25、C30、C35、C40、C45、C50、C55、C60、C65、C70、C75、C80、C85、C90、C95、C100 共 19 个等级。混凝土的抗拉强度仅为其抗压强度的 1/10～1/20。提高混凝土抗拉、抗压强度的比值是混凝土改性的重要方面。

（3）变形

混凝土在荷载或温、湿度作用下会产生变形，主要包括弹性变形、塑性变形、收缩和温度变形等。混凝土在短期荷载作用下的弹性变形主要用弹性模量表示。在长期荷载作用下，应力不变、应变持续增加的现象称为徐变，应变不变、应力持续减少的现象称为松弛。由于水泥水化、水泥石的碳化和失水等原因产生的体积变形，称为收缩。

(4) 耐久性

在一般情况下,混凝土具有良好的耐久性。但在寒冷地区,特别是在水位经常变化的工程部位以及在饱水状态下受到频繁的冻融交替作用时,混凝土易于损坏。为此对混凝土要有一定的抗冻性要求。用于不透水的工程时,要求混凝土具有良好的抗渗性和耐蚀性。抗渗性、抗冻性、抗侵蚀性统称为混凝土耐久性。

3. 混凝土的分类

(1) 按胶凝材料分类

混凝土按胶凝材料不同可分为无机胶凝材料混凝土和有机胶凝材料混凝土。

无机胶凝材料混凝土,如水泥混凝土、石膏混凝土、硅酸盐混凝土、水玻璃混凝土等。

有机胶凝材料混凝土,如沥青混凝土、聚合物混凝土等。

(2) 按表观密度分类

混凝土按照表观密度的大小可分为重混凝土、轻质混凝土、普通混凝土。这三种混凝土不同之处就是骨料的不同。

重混凝土是表观密度大于 2500kg/m^3,用特别密实和特别重的骨料制成的。如重晶石混凝土、钢屑混凝土等,它们具有不透 X 射线和 γ 射线的性能。

轻质混凝土是表观密度小于 1950kg/m^3 的混凝土。它又可以分为三类:

① 轻骨料混凝土,其表观密度为 800～1950kg/m^3,轻骨料包括浮石、火山渣、陶粒、膨胀珍珠岩、膨胀矿渣、矿渣等。

② 多孔混凝土(泡沫混凝土、加气混凝土),其表观密度为 300～1000kg/m^3。泡沫混凝土是由水泥浆或水泥砂浆与稳定的泡沫制成的。加气混凝土是由水泥、水与发气剂制成的。

③ 大孔混凝土(普通大孔混凝土、轻骨料大孔混凝土),其组成中无细骨料。普通大孔混凝土的表观密度为 1500～1900kg/m^3,是用碎石、软石、重矿渣作骨料配制的。轻骨料大孔混凝土的表观密度为 500～1500kg/m^3,是用陶粒、浮石、碎砖、矿渣等作为骨料配制的。

普通混凝土即在建筑中常用的混凝土,表观密度为 1950～2500kg/m^3,骨料为砂、石。下文所述混凝土指普通混凝土。

二、混凝土配料

1. 原材料的选择

混凝土的原材料包括胶凝材料(水泥)、粗骨料(石)、细骨料(砂)、水和外加剂,外加剂应视情况加入。

(1) 水泥

常用的水泥品种有硅酸盐水泥、普通(硅酸盐)水泥[图 7-48(a)]、矿渣(硅酸盐)水泥、火山灰(硅酸盐)水泥、粉煤灰(硅酸盐)水泥、复合(硅酸盐)水泥。常用的水泥特性和常用水泥的选用要求分别见表 7-11 和表 7-12。

(a) (b) (c)

(d) (e)

图 7-48　混凝土配料

(a)普通硅酸盐水泥;(b)天然卵石;(c)人工碎石;(d)天然砂;(e)人工砂

表 7-11　常用的水泥特性

硅酸盐水泥①	普通水泥②	矿渣水泥③	火山灰水泥④	粉煤灰水泥⑤	复合水泥⑥
凝结硬化快、早期强度高	凝结硬化快、早期强度高	凝结硬化慢、早期强度低、后期强度增长较快	凝结硬化慢、早期强度低、后期强度增长较快	凝结硬化慢、早期强度低、后期强度增长较快	凝结硬化慢、早期强度低、后期强度增长较快
水化热大	水化热较大	水化热较小	水化热较小	水化热较小	水化热较小
抗冻性好	抗冻性较好	抗冻性差	抗冻性差	抗冻性差	抗冻性差
耐热性差	耐热性较差	耐热性好	耐热性较差	耐热性较差	
耐腐蚀性差	耐腐蚀性较差	耐腐蚀性较好	耐腐蚀性较好	耐腐蚀性较好	耐腐蚀性较好
干缩性较小	干缩性较小	干缩性较大	干缩性较大	干缩性较小	
		泌水性大 抗渗性差	抗渗性较好	抗裂性较高	

表 7-12　常用水泥的选用要求

混凝土工程特点或所处环境条件			优先选用	可以使用	不宜使用
普通混凝土	1	在普通气候环境中的混凝土	②	③④⑤⑥	
	2	在干燥环境中的混凝土	②	③	④⑤
	3	在高湿度环境中或长期处于水中的混凝土	③④⑤⑥	②	
	4	厚大体积的混凝土	③④⑤⑥		①

续表7-12

混凝土工程特点或所处环境条件			优先选用	可以使用	不宜使用
有特殊要求的混凝土	1	要求快硬、早强的混凝土	①	②	③④⑤⑥
	2	高强(大于 C50)混凝土	①	②③	④⑤
	3	严寒地区的露天混凝土、寒冷地区处于水位升降范围内的混凝土	②	③	④⑤
	4	严寒地区处于水位升降范围内的混凝土	②		③④⑤⑥
	5	有抗渗要求的混凝土	②④		③
	6	有耐磨要求的混凝土	①②	③	④⑤
	7	受侵蚀介质作用的混凝土	③④⑤⑥		①

水泥进场应对其品种、级别、包装、出厂日期等进行检查，并对强度、安定性、凝结时间等指标进行复检，其质量必须符合国家标准。

检查数量：按同一生产厂家、同一等级、同一品种、同一批号且连续进场的水泥，袋装不超过 200t 为一批，散装不超过 500t 为一批，每批抽样不少于一次。

重新检验：当使用中对水泥质量有怀疑或水泥出厂超过三个月(快硬硅酸盐水泥超过一个月)，应视为过期水泥，使用时须重新检验、确定标号。

检查方法：检查产品合格证、出厂检验报告和进场复验报告。

(2) 粗骨料(石子)

常用石子有天然卵石和人工碎石[图 7-48(b)、(c)]。卵石用量少，则混凝土强度偏低；碎石用量大，则混凝土强度较高。

① 石子的级配

石子的级配越好，其空隙率及总表面积越小，不仅节约水泥，混凝土的和易性、密实性和强度也较高。碎石和卵石的颗粒级配应优先采用连续级配。

② 石子的含泥量

混凝土强度等级高于或等于 C30 时，石子的含泥量不大于 1.0%；混凝土强度等级低于 C30 时，石子的含泥量不大于 2.0%。

③ 石子的最大粒径

在级配合适的情况下，石子的粒径越大，对节约水泥、提高混凝土强度和密实性越有好处。由于结构断面、钢筋间距及施工条件的限制，石子的最大粒径不得超过结构截面最小尺寸的 1/4，且不超过钢筋最小净距的 3/4；对混凝土实心板来说，石子的最大粒径不超过板厚的 1/3，且最大不超过 40mm(机拌)；任何情况下石子的最大粒径机械拌制不超过 150mm，人工拌制不超过 80mm。

(3) 细骨料(砂)

① 按形成条件分类

作为混凝土用砂有天然砂和人工砂两大类，如图 7-48(d)、(e)所示。

② 按细度模数或平均粒径分类

砂的细度模数或平均粒径见表 7-13。在用砂量基本相同的情况下，若砂子粗，则拌制的混凝土黏聚性较差，容易产生离析、泌水现象；若砂子过细，砂子的总表面积增加，拌制的混凝土黏聚性较好，不易产生离析、泌水现象，但水泥用量增大。所以，用于拌制混凝土的砂，不易过粗，也不宜过细。

表 7-13　砂的细度模数和平均粒径

粗细程度	细度模数 μ_i	平均粒径/mm
粗砂	3.7～3.1	0.5 以上
中砂	3.0～2.3	0.35～0.5
细砂	2.2～1.6	0.25～0.35
特细砂	1.5～0.7	0.25 以下

（4）水

混凝土拌和用水一般采用饮用水。当采用其他来源水时，水质必须符合《混凝土用水标准》(JGJ 63—2006)的规定。海水可用于素混凝土，但不宜用于装饰混凝土。未经处理的海水和污水严禁用于钢筋混凝土和预应力混凝土。

（5）外加剂

在混凝土中掺入少量外加剂，可改善混凝土的性能，加快工程进度或节约水泥，满足混凝土在施工和使用方面的一些特殊要求，保证工程顺利进行。

① 混凝土外加剂分类

混凝土外加剂按主要功能分为四类：

(a) 改善混凝土拌合物流变性能，如减水剂、引气剂和泵送剂。

(b) 调节混凝土凝结时间、硬化性能，如缓凝剂、早强剂和速凝剂。

(c) 改善混凝土耐久性能，如防水剂和阻锈剂。

(d) 改善混凝土其他性能，如加气剂、膨胀剂和防冻剂。

② 常用外加剂介绍

a. 减水剂

一种表面活性材料，能显著减少拌和用水量，降低水灰比，改善和易性，增加流动性，节约水泥，有利于混凝土强度的增长及物理性能的改善，尤其适合大体积混凝土、防水混凝土、泵送混凝土等。

b. 早强剂

加速混凝土的硬化过程，提高早期强度，加快工程进度。三乙醇胺及其复合早强剂的应用较为普遍。有的早强剂(氯盐)对钢筋有锈蚀作用，在配筋结构中使用时其掺量不得大于水泥量的 1%，并禁止用于预应力结构和大体积混凝土。

c. 速凝剂

加速水泥的凝结硬化作用，用于快速施工、堵漏、喷射混凝土等。

d. 缓凝剂

延长混凝土从塑性状态转化到固体状态所需的时间，并对后期强度无影响，主要用于大体积混凝土、气候炎热地区的混凝土工程和长距离输送的混凝土。

e. 膨胀剂

使混凝土在水化过程中产生一定的体积膨胀。膨胀剂可配制补偿收缩混凝土、填充用膨胀混凝土、自应力混凝土。

2. 混凝土配合比设计

混凝土的配合比是指混凝土中各组成材料用量之间的比例关系。确定这种数量关系的工作，就是混凝土的配合比设计。混凝土配合比设计包括配合比的计算、试配和调整。

① 混凝土配合比的表示法

一种是用 $1m^3$ 混凝土中胶凝材料、水、砂、石的实际用量表示，如胶凝材料 300kg、水 180kg、砂 660kg、石子 1200kg；另一种是以各组成材料的质量比来表示（以胶凝材料质量为 1），如将上述质量换算成质量比则为胶凝材料∶砂∶石∶水＝1∶2.20∶4.00∶0.60。

② 混凝土配合比设计的基本要求

配合比设计的任务是根据施工条件和原材料技术性能，确定能满足以下四个基本要求的各项组成材料的用量：

（a）达到设计要求的强度等级；

（b）达到施工要求的和易性；

（c）满足与使用条件相适应的耐久性；

（d）在保证质量前提下，尽量节省水泥，降低成本。

③ 混凝土配合比设计的方法

根据《普通混凝土配合比设计规程》(JGJ 55—2011)的规定，其方法如图 7-49 所示。

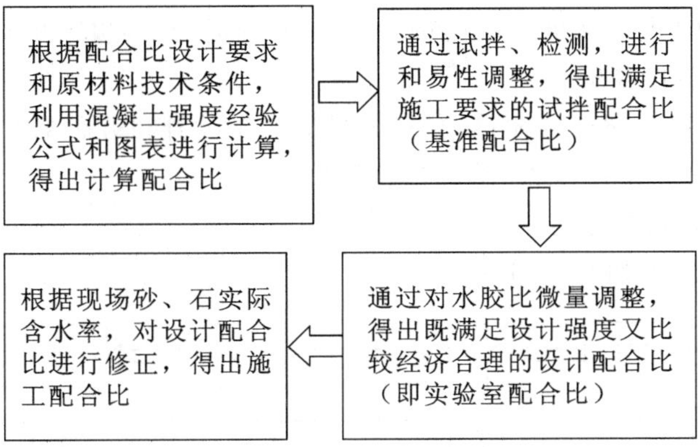

图 7-49　混凝土配合比设计的方法

三、混凝土拌制

混凝土的制备方法，除零星分散且用于非重要部位的可采用人工拌制外，均应采用机械搅拌。混凝土搅拌机按其搅拌原理分为自落式和强制式两类，如图 7-50 所示。

1. 自落式搅拌机

自落式搅拌机适宜搅拌塑性混凝土和低流动性混凝土。其搅拌功率小、动力消耗

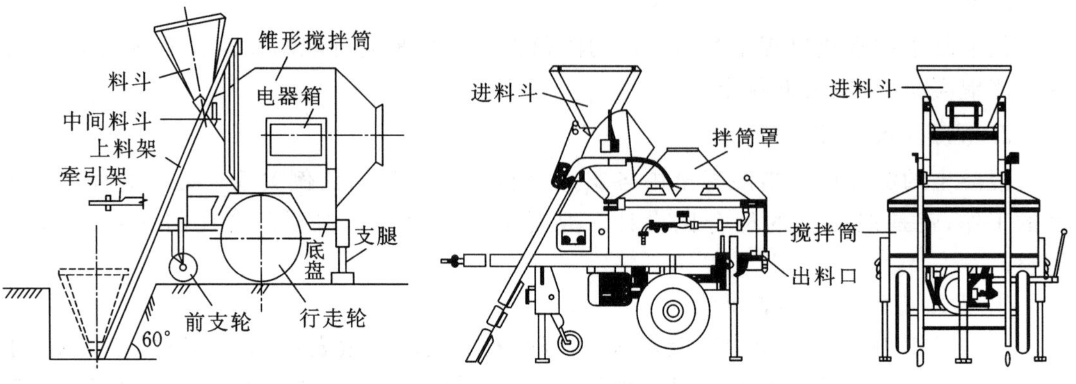

(a)　　　　(b)

图 7-50　混凝土搅拌机

(a)自落式搅拌机;(b)强制式搅拌机

大、效率低,正逐渐被强制式搅拌机所取代。

2. 强制式搅拌机

强制式搅拌机适宜搅拌干硬性混凝土和轻骨料混凝土。其搅拌质量好、速度快、生产效率高、操作简便安全,但机件易磨损。强制式搅拌机有立轴和卧轴之分,立轴式不宜用于搅拌流动性大的混凝土。卧轴式搅拌机具有适用范围广、搅拌时间短、搅拌质量好等优点,是适合大力推广的机型。

3. 搅拌制度的确定

在正确选择混凝土搅拌机后,还必须确定装料容量、投料顺序和搅拌时间等。

(1) 搅拌机的装料容量

为保证混凝土得到充分的搅拌,装料容量通常是搅拌机几何容量的 1/2～1/3,出料容量约为装料容量的 0.55～0.75(称为出料系数)。

(2) 搅拌机的投料顺序

搅拌机的投料顺序如图 7-51 所示。

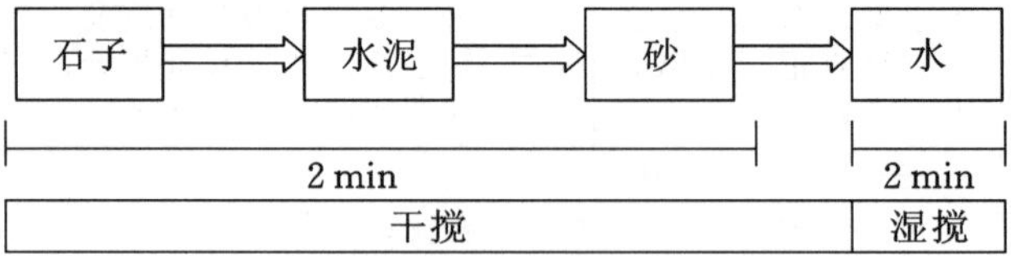

图 7-51　搅拌机的投料顺序

(3) 搅拌时间的确定

搅拌时间指从原材料全部投入到混凝土拌合物开始卸出所经历的时间,过短混凝土搅拌不均匀,过长则降低了生产率,还降低了混凝土的和易性。混凝土搅拌的最短时间见表 7-14。

① 混凝土搅拌的最短时间系指全部材料装入搅拌筒中起,到开始卸料的时间。

② 当掺有外加剂时，搅拌时间应适当延长。

③ 采用自落式搅拌机时，搅拌时间宜延长30s。

④ 当采用其他形式的搅拌设备时，搅拌的最短时间也可按设备说明书的规定或者经过试验确定。

表7-14 混凝土搅拌的最短时间

混凝土坍落度/mm	搅拌机机型	搅拌机出料容量		
		<250L	250～500L	>500L
≤40	强制式	60s	90s	120s
>40且<100	强制式	60s	60s	90s
≥100	强制式	60s		

4. 混凝土搅拌注意事项

① 混凝土配合比必须在搅拌站挂牌公布，接受监督和检查。

② 严格控制水灰比和坍落度，未经试验人员同意不得随意加减用水量。

③ 混凝土掺用外加剂时，外加剂应与水泥同时进入搅拌机，搅拌时间相应延长50%～100%；当外加剂为粉状时，应先用水稀释，然后与水一同加入。

④ 搅拌第一盘混凝土时，考虑搅拌机筒壁要吸附一部分水泥浆，只加规定石子用量的一半，俗称“减半石混凝土”。

⑤ 搅拌好的混凝土要基本卸尽，在全部混凝土卸出之前不得再投入拌合料，严禁采用边出料边进料的方法搅拌。

⑥ 当混凝土搅拌完毕或预计停歇时间超过1h以上时，应将搅拌机内余料倒出，用清水清洗搅拌机。

⑦ 每班至少应分两次检查材料的质量及每盘的用量，确保工程质量。

四、混凝土运输与输送

混凝土运输与输送包括从泵搅拌站到工程施工地的全过程，如图7-52所示。

1. 基本要求

(1) 保证混凝土的浇筑量

在不允许留施工缝的情况下，混凝土运输须保证浇筑工作能连续进行，应按混凝土的最大浇筑量来选择混凝土运输方法及运输设备的型号和数量。

(2) 应保证混凝土在初凝前浇筑完毕

应以最短的时间和最少的转换次数将混凝土从搅拌地点运至浇筑地点，混凝土从搅拌机卸出后到振捣完毕的延续时间不宜超过表7-15规定的限值，不应超过表7-16规定的限值。

(3) 保证混凝土在运输过程中的均匀性

避免混凝土发生分层离析、水泥浆流失、坍落度变化以及初凝现象。

(a)　　(b)　　(c)

图 7-52　混凝土运送过程

(a)混凝土从搅拌机中卸出；(b)混凝土运输车将混凝土卸入泵车；(c)泵车输送混凝土入模

表 7-15　运输到输送入模的延续时间

条件	气温	
	≤25℃	>25℃
不掺外加剂	90min	60min
掺外加剂	150min	120min

表 7-16　运输、输送入模及其间歇的时间限值

条件	气温	
	≤25℃	>25℃
不掺外加剂	180min	150min
掺外加剂	240min	210min

2. 混凝土运输

(1) 混凝土搅拌运输车运输

① 接料前，搅拌运输车应排净罐内积水，防止混凝土水灰比过大。

② 在运输途中及等候卸料时，应保持搅拌运输车罐体以正常转速运转，不得停转，防止混凝土初凝。

③ 卸料前，搅拌运输车罐体宜快速旋转搅拌 20s 以上再卸料。

④ 采用搅拌运输车运送混凝土，当坍落度损失较大不能满足施工要求时，可在运输车罐内加入适量的与原配合比成分相同的减水剂。减水剂加入量应事先由试验确定，并应做好记录。加入减水剂后，混凝土罐车应快速旋转使混凝土搅拌均匀，并达到要求的工作性能后再泵送或浇筑。

(2) 机动翻斗车运输混凝土

当采用机动翻斗车运输混凝土时，道路应通畅，路面应平整、坚实，临时坡道或支架应牢固，铺板接头应平顺。

混凝土搅拌运输车和机动翻斗车如图 7-53 所示。

(a)

(b)

图 7-53　混凝土运输车

(a)混凝土搅拌运输车;(b)机动翻斗车

(3) 混凝土地面水平运输

混凝土地面水平运输分为间歇式运输和连续式运输,其运输机具有所不同。

间歇式运输机具:手推车、机动翻斗车、自卸汽车、搅拌运输车。

连续式运输机具:皮带运输机、混凝土泵。

手推车、机动翻斗车适用于运输距离短、运输工程量不大的混凝土输送。

(4) 混凝土垂直运输

混凝土垂直运输机具主要是各类井架、提升机、塔吊和混凝土输送泵等。采用塔式起重机时,可考虑将混凝土搅拌机布置在塔吊工作半径内,混凝土直接卸入吊斗内,垂直提升后直接倾入混凝土浇筑点,其运输设备如图 7-54 所示。

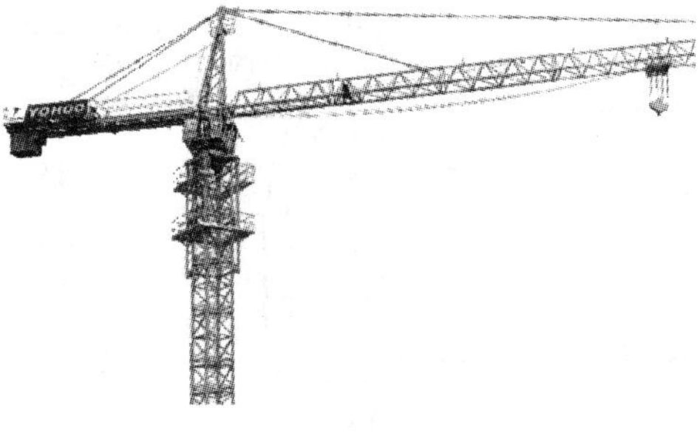

(a)

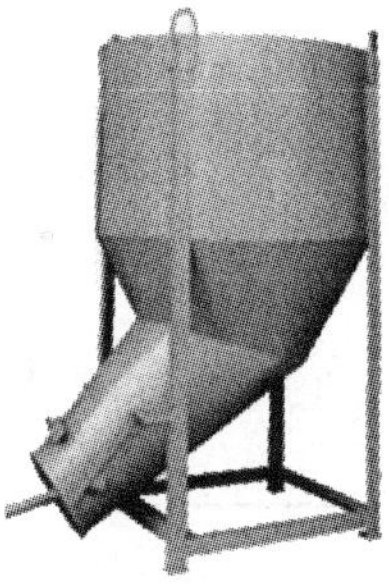

(b)

图 7-54　混凝土垂直运输设备

(a)塔吊;(b)吊斗

(5) 混凝土布料杆

可根据现场混凝土浇筑的需要将布料杆设置在合适位置,布料杆有固定式、内爬式、移动式、船用式等。HGT41 型内爬式布料杆布料半径 41m,塔身高度 24m,爬升速度 0.5m/min,臂架为四节卷折全液压形式,回转角度 365°,末端软管长度 3m,如图 7-55 所示。

(6) 混凝土运输注意事项

① 尽可能使运输线路短直、道路平坦,车辆行驶平稳,减少运输时的振荡;避免运输的时间和距离过长、转运次数过多。

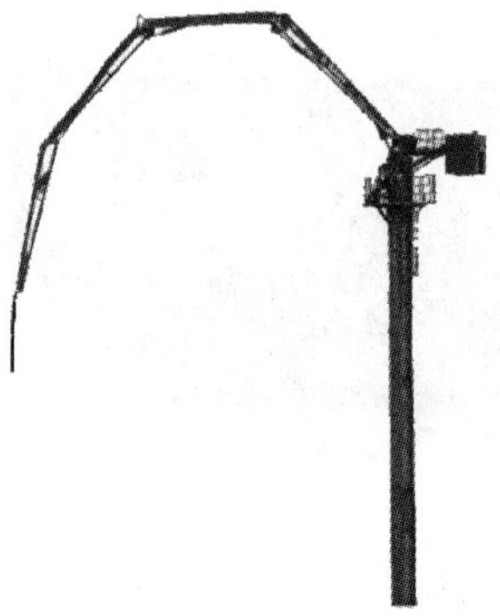

图 7-55　HGT41 型内爬式布料杆

② 混凝土容器应平整光洁、不吸水、不漏浆，装料前用水湿润，炎热气候或风雨天气宜加盖，防止水分蒸发或进水，冬季考虑保温措施。

③ 运至浇筑地点的混凝土发现有离析和初凝现象须二次搅拌均匀后方可入模，已凝结的混凝土应报废，不得用于工程中。

④ 溜槽运输的坡度不宜大于 30°，混凝土移动速度不宜大于 1m/s。如溜槽的坡度太小、混凝土移动太慢，可在溜槽底部加装小型振动器。当混凝土移动速度太快时，可在末端设置串筒或挡板，以保证混凝土垂直下落，如图 7-56 所示。

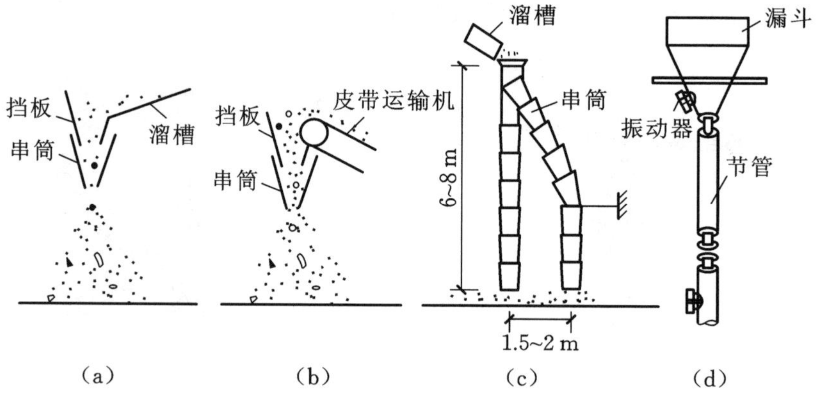

图 7-56　防止混凝土离析的措施

(a)溜槽运输；(b)皮带运输；(c)串筒；(d)振动串筒

⑤ 当混凝土浇筑高度超过 3m 时应采用成组串筒，以保证混凝土的自由落差高度不大于 2m。

⑥ 当混凝土浇筑高度超过 8m 时应设置带节管的振动串筒或多级料斗。

五、混凝土浇筑与振捣

混凝土浇筑与振捣是混凝土工程施工的关键工序，直接影响混凝土的质量和整体性。混凝土浇筑温度应在 5～35℃之间。混凝土浇筑准备如下：

① 检查模板的标高、位置及严密性，支架的强度、刚度、稳定性，清理模板内垃圾、泥土、积水和钢筋上的油污，高温天气模板宜浇水湿润。

② 做好钢筋及预留预埋管线的验收和钢筋保护层检查，做好钢筋工程隐蔽记录。

③ 准备和检查材料、机具等。

④ 做好施工组织和技术、安全交底工作。

⑤ 为使混凝土振捣密实，混凝土必须分层浇筑，其浇筑层厚度见表7-17。

表7-17　混凝土浇筑层厚度　　单位：mm

捣实混凝土的方法		浇筑层的厚度
插入式振捣		振捣器作用部分长度的1.25倍
表面振动		200
人工捣固	在基础、无筋混凝土或配筋稀疏的结构中	250
	在梁、墙板、柱结构中	200
	在配筋密列的结构中	150
轻骨料混凝土	插入式振捣器	300
	表面振动（振动时需加荷）	200

⑥ 混凝土在初凝后、终凝前应防止振动，当混凝土抗压强度达到1.2MPa时，才允许在上面继续进行施工活动。

六、混凝土养护与质量检查

1. 混凝土养护

在自然气温条件下（高于5℃）采取覆盖浇水养护、塑料薄膜保湿养护或加热养护。

① 覆盖浇水养护（图7-57）

在混凝土浇筑完毕后的3～12h内用草帘、麻袋、锯末等将混凝土覆盖，浇水保持湿润，普通水泥、硅酸盐水泥和矿渣水泥拌制的混凝土养护不少于7d，掺用缓凝型外加剂的抗渗混凝土养护不少于14d。当气温在15℃以上时，在混凝土浇筑后的最初3d，白天至少每3h浇水一次，夜间应浇水两次，以后每昼夜浇水三次左右。高温或干燥气候应适当增加浇水次数。

当日平均气温低于5℃时，不得浇水。

对于地坪、楼屋面板等大面积结构可采用蓄水养护；对于贮水池一类工程可在拆除内模后采取注水养护；对于地下基础工程可采取覆土养护。

② 塑料薄膜保湿养护（图7-58）

以塑料薄膜为覆盖物，使混凝土与空气隔绝，水分不再蒸发，水泥靠混凝土中的水分完成水化过程而凝结硬化。这种养护方式可改善施工条件，节省人工，节约用水，保证混凝土的养护质量。

（a）　　　　（b）

图 7-57　覆盖浇水养护

（a）预制构件浇水养护；（b）基础工程的覆土养护

（a）　　　　（b）

图 7-58　塑料薄膜保湿养护

（a）排桩的保湿养护；（b）框架柱的保湿养护

③ 加热养护（图 7-59）

通过对混凝土加热来加速其强度的增长，加热养护的方法很多，常用的有蒸汽养护、热膜养护、太阳能养护等。

（a）　　　　（b）

图 7-59　加热养护

（a）蒸汽养护；（b）热膜养护

2. 混凝土的质量检查

混凝土质量检查包括施工中检查和施工后检查，具体如图 7-60 所示。

(a)　　(b)　　(c)

图 7-60　混凝土质量检查

(a)观察混凝土搅拌质量；(b)观察出机混凝土和易性；(c)控制混凝土面层施工质量

施工中的检查：对混凝土拌制和浇筑过程中所用材料的质量及用量、搅拌及浇筑地点的坍落度的检查，每工作班内至少检查 2 次；对执行混凝土搅拌制度情况及现场振捣质量也应随时检查。

施工后的检查：对已完成混凝土进行外观质量及强度检查，有抗冻、抗渗要求的混凝土还须进行抗冻、抗渗性能检查。

① 混凝土外观质量检查

混凝土结构拆模后，应从外观上检查其表面有无麻面、蜂窝、孔洞、露筋、缺棱掉角、缝隙夹层等缺陷，外形尺寸是否超过规范允许偏差。

② 常见的混凝土成型质量缺陷

常见的混凝土成型质量缺陷如图 7-61 所示。

(a)　　(b)　　(c)　　(d)

图 7-61　常见的混凝土成型质量缺陷

(a)墙体蜂窝；(b)露筋；(c)柱子烂根；(d)负筋严重偏位

第五节　防水工程

办公室、机房、车间等工作场所如长期渗漏将会严重损坏办公设施，精密仪器、机床设备等亦会因生霉斑而失灵，甚至引起电器短路。面对渗漏现象，每隔数年就要花费大量的人力和物力来进行返修。渗漏不仅污水外渗，造成环境污染，而且直接影响到整个构筑物的使用寿命。由此可见防水效果的好坏，对建筑物的质量至关重要。所以说防水工程在建筑工程中占有十分重要的地位。在环境工程施工中，必须严格、认真地做好建筑防水工程。

一、防水工程概述

防水工程是一项系统工程，它涉及防水材料、防水工程设计、施工技术、构筑物的管理等各个方面，其目的是为保证构筑物不受水侵蚀，内部空间不受危害，提高构筑物的使用功能和生产质量。

1. 防水工程的分类

环境工程中的防水工程，按照防水措施不同，分为材料防水和构造防水；按照建筑工程部位不同，分为屋面防水、地下室防水、池体防水、卫生间防水、外墙防水等。

2. 防水等级与执行标准

《屋面工程质量验收规范》(GB 50207—2012)规定，根据建筑物的性质、重要程度和使用功能的要求，建筑屋面防水等级应分为Ⅰ级、Ⅱ级、Ⅲ级和Ⅳ级，防水层合理使用年限分别为25年、15年、10年和5年。不同的防水等级，防水层的材料选用及设防要求也不同，具体见表7-18。一道设防是指具有单独防水能力的一道防水层。屋面防水层多道设防时，可采用同种卷材叠层或不同卷材复合，也可采用卷材、涂膜复合或刚性防水和卷材或涂膜复合等。

表7-18　屋面工程的防水等级和设防要求

项目	屋面防水等级			
	Ⅰ	Ⅱ	Ⅲ	Ⅳ
建筑物类别	特别重要或对防水有特殊要求的建筑	重要建筑和高层建筑	一般建筑	非永久性的建筑
使用年限	25年	15年	10年	5年

续表7-18

项目	屋面防水等级			
	Ⅰ	Ⅱ	Ⅲ	Ⅳ
防水层选用材料	合成高分子防水卷材、高聚物改性沥青防水卷材、金属板材、合成高分子防水涂料、细石混凝土等	前述材料＋高聚物改性沥青防水涂料、平瓦、油毡瓦等	前述材料＋三毡四油沥青防水卷材等	二毡三油沥青防水卷材、高聚物改性沥青防水涂料等
设防要求	三道或三道以上设防	二道设防	一道设防	一道设防

根据《地下工程防水技术规范》(GB 50108—2008)，地下工程防水等级也分为4级，其防水等级标准见表7-19。

表7-19　地下工程防水等级标准

防水等级	标　　准
Ⅰ级	不允许渗水，结构表面无湿渍
Ⅱ级	不允许漏水，结构表面可有少量湿渍； 湿渍总面积不大于总防水面积的1‰，单个湿渍面积不大于0.1m^2，任意100m^2防水面积不超过2处
Ⅲ级	有少量漏水点，不得有线流和漏泥砂； 单个湿渍面积不大于0.3m^2，单个漏水点的漏水量不大于2.5L/d，任意100m^2防水面积不超过7处
Ⅳ级	有漏水点，不得有线流和漏泥砂； 整个工程平均漏水量不大于2L/(m^2·d)，任意100m^2防水面积的平均漏水量不大于4L/(m^2·d)

3. 防水施工方式

防水工程施工措施可分为材料防水和构造防水两种类型。

① 在材料防水中，一种是采用防水卷材及其辅助材料如胶黏剂、基层处理剂、沥青胶等进行防水，另一种是采用防水涂料进行防水。

② 在构造防水中，一种是采用结构自防水混凝土及其外加剂、止水带等形成合适的构造形式进行防水，另一种是采用防水砂浆形成合适的构造形式进行防水。

二、防水材料

防水材料分为防水卷材、防水涂料、防水混凝土、防水砂浆和防水辅助材料等。

1. 防水卷材

常用的防水卷材有合成高分子卷材、高聚物改性沥青防水卷材、沥青防水卷材等，如图 7-62 所示。

(a)　　(b)　　(c)

图 7-62　常见的防水卷材

(a)合成高分子卷材；(b)高聚物改性沥青防水卷材；(c)沥青防水卷材

① 合成高分子卷材

合成高分子卷材是以合成橡胶、合成树脂为基料，加入适量的化学助剂和填充料加工而成的可卷曲的片状防水材料，具有高强度、高伸长率、高撕裂强度和耐高温低温、耐臭氧、耐老化等特性。

② 高聚物改性沥青卷材

高聚物改性沥青卷材是以合成高分子聚合物改性沥青为涂盖层，聚酯无纺布或玻纤毡为胎体，聚乙烯膜、铝薄膜、砂粒、彩砂、页岩片等材料为覆面材料制成可卷曲的片状防水材料，具有纵横向拉力大、延伸率好、韧性强、耐低温、耐老化、耐紫外线、耐温差变化、自愈力黏合性好等优良性能。

③ 沥青防水卷材

沥青防水卷材成本低，但温度稳定性差，最常见的沥青防水卷材是石油沥青卷材。石油沥青卷材俗称油毡，是用高软化点的石油沥青涂盖纸胎两面，再撒上滑石粉(粉毡)或云母片(片毡)而形成的防水材料，常用的为石油沥青粉毡，标号为 350#、500#，宽度为 915mm，每卷长 20±0.3m。

2. 防水涂料

防水涂料有薄质涂料和厚质涂料之分，薄质涂料主要是高聚物改性沥青防水涂料和合成高分子防水涂料，厚质涂料主要是沥青基涂料。按其形态又可分为溶剂型、反应型和水乳型三类。

溶剂型涂料成膜迅速，但易燃、有毒；反应型涂料是由两个组分构成，涂料成膜时体积不收缩，但配制须精确；水乳型涂料可在较潮湿的基面上施工，但黏结力较差，且低温时成膜困难。

① 合成高分子防水涂料

合成高分子防水涂料是以合成橡胶或合成树脂为成膜物质配制成的反应型、水乳型或溶剂型防水涂料，具有高弹性、防水性、耐久性和优良的耐高温低温性能。常见的有聚氨酯防水涂料、丙烯酸防水涂料、有机硅防水涂料，如图 7-63 所示。

(a)　　　　(b)　　　　(c)

图 7-63　常见的合成高分子防水涂料

(a)聚氨酯防水涂料(双组分)；(b)丙烯酸防水涂料；(c)有机硅防水涂料

② 高聚物改性沥青防水涂料

高聚物改性沥青防水涂料是以沥青为基料、用高分子聚合物进行改性配制成的水乳型或溶剂型防水涂料，其柔韧性、抗裂性、强度、耐高温低温性能及寿命均有较大改善，常见的有氯丁橡胶改性沥青防水涂料、SBS 改性沥青防水涂料、APP 改性沥青防水涂料、再生橡胶改性沥青防水涂料、PVC 改性煤焦油防水涂料。

③ 沥青基涂料

沥青基涂料指以沥青为基料配制成的水乳型或溶剂型防水涂料。常见的有石灰乳化沥青涂料、石棉乳化沥青涂料和膨润土乳化沥青涂料，目前大多数沥青基涂料已经被限制生产或淘汰。

3. 防水混凝土

防水混凝土是以调整混凝土配合比或掺外加剂的方法来提高混凝土的密实度、抗渗性、抗蚀性，满足设计对地下建筑的抗渗要求，达到防水的目的。结构自防水具有施工简便、工期短、造价低、耐久性好等优点，是地下建筑防水工程的一种主要方法。常用的防水混凝土有普通防水混凝土、外加剂混凝土。

① 普通防水混凝土

普通防水混凝土是通过控制材料选择和混凝土拌制、浇筑、振捣的施工质量，减少混凝土内部的空隙和消除空隙间的连通，从而达到防水要求。

② 外加剂防水混凝土

外加剂防水混凝土是在混凝土中掺入一定的外加剂，改善混凝土的性能和结构组成，提高混凝土的密实性和抗渗性，从而达到防水目的。常用的外加剂防水混凝土有三乙醇胺防水混凝土、加气剂防水混凝土、减水剂防水混凝土、氯化铁防水混凝土。

4. 防水砂浆

防水砂浆有水泥砂浆、素灰(纯水泥浆)。水泥品种应按设计要求选用，其强度等级不应低于 32.5 级，不得使用过期或受潮结块水泥；砂宜用粒径 3mm 以下、含泥量不得大于 1% 的中砂，硫化物和硫酸盐含量不得大于 1%。普通水泥砂浆防水层的配合比见表 7-20。

表 7-20　普通水泥砂浆防水层的配合比

名称	配合比（质量比）		水灰比	适用范围
	水泥	砂		
水泥浆	1	—	0.55～0.60	水泥砂浆防水层的第一层
水泥浆	1	—	0.37～0.40	水泥砂浆防水层的第三、五层
水泥砂浆	1	1.5～2.0	0.40～0.50	水泥砂浆防水层的第二、四层

5. 防水辅助材料

（1）胶黏剂

高聚物改性沥青卷材的胶黏剂主要有氯丁橡胶改性沥青胶黏剂、CCTP 抗腐耐水冷胶料，前者主要用于卷材基层、卷材与卷材的黏结，后者具有抗腐蚀、耐酸碱、防水和耐低温等特殊性能。

合成高分子卷材的胶黏剂主要有氯丁系胶黏剂（404 胶）、丁基胶黏剂、BX-12 胶黏剂等。此类胶黏剂均由厂家配套供应。

（2）基层处理剂

基层处理剂与卷材和基层的相容性好、干燥快、渗透力强，适用于对黏接力有特殊要求的卷材防水工程。

冷底子油是油毡防水屋面的基层处理剂，由 10# 或 30# 石油沥青与汽油以 3∶7 的配比调制的冷底子油具有快挥发性，涂刷后 5～10h 干燥。

（3）沥青胶

沥青胶以沥青按一定配比掺入填充料混合熬制脱水而成，用于粘贴油毡防水层或作为沥青防水涂层或接头填缝之用。

（4）止水带

止水带是变形缝的必用防水配件，作用是阻止地下水沿沉降缝渗入室内，当缝两侧建筑沉降不一致时，止水带可以变形继续起阻水的作用，一旦沉降缝渗水，又可依托止水带进行堵漏修补。

止水带主要有橡胶止水带、塑料止水带、钢板止水带和橡胶加钢边止水带几种，我国多用橡胶止水带。止水带的形状有多种，如图 7-64所示。

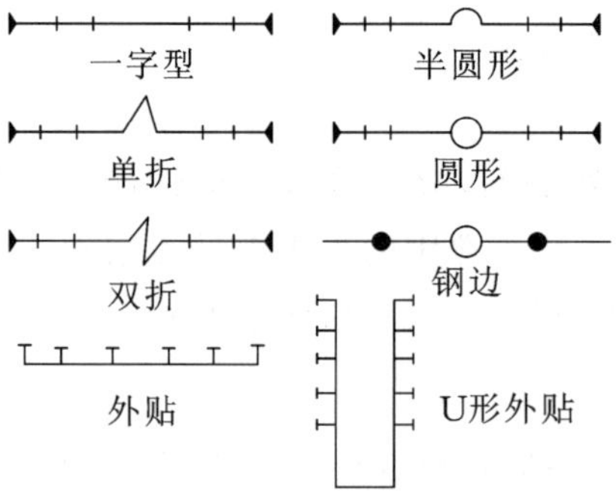

图 7-64　常见的止水带形状

三、卷材防水施工

1. 施工流程

原材检查→基层处理→刷冷底子油→粘贴卷材→蓄水试验→验收。

(1) 原材检查

例如检查原材是否为指定品牌,是否有出厂合格证及检测报告,厚度及表观质量是否能满足要求,材料复检结果是否合格,材料的生产日期等,确保原材料质量合格,并且在保质期内。

(2) 基层处理

一般采用水泥砂浆、细石混凝土或沥青砂浆作屋面的整体找平层。

① 厚度及技术要求

水泥砂浆采用1∶2.5～1∶3(水泥∶砂)体积比,水泥强度等级不低于32.5级。

水泥砂浆找平层:当结构层为现浇混凝土整体板时,厚度为15～20mm;当有整体或块状材料保温层时,厚度为20～25mm;当结构层为装配式混凝土板且保温层为松散材料时,厚度为20～30mm。

细石混凝土找平层:厚度为30～35mm,混凝土强度等级不低于C20。

沥青砂浆找平层:当结构层为现浇混凝土整体板时,厚度为15～20mm;当结构层为装配式混凝土板且保温层为整体或块状材料时,厚度为20～25mm。沥青砂浆采用1∶8(沥青∶砂)质量比。

② 找平层的排水坡度

平屋面采用结构找坡时不应小于3%,材料找坡时宜为2%;天沟、檐沟纵向找坡不应小于1%,沟底水落差不得超过200mm。

③ 找平层的分格缝

找平层宜设分格缝,并嵌填密封材料,如图7-65所示。分格缝应留设在板端缝处,其纵横缝的最大间距,水泥砂浆或细石混凝土找平层不宜大于6m,沥青砂浆不宜大于4m。

图7-65 屋面分格缝的面层处理

④ 基层清理及干燥程度检查

沥青卷材防水层的施工应在屋面其他工程完工后进行。铺设屋面隔气层和防水层前,基层必须干净、干燥,基层清理实景图如图7-66所示。

检查方法:将一块1m^{2}卷材平整干铺在找平层上,静置3～4h后掀开检查,找平层覆盖部位无水印即可铺设防水层。

图 7-66 基层清理实景图

(3) 刷冷底子油

基层处理剂(冷底子油)具有较强的渗透性和憎水性,能增强沥青胶结材料与找平层的黏结力。基层处理剂的涂刷一般在找平层干燥后进行,涂刷应薄而均匀,不得有空白、麻点或气泡,如图 7-67 所示。

图 7-67 汽油稀释的氯丁橡胶沥青胶黏剂施工

(4) 粘贴卷材(图 7-68)

① 铺贴顺序

铺贴多跨和高低跨屋面时,先远后近,先高后低。

在一个单跨铺贴时,应先铺贴排水比较集中的部位,如天沟、水落口、檐口,再铺贴附加层,由低向高,使卷材按流水方向铺贴。

② 铺贴要求

卷材施工时进行辊压和排气,采用汽油喷灯或专用火焰喷枪直接加热基层与卷材交接处,应在卷材的沥青刚刚熔化时进行滚动铺设,用力应均匀、不窝气。应随时注意卷材的平整顺直和搭接的宽度。其后跟随一人用棉纱团等从中间向两边抹压卷材,排出卷材下面的空气,并用刮刀将溢出的热熔胶刮压接边缝,另一人用压辊压实卷材,使之黏结牢固,表面平展,无皱折现象,避免铺斜、扭曲,仔细压紧、刮平,赶出气泡封严。如发现已铺贴卷材有气泡、空鼓或翘边等现象,应及时进行处理。

(a) 搭接宽度

长边和短边搭接宽度均不小于 80mm(满粘法)或 100mm(空铺、点粘、条粘法)。

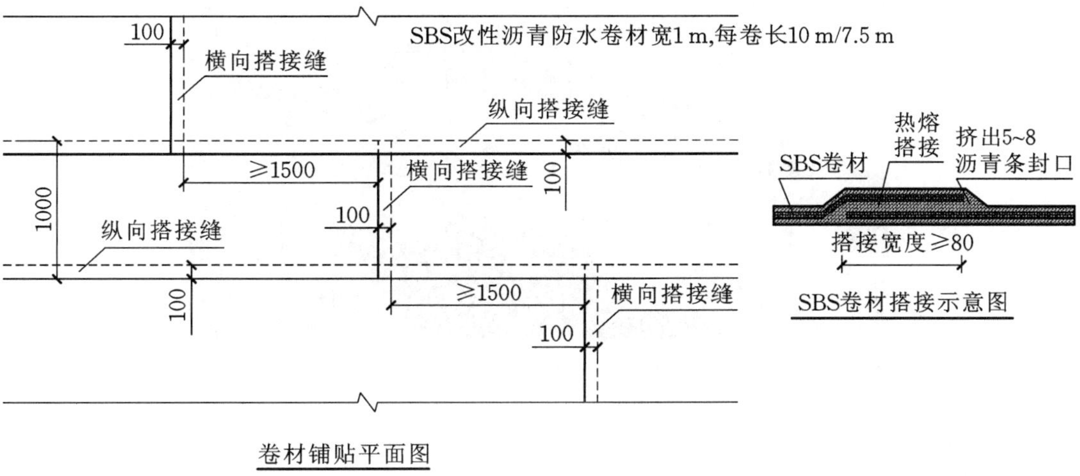

图 7-68 粘贴卷材

(b) 热溶铺贴施工

热熔铺贴卷材可采用满粘法和条粘法,满粘法采用滚铺法施工,条粘法采用展铺法施工,如图 7-69 所示。

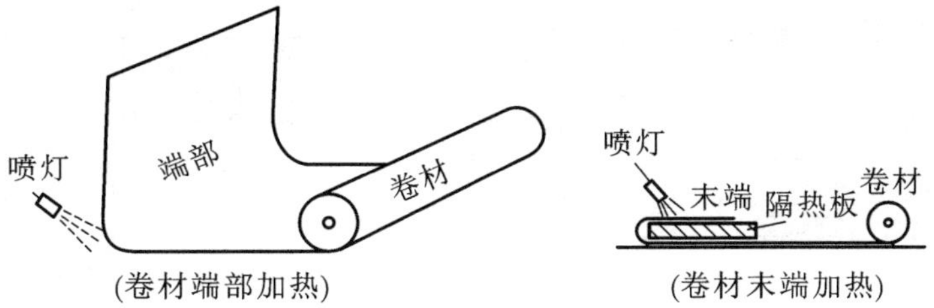

图 7-69 热熔铺贴施工

热熔法不需涂刷胶黏剂,直接用火焰烘烤后与基层粘贴,能降低造价,当气温较低或基层略有湿气时尤为合适。热溶法一般在涂刷基层处理剂 8h 后进行,火焰加热器的喷嘴距卷材面的距离约 0.5m,与基层夹角为 45°～60°。

搭接部位应采用热风焊枪加热,接缝部位必须溢出热溶的改性沥青胶,随即刮平封口、粘贴牢固。

(c) 冷粘铺贴施工

卷材铺贴时边涂刷胶黏剂边向前滚铺卷材,并及时辊压密实,如图 7-70 所示。卷材的接缝既可用胶黏剂黏合,也可用汽油喷灯加热熔接。

③ 节点处理

找平层在突出屋面结构(女儿墙、山墙、变形缝、烟囱)的交接处和转角处应做成圆弧形,当防水层为沥青防水卷材时圆弧半径为 100～150mm,为高聚物改性沥青防水卷材时 $R=50$mm,为合成高分子防水卷材时圆弧半径为 20mm。内部排水的落水口周围,找平层应做成略低的凹坑,如图 7-71 所示。

图 7-70　冷粘铺贴施工

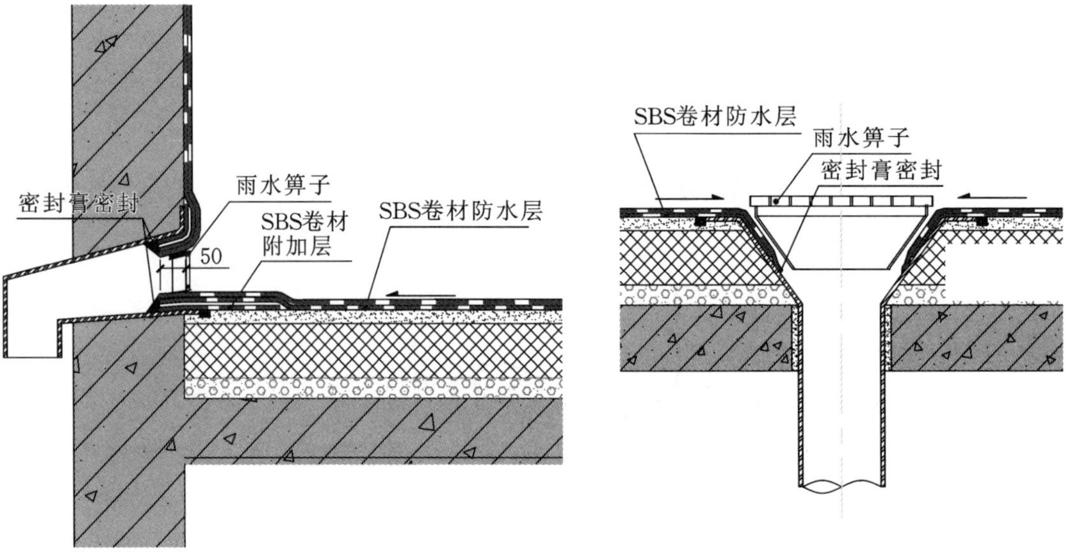

(a)　　　　　　　　(b)

图 7-71　节点铺贴处理方法

(a)横式水落口防水做法；(b)直式水落口防水做法

④ 铺贴收口

终端收口处理是卷材防水系统安全性能的集中表现。传统的收口做法是采用凹槽收口方式，如图 7-72(a)所示，但这种收口会损坏结构或为土建工程施工带来不便。对于不允许留有凹槽的平立面、平面收口部位采用如图 7-72(b)所示收口方法。在收口部位采用专用镀锌耐蚀金属压条及耐腐蚀螺钉固定、配套沥青基密封膏密封。此做法在保证防水系统的安全性能的前提下，对延长防水系统的安全使用寿命起到极大的帮助，并能保证混凝土结构不受破坏和影响。

(5) 蓄水试验

蓄水试验应将所有孔洞封堵严密，水位高度以浸没屋面最高点 20mm 为宜，蓄水试验时间不少于 24h，如图 7-73 所示。

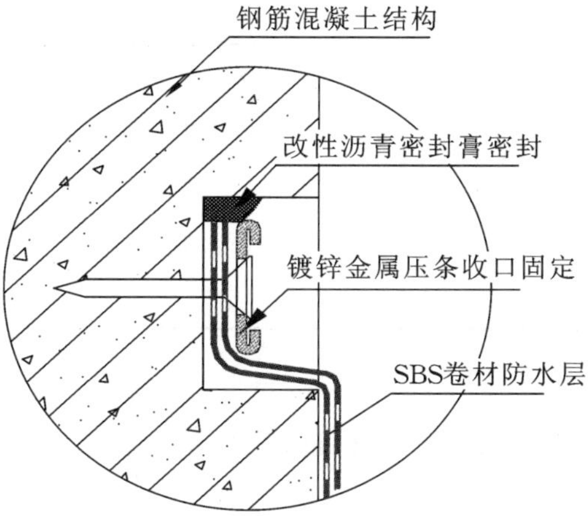

(a)

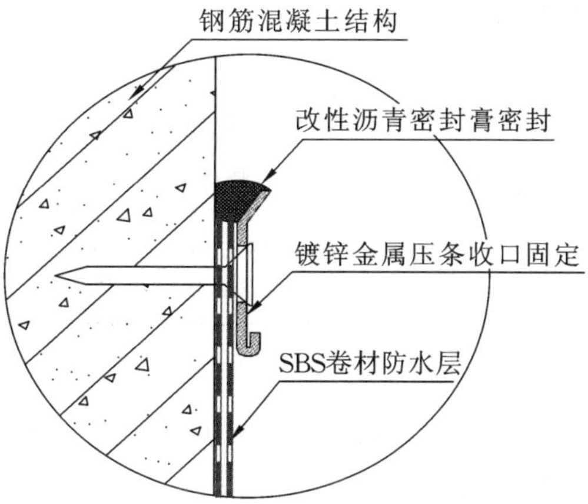

(b)

图 7-72　卷材收口做法

(a)卷材收口方式一；(b)卷材收口方式二

图 7-73　蓄水试验

(6) 验收

①找平层的厚度和技术要求

找平层的厚度和技术要求见表 7-21。

表 7-21　找平层的厚度和技术要求

类别	基层种类	厚度/mm	技术要求
水泥砂浆找平层	整体混凝土	15～20	1∶2.5～1∶3(水泥∶砂)体积比，水泥强度等级不低于32.5级
	整体或板状材料保温层	20～25	
	装配式混凝土板，松散材料保温层	20～30	

续表7-21

类别	基层种类	厚度/mm	技术要求
细石混凝土找平层	松散材料保温层	30～35	混凝土强度等级不低于C20
	整体混凝土	15～20	1∶8(沥青∶砂)质量比
	沥青砂浆找平层装配式混凝土板，整体或板状材料保温层	20～25	

② 卷材主控项目

卷材防水层所用卷材及其配套材料，必须具有检查出厂合格证、质量检验报告和现场抽样复验报告。

卷材防水层不得有渗漏或积水现象。在天沟、檐沟、檐口、水落口、泛水、变形缝和伸出屋面管道的防水构造，必须符合设计要求。

③ 卷材一般项目

卷材防水层的搭接缝应黏(焊)结牢固，密封严密，不得有皱折、翘边和鼓泡等缺陷；防水层的收头应与基层黏结并固定牢固，缝口封严，不得翘边。

卷材防水层上的撒布材料和浅色涂料保护层应铺撒或涂刷均匀，黏结牢固；水泥砂浆、块材或细石混凝土保护层与卷材防水层间应设置隔离层。

排汽屋面的排汽道应纵横贯通，不得堵塞。排汽管应安装牢固，位置正确，封闭严密。

卷材的铺贴方向应正确，卷材搭接宽度的允许偏差为－10mm。

四、涂膜防水施工

涂膜防水屋面是将高分子合成材料为主体的涂料，涂布在经嵌缝处理的屋面找平层上，这些被高分子聚合物包裹后的分子形成连续网络，而互相贯穿交联，形成具有防水效能的坚韧涂膜。

涂层干燥成膜后保持了橡胶类材料的高弹性、低温柔性、耐老化性；并具有不窜水、耐高温、耐化学腐蚀、抗冻裂、冷施工、无毒无味、无环境污染等优点。同时，这些高分子聚合物形成的胶膜，分子与分子之间的间隙，其宽度仅为几个纳米，阻止了水分子透过，从而达到了优异的防水效果。

1. 板缝嵌缝

(1) 嵌缝油膏和胶泥

嵌缝材料有两类，一类是沥青油膏、橡胶沥青油膏、塑料油膏等，一般采用冷嵌施工。

另一类是聚氯乙烯胶泥，由聚氯乙烯树脂、煤焦油为主剂，掺入增塑剂、稳定剂和填充料，在现场边加热边搅拌，在130～140℃保持5～10min塑化而成，一般采用热嵌施工。

(2) 嵌缝施工

冷嵌油膏宜用嵌缝枪或将油膏切割成条，随切随嵌，用力压实嵌密，接槎做成斜槎，如图7-74(a)所示。

热嵌胶泥应自下而上进行，温度不低于 110℃，先嵌垂直于屋脊的板缝，后嵌平行于屋脊的板缝，如图 7-73(b)所示。

在灌垂直于屋脊的板缝时，凡平行于屋脊板缝的交叉处两侧各灌 150mm，并留成斜槎。油膏的覆盖宽度应超出板缝每边不少于 20mm。

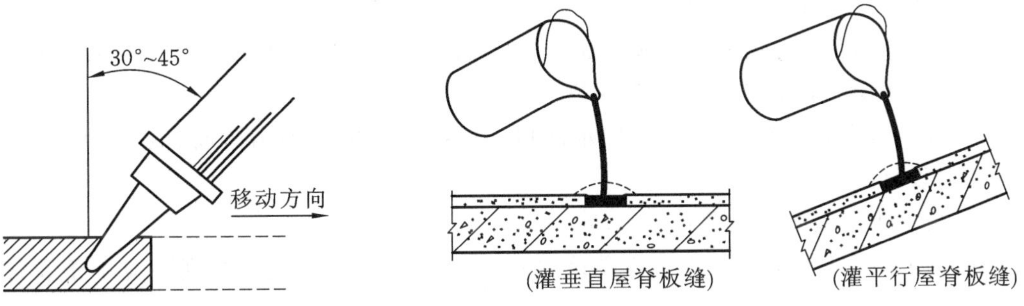

(a) (b)

图 7-74 嵌缝施工

(a)冷嵌；(b)热嵌

2. 防水涂料施工

(1) 施工流程

基层清理→细部构造处理→喷涂速凝橡胶、沥青涂料→检查验收→隔离层施工→保护层施工。

(2) 施工要求

涂料施工一般采用手工抹压、涂刷或喷涂等方法进行。涂膜应根据防水涂料的品种分遍涂布，防水层与基层黏结牢固、表面平整、涂刷均匀，无皱折、鼓泡、露胎体和翘边等缺陷，上一层涂层干燥成膜后方可涂后一遍涂料，不可一次涂成，如图 7-75 所示。

(a) (b) (c)

图 7-75 防水涂料施工

(a)手工抹压涂刷；(b)涂刷均匀；(c)表面平整

屋面坡度小于 15%时，胎体增强材料平行于屋脊铺设，屋面坡度大于 15%时应垂直于屋脊铺设，胎体长边搭接宽度不小于 50mm，短边搭接宽度不小于 70mm，上下层不得相互垂直铺设，搭接缝应错开不小于幅宽的 1/3。

在涂层结膜硬化前，不得在其上行走或堆放物品。

雨天或涂层干燥结膜前可能下雨刮风时不得施工，不宜在气温高于35℃及日均气温在5℃以下时施工。

(3) 施工验收

① 涂膜防水屋面主控项目

防水涂料和胎体增强材料必须具备出厂合格证、质量检验报告和现场抽样复验报告。

涂膜防水层不得有渗漏或积水现象。

涂膜防水层在天沟、檐沟、檐口、水落口、泛水、变形缝和伸出屋面管道的防水构造，必须符合设计要求。

② 涂膜防水屋面一般项目

涂膜防水层的平均厚度应符合设计要求，可参考表7-22，最小厚度不应小于设计厚度的80%。

表7-22 涂膜防水层的平均厚度

屋面防水等级	设防道数	高聚物改性沥青防水涂料	合成高分子防水涂料
Ⅰ级	三道或三道以上设防	—	不应小于1.5mm
Ⅱ级	二道设防	不应小于3mm	不应小于1.5mm
Ⅲ级	一道设防	不应小于3mm	不应小于2mm
Ⅳ级	一道设防	不应小于2mm	—

涂膜防水层与基层应黏结牢固、表面平整、涂刷均匀，无皱折、鼓泡、露胎体和翘边等缺陷。

涂膜防水层上的撒布材料或浅色涂料保护层应铺撒或涂刷均匀，黏结牢固；水泥砂浆、块材或细石混凝土保护层与涂膜防水层间应设置隔离层；刚性保护层的分格缝留置应符合设计要求。

五、刚性屋面防水施工

刚性防水屋面通常采用普通细石混凝土防水屋面，适用于防水等级为Ⅰ～Ⅲ级的屋面防水，不能用于设有松散材料保温层的屋面、受较大震动或冲击的屋面和坡度大于15%的屋面。

1. 一般规定

(1) 材料

混凝土：细石混凝土防水屋面的厚度不小于40mm，混凝土强度等级不低于C20，每立方米混凝土水泥用量不少于330kg，水灰比不大于0.55。

骨料：粗骨料最大粒径不大于15mm，含泥量不大于1%；细骨料含泥量不大于2%。

水泥：优先采用普通硅酸盐水泥，强度等级不低于42.5级，不得使用火山灰水泥。

配筋：细石混凝土防水屋面应配置直径为4～6mm、间距为100～200mm的双向钢筋网片，位置以居中偏上为宜。钢筋网片在分格缝处应断开，钢筋保护层厚度不小于10mm。

（2）分格缝

为避免受温度影响产生裂缝，细石混凝土防水层应设置分格缝，分格缝设在屋面板的支承端、屋面转折处、防水层与突出屋面结构的交接处，并与板缝对齐，其纵横间距不宜大于6m。分格缝采用木条留设，上口宽30mm，下口宽20mm，待混凝土初凝后取出，分格缝内嵌填油膏等密封材料，缝口上还需做覆盖保护层。

（3）隔离层

为减少结构变形和温度应力对防水层的不利影响，应在防水层与基层之间设置隔离层，让防水层能自由伸缩并提高抗伸缩变形能力。隔离层一般采用铺一层5～8mm干细砂滑动层并干铺一层卷材，或在找平层上直接铺塑料薄膜的方法设置。

（4）与立墙及突出屋面结构的连接

刚性防水层应在与女儿墙等立墙及突出屋面结构部位留设缝隙，并用柔性密封材料进行处理，防止刚性防水层因温度变形推裂女儿墙。

2. 细石混凝土防水层施工

（1）施工要求

一个分格缝内的混凝土须一次浇完，不得留施工缝。浇筑混凝土时应保证钢筋网片设置在防水层中部，混凝土应机械振捣密实，表面泛浆后抹平，收水后再次压光，如图7-76所示。

图7-76　细石混凝土防水层施工

细石混凝土防水层的施工气温宜为5～35℃，不得在负温和烈日暴晒下施工。防水层混凝土浇筑后，应及时养护，养护时间不少于14d。

（2）质量控制

① 主控项目

细石混凝土的原材料及配合比必须具有检查出厂合格证、质量检验报告、计量措施和现场抽样复验报告。

细石混凝土防水层不得有渗漏或积水现象。

细石混凝土防水层在天沟、檐沟、檐口、水落口、泛水、变形缝和伸出屋面管道的防水构造，必须符合设计要求。

② 一般项目

细石混凝土防水层应表面平整、压实抹光，不得有裂缝、起壳、起砂等缺陷。

细石混凝土防水层的厚度和钢筋位置应符合设计要求。

细石混凝土分格缝的位置和间距应符合设计要求。

细石混凝土防水层表面平整度的允许偏差为5mm。

六、结构自防水混凝土施工

1. 施工材料

水泥品种应按设计要求选用，其强度等级不应低于32.5级。粗骨料的自然级配适宜，粒径宜为5～40mm，含泥量不得大于1%。

防水混凝土的配合比要求：试配要求的抗渗强度比设计值提高0.2MPa；水泥用量不低于300kg/m³，掺有活性掺合料时不少于280kg/m³；砂率宜为35%～45%，水灰比不大于0.55；坍落度不宜大于50mm。

2. 施工要点

① 防水混凝土工程的模板应平整、拼缝严密不漏浆。一般不宜用螺栓或铁丝贯穿混凝土墙固定模板，当需用螺栓贯穿混凝土墙固定模板时，应采取止水措施，如采用工具式螺栓、螺栓中间加焊止水钢板、螺栓两端设垫木等。

② 为防止钢筋的引水作用，迎水面的钢筋保护层不得小于50mm，底板钢筋不得接触混凝土垫层，不能用铁钉或铅丝将钢筋固定在模板上，严禁用钢筋充当保护层垫块，以防止水沿钢筋渗入。

③ 防水混凝土浇筑前无泌水、离析现象，自由倾落高度不大于1.5m。

④ 防水混凝土应采用机械振捣，并保证振捣密实。

⑤ 连续浇筑混凝土每500m³应留置1组(6个)抗渗试件，且每项工程不少于2组。

⑥ 防水混凝土应自然养护，养护时间不少于14d。

3. 防水构造处理

(1) 施工缝

施工缝是防水薄弱部位，施工中应不留或少留。底板混凝土应连续浇筑，墙体不得留设垂直施工缝。墙体水平施工缝不应留在剪力与弯矩最大处或底板与墙体交接处，最低水平施工缝距底板面不少于200mm，距穿墙孔洞边缘不少于300mm，如图7-77所示。

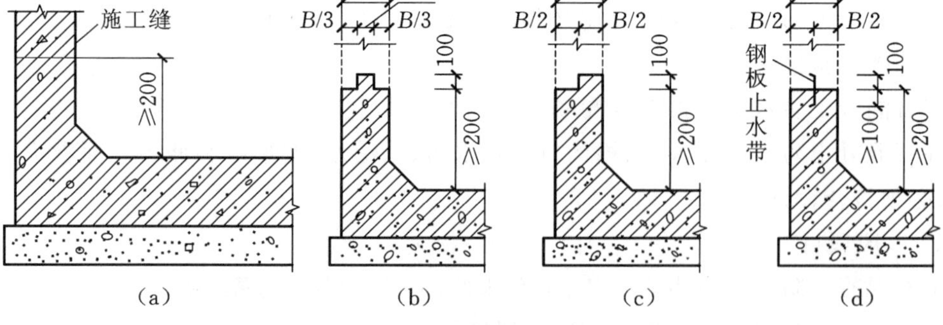

图7-77　施工缝的接缝形式

(a) 平缝；(b) 凹缝；(c) 高低缝；(d) 钢板止水缝

（2）穿墙管处理

给排水、供暖和电缆管道穿过地下室外墙，应做好防水处理，否则极易沿管根部发生渗水。为保证防水施工和管道的安装方便，管道位置应离开内墙角或凸出部位 250mm，管与管之间间距应大于 300mm。穿墙管的防水处理如图 7-78 所示。

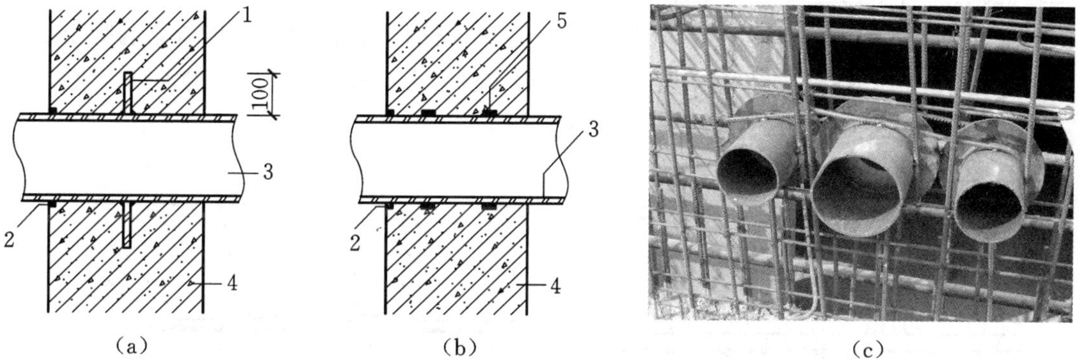

图 7-78　穿墙管的防水处理

(a)焊钢板止水环；(b)粘遇水膨胀橡胶圈；(c) 穿墙管安装实景

1—钢板止水环；2—嵌缝材料；3—管材；4—墙体；5—遇水膨胀橡胶圈

混凝土浇筑时不得撞击、振捣预埋穿墙管，墙外回填土时不得冲压、夯撞伸出墙外的穿墙管，以免防水构造受冲撞而漏水。

（3）预埋件

地下室内壁或底板上预埋铁件用吊件或专用工具固定，防止水沿铁件渗入室内。预埋铁件受力较大，为防止扰动周围混凝土、破坏防水层，预埋件端至墙外表面厚度不得小于 250mm，达不到 250mm，应局部加厚，如图 7-79 所示。

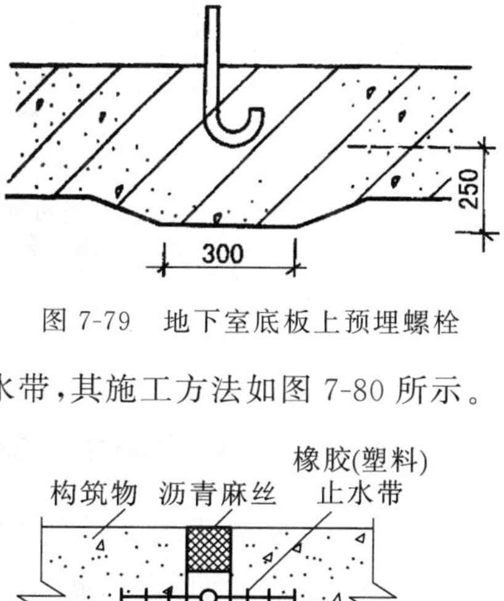

图 7-79　地下室底板上预埋螺栓

（4）变形缝止水带

目前变形缝较多采用的是埋入式橡胶（塑料）止水带，其施工方法如图 7-80 所示。

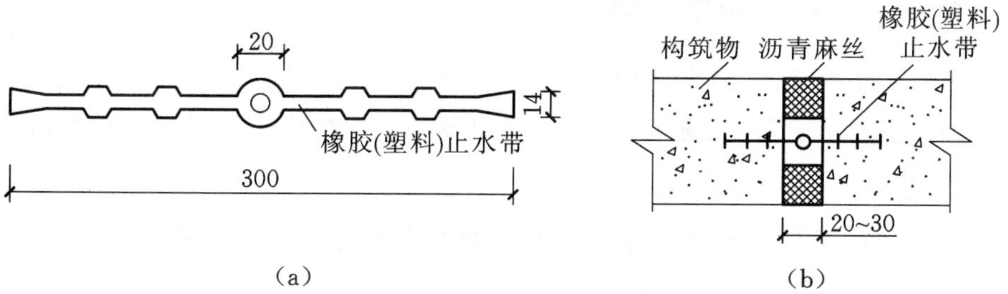

图 7-80　埋入式橡胶（塑料）止水带的施工方法

(a) 橡胶（塑料）止水带；(b)变形缝构造

(5) 后浇带

后浇带是在建筑施工中为防止现浇钢筋混凝土结构由于自身收缩不均或沉降不均，按照设计或施工规范要求，在基础底板、墙、梁相应位置留设的混凝土带。

后浇带将结构暂时划分为若干部分，经过构件内部收缩，在若干时间后再浇捣该施工缝混凝土，将结构连成整体的地带。后浇带的浇筑时间宜选择气温较低时，可用浇筑水泥或水泥中掺微量铝粉的混凝土，其强度等级应比构件强度高一级，防止新老混凝土之间出现裂缝，形成薄弱部位。设置后浇带的部位还应该考虑模板等措施不同的消耗因素。

后浇带的几种施工方法如图 7-81 所示。

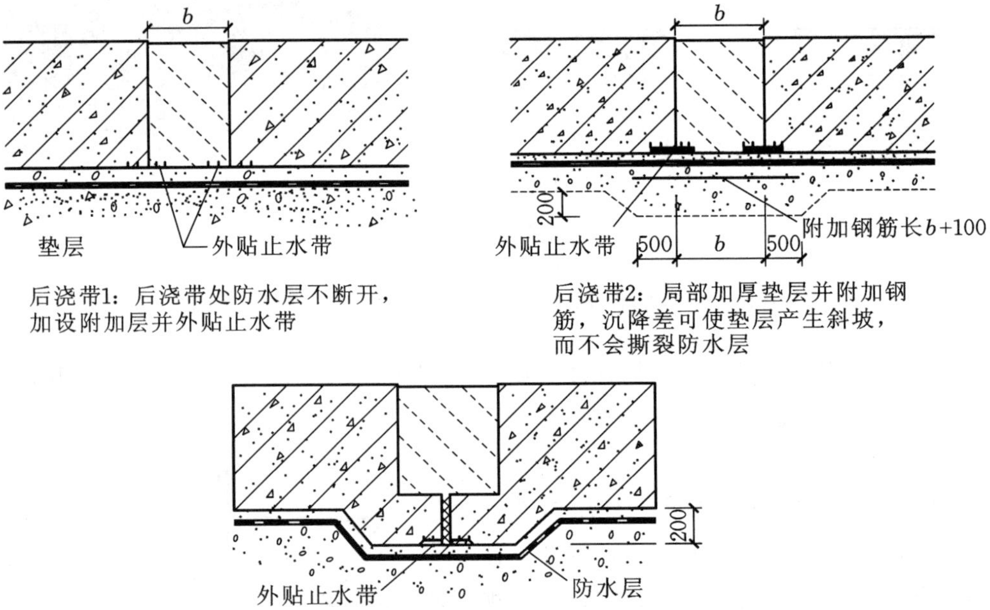

后浇带1：后浇带处防水层不断开，加设附加层并外贴止水带

后浇带2：局部加厚垫层并附加钢筋，沉降差可使垫层产生斜坡，而不会撕裂防水层

后浇带3：后浇带处可将底板局部加厚，并设止水带。由于底板加厚一般不超过250 mm，不宜设置中埋止水带，宜用外贴式止水带

图 7-81　后浇带的几种施工方法

七、防水砂浆刚性防水层施工

刚性防水层适用于地下砖石结构的防水层或防水混凝土结构的加强层，其抵抗变形的能力较差，受较强烈振动荷载或受腐蚀、高温及反复冻融作用的部位不宜采用。

1. 基层处理

刚性防水层的基层处理十分重要。基层处理包括清理、浇水、刷洗、补平，使基层表面保持潮湿、清洁、平整、坚实、粗糙。

超过 1cm 的棱角及凹凸不平处，应剔成慢坡形，并浇水清洗干净，用素灰和水泥砂浆分层找平，如图 7-82(a)所示。

混凝土表面的蜂窝孔洞，应先将松散不牢的石子除掉，并浇水清洗干净，用素灰和水泥砂浆交替抹到与基层面相平，如图 7-82(b)所示。

对于石灰砂浆或水泥混合砂浆砌的砌体，应将缝剔深 1cm，缝内呈直角，如图 7-82(c)所示。

混凝土施工缝要沿缝剔成八字形凹槽，用水冲洗后，再用素灰打底、水泥砂浆压实找平，如图 7-82(d)所示。

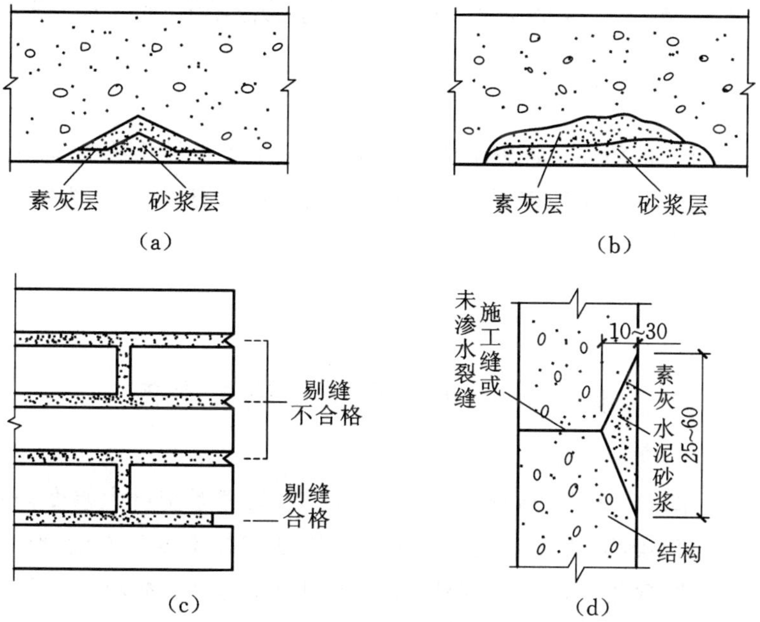

图 7-82　基层处理

(a)混凝土基层凹凸不平处理；(b)混凝土基层蜂窝孔洞处理；(c)砖砌体的剔缝处理；(d)混凝土结构施工缝处理

2. 水泥砂浆防水层施工

水泥砂浆防水层是用纯水泥浆和水泥砂浆分层交叉涂抹而成，防水层涂抹的遍数由设计确定，较常采用的是 5 遍做法。

第一层素灰层，厚 2mm，先抹一道 1mm 厚水泥浆，用铁抹子往返刮抹，水泥浆填充基层表面孔隙，随即再抹一道 1mm 厚水泥浆找平层，抹完后用湿毛刷在水泥浆表面按序涂刷一遍。

第二层水泥砂浆层，厚度 6～8mm，在水泥浆层初凝后进行，使水泥砂浆薄薄地嵌入水泥浆层厚度的 1/4 处最为理想。以上各层交替进行。

防水层的施工缝需留斜坡阶梯形槎，槎的搭接依照层次操作顺序层层搭接。留槎的位置一般留在地面上，留槎均需离阴阳角 20cm。

阴阳角的防水层需抹成圆角，阴角直径 5cm，阳角直径 1cm。

第八章　环境工程构筑物施工实例

污水处理厂施工是环境工程施工内容的主体，其中大量的生物处理构筑物是建筑工程施工的重点。本章以污水处理厂的水工构筑物和污泥处理构筑物为案例，讲解主要的施工节点。

第一节　水工构筑物施工案例

目前，我国污水以二级生物处理为主。二级污水处理系统可大幅度去除污水中胶体和溶解状态的有机污染物，去除率很高。污水二级处理技术主要有活性污泥法、吸附-生物降解法、氧化沟法、序批式活性污泥法、生物膜法等，其中沉淀池和生化池是中水工构筑物施工的重点。不论是哪种工艺，其构筑物都是由底板和墙体构成。虽然形状不一，但采用的施工技术大体相同。本节以案例形式讲解沉淀池和厌氧-缺氧-好氧（Anaerobic-Anoxic-Oxic，AAO）生物反应池的施工技术。

一、工程概况及整体部署

1. 工程简介

主要水工构筑物为 2 座初沉池（ϕ32m）、1 座生物反应池（90m×94.65m）、4 座二沉池（ϕ42m）。

初沉池与二沉池池体均为圆柱体，施工方法基本相同。生物反应池为长方体池体，是整个水厂最大水工构筑物，由 4 道伸缩缝将池体分为 9 个区。

2. 模板体系

模板采用 12mm 厚木胶板，穿墙螺栓对拉，50mm×100mm 方木及钢管加固的施工方案，隔墙内穿 ϕ20mm PVC 管，对拉螺栓可重复使用。

3. 混凝土工程

采用搅拌站集中搅拌、自动计量，混凝土输送泵及泵车泵送浇筑的施工方案。为了提高池体混凝土的抗渗性能，减少薄壁池体裂缝产生的可能性，混凝土拌制过程中，在混凝土中掺入外加剂以提高混凝土的自防水性能及增大混凝土的早期收缩，外加剂的掺量应在施工前由试验室通过试验确定。

4. 钢筋工程

由于工程钢筋加工量大，在施工安排方面，集中设备和人员的优势，成立专门的钢筋加工队，按照设计图纸及加工计划，在车间统一加工成型，然后运至现场集中绑扎。

二、水工构筑物施工

1. 沉淀池施工

(1) 施工方案

沉淀池是主体工程，池体池壁超长、池壁较薄，且具有钢筋安装量大、模板需用量大、混凝土一次浇筑量大的特点。在施工安排中，应根据其特点和难点，制定切合实际的施工工艺和施工方法，有重点、有步骤、有秩序地完成本工程的施工任务。工程施工中，拟采用施工方案如下：

① 项目工程初沉池 2 座，均为独立的单元体，东西对称布置，先施工东侧后施工西侧。在施工安排中，由同一个施工队进行流水作业。

② 基坑土方开挖采用以机械开挖为主，人工辅助清底的施工方案，同时采用明沟及集水坑排水。

③ 模板采用竹胶板，穿墙螺栓对拉，方木及弧形钢筋加固的施工方案，提高结构混凝土的质量水平。为了保证工期，加快施工进度，钢筋的调弧在基础施工期间同步进行。

④ 在沉淀池基坑开挖施工期间，按照设计图纸及加工计划，在钢筋棚统一加工成型，然后运至现场集中安装。

(2) 施工流程

施工流程如图 8-1 所示。

(3) 主要施工方法和措施

① 测量放线

对设计交桩进行闭合复测工作，水准导线测量高程闭合差允许偏差为$\pm 12\sqrt{N}$(mm)，导线方位角闭合差允许偏差为$\pm 40\sqrt{N}$($''$)。N 为测点数量。

测量的原始资料和整理后的计算结果，报送现场监理工程师，复核无误后进行沉淀池测量导线的布设。

在整个施工过程中，做好设计交桩的保护工作，保存好经设计、业主、监理和施工单位会签的交桩记录文件，以便对施工质量进行检查。

测量导线控制桩的布设原则是既要便于对沉淀池各工序的定位测量和计量测量，又不容易被施工破坏，尽量避免以后的测量工作与工程施工的相互干扰。

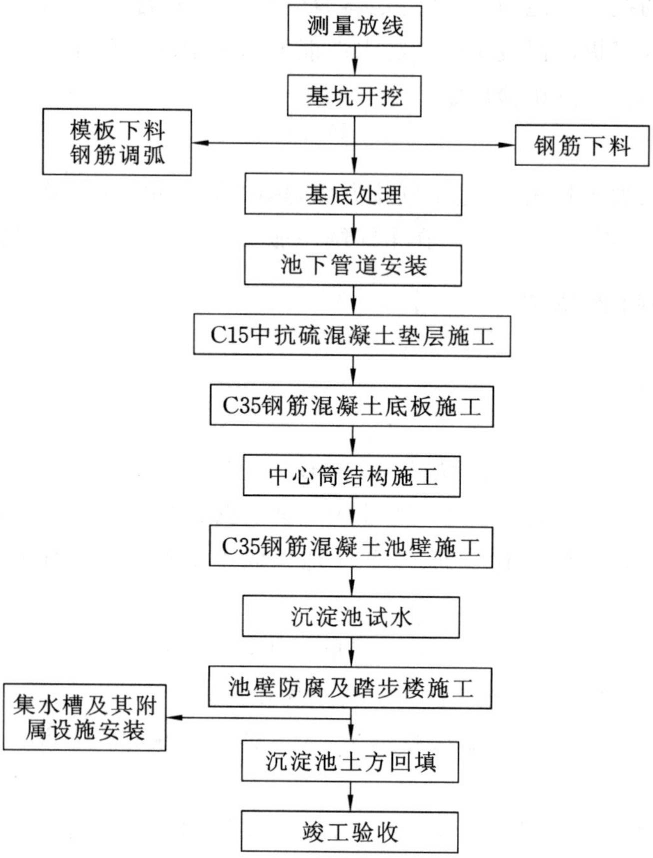

图 8-1　施工流程图

本工程中，沿沉淀池四周距离池壁外 3～5m 的地方布设导线测量控制网。水准测量控制网和坐标导线控制网闭合差要符合测量规范要求，测量原始资料和内业整理资料(图表和数据)报送现场监理，并配合现场监理进行复测。

② 基坑开挖和基底处理

A. 采用机械开挖基坑。开挖机械采用两台轮式挖掘机平行施工，每台挖掘机配五台载重量为 10t 的自卸汽车进行土方外运。二沉池场地标高为 1537.50m，垫层底标高为 1533.45～1536.00m，开槽深度为 4.05～1.5m。

B. 基坑开挖开口尺寸应根据开挖深度、土质情况、开挖方式等具体确定。工程土方开挖施工参数如下：

(a) 开挖坡度：基坑开挖坡度与初沉池池底坡度一致。

(b) 坡道：基坑设置坡道 1 道，坡道宽度为 8m，坡度为 1∶(1.5～2)，坡道垫 30cm 厚石料，保证车辆运行。

C. 工程基坑面积较大，必须采取有效的排水措施，才能确保干槽施工，确保工程主体施工顺利进行。另外，由于施工周期较长，基坑暴露时间长，须排水以保证基坑边坡的稳定性。施工排水采用明沟排水法，即在工作面外侧设排水沟和集水井，再用潜水泵将集水排出施工场地。排水沟沿基坑基底四周布设，排水沟断面尺寸为300mm×300mm，基坑脚部设直径 $\phi=800$mm 的集水井，相邻排水沟向集水井集水，排水沟排水坡度为0.25%。

D. 为防止超挖和边坡坡度正确，机械开挖接近设计坑底标高或边坡边界，应对基底及时进行抄平并预留15～30cm 厚的土层，人工开挖和修坡。

E. 基坑挖好后，立即对坑底进行修整。为防止坑底扰动，基坑挖好后应尽量减少暴露时间，及时进行下道工序的施工。

③ 池下管道安装

沉淀池底板垫层下中央进水井至池壁外侧有进水管、排泥放空管各一根。在基坑处理后，开始人工开挖管沟，进行管道基础及管道铺设的施工。在管道混凝土包封达到回填要求后，进行管沟的回填。包封两侧开挖造成地基土扰动或放空部分需采用砂垫层回填，砂的干重度不小于16kN/m^3。

④ C15 中抗硫混凝土垫层施工

A. 浇筑垫层前，首先应按照规范要求进行基坑验槽，经现场监理验槽合格，立即浇筑垫层。垫层设计厚度为100mm。

B. 垫层分两组平行浇筑，混凝土由搅拌站供应，混凝土泵车泵送至浇筑部位。混凝土的振捣采用平板振动器，要求随浇随用平板振动器捣实压平。最后，用木抹子和铝合金刮板将混凝土表面收平。中央进水筒处倒锥部分采用人工堆坡，并提前打设控制桩，对垫层的坡度、厚度进行控制。

C. 混凝土浇筑过程中，加强混凝土表面的高程控制，保证混凝土表面的平整度，混凝土表面高程误差不得大于2cm。浇筑过程连续进行，不得由于后续混凝土供应不及时而产生冷缝，如产生施工缝，必须按照施工缝要求进行处理。

D. 取样检测：每100m^3 混凝土制作一组抗压试件，每组三块，标准养护至28d龄期后进行抗压试验。

E. 混凝土垫层浇筑完毕12h后在表面洒水养护。待其强度达到设计强度后，才能进行底板的立模、扎筋工作。

⑤ C35 钢筋混凝土底板施工

A. 底板钢筋的制作与绑扎

a. 钢筋原材料质量控制

(a) 每批钢筋进场，必须提供出厂合格证和质量保证书。无牌号或表面锈蚀严重或不符合设计要求的钢筋一律不准使用。

(b) 每批钢筋须按照规范要求抽样进行冷拉、冷弯试验。进行对焊焊接的接头也须进行抽样试验，每100个同类型接头作为一批，每批接头取6个试件，拉力和冷弯试验各3个。

b. 钢筋加工及绑扎

(a) 钢筋半成品由钢筋加工项目队统一加工成型，分类堆放。

(b) 钢筋加工尺寸严格按照设计图纸尺寸进行并符合施工规范要求，同时考虑绑扎搭接需要量及尽量减少钢筋废料量。直径较小钢筋人工加工成型，直径较大钢筋采用钢筋切断机和钢筋弯曲机下料、加工成型。Ⅰ级钢筋绑扎接头的末端应做弯钩，Ⅱ级钢筋不做弯钩。

(c) 钢筋采用搭接焊接时，其搭接长度要符合规范要求，单面焊接搭接长度为 $10d$，双面焊接搭接长度为 $5d$（d 为焊接钢筋的直径），并要求在搭接焊接前将焊接段弯成必须的角度，确保焊接后两段钢筋的中心线在同一直线上。

(d) 绑扎接头的钢筋，在安装时要确保绑扎搭接长度。绑扎时要尽量错开接头位置，在同一截面内，处于受压区中心的接头不超过 50%，处在受拉区的接头不超过 25%。

(e) 钢筋保护层厚度按设计图纸要求，采用预制水泥砂浆垫块控制，垫块的布置呈梅花形，其相互间距小于 1m，要保证混凝土浇筑时整个钢筋网片不变形、不下沉、不露筋。

(f) 底板上层钢筋网片设几字形马凳筋（图 8-2）支撑，呈梅花形布置，支撑间距 1m。中央进水筒处底板厚度较大的部位加设立筋，并与上下层钢筋焊接成钢筋网架，确保此处倒锥、进水筒钢筋网架的尺寸不变形，支撑间距 0.6m。在底板混凝土浇筑前，要用水准仪以设计绝对标高测量控制上层钢筋网片的保护层厚度，拉通线观测每个局部的钢筋，确保混凝土浇筑后不露筋。

(g) 认真研究设计图纸，提前加工预埋件、预埋穿墙管、预留孔洞模板。按照设计要求埋设预埋件、预留孔、预埋管、池壁插筋等。

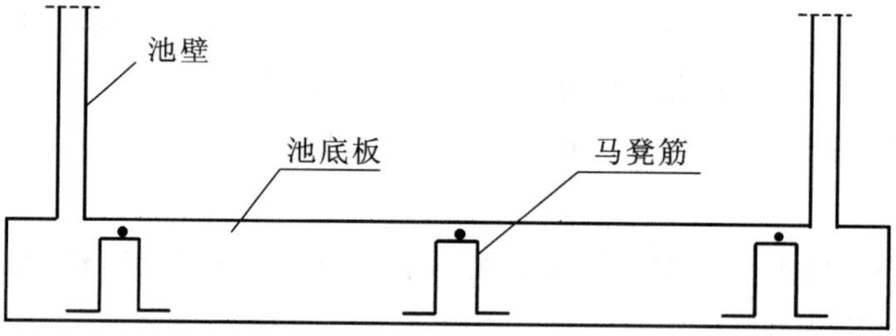

图 8-2　马凳筋布置图

B. 底板模板支设

a. 模板选材

除中心筒体部分须用钢模板外，其余均采用竹胶板，所采用的钢模板保持平直、表面平整清洁，具有足够的强度和刚度。钢模及连接部件，必须确保其外形尺寸及相互固定的孔眼位置的正确性。木模板用清水木板（刨光），接缝严密，表面平整，厚度为 1.2cm。

b. 底板模板拼装和支设

(a) 安装模板应拼装严密，保证在浇筑混凝土时不发生跑模和漏浆现象，并保持沉淀池底板结构部位的几何尺寸正确，不得任意放宽和缩小设计尺寸。模板安装前与混凝土直接接触的表面涂隔离剂，隔离剂要求涂刷均匀。

(b) 沉淀池作为污水处理构筑物，对池体的抗渗性能要求较高。为满足水池底板的抗渗性能，底板以上 30cm 施工缝之下部位侧模支撑系统采用吊模施工。池周底板与池壁施工缝处吊模支撑系统如图 8-3 所示。从图 8-3 可知，在池外壁旁由人工将钢管夯入土体，斜撑下垫大块长垫木并夯实，分散荷载。支撑系统内部连接采用三角形连接，保证了支撑系统的整体稳定性。

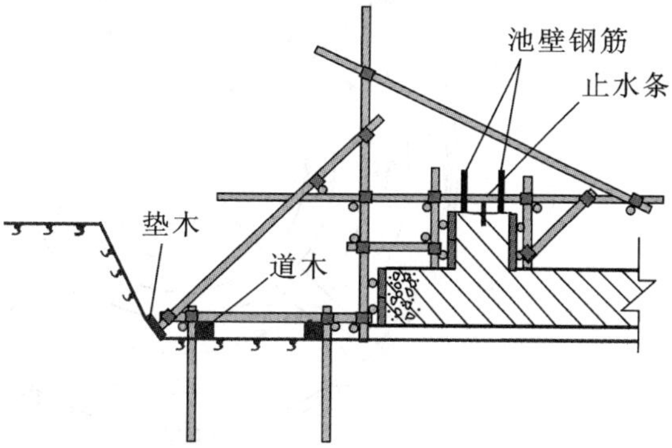

图 8-3　底板与池壁施工缝处吊模支撑系统图

(c) 沉淀池中央进水井处倒锥及进水筒壁采用木模支撑加固。木模加固带采用 5cm 厚木板制作，支撑加固采用 50mm×100mm 方木。为防止木模在混凝土浇注过程中浮起、移位，用 8[#] 铅丝将木模与底板钢筋绑扎联结牢固。中央进水井处倒锥及筒体木模支撑系统如图 8-4 所示。

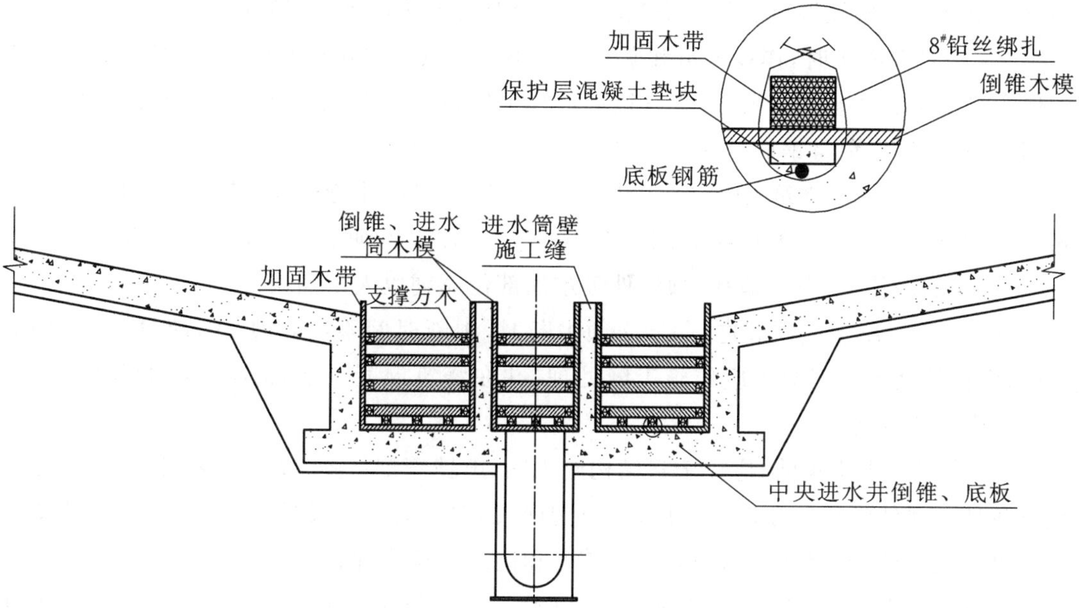

图 8-4　中央进水井处倒锥及筒体木模支撑系统示意图

C. 底板混凝土浇筑

(a) 单座沉淀池池体底板厚度 350mm，采用 C35S8 抗渗混凝土浇筑，为防止混凝土结构在施工过程中因温度应力产生开裂，设计在底板上设环向及径向加强带，宽度 2.0m。加强带及混凝土浇筑顺序如图 8-5 所示。

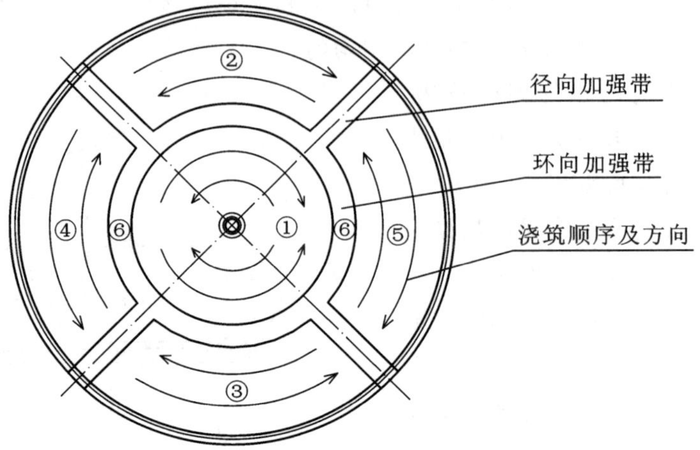

图 8-5 沉淀池底板加强带布置、浇筑分区顺序示意图

(b) 根据加强带的设置可将底板混凝土分为 6 个区，浇筑顺序为①—②—③—④—⑤—⑥，钢筋的绑扎和模板的支设也按此顺序进行，这样与整体浇筑相比可缩短施工周期，减少模板一次性投入使用量。①区由中央进水井开始向两侧进行，按照图 8-5 所示方向进行交圈浇筑，②③区和④⑤区分别对称分布，分为两次浇筑施工，最后再进行加强带的混凝土浇筑。底板混凝土每次浇筑均由两台混凝土输送泵车同时进行。

(c) 浇筑混凝土时，作业人员和泵管荷载不得直接作用在钢筋网片上，必须搭设较矮的作业脚手架。如确实需要时，先在钢筋网片上铺设木板分散荷载。混凝土拌合物不得局部堆积过多，以免将钢筋网片压下去。

(d) 混凝土分层浇筑，在浇筑一层后，立即用振动棒振捣密实，以其表面呈现浮浆，不再沉陷为宜。每一振点的振捣时间一般不大于 30s，且必须插入下层 5cm。振动棒作业要点是"快插慢拔"。对预留孔、预埋件等难插部位应辅以人工插捣。

(e) 浇筑混凝土应连续进行，如必须中断时，中断时间不应超过 2h，超过 2h 后再浇筑时，则前期浇筑的混凝土应作施工缝处理，并在浇筑混凝土前，清除杂物和积水，严禁在积水中浇筑混凝土。

(f) 在混凝土浇筑前，应按土建结构施工图、电器管配件图、设备安装图、工艺管道图检查各种预埋件的数量和埋设部位，严防错埋、漏埋。对所埋设的各种构件，除设计图说明可以先浇后埋(预留孔)外，均应在浇筑前和浇筑过程中埋置。

(g) 在浇筑过程中制作好抗压、抗渗试块。每浇筑 $100m^3$ 混凝土，制作一组抗压试块，每组 3 块，不足 $100m^3$ 混凝土也要制作一组抗压试块。底板、池壁各做两组抗渗试块，每组 6 块。抗压和抗渗试块标准养护至要求龄期进行抗压和抗渗试验，根据试验数据并按照规范要求对结构抗压强度和抗渗等级进行评定，形成试验报告。试验资料作为检验混凝土浇筑质量的重要依据。根据承压构件拆模需要或冬期施工需要可增加混凝土抗压试块组数，混凝土试块与浇筑的结构部位进行同条件养护，到期后进行抗压试验，用试验结果指导施工。

(h) 混凝土浇筑完毕 12h 内，即覆盖和浇水养护，养护时间不少于 14d。

(i) 底板混凝土侧模拆模时间按照规范要求执行，不少于 48h。

⑥ C30 钢筋混凝土池壁

A. 池壁钢筋

池壁钢筋制作绑扎的一般要求与底板钢筋相同，但施工中应注意：

(a) 钢筋绑扎前，按照设计图中的横向筋及预埋件的位置、规格、尺寸在外模上划线标注，按标注线进行绑扎。

(b) 预埋管(件)时，先安装大口径的管件，绑筋后再安装小口径管件和预埋件。

(c) 池壁横筋钢筋绑扎前，清理干净底板与池壁的接缝。

(d) 为保证池壁筋的保护层和间距达到设计标准要求，采用排架筋与工具式垫筋的方法固定钢筋。首先，将底部及上部的横向钢筋临时固定在外模上；然后按图纸要求调整竖向筋间距，将竖向筋焊接在临时固定的横向筋上；竖向筋的间距调整均匀，按横向筋的间距标注尺寸，布置绑扎横向钢筋；绑扎工具式垫筋和排架筋，调整保护层厚度；全面检查钢筋位置、搭接接头、保护层厚度等；检查合格后，支立内模并加固。钢筋绑扎时，绑扎点处，采用正、反扣的绑扎形式，绑扎丝的露头伸向模板内，绑扎丝选用 22# 铅丝。

B. 池壁模板拼装和支设

(a) 池壁模板采用竹胶板，模板与钢管用对拉螺栓拉牢，可以克服混凝土“跑模”的通病。

(b) 安装模板应拼装严密，保证在浇筑混凝土时不发生跑模和漏浆现象，为保证沉淀池底板结构部位的几何尺寸正确，不得任意放宽和缩小设计尺寸。模板安装前与混凝土直接接触的表面应涂隔离剂，隔离剂要求涂刷均匀。

(c) 模板支撑采用排架和斜撑固定。池壁支撑系统如图 8-6 所示。模板加固内钢楞采用钢筋弯制弧形加固模板，竖向模板肋采用 50mm×100mm 木方加固。模板、钢筋、钢管相互关系示意图如图 8-7 所示。

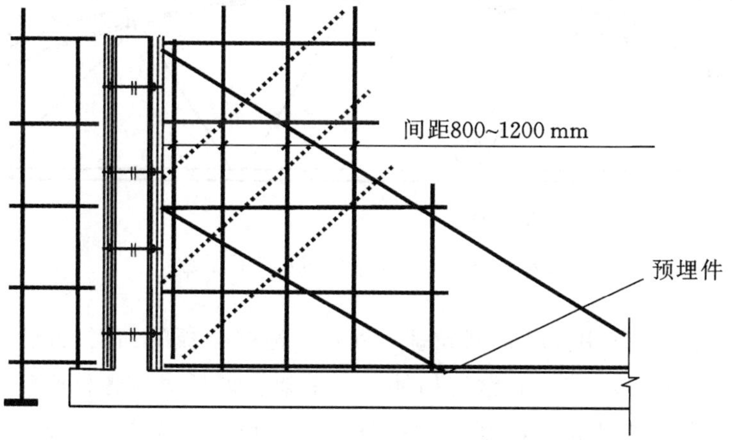

图 8-6　池壁支撑系统示意图

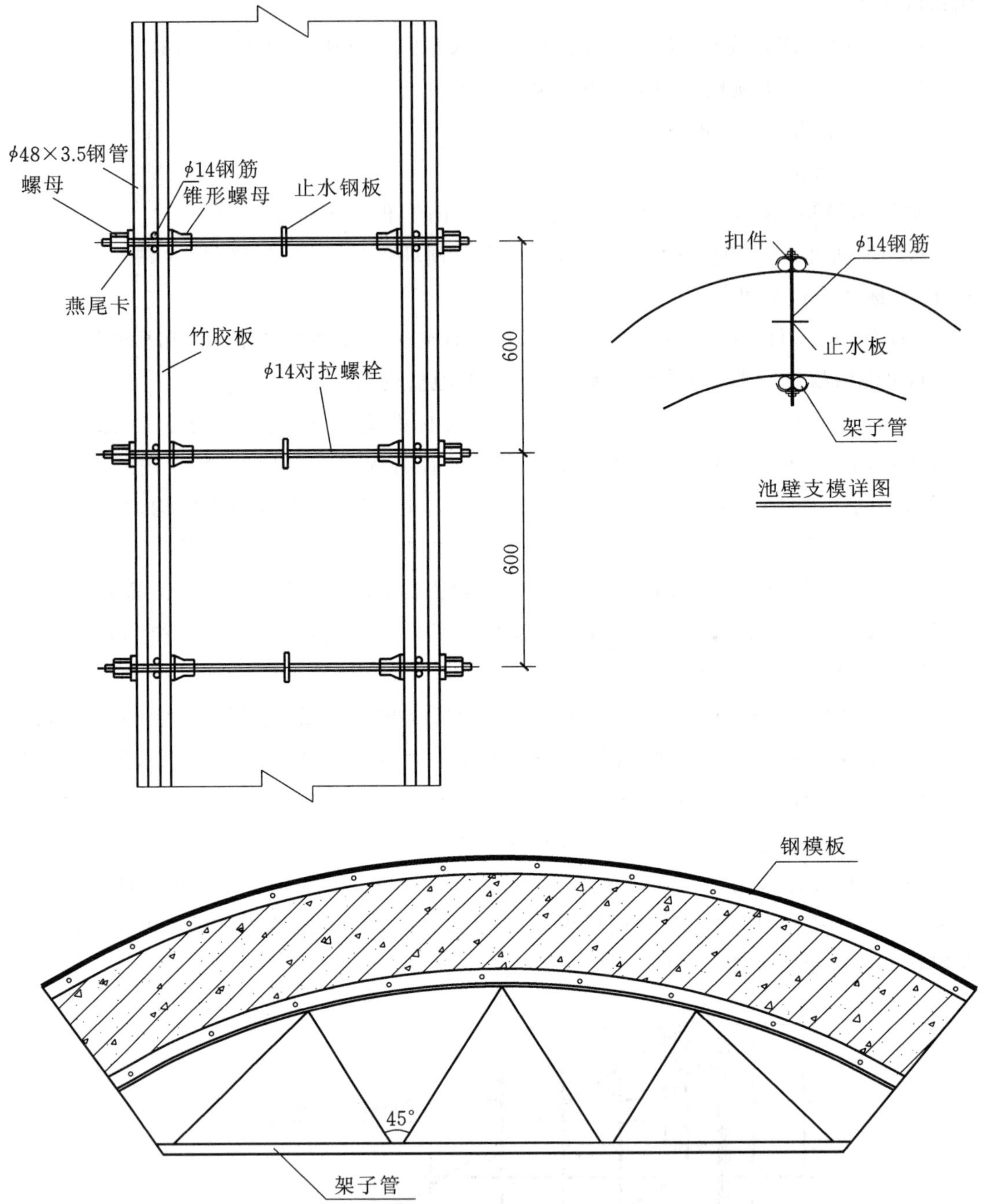

图 8-7　模板、钢筋钢管相互关系示意图

(d) 池壁模板间,采用 $\phi14$ 的对拉螺栓固定。池壁模板的加固,背肋采用 $\phi14$ 钢筋,模型支撑采用 $\phi48mm\times3.5mm$ 钢管扣件式脚手架。模板对拉螺栓必须保持拆装灵活,严禁将螺栓与钢筋连接来加固模板。对拉螺栓中部设 1 道钢制止水环。对拉螺栓连接示意图如图 8-8 所示。

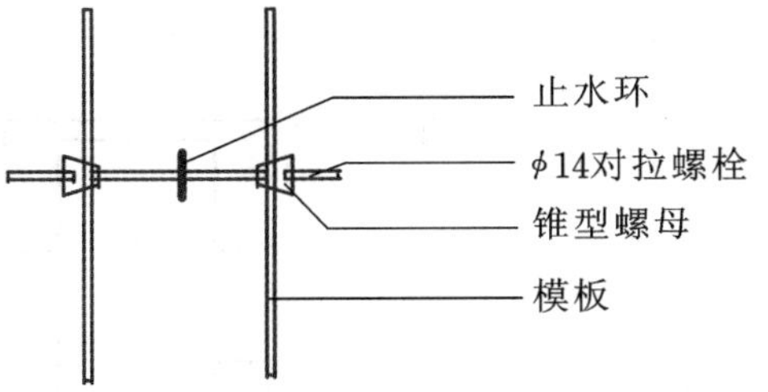

图 8-8　对拉螺栓连接示意图

C. 混凝土浇筑方案、方法及措施

(a) 沉淀池中心筒部分一次浇筑成型，外池壁采用两台混凝土输送泵车对称进行C35S8混凝土的浇筑，图 8-9 所示为沉淀池底板、外墙水平施工流水段的划分情况。

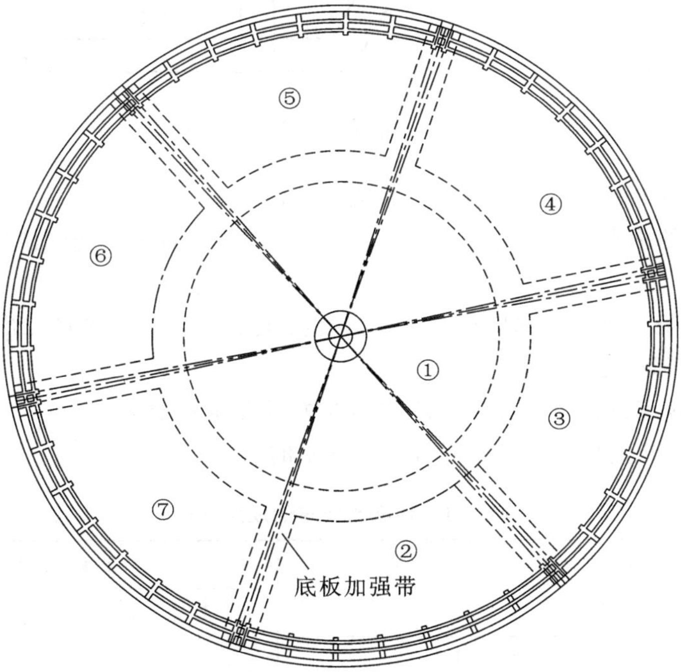

图 8-9　沉淀池底板、外墙水平施工流水段的划分情况

(b) 池壁及顶部挑檐混凝土在模板支设完成后一次浇筑到顶，悬臂梁处预留钢筋，在池壁拆模后二次施工。施工顺序如图 8-10 所示。

(c) 施工缝应事先清除干净，保持湿润，但不得积水。浇筑前施工缝先铺 15～20mm 厚的与混凝土配合比相同的水泥砂浆，且与混凝土浇筑的相隔时间不应过长。

(d) 池壁混凝土应分层连续浇筑完成，每层混凝土的浇筑厚度不应超过 40cm，沿池壁高度均匀摊铺；每层水平高差不超过 40cm。

(e) 为了保证混凝土的振捣质量，每层混凝土在灌注完成后即进行振捣，也可边浇筑边振捣，在混凝土表面出现气泡时可停止振捣，进行上层混凝土的灌注。在钢筋较密及预留孔洞处可适当延长振捣的时间，以保证混凝土的密实。

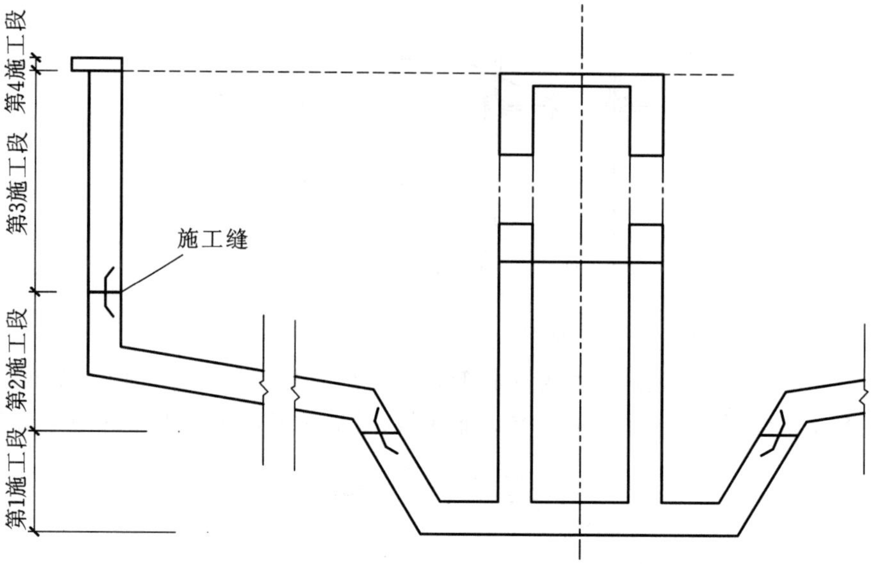

图 8-10　混凝土浇筑施工顺序

(f) 每层混凝土的施工间歇时间不宜大于 1h。

(g) 混凝土的垂直落下高度不大于 2m。应将混凝土直接运送到浇筑部位，避免混凝土横向流动。

(h) 池壁混凝土浇到顶部应停留 1h，待混凝土下沉收缩后再作二次振捣，以消除因沉降而产生的顶部裂缝。

(i) 混凝土施工过程中要经常清除黏附在模板表面的砂浆。

(j) 混凝土浇筑的成型偏差不得超过表 8-1 的规定。

表 8-1　混凝土浇筑的成型偏差　　单位：mm

序号	项目	混凝土结构部位	
		外露表面	隐蔽内面
1	相邻两面板高差	3	5
2	局部不平偏差(用 2m 直尺检查)	5	10
3	结构物边线与设计边线偏差	10	15
4	结构物水平截面内部尺寸偏差	±20	
5	承重模板标高偏差	±5	
6	预留孔、洞尺寸偏差	10	

(k) 混凝土采用洒水进行养护，养护用水采用降水井内水。养护在混凝土浇筑完毕后 12～18h 内开始进行，养护期时间按照 14d 执行。在干燥、高温条件下，须提前进行养护，且延长养护时间，至少 28d 以上。为避免混凝土表面水分迅速蒸发，确保混凝土一直保持在湿润状态下发育生长，在混凝土表面覆盖草袋，在草袋上洒水养护。

D. 沉淀池成型质量复测

(a) 混凝土工程全部浇筑完毕后,对沉淀池成型后的位置和尺寸进行复测,并将复测结果报送监理人,作为完工验收的资料。

(b) 混凝土工程全部完工后,向发包人申请完工验收,向监理人提供完整的完工资料。

⑦ 施工缝及伸缩变形缝的施工

A. 构筑物施工缝处理

由于混凝土施工工艺所限,施工过程中预留工作缝是不可避免的,但施工缝若处理不妥当,对构筑物的外观以及构筑物日后的正常运行有着重大的影响。

为保证沉淀池墙体施工完毕不渗漏、外形美观,墙体施工缝设置在水平方向上。所有外墙水平工作缝均在基础混凝土施工时埋置橡胶止水条。

底板以变形缝为施工缝,不另外设施工缝。池壁第一道施工缝为底板上 300mm 处,第二道施工缝为走道板下 300mm 处。侧墙混凝土浇筑前,先用空压机将模板内杂物吹扫干净,非冬施期间将工作缝与欲浇混凝土接触面用清水润湿,然后铺 10mm 厚与欲浇混凝土成分相同的水泥砂浆。

B. 混凝土凿毛

当混凝土在浇筑新的混凝土之前,在已浇好的混凝土表面,应去除所有浮浆和露面的大骨料。浇筑完毕,混凝土已凝固但未硬化时,使用压力水喷射混凝土表面或用钢丝刷除去外层砂浆表皮及暴露在表面的大骨料而不扰动混凝土。

如果混凝土已硬化,其表面浮浆不能清除时,所有形式施工缝的混凝土表面用高压水龙头冲洗处理,用滚针栓或除锈锤去除表面浮浆。在重新开始浇筑混凝土之前,应除掉所有残留在混凝土表面的松散料石,露出新的密实的混凝土接茬,再用空压机吹净凿下的混凝土渣,表面稍加湿润。在浇筑方法、施工缝的位置和形式、层次和浇筑程序未经项目监理批准之前,不得浇筑混凝土。

C. 变形缝

本工程构筑物设置有变形缝,变形缝由氯丁橡胶止水带、双组分聚硫密封膏密封。变形缝施工严格执行有关管理制度和工法,即止水带库存与领料制度、止水带安装检查与现场保护制度和止水带现场接头管理规定,标明使用部位、安装人、检查人。

具体施工方法:变形缝两侧混凝土分成两次浇筑,严禁连同变形缝将相邻两单元仓一次浇筑完成。一侧单元仓混凝土浇筑完成后,经质检员检查预埋止水带无损伤,方可进行下一仓浇筑。

氯丁橡胶止水带制作、安装:

(a) 氯丁橡胶止水带形状、尺寸及规格应符合设计要求,进厂后须抽检进行材质物理性能复试,合格后方可使用,储存期间应防止污染和暴晒。

(b) 施工时专业技术人员按构筑物结构的不同部位,与厂家技术人员联络,定做定型止水带。

(c) 施工现场进行定型模具热接连接,由厂家专业人员操作,接缝应平整牢固,不得有裂口、脱胶现象。

(d) 橡胶止水带安装应牢固,位置准确,其中心线与变形缝中心线对正,不得在止水带上穿孔或用铁丝固定就位。橡胶止水带在混凝土浇筑前先应保持平展,接头黏结紧固。施工过程中,止水带必须可靠固定,以避免在混凝土浇筑时发生位移,保证止水带在混凝土中的位置正确。施工过程中要防止机械、钢筋损伤止水带。止水带一旦被刺破或撕裂,裂口非常容易扩大,因此在止水带定位和混凝土浇捣过程中,应注意定位方法和浇捣压力,以免止水带被刺破或拉裂,影响止水效果。

(e) 安装完毕经工程师验收合格后方可隐蔽,浇筑混凝土时派专人监控。

橡胶止水带的接头主要有斜角形、十字形、平行丁字形、丁字形、直角形等几类(图 8-11)。

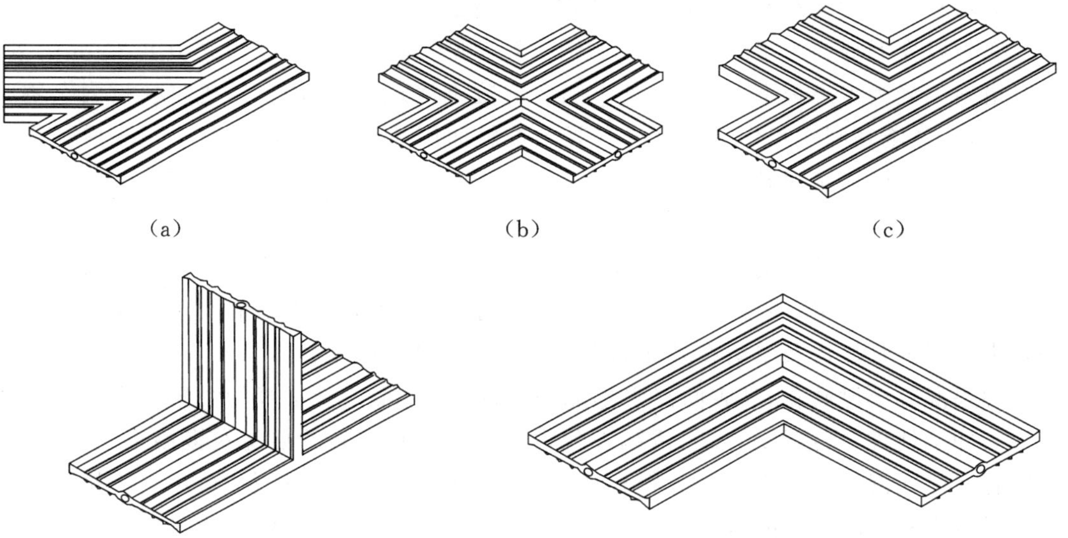

(a)　(b)　(c)

(d)　(e)

图 8-11　橡胶止水带的接头类型

(a)斜角形;(b)十字形;(c)平行丁字形;(d)丁字形;(e)直角形

氯丁橡胶止水带在厂家制作,订货时计算好各段准确尺寸以及接头数量,到货后按规范要求进行物理性能实验。橡胶止水带不得露天堆放或暴露在阳光的直射下,止水带接头由厂家在施工现场热接,其原理是把生胶片置于两接头间,电热硫化连成一体。

填缝板采用聚乙烯泡沫塑料板与橡胶止水带黏结牢固、位置准确,浇筑混凝土时其位置不发生偏移。

施工时支模可有效地固定橡胶止水带。其做法为:在底板伸缩缝处浇筑混凝土时,采取支模先浇筑一侧混凝土。拆模,粘止水带上下两处的填缝板,安装双组分聚硫密封膏预留槽木条,然后浇筑另一侧混凝土。

⑧ 加强带的施工

沉淀池底板上设有加强带,施工中利用加强带进行分段浇筑,采用的是“间歇式无缝施工法”，间歇式无缝施工有两种方式：一种是混凝土浇筑至加强带一侧后把它作为临时施工缝，在下次浇筑混凝土前，把施工缝清理干净，凿去部分保护层，充分湿润混凝土界面，然后浇筑加强带混凝土，再连续浇筑另一侧大面积混凝土。另一种是以一块为浇筑单元，浇至加强带一侧停止，浇完另一块混凝土后，先清理加强带两侧浮浆、杂物，充分预湿表面，后用大膨胀混凝土回填加强带，这种施工方法比较灵活，可节约大量施工费用和时间。本工程采用后一种“间歇式无缝施工法”。

为了防止混凝土收缩变形，在混凝土结构中设置的混凝土膨胀加强带，其混凝土的强度等级提高一个标号，初沉池、二沉池、反应池加强带的混凝土强度等级为C40。

用钢丝网做专用隔网，在绑结构钢筋时将该隔网沿加强带纵边绑于结构钢筋上。

加强带混凝土设专门搅拌机搅拌，专用运输罐车运输，采用地泵或泵车将混凝土送至欲浇筑部位。

⑨ 水池满水试验

A. 准备工作

将池内的杂物清理干净，管口临时封堵，准备好水源及输水管道、蒸发水箱、水位标尺、水位测针。

B. 池内注水

池内注水分三次进行：第一次注水至设计水深的1/3，第二次注水至设计水深的2/3，第三次注水至设计水深。

先注水至池壁底部的施工缝以上，检查底板的抗渗质量，当无明显渗漏时，再继续注水至第一次注水深度。

注水时的水位上升速度不超过80mm/h。相邻两次注水的间隔时间不应小于24 h。

每次注水宜测读24h的水位下降值，计算渗水量，在注水过程中和注水以后，应对水池作外观检查。当发现渗水量过大时，应停止注水，进行处理后方可继续注水。

C. 水位观测

注水时的水位采用水位标尺测定。注水至设计水深进行渗水量测定时，应采用水位测针测定水位。水位测针的读数精确度为1/10mm。注水至设计水深后与开始进行渗水量测定的间隔时间，应不小于24h。测读水位的初读数与末读数之间的间隔时间应为24h。

连续测定的时间可依实际情况而定，如第一天测定的渗水量符合标准，应再测定一天；如第一天测定的渗水量超过允许标准而以后的渗水量逐渐减少，可继续延长观测。

D. 蒸发量测定

现场测定蒸发量的设备采用直径约为50cm，高约30cm的敞口钢板水箱，并设有测定水位的测针。水箱不渗漏。水箱设在水池中，并用固定架子支撑，搭设安全通道，水箱中注水深度可在20cm左右。测定水池中水位的同时，测定水箱中的水位。水池的渗水量按下式计算：

$$q=\frac{A_1}{A_2[(E_1-E_2)-(e_1-e_2)]} \tag{8-1}$$

式中　q——渗水量[L/(m^2·d)]；

A_1——水池的水面面积(m^2)；

A_2——水池的浸湿总面积(m^2)；

E_1——水池中水位测针的初读数(mm)；

E_2——测读 E_1 后 24h 水池中水位测针的末读数(mm)；

e_1——测读 E_1 时水箱中水位测针的末读数(mm)；

e_2——测读 E_2 时水箱中水位测针的读数(mm)。

注：当连续观测时，前次测得的 E_2、e_2，即为下次的 E_1 及 e_1。雨天时，不做闭水实验渗水量的测定。

E. 试验的记录

填写闭水试验记录，并得到监理工程师的认可。观测记录包括：天气情况、水池装水速度(进水管管径与装满 1/3 池水所需时间)、进出水管洞渗漏情况、接缝处渗漏情况、池外壁面情况、池内水位变化以及沉降观测点记录。每天仔细观察，详细记录。

F. 试验标准

依据《给水排水构筑物工程施工及验收规范》(GB 50141—2008)，一昼夜水面的下降量小于盛水构筑物正常水位的千分之一且不大于 2L/(m^2 · d)，要求壁面只有个别地方发暗，接缝处无发暗渗漏现象。

⑩ 牛腿及集水槽施工

A. 牛腿预留浇筑

现浇池壁混凝土时，在集水槽部位，按设计要求预埋集水槽钢筋。预埋件采用木模板，上面打孔，供预埋钢筋穿过模板。池壁混凝土达到拆模强度后，拆除池壁外模，校正牛腿预埋钢筋后绑扎钢筋，支搭模板并加固，浇筑牛腿混凝土，牛腿模板图如图 8-12 所示。

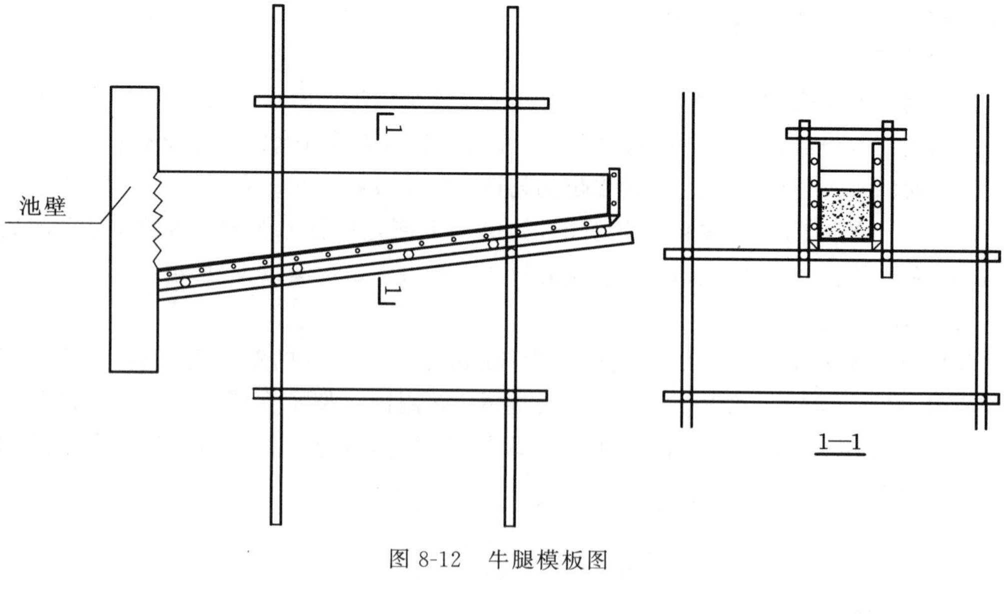

图 8-12　牛腿模板图

B. 集水槽安装

(a) 集水槽在池壁混凝土浇筑完成后进行预制，预制时确保内外壁圆顺光滑，预埋件及预埋管严格按设计要求在预制时预埋好，严禁事后补凿。

(b) 当集水槽、池壁悬臂梁达到设计强度时进行集水槽的安装。安装时钢结构之间的连接均采用贴角焊缝，一律满焊，焊缝高度 6mm，焊缝必须牢固，以免集水槽浮起。

(c) 集水槽与悬臂梁安装完成后，对各集水槽之间的安装缝进行填缝处理，填缝材料采用聚硫胶。

(d) 外露铁件必须严格做防腐处理，沉淀池试水时将集水槽底板上的 9 个孔打开，以防集水槽浮起。

⑪ 池壁防腐防水

本工程采用聚氨酯类防腐涂料，池壁及池底顶面防腐涂料的涂层厚度要求不小于 200μm。

工艺顺序为：

基层处理→界面剂处理→水泥砂浆粉刷→底漆喷涂/涂刷→第一道中间漆喷涂/涂刷→第二道中间漆喷涂/涂刷→第一道面漆喷涂/涂刷→第二道面漆喷涂/涂刷。

(a) 基层处理

混凝土基层的基本要求：混凝土强度达到设计要求；混凝土表面平整、干燥、清洁，没有起砂、起壳、裂缝、蜂窝麻面等现象；喷涂/涂刷前，清理干净基层表面的浮灰、水泥渣及疏松部位；混凝土基层的阴阳角修理顺直；预留洞口周边处理密实、牢固。

混凝土基层处理方法：对于混凝土模板接茬缝、施工缝及表面不平整的部位，采用手提砂轮机打磨平整，并用钢丝刷将表面浮渣清理干净；对于表面处理平整的混凝土基层，在正式喷涂施工前，采用软毛刷或专用施工吸尘器将表面的浮灰、水泥渣清理干净；清除池内污泥，杂质，用水冲洗干净。

(b) 界面剂处理

滚刷界面剂。

(c) 水泥砂浆粉刷

材料的质量要求：粉刷用的水泥应选用没有受潮、无结块的水泥，面层用的水泥宜选用同批产品，保证色泽一致；黄砂宜用中、粗砂，平均粒径 0.35～0.5mm，无杂质垃圾，使用前应过筛；石灰膏的熟化时间在常温下一般不少于 15d，用于罩面灰时，不应少于 30d，细腻洁白，不得含有未熟化的颗粒，已冰结风化的石灰膏不得使用。

施工作业条件：基础干净，强度达到规范要求；施工所需机械设备应做好机修保养准备，能在施工过程中正常运转；施工所需材料应按品种、数量、规格、质量做好事先备料。

(d) 底漆喷涂/涂刷

本工程池外墙内壁采用 CT590 无气喷涂机进行喷涂施工，导流墙及池底板顶采用滚筒涂刷。

底漆采用 06-1 型环氧富锌底漆，油漆为两桶装，甲组分为漆，乙组分为固化剂，甲、乙组分按质量比为 6∶1 进行配比，搅拌均匀后(一般搅拌 5min)，静置 30min 后方可喷涂/涂刷，每道漆涂刷间隔时间 24h。底漆喷涂/涂刷厚度为 50μm。

喷涂施工应按自上而下，先喷垂直面后喷水平面的顺序进行。喷枪与基层表面应接近垂直，喷嘴与被喷面的距离一般为 250～500mm。喷枪沿一个方向来回移动，使雾流与前一次喷涂面重合一半。喷枪移动要求速度均匀，以保证涂层厚度一致，喷涂时应注意涂层厚度不应过大，以防止流淌或溶剂挥发不完全而产生气泡，同时应使空气压力均匀一致(一般为 0.3～0.6MPa)。喷涂完毕后要及时用有机溶剂清洗喷涂用具，涂料要加盖封严，一切工具和容器禁止与水接触。

涂刷施工时，刷子蘸涂料不可过多，刷子浸涂料不应超过刷子毛长的 1/3，并要求用力摇匀。涂刷完毕后，及时清洗工具，以防止涂料固化。

(e) 中间漆喷涂/涂刷

中间漆施工时，底漆干燥 24h 后方可喷涂。J53-11 型氯化橡胶厚浆型中间漆为两桶装，甲组分为漆，乙组分为固化剂，甲、乙组分按质量比为 6∶1 进行配比，搅拌均匀后(一般搅拌 5min)，静置 30min 后方可喷涂/涂刷，每道漆涂刷间隔时间 24h。底漆喷涂/涂刷厚度为 150μm。

(f) 面漆喷涂/涂刷

面漆施工时，底漆干燥 24h 后方可喷涂。J52-10 型氯化橡胶玻璃鳞片面漆为两桶装，甲组分为漆，乙组分为固化剂，甲、乙组分按质量比为 21∶4 进行配比，搅拌均匀后(一般搅拌 5min)，静置 30min 方可喷涂/涂刷，每道漆涂刷间隔时间 24h。底漆喷涂/涂刷厚度为 65μm。

⑫ 池体周围土方回填

A. 水池满水试验合格后，进行土方回填。回填时抽干积水，严禁带水回填。

B. 回填前要将基坑坡面挖成台阶状，便于夯实。

C. 回填机械采用蛙式打夯机与光轮压路机相结合的方式进行。基坑底部和边角不易压实处采用蛙式打夯机。其余采用光轮压路机压实。

D. 回填土料不得含有草根、砖石、木块等杂物，不得用腐殖土。

E. 土方回填要分层压实，每层虚铺厚度控制在 30cm，在上层铺土前，要将下层表面拉毛并适量洒水以利层间结合。

F. 如分段施工，需要搭接。要分层搭接，层次分明。搭接处做成斜坡状，并且上下层间搭接缝之间距离不得小于 1m。

2. 多模式 AAO 生物池施工

(1) 施工工艺流程

施工工艺流程如图 8-13 所示。

(2) 主要施工方法和措施

生物池为现浇钢筋混凝土结构，在施工工艺方面严格按照《给水排水构筑物工程施工及验收规范》(GB 50141—2008) 进行施工，施工基本工艺方法基本与沉淀池相同，施工时可参照执行，这里不再作详细叙述，只是对其特殊的工艺和方法及施工中注意的地方加以介绍。

① 围护桩施工、基坑开挖

土方开始施工前及施工过程中配备洒水设备喷水润湿，防止施工扬尘。根据设计，基坑开挖深度为 5.7m，采用人工配合机械挖土，配备相应数量的自卸式汽车运土。弃土运至业主指定的地点。

开挖完成后，基坑周围设防护栏杆，用钢架管组成，立杆间距 2m，高 1.2m，设两道水平杆，并刷上黑黄相间的醒目标志。

在基坑清理过程中，如遇不明地下障碍物，或地基出现与设计不符现象，及时与监理工程师及相关人员联系，征求各方意见，尽量保护原有的测量控制点免遭破坏，如有不可避免的情况发生，及时报告监理工程师，确定适当的处理方法并经实施处理后，可进行下一步施工工序。

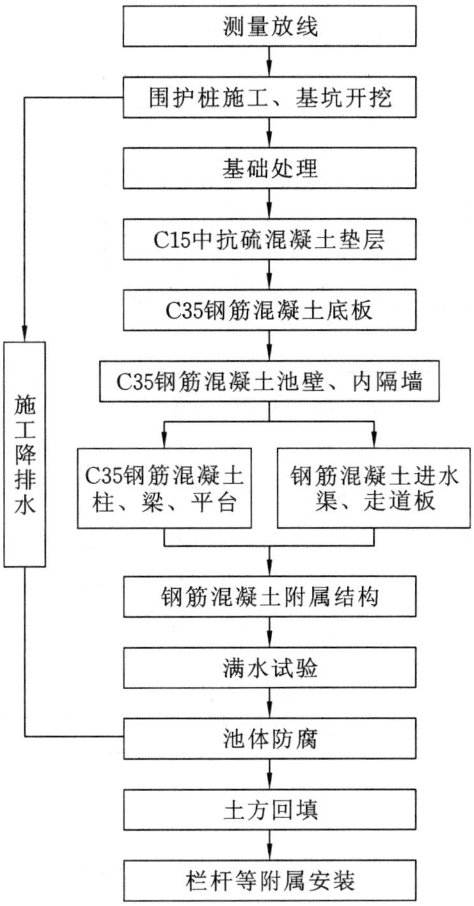

图 8-13　施工工艺流程

施工基坑清理深度、宽度严格按照设计图纸要求，并征得本工程监理工程师的同意。

② 垫层施工

垫层设计为 C15 中抗硫混凝土，厚度为 30cm，尺寸为 92.65m×97.5m，混凝土方量达 2710m^3，一次性浇筑方量较大，施工时计划采用分块浇筑的方法，将垫层分为 10 块 19.5m×46.325m 的土层，进行间隔跳跃式施工。

垫层混凝土浇筑分区顺序按照图 8-14 所示编号顺序进行，可根据施工现场的情况随时调整浇筑数量和进度，施工灵活性大，同时也利于浇筑质量的控制和提高。

模板采用竹胶板，模板外设木撅加揣手楔加固，内侧设钢筋撅加固。

③ 底板的施工

A. 反应池底板被设计的四条变形缝分成了 9 块。如图 8-15 所示，施工中计划按照①—③—⑤—⑦—⑨—②—④—⑥—⑧的顺序进行，同时展开两个板块的施工，板块之间进行平行或流水作业，跳跃式间隔施工可充分利用有限的基坑场地进行材料的临时堆放和倒运，同时各板块间相互干扰和影响小，也大大提高了工作效率。

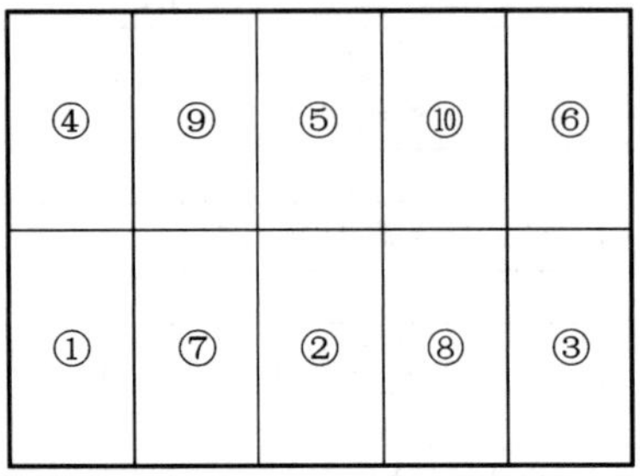

图 8-14 垫层混凝土浇筑分区顺序图

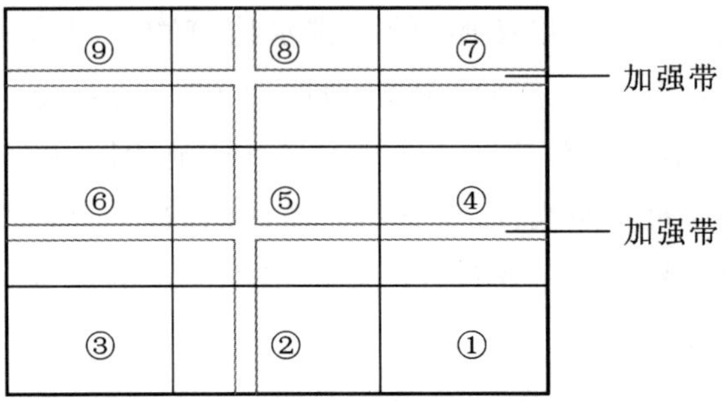

图 8-15 生物反应池底板分区浇筑示意图

B. 每一单元混凝土浇筑分层往复进行。由于底板混凝土浇筑厚度较大(800mm)，分两层进行浇筑，浇筑过程中，分层向前推进，如图 8-16 所示。

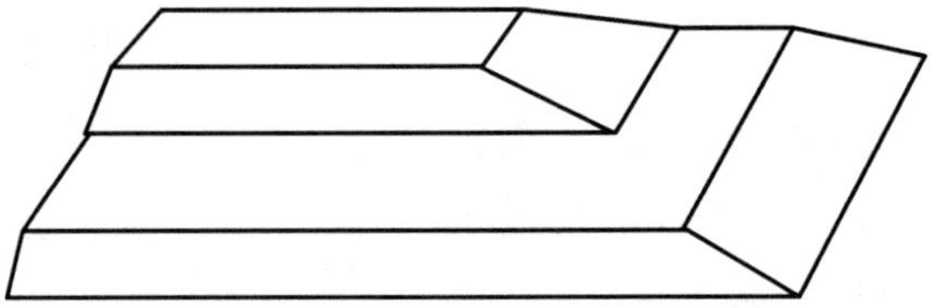

图 8-16 底板分层浇筑连续推进示意图

C. 浇筑混凝土时，作业人员和泵管自重荷载不得直接作用在钢筋网片上，必须搭设较矮的作业脚手架，浇筑过程中，边作业边倒退拆除。如确实需要时，先在钢筋网片上铺设木板分散荷载。混凝土拌合物不得局部堆积过多，以免将钢筋网片压下去。

D. 施工缝下部分池壁模板采用竹胶板，池壁模板间，采用对拉螺栓固定。池壁模板的加固，采用 50mm×100mm 方木，辅以 ϕ48mm×4.5mm 钢管，模型支撑采用钢管扣件式脚手架。模板对拉螺栓必须保持拆装灵活，严禁将螺栓与钢筋连接来加固模板。对拉螺栓中部设 1 道钢制止水片。为了防止拆除对拉螺栓帽时发生转动，在每根对拉螺栓的中部焊接一定尺寸的钢筋。预留孔的模板应事先制作，按设计位置、轴线、标高安装，并安装好预埋管，不得遗漏。

④ 池壁的施工

池壁的施工顺序同底板的划分一样，在各板块的底板混凝土浇筑完成后随即开始进行池壁的施工，如图 8-17 所示。池壁上部的水槽部分一同绑扎和浇筑。

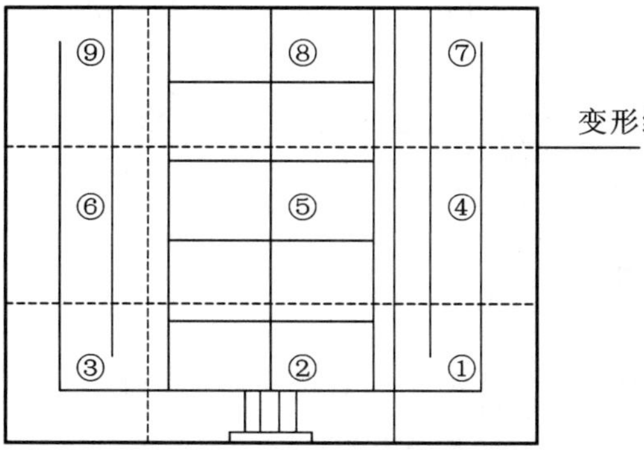

图 8-17　生物反应池壁施工示意图

A. 池壁主要采用 1220mm×2440mm 竹胶板，模板厚度 12mm，池壁配模方案图如图 8-18 所示。

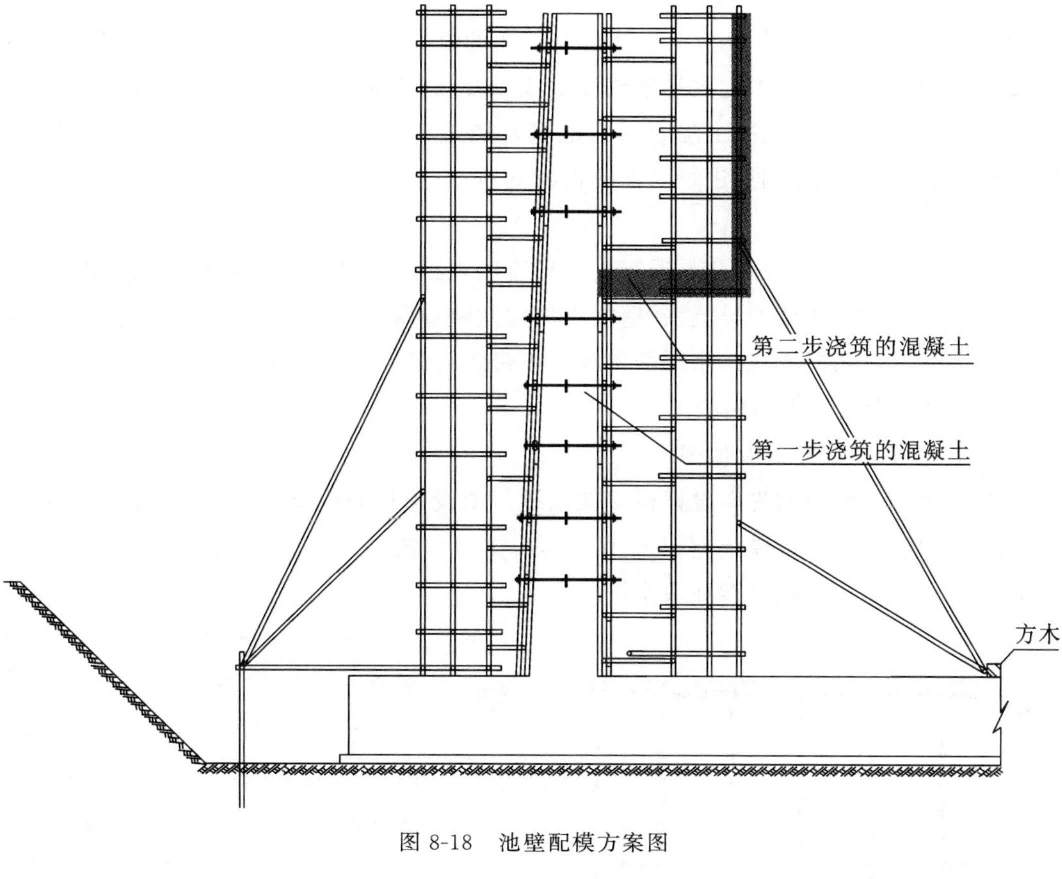

图 8-18　池壁配模方案图

B. 模板横向采用 ϕ48mm×4.5mm 钢管加固。竖向内外钢楞采用 ϕ48mm×4.5mm 钢管加固，间距 0.4m，外钢楞由对拉螺栓拉紧。

C. 模板内外支撑采用 ϕ51mm 钢管脚手架，脚手架后排每隔 4m 采用斜撑支撑，脚手横杆与模板用可调丝杆顶撑，脚手与斜撑均固定，如图 8-19 所示。

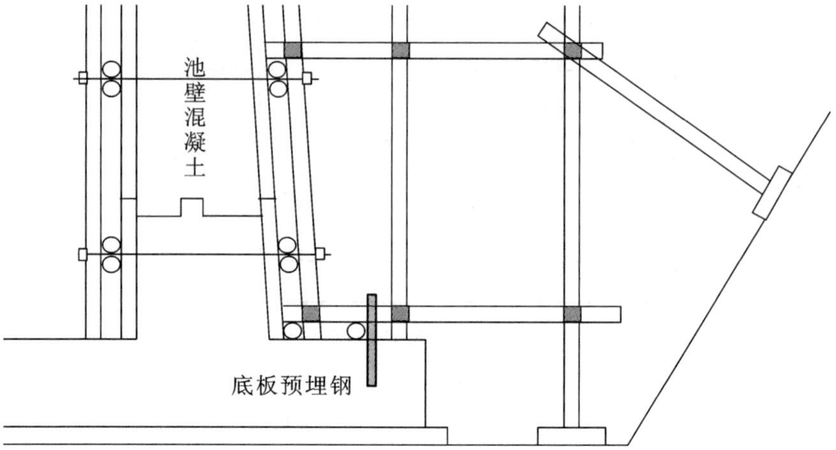

图 8-19　池壁外模板底部加固支撑示意图

D. 由于池壁结构具有上小下大外壁为斜面的特点，壁外模为倾斜支设，模板重心偏移，混凝土浇筑时底部受力过大易造成变形或倾覆，在施工中应特别注意外模板的加固，本工程计划采用在底板混凝土浇筑前沿池壁外周边 0.3m 处埋设螺纹钢筋，间距 2.0m，在立外模板时利用该处钢筋进行底部模板的支撑。

⑤ 导流墙施工

导流墙混凝土采用泵送商品混凝土。导流墙根据工艺要求不同，有带水渠和不带水渠两种，其中对于带水渠的导流墙，壁板采用两次浇筑混凝土的形式，第一次浇筑到水渠或管沟底板上皮，第二次浇筑水渠的壁板。不带水渠的导流墙一次浇筑到顶。

⑥ 梁及平台混凝土结构施工

A. 梁、平台模板支设及加固

梁、平台铺设底模前先架设模板支架系统。架设顶板底模支架前，先拼接支柱侧模，支柱侧模采用木模，顶板模板支架采用工具式支架系统，支架立柱下端螺栓支座可调整高程，支架柱头采用可调早拆柱头系统。

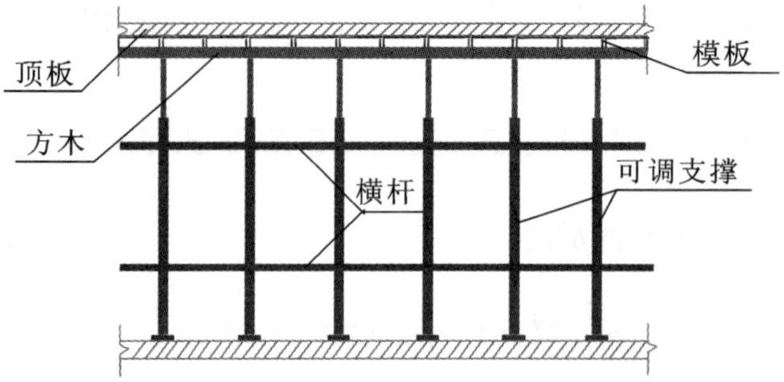

图 8-20　平台底模支承系统示意图

支撑杆纵横间距为 1.0m，梅花形布置，支承横向用 ϕ51mm × 3.5mm钢管拉接，以保证稳定性，横向拉杆上下间距为1.0m。整个水池钢模板的支承系统要按照最不利荷载情况进行验算，以保证支承系统安全可靠。支柱侧模支撑与整个支架系统整体连接。顶板底模支承系统布置如图 8-20 所示。

B. 梁、平台钢筋绑扎

(a) 梁钢筋的绑扎在梁底模板安装好后进行。在绑扎梁筋时，在梁底模上进行主、次梁配筋，不可将主次梁的上下内外位置颠倒。绑扎时，先排好箍筋，再穿架主筋，然后绑主筋。在两排主筋之间用短钢筋头支垫。箍筋加密区按要求的间距加密，接头在梁中应交错绑扎在不同的架立筋上。

(b) 梁的位置要求准确，并控制好标高。尤其注意梁、柱交接处箍筋的加密。应在绑梁筋前，先将柱箍套在竖筋上，穿完梁筋后再绑扎。梁主筋伸入支座的锚固长度，支座负筋伸出长度要符合规定要求，弯起位置要摆放准确。

(c) 平台筋接长采用绑扎搭接，按规范和设计要求错开接头。在板模上排好底筋间距，用粉笔做好标记，开始绑扎底筋，要求纵横向钢筋垂直，绑好后在底筋上垫水泥砂浆垫块，再放上撑块，以利于上网片支垫。

C. 梁、平台混凝土的浇筑

(a) 梁板混凝土同时浇筑，采用“赶浆法”，即先将梁根据梁高分层浇筑成阶梯形，当达到板底位置时再与板的混凝土一起浇筑，随着“阶梯”不断延长，梁板混凝土连续向前推进浇筑。梁柱结点钢筋较密时，此处混凝土应用与细石子同强度等级混凝土，并用小直径振动棒振捣。浇筑板时虚铺厚度略大于板厚，用平板振动器垂直浇筑方向来回振捣(厚板仍用插入式)，并用铁插尺检查厚度(也可用在柱钢筋标高处挂通线，用钢尺向下量混凝土表面高度)。振捣完毕后用长木板配合木抹子抹平。

(b) 混凝土的供应、运输、浇灌、振捣等各个环节协调一致，以保证混凝土的连续浇筑。

(c) 振捣采用插入式振捣器，振捣器的移动间距不大于 30cm，振捣棒要插入下一层混凝土内 5～10cm，使下一层未凝固的混凝土得到二次振捣。

(d) 浇筑混凝土时，应将混凝土直接送到浇筑部位，避免混凝土横向流动。

(e) 平台混凝土应采用草袋覆盖洒水养护。平台、地板强度达到设计和规范规定的拆模强度时才准许拆除支架。拆除过程中作业人员要注意安全。拆除的模板和支架要收集后集中堆码整齐。模板要及时进行整形和表面清理。

第二节　污泥处理构筑物施工案例

一、污泥处理构筑物概述

污泥处理工艺流程一般有污泥稳定、污泥浓缩和污泥脱水三个环节，主要包括浓缩池(图 8-21)、储泥池、脱水机房、消化池(图 8-22 和图 8-23)、堆肥车间等构(建)筑物。

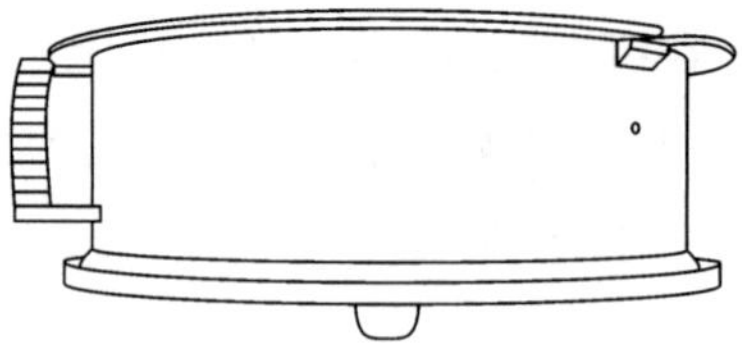

图 8-21　污泥浓缩池

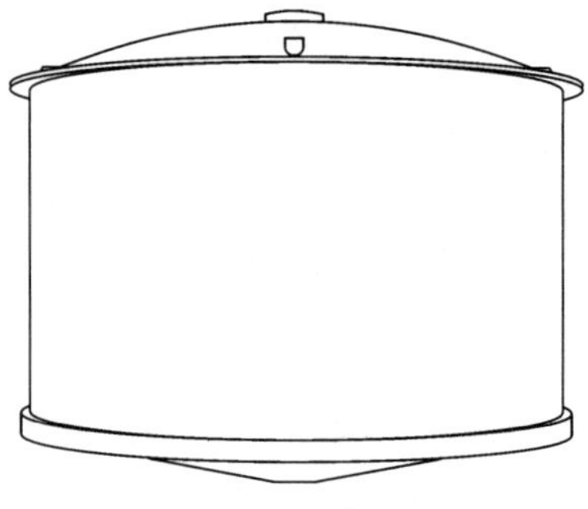

图 8-22　圆柱形消化池

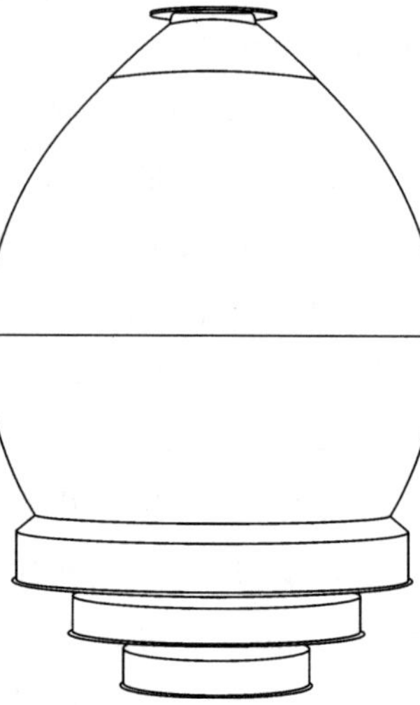

图 8-23　卵形消化池

污泥的处理和处置一般与污水处理互相独立，由于污泥处理过程中的卫生条件比污水处理差，所以一般将污泥处理构筑物置于厂区后部。若污泥处理过程中产生沼气，则应按消防要求设置防火间距。

为防止污泥二次污染，一般将处理后的污泥进行焚烧处理和作肥料使用。在发达城市地区，污泥主要在焚烧后作为生产水泥原材料，彻底进行无害化和资源化利用，而在相对不发达地区，污泥的农业回用是污泥利用的发展趋势，即将污泥无害化、稳定化处理后用作土壤改良剂或肥料，用于农牧林地的土壤修复和生态工程开发。城市污水处理厂的污泥用作农肥时应将污泥浓缩、消化后脱水，并将过程中产生的污泥水重新送入污水处理构筑物处理。

1. 污泥浓缩池

污泥浓缩池，一般采用竖流式或辐流式形状。可分为间歇操作和连续操作两种，前者主要用于小型污水处理厂或工业企业的污水处理厂，后者则用于大、中型污水处理厂。连续式重力浓缩池的形式与辐流式沉淀池相同，它可分为带刮泥机与污泥搅拌装置、不带刮泥机以及多层浓缩池(带刮泥机)等三种构造。

污泥浓缩池的结构与沉淀池相似，只是直径小得多，其大部分池体都在地面以上。为使污泥向池中心集中，污泥浓缩池采用比沉淀池坡度更大的锥形池底。上部集水槽收集污泥上清液，并将其重新排到污水处理系统中。

污泥浓缩池直径较小，模板弯曲弧度较大，安装相对困难，因此多用竹木胶合板模板。污泥浓缩池地面以上池体一般不再装修，混凝土外观质量要求较高，不宜使用拼缝较多的小钢模。模板安装时，为更好控制模板弧度，需将模板内外钢管横肋弯成相应弧度。

由于污泥浓缩池池底的锥坡比沉淀池更大，混凝土浇筑施工的难度更大、时间更长，必要时可在底板上面加模板，以控制混凝土流动。混凝土浇筑完成后，应及时用杠尺检查池底。

2. 消化池

消化池主要由池顶、池体两部分构成。由于消化池产生沼气，因此消化池有池顶，并要求气室密闭。池顶分固定式和浮动式两种，常采用弧形或锥形穹顶。池体形状常为圆柱形或卵形，池壁内侧敷设耐腐蚀涂料或衬里，池壁外侧设有保温层及装饰。卵形消化池一般有 1/3 高度卧入地下，外露 2/3 高度，并常采用预应力钢筋混凝土结构。

二、开槽施工

一般情况下，消化池的容量和高度都比较大，基坑也相应较深，施工单位应针对工程地质及现场情况单独编制土方开挖及支护方案，得到批准后方可进行基坑开挖施工。

三、模板施工

1. 圆柱形消化池

圆柱形消化池的模板比较简单，与现浇混凝土水池基本相似，但其高度较大，需分层浇筑，并应严格控制模板变形和混凝土垂直度。

2. 卵形消化池

施工单位应针对消化池的特点制定有针对性的模板施工方案，模板支撑骨架必须通过强度和刚度验算，并严格根据方案选择材料。模板设计方案及计算书必须上报监理和业主，并经专家讨论通过后方可实施。

卵形消化池池体为双曲面，模板几乎全部为异形，费用较高。在国外，消化池模板一般由专业公司制作，其模板体系有专用支护、提升系统，一次性投入很大。国外常用的模板体系是围绕池壁纵向采用多榀曲线形工字钢梁，与特制的环形拉力构件组成刚性骨架，然后在工字钢间插入特制的梯形模板。内外模板均为自撑式，并采用油压上升作业脚手架。

我国则普遍采用定型模板与异形模板相匹配的方法。整个消化池按施工缝分段，通过计算、现场放样、排板最后确定模板方案。各配板单元之间预留均匀空隙，然后以一块异形钢板来填补，以满足池壁曲率要求。异形钢模截面呈 T 形，平面为梯形，模板内外楞采用由脚手架钢管按一定曲率弯制而成的弧形钢管。

模板按施工缝分段安装。池体最大直径以下应先安装处于下方的外模，然后依托外模绑扎钢筋，再拼装处于上方的内模，池体最大直径以上的安装顺序则相反。

模板初步就位后，应进行高程和半径检验，正确无误后，即可与池内伞形骨架支撑系统通过钢管、扣件连成一体。

四、混凝土施工

消化池上的预埋件(管)较多,混凝土浇筑前必须检查这些预埋件(管)的位置和高程是否符合设计要求。混凝土施工过程中还要加强检查,以防止碰撞移位。振捣过程中一定要严格控制振捣时间和振捣间距,并防止碰撞预应力钢筋。

由于消化池采用异形模板,模板安装比较困难,模板出现问题的概率也相对较大,因此浇筑过程中必须设专人巡视,以随时处理模板出现的问题。

现浇混凝土消化池允许偏差见表8-2。

表8-2　现浇混凝土消化池允许偏差

项目		允许偏差/mm	检验方法
垫层、底板、池顶		±10	水准仪测量
池体直径	$D \leqslant 20$m	±15	激光水平扫描仪、吊垂线和钢尺测量
	20m$<D \leqslant 30$m	±D/1000且在±30以内	
同心度		H/1000且不大于30	
池壁截面尺寸		±5	钢尺测量
表面平整度		10	2m直尺或2m弧形样板尺测量
中心高程	预埋件(管)	5	水准仪测量
	预留孔	10	

注:D为池体直径,H为池体高度。卵形消化池表面平整度应使用2m弧形样板尺测量,样板尺的弧度必须与测量部位的设计弧度相同。

五、保温与防腐施工

消化池内壁防腐涂料的基面应干净、干燥,湿度应控制在85%以下。涂料层不应出现脱皮、漏刷、流坠、皱皮、厚度不均、表面不光滑等现象。

板状保温材料施工时,板块上下层接缝应错开,接缝处嵌料应密实、平整。现浇整体保温层施工时,铺料厚度应均匀、密实、平整。

保温层厚度允许偏差见表8-3。

表8-3　保温层厚度允许偏差

项目		允许偏差/mm	检验方法
保温层厚度	板状制品	±5%δ且不大于4	钢针刺入
	化学材料	5%δ	

注:δ为保温层设计厚度。

六、气密性试验

化学试验前，应将预留孔洞封闭。封闭孔洞必须保证质量，必要情况下应用钢板加橡胶密封圈封闭。

1. 主要试验设备

压力计：可用U形管水压计或其他类型的压力计，刻度精确至mm水柱，用于测量消化池内的气压。

温度计：用以测量消化池内的气温，刻度精确至1℃。

大气压力计：用以测量大气压力，刻度精确至10Pa。

空气压缩机：用以增加池内气压。

2. 测读气压

池内充气至试验压力并稳定后，测读池内气压值，即初读数(P_{d1})，间隔24h，测读末读数(P_{d2})。在测读池内气压的同时，测读池内气温和大气压力，并将大气压力换算为与池内气压相同的单位。

3. 池内气压降计算

消化池气密性试验的压力应为池体工作压力的1.5倍，当24h的池内气压降不超过试验压力的20%时，视为气密性试验合格。

$$\Delta P=(P_{d1}+P_{a1})-(P_{d2}+P_{a2})\frac{273+t_1}{273+t_2} \tag{8-2}$$

式中　ΔP——池内气压降(10Pa)；

P_{d1}——池内气压初读数(10Pa)；

P_{d2}——池内气压末读数(10Pa)；

P_{a1}——测量P_{d1}时的相应大气压力(10Pa)；

P_{a2}——测量P_{d2}时的相应大气压力(10Pa)；

t_1——测量P_{d1}时的相应池内气温(℃)；

t_2——测量P_{d2}时的相应池内气温(℃)。

第九章 环境工程设备安装工程

环境工程设备种类繁多，安装工作量大、点多面广。本章选取了环境工程中的污水处理厂建设的主要机械设备安装、工艺管道安装、电气设备安装和仪器仪表安装，以展示环境工程中的设备安装过程和要求。在设备安装时，要求施工层层把关，各工种密切配合，做到预埋件不少埋、漏埋，设备安装尺寸准确无误。

第一节 机械设备安装工程

在环境工程项目建设中，机械设备是保障环境污染治理工艺运行的重要支撑，应做到以下几点：

(1) 安装的机械设备、主要的或用于重要部位的材料，必须符合设计和产品标准的规定，并应有合格证明。

(2) 设备安装中采用的各种计量和检测器具、仪器、仪表和设备，应符合国家现行计量法规的规定，其精度等级不应低于被检对象的精度等级。

(3) 设备安装中的隐蔽工程，应在工程隐蔽前进行检验，并作出记录，合格后方可继续安装。

(4) 设备安装中，应进行自检、互检和专业检查，并应对每道工序进行检验和记录。工程验收时，应以记录为依据。

一、开箱检查和保管

设备开箱应在建设单位有关人员参加下，按下列项目进行检查，并应作出记录：

(1) 箱号、箱数以及包装情况；

(2) 设备的名称、型号和规格；

(3) 装箱清单、设备技术文件、资料及专用工具；

(4) 设备有无缺损件，表面有无损坏和锈蚀等；

(5) 设备及其零、部件和专用工具，均应妥善保管，不得使其变形、损坏、锈蚀、错乱或丢失。

（6）其他需要记录的情况。

二、设备基础施工

设备基础的位置、几何尺寸和质量要求，应符合《混凝土结构工程施工质量验收规范》(GB 50204—2015）的规定，并应有验收资料或记录。设备安装前应按本规范附录F的允许偏差对设备基础位置和几何尺寸进行复检。

设备基础表面和地脚螺栓预留孔中的油污、碎石、泥土、积水等均应清除干净；预埋地脚螺栓的螺纹和螺母应保护完好；放置垫铁部位的表面应凿平。

需要预压的基础，应预压合格并应有预压沉降记录。

1. 放线就位

（1）机械设备就位前，应按机械设备施工图和相关建筑物的轴线、边缘线、标高线，划定安装的基准线。

（2）机械设备定位基准的面、线或点与安装基准线的平面位置和标高的允许偏差，应符合表9-1的规定。

表9-1　机械设备定位基准线的面、线或点与安装基准线的平面位置和标高的允许偏差

序号	项　目	允许偏差/mm	
		平面位置	标高
1	与其他机械设备无机械联系的	±10	+20～−10
2	与其他机械设备有机械联系的	±2	±1

（3）平面位置安装基准线与基础实际轴线或与厂房墙、柱的实际轴线、边缘线的距离，其允许偏差为±20mm。

（4）相互有连接、衔接或排列关系的机械设备，应划定共同的安装基准线，并按设备的具体要求埋设中心标板或基准点。中心标板或基准点的埋设应正确和牢固，其材料宜选用不锈钢材。

2. 找正调平

（1）设备找正、调平的定位基准面、线或点确定后，设备的找正、调平均应在给定的测量位置上进行检验，做好标记，复检时亦不得改变原来测量的位置。

（2）当随机技术文件无规定时，机械设备找正、调平的测量位置宜按照以下部位选择：

① 设备的主要工作面；

② 支承滑动部件的导向面；

③ 保持转动部件的导向面或轴线；

④ 部件上加工精度较高的表面；

⑤ 设备上应为水平或铅垂的主要轮廓面；

⑥ 连续运输设备和金属结构上，宜选在可调的部位，两测点间距离不宜大于6m。

3. 地脚螺栓

(1) 安装预留孔中的地脚螺栓(图 9-1),应符合下列要求:

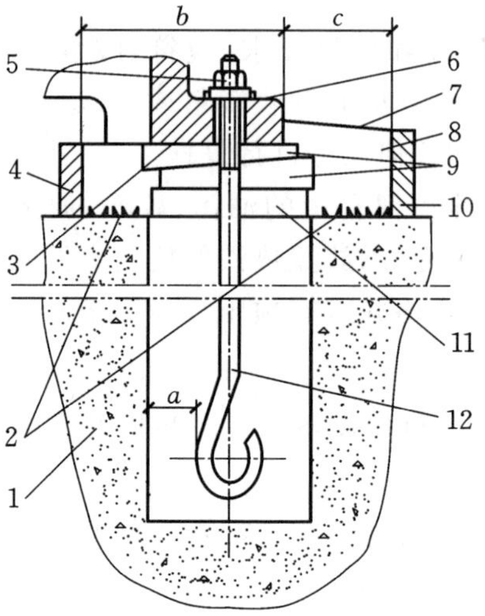

图 9-1 安设预留孔中的地脚螺栓

a—地脚螺栓任一部分与孔壁的间距;b—内模板至设备底座外缘的间距;c—外模板至设备底座外缘的间距;
1—基础;2—地坪麻面;3—设备底座;4—内模板;5—螺母;6—垫圈;7—灌浆层斜面;
8—灌浆层;9—成对斜垫铁;10—外模板;11—平垫铁;12—地脚螺栓

① 地脚螺栓在安放前,应将预留孔中的杂物清理干净。

② 地脚螺栓在预留孔中应垂直。

③ 地脚螺栓任一部分与孔壁的间距不宜小于 15mm;地脚螺栓底端不应碰孔底。

④ 地脚螺栓上的油污和氧化皮等应清理干净,螺纹部分应涂上油脂。

⑤ 螺母与垫圈、垫圈与设备底座间的接触均应紧密。

⑥ 拧紧螺母后,螺栓应露出螺母,其露出的长度宜为 2～3 个螺距。

⑦ 应在预留孔中的混凝土达到设计强度的 75%以上后拧紧地脚螺栓,各螺栓的拧紧力应均匀。

(2) 安装“T”形头地脚螺栓(图 9-2),应符合下列要求:

① “T”形头地脚螺栓应与“T”形头地脚螺栓用锚板配套使用。

② “T”形头地脚螺栓相关尺寸,宜符合表 9-2 的规定。

③ 埋设“T”形头地脚螺栓用锚板应牢固、平直;螺栓安装前,应加设临时盖板保护,并防止油、水、杂物掉入孔内;护管与锚板应进行密封焊接。

④ 地脚螺栓光杆部分和锚板应涂防锈漆。

⑤ 预留孔或护管内的密封填充物,应符合设计规定。

(3) 安装胀锚螺栓应符合下列要求:

① 胀锚螺栓的中心线至基础或构件边缘的距离不应小于胀锚螺栓公称直径的 7 倍;胀锚螺栓的底端至基础面的距离不应小于胀锚螺栓公称直径的 3 倍,且不应小于 30mm;相邻两胀锚螺栓的中心距不应小于胀锚螺栓公称直径的 10 倍。

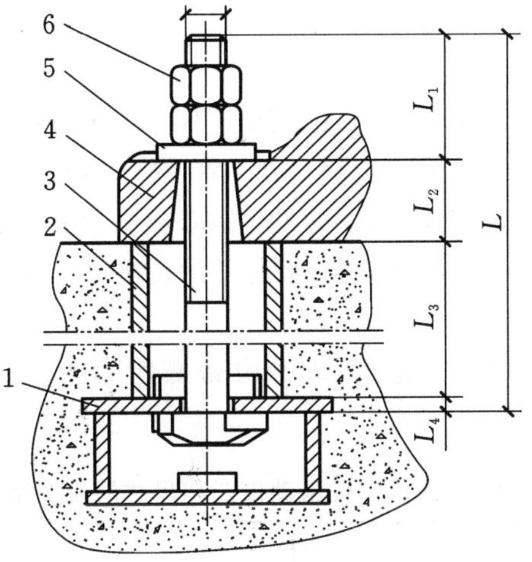

图 9-2　安装"T"形头地脚螺栓

d—螺栓公称直径；L_1—螺栓露设备底座上表面的长度；L_2—设备底座穿螺栓处的厚度；
L_3—护管高度；L_4—铺板厚度；L—"T"形头地脚螺栓长度；
1—锚板；2—护管；3—"T"形头地脚螺栓；4—设备底座；5—垫片；6—螺母

表 9-2　"T"形头地脚螺栓相关的尺寸

螺栓公称直径规格	螺栓露出设备底座上表面的最小长度（双螺母）/mm	护管最大高度/mm	锚板厚度/mm
M24	55	800	20
M30	65	1000	25
M36	85	1200	30
M42	95	1400	
M48	110	1600	35
M56	130	1800	
M64	145	2000	40
M72×6	160	2200	
M80×6	175	2400	
M90×6	200	2600	50
M100×6	220	2800	
M110×6	250	3000	60
M125×6	270	3200	
M140×6	320	3600	80
M160×6	340	3800	

② 胀锚螺栓的钻孔直径和深度，应符合选用的胀锚螺栓的要求，且应防止与基础或

构件中的钢筋、预埋管和电缆等埋设物相碰。

③ 胀锚螺栓不应采用预留孔。

④ 安装胀锚螺栓的基础混凝土的抗压强度不应小于 10MPa。

⑤ 混凝土或钢筋混凝土结构有裂缝的部位和易产生裂缝的部位不应使用胀锚螺栓。

(4) 机械设备基础浇灌预埋的地脚螺栓，应符合下列要求：

① 地脚螺栓的坐标及相互尺寸应符合施工图的要求，机械设备基础位置、尺寸的允许偏差应符合表 9-3 的规定。

② 地脚螺栓露出基础部分应垂直，机械设备底座套入地脚螺栓应有调整余量，每个地脚螺栓均不应有卡阻现象。

表 9-3　机械设备基础位置和尺寸的允许偏差

序号	项目		允许偏差/mm
1	坐标位置		20
2	不同平面的标高		0 ～ －20
3	平面外形标高		±20
4	凸台上平面外形尺寸		0 ～ －20
5	凹穴尺寸		＋20 ～ 0
6	平面的水平面	每米	5
		全长	10
7	垂直度	每米	5
		全长	10
8	预埋地脚螺栓	标高	＋20 ～ 0
		中心距	±2
9	预埋地脚螺栓孔	中心线位置	10
		深度	＋20 ～ 0
		孔壁垂直度	10
10	预埋活动地脚螺栓锚板	标高	＋20 ～ 0
		中心线位置	5
		带槽铺板水平度	5
		带螺纹孔锚板的水平度	2

4. 垫铁

(1) 找正调平机械设备用的垫铁，应符合随机技术文件的规定；无规定时，宜按《机械设备安装工程施工及验收通用规范》(GB 50231—2009)附录 A 的规定制作和使用。

(2) 当机械设备的载荷由垫铁组承受时，垫铁组的安放应符合下列要求：

① 每个地脚螺栓的旁边应至少有一组垫铁。

② 垫铁组在能放稳和不影响灌浆的条件下，应放在靠近地脚螺栓和底座主要受力部位下方。

③ 相邻两垫铁组间的距离，宜为 500～1000mm。

④ 设备底座有接缝处的两侧，应各安放一组垫铁。

⑤ 每一垫铁组的面积，应符合下式的要求

$$A \geqslant \frac{100C(Q_1+Q_2)}{nR} \tag{9-1}$$

式中 A——每一垫铁组的面积(mm^2)；

Q_1——设备等加在垫铁组上的载荷(N)；

Q_2——地脚螺栓拧紧时在垫铁组上产生的载荷(N)；

R——基础或地坪混凝土的抗压强度(MPa)，可取混凝土设计强度；

n——垫铁组的组数；

C——安全系数，宜取 1.5～3。

⑥ 地脚螺栓拧紧时，在垫铁组上产生的载荷可按下式计算

$$Q_2 = 0.758d^2[\delta]n_1 \tag{9-2}$$

式中 d——地脚螺栓直径(mm)；

n_1——地脚螺栓数量；

$[\delta]$——地脚螺栓材料的许用应力(MPa)。

(3) 垫铁组的使用，应符合下列要求：

① 承受载荷的垫铁组，应使用成对斜垫铁。

② 承受重负荷或有连续振动的设备，宜使用平垫铁。

③ 每一垫铁组的块数不宜超过 5 块。

④ 放置平垫铁时，厚的宜放在下面，薄的宜放在中间。

⑤ 垫铁的厚度不宜小于 2mm。

⑥ 除铸铁垫铁外，各垫铁相互间应用定位焊焊牢。

(4) 每一垫铁组应放置整齐平稳，并接触良好。机械设备调平后，每组垫铁均应压紧，并应用手锤逐组轻击听音检查。对高速运转机械设备的垫铁组，应采用 0.05mm 塞尺检查垫铁之间及垫铁与设备底座之间的间隙，在垫铁同一断面两侧塞入的长度之和不应大于垫铁长度或宽度的 1/3。

(5) 机械设备调平后，垫铁端面应露出设备底面外缘；平垫铁宜露出 10～30mm；斜垫铁宜露出 10～50mm。垫铁组伸入设备底座底面的长度应超过设备地脚螺栓的中心。

(6) 安装在金属结构上的设备调平后，其垫铁均应与金属结构用定位焊焊牢。

(7) 机械设备用螺栓调整垫铁(图 9-3)调平时，应符合下列要求：

① 螺纹部分和调整块滑动面上应涂以耐水性较好的润滑脂。

② 调平应采用升高升降块的方法，当需要降低升降块时，应在降低后重新再做升高调整；调平后，调整块应留有调整的余量。

③ 垫铁垫座应用混凝土灌牢，但混凝土不得灌入其活动部分。

(8) 机械设备采用调整螺钉(图 9-4)调平时，应符合下列要求：

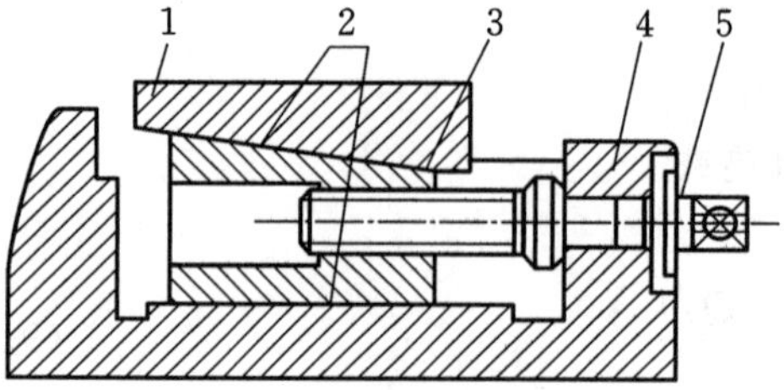

图 9-3　螺栓调整垫铁

1—升降块；2—调整块滑动面；
3—调整块；4—垫座；5—调整螺栓

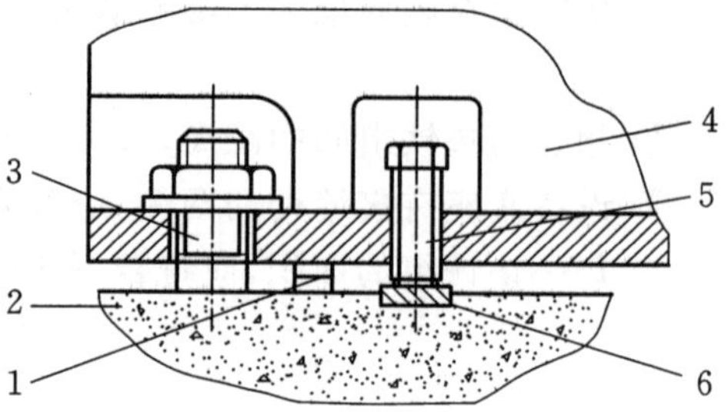

图 9-4　调整螺钉

1—垫铁；2—基础或地坪；3—地脚螺栓；4—设备底座；
5—调整螺钉；6—调整螺钉的支承板

① 不作永久性支承的调整螺钉在设备调平后，设备底座下应用垫铁垫实，再将调整螺钉松开。

② 调整螺钉支承板的厚度宜大于调整螺钉的直径。

③ 调整螺钉的支承板应水平、稳固地放置在基础面上，其上表面水平偏差不应大于1/1000。

④ 作永久性支承的调整螺钉伸出机械设备底座底面的长度，应小于调整螺钉直径。

(9) 机械设备采用无垫铁安装施工时，应符合下列要求：

① 应根据机械设备的质量和底座的结构，确定临时支撑件或调整螺钉的位置和数量。

② 当机械设备底座上没有安装用的调整螺钉时，其调整螺钉支承板的安放应符合机械设备采用调整螺钉调平的有关要求。

③ 灌浆层宜采用补偿收缩混凝土，应将灌浆层捣实，应在灌浆层达到设计强度的75%以上时，取出临时支撑件或松掉调整螺钉，并应复测机械设备的安装水平，且将临时支撑件的空隙用砂浆填实。

(10) 当采用坐浆法放置垫铁时，坐浆混凝土配制及垫铁的放置宜符合《机械设备安装工程施工及验收通用规范》(GB 50231—2009) 附录 B 的规定。

(11) 当采用压浆法放置垫铁时，垫铁的放置宜符合《机械设备安装工程施工及验收通用规范》(GB 50231—2009)附录 C 的规定。

(12) 机械设备采用减震垫铁调平时，应符合下列要求：

① 基础或地坪应符合随机技术文件规定；基础或地坪的高低差，不得大于减震垫铁调整量的 30%～50%；放置减震垫铁的部位应平整。

② 减震垫铁可按机械设备要求采用无地脚螺栓或胀锚地脚螺栓固定。

③ 机械设备调平时，各减震垫铁的受力应均匀，在其调整范围内应留有余量，调平后应将螺母锁紧。

④ 采用橡胶垫型减震垫铁时，机械设备调平并经过 7～14d 后，应再次调平。

5. 灌浆

(1) 预留地脚螺栓栓孔或机械设备底座与基础之间的灌浆，其配制、性能和养护应符合《混凝土外加剂应用技术规范》(GB 50119—2013)和《普通混凝土配合比设计规程》(JGJ 55—2011)的有关规定。

(2) 预留地脚螺栓孔灌浆前,灌浆处应清洗洁净;灌浆宜采用细碎石混凝土,其强度应比基础或地坪的混凝土强度高一级;灌浆时应捣实,不应使地脚螺栓歪斜和影响机械设备的安装精度。

(3) 灌浆层厚度不应小于25mm。但用于固定垫铁或防止油、水进入的灌浆层,其厚度可小于25mm。

(4) 灌浆前应敷设外模板。外模板至设备底座边缘的间距不宜小于60mm;模板拆除后,表面应进行抹面处理。

(5) 当机械设备底座下不需全部灌浆,且灌浆层需承受设备负荷时,应设置内模板。

6. 预埋件在混凝土施工中的保护

(1) 混凝土在浇筑过程中,振动棒应避免与预埋件直接接触,在预埋件附近,需小心谨慎,边振捣边观察预埋件,及时校正预埋件位置,保证其不产生过大位移。

(2) 混凝土成型后,需加强混凝土养护,防止混凝土产生干缩变形引起预埋件内空鼓,同时,拆模要先拆周围模板,放松螺栓等固定装置,轻击预埋件处模板,待卸力后拆除,以防拆除模板时因混凝土强度过低而破坏锚筋与混凝土之间的握裹力,从而确保预埋件施工质量。

三、粗格栅除渣机的安装及调试

粗格栅除渣机及其安装如图9-5所示。

图9-5　粗格栅除渣机及其安装

1. 安装前的准备

(1) 检查设备的规格、性能是否符合图纸的要求,以及说明书、合格证和试验报告等是否齐全。

(2) 检查设备外表如框架、格栅条等是否受损,零部件是否齐全完好。

(3) 检查土建工程实测数据是否与格栅框架外形尺寸及角度相符,以及检查预埋件是否符合安装要求。

2. 格栅安装

(1) 格栅除污机应牢固安装在基础上。

(2) 格栅栅条对称中心与导轨的对称中心应符合要求,格栅栅条的纵向面与导轨侧面应平行。

(3) 栅片运行位置应正确，无卡阻、突跳现象。过载装置动作应灵敏可靠。栅片上的垃圾不应有回落渠内现象。

(4) 格栅除污机应定位准确。安装角度偏差应符合产品随机技术文件的规定。各机架的连接应牢固。

(5) 机身较长的格栅除污机应按要求采取加固措施。

(6) 格栅除污机两侧与沟渠壁间隙应不大于格栅栅条间隙。

(7) 将格栅除污机分段吊入井内，设备安装定位应准确，其安装角（格栅与水平线的夹角）偏差不大于±0.5°，除污机就位的平面位置偏差不大于20mm，标高偏差应在±20mm以内，机组的水平度偏差应不大于2/1000。

(8) 连接固定后用混凝土二次灌浆，格栅在垂直面的投影应为铅垂线，允许偏差不大于1/1000。

(9) 耙齿与栅条动作时应无卡阻，且间隙不大于0.5mm，咬合深度不小于35mm。

(10) 在需润滑处加注润滑油脂。

3. 现场检验与调试

(1) 按技术要求进行检验，保证允许误差符合规定的指标。先手动后自动操作，空载运行动作2h以上，保证传动平稳、动作准确可靠、无抖动卡阻现象、过载装置动作灵敏可靠。

(2) 负载试验时，检查清污效果，栅片上的垃圾应无回落渠内现象。

四、泵类设备的安装及调试

泵的安装如图9-6所示。

图9-6　泵的安装

1. 泵类设备安装

(1) 设备验收按设计要求进行，设备安装前，应对设备进行检查，不应有缺件、损坏和锈蚀现象；盘车应灵活、无阻卡现象，无异常声音。

(2) 水泵应按设计图纸要求设置减振台座或减振器，减振台座或减振器的选用应通过计算决定。

(3) 由于本工程水泵较多，成排安装时，相互之间应平行，其中心应为一线。

(4) 管道与水泵连接应按无压力要求配管，连接后不应再进行焊接或气割，如需对管路进行修改，应拆卸管道后进行，以免焊渣或割下的废料进入泵内。

（5）水泵安装时，纵横水平度不应超过1/1000，测量时应以加工面为标准，设备不能倾斜。

（6）水泵安装时，平面位置偏差控制在±10mm以内，标高偏差控制在±30mm以内。

（7）水泵底座应调整水平，其水平度不大于1/1000。

（8）水泵成套设备，其安装应按厂家技术手册要求进行。

2. 泵类设备试运转

（1）水泵启动前必须充满液体、排净空气，不得空泵启动。

（2）启动前，应盘车灵活，其阀门应处于下列开启位置：入口阀门全开；出口阀门离心泵全闭；其余泵阀门全开。

（3）泵的运转应在各独立的附属系统试运转正常后进行，泵在设计负荷下连续运转不应小于2h。

（4）运转时，泵的填料压盖松紧适度，滴状泄漏，温度不过高，无明显振动，声音正常，各连接部位不松动为合格。

（5）试运转结束后，应关闭泵的出入口阀门和附属系统的阀门。放净泵内积存的液体，防止锈蚀和冻裂。

五、闸门类设备及堰门的安装及调试

闸门及堰门的安装如图9-7所示。

1. 闸门类设备及堰门的安装

（1）闸门、堰门安装后的标高偏差应不大于10mm。

（2）启闭机中心与闸门、堰门起吊中心应在同一直线上，垂直度偏差应控制在1/1000之内。

（3）安装前必须仔细测量门框导槽的工作面弯曲度，如果超过允许偏差，就必须校正门框导槽，使之符合规范，才能顺利安装闸门。另外，如果安装时发现摩擦阻力大，可以在闸板和闸框之间加注润滑油，以减小运行阻力。

（4）安装闸门、闸门启闭机构时，必须在传动件上加注足够的润滑脂。

（5）在试运转电动闸时，应注意手柄是否脱开，板杆是否在电动的位置上，如果不注意脱开，在启动电机时一旦保护装置失效，手柄可能弹高。

（6）安装时应将闸门的开度指示器的指针调整到正确的位置，调整时首先关闭闸门，将指针调零后再逐渐打开，当闸门完全打开时，指针应刚好指到全开的位置。正确的指示有利于闸门的启闭。

（7）安装好的闸门，应当在闸门闭合后将闸门手柄反转一二转，这有利于闸门再次开启。

2. 检查与调试

按相关标准规范中的技术要求进行检验，保证允许误差及闭水试验泄漏量符合规定

图 9-7　闸门及堰门的安装

的指标。

在设计压力条件下，渠道闸门的渗漏量应小于 0.01L/(min・m)，铸铁闸门的渗漏量应小于 1.25L/(min・m)

六、旋流除砂器(含砂水分离器)的安装及调试

旋流除砂器(含砂水分离器)的安装如图 9-8 所示。

图 9-8　旋流除砂器(含砂水分离器)的安装

1. 安装前的准备

(1) 检查叶片搅拌机、吸砂泵、螺旋砂水分离器、电控箱等设备的规格、性能是否符合图纸的要求，以及说明书、合格证和试验报告等是否齐全。

(2) 检查设备外表如框架等是否受损，零部件是否齐全完好。

(3) 检查土建工程实测数据是否与设备外形尺寸相符，以及检查预埋件是否符合安装要求。

2. 旋流除砂器(含砂水分离器)的安装

(1) 设备安装定位应准确符合设计要求,其就位的平面位置偏差不大于 20mm,标高偏差应在±20mm 以内。

(2) 桨叶式分离机安装时,应保证其空心立轴垂直水面,其垂直度允许偏差不大于1/1000,固定于空心立轴上叶片桨板安装倾角应一致,保证其桨叶呈静态平衡状态。

(3) 输砂泵或风机安装基础平台应平整,输砂管路中各连接口应无渗水现象。

(4) 砂水分离机安装基础平台应平稳,与吸砂管、溢水管的连接应无渗水现象。

(5) 检查和加注润滑油脂。

3. 检验与调试

按相关标准规范中的技术要求进行检验,保证允许误差符合规定的指标。其运转处理效果符合设计要求。

七、潜水搅拌机及推进器的安装及调试

潜水搅拌机及推进器的安装如图 9-9 所示。

图 9-9　潜水搅拌机及推进器的安装

1.安装前的准备

(1) 检查设备的规格、性能是否符合图纸的要求,以及说明书、合格证和试验报告是否齐全。

(2) 检查设备外表是否受损,零部件是否齐全完好。

2. 潜水搅拌器的安装

(1) 潜水搅拌器安装的平面位置严格按照施工图执行，偏差符合设备技术文件的规定。

(2) 安装导向杆时，导向杆垂直度、导向杆间距的偏差应符合设备技术文件的规定。

(3) 搅拌器升降灵活，无严重的卡滞、阻碍现象。

3. 检查与调试

试车前检查润滑油质量是否符合要求，机体零部件完整齐全，各连接件、紧固件不得有松动现象，盘车无异常响声，不得有冲击振动。进行搅拌器的无水空载运行试验 2h，应运转平稳、无异常响，然后开始进行有水带负荷试运转，试运转时间为 24h 以上，无异常现象为合格。

八、螺旋输送机的安装及调试

螺旋输送机主要有无轴螺旋输送机、水平式螺旋输送机、倾斜式螺旋输送机三种形式，安装如图 9-10 所示。

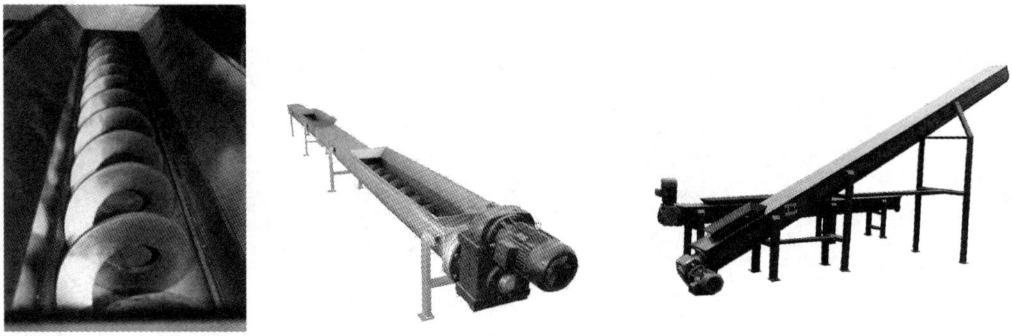

图 9-10　螺旋输送机的安装

1. 安装前的准备

(1) 检查设备的规格、性能是否符合图纸的要求，以及说明书、合格证和试验报告等是否齐全。

(2) 检查设备外观如框架、格栅条等是否受损，零部件是否齐全完好。

(3) 检查土建工程实测数据是否与格栅框架外形尺寸及角度相符，以及检查预埋件是否符合安装要求。

2. 螺旋输送机的安装

(1) 螺旋输送机的初步就位应与机械格栅除污机卸料口位置对中，与格栅卸料口用防护罩密闭装配，并检查格栅除污机截取的栅渣是否准确落入输送机的进料斗内。

(2) 螺旋输送机纵向水平度偏差应小于 1/1000。

(3) 定位准确，机架用膨胀螺栓与基础平台紧固。

(4) 螺旋输送机的叶片转向准确。

(5) 输送机的废水回流管引至格栅井，管螺纹处无渗漏现象发生。

3. 检验与调试

(1) 启动传动电机，检查螺旋叶片的转向是否准确。

(2) 空车运行 2h，螺旋输送机应传动平稳，整机无振动及其他异常杂声。

(3) 测量电机电流不超过额定值，三相电流平衡，所有轴承及电机温度正常。

(4) 运转时螺旋叶片与衬圈间隙均匀，无卡阻等现象发生。

(5) 检查截取的垃圾能否准确进入螺旋输送机的进料斗，无垃圾跑位现象。

(6) 将输送机内置入垃圾进行负载试验，其电流应正常，物料输送能力符合技术要求。

(7) 密封罩及盖板处无物料外溢，下部滤后污水应通过管道返至格栅井，管道连接处无污水渗漏现象。

九、微孔曝气头的安装及调试

微孔曝气头及其安装如图 9-11 所示。

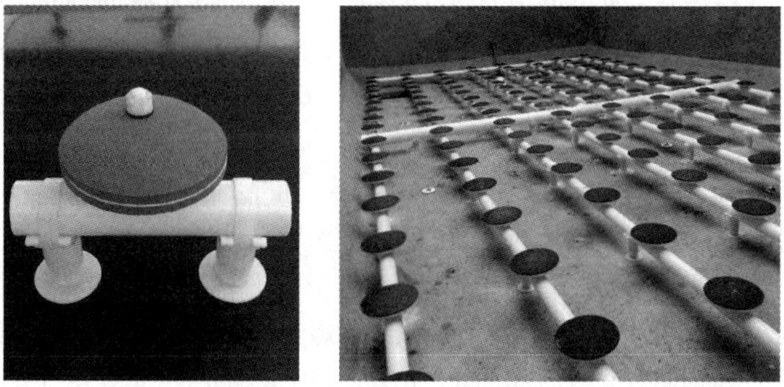

图 9-11 微孔曝气头及其安装

1. 安装前的准备工作

(1) 检查设备的规格、性能是否符合图纸及标书要求，检查设备说明书、合格证和设备试验报告是否齐全。

(2) 检查设备外表如曝气管、膜片、管路等是否受损变形，零部件是否齐全完好。

(3) 检查土建工程的标高是否满足设计图要求，以及检查所有的埋件留孔要求是否符合安装条件。

2. 微孔曝气头的安装

(1) 安装前的注意事项

在安装水平调节器之前，池底所有杂物都要清除掉，干净的池底可使水平调节座定位尺寸更精确，且便于做标记。

(2) 水平调节器的安装

① 确定水平调节器固定点的位置

每个曝气管网中水平调节器位置的固定点参见设计图纸。为达到最佳的曝气效率，管网和池边之间的距离通常由于池的尺寸不同而不同，如果有几个管网都安装于同一池底，则管网的布置必须做好总体设计。

一旦曝气管网的位置确定后，则把膨胀螺栓在标记处插入池底固定，膨胀螺栓需在一条直线上，这一点非常重要，否则，管子在安装时将被强制歪向一边。

② 安装水平调节器

在做好标记的位置采用与膨胀螺栓相配的钻头钻孔，在孔中插入螺栓，要使它与池底充分接触，用手握住螺栓，用锤子敲打其顶部。

当膨胀螺栓固定好后，将水平调节器支座套入膨胀螺栓，放入垫圈和六角螺母并拧紧。在这一过程中须避免损伤塑料件，确保调节器底座下面的池底干净。

③ 水平调节器的高度调整

为达到最大的充氧效率，曝气器必须尽可能地安装在接近于池底的某一个平面上，在已经安装好的管网中，各个曝气器之间的高度偏差应控制在±10mm 以内。在不同池底的曝气器的高度，应尽可能保持同一水平高度。有时，因为鼓风机风量有限，必须提高曝气器或池底其他结构的高度，这样，就必须用专用的加长套将水平调节器加长到更高的位置。调整曝气器高度，简单的方法是：调整一个水平调节器的高度（布气支管不需移动）使之达到某一理想高度，再以其为参考点，旋动装在池底上的其他水平调节器的螺纹，需用加长套的用上加长套，高者降，低者升，最终将所有的水平调节器调整到同一高度。

加长套与其上部的调节器支架用螺纹相连接，而下部与支座也可采用螺纹连接。因为在水中，要确保水平调节器能抵抗整个管网和水体产生的浮力。

(3) 安装空气分配干管

当安装空气分配干管及其水平调节器时，把螺母拧到螺栓上，旋到抱箍一半的位置，把空气分配干管放到抱箍中，然后布置布气支管，用抱箍把空气分配干管固定好，空气分配干管的高度用螺栓上的螺母调整，将异径四通的接头与布气支管相接，且必须保持水平和垂直。

用来调节空气分配干管高度的水平调节器，从六角螺母到抱箍按部件一个接一个地调整到恰当的高度。当固定进气立管的法兰时，旋紧法兰螺栓并确保法兰面水平且连接严密。

(4) 安装布气支管

安装布气支管时，以空气分配干管到环通边管为顺序进行装配，待其他所有的组件已在适当的位置安装好后，才可以安装环通边管。具体操作是将需用伸缩节连接的各段布气支管先用伸缩节连接好，再把布气支管与干管相连的一端与空气分配干管相对应的四通接嘴连接好，同时注意要使布气支管上与曝气器连接的接嘴水平朝上。然后用水平调节器上的带子把布气支管勒紧在水平调节器上。带子需在微热的条件下安装，在低于5℃的条件下，带子变得坚硬，安装时易断，在安装前，带子可在温水中加热。布气支管暂时不用则用水平调节器固定，使布气支管留有一定的移动空间，以便安装环通边管和调节管子水平高度。在安装这些组件时，需保持管内干净。

(5) 安装环通边管

在安装完布气支管后，接下来安装环通边管。顺序是从一端到另一端，方法是逐个地将三通和环通边管及布气支管的一端涂上胶黏剂后连接好，然后用同样的方法把环通边管端头的清扫口法兰装好。

（6）进气立管和清除装置的安装

在供气总管与进气立管连接之前，打开阀门用压缩空气吹扫供气总管内的杂物，尤其是铁锈，同时封闭进气立管上的法兰口，防止杂物进入管网堵塞曝气器。

在供气总管吹干净后，把进气立管通过法兰与之相连接并在中间加上橡胶垫圈，用螺栓旋紧，确保法兰连接处不漏气。

进气立管必须用支架固定在池壁上或在池底装上其他支撑件，确保空气分配干管不承受任何荷载。

把清除装置的橡胶软管（也可制成塑料管）的下端与干管或环通边管上的采集器相连接，橡胶软管的另一端则沿池壁垂直向上到水面以上适合开关排水阀的高度位置，而且管子必须每隔 1～1.5m 固定在池壁或其他结构上。

以上所有工作完成后，最后将曝气器一个个安装在布气支管上。

至此，所有安装工作完毕。打开通气阀门和清扫口法兰，把管网中所有杂物清除掉，以待调试。

3. 曝气系统的现场检查与调试

（1）曝气系统安装后按《微孔曝气器清水氧传质性能测定》（CJ/T 475—2015）标准进行检验，保证其允许值符合规定指标。

（2）在无水状态下，所有配气支管应在加载 100kg 情况下无弯曲变形。

（3）当所有安装工作完成后，一切准备就绪，即可进行系统检漏。

（4）在安装完毕后，不能立刻进行检漏，应先将清扫口法兰一个个打开并通气，对整个曝气管网进行一次彻底的吹扫。之后，关闭清扫口法兰并全面清理一次池底，然后向池底注入清水，水高超过曝气器至少 20cm，开始检漏。

（5）按照程序开启阀门，以允许的空气流量进行检漏和运行调试。

（6）应注意在供气给空气总管及曝气器的过程之前，应该对鼓风机进行正确操作调试。在鼓风机调试时，供给管网的空气量禁止超过设计的最大空气流量，空气从鼓风机房定量输出时，要打开所有确定必需的阀门。

（7）曝气系统的检漏应用清水来进行，通过曝气部位水平面高度来判断是否有漏洞，分如下三个阶段：

① 水平面与曝气器表面处于同一平面。

② 水平面高出曝气器表面 5cm。

③ 水平面高出曝气器表面 20cm。

（8）检漏必须按照以上安装检验要求去做，发现任何漏洞需立刻补上；确认无漏后，即可投入正式运行。

十、离心风机和罗茨风机的安装及调试

离心鼓风机和罗茨风机的安装如图 9-12 所示。

图 9-12　离心鼓风机(上排)和罗茨风机(下排)的安装

1. 离心鼓风机和罗茨风机的安装

(1) 安装前熟悉设计图纸、资料、说明书以及鼓风机组本体安装图纸。

(2) 对鼓风机要进行设备检查,包括规格形式、叶轮放置方向、正常间隙、风口方位与轴中心距是否符合设计要求,以及设备是否运转灵活、无振动、无噪声。

(3) 安装基准线与建筑轴线距离偏差应控制在±20mm 以内,与设备平面位置偏差应控制在±10mm 以内,与设备标高偏差应在−10～20mm 之间。

(4) 轴承座与底座接触紧密、均匀,局部间隙应不大于 0.1mm,纵、横向水平偏差应不大于 0.2/1000。

(5) 机壳中心线与转子中心线重合度的偏差应不大于 2mm。

(6) 轴颈与轴瓦的间隙应不大于轴颈直径的 1.5/1000。

(7) 联轴器的轴端安装时,轴不宜外伸过长,以免影响转子弯振的临界转速。

(8) 阀门的安装要正确,介质流向要与阀门上的指针方向一致。

(9) 鼓风机组的润滑油系统、仪表控制系统、驱动设备安装时要遵照各专业的安装要求。

2. 试运转程序

(1) 试运转前检查

离心式鼓风机试运转开车前应全面检查机组的气路、油路、电路和控制系统是否达到了设计要求。

① 检查进气系统、消声器、伸缩节和空气过滤器的清洁度和安装是否正确，特别应注意检查叶轮前面的进气口和进气管。

② 检查油箱是否清洁，油路是否畅通；检查油号是否符合规定，加油是否至规定油位；启动油泵，检查旋转方向是否正确，油泵不得无油空转或反转。油温低于 10℃，不允许启动油泵，否则可能造成油泵电机超负荷。

③ 检查放空间、止回阀安装是否正确。

④ 检查扩压器控制系统的功能和控制是否正确。

⑤ 检查进口叶轮控制系统的功能和控制是否正确。

⑥ 检查油冷却效果。

⑦ 若工程鼓风机采用水冷式，还需检查管路和阀门安装是否正确，水压是否正常，有无泄漏。

（2）试运转

① 试运转的目的是为了检查开、停顺序和电缆连接是否正确。试运转时，恒温器、恒压器和各种安全监测装置已经过试验，并且合格。

② 启动鼓风机前必须手动盘车检查，各部分不应有不正常的撞击声。

③ 瞬时点动机组主电机（2～3s），检查主电机转动方向是否正确。若方向不对，电机需要重新接线。转动方向不对，几秒钟内就会造成鼓风机和齿轮箱永久性损坏。

④ 试运期间应检查和调整以下项目：放空阀的开、闭时间；止回阀的功能；压力管路中的升压情况；润滑油的压力和温度稳定；油冷却器阀调整试验情况；油温；扩压器叶片手动调整试验情况；进口导叶手动调整试验情况；安全监测装置、恒温器、恒压器及紧急停车装置的试验情况；油冷却器调整试验情况；正常启动和停车顺序试验情况；电机过载保护（扩压器、进口叶极限位置）试验情况；漏油情况；就地盘至主控盘的接线情况。

（3）启动

正常启动程序如下：

① 打开放空阀或旁通阀。

② 使扩压器和进水导叶处于最小位置。

③ 给油冷却器供水。

④ 启动辅助供水。

⑤ 辅助油泵油压正常后，启动机组主电机。

⑥ 主油泵产生足够油压时，停止辅助油泵。

⑦ 使进口导叶微开（15°左右）。

⑧ 机组达到额定转速后确认各轴承温升、各部分振动值都符合规定。

⑨ 进口导叶全开时，慢慢关闭放空间或旁通间。

⑩ 放空阀关闭后，扩压器和进口导叶进入正常动作，启动程序完成，机组投入负荷运行。

（4）停车

停车程序不像启动那样严格，大致与启动程序相反，正常的停车程序如下：

① 打开放空阀。

② 进口导叶关至最小位置。

③ 机组主电机停车。

④ 机组停车后，油泵至少要连续运行 20min。

⑤ 油泵停止工作，停油冷却器冷却水。

在停车过程中应注意记录主电机从断电直到转子完全停止转动的时间。如果机组停车时间比正常情况短，则应检查是否有磨刮等现象。

十一、紫外线消毒设备安装及调试

紫外线消毒设备的安装如图 9-13 所示。

图 9-13 紫外线消毒器(上排)和明渠紫外线消毒设备(下排)的安装

1. 安装前的准备工作

(1) 基础验收

① 检查各设备基础平面标高。

② 检查各设备纵轴线之间的尺寸。

(2) 开箱检查

① 检查设备的技术资料(安装手册、使用、维修手册)是否齐全。

② 检查设备的零件、部件是否齐全。

③ 检查电气系统的零件、部件是否齐全。

④ 检查控制系统及仪表元件是否齐全。

⑤ 检查管路及附件是否齐全。

(3)方案确定

① 认真阅读设备技术文件，核对设计图纸是否能够符合要求，如有不符合处应立即向业主、设计单位提出设计变更。

② 根据技术文件编制详细施工方案，经监理、业主批准后实施。

2. 紫外线消毒器安装

(1) 设备吊装就位前的工作

① 设备在吊装前将基础、地脚螺栓预留孔清理干净。

② 检查设备支座混凝土基础尺寸无误。

③ 确定设备底座螺栓孔与地脚螺栓预留孔尺寸无误。

④ 复核进出水管在进出水渠的预留孔的标高、轴线尺寸，如有偏差需要及时纠正。

(2) 设备安装注意事项

① 紫外线消毒器起吊受力点的设立非常关键，经过试吊后方可进行正式吊装。

② 紫外线消毒器吊装时必须有防碰保护措施。应特别注意对紫外线灯管的保护。

③ 防水套管与混凝土预留孔之间的密封是非常重要的一项工作，必须注意施工质量。

④ 双法短管和单法短管以及弯头在安装前根据现场情况进行测量、放样、制作。

⑤ 阀门、管道在连接安装时必须注意内部的清洁。

⑥ 两侧的钢平台在施工时必须注意对紫外线消毒器采取保护措施。

3. 紫外线消毒器单机试车

(1) 紫外线消毒器在单机试车前，必须根据技术文件编制单机试车方案，并且得到监理、甲方的批准。

(2) 消毒间的设备和电气、控制系统等安装完毕。

(3) 按单机试车方案的操作程序进行试车。

十二、絮凝剂装置的安装及调试

几种形式絮凝剂装置如图 9-14 所示。

1. 安装前的准备工作

(1) 检查设备材料的规格是否符合图纸及标书合同要求，检查分部设备产品说明书、合格证及关键部件试验报告是否齐全。

(2) 检查设备外观如机壳是否受损变形，零部件是否齐全完好。

(3) 安装前熟悉设计图纸、资料、说明书以及加药机组安装图纸。

2. 絮凝剂装置的安装

(1) 搅拌器安装时，应检查与搅拌器连接法兰相配对的设备法兰平行度，其精度应控制在技术说明书要求范围内，一般在±0.5mm 以内。

(2) 搅拌器杆垂直度应保证在 1mm/m 以内，否则长时间运转受力杆较易变形、损坏。搅拌器的法兰应与容器法兰紧密结合，不允许加斜垫片，电机必须保证水平。

图 9-14　几种形式的絮凝剂装置

(3) 在保证搅拌器垂直度的前提下，还要保证容器的垂直度或水平度，如果二者发生矛盾，则要统筹考虑。

(4) 检查搅拌轴是否弯曲，表面是否有裂纹、毛刺、划痕等缺陷，检查叶轮是否变形，转动方向是否正确。各部件经检查完全合格后才可进行安装。

(5) 系统设备之间的管道、法兰或管件连接部分不能有漏水现象发生，储罐及溶液罐应按设计要求进行定位固定，容器安装后须进行盛水试验，各焊接处不允许渗漏。

3. 检查与调试

试车前检查润滑油质量是否符合要求，应保证机体零部件完整齐全，各连接件、紧固件不得有松动现象，盘车无异常响声，不得有冲击振动。进行搅拌器的平衡试验，应无异常现象。开始进行负荷试运转，试运转时间为 2h，无异常现象为合格。

十三、污泥脱水系统的安装及调试

几种主要形式的污泥脱水设备如图 9-15 所示。

1. 安装前的准备工作

(1) 检查设备的规格、性能是否符合图纸及标书合同要求，检查设备产品说明书、合格证及设备出厂试验报告是否齐全。

(2) 检查设备外观如机壳是否受损变形，零部件是否齐全完好。

图 9-15　几种主要形式的污泥脱水机

(3) 安装前熟悉设计图纸、资料、说明书以及脱水机组安装图纸。

(4) 检查土建工程标高是否满足设计图要求，检查所有的埋件预留孔是否符合安装条件要求。

2. 污泥脱水系统的安装

(1) 脱水机采用整机固定在平台上的安装方式，设备安装的平面位置偏差应控制在±10mm 以内。标高偏差应控制在±20mm 以内。

(2) 脱水机的机座水平度偏差应满足设备原厂设备运行手册要求，水平偏差应不大于 1/1000。

(3) 管路施工时应保证其各中心标高符合设计要求。

(4) 各单元装置的管路、阀连接应牢固紧密、无泄漏。

(5) 其他设备安装符合其设备运行手册要求及通用机械设备的安装技术要求。

3. 现场检测和调试

(1) 按技术要求进行检验，保证允许误差符合规定的指标。

(2) 空机运转 2h，机组运行应平稳，无异常声音和振动，电气及控制系统能安全可靠地运行。

(3) 脱水机组安装后，应对设备进行系统调试与试运行，并检验设备污泥脱水处理能力、出泥含水率等指标是否符合设计及标书合同要求。

十四、设备安装验收

设备完成连动负载试车后，如无问题，施工单位可提出设备安装验收。

（1）工程交接验收前，有关单位应对工程进行检查，确认下列内容：

① 施工范围、内容符合合同规定。

② 工程质量符合图纸、规范的规定。

（2）工程交接验收前，施工单位应向有关单位提交下列技术文件：

① 设备的质量证明文件或复验、补验报告。

② 设备安装说明、电路原理图和接线图。

③ 设备使用说明书，运行和保养手册。

④ 防护及油漆标准。

⑤ 产品出厂合格证书、性能检测报告，材质证明书。

⑥ 设备开箱验收记录。

⑦ 设备试运转记录。

⑧ 中间交接、验收记录。

⑨ 施工记录和监理检验记录。

⑩ 设计修改文件及材料代用报告。

工程交接时确因客观条件限制未能全部完成的工程，在不影响安全试生产的前提下，经建设单位同意，可办理工程交接验收手续，但遗留工程必须限期完成。工程交接验收应按规范格式填写“工程交接检验书”。

第二节　工艺管道安装工程

环境工程工艺管道是为满足污染物处理需要进行设备连接的重要桥梁，其类型分为金属管、非金属管和钢衬非金属复合管，其管道安装工序和要求大体相同。本节主要介绍碳钢管材、PPR 管材、PVC 管材以及配套的阀门和管件安装。

一、工艺管道安装施工程序

管道安装主要施工程序如图 9-16 所示。

二、管道安装的一般规定

（1）与管道有关的土建工程经检验合格，满足安装要求。与管道连接的设备应找正合格、固定完成。

（2）必须在管道安装前完成有关工序，如清洗、脱脂、内部防腐等。

（3）管子、管件及阀门等已按设计要求核对无误，内部已经清理干净，不存杂物。

（4）管道的坡向、坡度应符合设计要求。

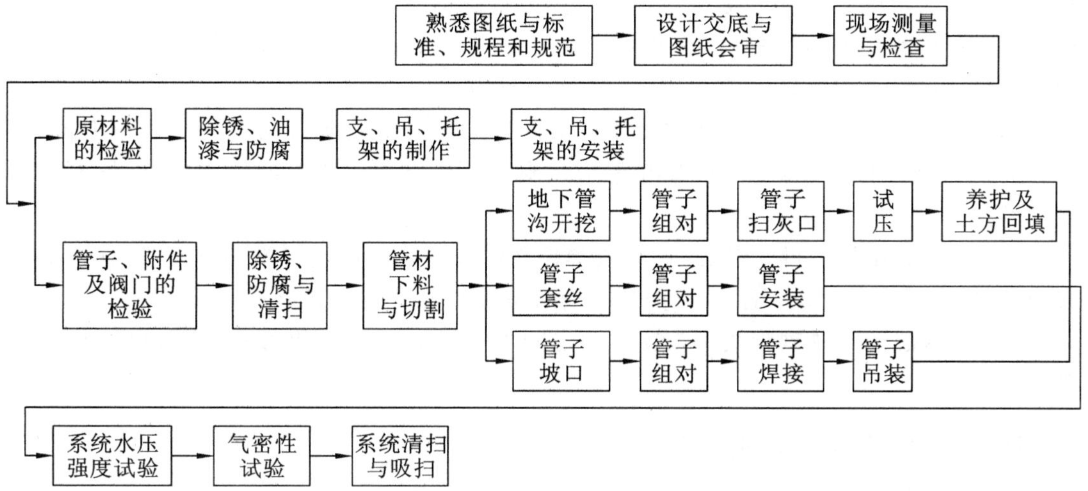

图 9-16　工艺管道安装主要施工程序

(5) 管道的坡度可用支座下的金属垫板调整，吊架高度用吊杆螺栓调整。

(6) 垫板与预埋件及其他连接件的设置应便于抢修，并不得紧贴墙壁、楼板或管架。

(7) 合金钢管道不应焊接临时支撑物，如有必要时应符合焊接的有关规定。

(8) 脱脂后的管子、管件及阀门，安装时必须严格检查其内外表面是否有油迹污染，如发现有油迹污染时，不得安装，应重新脱脂处理；埋地管道安装时，如遇地下水或积水，应采取排水措施。

(9) 埋地管道试压防腐后，应办理隐蔽验收，并填写《隐蔽工程记录》。及时回填土，并分层夯实。

(10) 管道穿越道路，应加套管或砌筑涵洞保护。

(11) 与设备连接的管道，安装前必须将管道内部清理干净，其固定焊口一般应远离设备。

(12) 当设计或设备制造厂无规定时，对不容许承受附加外力的传动设备，在设备法兰与管道连接前，应在自由状态下，检查法兰的平行度和同轴度，其偏差应在所规定的允许偏差之内。

(13) 管道系统与设备最终封闭连接时，应在设备连接轴上架设百分表监视设备位移，设备位移值应在所规定的范围。

(14) 管道安装合格后，不得承受设计外的附加载荷。管道试压、吹洗合格后，应对该管道与设备的接口复位检查，其偏差值应符合规定，如有超差，应重新调整，直至合格。

三、管线支、托、吊架安装

(1) 管线支、托、吊架按标准图制作，不允许用临时支托，同时制作的管线支、托、吊架应有防腐涂漆，否则不予安装。

(2) 管道安装时应及时进行支、托、吊架的固定和调整工作，支、托、吊架的位置应正确，安装平整、牢固且与管子接触良好。无热位移管道其吊杆应垂直安装，有热位移的管道吊杆在位移相反方向，按位移量的一半倾斜安装。两根热位移方向相反或位移不等的管道不得使用同一根吊杆。

（3）固定支、托、吊架应严格按设计要求进行。导向支架或滑动支架应洁净平整，不得有歪斜和滑动卡滞现象。其安装位置应从支撑面中心向位移反向偏移，偏移值为位移值一半。

（4）支、托、吊架不得有漏焊、假焊或焊接裂纹等缺陷。管道与支架焊接时，管子不得有咬口、烧穿等现象。支、托、吊架安装完毕后按设计要求核对其形式。

（5）不保温的不锈钢管线在与支撑面之间加 2～3mm 不锈钢板作垫板，以防止管线腐蚀。

四、碳钢、不锈钢管道施工

1. 碳钢、不锈钢管材

主要的钢管种类如图 9-17 所示。

(a)

(b)

图 9-17　主要的钢管种类

(a)碳钢管；(b)不锈钢管

2. 碳钢、不锈钢管道安装

（1）到货的管材、管件运至二级仓库后，要有规律地摆放。不锈钢管及管件要采取防渗碳措施，要求在室内保存，且需保持堆放场地清洁。不锈钢管材及管件、碳钢管材及管件不得堆放一起。室外保存的管材应储存在较高位置，并用木方垫好，同时对各种管材、管件要有明显标识，对要求涂刷色标的管件、管材要按规定涂刷色标。对标识不清的管材、管件严禁使用。

（2）对到货管材、管件等材料在使用前严格检查规格、材质、型号，并进行外观检查。

（3）管材的表面质量要求：

① 内外表面应光滑，表面的局部缺陷应予以清除，清除后外径或壁厚不得超出规定的负偏差值。

② 清洁无针孔、裂纹、夹渣、折叠、皱皮和腐蚀等缺陷。

③ 不得有超过壁厚负偏差的腐蚀和凹陷。

（4）管子切口应符合下列规定：

① 切口表面应平整，无裂纹、皱皮、毛刺、凹凸缩口，无熔渣、氧化物、铁屑等杂物。

② 切口端面倾斜偏差不应大于管子外径的1%，且不得超过3mm。

(5) 管道的坡向、坡度应符合设计要求，管子对口应检查平直度，在距坡口中心200mm处测量，允许偏差为1mm/m，全长允许偏差不超过10mm。

(6) 法兰连接时应保持平行，其偏差不大于法兰外径的1.5%，不大于2mm，绝对不得用强紧螺栓的方法消除歪斜。

(7) 管子对口后应垫置牢固，避免焊接过程中产生变形，管道连接时不得强力组对。

(8) 法兰连接面应保持同轴，其螺栓孔中心偏差一般不超过孔径的5%，并保证螺栓能自由穿入，法兰连接应使用同一规格、同一材质的螺栓。安装方向应一致，紧固螺栓应对称、均匀、松紧适度，紧固后所露长度不大于2个螺距。

(9) 管道焊缝位置若设计无要求时，应按下列几点进行操作：

① 直管段两环缝间不小于100mm，在管道焊缝上不得开孔。

② 焊缝距弯管起点不小于100mm，且不小于管外径。

③ 环焊缝距支吊架净距离不小于50mm。

(10) 穿墙管线应加套管，但管道焊缝不得设于套管内。穿过屋面的管道一般应有防水帽和防水肩，不锈钢管与碳钢管不得直接接触。

(11) 管线安装工作中如有间断，应及时封闭管口，不锈钢管道安装时，不允许用铁质工具敲击。

(12) 所需要的所有固定材料、支架、悬吊架应该与有关管子一起安装，以保证管线安装在应有位置上，并且避免施加外力到已经连接的管子上，这对泵和压缩机管线尤为重要。

(13) 不锈钢管道与支架之间应垫入不锈钢垫片或氯离子含量不超过5×10^{-5}的非金属垫片。

(14) 管道安装的允许偏差应符合表9-4的规定。

表9-4　管道安装允许偏差

项目			允许偏差/mm
坐标	架空及地沟	室外	25
		室内	15
	埋地		60
标高	架空及地沟	室外	±20
		室内	±15
	埋地		±20
水平管平直度	$DN\leqslant100$mm		$0.2L/100$且不大于50（L为管长，下同）
	$DN>100$mm		$0.3L/100$且不大于80
立管铅垂度			$0.5L/100$且不大于30

续表9-4

项 目	允许偏差/mm
成排管道间距	15
交叉管的外壁或绝热层间距	20

(15) 与传动设备连接的管道安装应符合下列规定：

① 与传动设备连接的管道安装前必须将设备内清理干净，且其焊口一般应远离设备，以避免焊接应力影响。

② 在管道与传动设备法兰连接前应在自由状态下检查法兰的平行度和同轴度。

③ 管道安装合格后，不得承受设计以外的附加载荷。

④ 管道经试压、吹扫合格后，应对该管道与设备的接口进行复位检查，其偏差符合表9-5的规定，如有偏差应重新调整，直至合格。

表9-5　管道与设备接口允许偏差

设备转速/(r/min)	平直度/mm	同轴度/mm
3000～6000	≤0.15	≤0.5
>6000	≤0.1	≤0.2

五、PPR管道安装

PPR管如图9-18(a)所示。

(a)

(b)

图9-18　PPR管和PVC管

(a) PPR管；(b) PVC管

(1) 材料进货时应严格检验，其管径椭圆率应小于10%，管材同一截面的壁厚偏差应小于14%，内外壁应光滑、平整，无气泡、裂口、裂纹、凹陷、脱皮和严重的冷斑及明显的痕迹。管材的端面应垂直于管材的轴线。管件应完整、无缺损、无变形。

(2) 管件和管材不应长期置于阳光下照射，为避免管子在储运时弯曲，堆放应平整。搬运管材和管件时，应小心轻放，严禁与尖锐物体触碰。

(3) 施工现场与材料存放处温差较大时，应于安装前将管件和管材在现场放置一定时间，使其温度接近施工现场环境温度。

(4) 管材切割也可采用专用管剪，管剪刀片卡口应调整到与所切割管管径相符，旋转切断时应均匀加力，切断后，断口应用配套整圆器整圆。

(5) PPR 管道一般采用手持式熔接器进行热熔连接。连接前，应先清除管道及附件上的灰尘及异物。管材和管件的热熔深度应符合生产厂家的技术要求。

(6) 连接时，无旋转地把管端插入加热套内，达到预定深度。同时，无旋转地把管件推到加热头上加热，达到加热时间后，立即把管子与管件从加热套与加热头上同时取下，迅速无旋转地、均匀用力插入到所要求的深度，使接头处形成均匀凸缘。在规定的加热时间内，刚熔接好的接头还可进行校正，但严禁旋转。将加热后的管材和管件垂直对准推进时用力不要过猛，防止弯头弯曲。

(7) 连接完毕，必须紧握管子与管件保持足够的冷却时间，冷却到一定程度后方可松手。

(8) 当 PPR 管与金属管件连接时，应采用带金属嵌件的 PPR 管作为过渡，该管件与 PPR 管采用热熔承插方式连接，与金属管件或卫生洁具的五金配件连接时，采用螺纹连接，宜以聚丙乙烯生料带作为密封填充物。安装时，不得用力过猛，以免损伤丝扣配件，造成连接处渗漏。

六、PVC 管道安装

PVC 管如图 9-18(b) 所示。

(1) PVC 管应存放在通风良好的仓库内，严禁露天放置，避免阳光直射。

(2) PVC 管的安装应严格按照技术规程进行，安装过程中要注意对管口及时封堵保护。

(3) 管黏结环境不宜湿度过大，操作场所远离火源和阳光直射处。涂抹胶水后 20s 内完成黏结。

(4) 排水管道不得与生活污水管道连接。

(5) 管件应选用顺水型，安装时应注意承插方向，管支架应选用配套件。

(6) 管道系统安装完毕后，土建封闭前应做灌水试验，竣工前应做通水试验，操作方法应按相关规范进行。

七、管道阀门的安装

常见的管道阀门如图 9-19 所示。

1. 阀门检查

(1) 阀门到货后应检查其传动装置是否灵活可靠、有无卡涩现象。

(2) 阀门的强度和严密性试验应用洁净水进行。

(3) 阀门试验用的压力表需经计量检测合格并在有效期内，其精度不低于 14 级，压力表使用时不得少于 2 块。

(4) 阀门试验用的压力为其公称压力的 1.5 倍(强度)，其试验时间不小于 5min，以壳体、填料无渗漏为合格。

(5) 除止回阀的阀门，严密性试验一般应以公称压力进行，在能够确定工作压力时，

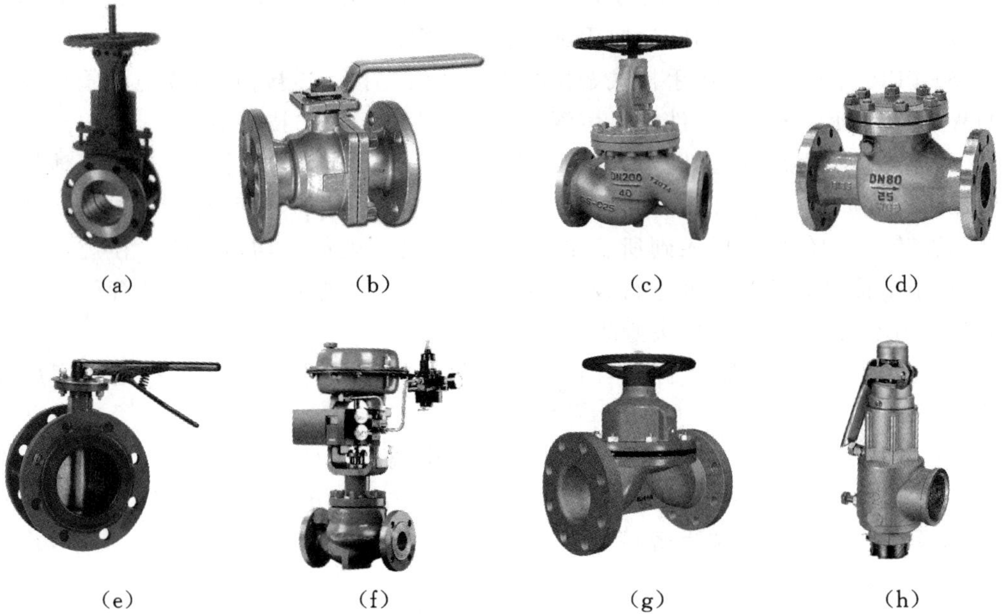

图 9-19　常见的几种阀门

(a) 闸阀;(b) 球阀;(c) 截止阀;(d) 止回阀;(e) 蝶阀;(f) 调节阀;(g) 隔膜阀;(h) 安全阀

也可以用 1.25 倍的工作压力进行试验,以阀芯或阀瓣密封面不漏为合格。

(6) 对严密性试验不合格的阀门,需解体检查,并重新试验。

(7) 试验合格的阀门应及时排净内部积水,密封面应涂防锈油(脱脂除外),且试验合格的阀门应打上试验人员的代号,并有明显标记,分别放置,不得与其他阀门相混。

(8) 低压阀门应从每批中抽查 10%进行强度和严密性试验,若有不合格,再抽查 20%,如仍有不合格,则需逐个检查。公称压力小于 1.0MPa 且公称直径大于或等于 600mm 的闸间,可以不单独进行水压强度和严密性试验。强度试验在系统试压时按管道系统的试验压力进行,严密性试验可用色印等方法对阀板密封面进行检查,接合面应连接。

2. 阀门安装

(1) 阀门安装前应检查其填料,压盖螺栓应有足够的调节余量,且试压完毕。

(2) 法兰或螺栓连接的阀门应在关闭状态下安装,对焊阀门与管道连接时阀门不应关闭,以防止热变形。

(3) 阀门安装前应按设计施工图纸要求核对阀门型号、材质,并结合介质流向确定其安装方向。水平管口的阀门其阀杆应安装在上半周范围内。

(4) 调节阀组预制安装时应按配管图纸中立面、剖面图为准,具体走向以流程图为准。

八、管道及管道附件的防腐

(1) 管道涂刷油漆前必须对管道表面进行除锈,焊接钢管、管件应进行防腐处理。防腐前应除去油污、灰渣、氧化铁皮等杂物，采用人工除锈时，其质量标准应达到《涂装前钢材表面处理规范》(SY/T 0407—2012) 中的相关要求。

(2) 管道油漆应在水压试验合格后进行，并按设计要求刷油漆。在涂刷底漆前，应清除表面的灰尘、污垢、锈斑、焊渣等物，涂刷油漆厚度应均匀，不得有脱皮、起泡和漏涂现象。

(3) 埋地钢管外防腐采用环氧煤沥青缠带加强级防腐做法，干膜厚度不小于 0.4mm。

(4) 钢管内防腐和浸入水中的钢管、管件、支架的外防腐采用厚浆型环氧煤沥青底漆一道，面漆三道做法，干膜厚度不小于 0.28mm。

(5) 明敷钢管外防腐采用环氧红底漆一道，环氧云铁中层漆一道做法，而且不同用途管道应用不同颜色加以区分。

(6) 管道支、吊架应在安装前完成除锈和刷涂防锈漆工作，最后一道面漆在安装完成后涂刷。

(7) 明露管道上应涂刷表明介质流向的箭头。

九、管路系统调试

管道系统必须根据设计及规范要求进行管道的压力试验、吹扫清洗工作，排水管需要进行通水试验，埋地管道除通水试验外还要进行闭水试验。

1.管道的试压

(1) 管道的试验压力必须符合设计要求。

(2) 管道采用自来水进行管道试压。用于不锈钢管试压的水，其氯离子浓度不超过 2.5×10^{6} mg/L；试压前一周，根据现场情况，编制试压作业指导书，明确水源、排放点等关键环节。

(3) 管道系统在试压前，按设计施工图进行核对。对支架是否牢固，管线是否为封闭系统等有可能对试压造成影响的环节进行检查。

(4) 安装施压临时管线、试压仪表及设备。在系统最高点设置放空装置，最低点设置排污装置，对不能参与试压的设备与阀件，加以隔离。

(5) 系统注水过程中组织人员认真检查，对发现的问题及时处理。

(6) 系统试压时，压力应缓慢上升，如发现问题，立即泄压，不得带压修理。

(7) 当压力达到强度试验压力时，稳压 10min，作全面检查。以管线不变形，降压不大于 0.02MPa 为合格。压力降至工作压力作严密性试验选用 0.5kg 小锤敲击焊缝，稳压 30min，以无压降、无渗漏为合格。

(8) 管道系统试压合格后，及时排除管内积水，拆除盲板、堵头等，按施工图恢复系统，并及时填写《管道系统试压记录》。

2. 管道的冲洗

管道压力试验合格后应进行系统冲洗，管道冲洗的介质主要分气体和液体两种。水介质管道通常用干净的自来水作为介质进行冲洗，冲洗时管内水流速不低于 1.8m/s。冲洗前应卸掉阀头、阀座，设备进出口应加保护套铜丝网，冲洗管道应使用清洁水。

冲洗合格后,及时填写《管道系统冲洗记录》。

3. 管道的闭水、通水试验

(1) 排水管安装完经复核无误后,应做分段灌水试验,分段灌水高度必须符合相关规范要求。

(2) 埋地排水管做闭水试验时,室外闭水试验的水位应为试验段上游管道内顶以上 2.0m,当管内顶至检查口的高度小于 2.0m,水位可至井口为止;闭水试验时间不得小于 30min;室内排水管道注水高度为层高,并小于 8.0m,30min 内不渗不漏为合格。

(3) 灌水试验介质采用自来水。灌水试验由施工单位主持,邀请有关方面人员参加。试验合格后,应办理隐蔽工程验收。试验后的水定点排放,保持现场清洁。

(4) 管道安装结束后,需要进行通水试验。使用的球直径不得小于试验管直径的 2/3。

第三节 电气工程安装

环境工程中的电气工程是保障设备运行的重要组成部分,包括强电、弱电、一般电气设备、电路、电缆、接地及设备运行的智能化管理系统等。本节主要讲述电气设备安装要求,设备运行的智能化管理系统请另行参阅其他图书和资料。

一、电气设备的安装

1. 变压器的安装

(1) 安装前应检查变压器是否和设计的型号规格相符;变压器的附件、配件是否齐全完好;变压器的出厂资料是否齐全;变压器是否无损坏和缺件情况,出线端子是否完好;变压器是否受潮,一二次线圈绝缘是否良好。

(2) 变压器运输及吊装应采用起重机和汽车进行。变压器吊装和运输一定要安全可靠,不可有冲击、振动和较大的倾斜。变压器严禁受潮,应有防雨措施。

(3) 变压器在吊装就位前要注意变压器的安装方向,使变压器的高低压侧和高低压配电室进出线方向一致。

(4) 在室内利用起重机吊装有困难时可采用设立起重工具的办法。

(5) 变压器的基础轨道应水平,轮距与轨距应吻合。

(6) 变压器就位后找正固定,并做好接地。

2. 高压开关柜、直流屏、信号及交流电源屏等的安装

(1) 开关柜到达现场后进行检查、验收。设备及元器件配置与图纸相符。安装前核对基础尺寸与设备柜基础是否一致,可根据需要修改基础。

(2) 将基础型钢调直后置于预埋件上;保证前后型钢平行,其相对于墙面的位置符合设计。用水准仪测量每根型钢的两端高差,用垫铁调整,使整条型钢连成一条水平直线,

并使前后两条型钢及边框在同一水平上。型钢与预埋铁间隙全部用垫块填实，每处垫块不超过3片，埋铁间距不大于500mm，重新测量基础型钢，保证其水平度每米偏差不大于1mm，全长偏差不大于5mm，将型钢、垫块、埋件用电焊焊牢。

(3) 柜的柜面与底框前立面应对齐，开关柜基础底框的顶面应与地面相平，柜与底框固定用螺栓连接。

(4) 箱柜运输、搬运时防振、防漆面损伤，柜体不得倾倒；控制柜与基础型钢的螺栓连接应牢固。

(5) 开关柜安装不平度不得超过2mm，具体允许偏差见表9-6。

表9-6　开关柜安装允许偏差

项目		允许偏差/mm
垂直度		<1.5
水平偏差	相邻两柜顶部	<2
	成列柜顶部	<5
盘面偏差	相邻两柜边	<1
	成列柜面	<5
柜(屏)间接缝		<2

(6) 导线与电气元件间采用螺栓连接、插接、焊接或压接时，均应牢固可靠。

(7) 引入柜内的电缆排列整齐，编号清晰，固定牢固，端子排不受机械应力。

(8) 电气回路连接正确，牢固可靠。导线端部标以回路编号，编号应正确，字迹工整清晰，不易褪色。备用芯留有足够的余量。

3. 母线槽安装

(1) 储存

① 当母线槽运输到施工现场后，必须验收，要根据运货单检查主要组件与零件的型号和数量，检查运输中是否有损坏。

② 母线槽应当放置在干燥的地方，若有必要，用防水纸进行包裹。

③ 母线槽不能直接放置在地上，一定要在母线槽下方加层木板，不要直立放置母线槽。

④ 为防止母线槽接头沾到泥土，将两端用胶布包裹起来，至安装时拆除。

(2) 准备

① 彻底检查母线槽安装线路，检查线路中是否有漏水等情况，并预先检查建筑和安全设备、装置的尺寸。

② 检查由储放地点到安装地点的运输路线。

③ 事先装设吊架螺栓和支撑端架，吊架要两边支撑固定。

④ 事先调查安装的现场情况决定最有利的安装路线。

(3) 安装

① 使用足够坚固的材料和装备以确保运输及安放的安全，根据母线槽的重量来选择

运输和吊装机具。

② 用绳子起吊母线槽时,绳缚处垫厚布或硬纸以防止母线槽受到损坏。

③ 在连接汇流母线槽前,检查导体接触表面或绝缘材料是否受到损坏。同时检查是否沾有泥土、灰尘或其他异物,若有,务必清理干净。

④ 整条线路布线时先松开接头,再测量尺寸,然后紧固接头,汇流母线槽的每个接头大约有 3mm 的调整量。

⑤ 建议边安装边测绝缘电阻,避免出现不正常情况时检查和拆卸整段路线。

⑥ 当安装暂时停滞时,连接终端应有防水和防尘措施。

⑦ 切不可将汇流母线槽当支架或吊架用。

(4) 连接程序

① 根据厂家资料将母线槽两端正确连接。

② 将与螺栓固定在一起的弹簧板分开,然后将母线槽的螺栓孔彼此对准,再重新组合。

③ 用螺栓、螺母及弹簧板将接头紧固,并在螺母侧加设垫片。

④ 紧固直至弹簧板几乎变平为止(直到插销孔完全暴露),紧固螺栓必须两边交错进行,不能先紧固完一边,再紧固另一边。

⑤ 确定接头内无异物后安装接头盖板,接头螺栓未拧紧时,螺母或螺栓会挡住盖板,使其无法安装,此时只要拧紧螺栓即可。

(5) 接地

母线槽连接部分通过接头盖板的连接保证了接地的连续性,在终端连接时,将地线通过接地螺栓接地。

(6) 测试

母线槽全部安装完后要进行绝缘电阻的测量,测绝缘电阻时,先断开电气设备的连接,若插入式闸刀已安装则置于“关”的位置。绝缘电阻采用 500V 兆欧表(需在有效的检验合格期内,如过期,则先送检测机构检验)进行测量,在干燥的空气中,其值通常为 100MΩ,绝缘电阻值不能因线路的长短不同和周围环境的不同而有所改变。

4. 低压配电柜、配电箱及现场操作箱的安装

(1) 安装条件:天花板、楼地面施工完毕,施工设施及杂物清除干净,有足够的安装用地,施工道路畅通;预埋件及预留孔符合设计要求,预埋件牢固可靠;基础型钢验收合格;与设备安装工程有冲突的装饰工作全部结束。

(2) 柜组安装后,柜面每米高的垂直度应小于 1.5mm,相邻两柜的间隙应不大于 2mm,成列安装时,盘面偏差应不大于 5mm。

(3) 柜的金属框架及基础型钢应接地或接零可靠,连接紧密。装有电器的可开启门,门和框架的接地端子间应用裸编织铜线连接,且有标识。

(4) 柜应有可靠的防电击保护,柜内保护导体应有裸露的连接外部保护导体的端子。

(5) 在基础型钢上安装柜体,柜体间采用螺栓连接,紧固件应是镀锌制品,宜采用标准件,且防松零件齐全。基础型钢的安装允许偏差见表 9-7。

表 9-7　基础型钢的安装允许偏差

项目	允许偏差	
	单位为 mm/m	单位为 mm/全长
不直度	1	5
水平度	1	5
不平行度	—	5

(6) 柜固定好后，要进行内部检查、试验、清扫，柜内各部件间连接应牢固。各种设备应擦拭干净，柜内不应有杂物。检查、试验主要包括：控制开关及保护装置的规格、型号符合设计要求；闭锁装置动作准确、可靠；主开关的辅助开关切换动作与主开关动作一致；箱、柜、盘的标识器件标明被控设备编号及名称或操作位置，接线端子有编号，且清晰、工整、不易脱色。

(7) 柜内线路的线间和线对地间绝缘电阻值，馈电线路必须大于 0.5MΩ；二次回路必须大于 1MΩ。

(8) 柜间二次回路交流工频耐压试验，当绝缘电阻值大于 10MΩ 时，用 2500V 兆欧表摇测 1min，应无闪络击穿现象；当绝缘电阻值在 1～10MΩ 之间时，做 1000V 交流工频耐压试验，时间 1min，应无闪络击穿现象。

(9) 柜内配线整齐，无铰接现象。导线连接紧密，不伤芯线，不断股。垫圈下螺栓两侧压的导线截面积相同，同一端子上连接导线不多于 2 根，防松垫圈等配件零件齐全。

(10) 安装好的柜子，要求其盘面油漆完好，盘面标志牌齐全、正确并清晰。箱体开孔与导管管径适配，暗装配电箱紧贴墙面。

(11) 柜的电源进线及母线的连接应按国际通行的相位色标表示，相位应正确一致，在低压双投电源柜中要保证进线电源的相序正确。

二、一般电气设备、管路、线缆的安装

1. 电缆桥架和保护管安装及电缆敷设

(1) 工艺流程

电缆桥架及电缆保护管的安装→电缆敷设准备→电缆沿桥架(保护管)敷设→水平敷设(垂直敷设)→整理固定→挂标志牌。

(2) 电缆保护管的敷设

① 电缆保护管不应有穿孔、裂缝，内壁应光滑，管口应无毛刺和尖角，管口做成喇叭形。

② 弯管不应有裂缝，其弯扁程度不超过 10%，弯曲半径不应小于电缆的最小允许弯曲半径。

③ 电缆保护管外表面刷沥青漆以防腐，镀锌管镀锌剥落处应涂防腐漆，埋入混凝土内的管子可不涂防腐漆。

④ 电缆保护管管径如设计无要求时，管内径与电缆外径之比不应小于 1.5，每根电缆

管弯头不应超过3个，直角弯头不应超过2个。

⑤ 电缆保护管连接应牢固，密封良好，两口对准，且不得直接对焊。

⑥ 电缆保护管必须做好接地跨接，若管接头采用套管焊接时可以除外。

⑦ 并列敷设的电缆管管口应排列整齐，敷设完毕将管口堵严，以防止杂物进入而影响电缆敷设。

⑧ 引至设备的电缆管管口位置，应便于与设备连接并不妨碍设备的拆装和进出。

⑨ 直埋电缆入墙保护管应配合土建方在墙体施工时，一起做好预埋，预埋前应先焊好止水板，应采用6mm厚钢板，并且保护管应略微向墙外倾斜，以防室外向室内渗水。

(3) 电缆桥架的安装

① 根据设计图纸确定进出线、盒、箱、柜等电气器具的安装位置，从始端至终端找好水平线或垂直线，用粉线弹出，并按设计图要求及施工规范规定，分匀档距，并用笔标出具体位置。

② 支吊架所用钢材应平直、无扭曲，下料后长短偏差不大于5mm，切口处应无卷边、毛刺，焊后应做好防腐工作。

③ 固定支点间距一般不大于2m，在进出接线盒、箱、柜、转角、转弯和变形缝两端及"丁"字接头的三端500mm以内应设置固定支持点。

④ 支吊架距离上层楼板楼层不应小于150mm，距地面高度不应低于100mm。

⑤ 安装时应与土建紧密配合，做好孔洞预留和预埋件埋设，桥架的安装位置及高度，必须满足设计要求及规范规定。

⑥ 室内桥架的安装安排在管道及空调等基本施工完毕时进行，但要注意桥架位置的预留。

⑦ 桥架及附件的质量必须符合设计要求和现行的有关技术标准，并按设计进行选择，桥架的填充率不应大于40%，并应有一定的备用空位，以便今后扩容。

⑧ 桥架的表面应光滑均匀、致密，喷涂层光滑平整，焊缝应表面均匀，不得有裂纹等。

⑨ 桥架水平敷设，同层横档高低偏差不应大于5mm，沿桥架走向的左右偏差不大于10mm。

⑩ 桥架连接必须采用螺栓连接，且螺母应位于外侧，桥架的变宽变高应采用专用连接片和调高调宽片，不得采用焊割等方法处理，桥架末端应采用终端板。

⑪ 桥架采用引出管时，必须用开孔器开孔，开孔应整齐，与管孔径吻合，严禁采用气、电焊割孔，连接应采用管接头，严禁焊接。

⑫ 桥架敷设与各种管道的最小净距见表9-8。

表9-8 桥架与管道最小净距

管道类别		平行净距/m	交叉净距/m
一般工艺管道		0.4	0.3
热力管道	有保温层	0.5	0.5
	无保温层	1.0	1.0

⑬ 钢制桥架直线敷设超过 30m，应采用伸缩连接板连接，桥架的转弯半径不应小于电缆的弯曲半径。

⑭ 桥架及其支吊架均应良好接地，接地干线与每段桥架，均应至少有一可靠连接，包括弯头等。

⑮ 桥架在穿过预留孔洞、楼板及墙壁处，应用防火隔板、防火堵料做好密封隔离措施，防止火灾沿线路蔓延。

(4) 电缆敷设

① 敷设前，应对电缆的型号、规格及外观进行检查，必须符合设计要求；产品的技术文件应齐全，电缆外观应无损伤，绝缘良好，封端严密。当电缆各项指标测试无误时，方可使用。

② 电缆存放及搬运时，电缆盘不得平放贮存和平放运输，在运输前，必须保证电缆盘牢固，长距离运输宜采用汽车，卸车时，严禁将盘直接由车上推下，应采用汽车吊；短距离运输可将电缆盘按盘上所标箭头方向滚动，以防电缆松脱。

③ 电缆敷设时，塑料绝缘电力电缆的允许最低敷设温度为 0℃，聚氯乙烯控制电缆的允许最低敷设温度为 10℃，若现场温度偏低，应将电缆预加热。

④ 敷设采用人力法施工，电缆应从盘的上端引出，电缆不得在支架和地面上摩擦拖行，同时应防止电缆绞拧和护层折裂的机械损伤。

⑤ 电缆转弯和分支处不紊乱，走向整齐清楚，标志牌清晰齐全，有防燃、隔热要求的电缆保护措施完整。

⑥ 对额定电压在 1kV 以下的电缆，用 1kV 摇表摇测，线间及对地的绝缘电阻应不小于 10MΩ。

⑦ 垂直敷设的电缆每隔 1.5～2m 应加以固定，水平敷设的电缆，在电缆的首层两端、转弯及每隔 5～10m 处进行固定。

⑧ 电缆应呈波状敷设，电缆弯曲半径不得小于电缆外径的 10 倍，终端头和接头处宜有备用长度，且不宜小于 1mm。

⑨ 电缆沿桥架敷设，应单层敷设，敷设一根，整理一根，卡固一根，保证电缆排列整齐、无交叉，并及时挂好标志牌，标注应清晰齐全、无遗漏。

⑩ 不同电压、不同用途的电缆不宜设在同一层桥架上，受条件限制不得不设在同一层桥架时，必须用隔板隔开。

⑪ 敷设完毕，应清除杂物，盖好盖板，桥架及保护管穿墙和楼板的地方，必须用防火堵料封堵。

2. 路灯安装

(1) 路灯应按灯杆长度选用不同型号的吊机进行吊装就位，所有路灯待路灯基础施工完成达到强度后安装，如条件允许，则最好一次性吊装。

(2) 路灯基础的深度应按路灯厂家提供的预埋件图纸进行施工，遇到管道及其他障碍物应与灯具厂家协商后处理。

(3) 灯杆下部的维护门内配备道路照明专用的防水接线盒，内设熔丝保护。

3. 照明器具及开关插座安装

（1）灯具开关、插座的安装应在建筑物墙体表面装饰结束后进行。

（2）开关、插座的安装应符合设计的位置及高度。

（3）并列安装的开关高度应一致，高度差不应大于 1mm，同一室内的开关高度差不应大于 5mm。

（4）接线盒应为专用盒，四周不得有空隙，且盖板端正，紧贴墙面。

（5）同一场所的三相插座，其相位应一致，单相两孔和三孔插座接线，必须符合规范要求。

（6）导线与器具的连接应牢固紧密，在同一端子上的导线不超过两根，且连接应无松动。

（7）灯具安装应采用预埋件、螺栓、膨胀螺栓等固定，承载能力与灯具重量匹配，严禁采用木棋固定。

（8）灯具及配件应齐全，外观良好，接线应牢固，接触良好。

（9）在工程前期图纸会审过程中，应尽早与土建、管道等各专业碰头，遇到灯具安装与其他各专业相冲突的问题，及早作出整改处理。

（10）灯具在吊顶上安装，轻型灯具应固定在龙骨上，当灯具质量超过 3kg 时，灯具应设置在专用龙骨上，以免使吊顶变形。

（11）嵌入式灯具安装前，应熟悉灯具样本，了解灯具的形状尺寸，以便确定埋件位置及开口尺寸，嵌入顶内的灯具，其边框应压住板缝，并与顶棚贴紧，以保持其美观。吊顶开孔时，应注意防止开孔过大而造成灯具盖板盖不住孔洞，影响美观。

（12）装饰吊顶内留置灯位时，应灯位准确，整齐美观，其轴线偏差不应大于 5mm。

三、接地装置的施工

（1）接地体沿建筑物墙壁水平敷设时，接地线与建筑物墙壁间距为 10～15mm。

（2）每个电气装置的接地应使用单独的接地线与接地干线相连接，不在一个接地线中串接几个需接地的电气装置。

（3）接地体的连接采用焊接，焊接必须牢固、无虚焊。

（4）接地、避雷装置的接地电阻应测试并做好记录，接地装置的接地电阻值不大于 1Ω。

（5）接地装置隐蔽工程应做好隐蔽工程记录。

第四节　自控仪表、监控系统安装工程

仪器仪表安装是监测环境污染物指标的重要设备，反映污染物的浓度水平，从而指导工艺的运行和调控运行参数。将仪器仪表进行自动化控制则大大减少人力支出，是目前环境工程设备运行管理的重要手段，本节列举一些仪器仪表的安装要求。

一、安装前的准备工作

(1) 在工厂发货前进行检查、验收；如若发现有不符合有关标准、规范的项目，需及时整改直到通过检查、验收后方可发运，验收前 2 周向业主提供一份验收步骤和工作安排资料，包括有关的图纸；对于没有条件在生产工厂现场进行验收的设备，待货运到现场进行开箱检查，查证设备外观是否完好，各种资料、证件是否齐全；其电器性能检测待设备带电调整阶段进行。

(2) 凡在工程中采购的所有设备和主要材料，在安装前必须进行外观检查和可能的电气测试(如绝缘电阻测试等)。

(3) 仪表中的传感器之类精密设备，必须由经验丰富的专业技术人员(或经过专业培训过的人员)安装调整，完工后必须将记录存档。

(4) 仪表管路应尽量集中敷设，减少弯曲和交叉，不允许有复杂的弯曲。仪表管路不宜直接埋地敷设。安装在金属结构上的支架可使用电焊焊接，安装在墙上的支架可用电焊焊接在预埋的铁板上，或用膨胀螺栓固定。

(5) 室内仪表及控制设备的安装，应便于工作人员操作与维护，所有仪表安装前必须先单表校验，直到达到要求后再安装。搬运过程中注意轻拿轻放，防止人为损坏。

(6) 仪表调校调试前，要认真阅读产品说明书，掌握有关的资料，弄清仪表的工作原理；调校用标准仪器仪表应具备有效检定合格证，其基本误差绝对值不宜超过被校仪表基本误差绝对值的 1/3；仪表单体调校应填写检验报告以备后查。

(7) 认真阅读仪表设备安装手册，严格遵照说明书的要求，对于室外现场仪表，注意防雨、防潮、防太阳直射、防雷等，确保工程中仪表设备安装合格，一次试车成功。

二、主要仪表设备的安装

1. 控制柜(台)设备安装

(1) 电气或设备柜、箱安装时要保证其位置及垂直度符合安装要求，否则须进行校准。安装完毕要将柜或箱的接地与站点接地系统进行可靠的连接。

(2) 型钢底座和柜(台)的安装位置符合设计要求，固定要牢固，螺栓应有防锈层。

(3) 型钢底座的材质和规格应符合设计要求，外形尺寸，应与柜(台)相符，底座上表面应水平且高出地面，柜间接缝平整。

(4) 控制柜的外观应完好，无污痕和伤痕，减振和密封符合设计要求。

(5) 控制柜、变送器柜等应设计成可容纳控制和监视所需的功能器件，有足够的引入和引出的电缆、连接器、将来扩充的部件、固定件、维修替换零件等的位置。

(6) 柜内布线应安装成整齐的系统，牢固地排列在绝缘线夹或线槽内，布线的安排不得妨碍接近任一安装于内部的设备。

(7) 所有线缆的两端应有用于识别的箍，每一根线都必须有唯一的编号，并标志于两端。必须为所有电缆的芯线提供足够的端子，所有的端子数应足以满足预期的要求。

2. 计算机及外设的安装

(1) 计算机及外设要安放稳定，按设计要求，敷设输入输出电缆及网络接口电缆。

(2) 硬件安装完毕后，进行软件安装，按设计要求装入监控应用软件，检查无误后上电自检。

(3) 计算机的信号线应远离干扰源（如电力变压器、电机等），模拟信号和数字信号不能合用一根电缆，所有电缆电线均在活动地板下布设，线路清楚合理。

(4) 计算机的信号电缆与其他电缆走同一路径时计算机的金属线槽排列在最下层。

(5) 计算机系统电源由UPS供电，计算机的接地有计算机工作地和安全保护地，二者接地分开。计算机接地电阻小于1Ω。

3. UPS的安装

(1) UPS电源功能是当电网供电发生故障时，自动切换到UPS供电，待故障排除后，再启动返回市电网络。

(2) UPS电源安装位置离墙和信道距离大于1m，且要求通风条件良好。

(3) UPS电源柜的底部采取防止鼠、蛇类小动物进入柜内的措施。

(4) UPS电源柜安装在平整无坡的平面，以确保电源工作时不产生噪声或振动。

4. 超声波液位计的安装

超声波液位计安装在最高水面以上，且满足最小盲区要求，在其半径500mm内向下至水面不得有任何障碍物。

(1) 保证传感器发射的波束与水面垂直。

(2) 装在有盖池子内的超声波液位计应考虑防止水雾影响测量精度。

(3) 液位计必须采用防腐型超声波液位计。安装时要特别注意接线端子出线的防腐。电缆外表面必须采用防腐措施（套软管或缠防腐胶带）。

(4) 与传感器组装在一起的变送器应设在最高水位以上，防止被水淹没。

(5) 液位计在室外安装，加不锈钢防护罩。

5. 电磁流量计安装

(1) 流量计前直管段长度必须大于或等于管道直径的5倍。

(2) 流量计后直管段长度必须大于或等于管道直径的2倍。

(3) 传感器应有良好的接地，接地电阻小于10Ω。

(4) 在连接传感器的管道内若涂有绝缘层或是非金属管道时，传感器两端应装有接地环。

(5) 信号电缆和励磁电缆必须严格分开，单独穿在钢管内，不能敷设在同一管子内或平行敷设，更不能绞接在一起。

(6) 信号电缆和励磁电缆要尽可能短，安装后的多余电缆应剪去，并按原要求对号焊好接头。

第十章　地下管道施工

管道是用管材、连接件和阀门等连接成的用于输送流体的装置。通常，流体经鼓风机、泵、压缩机等增压后，从管道高压部分流向低压部分，也可利用流体自身压力或重力输送。管道主要用于给水、排水、供热、通信工程以及各种工业装置，用途非常广泛。环境工程中的污水处理厂工程配套管道是各构筑物和建筑物在运行中实现污水输送、排放功能的通道，主要是指污水处理厂内和厂外的明装或暗装管道，包括市政排水管道、污水工艺管道、污泥工艺管道、空气工艺管道、投药工艺管道、超越溢流管道、热力管道、给排水管道等。本章介绍环境工程中的地下管道施工，包括市政排水管道和污水厂的污水管线等。

第一节　管　　材

管材就是用于制作管件的材料。不同的管件要用不同的管材，管材的好坏直接决定了管件的质量。管材可按流体的性质、压力、温度及管的材质、尺寸和安装场所等因素分类，常用的有给水管、排水管、暖气管、煤气管、电线套管等，其主要种类如下：

(1) 给水管：镀锌钢管、不锈钢管、涂塑钢管、铜管、铝塑复合管、ABS 塑料管、聚乙烯管、聚丙烯管等。

(2) 排水管：钢管、铸铁管、承插式预应力钢筋混凝土管和承插式自应力钢筋混凝土管、GPR 聚酯树脂管、HOBAS 离心浇铸玻璃纤维增强聚酯树脂管、聚乙烯管、PVC 塑料管等。

(3) 暖、煤气管：镀锌钢管、CPVC 塑料管、ABS 塑料管、聚乙烯管等。

(4) 电线套管：磁管、铝塑复合管等。

本节介绍环境工程中常用的管材。

一、混凝土和钢筋混凝土管

该产品主要用于雨水、污水管道。雨水管道用于收集地表径流，并将其排放到指定地点；污水管道主要用于收集生活、工业污水，并将其排放到指定地点。由于雨水管道、污水管道的设计、施工以及其功能十分相似，且在一般工程中，这两种管道必不可少，因此，常将两种管道合称为排水管道。雨水、污水管道的主要区别是雨水管道的管径相对较大，埋深较浅，一般没有闭水要求，而污水管道正好相反。

1. 分类

该产品按管壁内是否配有钢筋骨架分为混凝土管(CP)和钢筋混凝土管(RCP)。按外压荷载分级，混凝土管分为Ⅰ、Ⅱ两级，钢筋混凝土管分为Ⅰ、Ⅱ、Ⅲ三级。

管子按管道的连接方式可分为柔性接头管和刚性接头管两种(图 10-1)。柔性接头管按接头型式分为承插口管、钢承口管、企口管、双插口管和钢承插口管。刚性接头管按接头型式分为平口管、承插口管、企口管。钢筋混凝土管规格、外压荷载和内水压力见表 10-1。

(a)

(b)

(c)

(d)

(e)

图 10-1　几种刚性接头管和柔性接头管

(a)刚性接头承插口管；(b)刚性接头平口管；(c)柔性接头钢承口管 A 型；
(d)柔性接头企口管 A 型；(e)刚性接头企口管

柔性接头钢筋混凝土管道开槽后应安装在土弧或砂石基础上。刚性接头钢筋混凝土管道下一般设有混凝土基础，基础尺寸可在《混凝土排水管道基础及接口》(04S516)中查到。由于刚性接头钢筋混凝土管道施工复杂，所需工期长，质量又难以保证，已逐渐被柔性接头钢筋混凝土管道所替代。

表 10-1 钢筋混凝土管的规格、外压荷载和内水压力

公称内径 D_0/mm	有效长度 L/mm ≥	Ⅰ级管				Ⅱ级管				Ⅲ级管			
		壁厚 t/mm ≥	裂缝荷载/(kN/m)	破坏荷载/(kN/m)	内水压力/MPa	壁厚 t/mm ≥	裂缝荷载/(kN/m)	破坏荷载/(kN/m)	内水压力/MPa	壁厚 t/mm ≥	裂缝荷载/(kN/m)	破坏荷载/(kN/m)	内水压力/MPa
200	2000	30	12	18	0.06	30	15	23	0.10	30	19	29	0.10
300		30	15	23		30	19	29		30	27	41	
400		40	17	26		40	27	41		40	35	53	
500		50	21	32		50	32	48		50	44	68	
600		55	25	38		60	40	60		60	53	80	
700		60	28	42		70	47	71		70	62	93	
800		70	33	50		80	54	81		80	71	107	
900		75	37	56		90	61	92		90	80	120	
1000		85	40	60		100	69	100		100	89	134	
1100		95	44	66		110	74	110		110	98	147	
1200		100	48	72		120	81	120		120	107	161	
1350		115	55	83		135	90	135		135	122	183	
1400		117	57	86		140	93	140		140	126	189	
1500		125	60	90		150	99	150		150	135	203	
1600		135	64	96		160	106	159		160	144	216	
1650		140	66	99		165	110	170		165	148	222	
1800		150	72	110		180	120	180		180	162	243	
2000		170	80	120		200	134	200		200	181	272	

2. 技术要求

(1) 混凝土强度。制管用混凝土强度等级不得低于 C30,用于制作顶管的混凝土强度等级不宜低于 C40。

(2) 外观质量。管内、外表面应平整,无麻面、蜂窝、塌落、露筋、空鼓,局部凹坑深度不得大于 5mm。混凝土管不允许有裂缝;钢筋混凝土管外表面不允许有裂缝,内表面裂缝宽度不得超过 0.05mm(不包括表面龟裂和砂浆层的干缩裂缝)。在下列情况下,管子允许进行修补:

① 外表面凹深不应超过 10mm。麻面、蜂窝深度不应超过壁厚的 1/5,最大值不超过 10mm,总面积不超过外表面积的 1/20,每块面积不超过 100cm^2。

② 合缝漏浆深度不超过壁厚的 1/5,长度不超过管长的 1/5。

③ 内表面有局部塌落,但塌落面积不超过管内表面积的 1/20,每块面积不超

过 $100cm^2$。

④ 端面碰伤纵向长度不超过 100mm，环向长度限值不超过表 10-2 的规定。

（3）尺寸允许偏差。柔性接头承插口管尺寸允许偏差见表 10-3，柔性接头企口管尺寸允许偏差见表 10-4。管材的弯曲度允许偏差为小于或等于管材有效长度的 0.3%。若开槽施工，管材公称内径小于 1000mm 时，管材端面倾斜允许偏差应小于或等于 10mm；公称内径大于或等于 1000mm 时，允许偏差应小于或等于公称内径的 1%，且不得大于 15mm。若顶进施工，管材公称内径小于 1200mm 时，管材端面倾斜允许偏差应小于或等于 3mm；公称内径大于或等于 1200mm，且小于 3000mm 时，允许偏差应小于或等于 4mm；公称内径大于或等于 3000mm 时，允许偏差应小于或等于 5mm。

表 10-2　端面碰伤环向长度限值　　单位：mm

公称内径 D_0	碰伤环向长度限值	公称内径 D_0	碰伤环向长度限值
100～200	45	1000～1600	105
300～500	60	1650～2400	120
600～900	80	2600～3000	150

表 10-3　柔性接头承插口管尺寸允许偏差　　单位：mm

公称内径 D_0	管材尺寸			接头尺寸				
	D_0	t	L	D_1	D_2	D_3	L_1	L_2
300～800	+4，−8	+8，−2	+18，−10	±2	±2	±2	±3	+4，−3
900～1500	+6，−10	+10，−3	+18，−12	±2	±2	±2	±3	+4，−3

注：t 为壁厚；L 为有效长度；D_1 为插口放置胶圈处的外径；D_2 为插口外径；D_3 为承口内径；L_1 为插口长度，L_2 为承口深度。

表 10-4　柔性接头企口管尺寸允许偏差　　单位：mm

公称内径 D_0	管材尺寸			接头尺寸				
	D_0	t	L	D_1	D_2	D_3	L_1	L_2
1350～1500	+6，−10	+10，−3	+18，−12	±2	±2	±2	±3	+4，−3
1600～2400	+8，−12	+12，−4	+18，−12	±2	±2	±2	±3	+4，−3

注：t 为壁厚；L 为有效长度；D_1 为插口放置胶圈处的外径；D_2 为插口外径；D_3 为承口内径；L_1 为插口长度，L_2 为承口深度。

（4）内水压力。管材进行内水压力检验时，在规定的检验压力下管材外表面允许有潮片，但潮片面积不得大于总外表面积的 5%，且不得有水珠流淌。壁厚大于或等于 150mm 的雨水管，可不做内水压力检验。

（5）外压荷载。管材外压检验荷载不得低于表 10-1 的规定。

（6）混凝土保护层厚度。环筋内、外保护层的厚度：当壁厚小于或等于 40mm 时，不应小于 10mm；当壁厚大于 40mm 并小于或等于 100mm 时，不应小于 15mm；当壁厚大于 100mm 时，不应小于 20mm。有特殊防腐要求的管材，应根据需要确定保护层厚度。

3. 标志

每根管材出厂前，应在管材表面标明企业名称、商标、生产许可证编号、产品标记、生产日期和“严禁碰撞”字样。

4. 包装、运输、贮存

为防止运输过程中损坏管身，管端应用软质物品包扎。装卸过程中，应用吊带吊装管材，起吊时应轻起轻落，装卸时不允许管材自由滚动和随意抛掷。

管材应按品种、规格、外压荷载级别、生产日期分别堆放，堆放场地要平整，堆放层数不宜超过表 10-5 的要求。

表 10-5　管材堆放层数要求

公称内径 D_0/mm	100～200	250～400	450～600	700～900	1000～1400	1500～1800	≥2000
层数	7	6	5	4	3	2	1

二、高密度聚乙烯(HDPE)双壁波纹管

高密度聚乙烯(HDPE)双壁波纹管是一种具有环状结构外壁和平滑内壁的新型管材(图 10-2)，20 世纪 80 年代初问世。经过多年的发展和完善，HDPE 双壁波纹管已经由单一品种发展成完整的产品系列，在生产工艺和使用技术上已经十分成熟，并由于优异的性能和相对经济的造价，在欧美等发达国家已经得到了极大的推广和应用。

图 10-2　高密度聚乙烯(HDPE)双壁波纹管

排水用 HDPE 双壁波纹管是以聚乙烯树脂为主要原料，加入适量助剂，经挤出成型制成的具有环状肋的管材。适用于工作压力在 0.6MPa 以下的大型输水、供水、排水、排气等工程。双壁波纹管外壁呈波纹状，增加了管道强度。HDPE 双壁波纹管内壁光滑、重量轻、排水阻力小、韧性好、耐腐蚀、施工方便，是取代铸铁管和混凝土管的理想材料，缺点是低温抗冲击性能较差。

1. 特点

HDPE双壁波纹管比混凝土管具有更多优点，能产生更多经济效益和社会效益，这主要体现在以下几个方面：

(1) 缩短工期和减少施工难度。由于HDPE双壁波纹管重量远轻于混凝土管，非常容易施工，大大降低了施工难度；HDPE双壁波纹管每根最短6m，而混凝土管每根最短2.5m，可极大地减少管道接口。

(2) 适应性强。HDPE双壁波纹管的伸长率非常高，这就意味着在地壳有变动的情况下，HDPE双壁波纹管能够抵抗足够的变形而不断裂，这一点远优于钢管，更强于有明显脆性的PVC管。

(3) 渗透率低。混凝土管是刚性管，虽配有胶圈，但由于管材重量大，不便施工，从而使密封保证率降低，抗渗效果差。HDPE双壁波纹管的重量较轻，其密封效果较容易保证。

(4) 内表面光滑。混凝土管内壁容易结垢，并使管径缩小而影响流量。HDPE双壁波纹管内表面光滑，不易结垢，因此当管道流量、坡降及埋深相同时，HDPE双壁波纹管直径可以比混凝土管小一个型号。

(5) 使用寿命长。HDPE双壁波纹管的安全使用期是50年以上，这一点已被证明。

(6) 便于运输。HDPE双壁波纹管重量轻，便于运输、安装，几乎没有损耗。混凝土管较重，运输、安装难度较大，且在运输过程中容易破损。

2. 技术要求

(1) 进场资料。管材进场时，供应厂家应按现行国家标准提供出厂合格证、配套管件合格证、配套密封胶圈合格证以及相应的检验报告。

(2) 环向弯曲刚度检测。应根据设计要求选用管材，并按批次对不同规格的管材随机抽取试样送检测部门进行环向刚度检测。

(3) 外观质量。管材的颜色应一致，内壁光滑平整。管体不得有破裂、凹陷及可见的缺损，管口不得有损坏、裂口、变形等缺陷，管内、外壁不应有气泡和明显杂质。

(4) 密封橡胶圈。密封橡胶圈应光滑平整，不得有气孔、裂缝、卷裙、破损、重皮等缺陷。

3. 运输及贮存

管材、管件在装卸、运输、存放过程中，应轻抬轻放，禁止拖滚及互相撞击。如采用机械装卸，应用吊带吊运，不得用钢丝绳吊运。管材吊运应采用两个吊点，吊点应分别置于管体的1/4和3/4部位。

管材不应在坚硬、凸凹不平地面或碎石地面上拖拉或滚动，以防损伤。管材成批运输时，应分层交错排放，用缆绳捆扎成整体，并固定牢固。缆绳固定处及管端宜用软质材料加以保护。

管材自生产之日起存放时间不得超过12个月。如长时间存放，应置于棚内，且存放环境温度不应超过45℃；如露天堆放，必须遮盖防止暴晒，并远离热源。存放场地应平整，管材堆放整齐，管径在300mm以下的堆放不超过5层；管径在300～400mm的堆放不超过 4 层;管径在 500～630mm 的堆放不超过 3 层,管径在 710～800mm 的堆放不超过 2 层。

三、PE 管

PE 树脂由单体乙烯聚合而成,由于在聚合时压力、温度等聚合反应条件不同,可得出不同密度的树脂,因而又有高密度聚乙烯、中密度聚乙烯和低密度聚乙烯之分。

PE 管(图 10-3)是以聚乙烯树脂为主要原材料生产的管材。经挤出成型的聚乙烯管材不仅具有良好的经济性,还有接口稳定可靠,材料抗冲击、抗开裂、耐老化、耐腐蚀等一系列优点。国际上把聚乙烯管的材料分为 PE32、PE40、PE63、PE80、PE100 五个等级,而用于燃气管和给水管的材料主要是 PE80 和 PE100。

图 10-3 PE 管

1. PE 管的优点

(1) 连接可靠。PE 管材之间采用电熔、热熔方式连接,接头的强度高于管材母体强度。

(2) 低温抗冲击性好。PE 管的脆化温度极低,可在－60℃～60℃温度范围内安全使用。冬期施工时,因材料抗冲击性好,不会发生管身脆裂。

(3) 耐化学腐蚀性好。PE 管道可耐多种化学介质的腐蚀,土壤中存在的化学物质不会对管道产生任何降解作用。PE 管是电绝缘体,因此不会发生腐烂、生锈或电化学腐蚀现象,此外它也不会促进藻类、细菌或真菌生长。

(4) 柔性好。PE 管的柔性使得它容易弯曲,工程上可很容易地使其改变走向,从而绕过障碍物。在许多场合,管材的柔性能够减少管件的用量并降低安装费用。

(5) 水流阻力小。PE 管具有光滑的内表面和非黏附特性,这不仅保证 PE 管道具有较传统管材更高的输送能力,同时也降低了管道的压力损失和输水能耗。

(6) 搬运方便。PE 管比混凝土管、镀锌管和钢管的重量更轻,容易搬运和安装,可降低安装费用。

(7) 可采用多种施工方式。PE 管除可用传统的开挖方式施工外,还可采用多种全新的非开挖技术,如定向钻孔、衬管、裂管等,这对一些不允许开挖的场所是很好的选择。

2. 技术要求

(1) 颜色。市政饮用水管的颜色为蓝色或黑色,黑色管上应有蓝色色条。色条沿管材纵向至少应有 3 条。其他用途的水管可以为蓝色或黑色,但暴露在阳光下的管道(如地上管道)必须是黑色。

(2) 外观。管材内外表面应清洁、光滑,不允许有气泡、明显的划伤、凹陷、杂质、颜色不均等缺陷。管材端头应切割平整,并与管材轴线垂直。

(3) 尺寸。直管长度一般有 6m、9m、12m 三种,也可由供需双方协商确定。长度的极限偏差为长度的＋0.4%～－0.2%。

管材的平均外径应符合表 10-6 的要求，对于精公差的管材采用等级 B，标准公差管材采用等级 A。采用等级 B 或等级 A 由供需双方协商确定，当无明确要求时，应默认采用等级 A。

表 10-6　PE 管平均外径　　单位：mm

公称外径 d_n	最小平均外径 $d_{em,min}$	最大平均外径 $d_{em,max}$	
		等级 A	等级 B
16	16.0	16.3	16.3
20	20.0	20.3	20.3
25	25.0	25.3	25.3
32	32.0	32.3	32.3
40	40.0	40.4	40.3
50	50.0	50.5	50.3
63	63.0	63.6	63.4
75	75.0	75.7	75.5
90	90.0	90.9	90.6
110	110.0	111.0	111.7
125	125.0	126.2	128.8
140	140.0	141.3	140.9
160	160.0	161.5	161.0
180	180.0	181.7	181.1
200	200.0	201.8	201.2
225	225.0	227.1	226.4
250	250.0	252.3	251.5
280	280.0	282.6	281.7
315	315.0	317.9	316.9
355	355.0	358.2	357.2
400	400.0	403.6	402.4
450	450.0	454.1	452.7
500	500.0	504.5	503.0
560	560.0	565.0	563.4
630	630.0	635.7	633.8
710	710.0	716.4	714.0
800	800.0	807.2	804.2

续表10-6

公称外径 d_n	最小平均外径 $d_{em,min}$	最大平均外径 $d_{em,max}$	
		等级 A	等级 B
900	900.0	908.1	904.0
1000	1000.0	1000.0	1009.0

管材的最小壁厚 $e_{y,min}$ 应等于公称壁厚 e_n，管材任意一点壁厚公差应符合表 10-7 的规定。

表 10-7　PE 管任意截面壁厚公差　　单位：mm

最小壁厚 $e_{y,min}$		公差 t_y	最小壁厚 $e_{y,min}$		公差 t_y	最小壁厚 $e_{y,min}$		公差 t_y
>	≤		>	≤		>	≤	
2.0	3.0	0.5	15.3	16.0	2.4	25.0	25.5	5.0
3.0	4.0	0.6	16.0	16.5	3.2	25.5	26.0	5.1
4.0	4.6	0.7	16.5	17.0	3.3	26.0	26.5	5.2
4.6	5.3	0.8	17.0	17.5	3.4	26.5	27.0	5.3
5.3	6.0	0.9	17.5	18.0	3.5	27.0	27.5	5.4
6.0	6.6	1.0	18.0	18.5	3.6	27.5	28.0	5.5
6.6	7.3	1.1	18.5	19.0	3.7	28.0	28.5	5.6
7.3	8.0	1.2	19.0	19.5	3.8	28.5	29.0	5.7
8.0	8.6	1.3	19.5	20.0	3.9	29.0	29.5	5.8
8.6	9.3	1.4	20.0	20.5	4.0	29.5	30.0	5.9
9.3	10.0	1.5	20.5	21.0	4.1	30.0	30.5	6.0
10.0	10.6	1.6	21.0	21.5	4.2	30.5	31.0	6.1
10.6	11.3	1.7	21.5	22.0	4.3	31.0	31.5	6.2
11.3	12.0	1.8	22.0	22.5	4.4	31.5	32.0	6.3
12.0	12.6	1.9	22.5	23.0	4.5	32.0	32.5	6.4
12.6	13.3	2.0	23.0	23.5	4.6	32.5	33.0	6.5
13.3	14.0	2.1	23.5	24.0	4.7	33.0	33.5	6.6
14.0	14.6	2.2	24.0	24.5	4.8	33.5	34.0	6.7
14.6	15.3	2.3	24.5	25.0	4.9	34.0	34.5	6.8
34.5	35.0	6.9	43.5	44.0	8.7	52.5	53.0	10.5
35.0	35.5	7.0	44.0	44.5	8.8	53.0	53.5	10.6
35.5	36.0	7.1	44.5	45.0	8.9	53.5	54.0	10.7

续表10-7

最小壁厚 $e_{y,min}$		公差 t_y	最小壁厚 $e_{y,min}$		公差 t_y	最小壁厚 $e_{y,min}$		公差 t_y
>	≤		>	≤		>	≤	
36.0	36.5	7.2	45.0	45.5	9.0	54.0	54.5	10.8
36.5	37.0	7.3	45.5	46.0	9.1	54.5	55.0	10.9
37.0	37.5	7.4	46.0	46.5	9.2	55.0	55.5	11.0
37.5	38.0	7.5	46.5	47.0	9.3	55.5	56.0	11.1
38.0	38.5	7.6	47.0	47.5	9.4	56.0	56.5	11.2
38.5	39.0	7.7	47.5	48.0	9.5	56.5	57.0	11.3
39.0	39.5	7.8	48.0	48.5	9.6	57.0	57.5	11.4
39.5	40.0	7.9	48.5	49.0	9.7	57.5	58.0	11.5
40.0	40.5	8.0	49.0	49.5	9.8	58.0	58.5	11.6
40.5	41.0	8.1	49.5	50.0	9.9	58.5	59.0	11.7
41.0	41.5	8.2	50.0	50.5	10.0	59.0	59.5	11.8
41.5	42.0	8.3	50.5	51.0	10.1	59.5	60.0	11.9
42.0	42.5	8.4	51.0	51.5	10.2	60.0	60.5	12.0
42.5	43.0	8.5	51.5	52.0	10.3	60.5	61.0	12.1
43.0	43.5	8.6	52.0	52.5	10.4	61.0	61.5	12.2

小直径 PE 管多采用盘架包装，其盘管直径不应小于管外径的 18 倍。

(4) 标志、运输、贮存。管材出厂时应有永久性标志，且标志间距不超过 2m。标志至少应包括生产商、公称外径、标准尺寸比、材料等级、公称压力、生产日期、采用标准等，当 PE 管用于饮水时，还应标有“水”或“water”字样。

管材运输时，不得受到划伤、抛摔、剧烈撞击及油污、化学品的污染。管材应贮存在远离热源及油污、化学品污染地，且地面平整、通风良好的库房内。如在室外堆放，应有遮盖物。管材应水平整齐堆放，堆放高度不得超过 1.5m。

四、硬聚氯乙烯(PVC-U)管

PVC-U 管(图 10-4)是以聚氯乙烯(PVC)树脂为主要原料(加入必要的添加剂)经挤出成型的管材。硬聚氯乙烯管有平壁管、加筋管、双壁波纹管和钢塑复合缠绕管四种。

硬聚氯乙烯管的弯曲强度高，弯曲模量大，具有较高的抵抗外部荷载的能力，常用于公称直径不大于 200mm 的小区排水管道。硬聚氯乙烯管受原材料加工性能的限制，其管径一般都在 600mm 以内，采用螺旋缠绕工艺生产的钢塑复合缠绕管最大管径可达 1200mm。由于硬聚氯乙烯管低温抗冲击性能较差，使其在北方寒冷季节的施工受到一定的限制，要求埋设管道在冰冻线深度以下。

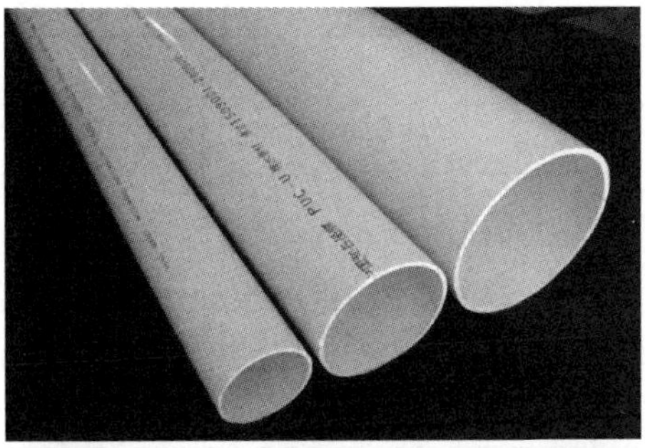

平壁管

加筋管

双壁波纹管

钢塑复合缠绕管

图 10-4　PVC-U 管

1. 技术要求

(1) 外观

管材内、外壁应光滑，不允许有气泡、裂口和明显的痕纹、凹陷、色泽不均匀及分解变色线。管材两端面应垂直管材轴线。管材一般为灰色或白色，其他颜色可由供需双方协商确定。

(2) 规格尺寸

① 管材公称外径、平均外径、壁厚。具体见表 10-8。

② 长度。管材有效长度一般为 4m 或 6m，其他长度由供需双方协商确定。

③ 不圆度。管材不圆度应小于或等于 $0.024d_n$（d_n为公称外径）。

④ 倒角。当管材插口需要倒角时，倒角方向与管材轴线夹角应在 15°～45°之间。倒角后管端保留的壁厚应不小于最小壁厚的 1/3。

⑤ 弯曲度。管材弯曲度不应大于 0.5%。

表 10-8　管材公称外径、平均外径、壁厚　单位：mm

公称外径 d_n	平均外径		壁厚	
	最小平均外径 $d_{em,min}$	最大平均外径 $d_{em,max}$	最小壁厚 e_{min}	最大壁厚 e_{max}
32	32.0	32.2	2.0	2.4
40	40.0	40.2	2.0	2.4

续表10-8

公称外径 d_n	平均外径		壁厚	
	最小平均外径 $d_{em,min}$	最大平均外径 $d_{em,max}$	最小壁厚 e_{min}	最大壁厚 e_{max}
50	50.0	50.2	2.0	2.4
75	75.0	75.3	2.3	2.7
90	90.0	90.3	3.0	3.5
110	110.0	110.3	3.2	3.8
125	125.0	125.3	3.2	3.8
160	160.0	160.4	4.0	4.6
200	200.0	200.5	4.9	5.6
250	250.0	250.5	6.2	7.0
315	315.0	315.6	7.8	8.6

(3) 管材物理力学性能

管材物理力学性能见表10-9。

表10-9 管材物理力学性能

项目	单位	指标
密度	g/cm^3	1350～1550
维卡软化温度	℃	≥79
纵向回缩率	%	≤5
拉伸屈服强度	MPa	≥40
落锤冲击试验真实冲击率(TIR)	%	≤10

2. 标志、运输及储存

(1) 标志。产品上应有生产厂名、厂址和商标、产品名称、产品规格、使用标准号、生产日期。每根管上至少有一处完整标志，且标志间距不应大于2m。

(2) 运输。产品在装卸、运输时，不得受剧烈撞击、抛摔和重压。

(3) 储存。管材存放场地应平整，堆放整齐，堆放高度不得超过2m。管材应远离热源，并不能露天暴晒。自生产之日起，储存期一般不超过两年。

五、玻璃钢夹砂管

玻璃钢是以玻璃纤维或其制品作增强材料的塑料，也称为玻璃纤维增强塑料。玻璃钢具有重量轻、硬度大、不导电、机械强度高、耐腐蚀性能好等优点，适用于有腐蚀的环境。玻璃钢管是用玻璃钢制作而成的管材，具有耐腐蚀、内表面光滑、输送能耗低、使用寿命长、运输安装方便及综合造价低等优点。

玻璃钢夹砂管(图10-5)是以玻璃纤维及其制品为增强材料，以不饱和聚酯树脂为基体材料，以石英砂等无机非金属颗粒材料为填料，采用定长缠绕工艺、离心浇铸工艺、连续缠绕工艺方法制成的管材。玻璃钢夹砂管既降低了玻璃钢管道的造价，又提高了管道的整体刚度和强度。

图 10-5　玻璃钢夹砂管

1. 管材结构

玻璃钢夹砂管结构由内衬层、过渡层、加强层和外表层组成。

(1) 内衬层。管材的内衬层含有 90%左右的树脂和 10%的加强材料表面毡，它在管道的防渗漏与耐腐蚀方面起着关键性作用。

(2) 过渡层。过渡层是以短切纤维毡与喷射砂为增强材料，树脂含量为 70%±5%，起耐腐蚀的作用，以防发生毛细现象。

(3) 加强层。加强层为纤维缠绕层，是提供产品强度的关键，树脂含量为 30%±5%。为提高管材刚度而在该层中加入的石英砂，其厚度根据受力情况而定。

(4) 外表层。外表层又称外保护层，是管材最外层，由 100%的树脂组成，以防止埋于地下的管道受土壤中腐蚀性介质的侵蚀。该层中还加入了增韧剂、抗老化剂，以起到抗老化、增加使用寿命的作用。

2. 分类

(1) 按生产管材的工艺方法将管材分为Ⅰ、Ⅱ、Ⅲ三级，其中Ⅰ级采用定长缠绕工艺生产；Ⅱ级采用离心浇铸工艺生产；Ⅲ级采用连续缠绕工艺生产。

(2) 按公称直径从 100～4000mm，共分为三十个级别。

(3) 按压力等级分为 0.1MPa、0.25MPa、0.4MPa、0.6MPa、0.8MPa、1.0MPa、1.2MPa、1.4MPa、1.6MPa、2.0MPa、2.5MPa 十一个等级。

(4) 按环刚度可分为 $1250N/m^2$、$2500N/m^2$、$5000N/m^2$、$10000N/m^2$ 四个等级。

3. 技术要求

(1) 外观质量

玻璃钢夹砂管的内表面应光滑平整，无对使用性能有影响的龟裂、分层、针孔、杂质、贫胶区、气泡和纤维浸润不良等现象。管端面应平齐，边棱应无毛刺。外表面无明显缺陷。

(2) 直径

外径系列允许偏差应符合表 10-10 的规定，内径系列允许偏差应符合表 10-11 的规定。为方便与其他材质管道连接，经供需双方协商确定，可套用其他材质管道的尺寸并满足相应要求。

表 10-10　玻璃钢夹砂管外径系列允许偏差　　单位：mm

公称直径	外直径	允许偏差	公称直径	外直径	允许偏差
200	208	+1.0，−1.0	800	820	+1.0，−2.4
250	259	+1.0，−1.0	900	924	+1.0，−2.6
300	310	+1.0，−1.0	1000	1026	+2.0，−2.6
350	361	+1.0，−1.2	1200	1229	+2.0，−2.6
400	412	+1.0，−1.4	1400	1434	+2.0，−2.8
450	463	+1.0，−1.6	1600	1638	+2.0，−2.8
500	514	+1.0，−1.8	1800	1842	+2.0，−3.0
600	616	+1.0，−2.0	2000	2046	+2.0，−3.0
700	718	+1.0，−2.2			

注：①可根据实际情况采用其他外径尺寸，但其外径偏差应满足上述要求；

②对于公称直径为 300mm 的玻璃钢夹砂管，外直径也可采用 323.8mm；对于公称直径为 400mm 的玻璃钢夹砂管，外径也可采用 426.6mm，两种规格的正偏差为 1.5mm，负偏差为 0.3mm。

表 10-11　玻璃钢夹砂管内径系列的允许偏差　　单位：mm

公称直径	内直径范围		允许偏差
	最小	最大	
100	97	103	±1.5
125	122	128	±1.5
150	147	153	±1.5
200	196	204	±1.5
250	246	255	±1.5
300	296	630	±1.8
350	346	357	±2.1
400	396	408	±2.4
450	446	459	±2.7
500	496	510	±3.0
600	595	612	±3.6
700	659	714	±4.2
800	795	816	±4.2
900	895	918	±4.2

续表10-11

公称直径	内直径范围		允许偏差
	最小	最大	
1000	995	1020	±4.2
1200	1195	1220	±5.0
1400	1395	1420	±5.0
1600	1595	1620	±5.0
1800	1795	1820	±5.0
2000	1995	2020	±5.0

(3) 长度

玻璃钢夹砂管的有效长度分别为 3m、4m、5m、6m、9m、12m。如需要特殊长度，在订货时由供需双方协商确定。玻璃钢夹砂管的长度偏差为有效长度的±0.5%。

(4) 管壁厚度

任一截面的管壁平均厚度应不小于设计规定厚度，其中最小管壁厚度不应小于设计厚度的 90%。

(5) 标志、包装、运输和贮存

每一根玻璃钢夹砂管至少应在一处印上耐久标志，标志应包括生产厂名称、产品标记、批号及产品编号、生产日期。标志不应损伤管壁，在正常运输、装卸和安装中字迹仍应保持清晰。

玻璃钢夹砂管发运前应用发泡塑料膜等柔性包装物包装管材端面和外侧连接面，包装宽度应比管材外侧连接面宽度大 100mm。

玻璃钢夹砂管的起吊宜用柔性绳索，若用铁链或钢索起吊，必须在吊索与管材棱角处衬填橡胶或其他柔性物。管材必须采用双点起吊，严禁单点起吊。管材起吊及装卸时，应轻起轻放，严禁抛掷。管材运输时应固定牢固，运输和装卸过程中应不受到剧烈撞击。

玻璃钢夹砂管应按类型、规格、等级分类堆放。堆放场地应平整，并远离热源，并不宜长期露天堆放。玻璃钢夹砂管的最大堆放层数见表 10-12。

表 10-12　玻璃钢夹砂管的最大堆放层

公称直径/mm	200	250	300	400	500	600～700	800～1200	≥1400
最大层数	8	7	6	5	4	3	2	1

六、钢管

在污水处理厂工程中，钢管主要用于工艺管道，用于输送污水、污泥或空气。由于工艺管道的高程变化大，安装复杂，而钢管采用焊接连接，可操作性强，因此工艺管道多用钢管。埋地钢管外壁受到土壤、细菌和杂散电流的腐蚀，使用寿命受到很大影响，因此钢管必须进行防腐处理。

钢管防腐(图 10-6)分为内防腐和外防腐两类。内防腐主要有水泥砂浆防腐和液体环氧涂料防腐两种。外防腐主要有石油沥青涂料外防腐和环氧煤沥青外防腐两种。污水处理厂工程中的钢管常采用环氧煤沥青外防腐和液体环氧涂料内防腐。内、外防腐层均应在工厂内完成,现场连接的补口应按设计要求处理。

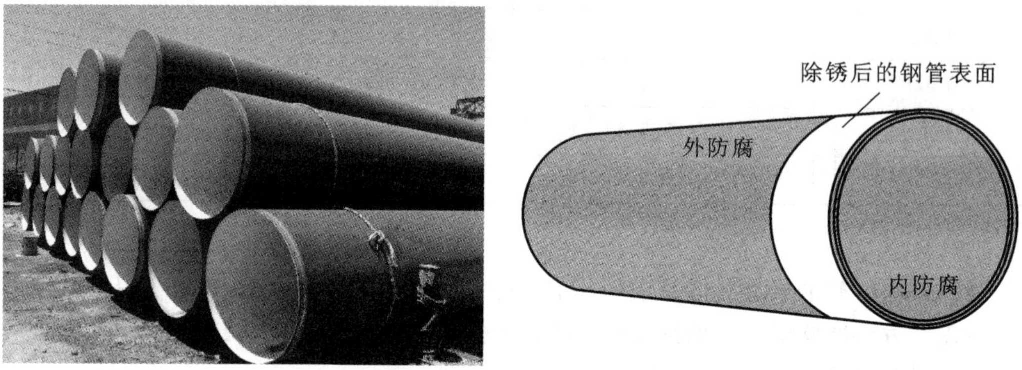

图 10-6　钢管防腐

1. 环氧煤沥青外防腐

环氧煤沥青外防腐层施工前管体表面应清除油垢、灰渣、铁锈。人工除氧化皮、铁锈时,质量标准应达 St3 级;喷砂或化学除锈时,其质量标准应达 Sa2.5 级。管材的焊缝表面应光滑无刺、无焊瘤、无棱角。

底料应在表面除锈合格后尽快涂刷,空气湿度过大时,应立即涂刷。涂刷应均匀,不得漏涂,管两端 100～150mm 范围内不涂刷,或在涂底料之前在该部位涂刷干膜厚度不小于 25μm 的可焊涂料。面料涂刷和包扎玻璃布应在底料表干后、固化前进行,底料与第一道回料涂刷的间隔时间不得超过 24h。

环境温度低于 5℃时,不宜采用环氧煤沥青涂料。外防腐不得在雨、雪、雾或 5 级以上大风环境露天施工。

管材防腐完成后,下沟前应用电火花检漏仪(图 10-7)进行防腐检验,检验不合格的应修补至合格。沟槽内的管道补口防腐层应经检验合格后再回填土。

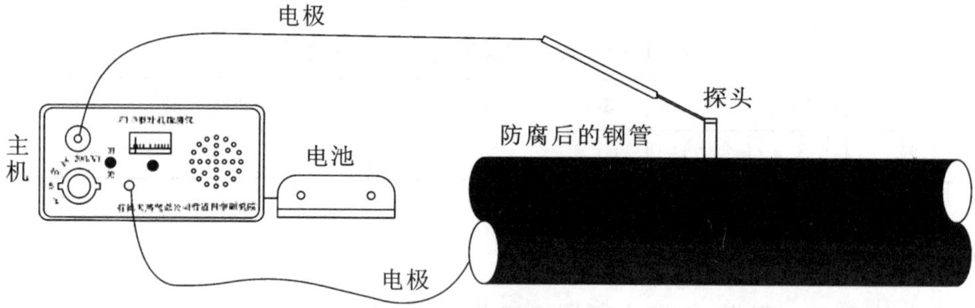

图 10-7　电火花检漏仪

2. 液体环氧涂料内防腐

钢管内表面宜采用喷(抛)射除锈,除锈等级不应低于 Sa2 级。内表面经喷(抛)射除锈处理后,用清洁、干燥、无油的压缩空气将管道内部的砂粒、尘埃、锈粉等微尘清除干净。

管道内表面处理后,应在钢管两端 60～100mm 范围内涂刷硅酸锌或其他可焊性防锈涂料,干膜厚度为 20～40μm。

选用合格的内防腐层涂料,并按厂家说明书配制涂料,配制过程中不宜加稀释剂。涂料使用前应搅拌均匀。

涂敷宜采用高压无气喷涂工艺,在工艺条件受限时,也可用空气喷涂或挤涂工艺。涂敷前应调整工艺参数且稳定后,再正式施工。涂敷过程中应随时监测湿膜厚度。内防腐层应平整、光滑,无流挂、无划痕。

环境相对湿度大于 85%时,应对钢管除湿后再作业;严禁在雨、雪、雾及风沙等气候条件下露天作业。

3. 技术要求

环氧煤沥青外防腐层及液体环氧涂料内防腐层的技术要求见表 10-13 和表 10-14。

表 10-13　环氯煤沥青外防腐层的技术要求

防腐等级	构造	厚度/μm	外观	电火花试验		黏结力
普通级	三油	≥300	外观均匀无褶皱、空泡、凝块	2kV	用电火花检漏仪检查,无打火花现象	以小刀割开一舌形切口,用力撕开切口处的防腐层,管材表面仍为漆皮所覆盖,不得露出金属表面
加强级	四油一布	≥400		2.5kV		
特加强级	六油二布	≥600		3kV		

表 10-14　液体环氯涂料内防腐层的技术要求

防腐等级	干膜厚度/μm	电火花试验
普通级	≥200	用电火花检漏仪测量,检漏电压值根据涂层厚度按 5V/μm 计算,检漏仪探头移动速度不大于 0.3m/s
加强级	≥250	
特加强级	≥300	

七、衬塑钢管

衬塑钢管是在管的内表面涂塑防腐的钢管(图 10-8),涂塑的目的是提高钢管的防腐性能。衬塑钢管综合了钢管和塑料管的优点,还可根据市场需求、生产工艺、防腐措施、连接方式、性价比等诸多方面进行综合分析后合理设计管材。该类管材具有众多的技术特点,可广泛应用于各类冷水、热水等给水系统。衬塑钢管连接方式(图 10-9)有卡环连接、沟槽连接、螺纹连接或法兰连接,但不能焊接连接,这是因为焊接产生的高温可能破坏塑料涂层。

图 10-8　衬塑钢管剖视

①法兰；②钢管；③衬塑涂层

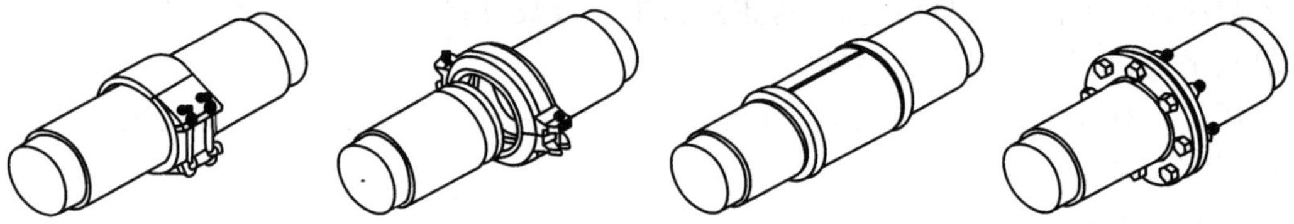

(a)　(b)　(c)　(d)

图 10-9　衬塑钢管连接方式

(a)卡环连接；(b)沟槽连接；(c)螺纹连接；(d)法兰连接

衬塑钢管的内衬塑料应采用符合国家、行业标准要求的塑料制造。

1. 技术要求

衬塑钢管的尺寸及允许偏差应符合表 10-15 的要求。

表 10-15　衬塑钢管尺寸及允许偏差　单位：mm

公称直径	内衬塑料	钢管	
		内径	允许偏差
15	1.5±0.2	12.8	+0.6,0
20		18.3	+0.6,0
25		24.0	+0.8,0
32		32.8	+0.8,0
40		38	+1.0,0
50		50	+1.0,0
65		65	+1.2,0
80	2.0±0.2	76.5	+1.4,0
100		102	+1.4,0
125		128	+2.0,0
150	2.5±0.2	151	+2.0,0

2. 外观

钢管的内外表面应光滑，不允许有伤痕或裂纹。钢管内焊缝应拉平，焊缝残留高度不应大于 0.5mm，钢管的两端截面应与管材轴线垂直。衬塑表面不允许有气泡、裂纹、脱皮，并无明显痕纹、凹陷、色泽不均及分解变色。

3. 性能

冷水用衬塑钢管的钢与塑之间的结合强度不应小于 0.2MPa，热水用衬塑钢管的钢与塑之间的结合强度不应小于 1.0MPa。

管径小于或等于 50mm 的衬塑钢管经弯曲后不应发生裂痕，钢与塑之间不应发生离层现象；管径大于 50mm 的衬塑钢管压扁后不应发生裂痕，钢与塑之间不发生离层现象。

八、保温管

保温管是由钢管、聚氨酯硬质泡沫保温层和高密度聚乙烯外护管或玻璃纤维增强塑料外护管紧密结合的预制管（图 10-10）。必要情况下，保温层内可安装报警线和支架。

图 10-10　保温管

1. 技术要求

（1）钢管。钢管的外径尺寸和最小壁厚应符合表 10-16 的规定。

表 10-16　钢管的外径尺寸和最小壁厚要求　　单位：mm

外径	最小壁厚	外径	最小壁厚
32	2.8	325	7
42	2.8	355.6	7
48	2.8	377	7
60	3	406.4	7
76	3	426	7
89	4	508	7
114	4	529	7
140	4.5	559	8
159	4.5	610	8

续表10-16

外径	最小壁厚	外径	最小壁厚
168	5	630	8
219	6	720	8
273	6	820	9

注:可以按使用单位的要求使用其他规格钢管,但钢管力学性能须有明显的屈服极限。

发泡前,应去除钢管表面的铁锈、轧钢鳞片、油脂、灰尘、漆、水分或其他沾染物。钢管表面锈蚀等级应符合《涂覆涂料前钢材表面处理 表面清洁度的目视评定 第2部分:已涂覆过的钢材表面局部清除原有涂层后的处理等级》(GB/T 8923.2—2008)的规定。

(2) 外护管。外护管应用高密度聚乙烯塑料或玻璃纤维增强塑料制造,使用温度条件应控制在−50℃～+50℃之间。

高密度聚乙烯外护管中应使用有助于外护管生产及提高外护管性能的添加剂,如抗氧化剂、紫外线稳定剂、炭黑等。高密度聚乙烯外护管中可使用含量不超过15%的洁净回用料,但回用料必须是制造商自己的产品。

外护管应为黑色,其内外表面不应有损失其性能的沟槽,不允许有气泡、裂纹、凹陷、杂质、颜色不均匀等缺陷。管两端应切割平整,并与管材轴线垂直,角度误差应小于2.5°。

(3) 保温层。聚氨酯硬质泡沫塑料应无污斑、无收缩分层和开裂现象。发泡孔应均匀细密,泡沫应均匀地充满于工作钢管与外护管间的环形空间。保温层任意位置的泡沫密度都不应小于60kg/m^3。

2. 标志、运输、贮存

(1) 标志。生产商应在外护管上标明外护管原材名称、熔体流动速率值、外护管外径尺寸及壁厚、生产日期、厂商标志。还应标志钢管外径和壁厚,钢材规格及等级,保温管的生产者标志、发泡日期或生产批号。

(2) 运输。保温管必须用吊带或其他不伤及保温管的方法吊装,严禁用钢丝绳直接吊装。装卸过程中严禁碰撞、抛摔和在地面拖拉、滚动。长途运输过程中,保温管必须固定牢靠。

(3) 贮存。保温管堆放场地应平整,不得有碎石等坚硬杂物;地面应有足够承载能力,保证堆放后不发生倾倒;堆放场地应设排水沟,场地内不得积水;堆放场地应设置管托,管托应确保外护管下表面高出地面150mm,且堆放高度不应大于2m。保温管不得受烈日照射、雨淋和浸泡,露天存放时宜用篷布遮盖,并远离热源和火源。

九、球墨铸铁管

在铸造铁水中添加球化剂后,经过离心球墨铸铁机高速离心铸造成的管材称之为球墨铸铁管。球墨铸铁管防腐性能优异、延展性能好,安装简易。球磨铸铁管主要用于市政、工矿企业的给水、输气工程。

球磨铸铁管一般采用水泥砂浆内衬，水泥砂浆内衬既可提高球墨铸铁管的耐腐蚀性能，又能保护水质。

1. 分类

球墨铸铁管按直径可分为 $DN40$、$DN50$、$DN60$、$DN65$、$DN80$、$DN100$、$DN125$、$DN150$、$DN200$、$DN250$、$DN300$、$DN350$、$DN400$、$DN450$、$DN500$、$DN600$、$DN700$、$DN800$、$DN900$、$DN1000$、$DN1100$、$DN1200$、$DN1400$、$DN1500$、$DN1600$、$DN1800$、$DN2000$、$DN2200$、$DN2400$、$DN2600$ 三十种。球墨铸铁管接口有滑入式柔性接口[T 型，图 10-11(a)]，机械柔性接口[K 型、N_1 型、S 型，图 10-11(b)、(c)、(d)]和法兰接口等型式。

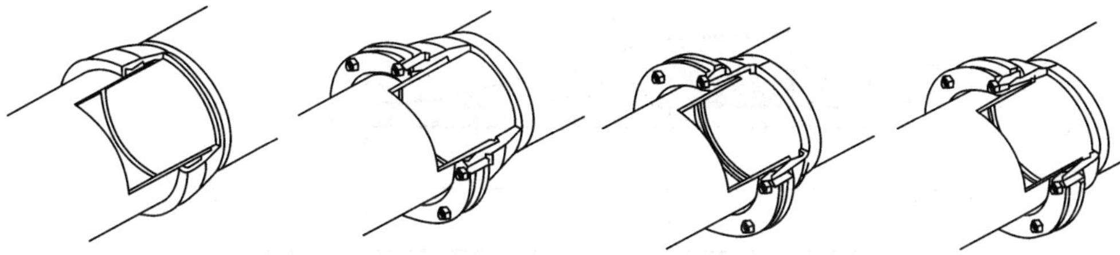

(a)　(b)　(c)　(d)

图 10-11　球墨铸铁管接口剖视图

(a)T 型接口；(b)K 型接口；(c)N_1 型接口；(d)S 型接口

球墨铸铁管管件由各种接口型式派生而成，用于连接管材和其他管件，主要管件型式如图 10-12 所示。

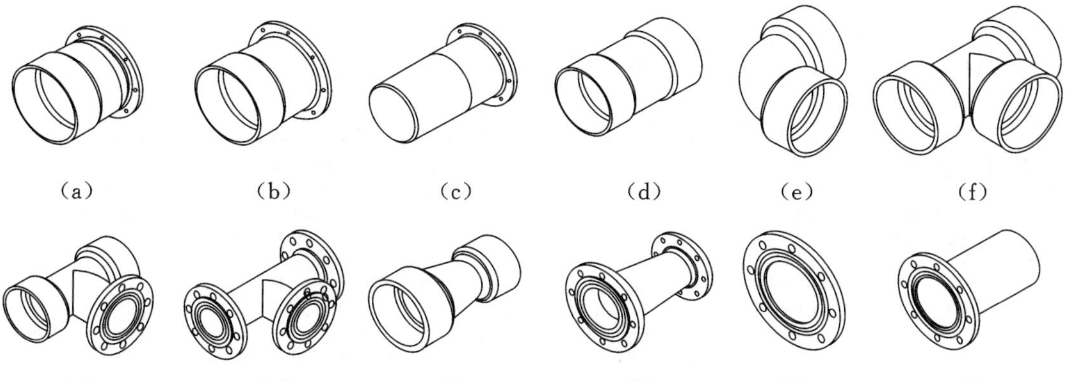

(a)　(b)　(c)　(d)　(e)　(f)

(g)　(h)　(i)　(j)　(k)　(l)

图 10-12　球墨铸铁管管件

(a)盘承套管；(b)盘承短管；(c)盘插管；(d)承套管；(e)双承弯头；(f)全承三通；(g)双承单支盘三通；(h)全盘三通；(i)双承渐缩管；(j)双盘渐缩管；(k)盲板法兰；(l)法兰盘

球墨铸铁管与管件的公称壁厚和公称直径的函数关系计算如下：

$$e=K(0.5+0.001DN) \tag{10-1}$$

式中　e——公称壁厚(mm)；

K——壁厚级别系数取 9,10,11,12…；

DN——公称直径(mm)。

离心球墨铸铁管的最小公称壁厚为 6mm,非离心球墨铸铁管和管件的最小公称壁厚为 7mm。

2. 技术要求

(1) 外径。球墨铸铁管插口端外径 DE 的允许偏差应符合图 10-13 和表 10-17 的要求。对于 $DN \leqslant 300$mm 的球墨铸铁管,可用卷尺测量管体外径,从插口端起 2/3 管长范围内的外径应符合安装尺寸要求,以便于施工现场切割;对于 $DN > 300$mm 的球墨铸铁管,应有一定数量的球墨铸铁管符合以上要求,该数量由供需双方协商决定,同时应做可切割标识。

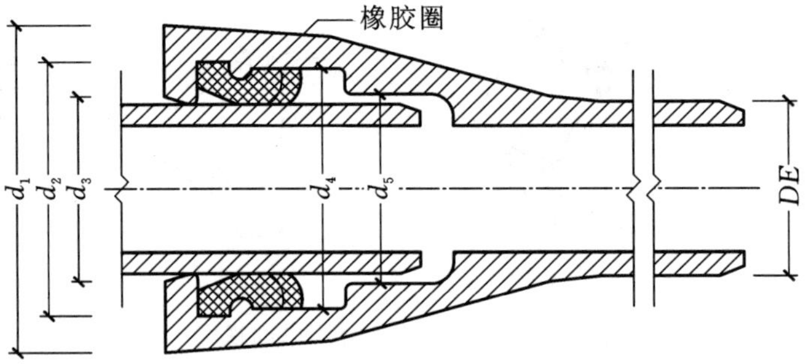

图 10-13　T 型接口各参数含义

表 10-17　T 型接口公称尺寸　　单位:mm

DN	DE		d_1	d_2		d_3		d_4		d_5	
100	118	+1,−2.8	163	143	±1	120.5	±1	138.9	±1	123.4	±2
125	144		190	169		146.5		164.8		150	
150	170	+1,−2.8	217	195		172.5		190.6		175.3	
200	222	+1,−2.8	278	250	+1.5,−1	224.5	+1.5,−1	245.2	+1.5,−1	227.8	
250	274	+1,−2.8	336	301.5		276.5		296.9		279.7	
300	326	+1,−2.8	393	356.5	+1.8,−1	328.5	+1.8,−1	351.7	+1.8,−1	332.1	
350	378	+1,−2.8	448	408		380.5		403.4		383.8	
400	429	+1,−2.8	500	462	+2.1,−1	431.5	+2.1,−1	457.2	+2.1,1	435.8	±2.5
450	480	+1,−2.8	540	514	+2.2,−1	482.5	+2.2,−1	509	+2.2,−1	487	
500	532	+1,−2.8	604	568	+2.4,−1	534.5	+2.4,−1	562.6	+2.4,−1	539.4	±3
600	635	+1,−2.8	713	673.4	+2.7,−1	637.5	+2.7,−1	668	+2.7,−1	642.6	
700	738	+1,−2.8	824	788	+3.5,−1	740.5	+3.5,−1	779	+3.5,−1	745.8	±3.5
800	842	+1,−2.8	943	894	+3.8,−1	844.5	+3.8,−1	885.9	+3.8,−1	850	±3.8

续表10-17

DN	DE		d_1	d_2		d_3		d_4		d_5	
900	945	+1，−2.8	1052	1000	+4.1，−1	947.5	+4.1，−1	991.3	+4.1，−1	953.2	±4.1
1000	1048	+1，−2.8	1158	1105	+4.4，−1	1050.5	+4.4，−1	1097	+4.4，−1	1056.4	±4.4

(2) 不圆度。球墨铸铁管与管件不圆度，当 *DN* 为 40～200mm 时，应在 *DE* 的偏差范围内；当 *DN* 为 250～600mm 时，不应超过 *DE* 的 1%；当 *DN* 大于 600mm 时，不应超过 *DE* 的 2%。不圆度是管的横截面偏离圆的程度，其计算公式如下：

$$不圆度=\left(\frac{A_1-A_2}{A_1+A_2}\right)\times 100\% \tag{10-2}$$

式中　A_1——管的最大直径(mm)；

A_2——管的最小直径(mm)。

(3) 内径。球墨铸铁管与管件内径标准值相当于公称直径 *DN*，其允许偏差应符合表 10-18 的要求。承口内径允许偏差见表 10-17。

表 10-18　球墨铸铁管内径允许偏差　　单位：mm

内径	允许偏差	内径	允许偏差
40～1000	−10	1100～2600	−0.01*DN*

(4) 壁厚。球墨铸铁管与管件公称壁厚的允许偏差应符合表 10-19 的规定。

表 10-19　球墨铸铁管与管件公称壁厚允许偏差　　单位：mm

铸件类型	公称壁厚	允许偏差
离心球墨铸铁管	6	−1.3
	>6	−(1.3+0.001*DN*)
非离心球墨铸铁管和管件	7	−2.3
	>7	−(2.3+0.001*DN*)

(5) 长度。球墨铸铁管与管件长度允许偏差见表 10-20。

表 10-20　球墨铸铁管与管件长度允许偏差　　单位：mm

铸件类型	允许偏差
承插直管	±30
承接管件	±20
法兰盘或盘接管件	±10

3. 外形

球墨铸铁管应平直，其最大偏差不得超过有效长度的 0.125%。

4. 水泥砂浆防腐层

水泥砂浆防腐层的厚度及表面缺陷的允许偏差应符合表 10-21 的要求。

表 10-21　水泥砂浆防腐层的厚度及表面缺陷的允许偏差

检查项目	允许偏差		检查频率	
			范围	点数
裂缝宽度	≤0.8mm		每管节	每处
裂缝沿管道的纵向长度	≤管道截面的周长，且≤2000mm			
平整度	<2mm			取两个截面，每个截面测 2 点，取偏差值最大 1 点
防腐层厚度	*DN*≤1000mm	±2		
	1000mm<*DN*≤1800mm	±3		
	DN>1800mm	+4，−3		
麻点、空窝等表面缺陷的深度	*DN*≤1000mm	2		
	1000mm<*DN*≤1800mm	3		
	DN>1800mm	4		每处
缺陷面积	≤500mm^2			每平方米
空鼓面积	不得超过 2 处，且每处≤10000mm^2			

注：工厂内涂覆的水泥砂浆内衬，每批抽 20%；施工现场涂覆的水泥砂浆内衬，逐根检查。

第二节　管道配件与设施

管道配件与设施是管路中的重要零件与辅助设施，包括橡胶密封圈、阀门、接头、消火栓、井盖、踏步、检查井等，它们起着连接管子、改变水流方向、封闭管路等作用。

一、橡胶密封圈

橡胶密封圈是利用橡胶弹性达到密封效果的管材接口密封件。用于制造橡胶密封圈的材料有天然橡胶、丁苯橡胶、氯丁橡胶、丁腈橡胶、丁基橡胶、乙丙橡胶和硅橡胶等，制造橡胶密封圈的材料中不得含有对输送介质和管材有害的物质。

1. 分类

(1) 混凝土管道接口密封圈。混凝土管道接口密封圈有滚动橡胶圈和滑动橡胶圈(图 10-14)两种类型，其中滑动橡胶圈最常用。滑动橡胶密封圈内侧有多轮水封线，外侧是光滑表面，以便于管材嵌合。

(2) 球墨铸铁管道接口密封圈。球墨铸铁管道接口密封圈通常包括密封橡胶圈、隔离圈、支撑圈等。其中密封橡胶圈又分为 T 型、K 型、N_1 型、S 型四种类型(图 10-15)。

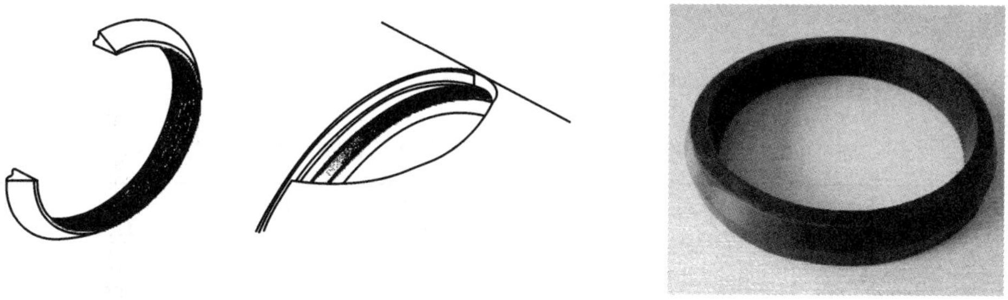

(a)　　　　　　(b)　　　　　　(c)

图 10-14　混凝土管道接口滑动橡胶圈

(a)滑动橡胶圈剖视图;(b)滑动橡胶圈安装示意图;(c)滑动橡胶圈实物图

密封橡胶圈、隔离圈应无影响使用性能的表面缺陷。

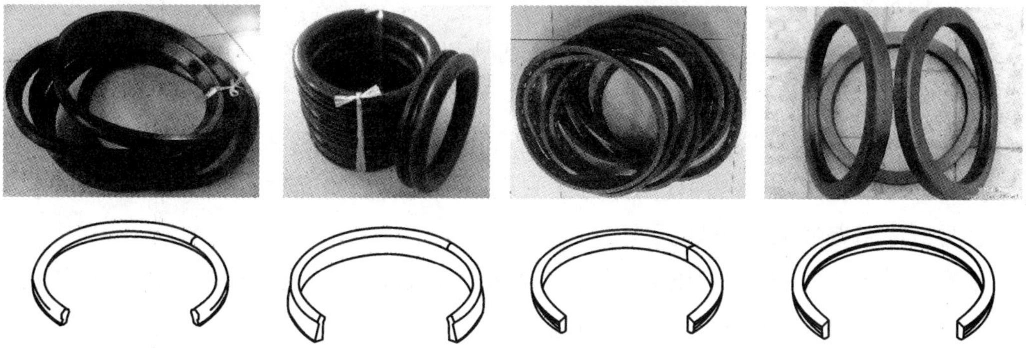

(a)　　　　　　(b)　　　　　　(c)　　　　　　(d)

图 10-15　球墨铸铁管道接口密封橡胶圈

(a)T 型橡胶圈;(b)K 型橡胶圈;(c)N_1 型橡胶圈;(d)S 型橡胶圈

(3) 埋地塑料管接口密封圈。硬聚氯乙烯(PVC-U)双壁波纹管接口密封橡胶圈断面呈梯形,外侧略带弧度[图 10-16(a)]。硬聚氯乙烯(PVC-U)加筋管接口橡胶密封圈断面呈"T"形,两腋有较小的弧度[图 10-16(b)]。聚乙烯(PE)双壁波纹管接口橡胶密封圈分两种,公称内径在 200～300mm 的呈"冠"形[图 10-16(c)];公称内径在 400～800mm 的呈"钺"形[图 10-16(d)]。

(a)　　　　　　(b)　　　　　　(c)　　　　　　(d)

图 10-16　埋地塑料管接口密封圈剖视图

(a)硬聚氯乙烯(PVC-U)双壁波纹管接口橡胶密封圈;(b) 硬聚氯乙烯(PVC-U)加筋管接口橡胶密封圈;

(c)聚乙烯(PE)双壁波纹管接口橡胶密封圈($Di200$～$Di300$);

(d)聚乙烯(PE)双壁波纹管接口橡胶密封圈($Di400$～$Di800$)

2. 性能要求

橡胶圈性能指标要求见表 10-22。

表 10-22　用于冷饮用水管、污水管、雨水管的橡胶圈性能指标

项目	单位	硬度级别			
		40	50	60	70
硬度允许偏差	IRHD	±5	±5	±5	±5
拉伸强度	MPa	≥9	≥9	≥9	≥9
拉断伸长率	%	≥400	≥375	≥300	≥200

3. 运输及贮存

橡胶密封圈在运输过程中，应防止日光直晒和雨雪浸淋，严禁与油类、润滑脂、酸、碱等物质接触。

贮存温度应在 30℃以下，最好在 15℃以下，制品至少应距离热源 1m 以上。制品贮存室相对湿度不应大于 80%，且不应有湿气凝结。制品应避光，特别应避免太阳光直射，室内照明最好用普通的白炽灯。

存放的制品不应被拉伸、压缩、挤压或产生其他形式的形变。运输、贮存中不得长期受挤压，更不允许用细绳、铁丝等悬挂制品。

制品贮存期间，不允许同酸、碱、油脂等液体、半固体材料接触。不应与某些金属，特别是铜和锰接触。同时应避免不同种类或不同配方的橡胶制品相互接触。

二、阀门

阀门是用来控制流体方向、压力、流量的装置。阀门是随着流体管路的产生而产生的。人类使用阀门已经有几千年的历史，工业用阀门的大量应用是从瓦特发明蒸汽机后开始的。

1. 分类

(1) 阀门按作用和用途可分为截断阀、止回阀、安全阀、调节阀、分流阀、排气阀六类。截断阀又称闭路阀，作用是接通或截断管路中的介质，截断阀包括闸阀截止阀、旋塞阀、球阀和隔膜阀；止回阀又称单向阀或逆止阀，作用是防止管路中的介质倒流；安全阀的作用是防止管路或装置中的介质压力超过规定数值，以达到保护的目的；调节阀的作用是调节介质的压力、流量等参数，包括节流阀和减压阀；分流阀的作用是分配、分离或混合管路中的介质，包括各种分配阀和疏水阀；排气阀多安装在管道高处变坡点或弯头处，用于排除管路中的多余气体，以提高管道使用效率和降低能耗，是管道系统中必不可少的辅助设备，广泛应用于锅炉、空调、石油天然气、给排水管道中。

(2) 阀门按公称压力可分为真空阀、低压阀、中压阀、高压阀、超高压阀五种。

(3) 阀门按工作温度可分为超低温阀、低温阀、常温阀、中温阀、高温阀五种。

(4) 阀门按驱动方式可分为自动阀、动力驱动阀、手动阀三种。

2. 技术要求

阀门的密封性能是阀门各密封部位阻止介质泄漏的能力,密封部位有启闭件与阀座的接触面、填料与阀杆的接触面、阀体与阀盖的接触面三处。

第一处泄漏叫内漏,即常说的关闭不严,它影响阀门截断介质的能力。对截断阀类阀门来说,内漏是不允许的。

后两处泄漏叫外漏,即介质从阀内泄漏到阀外。外漏会造成物料损失,污染环境,严重时还会造成事故。对于易燃易爆、有毒或有放射性介质,外漏更是不允许的,因此阀门必须具有可靠的密封性能。

由于阀门密封性能的重要性,阀门进场后必须进行密封性检验。

三、可曲挠橡胶接头

可曲挠橡胶接头(图 10-17)简称橡胶接头、橡胶软接头,是由织物增强的橡胶件与活接头、松套金属法兰或螺纹管法兰组成的接头,用于管道隔振、降噪和补偿位移。可曲挠橡胶接头是一种高弹性、高气密性、耐介质性和耐气候性的管道接头。

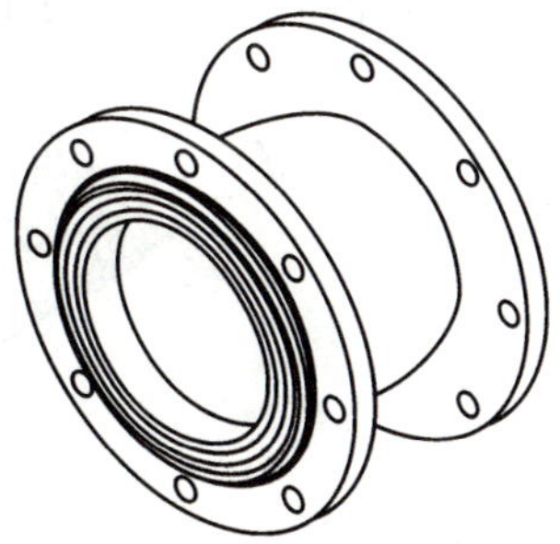

图 10-17　可曲挠橡胶接头

1. 分类

可曲挠橡胶接头按结构形式分为单球体、双球体、弯头球体三种。按连接形式可分为法兰连接、螺纹连接、螺纹管法兰连接三种。

2. 安装

可曲挠橡胶接头安装时,产品必须处于自然状态,不能产生人为变形,以避免产品早期损坏和减弱使用效果。如安装于水泵出口近端、管道转角部位或在高压状态悬空使用时,必须有固定支撑或固定托架。固定支撑和固定托架的承受能力必须大于轴向力,否则产品应安装防拉脱限位装置。

法兰橡胶接头安装时,需使球体两端增强圈全部卡入法兰槽内,以防止管道承压时球体与法兰拉脱。橡胶接头与法兰连接时,螺栓丝杆应朝向法兰外侧,以防止螺纹将受压膨胀时橡胶接头的拱起部分挤伤或扎伤。每一端的螺栓必须对称地加压拧紧,使所有螺栓松紧一致。可曲挠橡胶接头用于条件恶劣场所时,除增加平垫外,还应增加弹簧垫圈,以防螺母松动。当橡胶接头在水(油)泵出口近距离或开停频繁条件下使用时,为减少橡胶接头拉伸和压缩过大而给泵和管道带来的影响,应在法兰两端增加限位装置。

安装大口径可曲挠橡胶接头时,为便于安装和降低劳动强度,应在法兰一端制作一节适当长度的短管,待橡胶接头与短管和另一端的管道连接好以后,再把短管与对口端长管焊接。为防止焊接变形造成径向偏差，应在焊接前用圆钢或其他相应强度的金属物把两端法兰临时焊接，使橡胶接头与法兰形成刚性体，待安装完成后，再去掉焊接物，使安装完毕的橡胶接头处于自然状态。焊接过程中，必须覆盖橡胶接头，以免烧坏球体。

四、消火栓

消火栓是一种固定消防工具，为消防救援提供水源，有红色和黄色两种。消防系统包括室外消火栓系统、室内消火栓系统、灭火器系统，有的还有自动喷淋系统、水炮系统、气体灭火系统、火探系统、水雾系统等。

室内消火栓应放置于走廊或厅堂等共享空间中，一般会在上述空间的墙体内，不论对其做何种装饰，都要求有醒目的标注，并不得在其前方设置障碍物，以避免影响消火栓门的开启。

1. 室内消火栓

室内消火栓是室内管网向火场供水的带有阀门的接口，通常安装在消火栓箱内，与消防水带和喷头(图 10-18)等器材配套使用。

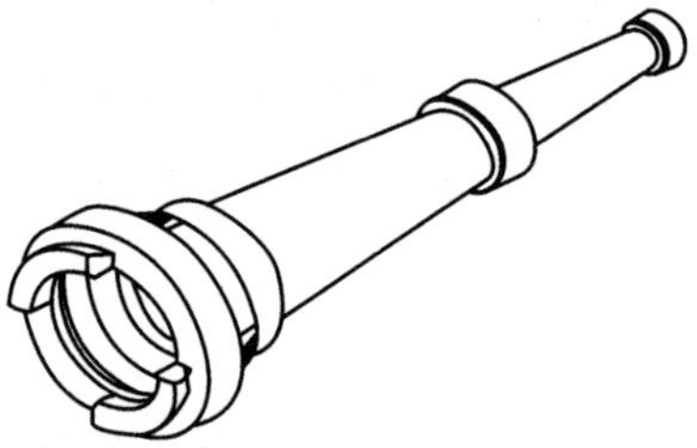

图 10-18　室内消防栓喷头

2. 室外消火栓

室外消火栓(图 10-19)是设置在建筑物外专用消火栓井中的消防给水管网上的供水设施，主要供消防车取水，也可以直接连接水带、喷头，分地上式和地下式两种，是扑救火灾的重要消防设施。

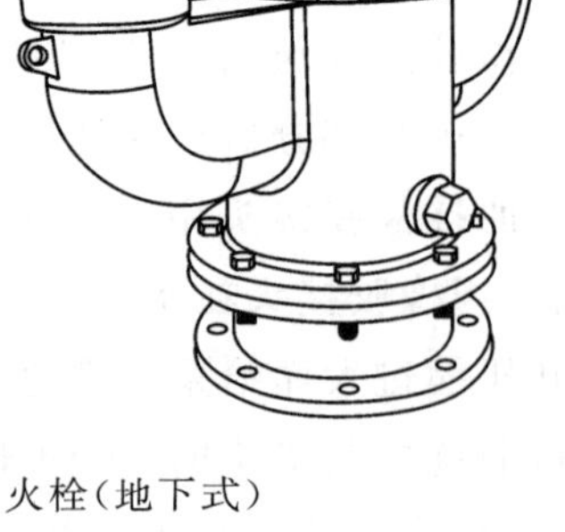

图 10-19　室外消火栓(地下式)

五、检查井盖、踏步、雨水箅

检查井盖是覆盖各种检查井的可开启封闭物，由井盖和支座两部分组成。井盖是检查井盖中可开启的部分，用于封闭检查井口；支座固定在检查井口，用于安放井盖。

踏步也称爬梯，供上下检查井蹬踏之用。雨水箅供雨水和杂物分离之用。

1. 井盖

(1) 分类

检查井盖(图 10-20)按承载能力划分为 A15、B125、C250、D400、E600、F900 六个等级。A15 级用于绿化带、人行道等禁止机动车驶入的区域；B125 级用于人行道、非机动车道、小车停车场及地下停车场；C250 级用于住宅小区、背街小巷和道路两边路缘石开始 500mm 以内的仅有轻型机动车或小车行驶的区域；D400 级和 E600 级用于城市主路、公路、高等级公路、高速公路等区域；F900 级用于机场跑道等区域。

(a)　　　　(b)　　　　(c)

图 10-20　检查井盖

(a)球墨铸铁井盖；(b)球墨铸铁双层井盖支座及玻璃钢子盖；(c)混凝土井盖

检查井盖可由灰口铸铁、球墨铸铁、铸钢、轧钢、聚合物、填充增强材料、钢纤维混凝土等一种或几种材料制成。

给排水井盖按入孔直径分为 $\phi500$、$\phi600$、$\phi700$、$\phi800$ 四种。施工过程中应优先使用球墨铸铁井盖。

(2) 技术要求

① 外观。井盖表面应完整，材质均匀，无影响产品使用的缺陷。井盖与支座应保持顶平，井盖上表面不应有拱度，井盖与支座的接触面应平整、光滑。

② 结构尺寸。井盖上表面应有防滑花纹。A15 级、B125 级、C250 级的花纹高度应为 2～6mm；D400 级、E600 级、F900 级的花纹高度应为 3～8mm，花纹凸凹部分面积与整个井盖面积比不应小于 10%，也不应大于 70%。井盖嵌入支座的深度应符合表 10-23 的要求。

表 10-23　井盖嵌入支座的深度

井盖级别	A15	B125	C250	D400	E600	F900
嵌入深度 A/mm	≥20	≥30	≥30	≥50	≥50	≥50

井盖与支座间的总间隙(直径差)应符合表 10-24 的要求。

表 10-24　井盖与支座间的总间隙

构件数量	检查井支座孔口最大内切圆直径/mm	总间隙/mm
1 件	≤400	≤3
	>400	≤6
2 件	≤400	≤7
	>400	≤9
3 件或 3 件以上	—	≤15，单件不超过 5mm

支座支承面宽度应符合表 10-25 的要求。

表 10-25　支座支承面宽度

支座的最大内切圆直径	支座支承面宽度	支座的最大内切圆直径	支座支承面宽度
<600mm	≥20mm	≥600mm	≥24mm

D400 级、E600 级、F900 级支座高度不应小于 100mm。检查井盖的制造应当确保支座的适配性，对于 D400 级、E600 级、F900 级，支座的制造应当确保使用时安静稳定。金属检查井盖应通过接触表面加工、加防噪声橡胶垫圈等措施以确保无噪声。车行道、停车场上的井盖，应在井盖下部加水平横肋，以增加井盖刚度。为防止井盖丢失，应将井盖与支座连接(锁)在一起。

支座最大内切圆直径(支座净开孔)应满足相关安全和使用功能要求，一般入孔支座净开孔直径不应小于 600mm，其尺寸偏差见表 10-26。

表 10-26　入孔支座净开孔直径允许偏差

入孔尺寸/mm	600	700	800	900
尺寸偏差/mm	0～10	±10	±10	±10

③ 承载能力。井盖的承载能力应符合表 10-27 的要求，对于支座净开孔尺寸(C_0)小于 250mm 井盖的试验荷载按表 10-27 所示值乘以 $C_0/250$，但结果不得小于表 10-27 所示值的 60%。

表 10-27　井盖承载能力

级别	A15	B125	C250	D400	E600	F900
试验荷载/kN	15	125	250	400	600	900

④ 标志、包装、运输和贮存。每套检查井盖上必须有清晰的承载等级标志、制造厂名或商标、生产年份。产品包装应有产品合格证书，内容包括合格证书编号、制造厂名称、产品承

载等级、质量检验结果、制造厂检验部门及检验人员签章、执行标准编号。人工装卸时，严禁抛掷，以免损坏；用叉车装卸时，层高不宜高于10套，且产品底部应有托架。产品应在仓库或露天按规格分类码放。贮存地应远离火源和热源，环境温度不应高于60℃。

目前，工程建设主要使用的是球墨铸铁井盖。用量最大的是给排水工程中的给水检查井（阀门井、消火栓井、水表井）和排水检查井（雨水井、污水井）。要保证球墨铸铁井盖的承载能力，必须保证质量，否则将很难保证井盖的承载能力。在《井盖及踏步》（97S501—1）中规定了各类井盖及支座的质量要求，如ϕ700轻型单层球墨铸铁井盖（A）和支座（A）的总质量应为44kg＋41kg＝85kg。若井盖、支座的质量能达到这个要求，即可满足承载要求，但目前市场上的井盖、支座很难达到这个标准。施工人员应根据使用情况送检，以确定其是否能够达到标准。

2. 踏步

踏步（图10-21）分为球墨铸铁踏步、灰口铸铁踏步、塑钢踏步三种，使用时应优先选用塑钢踏步和球墨铸铁踏步。

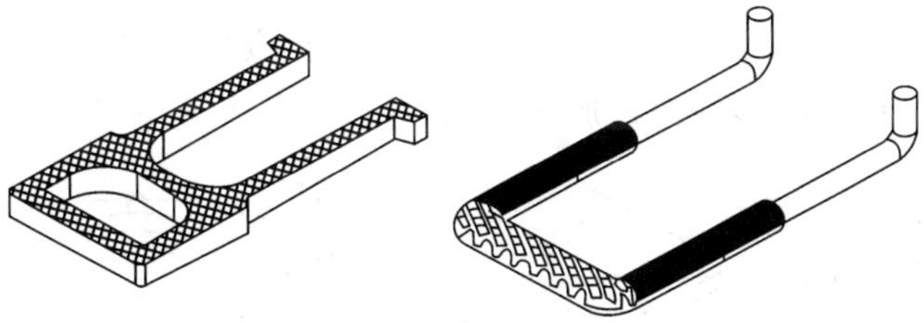

(a)　　　　　　(b)

图10-21　踏步

(a)球墨铸铁踏步；(b)塑钢踏步

踏步的把手部分应无毛刺。为防止踏步生锈，其金属部分应用热浸沥青处理。球墨铸铁踏步的质量不应低于2.6kg；塑钢踏步金属部分的质量不应低于1.2kg，且应冲压成型，塑料部分应为高密度聚乙烯，并采用注塑成型。

3. 雨水箅

雨水箅（图10-22）是道路雨水口的过滤设施，目的是滤除雨水径流中的杂物，以防堵塞雨水管。雨水箅由井圈和篦子两部分构成。雨水箅按安装形式分为立箅式和平箅式两种；按材质可分为灰口铸铁、球墨铸铁、钢格板三种，还有与其他配件配套使用的钢纤维混凝土箅子。灰口铸铁雨水箅、钢纤维混凝土箅子、钢格板雨水箅使用较少，最常用的是球墨铸铁雨水箅。球墨铸铁雨水箅的箅条布置分顺条和横条两种。钢格板雨水箅应选用WA555/1热浸锌钢格板制造，外形尺寸为725mm×425mm×55mm。

雨水箅应嵌在钢筋混凝土口圈上，箅子必须有可靠措施连接在井圈或雨水口井墙上，以防丢失。为保证球墨铸铁雨水箅的质量，一般情况下，球墨铸铁雨水箅的质量应在50kg左右。

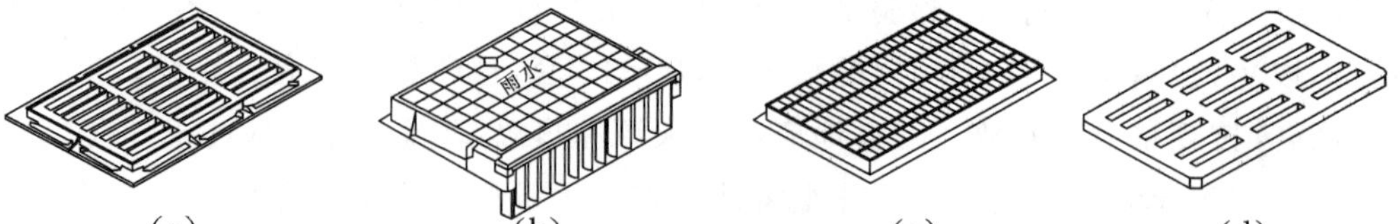

(a)　(b)　(c)　(d)

图 10-22　雨水箅及配件

(a)平箅式球墨铸铁雨水箅；(b)立箅式球墨铸铁雨水箅；(c)钢格板雨水箅；(d)钢纤维混凝土箅子

六、混凝土检查井

检查井是为方便城市地下基础设施的供电、给水、排水、排污、通信、有线电视、煤气管、路灯线路等维修、安装而设置的。一般设在管道交汇处、转弯处、管径或坡度改变处以及直线管段上每隔一定距离处。

混凝土盖板(图 10-23)用于覆盖检查井井室，以便于上部施工和保证安全。检查井盖板的厚度一般不小于 100mm，混凝土强度等级不小于 C25。板内钢筋为 Ⅰ、Ⅱ 级，钢筋应放在板的下层，净保护层为 35mm。盖板上预留人孔应与井盖、支座的规格一致。雨污水检查井有圆形、矩形和异形等三种形式，因此盖板也相应分为三种形式。

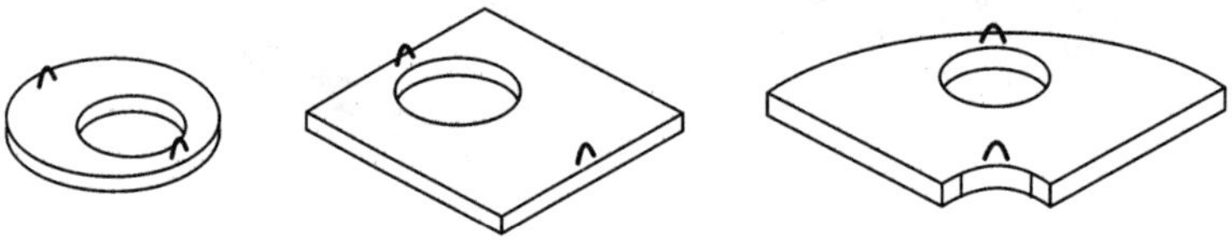

(a)　(b)　(c)

图 10-23　混凝土盖板

(a)圆形检查井盖板；(b)矩形检查井盖板；(c)异形检查井盖板(扇形)

过去，ϕ1000mm 以下雨污水检查井均采用砖砌体，不仅易渗漏、强度低，耐久性也差。现在，检查井大都采用预制装配式混凝土检查井，见图 10-24。混凝土检查井在结构强度、施工周期、快捷拼装等方面优点明显。预制装配式混凝土检查井可分为二口、三口和四口形式，以接驳不同方向的污水管道。

图 10-24　预制装配式混凝土检查井

第三节　雨、污水管道施工

随着我国社会的进步和经济的发展，我国城镇化建设的速度正在不断上升，而与城镇化相配的市政工程则具有极为重要的意义，其工程质量的好坏会直接影响到城镇化的发展速度。在市政工程当中，雨、污水管道的施工具有重要作用，其无论是对于城市的正常排水功能还是城市的环境保护都是非常重要的。

一、管道选用要求

管节及管件的规格、性能应符合国家有关标准的规定和设计要求，进入施工现场时其外观质量应符合如下规定：

(1) 不得有影响结构安全、使用功能及接口连接的质量缺陷；

(2) 内、外壁光滑、平整，无气泡、无裂纹、无脱皮和严重的冷斑及明显的痕纹、凹陷；

(3) 管节不得有异向弯曲，端口应平整。

二、雨、污水管安装工艺流程

雨、污水管安装工艺流程如图 10-25 所示。

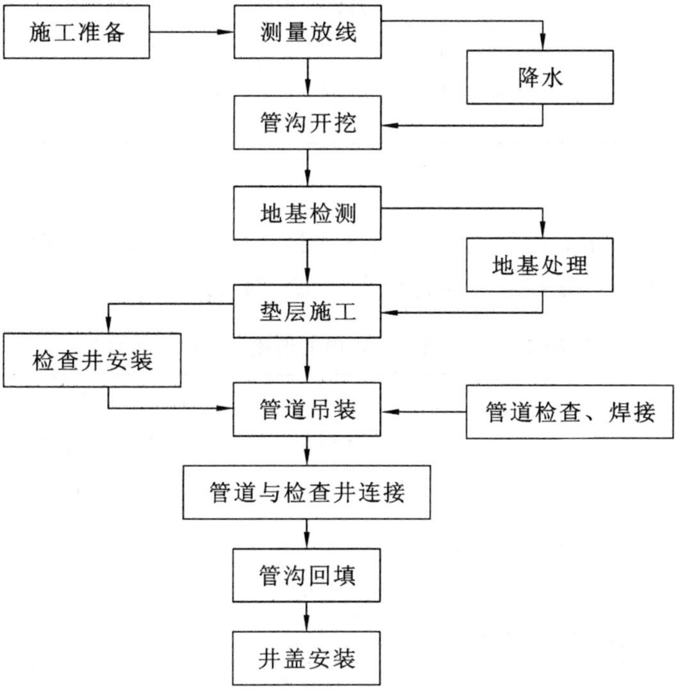

图 10-25　雨、污水管安装工艺流程

三、管沟开挖施工

1. 槽底宽度

施工之前，应根据管道结构宽度、工作宽度、支撑厚度确定槽底宽度。槽底宽度应符合设计规定，当设计无要求时，可按下式计算确定：

$$B=D+2(b_1+b_2+b_3) \tag{10-3}$$

式中 B——沟槽底部的开挖宽度(mm)；

D——管材外径(mm)；

b_1——管道一侧工作面宽度(mm)，见表 10-28；

b_2——有支撑要求时，管道一侧支撑厚度(mm)，可取 150～200mm；

b_3——现场浇筑混凝土或钢筋混凝土管渠一侧模板厚度(mm)。

表 10-28　管道一侧工作面宽度 b_1　　单位：mm

管道外径 D	混凝土类管道		金属类管道、化学建材管道
$D\leqslant 500$	刚性接口	400	300
	柔性接口	300	
$500<D\leqslant 1000$	刚性接口	500	400
	柔性接口	400	
$1000<D\leqslant 1500$	刚性接口	600	500
	柔性接口	500	
$1500<D\leqslant 3000$	刚性接口	800～1000	700
	柔性接口	600	

2. 放坡系数

当地质条件良好、土质均匀、地下水位低于沟槽底面高程，开挖深度在 5m 以内，且沟槽不设支撑时，沟槽边坡最陡坡度应符合表 10-29 的规定。

表 10-29　深度在 5m 以内的沟槽边坡的最陡坡度

土的种类	边坡坡度(高：宽)		
	坡顶无荷载	坡顶有静载	坡顶有动载
中密的砂土	1:1.00	1:1.25	1:1.50
中密的碎石类土(充填物为砂)	1:0.75	1:1.00	1:1.25
硬塑的粉土	1:0.67	1:0.75	1:1.00
中密的碎石类土(充填物为黏性土)	1:0.50	1:0.67	1:0.75
硬塑的粉质黏土、黏土	1:0.33	1:0.50	1:0.67
老黄土	1:0.10	1:0.25	1:0.33

续表10-29

土的种类	边坡坡度(高∶宽)		
	坡顶无荷载	坡顶有静载	坡顶有动载
软土(经井点降水后)	1∶1.25	—	—

沟槽每侧临时堆土或施加其他荷载时，不得影响构(建)筑物、各种管线和其他设施的安全；不得掩埋消火栓、管道阀门、雨水口、测量标志以及各种地下管道的检查井，也不得妨碍其正常使用；堆土距沟槽边缘不应小于0.8m，且高度不应超过1.5m。

3. 开挖

当槽深较大时，应分层开挖，并确定分层开挖深度。人工挖槽的深度超过3m时应分层开挖(图10-26)，每层深度不应超过2m。人工开挖多层沟槽的层间台阶宽度，放坡开槽时不应小于0.8m，直槽开挖时不应小于0.5m，安装井点设备时不应小于1.5m。

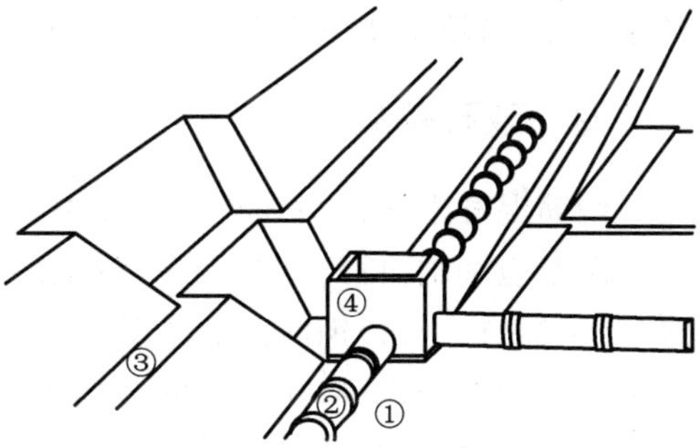

图10-26　人工分层开挖

①—槽底；②—管道；③—台阶；④—检查井

采用机械挖槽时，沟槽分层深度、台阶宽度按机械性能确定。机械开挖时应配合人工清底。机械开挖接近槽底时，用水准仪控制高程，预留200～300mm土层人工开挖，以防止超挖。

开挖完成的槽底不得受水浸泡或受冻，槽底局部扰动或受水浸泡时，宜采用天然级配砂石或灰土回填。槽底扰动土层为湿陷性黄土时，应按设计要求处理。槽底为杂填土、腐蚀性土时，应全部挖除并按设计要求处理。槽壁应平顺，边坡坡度必须符合施工方案的要求。在沟槽边坡稳固后，应设置供施工人员上下沟槽的安全梯或坡道。

若槽深大于5m，放坡开槽有所不便时，应设加固支撑。加固支撑方案必须经批准后才能实施，并在施工过程中严格执行。若槽的中、下部遇有流砂时，容易造成上部塌方，此时也可采用加固、支撑的方法处理。

开挖过程中，应设专人在槽边看护，发现有边坡不稳、有坍塌征兆时，必须立即发出警告，并带领槽底施工人员撤离现场。

沟槽深度超过2m时，两侧应安装1.5m高的安全防护栏。防护栏立杆间距不应大于4m，埋入地下至少500mm，设间距600mm的两排横杆。

沟槽开挖允许偏差见表10-30。

表10-30　沟槽开挖允许偏差

项目	允许偏差/mm		检验频率	
			范围	点数
槽底高程	土方	±20	两井之间	3
	石方	±10，－200		

4. 地基处理

当管道天然地基不符合设计要求时，应进行地基处理。槽底局部超挖或发生扰动时，当超挖深度不大于 150mm 时，可用原土回填夯实，压实密度不应低于原地基土的密度。当槽底地基土壤含水量较大，不适于压实时，应采用石灰土或级配砂石回填。

排水不良造成地基土扰动时，扰动深度在 100mm 以内的，宜换填 10～15mm 直径的级配砂石或 5～40mm 直径的砾石处理；扰动深度在 300mm 以内，且下部坚硬时，宜填卵石或块石，再用砾石填充空隙并找平表面。

沟槽开挖过程中若意外发现地下水，应立即停止开挖，并会同业主、设计、监理确定降水措施，将地下水位降至槽底 500mm 以下后再进行开挖施工。

四、砂石基础

钢筋混凝土管道基础有混凝土基础、砂石基础、土弧基础三种。平口钢筋混凝土管采用混凝土基础，目前已较少采用；钢筋混凝土管采用顶进法施工时采用土弧基础；柔性接口（承插口、企口）钢筋混凝土管一般采用砂石基础（图 10-27）。砂石基础以管外底为界限分成两部分，下部在管道安装前填入，要求压实度在 85%～90%之间，上部在管道安装完毕后再填入，要求压实度大于或等于 93%。砂石基础按填筑高度分为 90°砂石基础、120°砂石基础、150°砂石基础、180°砂石基础四种。

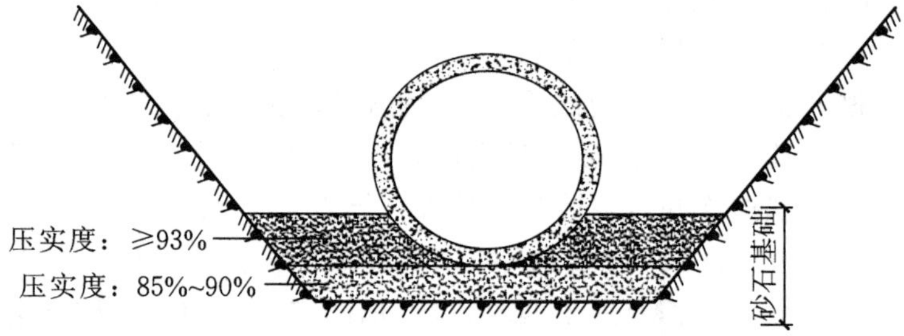

图 10-27　管道砂石基础断面

砂石基础一般采用天然级配砂石，中、粗砂，也可采用级配碎石、石屑，但天然级配砂石、级配碎石、石屑的最大粒径不宜大于 25mm。

施工过程中，无论是砂还是级配砂石，都应保持一定湿度，否则很难压实。砂石基础的管外底以下部分可用平板振捣器振实，但管外底以上部分施工相对困难，尤其是管道腋角部位更加困难。为保证施工质量，施工单位应制作专门的楔形插捣器械，以密实管道腋角部位。该器械最好为木质，以防破坏钢筋混凝土管道表面。

若管道基础是级配砂石，可用灌砂法检测密度；若管道基础是砂，可用环刀法检测密度。施工前，应通过试验求出砂、级配砂石的最大干密度，砂的最大干密度应采用振动法求得。

五、管道铺设

1. 准备

应在管道铺设前至少 24h，按设计要求浇筑好检查井垫层，并在垫层上弹出管道中线和井室砌筑线。

安装前应检查管体、承口、插口的尺寸及工作面平整度。将外观检查合格的管材按施工要求摆放到施工位置的沟槽边。摆放管材时一定要注意管材插口的插入方向与流水方向一致(图 10-28)。采用这种管道安装顺序,会导致检查井下游管道的承口落在井墙上,对尺寸较小的检查井来说,可能无法容下管道承口或造成检查井砌筑、井室抹灰困难,这时可将承口切除后再安装。

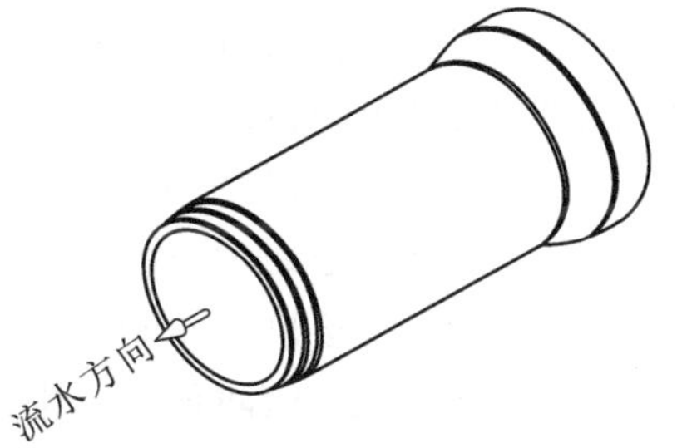

图 10-28　承插口(企口)管材的安装方向

2. 下管

采用机械吊装管材时,起重机的架设位置不得影响沟槽边坡的稳定;起重机在架空高压输电线路附近作业时,与线路的安全距离应符合相关规范的规定。吊装应采用专用高强吊装带,不应用钢丝绳,以免伤及管身混凝土。

管道安装应从下游开始,承口朝向施工前进方向。对于承插口管材,下管前,应按管材长度挖好承口工作坑,保证管材顺利就位。

3. 稳管

管材就位后,为防止滚动,应在管材两侧适当位置加两组(四个)模型垫块。通过起重机或槽内吊架将管道调整顺直,并对准上节管材承口。

4. 对口

(1) 清理管口。将承口内侧、插口外侧凹槽等连接部位的杂物清理、擦洗干净,然后在承口内侧均匀涂擦配套润滑剂或凡士林。

(2) 清理胶圈。将胶圈上的泥土和杂物清理、擦洗干净,并均匀涂擦配套润滑剂或凡士林。

(3) 套胶圈。雨污水管道使用的橡胶圈有滚动橡胶圈(管道内径 $D_0 \leqslant 1200$mm 时可以使用)和滑动橡胶圈两种,其中滑动橡胶圈最常用。橡胶圈应由管材厂商配套提供,其外观应光滑平整,不得有裂缝、破损、气孔、重皮等缺陷。

将涂好润滑剂的橡胶圈平顺、无扭曲地套入插口,滚动橡胶圈必须卡入槽内,滑动橡胶圈必须紧靠插口第二个错台(图 10-29)。

(4) 接口。接口前,应在插口上按要求做好安装标记,以检查插入是否到位。接口时,一般用机械配合人工进行。安装时,缓缓将已套好胶圈的插口滑入承口后再开始顶、拉,顶、拉速度要慢,并有专人检查胶圈滑(滚)入情况,如发现胶圈滑(滚)不均匀,应停止

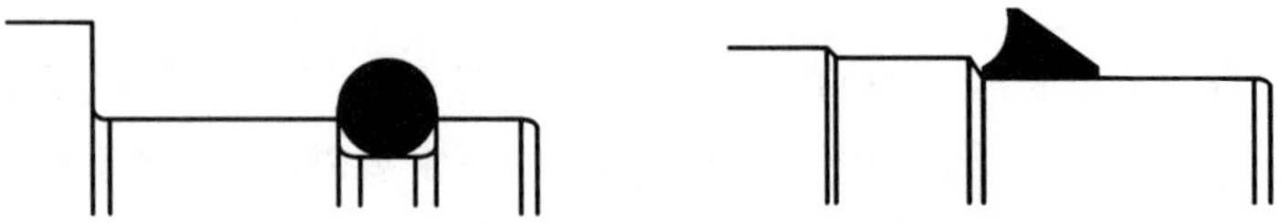

图 10-29　橡胶圈的安装位置

(a)滚动橡胶圈;(b)滑动橡胶圈

顶、拉,重新调整胶圈位置后再继续进行。施工过程中应特别注意胶圈不得出现“麻花”“闷鼻”“凹兜”“外露”等现象。

安管完成放松外力后,管节回弹不得大于10mm,且橡胶圈应在承插口工作面上,承口应到达插口的安装标记处。用特制钢尺插入承插口之间检查橡胶圈各部的环向位置,确认胶圈在同一深度。接口处承口周围不应有裂纹,橡胶圈应无脱槽、挤出现象。每节管材就位后,应进行固定,以防再次发生位移。

管道安装时,应逐节调整管内底高程和管道中线,以确保管道纵断高程及平面位置准确。若直接测量管内底高程比较困难,可通过实量管道直径和壁厚,将管内底高程转化为管外顶高程后检验管顶。由于混凝土管道截面为圆形,其中线控制比较困难,可将水平尺置于管底或管顶,当水平尺水平时,其中点就在管道中线上,再用全站仪、经纬仪检验水平尺即可。

为提高管道安装效率和质量,当施工现场空间狭小,不便机械操作时,施工单位应采用自制设备调整高程和对口。自制设备(图10-30)包括一个简易支架、一个或两个手动葫芦、两个手动倒链和两根紧固横梁。将下到槽中的管材用简易支架通过吊带、手动葫芦调整至设计高程。在已安装稳固的管材后安装一根紧固横梁,在待安装管材的承口处再放一根紧固横梁,然后用钢丝绳、倒链将两根横梁连接并对正,拉动吊链,即可将插口拉入承口中。为简化施工,也可采用吊机吊起管道进行安放。

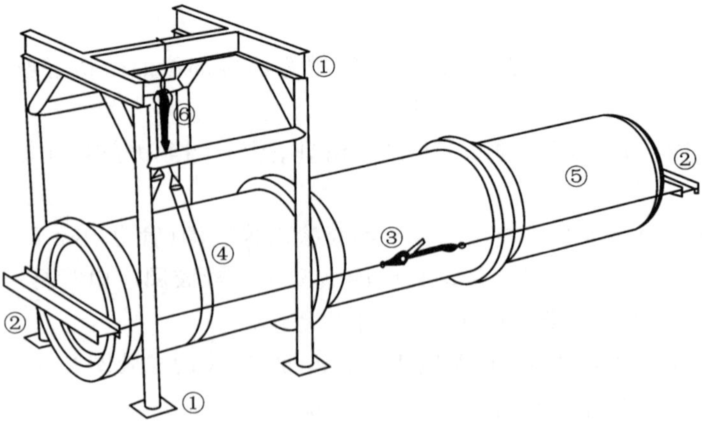

图 10-30　钢筋混凝土管安装设备

①—简易支架;②—紧回横梁;③—手动倒链;④—吊带;⑤—钢筋混凝土管;⑥—手动葫芦

（5）检验标准。钢筋混凝土管道沿直线安装时，管口的纵向间隙应符合设计或产品标准要求，无要求时应符合表 10-31 的要求。

表 10-31　钢筋混凝土管管口的纵向间隙

接口类型	管道内径 D_0/mm	纵向间隙/mm
平口、企口	500～600	1.0～5.0
	≥700	7.0～15
承轴式 B 型口	600～3000	5.0～15

管道的埋设深度、管内底高程、轴线位置应符合设计或规范要求，并严禁倒坡。管道铺设允许偏差见表 10-32。

表 10-32　管道铺设允许偏差　　单位：mm

检查项目	允许偏差		检验频率	
			范围	点数
轴线位移	15		每节管	1
管内底高程	$D_0 \leqslant 1000$	±10	每节管	1
	$D_0 > 1000$	±15	每节管	1
相邻管内底错口	$D_0 \leqslant 1000$	≤3	两节管之间	3
	$D_0 > 1000$	≤5		

注：$D_0 \leqslant 700$mm 时，相邻管内底错口在施工中控制，不计点数。

六、检查井施工

1. 处理检查井底基础

在处理检查井的基底时，需要按照规范的要求检查平整度、高程、压实度、地基等。地基承载力要达到要求标准。而对于垫层，则要控制好水平和高程。

2. 井室拼装、盖板吊装

预制检查井的吊装一般通过汽车吊进行。对于井筒的拼装处，则要用 1∶2的防水砂浆坐浆进行处理。在进行井室拼装时需注意井室垂直、预留口轴线和管道轴线的符合与否。对于盖板的安装，则需要注意其平整度，保证其高程要低于路基的顶标高。附带 6～8 名工人配合吊装操作，需 2～3 人负责挂钩操作，而槽内则需 4～5 人来调整方向等，大约需要半小时就能完成整个井室拼装。

3. 检查井与管道衔接

在进行管道与检查井的连接时，则需要使用 1∶2的防水砂浆进行嵌缝的封堵，之后再涂刷一层防水涂料，反复 2～3 遍。在管道伸入到井室之前，需要在管道的下部铺设防水砂浆并挤压管道，让管道与防水砂浆密实连接，而标准则以砂浆能够外溢为好。把管道的上部和两侧分别填满防水砂浆，再插捣防水砂浆，一直到能完全饱满，最后抹出三角状防水砂浆，宽度在5～6cm为宜。

4. 浇筑流槽

在浇筑流槽时，需要分成两次来进行，第一次是浇筑到流水底，而第二次则是浇筑形成流槽。对于井室内的混凝土，则需要使用C15商品混凝土。对于流槽表面，则需20mm厚的1∶2防水砂浆进行分层抹面，抹面应压实。

5. 回填沟槽及井室

在达到砂浆强度的70%之后，就能够进行检查井的回填操作，其具体的压实度要满足有关规定的要求。回填时，将两边的填料夯实，每层回填需要控制在20cm以内，动作温和，避免挤坏管道的接口。同时，需要尽量沿着管道进行对称填筑，此地方密实度需符合设计及规范要求。在进行回填时尤其要注意，回填检查井肥槽，在进行石粉的人工回填时，每20cm采用柴油夯进行一次夯实，来回夯实三四次之后可以基本达到压实效果。对于路基顶面之下1.5m的范围，都要回填水泥石灰土稳定材料，以更好地保证回填的质量。

6. 处理井口

回填井室一直到路基标高之上，再进行基层的施工，这个时候就需要采用2cm厚的钢板来对井孔进行覆盖，保持路基与钢板相平。等到沥青下面层碾压成型之后，刨除倒梯形圆环状基层料，再安装调节环及井筒，浇筑C25混凝土到沥青上层底，然后再浇筑后表面拉毛。在进行倒梯形圆环状混凝土的浇筑时，在预埋螺栓周边用C30混凝土进行浇筑，从而让井筒和井盖锚固在一起。

7. 安装井盖

安装检查井，等到完全就位之后要实现高程误差在1cm的范围内，并及时安装好井圈，盖好井盖。

七、污水管道闭水试验

1. 闭水试验准备

污水管道闭水试验之前，管道基础必须完成，管道、检查井的外观质量应合格，且不得进行回填。闭水试验前3～4d应封闭全部预留孔或管口，管道两端堵板的承载力应大于水压合力，并不得渗水。

闭水试验应以检查井为界分段，并带井试验。管段试验完成后，可向其他管段倒水，以节约用水。试验水头高度为试验段上游管内顶加2m，当计算试验水头高于上游井筒时，试验水头应以上游井筒高度为准，若此时试验段下游水面高于井筒，应加砌井筒高度，使其高于试验水面。试验管段注满水后应浸泡24h。

2. 实测渗水量

试验开始前，应准确做好水位标记。试验开始后，应不断向试验管段内补水，以保持恒定试验水头，补水(观测)应持续至少30min，并记录补水量。闭水试验过程中，管道不得有漏水现象。

管道实测渗水量应按下式计算：

$$q=\frac{48W}{T \cdot L} \tag{10-4}$$

式中　q——实测渗水量[$m^3/(24h \cdot km)$]；

W——补水量(L)；

T——观测时间(min)；

L——试验管段长度(m)。

3. 允许渗水量

当管道内径 200mm$\leqslant D_0 \leqslant$2000mm 时，钢筋混凝土污水管道的允许渗水量应小于表 10-33 的规定。当管道内径 $D_0>$2000mm 时，实测渗水量应小于或等于下式计算的允许渗水量：

$$q=1.25\sqrt{D_0} \tag{10-5}$$

式中　q——允许渗水量[$m^3/(24h \cdot km)$]；

D_0——管道内径(mm)。

化学建材管道的实测渗水量应小于或等于按下式计算的允许渗水量：

$$q=0.0046D_0 \tag{10-6}$$

式中　q——允许渗水量[$m^3/(24h \cdot km)$]；

D_0——管道内径(mm)。

表 10-33　钢筋混凝土无压管道闭水试验允许渗水量

管道内径 D_0	允许渗水量 [$m^3/(24h \cdot km)$]	管道内径 D_0	允许渗水量 [$m^3/(24h \cdot km)$]
200	17.60	1200	43.30
300	21.62	1300	45.00
400	25.00	1400	46.70
500	27.95	1500	48.40
600	30.60	1600	50.00
700	33.00	1700	51.50
800	35.35	1800	53.00
900	37.50	1900	54.48
1000	39.52	2000	55.90
1100	41.45		

当管道内径 $D_0>$700mm 时，可按管道井段数量抽样选取 1/3 进行试验；试验不合格

时，抽样井段数量应在原抽样基础上加倍后进行试验。

不开槽施工的管道，当管道内径 $D_0 \geqslant 1500\text{mm}$ 的钢筋混凝土管道，设计无要求且地下水位高于管道顶部时，可用内渗法测渗水量。当管壁没有线流、滴漏现象，管道内渗水量小于或等于 $2\text{L}/(\text{m}^2 \cdot \text{d})$时，对有水珠和渗水部位进行抗渗处理后可不必再进行闭水试验。

4. 试验实例

某 $D_0 = 600\text{mm}$ 钢筋混凝土污水管道两个井段(包括 3 个检查井，总长 95m)进行闭水试验，观测 30min，补水 300L，该试验段闭水试验是否合格？

$$q = \frac{48W}{T \cdot L} = \frac{48 \times 300}{30 \times 95} = 5.05\text{m}^3/(24\text{h} \cdot \text{km})$$

查表 10-33 得 $D_0 = 600\text{mm}$ 时允许渗水量为 $30.60\text{m}^3/(24\text{h} \cdot \text{km})$，$5.05\text{m}^3/(24\text{h} \cdot \text{km}) < (30.60\text{m}^3/(24\text{h} \cdot \text{km})$，该试验段闭水试验合格。

实际施工过程中，施工单位常用测量水位差的方法求实际渗水量，这种方法不能保证恒定试验水头，且由于井筒(构筑物)的施工误差造成测量误差过大，因此不建议使用。

八、回填土

1. 清理

雨污水管道闭水试验合格后应及时进行回填。回填前，沟槽内的砖、石、木块等杂物应清理干净，且沟槽内不得有积水。

2. 虚铺厚度

每层回填土的虚铺厚度，应根据所用压实机具按表 10-34 的规定选取。

表 10-34　沟槽每层回填土的虚铺厚度

压实机具	虚铺厚度/mm	压实机具	虚铺厚度/mm
木夯、铁夯	≤200	压路机	200～300
轻型压实设备	200～250	震动压路机	≤400

采用重型压实机械压实或较重车辆在回填土上行驶时，管道顶部以上应有一定厚度的压实回填土，其最小厚度应根据压实机械的规格和管道设计承载力，通过计算确定。

3. 回填材料

槽底至管顶以上 500mm 范围内的回填土中不得含有机物、冻土及大于 50mm 的砖、石等硬块，管道的抹带接口处应用细粒土回填。冬期回填时管顶以上 500mm 范围以外可均匀掺入冻土，但数量不得超过填土总体积的 15%，且冻土块尺寸不得超过 100mm。回填土的含水量，宜按土的种类和压实工具控制在最佳含水率的±2%范围内。

应根据每层虚铺用土量将土料运入槽内，不得集中推入或直接回填在管道上。管道两侧和管道以上500mm以内的回填材料，应在沟槽两侧对称运入。回填材料运入槽内时不得损伤管道及接口。

4. 一般要求

井室周围应与管道沟槽同时回填，不便同步时，应留台阶形接槎。井室周围回填应沿井室中心对称进行，不得漏夯。路面范围内的井室周围应采用灰土、砂、砂砾等材料回填，回填宽度不宜小于400mm。

软土、湿陷性黄土、膨胀土、冻土等地区的沟槽回填应符合设计要求和当地工程标准的规定。

5. 刚性管道沟槽回填

刚性管是依靠管体材料强度支承外力的圆管，管材在外荷载作用下变形很小，钢筋混凝土管是典型的刚性管材。

回填压实应逐层进行，并不得损伤管道。管道两侧和管顶以上500mm范围内的胸腔（图10-31）应用轻型压实机具夯实，且管道两侧压实面高差不应超过300mm。管道基础为土弧时，应填实管道支撑角范围内腋角部位。压实时，管道两侧应对称进行，不得使管道位移或损伤。分段回填时，相邻段的接槎应呈台阶形，且不得漏夯。

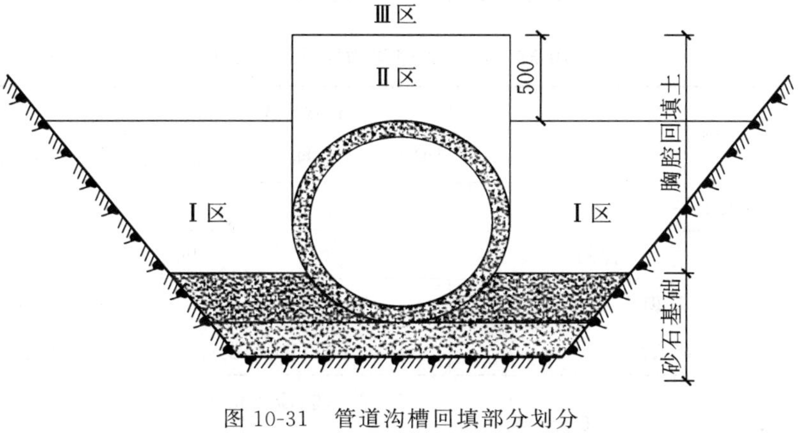

图10-31　管道沟槽回填部分划分

同一沟槽中有双排或多排管道，基础底面高程相同时，管道间的回填压实应与管道与槽壁之间的回填压实对称进行；基础底面高程不同时，应先回填基础较低的沟槽。接口工作坑回填时，底部凹坑应先回填至管底，然后与沟槽同步回填。采用轻型压实设备时，应夯夯相连；采用压路机时，碾压重叠宽度不得小于200mm。采用压路机、振动压路机等压实机械压实时，行驶速度不得超过2km/h。

6. 柔性管道沟槽回填

柔性管道包括钢管、球墨铸铁管、PE管、PVC-U管、玻璃钢管等。回填前，应首先检查管道的损伤情况，有损伤的管道应立即修复、更换。管道回填宜在每天气温较低的时段进行。从管底到管顶以上500mm范围内，必须采用人工对称回填；管道半径以下回填时应采取防止管道上浮、位移的措施；管顶 500mm 以上部位，可用机械在管道轴线两侧同时夯实，每层回填厚度不应大于 200mm。

管道位于车行道下，铺设后即修筑路面或管道位于软土地层及低洼、沼泽、地下水位高的地段时，宜先用中、粗砂将管底腋角部位填充密实，再用中、粗砂分层回填到管顶以上 500mm。

内径大于 800mm 的柔性管道，回填施工时应在管内设竖向支撑。当管径较大、管顶覆土较厚时，可利用管道胸腔部分回填土过程中出现的管道竖向变形来抵消一部分垂直荷载引起的管道竖向变形，但必须将其控制在设计规定的变形范围内。

柔性管道回填至设计高程后，应在 12～24h 内测量、记录管道变形率。钢管或球墨铸铁管道的变形率不应超过 2%，化学建材管道的变形率不应超过 3%。当钢管或球墨铸铁管道变形率大于 2%但小于 3%，化学建材管道变形率大于 3%但小于 5%时，应挖出 85%的管径，对有损伤的管材进行修复或更换，并按规定重新回填。钢管或球墨铸铁管道的变形率超过 3%，化学建材管道的变形率超过 5%时，应挖出管道，并会同设计单位研究处理。

7. 质量要求

回填土压实度应符合设计要求，设计无规定时，应按表 10-35 和表 10-36 执行。

表 10-35　刚性管道沟槽回填土压实度

<table>
<tr><th colspan="4" rowspan="2">项目</th><th colspan="2">最低压实度/%</th><th colspan="2">检查频率</th></tr>
<tr><th>重型击实标准</th><th>轻型击实标准</th><th>范围</th><th>点数</th></tr>
<tr><td colspan="4">石灰土类垫层</td><td>93</td><td>95</td><td>100m</td><td rowspan="5">每层
每侧一组
（每组 3 点）</td></tr>
<tr><td rowspan="4">沟槽在路基范围外</td><td rowspan="2">胸腔部分</td><td colspan="2">管侧</td><td>87</td><td>90</td><td rowspan="4">两井之间或 1000m²</td></tr>
<tr><td colspan="2">管顶以上 500mm</td><td colspan="2">87±2（轻型）</td></tr>
<tr><td colspan="3">其余部分</td><td colspan="2">90（轻型）或按设计要求</td></tr>
<tr><td colspan="3">农田或绿地范围表层 500mm 范围内</td><td colspan="2">不宜压实，应预留沉降量，并整平表面</td></tr>
<tr><td rowspan="8">沟槽在路基范围内</td><td rowspan="2">胸腔部分</td><td colspan="2">管侧</td><td>87</td><td>90</td><td rowspan="8">两井之间或 1000m²</td><td rowspan="8">每层
每侧一组
（每组 3 点）</td></tr>
<tr><td colspan="2">管顶以上 250mm</td><td colspan="2">87±2（轻型）</td></tr>
<tr><td rowspan="6">由路槽底算起的深度范围/mm</td><td rowspan="2">≤800</td><td>次干路</td><td>93</td><td>95</td></tr>
<tr><td>支路</td><td>90</td><td>92</td></tr>
<tr><td rowspan="2">>800～1500</td><td>次干路</td><td>90</td><td>92</td></tr>
<tr><td>支路</td><td>87</td><td>90</td></tr>
<tr><td rowspan="2">>1500</td><td>次干路</td><td>87</td><td>90</td></tr>
<tr><td>支路</td><td>87</td><td>90</td></tr>
</table>

表 10-36　柔性管道沟槽回填土压实度

槽内部位		压实度/%	回填材料	检查频率	
				范围	点数
管道基础	管底基础	≥90	中、粗砂	—	—
	管道有效支撑角范围	≥95		每 100m	每层两侧一组（每组 3 点）
管道两侧		≥95	中、粗砂，碎石屑，最大粒径小于 40mm 的砂砾或符合要求的原土	两井之间或 1000m^2	
管顶以上 500mm	管道两侧	≥90			
	管道上部	85±2			
管顶以上 500～1000mm		≥90	原土回填		

第四节　雨水口施工

雨水口（图 10-32）用于收集雨水，并将收集的雨水排入雨水管道。雨水口砌筑须在支管管道铺设完毕后进行施工。

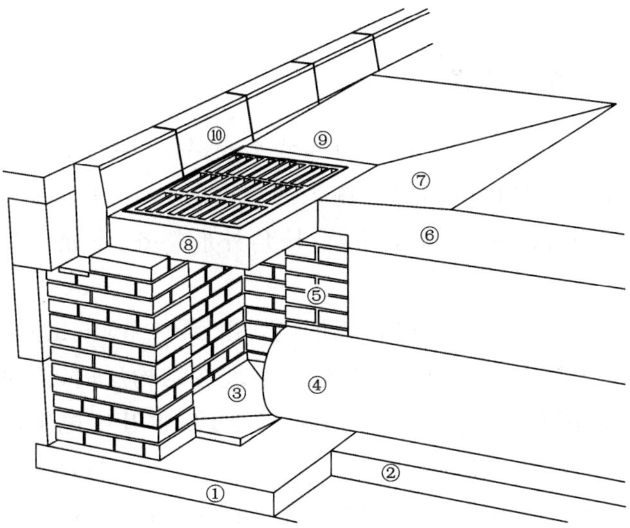

图 10-32　雨水口

①—雨水口混凝土垫层；②—雨水口管混凝土垫层；③—水泥砂浆或豆石混凝土；④—雨水口管；⑤—雨水口砖砌体；⑥—道路结构；⑦—道路面层；⑧—雨水口圈；⑨—雨水箅；⑩—路缘石

一、雨水口砌筑施工工艺

(1) 先浇筑底板混凝土,采用 C10 混凝土铺筑 10cm 厚,待达到设计要求后再砌筑井墙。

(2) 使用 M10 水泥砂浆砌筑 MU10 红砖,井墙砌筑时按井墙位置挂线,先砌井墙一层,随砌随刮平缝,每砌高 30cm 应将墙外肥槽及时回填夯实。砌筑井墙,灰浆饱满,随砌随勾缝。

(3) 雨水管与圈墙内应砂浆饱满,井墙砌至要求标高。砌至雨水支管处应满卧砂浆,砖砌已包满支管时应将关口周围用砂浆抹严抹平,不能有缝隙,管顶砌半圆砖块,管口应与井墙齐平。雨水井内保持清洁,砌筑时随砌随清理,井底用水泥砂浆抹出雨水管口泛水坡。砌筑完成后及时加盖,保证安全。施工过程如图 10-33 所示。

图 10-33　雨水口砌筑施工

二、雨水口砌筑施工要求

(1) 支管与井墙必须斜交时,允许管口入墙 2cm,另一侧凸出 2cm,超过此一侧限时须考虑调整雨水口位置。井口应与路面施工配合同时升高,井圈标志点一侧朝向立道牙。雨水箅及托座均为铸铁件,铸件应平整,棱角外形整齐,不允许有砂眼、疤痕等缺陷存在。

(2) 开挖雨水口槽及雨水口管槽时,每侧应留出 300～500mm 的施工宽度。槽底应夯实并及时浇筑混凝土垫层。由于雨水口管多数埋在结构层内,距路面较近,为防止碾压结构层时破坏管道,雨水口管应在结构层施工完成后再开挖施工,雨水口管埋设完成后应按设计要求处理,以防止结构下沉。

(3) 雨水口管在雨水口内露出的长度不得大于 20mm,管端面应完整无破损。砌筑时,灰浆应饱满,并随砌筑随勾缝。雨水口底部应用水泥砂浆或豆石混凝土抹出泛水坡。雨水口应比路面低 30mm,并在顺路中方向两侧各 1000mm,垂直路中方向 500mm 的范围内向雨水口顺坡。砌筑完成的雨水口应保持清洁,并及时加盖,以保证安全。

(4) 雨水口与检查井的连接管(雨水口管)的坡度应符合设计要求,管道铺设要求与雨水管道相同。

(5) 位于道路下的雨水口、雨水管应根据设计要求浇筑混凝土基础，坐落于道路基层内的雨水支管应作 C25 级混凝土全包封，且混凝土包封达到 75%设计强度前，不得开放交通。

(6) 井框、井箅应完整无损、安装平稳、牢固。雨水口周围回填土要求与检查井周围回填的要求相同。

第五节　管道交叉处理

管道施工与既有管道交叉时，应按设计要求进行，当设计无要求时，可参照下列规定进行处理。

一、管道交叉处理的原则

(1) 排水管道施工时若与其他管道交叉，采用的处理方法须征得权属单位和其他单位同意。

(2) 管道交叉处理中应当尽量保证满足其最小净距，且有压管道让无压管、支管避让干线管、小口径管避让大口径管。

(3) 软埋电缆线让刚性管道(沟)(软埋让刚性)。

(4) 压力流管道让重力流管道(有压让无压)。

(5) 小口径管道让大口径管道(小口让大口)。

(6) 后敷设管道让已敷设管道(后敷让已敷)。

二、管道交叉处理的方法

地下管线种类繁多，在埋设排水管道时，经常出现互相交叉的情况，排水管埋设一般比其他管道深。

(1) 混凝土或钢筋混凝土排水圆管在下，铸铁管、钢管在上。上面管道已建，进行下面排水圆管施工时，采用在槽底砌砖墩的处理方法。上下管道同时施工，且当钢管或铸铁管道的内径不大于 400mm 时，宜在混凝土管道两侧砌筑砖墩支承。

(2) 混凝土或钢筋混凝土排水圆管(直径小于 600mm)在下，铸铁管、钢管在上，高程有冲突，必须压低下面排水圆管断面时，将下面排水圆管改为双排铸铁管、加固管或方沟。

(3) 混合结构或钢筋混凝土矩形管渠与其上方钢管道或铸铁管道交叉，当顶板至其下方管道底部的净空在 70mm 及以上时，可在侧墙上砌筑砖墩支承管道。当顶板至其下方管道底部的净空小于 70mm 时，可在顶板与管道之间采用低强度等级的水泥砂浆或细石混凝土填实，其荷载不应超过顶板的允许承载力，且其支承角不应小于 90°。

(4) 圆形或矩形排水管道在上，铸铁管、钢管在下，上下管道同时施工时，在铸铁管、钢管外加套管或管廊。

(5) 排水管道在上，铸铁管、钢管在下，埋深较大挖到槽底有困难，进行上面排水管道施工时，上面排水管道基础在跨越下面管道的原开槽断面处加强。

(6) 当排水管道与其上方电缆管块交叉时，宜在电缆管块基础以下的沟槽中回填低强度等级的混凝土、石灰土或砌砖。排水管道与电缆管块同时施工时，可在回填材料上铺一层中砂或粗砂。电缆管块已建时，回填至电缆管块基础底部的材料为低强度等级的混凝土，回填材料与电缆管块基础间不得有空隙。

(7) 一条排水管道在下，另一排水管道或热力管沟在上，上下管道同时施工(或上面已建，进行下面排水管道施工)时，下面排水管道强度加大，满槽砌砖或回填 C8 混凝土、填砂。

(8) 排水方沟在下，另一排水管道或热力方沟在上，高程冲突，上下管道同时施工时，增强上面管道基础和位于下面排水方沟的顶板或根据情况压扁排水方沟断面，但不应减小过水断面。

(9) 预应力混凝土管与已建热力管沟高程冲突，必须从其下面穿过施工时，先用钢管或钢筋混凝土套管过热力沟，再穿钢管代替预应力混凝土管。

(10) 预应力混凝土管在上，其他管道在下，上面管道已建，进行下面管道施工时，一般在下面槽底或方沟盖板上砌支墩。

参考文献

[1] 筑龙网.污水处理厂施工技术案例精选[M].北京:中国电力出版社,2012.
[2] 石四军.污水处理厂施工技术[M].北京:中国电力出版社,2010.
[3] 李永峰.环境工程施工技术[M].北京:化学工业出版社,2014.
[4] 王怀宇.环境工程施工技术[M].北京:化学工业出版社,2017.